中西部高校综合实力提升工程专项经费资助

山西资源型经济转型发展报告
（2016）

刘维奇◎主　编　　马瑞敏◎副主编

下部

科学出版社
北京

图书在版编目（CIP）数据

山西资源型经济转型发展报告.2016（共两册）/ 刘维奇主编.
—北京：科学出版社，2017.12
　ISBN 978-7-03-053315-9

　Ⅰ.①山…　Ⅱ.①刘…　Ⅲ.①资源经济-转型经济-研究报告-山西-
2016　Ⅳ.①F127.25

中国版本图书馆 CIP 数据核字（2017）第 128926 号

责任编辑：石　卉　张翠霞 / 责任校对：何艳萍
责任印制：张欣秀 / 封面设计：有道文化
编辑部电话：010-64035853
E-mail：houjunlin@mail.sciencep.com

科 学 出 版 社 出版
北京东黄城根北街 16 号
邮政编码：100717
http://www.sciencep.com

北京建宏印刷有限公司印刷
科学出版社发行　各地新华书店经销

*

2017 年 12 月第 一 版　开本：720×1000　B5
2017 年 12 月第一次印刷　印张：36
字数：641 000
定价：168.00 元（共两册）
（如有印装质量问题，我社负责调换）

前　言

我国人口众多、生态脆弱、人均资源占有不足，人均国内生产总值排在全球百位左右，贫困人口的绝对数量比较庞大，资源环境对经济发展的约束作用强，区域发展不平衡问题突出，科技创新能力不强。基于这样的基本国情，国家制订了可持续发展的重大战略。资源型地区经济转型是贯彻和落实国家可持续发展战略的重大举措。山西设立国家资源型经济转型综合配套改革试验区，就是希望山西为全国资源型地区的可持续发展先行先试、探索道路、积累经验、提供示范，使资源型地区转型的重大举措落到实处。山西资源型经济转型探索了 30 余年，在某些领域、某些区域的经济转型已取得阶段性成效，但仍然存在"转型发展理论重大缺失、各要素创新驱动治理体系不健全、民生保障不完善"的薄弱环节。这些薄弱环节是复杂的经济、社会、政治问题，必须依靠多个单位的协同创新、联合攻关方可加以解决。在这种大背景下，借山西大学加入"中西部高校综合实力提升工程"（一省一校）的契机，我们联合校内外资源，成立了山西大学资源型经济转型发展协同创新中心（简称协同创新中心）。协同创新中心按照"国家急需，世界一流"的要求，主动对接山西资源型经济转型发展的重大需求，以"绿色、创新、民生"为主题，以"创新转型理论、优化治理体系、实现民生保障"为重大任务牵引，通过校政、校企、校所等不同创新力量的整体协调和深度融合，整合校内学科打造了"产业转型、收益分配、金融支持、科技管理、政府管理、基层治理、决策评价、法治文明、社会保障"九个方面的创新团队，围绕人才培养、学科建设、科学研究和社会服务关键领域，以协同创新机制体制改革为主要推动力，转变传统教学、科研和人才培养模式，力争在资源型经济转型理论研究与实践领域实现重大突破，为山西资源型经济转型发展提供重要支撑，并最终把中心建设成为能够科学系统解决资源型经济转型中重大问题的优秀人才的汇集基地、经管法学科共生共长平台和提供高质量社会服务的智库。

经过两年多的建设，协同创新中心已经在多个方面取得了可圈可点的成绩。这里主要展现的是近两年来一些专家学者针对资源型经济转型发展中的热点问题所撰写的咨询类研究报告。研究报告分为七个部分。第一部分是产业转型发展篇。这部分既包括宏观政策方面的研究，如山西省低碳发展对策（杨军教授等）、山西资源型经济结构均衡发展政策建议（李志强教授）及碳交易制度对山西省的影响（张波副教授等），也包括具体行业的转型发展建议，如农业产业集群发展建议（耿晔强副教授等）和服务业发展建议（李继红副教授等）。第二部分是公司治理篇。这部分研究既有对企业研发投入政策的系统研究（张信东教授等），也有对传统资源型企业商业模式的革新（王素娟副教授等）和在"互联网+"背景下资源型企业转型路径（张凯副教授等）的深入分析，还包括对资源型地区创业企业成长的建议（王艳子博士等）。第三部分是金融支持与价格监控篇。这部分一是在当前资源型地区经济下行压力增大的实际情况下，设计有效的评价策略，提升金融创新效率（宋鹏副教授等）；二是对能源价格监测预警，实现对煤炭价格的波动趋势进行定性与定量预测，从而减少煤炭价格的冲击效应（杨威博士等）。第四部分是科技管理与决策评价篇。这部分一是围绕科技创新展开，包括山西省实施科技创新调查制度对策研究（范建平副教授等），以及山西省高校科研创新与科技转化能力评价与分析（马瑞敏副教授等）；二是对山西省资源型经济转型效果进行评价（贾君枝教授等）。第五部分是法治文明篇。资源型经济转型发展中虽然在一定程度上有先行先试的"特权"，但是应当用法治思维和手段来处理相关事务。这部分研究主要是探讨地方政府如何提升立法水平（李麒教授等），以及资源型经济转型发展中如何健全司法权运行机制，为综合配套改革提供法律支持（原美林副教授等）。第六部分是社会保障篇。主要围绕山西如何推进城乡医保一体化水平展开（孙淑云教授等）。整合城乡基本医保、统筹城乡医保制度建设是推进综合配套改革试验的重大民生问题，这部分研究抓住这一问题展开具有显著的现实意义。第七部分是高教管理篇。丁学良教授曾经指出，"哪一个区域有一所世界著名大学，这所大学几乎就是这个区域兴旺发达的明确无误的标记"，由此可见高等教育对于资源型地区转型发展非常重要。这部分一是强调提升资源型经济转型发展中大学的支持作用（徐冰鸥教授）；二是提出山西高校党建服务资源型经济转型研究的一些思考和建议（刘晓哲教授）。

资源型经济转型发展是一个非常复杂的体系，即使我们协同了各方力量来建言献策，取得了一些成绩，也仍然有很多工作需要去做。在以后的工作中，各个团队将继续围绕热点问题展开广泛调研和系统深入研究，为资源型经济转型发展提供更多的智力支持。

最后需要指出的是，本书各部分由各专家学者分头撰写，为尊重他们的劳动成果和保护他们的知识产权，在出版过程中保留了他们的原始论述。在撰写和出版过程中由于各种原因可能会出现一些纰漏，请同行和读者指正。

刘维奇

2016 年 10 月 1 日于山西大学

目　　录

下　　部

金融支持与价格监控篇

资源型经济转型的金融创新视角下
稳健型评价策略研究[①]

----

1 研 究 背 景

    作为重要的能源基地，山西省是典型的资源型省份，为全国经济发展做出了极大贡献，但"资源诅咒"问题日渐凸显。2010 年 12 月山西省作为国家资源型经济转型综合配套改革试验区正式获批，成为我国唯一的全省域、全方位、系统性的综合配套改革试验区。它将为中国破解资源型经济转型难题提供战略指引，这也是国务院批准设立山西国家资源型经济转型综合配套改革试验区的目的所在。

    山西国家资源型经济转型综合配套改革试验区设立以来，山西省政府相继出台了《山西省国家资源型经济转型综合配套改革试验总体方案》（山西省人民政府，2012）、《山西省国家资源型经济转型综合配套改革试验实施方案（2013—2015 年）》（山西省人民政府，2013）、《山西省国家资源型经济转型综合配套改革试验实施方案（2016—2020 年）》（山西省人民政府，2016），致力于在支撑资源型经济转型的产业、财税、土地、科技、金融、生态环境、城乡统筹、社会管理、行政管理、对外开放等重点领域和关键环节的改革创新上，取得重大突破与进展。

----

①   课题组组长：宋鹏。课题组成员：毋晓琴、刘云峰、郭婧、李婷婷、郭勤勤。本文完成于 2016 年 8 月，如无特别说明研究涉及数据截至 2016 年 7 月。

金融创新和改革作为国家资源型经济转型综合配套改革试验区推进与建设的重点领域，科学、有效的创新制度与机制有利于优化国家资源型经济转型综合配套改革试验区实施路径，提升国家资源型经济转型综合配套改革试验效率和效果。在上述方案中，围绕金融创新领域，针对深化科技投融资体制改革、健全多层次资本市场融资机制、创新金融机构资金投放激励机制、完善创业投资和股权投资发展促进机制、创新中小微企业融资扶持机制、推动企业主板和新三板等上市、建立健全社会信用体系等核心要素提出了改革思路，为资源型经济转型提供了关键的金融创新纲领。

综观金融创新领域的各核心要素，可以看出，在科技创新引导基金运作、新三板分层、私募股权投资基金运作、担保机构的项目风险评价、社会信用评级等诸多改革措施的具体实施中，如何设计科学、合理的评价策略是关键的共性问题之一。特别是在当前后金融危机时代，全省经济下行压力日益增大的现实状况下，如何立足于现实经济状态设计有效的评价策略，对提升金融创新效率，进而推动资源型经济有效转型，具有极其重要的现实意义。

2　稳健型评价策略：金融创新中的共性问题

2.1　稳健型评价策略

在现实的决策环境中，评价是决策者面临的一类常见问题，如项目评价、信用评级、风险评估、区域竞争力评价等。就评价问题而言，往往是面向决策对象集合，通过对一系列属性（或者说特征、指标等）的综合比较，给出对象的优劣评价，进而获得所有对象的分级/排序求解。事实上，评价决策已经成为决策分析的重要研究命题，并广泛地存在于经济、管理、工程等各个领域。

为了有效求解评价决策问题，诸多的决策方法不断诞生和发展，如逼近理想解排序法（TOPSIS）（Joshi and Kumar，2016）、层次分析法（AHP）（Ng，2016）、消去与选择转化法（ELECTRE）（Corrente et al.，2013）、数据包络分析法（DEA）（Wijesiri et al.，2015）及基于模糊集理论的方法（Hu et al.，2010）等。上述方法从不同视角，针对评价决策问题，建立了有效的分级/排序求解模型。

然而，现实中，人们发现人类的决策行为特征往往直接影响了决策结果，因此，只有考虑人类认知模式和决策行为的决策方法，才能更为有效地帮助决策者做出科学、合理的决策。一般地，面临重大决策时，决策者往往表现出风险厌恶型的典型行为特征，所以，如何将这一特征引入决策方法则成为当前评价决策理论与方法研究的关键问题。尤其在当前全省经济运行风险日益增加的现实背景下，转型任务变得更加艰难，因此，在金融创新各项举措的实施路径中，构建具有稳健型特性的评价决策分析方法具有重要的应用价值。

2.2 金融创新中的评价问题分析

2.2.1 科技创新引导基金中的项目评价

设立科技创新引导基金，创新科技投融资服务平台，是推动区域高科技企业创新创业发展的重要手段。《国家中长期科学和技术发展规划纲要（2006—2020 年）》中也明确指出："建立和完善创业风险投资机制，促进更多资本进入创业风险投资市场，为科技创新提供全面的风险保障。"（中华人民共和国国务院，2005）

一般地，在投资基金运作管理中，整个投资决策过程可以被分为项目发起、项目筛选、项目评价、契约设计、投资后管理（Tyebjee and Bruno，1984）；也可以被归纳为三个阶段，即项目筛选、尽职调查、契约设计（Zacharakis and Meyer，2000）；或者将决策过程概括为更为宽泛的两个阶段，即投资前管理（pre-investment activities）（包括商业计划书征集、项目筛选、尽职调查、契约设计）、投资后管理（post-investment activities）（包括参与管理、多轮的资金支持等）（Shepherd et al.，2005）。

从现有研究进展来看，尽管学者和业界专家从不同角度将投资决策过程分为不同阶段，但是可以看出，项目筛选是研究者所共同关注的关键问题。当然，在决策过程研究中，也有学者从被投资企业的成长业绩视角，试图回答投资决策过程的"项目筛选"和"投资后管理"两个关键环节中哪一环节发挥着更为重要的作用。但是，可以肯定，对于投资决策组织而言，契约设计、投资后管理等环节仍然需要投入更多的管理资源，高效的项目筛选机制有助于提高投资项目选择的决策效率。因此，关于项目评价策略的研究是科技创新引导基金投资决策的关键基础问题之一。

进一步地，从本质上来看，私募股权投资基金运作、担保机构的项目风险评估等诸多金融决策与科技创新引导基金运作管理存在普遍的共性问题——项目评价策略，因此，面向金融创新领域，开展评价策略研究，具有普适意义与科学价值。

2.2.2　新三板分层中的稳健型评价特性

新三板又称全国中小企业股份转让系统，是非上市股份公司股票公开转让和发行融资的市场平台，是经国务院批准、依据证券法设立的全国性证券交易场所。其具体职能包括为公司提供股票交易、发行融资、并购重组等相关服务，为市场参与人提供信息、技术和培训服务。从本质上来看，新三板是为中小企业资本提供流动性、降低投资风险的关键平台，在此基础上，为中小企业的资本扩容及规模化发展提供机制保障。因此，新三板的发展对于完善我国多层次资本市场体系、提升中小企业投融资效率、解决中小企业融资难问题等具有极其重要的作用。

面对"大众创业、万众创新"时代，随着新三板运行的逐步完善，众多优秀中小企业不断涌现并挂牌新三板。截至 2016 年 7 月底，挂牌总数已达 7917 家。相应地，如何针对众多的挂牌企业进行科学评价成为管理部门、券商、投资者等诸多利益相关主体所共同关注的关键问题。为了有效解决这一问题，《全国中小企业股份转让系统挂牌公司分层管理办法（试行）》（全国中小企业股份转让系统有限责任公司，2016）正式出台，挂牌企业分为基础层、创新层两个层次（具体分层标准见表 1），标志着新三板市场进入"评价时代"。事实上，实施企业分层有利于实现分层监管、分类服务，并有利于更好地满足企业差异化需求，同时有效降低投资者的信息收集成本，进而提升新三板资本市场效率。

表 1　新三板分层标准

标准	标准一：净利润+净资产收益率	标准二：营业收入复合增长率+营业收入+股本	标准三：市值+股东权益+做市商家数
具体内容	最近两年连续盈利且年平均净利润不少于 2000 万元	最近两年营业收入连续增长且年均复合增长率不低于 50%	最近有成交的 60 个做市转让日的平均市值不少于 6 亿元
	最近两年加权平均净资产收益率不低于 10%	最近两年营业收入平均不低于 4000 万元	最近一年年末股东权益不少于 5000 万元
		股本不少于 2000 万股	做市商数量不少于 6 家，合格投资者不少于 50 人

从新三板的分层策略来看，给出了三类评价标准。值得关注的是，对于每一类适用情况而言，要求相应的条件同时满足。本质上，其蕴含了一种简洁的"稳健型"决策语义，即某一对象优于另一对象当且仅当某一对象在所有属性上的取值均优于另一对象。实际上，这是一种符合人类决策行为的评

价机制，因此，基于"稳健型"决策意义设计稳健型评价策略是对人类决策行为的有效刻画，能够更为有效地帮助决策者做出科学、合理的决策。

2.2.3 证券投资中的稳健型评价策略

证券投资决策是一项复杂的金融活动，1990 年诺贝尔经济学奖获得者 Markowitz 的投资组合理论（modern portfolio theory）为证券投资奠定了现代投资管理的理论基础（Markowitz，1952）。2007 年源于金融衍生产品过度膨胀的全球金融危机爆发，继而引发了人们对证券投资决策的重新审视。在证券投资决策中，基础资产的有效选择是否更为重要？如果存在获得超额收益的证券选择策略，其最终对资本市场效率的改进是贡献还是抑制？面对后金融危机时代，面对日益重要但风险共生的证券市场，这一系列问题成为学术界、实务界所共同关注的重点命题，而"证券选择决策"也就成为"证券投资决策"关键的基础研究问题。

在众多的证券评价策略中，价值投资最受关注。价值投资理论也被称为稳固基础理论，这一理论是在 1929 年美国的证券市场灾难背景下诞生的。资本市场的困境迫切需要更为理性的投资理论和方法，立足于现实背景，Graham 和 Dodd（1934）着眼于证券"内在价值"的综合分析，提出了价值投资（value investing）理论。然而，基于经典价值投资理论而定义的价值型证券，尽管有研究证据表明其具有价值溢价效应，但能否在投资操作中获得稳定的投资回报仍然受到质疑。

因此，在当前经济运行风险日益增加、资本市场不稳定因素日渐增多的现实状态下，开展稳健型证券评价策略的研究，有利于投资者（含机构投资者、个体投资者）进行科学的证券选择决策，从而促进资本市场资金配置功能的有效发挥和资本市场运行效率的有效提升，进而推动资本市场的稳定、健康发展。

3　稳健型评价策略的建模研究

3.1　基于粗糙集理论的评价方法

从本质上来看，评价策略研究是典型的多属性决策分析问题，即根据若干属性（或者说指标、特征等）针对决策对象进行评价，进而做出分级/排序的决策判断。如前所述，在评价问题求解的数据建模过程中，人们认识到基于人类认知模式和决策行为的决策方法更符合决策现实，更有利于决策目标的实现。事实上，人工智能的源起、发展和目标正是致力于制造人造的智能机器、智能系统等，进而模拟人类的思维、决策模式进行问题的有效求解。人工智能起源于20世纪50年代，是计算机科学、信息论、心理学、控制论等多学科交叉融合进而发展起来的综合性学科。目前，粗糙集理论、模糊集理论、神经网络、演化计算和混沌系统已被公认为人工智能的五大新兴技术。其中，粗糙集理论由于无须提供问题求解所需处理的数据集合之外的任何先验信息，成为不确定决策分析的重要工具。

粗糙集理论是Pawlak（1982）提出的一种处理不确定性知识的数据分析理论。一般而言，决策者更倾向于依据经验和案例进行决策，粗糙集理论则是一种基于案例的推理方法，通过案例库中相关（或者相似）案例的回忆进行问题求解。经典的粗糙集理论建立于等价关系和等价类的基础之上，主要用于处理名义型属性数据，其核心思想是在保持分类能力不变的条件下，通过知识约简求解问题的决策或分类规则。可以看出，经典的粗糙集理论主要用于分类问题的决策分析和求解，且不考虑具有序化信息的数据。为了解决这一问题，学者们针对经典的粗糙集进行了进一步的发展，以期在粗糙集理论框架下，有效求解具有序化信息的决策问题。Greco等（2002）通过引入优势关系，考察了有序型属性数据，建立了优势粗糙集模型。随后，基于优势关系框架进行的序化决策分析研究不断发展。

从现有研究进展来看，基于优势关系的粗糙集方法，围绕评价规则获取、评价方案求解、决策性能评价等方面，开展了相关的研究，取得了一系列的研究成果，形成了序化问题求解的基本理论框架（Xu et al.，2009；Wang et al.，2010）。进一步地，在评价策略建模中，需要考虑特征选择、特征评价两个主要环节。从现有研究来看，信息熵作为不确定性度量的有效工具，已经成为特征选择、特征评价中属性重要度度量的重要衡量方法。因此，基于粗糙集与信息熵结合的评价策略日益受到关注。然而，本文关注于稳健型评价策略研究，因此，如何在序化建模过程中引入稳健型特性显然是研究的关键和难点。

3.2　稳健型评价策略的数据建模

3.2.1　数据表示：基于数据打包的区间数据形式

在现实的信息环境中，决策者所采集的数据往往是单值型数据，如某项目的投资回报率、某公司的年末净资产收益率等。事实上，单值型数据形式上是精确的，然而，其并不能整体地反映特定项目、企业在整个考察时段内相关业绩数据的数值取值情况。因此，单值型数据形式上的精确性反而加大了决策的不确定性。

本文的研究主旨是建立"稳健型"评价策略，所以，在数据表示上也力争全面、稳健地刻画数据特征。符号数据分析方法由 Diday（1995）在第一次国际分类协会联合会大会上提出，其通过数据打包技术进行数据转换，旨在更为全面地反映样本群点的整体特征。为了能够对评价目标进行全面的度量，针对各评价指标取值进行数据打包（即将所有取值纳入一个区间值数据内，最小值为区间数据的下界，最大值为上界），进而把单值型数据转换为区间值数据。因此，在研究过程中，所有数据的一般形式均为区间数据。具体定义如下。

定义 1 称四元组 $S=(U, \text{AT}, V, f)$ 是一个区间信息系统，其中，U 表示非空有限的对象集合；AT 表示非空有限的属性集合；$V = \bigcup_{a \in AT} V_a$，$V_a$ 表示属性 a 的值域（其是区间数据的集合）；$f : U \times \text{AT} \to V$ 是一个映射，表示某一对象在某一属性上的取值。

为了方便，本文将对象 $x(x \in U)$ 在属性 $a(a \in \text{AT})$ 上的取值（区间数据）记作 $f(x, a)$。

定义 2 $f(x, a)$ 的一般表示形式为

$$f(x, a) = [a^L(x), a^U(x)] = \{ p \,|\, a^L(x) \leqslant p \leqslant a^U(x), a^L(x), a^U(x) \in R \} \quad (1)$$

式（1）中，x 为评价对象；a 为属性（即评价指标）；$f(x, a)$ 表示某评价对象在属性 a 上的取值；$a^L(x)$ 为取值的下界；$a^U(x)$ 为取值的上界。

可以看出，定义 1 和定义 2 给出了区间数据、区间数据表的一般形式化表示，以便于面向区间数据开展决策建模与分析。

3.2.2 序化机理

就评价策略的内涵来看，本质上是多属性分级/排序决策问题。因此，科学的序化机理是开展多属性分级/排序决策的首要前提，相应地，本文将着眼于如下三个序化特性建立评价策略的序化机理。

（1）特性之一：稳健性。在稳健型评价策略研究中，区间序信息系统（见定义 3）是问题描述的基本框架，而优势关系（见定义 4）则是序化信息刻画的基本手段。从优势关系的决策语义来看[见式（2）]，某一对象优于另一对象当且仅当某一对象在所有属性上的取值均优于另一对象。显然，这是一种谨慎型策略，是对"稳健性"特性的有效反映。

定义 3 称区间信息系统 $S=(U,\mathrm{AT},V,f)$ 是一个区间序信息系统, 若所有的属性均是有序型属性, 即所有属性的取值可以按照收益型或者成本型偏好排序。

定义 4 给定一个区间序信息系统, 称关于属性集 $A\subseteq\mathrm{AT}$ 有 y 优于 x, 可以通过优势关系 $R_A^{\geqslant}$ 来定义, 记作 $yR_A^{\geqslant}x$, 其中

$$R_A^{\geqslant}=\{(y,x)\in U\times U\,|\,a_1^L(y)\geqslant a_1^L(x),a_1^U(y)\geqslant a_1^U(x)(\forall a_1\in A_1);a_2^L(y)\leqslant a_2^L(x), \\ a_2^U(y)\leqslant a_2^U(x)(\forall a_2\in A_2)\}=\{(y,x)\in U\times U\,|\,(y,x)\in R_A^{\geqslant}\}\qquad(2)$$

式（2）中, 属性集 A_1 为收益型属性集, A_2 为成本型属性集, 且 $A=A_1\cup A_2$。

（2）特性之二: 局部性。在稳健型评价策略求解中, 面对各个对象的评价指标, 决策者往往难以直接给出整体的序化结果, 毕竟, 对象之间的评价指标往往是冲突的。面对整体冲突情境, 人类的认知模式只能给出"局部序化"方案。基于区间数据的优势度度量准则（见定义 5）, 立足于局部序化方案, 着眼于相对排序位置的比较进行序化求解正是对人类认知模式的有效模拟。

定义 5 设 $S=(U,\mathrm{AT},V,f)$ 是一个区间序信息系统, $A\subseteq\mathrm{AT}$。基于区间数据优势关系 $R_A^{\geqslant}$, 两个对象之间的优势度定义为

$$D_A(x_i,x_j)=\frac{\left|[x_i]_A^{\geqslant c}\cup[x_j]_A^{\geqslant}\right|}{|U|}\qquad(3)$$

式（3）中, $|.|$ 表示集合的基数, $[x_i]_A^{\geqslant c}=U-[x_i]_A^{\geqslant}$, $x_i,x_j\in U$。这里 $[x_i]_A^{\geqslant}$ 的形式化表示为

$$[x]_A^{\geqslant}=\{y\in U\,|\,a_1^L(y)\geqslant a_1^L(x),a_1^U(y)\geqslant a_1^U(x)(\forall a_1\in A_1);a_2^L(y)\leqslant a_2^L(x),a_2^U(y)\leqslant \\ a_2^U(x)(\forall a_2\in A_2)\}=\{y\in U\,|\,(y,x)\in R_A^{\geqslant}\}$$

（3）特性之三: 全局性。一般地, 在评价决策中, 全局序化的问题求解结果更便于满足决策者的现实决策需求。因此, 本文的稳健型评价决策模式, 在提出有向距离指数（见定义 6）度量准则的基础上, 建立全序化问题求解模型。当然, 在全序化建模过程中, 也同样考虑了稳健性和局部性这两个序化特性。

定义 6 给定两个区间数值分别是 $f(x_i,a)=[a^L(x_i),a^U(x_i)]$, $f(x_j,a)=[a^L(x_j),a^U(x_j)]$。关于属性 a, 对象 x_i 相对于对象 x_j 的有向距离指数定义为

$$\mathrm{DDI}_a(x_i,x_j)=\frac{1}{2}+\frac{1}{4}\frac{a^U(x_i)-a^U(x_j)+a^L(x_i)-a^L(x_j)}{\max(a^U(x))-\min(a^L(x))}\qquad(4)$$

式（4）中, $\max(a^U(x))=\max\{a^U(x_1),\ a^U(x_2),\cdots,\ a^U(x_{|U|})\}$, $\min(a^L(x))=$

$\min\{a^L(x_1), a^L(x_2), \cdots, a^L(x_{|U|})\}, x_i, x_j \in U$。可以看出，按照有向距离指数 $\mathrm{DDI}_a(x_i, x_j)$ 的定义，其从距离的角度更为精细地度量了在属性 a 上对象 x_i 优于对象 x_j 的程度，可以用于构建全序化决策模型。

3.2.3 评价决策建模

一般地，稳健型评价决策建模涉及三个核心科学问题：第一，在评价决策方案求解过程中，面对诸多评价指标，如何立足于特定的决策目标选择关键评价指标集，显然是评价决策建模的首要问题；第二，面向关键评价指标集开展评价决策时，不同的权重设定方法将直接影响评价结果，因此，如何着眼于特定的决策问题有效地度量不同指标的权重，则是决策建模的重要问题；第三，为了更为稳健地反映评价对象的指标特性，本文的数据表示均采用区间数据，相应地，如何建立面向区间数据的序化技术，是保证决策方案科学性的关键问题。

1. 关键特征选择建模

在评价决策问题求解过程中，需要依赖于若干评价指标进行序化评价。显然，从评价决策的内涵目标来看，指标集与决策目标在序的一致性上越大，则指标对于评价决策而言越重要。

事实上，一致性与不一致性是对立统一的，而变量之间的一致性与不一致性构成了变量之间一致性程度的不确定性。事实上，对信息不确定性的研究贯穿于人工智能的整个发展历程。而自从香农提出信息熵的概念并将其用于度量信息系统的不确定性以来，信息熵几乎成为不确定性的代名词。进一步地，从现有研究进展来看，粗糙集理论能够在保持区分能力不变的条件下，有效求解关键特征且不需要任何先验信息；而信息熵同样在不需要假设数据分布已知的条件下，可作为系统有序化程度（或者说不确定性程度）的度量标准，因此，在粗糙集理论框架下，运用信息熵进行不确定性度量成为可靠的研究方法。

面向区间序信息系统的一致性刻画问题，本文在粗糙集理论框架下结合信息熵理论，建立区间序信息系统中的不确定性度量体系。以此为基础，建立区间序互补条件熵的形式化表示

$$E(D^{>} \mid A^{>}) = \sum_{i=1}^{|U|} \left(\frac{1}{|U|} \frac{\left|[x_i]_A^{>}\right|}{|U|} - \frac{\left|[x_i]_A^{>} \cap [x_i]_D^{>}\right|}{|U|} \right) \tag{5}$$

式（5）中，$A^\geqslant$ 为条件属性集；$D^\geqslant$ 为决策属性。从式（5）的形式化表示可以看出，其主要依赖于 $\left|[x_i]_A^\geqslant\right| - \left|[x_i]_A^\geqslant \cap [x_i]_D^\geqslant\right|$（等价于 $\left|[x_i]_A^\geqslant \cap [x_i]_D^{\geqslant c}\right|$）进行度量，刻画了整体对象集合中在条件属性集上优于 x_i 而在决策属性集上不优于 x_i 的对象数量，即不一致性程度。进一步地，从单调性、极值性两维角度，则可以揭示其特征评估性能本质，即 $E(D^\geqslant | A^\geqslant)$ 越大，一致性程度越小，而 $E(D^\geqslant | A^\geqslant)$ 越小，一致性程度越大。可见，$E(D^\geqslant | A^\geqslant)$ 是条件属性与决策属性一致性程度的有效度量，为获取符合特定决策目标下的关键指标集提供了科学、合理的特征选择方法。

2. 特征评价建模

对于评价决策问题求解而言，属性重要度的科学度量至关重要，其直接影响评价结果的可靠性。从现有研究进展来看，主观赋权方法与客观赋权方法的融合日益受到重视，就其本质而言，主要是从决策问题的内涵目标出发，并有效结合数理方法进行科学的度量。从本文研究目标来看，是要建立稳健型的评价决策模式，那么如何在属性重要度评价时引入稳健性特性，则成为特征评价研究的关键要素。

在特征评价过程中，建立在整体属性集合上的优势关系是稳健性特性的代表，相应地，建立在某一属性上的优势关系与建立在整体属性集合的优势关系相比，两者"一致性"越大，则说明该属性越满足"稳健性"特性，则该属性的权重越大。本文将在上述原理上，基于所建立的区间序信息系统中的不确定性度量体系，建立区间序互补互信息的形式化表示

$$\text{IE}(a^\geqslant; A'^\geqslant) = \sum_{i=1}^{|U|} \frac{1}{|U|} \frac{\left|[x_i]_a^{\geqslant c} \cap [x_i]_{A'}^{\geqslant c}\right|}{|U|} \tag{6}$$

式（6）中，$a \in A' \subset A$；$a^\geqslant$ 为某一属性；$A'^\geqslant$ 为关键关联属性集。在此基础上构造属性赋权方法，进而构建能够有效反映稳健性特性的属性重要度度量准则。

3. 区间数据全序化建模

风险厌恶是人类决策行为模式的一类重要行为特征，因此，就稳健性特性而言，其不仅仅是面对当前经济风险加剧情境的一种现实选择，也是风险厌恶型投资者的行为特征表现。为了遵循稳健性特性，本文在粗糙集理论框架下，基于优势关系进行序化信息的刻画；考虑人类的局部序化认

知模式，在区间数据全序化建模过程中，引入整体优势度 $D_A(x_i) = \dfrac{1}{|U|-1}$

$\sum\limits_{j \neq i} D_A(x_i, x_j)(x_i, x_j \in U)$ 排序，基于相对位置的比较，给出区间数据的第一

级排序。然而，优势度排序难以给出全序化结果。为了更为精细地刻画对

象之间的优劣程度，本文提出运用整体有向距离指数 $\mathrm{DDI}_A(x_i) = \dfrac{1}{|U|-1}$

$\sum\limits_{j \neq i} \mathrm{DDI}_A(x_i, x_j)$ 排序；为了保持稳健性与局部性特性，将有向距离指数排序结

果作为第二级排序，并建立两级排序决策方法，进而为区间数据的全序化问

题求解提供有效的排序决策技术。

4　实证研究

4.1　投资项目选择的评价决策分析

在科技创新引导基金运作、私募股权投资基金运作及担保机构担保业务
的现实决策中，项目多属性评价是典型的共性问题之一。

从投资项目选择的现有研究进展来看，主要围绕投资前的项目筛选，开
展多属性决策分析研究。然而，为了有效降低投资风险，投资资金往往并非
一次全部注入项目，而是采取多阶段投资形式。在每一阶段中，可以根据项
目的收益情况进行多轮相关决策分析。

表 2 列示了 16 个待评价的投资项目。按照项目在上一轮投资后的收益
情况分为优、良、一般三类，不失一般性，令决策属性值分别为 3、2、1。
一般地，在决策者进行投资前项目筛选时，重点关注管理团队能力、市场竞
争力、产品差异度及财务能力等；在分阶段注入投资后，由于决策机构将参
与项目运作与管理（即投资后管理），因此，主要关注市场竞争力、项目发
展能力，并更为细致地考查项目的财务能力。表 2 列示了 8 个评价指标
$c_j(j = 1, 2, \cdots, 8)$，分别代表市场销售能力（销售毛利率）、项目发展能力（资
产增长率）、项目现金流能力（经营活动现金流比率、现金流动负债比率）、
项目营运能力（总资产周转率、固定资产周转率）、项目抵御财务风险能力
（速动比率、利息保障倍数）。

表 2 投资项目决策指标值数据表

U	c_1	c_2	c_3	c_4	c_5	c_6	c_7	c_8	d
x_1	[0.31, 0.33]	[0.35, 0.38]	[0.92, 0.97]	[0.86, 0.92]	[0.51, 0.57]	[3.31, 3.90]	[2.47, 2.55]	[4.83, 5.51]	3
x_2	[0.10, 0.13]	[0.15, 0.17]	[0.28, 0.30]	[0.51, 0.54]	[0.21, 0.26]	[0.57, 0.88]	[1.35, 1.77]	[3.65, 3.96]	1
x_3	[0.30, 0.32]	[0.35, 0.38]	[0.90, 0.97]	[0.85, 0.91]	[0.51, 0.55]	[3.22, 3.89]	[2.45, 2.53]	[4.70, 5.30]	3
x_4	[0.19, 0.23]	[0.24, 0.26]	[0.38, 0.41]	[0.75, 0.82]	[0.38, 0.43]	[1.03, 1.72]	[1.82, 2.18]	[4.15, 4.70]	2
x_5	[0.10, 0.11]	[0.15, 0.17]	[0.25, 0.27]	[0.51, 0.54]	[0.20, 0.24]	[0.56, 0.86]	[1.30, 1.64]	[3.64, 3.90]	1
x_6	[0.18, 0.22]	[0.22, 0.23]	[0.37, 0.40]	[0.75, 0.77]	[0.36, 0.38]	[0.95, 1.75]	[1.80, 2.15]	[4.12, 4.64]	2
x_7	[0.29, 0.32]	[0.29, 0.34]	[0.49, 0.53]	[0.83, 0.87]	[0.51, 0.53]	[2.56, 2.85]	[2.33, 2.47]	[4.55, 4.98]	3
x_8	[0.25, 0.28]	[0.25, 0.27]	[0.38, 0.45]	[0.80, 0.87]	[0.47, 0.50]	[1.19, 2.06]	[1.88, 2.40]	[4.37, 4.89]	3
x_9	[0.11, 0.14]	[0.16, 0.19]	[0.19, 0.25]	[0.52, 0.55]	[0.21, 0.24]	[0.62, 0.89]	[1.28, 1.66]	[3.70, 3.93]	1
x_{10}	[0.13, 0.17]	[0.20, 0.22]	[0.30, 0.36]	[0.63, 0.74]	[0.28, 0.35]	[0.88, 1.23]	[1.67, 2.02]	[3.91, 4.25]	2
x_{11}	[0.10, 0.14]	[0.14, 0.15]	[0.30, 0.32]	[0.51, 0.55]	[0.25, 0.27]	[0.71, 0.90]	[1.43, 1.97]	[3.75, 4.03]	2
x_{12}	[0.11, 0.13]	[0.16, 0.19]	[0.18, 0.24]	[0.51, 0.55]	[0.23, 0.25]	[0.65, 0.88]	[1.37, 1.80]	[3.71, 4.01]	1
x_{13}	[0.07, 0.08]	[0.11, 0.13]	[0.17, 0.22]	[0.33, 0.36]	[0.10, 0.12]	[0.28, 0.33]	[1.20, 1.36]	[3.05, 3.28]	1
x_{14}	[0.20, 0.25]	[0.24, 0.26]	[0.38, 0.42]	[0.76, 0.85]	[0.40, 0.44]	[1.13, 1.77]	[1.84, 2.24]	[4.26, 4.74]	3
x_{15}	[0.10, 0.12]	[0.14, 0.15]	[0.25, 0.26]	[0.50, 0.53]	[0.20, 0.23]	[0.55, 0.85]	[1.23, 1.60]	[3.62, 3.87]	2
x_{16}	[0.15, 0.21]	[0.23, 0.25]	[0.36, 0.39]	[0.73, 0.77]	[0.35, 0.37]	[0.89, 1.71]	[1.78, 2.10]	[4.11, 4.56]	3

就投资项目的多阶段投资模式而言，在每一投资阶段的项目运行中，项目运营业绩指标的数值往往呈现动态波动的特征。一般地，决策者往往以每一阶段为特定时间段来计量相关的业绩指标；相应地，获得的指标数值则是单值数据形式，并以此为基础进行决策分析。显然，单值数据难以反映现实中各项业绩指标的取值波动情况。为了更好地刻画数据的数值波动特征，可将每一个投资阶段按照特定标准（如月份、季度）划分为多个时间段，并针对每个时间段计算相应的指标数值；在此基础上，通过分析每一指标不同时间段的多个数值的取值情况，给出该指标的区间数值。本文基于数据打包思想，以每一指标数值的最小值为区间值下界，以每一指标数值的最大值为区间值上界，进而给出每一指标的区间数。需要说明的是，当每一指标的数据样本足够多时，则可以通过估计数值的分布，给出更为准确的区间数取值。基于上述思想，结合我国高科技行业相关指标的实际取值范围，表 2 给出了 16 个投资项目的 8 个评价指标的区间数据。

按照评价策略，可以得出如下特征选择计算结果。

（1）计算表 2 的区间序补集条件熵，可得 $E(d^{\succ}|C^{\succ})=0.0078$。

（2）针对每个指标计算 $E(d^{\succ}|(C-c)^{\succ})$，可得

$E(d^{\succ}|(C-c_1)^{\succ})=0.0117$，$E(d^{\succ}|(C-c_2)^{\succ})=0.0117$，$E(d^{\succ}|(C-c_3)^{\succ})=0.0156$，

$E(d^{\succ}|(C-c_4)^{\succ})=E(d^{\succ}|(C-c_5)^{\succ})=E(d^{\succ}|(C-c_6)^{\succ})=$

$E(d^{\succ}|(C-c_7)^{\succ})=E(d^{\succ}|(C-c_8)^{\succ})=0.0078$。

因此，核属性集为 $\{c_1,c_2,c_3\}$。

（3）计算核属性集相对于决策属性的区间序补集条件熵，得出

$$E(d^{\succ}|\{c_1,c_2,c_3\}^{\succ})=0.0078=E(d^{\succ}|C^{\succ})$$

（4）回溯检验属性集 $\{c_1,c_2,c_3\}$ 是否存在冗余属性，可得

$$E(d^{\succ}|(B-c_1)^{\succ})=0.0117\neq E(d^{\succ}|B^{\succ})$$

$$E(d^{\succ}|(B-c_2)^{\succ})=0.0117\neq E(d^{\succ}|B^{\succ})$$

$$E(d^{\succ}|(B-c_3)^{\succ})=0.0156\neq E(d^{\succ}|B^{\succ})$$

因此，属性集 $\{c_1,c_2,c_3\}$ 中不存在冗余属性。相应地，可得关键特征子集为

$$B=\{c_1,c_2,c_3\}$$

从关键特征子集的决策语义来看，其表示特征子集中的相关指标与决策属性具有序相关性。就投资项目的投资后管理而言，探寻与项目收益具有序相关的关键评价指标，可以为投资项目的运作管理构建重点指标监控体系，并提取分级决策规则。事实上，粗糙集理论的核心思想就是通过有效的特征

选择，获取符合人类决策行为模式的 If...then... 决策规则。进一步地，结合 Qian 等（2012）的研究，可以对决策规则、整体决策规则集的决策性能进行评价。

根据表 2 中每个项目的指标数据，可以诱导出一条决策规则。首先，可以分析决策属性值 $f(x_i, d) = 3$ 的项目 $x_1, x_3, x_7, x_8, x_{14}, x_{16}$，相应地，基于关键特征子集可获得 6 条决策规则：① If $f(x, c_1) \geqslant [0.31, 0.33] \wedge f(x, c_2) \geqslant [0.35, 0.38] \wedge f(x, c_3) \geqslant [0.92, 0.97]$, then $f(x, d) \geqslant 3$. ② If $f(x, c_1) \geqslant [0.30, 0.32] \wedge f(x, c_2) \geqslant [0.35, 0.38] \wedge f(x, c_3) \geqslant [0.90, 0.97]$, then $f(x, d) \geqslant 3$. ③ If $f(x, c_1) \geqslant [0.29, 0.32] \wedge f(x, c_2) \geqslant [0.29, 0.34] \wedge f(x, c_3) \geqslant [0.49, 0.53]$, then $f(x, d) \geqslant 3$. ④ If $f(x, c_1) \geqslant [0.25, 0.28] \wedge f(x, c_2) \geqslant [0.25, 0.27] \wedge f(x, c_3) \geqslant [0.38, 0.45]$, then $f(x, d) \geqslant 3$. ⑤ If $f(x, c_1) \geqslant [0.20, 0.25] \wedge f(x, c_2) \geqslant [0.24, 0.26] \wedge f(x, c_3) \geqslant [0.38, 0.42]$, then $f(x, d) \geqslant 3$. ⑥ If $f(x, c_1) \geqslant [0.15, 0.21] \wedge f(x, c_2) \geqslant [0.23, 0.25] \wedge f(x, c_3) \geqslant [0.36, 0.39]$, then $f(x, d) \geqslant 3$。

对于每个决策规则而言，可根据其确定度（certainty measure）对其决策性能进行评价。确定度的形式表示为

$$\mathrm{CM}(x_i) = \frac{\left| [x_i]_B^{\geqslant} \cap [x_i]_d^{\geqslant} \right|}{\left| [x_i]_B^{\geqslant} \right|} \qquad (7)$$

实际上，式（7）中的 $[x_i]_B^{\geqslant} \cap [x_i]_d^{\geqslant}$ 表示既在关键特征子集上优于 x_i 又在决策属性上优于 x_i 的对象集合，即 CM 给出了一种决策信息一致性程度的度量，而这本质上就是区间序决策表中决策信息的确定性程度。换言之，CM 值越大，表明基于对象 x_i 诱导出的决策规则的确定性程度越大；特别地，当 CM 等于 100% 时，表明在关键特征子集上优于 x_i 的所有对象，在决策属性上也均优于 x_i，这就意味着，基于对象 x_i 诱导出的决策规则是一条完全确定的决策规则。

根据式（7），可以计算得出上述 6 条决策规则的确定度，即

$$\mathrm{CM}(x_1) = \mathrm{CM}(x_3) = \mathrm{CM}(x_7) = \mathrm{CM}(x_8) = \mathrm{CM}(x_{14}) = 100\%,$$
$$\mathrm{CM}(x_{16}) = 6/7 = 85.71\%$$

进一步分析基于对象 x_{16} 诱导出的决策规则⑥，可以发现，存在一个对象 x_4 与其相矛盾，该对象在条件属性上符合决策规则，但其决策属性值却为 2。综合来看，由于前 5 条规则均是完全确定的，因此，可将其合并。实际上，规则⑤包含了前 4 条规则。所以，通过分析决策属性值 $f(x_i, d) = 3$ 的项目 $x_1, x_3, x_7, x_8, x_{14}, x_{16}$，可以得出一条确定性决策规则和一条非确定性决策规

则，即

r_1 : If $f(x,c_1) \geqslant [0.20, 0.25] \wedge f(x,c_2) \geqslant [0.24, 0.26] \wedge f(x,c_3) \geqslant [0.38, 0.42]$,
then $f(x,d) \geqslant 3$ （CM=100%）

r_2 : If $f(x,c_1) \geqslant [0.15, 0.21] \wedge f(x,c_2) \geqslant [0.23, 0.25] \wedge f(x,c_3) \geqslant [0.36, 0.39]$,
then $f(x,d) \geqslant 3$ （CM=85.71%）

类似地，通过分析决策属性值 $f(x_i, d) \geqslant 2$ 的 11 个项目，可以得出两条决策规则，即

r_3 : If $f(x,c_1) \geqslant [0.10, 0.14] \wedge f(x,c_2) \geqslant [0.14, 0.15] \wedge f(x,c_3) \geqslant [0.30, 0.32]$,
then $f(x,d) \geqslant 2$ （CM=100%）

r_4 : If $f(x,c_1) \geqslant [0.10, 0.12] \wedge f(x,c_2) \geqslant [0.14, 0.15] \wedge f(x,c_3) \geqslant [0.25, 0.26]$,
then $f(x,d) \geqslant 2$ （CM=91.67%）

可以看出，基于关键特征子集，决策者可获取更为精炼的分级评价决策规则。实际上，精炼的决策规则在现实的决策分析中是非常必要的，毕竟决策规则中条件属性的数量越多，其在决策支持中的泛化能力（即适用性）就会越弱。进一步地，结合决策规则的确信度评价，可为决策者提供具有概率意义的决策规则评价准则。

当然，需要说明的是，在投资项目决策的投资后管理中，基于大量、多轮的项目案例，通过分析关键特征子集及其对应的分级评价决策规则，特别是分析决策规则中各指标的取值分布情况以及各决策规则的平均确信度，有利于投资项目的相关利益主体建立多阶段投资项目管理的重点指标监控与量化评价体系，进而为投资项目决策优化提供有效的决策支持。

4.2　证券投资的评价决策分析

随着全球资本市场的迅速发展，证券投资决策的研究也受到更为广泛的关注。尤其近二十年来，随着人工智能决策方法的发展，关于证券评价策略的研究不断涌现。当然，关于证券评价策略研究的争论也从未停止。有效市场理论认为，投资者在可用信息集（历史的价格信息、市场公开信息及私有信息）下无法获得超额收益，并将市场划分为弱式、半强式及强式有效三种形式。但是，诸多的研究证据表明，中国资本市场未达半强式有效，这也就意味着，投资者基于公开的企业财务信息可以获得超额投资

收益。

    本文以上证 180 指数成分股为研究样本，基于 11 个财务指标（条件属性）及证券收益率（决策属性）构建区间数分级决策表。基于特征选择算法，可以获取与证券收益率具有序相关性的关键财务指标。在此基础上，通过特定的排序方法，基于关键财务指标集进行排序决策，即可获得证券评价的排序决策结果。从本质上来看，这是一类符合谨慎投资者投资需求的证券选择策略。其核心思想是，在证券收益率的众多影响因素中（如财务指标、宏观经济指标、专家投资建议、"内幕消息"等），只有基于反映企业经济运行情况的评价准则进行的决策，才是可靠的证券选择策略。本文则基于区间数据表示形式，以"公司经营业绩与证券市场业绩一致趋优"为核心，综合运用区间数分级决策的特征选择方法和区间数排序决策方法，开展稳健型证券评价决策研究。

    事实上，从证券评价决策的研究进展来看，决策者往往基于财务指标的单值数据开展决策建模与分析。然而，对于证券市场而言，无论是上市公司的财务指标还是市场回报指标，数值的波动性是普遍而又必须关注的特征。显然，传统的单值数据是一种信息不完全的数据表现形式。相比较单值数据而言，区间数据更有利于反映数值的取值分布情况，更有利于揭示数据取值的整体特性。

    本文选取全球金融危机爆发后连续三年（$T+1$，$T+2$，$T+3$）的上证 180 指数成分股为研究样本。在样本选择时，考虑到金融类上市公司与非金融类上市公司的财务指标数值具有显著差异，剔除掉了金融类企业；考虑到证券选择决策本质上是选优，剔除掉了企业经营中利润指标为负值的企业；剔除了数据不全的公司。财务指标选择了表示企业财务运营状况的常用的 11 个指标，分别为营业利润率、总资产净利润率、净资产收益率、现金流量比率、现金流动负债比率、总资产周转率、固定资产周转率、总资产增长率、净利润增长率、速动比率、资产负债率。在构建区间数分级决策表时，基于上市公司的季报公布制度，考虑到上市公司的年度财务报告在下一年度 4 月 30 日前公布，因此，财务指标以年度的季度数据为基础，取季度数据的最大值为区间数的上界，取季度数据的最小值为区间数的下界；决策属性则按照下一年度 5～6 月证券收益率的取值，将样本分为三类，即收益率前 30% 样本的决策属性值为 3，收益率后 30% 样本的决策属性值为 1，其余样本的决策属性值为 2。样本数据信息如表 3 所示，评价决策方案实施框架如图 1 所示，具体实施步骤如下。

表 3　证券评价决策指标值数据表

U	c_1	c_2	c_3	……	c_{10}	c_{11}	d
x_1	[0.012 668, 0.158 075]	[0.557 846, 0.608 620]	[0.394 621, 1.058 395]	……	[2.660 913, 15.603 957]	[0.669 029, 0.943 306]	3
x_2	[0.012 576, 0.031 614]	[0.186 747, 0.297 327]	[−0.003 093, 0.160 974]	……	[0.543 975, 0.703 493]	[0.359 876, 0.392 091]	3
x_3	[0.011 936, 0.028 419]	[0.170 577, 0.194 014]	[0.073 039, 0.357 518]	……	[3.339 412, 4.191 345]	[0.686 812, 0.719 565]	2
x_4	[0.022 858, 0.039 763]	[0.128 703, 0.147 224]	[0.102 876, 0.263 296]	……	[0.516 789, 0.883 613]	[0.699 464, 0.709 452]	3
x_5	[0.006 316, 0.038 046]	[0.268 640, 0.435 120]	[0.013 842, 0.412 551]	……	[0.684 169, 3.124 865]	[0.349 420, 0.766 687]	2
x_6	[0.029 146, 0.076 578]	[0.153 989, 0.242 276]	[0.039 504, 0.210 794]	……	[0.767 145, 0.997 224]	[0.348 294, 0.484 397]	3
x_7	[0.030 021, 0.069 833]	[0.141 167, 0.240 663]	[−0.142 560, 0.450 911]	……	[1.398 665, 1.530 116]	[0.499 860, 0.581 615]	3
x_8	[0.003 914, 0.009 550]	[0.199 316, 0.217 389]	[−0.056 145, 0.162 644]	……	[0.428 022, 0.606 280]	[0.343 757, 0.408 486]	3
x_9	[0.005 249, 0.015 463]	[0.113 152, 0.149 183]	[−0.050 683, 0.343 068]	……	[0.647 304, 0.918 827]	[0.774 760, 0.795 575]	1
x_{10}	[0.004 042, 0.006 046]	[0.020 791, 0.026 678]	[−0.036 724, 0.071 133]	……	[0.993 300, 1.116 772]	[0.211 305, 0.226 607]	2
……	……	……	……	……	……	……	……

　　步骤一：建立稳健型证券投资评价的初始决策表。决策表中，公司经营业绩评价指标为条件属性，证券收益率为决策属性；所有数据在时间维度上进行数据打包，将单值型数据转换为区间数据。

　　步骤二：建立稳健型证券投资评价的分级决策表。将证券收益率区间数据进行全序化处理，然后，根据决策需求将所有个股分为若干优劣级别，并按照级别的个数进行赋值。若将证券收益率按照取值大小分为优、中、劣三个级别，相应的决策属性值赋值为3、2、1。

　　步骤三：获取公司经营业绩评价指标中相对于证券市场业绩的关键关联指标集。面向稳健型证券投资评价的分级决策表，运用基于区间序互补条件熵的特征选择算法，进而求解关键关联指标集合。

　　步骤四：建立稳健型证券投资评价的区间序信息表。基于步骤三求解的关键关联指标集合建立区间序信息表，以此为基础，运用基于区间序互补互信息的特征评价方法度量各指标的属性重要度，为全序化求解奠定基础。

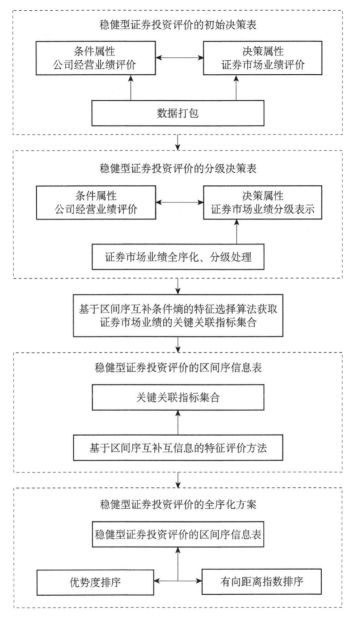

图 1　稳健型证券投资评价决策方案实施框架图

步骤五：求解稳健型证券投资评价的全序化方案。面向关键关联指标集合的区间序信息表，运用优势度排序方法，获得优先级序；然后，针对并列排序的对象运用有向距离指数排序获得全序化求解，以满足不同投资者的个性化投资需求。

根据上述证券投资评价决策方案，所获得评价最优的排序前十位证券收益率见表4、表5、表6。

表4　T+1 年排序前十位证券投资回报率

证券代码	1月期回报率	2月期回报率	3月期回报率	4月期回报率	5月期回报率	6月期回报率
600519	0.021 624	0.021 420	0.122 683	0.073 311	0.184 313	0.156 460
601958	0.385 139	0.042 724	0.158 514	0.274 922	0.321 361	0.180 184
601699	0.332 742	−0.071 157	−0.048 874	0.164 851	0.392 757	0.311 218
600348	0.456 522	0.146 050	0.185 316	0.378 321	0.583 970	0.609 593
601898	0.298 250	−0.090 241	−0.065 653	0.065 484	0.143 346	0.113 021
600089	0.083 149	0.042 684	0.176 830	0.185 700	0.378 050	0.319 291
600216	0.027 778	0.081 457	0.103 604	0.254 505	0.253 379	0.335 211
600309	0.115 409	−0.062 778	0.093 215	0.257 450	0.480 659	0.522 512
601001	0.363 981	−0.139 894	−0.062 332	0.172 846	0.288 635	0.246 253
601666	0.270 841	−0.118 989	−0.095 122	0.036 321	0.113 457	0.106 885
平均回报率	0.235 544	−0.014 873	0.056 818	0.186 371	0.313 993	0.290 063
指数回报率	0.176 642	−0.121 437	−0.066 014	0.015 933	0.077 496	0.097 463

表5　T+2 年排序前十位证券投资回报率

证券代码	1月期回报率	2月期回报率	3月期回报率	4月期回报率	5月期回报率	6月期回报率
600271	0.223 118	0.147 177	0.307 123	0.654 570	0.667 338	0.848 790
600395	0.170 966	0.153 336	0.173 240	0.592 377	0.389 917	0.851 138
600216	0.234 424	0.388 241	0.248 053	0.424 066	0.367 213	0.268 304
600519	0.099 059	0.262 012	0.337 306	0.293 080	0.623 266	0.457 697
600085	0.057 040	0.163 146	0.500 631	0.658 451	0.774 810	0.528 271
601001	0.170 568	0.193 805	0.217 768	0.836 455	0.561 240	0.525 658
600348	0.131 336	0.250 383	0.211 212	1.304 913	0.999 231	1.202 764
600690	0.161 630	0.204 614	0.247 598	0.461 988	0.330 383	0.497 012
601898	0.194 903	0.188 838	0.203 395	0.495 753	0.284 673	0.317 428
601088	0.108 631	0.117 500	0.102 096	0.335 026	0.130 103	0.153 443
平均回报率	0.155 168	0.206 905	0.254 842	0.605 668	0.512 817	0.565 050
指数回报率	0.107 791	0.099 930	0.103 459	0.269 385	0.171 990	0.169 238

表6 T+3 年排序前十位证券投资回报率

证券代码	1 月期回报率	2 月期回报率	3 月期回报率	4 月期回报率	5 月期回报率	6 月期回报率
600741	−0.039 533	−0.059 299	−0.078 167	−0.082 659	−0.196 765	−0.168 014
600519	0.080 937	0.123 193	−0.003 263	0.067 966	0.098 560	0.010 909
600271	0.034 056	0.162 926	0.045 279	−0.032 894	−0.026 315	−0.231 424
600104	−0.083 646	−0.166 706	−0.138 121	−0.118 704	−0.270 262	−0.237 361
600216	0.125 518	0.038 867	−0.165 657	−0.169 480	−0.214 081	−0.366 359
601699	−0.012 496	−0.035 051	−0.110 332	−0.197 805	−0.274 916	−0.355 075
601888	0.124 841	0.231 485	0.041 472	0.184 933	0.210 325	0.110 029
600348	0.038 608	0.108 902	0.005 749	−0.123 193	−0.235 082	−0.368 599
601899	0.155 988	0.124 519	−0.089 476	−0.049 614	−0.104 162	−0.198 571
600690	−0.088 001	−0.194 281	−0.340 775	−0.258 193	−0.388 171	−0.358 728
平均回报率	0.033 627	0.033 455	−0.083 329	−0.077 964	−0.140 087	−0.216 319
指数回报率	−0.031 759	−0.073 523	−0.156 856	−0.109 771	−0.170 482	−0.218 262

为了清晰地展示实证结果，图2、图3、图4给出了 T+1、T+2、T+3 年投资回报率的比较图。从表4～表6与图2～图4的结果可以看出，本文基于稳健型评价策略构建的证券选择策略可以获得超额收益，进而验证了评价方法的有效性。

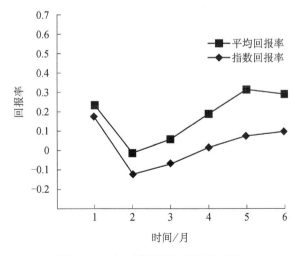

图2 T+1 年证券投资回报率比较图

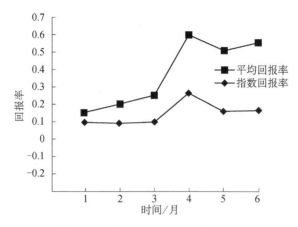

图3　T+2 年证券投资回报率比较图

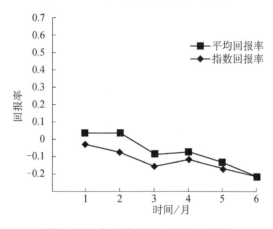

图4　T+3 年证券投资回报率比较图

5　总结与展望

在现实决策中，评价策略是一个普遍存在的典型决策分析问题，其广泛存在于国家或区域宏观经济管理、企业运作管理及个体日常决策中，如综合国力评价、地区经济实力评价、企业投资项目评价、企业创新能力评价、个体投资决策等。从评价决策的现有研究进展来看，围绕层次分析法、数据包络分析法及模糊评价等方法，针对前述各类实际评价问题开展了广泛而深入的研究。然而，在实际决策分析中，人们发现人类决策行为模式是影响决策方案的关键要素。特别是，在重大决策分析中，决策者往往表现出风险厌恶的行为特征，因此，考虑风险厌恶特征的稳健型评价策略自然成为评价决策研究的新方向。

从山西资源型经济转型发展的现状来看，经济下行压力日益增大；从国际、国内经济形势来看，各种不确定因素日益增多，进一步加大了经济运行的风险。可以肯定，面对后金融危机时代，面对风险因素逐渐增加的现实情境，开展稳健型评价策略研究具有重要的科学意义和显著的应用价值。

在山西资源型经济转型发展的总体设计中，金融创新是有效推进经济转型效率与效果的重要驱动力量。从科技创新引导基金运作、新三板分层、私募股权投资基金运作、担保机构的项目风险评价、信用体系构建等各类金融创新举措的设计与运行来看，评价决策是诸多创新要素的关键共性问题之一。因此，面向山西资源型经济发展的金融创新问题，开展稳健型评价策略研究，有利于提升金融创新效率，进而促进资源型经济转型的健康发展。

总体来看，本文围绕稳健型评价策略开展了系统性研究，获得的主要研究结论与成果概括如下。

第一，建立了稳健型评价策略的决策分析框架。综合考虑决策语义、人类认知模式和决策需求，本文基于稳健性、局部性和全局性三个特性建立了稳健型评价策略的序化机理；在此基础上，以"数据表示：基于数据打包的区间数据形式"为基础数据表示形式，以"关键特征选择–特征评价–全序化建模"为主体脉络，建立了稳健型评价策略的决策分析框架，为稳健型评价决策模式研究奠定了决策分析基础。

第二，建立了区间序信息系统不确定性表示的熵度量体系。在粗糙集理论框架下，面向区间序信息系统，着眼于兼顾信息增益的补集特性，提出了区间序互补熵、区间序互补互信息、区间序互补条件熵等系列概念，建立了区间序信息系统不确定性表示的熵度量体系。在此基础上，揭示了区间序互补互信息的稳健性特性及其作为属性重要性度量的合理性，揭示了区间序互补条件熵的特征评估性能，为稳健型评价策略的研究提供了有效的特征评价和特征选择方法。

第三，提出了面向区间数据的两级序化决策方法。稳健型评价策略是着眼于稳健型视角的序化问题求解。为了全面、有效地反映样本数据的整体特征，以区间数据为问题求解的基本数据表示形式；为了更为精细地刻画评价对象之间的优劣程度，提出了有向距离指数序化方法；为了保证稳健性、局部性、全局性三个序化特性，引入整体优势度作为优先级准则，将有向距离指数作为次优先级准则，建立了面向区间数据的两级序化决策方法，为稳健型评价策略的研究提供了有效的全序化技术。

第四，发展了评价理论与序化决策技术。考虑人类决策行为模式，基于稳健性、局部性、全局性三个序化特性，通过特征选择、特征评价与全序化方法的集成，提出了符合风险厌恶型决策者需求的稳健型评价策略与序化决策方法，进一步丰富和发展了评价理论与序化决策技术。

总体来看，面对当前经济运行风险日益增加、市场波动依然明显的现实背景，本文面向资源型经济转型中的金融创新问题，开展了稳健型评价策略研究。然而，仍然存在相关问题需要进行进一步深入的研究和分析，今后的工作将围绕如下几个方面开展。

第一，稳健型群体评价策略研究。在现实决策中，由于问题的复杂性与不确定性，个体决策者往往难于做出可靠的决策判断。为了提高决策方案的稳健性与可靠性，需要发挥集体智慧，面向重大任务需求开展群体决策判断。因此，立足于决策任务的多维度、多视角综合评价，研究稳健型群体评价决策方法，自然成为评价理论与序化决策技术的新的研究视角。

第二，基于一次性决策理论的评价策略研究。在重大项目决策中，决策任务往往具有不可重复性，相应地，其决策风险呈现非对称特征，即决策失败风险相较于决策成功收益而言具有非对称极大特性。因此，考虑决策风险函数的非对称特征，研究基于一次性决策理论的评价决策方法，对于重大决策的科学、有效具有极其重要的研究价值。

第三，不同风险偏好程度下的评价策略研究。立足于现实经济背景与风险厌恶型决策者的决策行为特征，本文建立了稳健型评价决策方法。然而，从行为决策的研究进展来看，不同的决策者具有不同的风险偏好，当然，即便是特定的决策者其在不同的心理账户（mental account）中也具有不同的风险偏好。因此，立足于不同风险偏好程度视角进行评价决策方法的探索有望成为更有价值的研究领域。

参 考 文 献

全国中小企业股份转让系统有限责任公司. 2016. 全国中小企业股份转让系统挂牌公司分层管理办法（试行）[EB/OL]. http://business.sohu.com/20160527/n451758279.shtml[2016-5-27].

山西省人民政府. 2012. 山西省国家资源型经济转型综合配套改革试验总体方案[EB/OL]. http://www.jconline.cn/Contents/Channel_6928/2012/0914/862762/content_862762.html[2016-5-27].

山西省人民政府. 2013. 山西省国家资源型经济转型综合配套改革试验实施方案（2013—2015 年）[EB/OL]. http://www.sxjrfwpt.com/read.asp?id=2393l[2016-5-27].

山西省人民政府. 2016. 山西省国家资源型经济转型综合配套改革试验实施方案（2016—2020 年）[EB/OL]. http://www.sxdrc.gov.cn/zcwj/201604/t20160405_173825.html[2016-5-27].

中华人民共和国国务院. 2005. 国家中长期科学和技术发展规划纲要（2006—2020 年）[EB/OL]. http://www.most.gov.cn/mostinfo/xinxifenlei/gjkjgh/200811/t20081129_65774.html[2016-5-27].

Corrente S，Greco S，Słowiński R. 2013. Multiple criteria hierarchy process with ELECTRE and PROMETHEE[J]. Omega，41（5）：820-846.

Diday E. 1995. From Data to Knowledge：Probabilistic Objects for a Symbolic Data Analysis[M]. Paris：Discrete Mathematics and Theoretical Computer Science.

Graham B，Dodd D. 1934. Security Analysis[M]. New York：McGraw-Hill.

Greco S，Matarazzo B，Slowinski R. 2002. Rough sets methodology for sorting problems in presence of multiple attributes and criteria[J]. European Journal of Operational Research，138（2）：247-259.

Hu Q H，Yu D R，Guo M Z. 2010. Fuzzy preference based rough sets[J]. Information Sciences，180（10）：2003-2022.

Joshi D，Kumar S. 2016. Interval-valued intuitionistic hesitant fuzzy Choquet integral based TOPSIS method for multi-criteria group decision making[J]. European Journal of Operational Research，248（1）：183-191.

Markowitz H. 1952. Portfolio selection[J]. Journal of Finance，7（1）：77-91.

Ng C Y. 2016. Evidential reasoning-based fuzzy AHP approach for the evaluation of design alternatives' environmental performances[J]. Applied Soft Computing，46：381-397.

Pawlak Z. 1982. Rough set[J]. International Journal of Computer and Information Sciences，11（5）：341-356.

Qian Y H，Liang J Y，Song P，et al. 2012. Evaluation of the decision performance of the decision rule set from an ordered decision table[J]. Knowledge-Based Systems，36：39-50.

Shepherd D A，Armstrong M J，Lévesque M. 2005. Allocation of attention within venture capital firms[J]. European Journal of Operational Research，163（2）：545-564.

Tyebjee T T，Bruno A V. 1984. A model of venture capitalist investment activity[J]. Management Science，30（9）：1051-1066.

Wang C Z，Chen D G，Hu Q H. 2010. Some invariant properties of ordered information systems under homomorphism[J]. Science in China F：Information Sciences，53（9）：1816-1825.

Wijesiri M，Vigano L，Meoli M. 2015. Efficiency of microfinance institutions in Sri Lanka：a two-stage double bootstrap DEA approach[J]. Economic Modelling，47：74-83.

Xu W H，Zhang X Y，Zhang W X. 2009. Knowledge granulation，knowledge entropy and knowledge uncertainty measure in ordered information systems. Applied Soft Computing，9（4）：1244-1251.

Zacharakis A L，Meyer G D. 2000. The potential of actuarial decision models：can they improve the venture capital investment decision? [J]. Journal of Business Venturing，15（4）：323-346.

能源价格监测预警研究报告①

---

1 导 言

1.1 研究背景

1.1.1 中国能源供给和消费中存在的问题

进入 21 世纪以来，随着全球经济进入新一轮的快速增长，新兴国家对能源需求日益旺盛，能源供需矛盾突出，能源地位越来越重要。能源已经成为继粮食、金融和人口之后又一个重要的焦点。

近年来，我国加快能源基础设施建设，能源供应持续稳定增长，有力地支撑了我国经济的发展。但我国在能源供应快速增长的同时，也面临着一些比较突出的问题。

（1）能源消费持续增长。随着我国经济快速发展，工业化、城镇化进程加快，居民消费结构升级换代，能源消费不断增长，由 1978 年的 57 144 万吨标准煤增长到 2014 年 426 000 万吨标准煤，能源消费增长率基本保持正值且从 1998～2007 年增长速度较快，见图 1。

---

① 课题组组长：杨威。课题组成员：史金凤、边俊仙、樊甜甜。本文完成于 2016 年 7 月，如无特别说明研究涉及数据截至 2015 年。

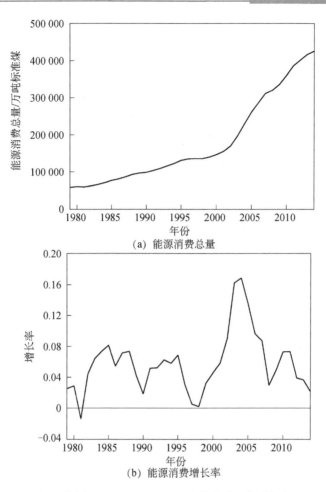

图 1　中国 1978～2014 年能源消费总量及其增长率

　　虽然我国制定了"十一五"期间和"十二五"期间单位 GDP 能源消费强度降低 20%和 16%的目标，但随着经济总量的增加，能源消耗在相当长的时间内将继续保持增长。

　　（2）能源资源相对短缺。我国能源资源总量不小，但人均拥有量较低。我国煤炭资源人均拥有量相当于世界平均水平的 50%，石油、天然气人均资源量仅为世界平均水平的 1/15 左右。特别地，国际市场对我国石油供应的影响较大。20 世纪 60 年代我国还是石油净出口国家，80 年代开始进口石油，到 1993 年已成为石油净进口国，并且原油对外依存度已经从 1996 年的 1.09 增长到 2015 年的 60.77。此外，我国对天然气的对外依存度也从 1996 年的 0 增长到 2015 年的 31.48。目前，全球能源供需平衡关系脆弱，各种非经济因素对石油和天然气供需乃至能源价格的影响不断增加，我国对外依存度较大的能源品种的供应受国际市场的影响也将越来越大。

（3）能源使用产生的环境问题日益突出。煤炭是我国的基础能源，富煤、少气、贫油的能源结构短期较难改变，煤炭是解决我国能源供给不足的必然选择。我国煤炭清洁利用水平低，煤炭燃烧产生的污染多，给生态环境带来很大压力。从二氧化碳排放量来看，中国从 1965 年的 489.22 百万吨增长到 2014 年的 9761.08 百万吨，而同期全世界的二氧化碳排放量分别为11 599.57 百万吨和 35 498.68 百万吨。此外，中国的二氧化碳排放量占全球二氧化碳排放量的比率也在逐年增加，从 1965 年的 4.22%增长到 2014 年的27.50%，具体二氧化碳排放量走势和比率走势见图 2。

（4）能源利用效率有待提高。20 世纪最后 20 年，中国以能源消费翻一番，支撑了经济总量翻两番，能源消费弹性系数为 0.43。但也要看到，中国能源利用效率相对较低，能源生产和使用模式仍然粗放，诸如钢铁行业的行业集中度较低，生成技术落后的小型钢厂较多，能源使用量较大，产生污染较多，等等。此外，清洁能源和可再生能源在整个能源消费中所占的比重有待提高。可再生能源、清洁能源、替代能源等技术的开发相对滞后，节能降耗、污染治理等技术的应用还不广泛，一些重大能源技术装备自主设计制造水平还不高。

1.1.2 能源价格冲击对宏观经济的影响

在 20 世纪七八十年代的几次能源危机中，以美国为首的主要能源消费国家都出现了经济衰退现象。学者们大都认为这是由于能源价格持续上涨造成的，因为能源是工业生产的基本原料，能源价格上涨将会引发成本推动型通货膨胀，抑制消费需求，减缓经济的增长速度，以至于引起经济衰退。因此，很多学者认为能源价格上涨是导致经济衰退的主要原因，从此便揭开了学术界对能源价格波动的研究，即研究能源价格波动与经济发展的关系等问题。关于能源价格波动对经济的影响，很多学者都做出了很多研究，这里总结列举出以下最具有代表性的几种观点。

（1）实际余额效应。石油价格的上涨会提高货币的需求量，如果货币的供应量得不到补给，那么利率就会上升，利率的上升就会抑制投资，最终导致总产出下降。与此同时，石油价格的上升会进一步提高其他商品的价格，这时候如果货币供应量保持原来的数量不变，那么整个经济体的实际余额就会下降，这样又会抑制消费支出，从而又导致经济衰退。通过以上分析，可

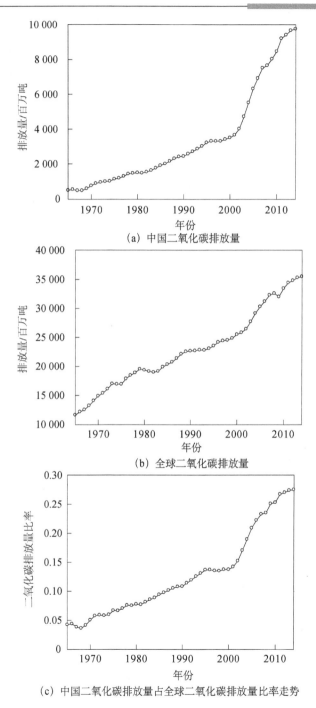

（a）中国二氧化碳排放量

（b）全球二氧化碳排放量

（c）中国二氧化碳排放量占全球二氧化碳排放量比率走势

图 2 1965～2014 年中国二氧化碳排放量、全球二氧化碳排放量及其比率走势图

以预见，通过调整货币政策可以抵消实际余额效应。随着宏观经济条件的变化，中国的货币政策也将随之做出调整，所以一般情况下，实际余额效应对我国经济影响不大，但是如果发生高通货膨胀，货币的供应量增加非常困难，这时实际余额效应才会对经济产生负面的影响。

（2）供给冲击效应。该理论是从总供给的角度来解释的，认为能源价格的上涨，也就是说煤炭和石油相对于其他资源来说价格昂贵，而价格昂贵又将导致能源投入减少，因此导致了总产出下降，劳动生产率也进一步降低。劳动生产率降低意味着实际工资也将减少。由于工资的黏性，厂商不得已要减少劳动需求，这样总产出再一次减少。还有，能源价格上涨会使未来能源价格有很大的不确定性，这种不确定性往往导致个人推迟消费或者投资，这样又使需求减少了，对经济产生负面影响。因为能源是基础原材料，其价格上涨将会转嫁到最终消费品上，使得消费者的购买力受到影响，抑制社会的有效总需求。我国现阶段处于工业化阶段，不管是产业结构还是能源结构都面临着调整，一个稳定的经济环境是非常重要的，因此，供给冲击效应对中国经济的负面影响较大。

（3）收入转移效应。能源价格上涨会使购买力发生转移，从能源净进口国转移到能源净出口国。这样，能源净进口国对自己国家的产品的消费需求就会减少，从而使自己国家的经济出现衰退。以煤炭为例，自 2009 年以来，我国的煤炭需求增速逐渐加快，而我国的煤炭供应已经无法满足经济的正常运行，如此一来，我国的煤炭进口量大幅度增长，我国也从煤炭的净出口国变成了煤炭净进口国。2009 年我国首次成为煤炭净进口国，之后又超越日本，成为世界第二大煤炭进口国，且进口数量逐年增加。煤炭价格上涨意味着我国进口总值将会增加，为此我国要付出更多的外汇进口成本。因为对外贸易是中国经济三大引擎之一，如果国家煤炭价格一直保持在很高的水平，那么我国对外贸易将会受到不利的影响，对中国的整体经济也会进一步产生不利的影响。

（4）通货膨胀效应。能源价格上涨将会导致成本推动型通货膨胀，其影响程度取决于货币政策的紧缩程度，以及生产者和消费者对收入和利润下降幅度的承受能力。能源价格波动对一地区物价总水平和总产出的影响主要会经历以下三个阶段。第一阶段：通过能源或者能源产品的进出口活动进行影响。世界某一处于高位的能源价格将会直接推动国内某种能源价格的上涨。在开放的世界环境下，这是国内外能源市场能源价格向均衡价格过度的必然结果，这属于输入性的通货膨胀。第二阶段：某一能源价格的上涨又迫使经济活动成本增加，再次引起成本推动型通货膨胀。正常的情况下，能源市场价格的波动先是体现在上游产业产品的成本和价格上，然后再一步一步地向下游产业传导，最后在终端消费品身上体现出来。第三阶段：由于物价和其他价格有很多联系，物价水平的上升又会使利率、工资和租金等增加，这样一来，生产成本和生活成本就会全面上升，进而影响到服务的价格，最后引起价格总水平的上升。经过这三个阶段最终对物价造成影响。

值得指出的是，能源价格对能源依赖型经济发展及能源富集地区有很大的影响。以山西省为例，由于煤炭市场需求乏力、产能过剩及国外煤炭冲击等原因，煤炭价格波动较大，山西省的经济也受到一定冲击。张洪潮等（2015）指出煤炭价格波动对山西 GDP 具有明显的短期正向和长期正向冲击效力，平均时滞为 4.5 个月。因此，构建能源价格监测预警体系对保障经济稳定健康发展是有意义的。

1.1.3　能源价格监测预警的现实需求

2008 年 1 月，《国务院办公厅关于加强能源预测预警工作的意见》明确提出抓紧建立健全统计制度、稳步推进能源监测预警信息系统建设、着力提高能源监测预警能力和水平、大力加强重点领域和薄弱环节的监测预警、建立能源监测预警信息发布制度。凡事预则立，不预则废，建立符合中国国情的能源价格监测预警体系，对我国应对复杂的能源局势，在未来世界能源格局中占据有利位置，维护国家能源安全和世界能源安全至关重要。

在中国经济发展新常态背景下，要推进新型工业化、信息化、城镇化、农业现代化同步发展，从主要追求产量增长和拼资源、拼消耗的粗放经营，向数量质量效益并重、注重提高竞争力、注重可持续的集约发展转变。能源变革是推动经济转型的关键所在，而推进能源消费结构转型、优化能源结构，将为经济发展奠定坚实的基础。能源价格的监测预警研究能分析市场供需关系、能源价格波动特征及行业景气运行状况，从而为优化能源消费结构提供有价值的参考信息。

综合上述中国能源供给和消费中存在的问题及能源价格冲击对社会经济的影响分析，我们可以发现，严峻的国际国内能源形势对我国的社会经济发展提出了挑战，要实现新常态下我国经济资源依赖的转型发展及社会经济的可持续发展，必须把中国能源发展中现有和潜在的问题进行系统的分析，以建立和完善能源监测预警理论和应用体系为重点开展研究工作，为制订国家中长期经济发展规划、完善国家经济决策和能源规划政策制订体系提供重要支撑性研究。

1.2 研究意义

1.2.1 适应新常态下能源保障经济发展的现实需求

改革开放以来，中国能源发展战略发生了重大变革，从改革开放前的"开源战略"转变为改革开放后的"综合能源效率战略"，在经济发展新常态的背景下，必须坚持"能源与经济协调发展战略"，才能在有限的能源资源条件下，实现我国的经济发展目标。在当前应对全球金融危机、拉动内需和加快能源工业发展的过程中，能源基础工程建设、新能源开发、能源环境工程及能源产业结构调整、能源效率提高等问题，涉及未来，关乎长远，需要在科学预测评估的基础上，全面考虑，统筹安排。必须立足现实，对我国未来的能源发展趋势进行分析预测，找出其中存在的问题，以便及早采取措施，避免可能出现的危害，保护我国能源供应的稳定和健康发展。因此，加快我国能源价格监测预警的研究，对能源价格运行和发展的演变趋势进行预期性评价，能提前发现可能出现的问题和成因，为预先防范和及时采取化解措施提供更有针对性的依据，促进能源与社会经济协调发展，促进国民经济又好又快地发展。

1.2.2 促进我国能源价格体系管理的科学化

加强能源价格监测预警，正确把握经济发展阶段和经济运行周期对能源供求的影响，合理安排能源建设规模和建设节奏，保证均衡出力，是实现能源与社会经济协调发展的内在要求。解决我国能源问题的一个重要立足点就是要妥善处理社会经济发展与资源、环境相互适应的关系，以能源的可持续发展支持社会经济的可持续发展。加强能源价格监测预警，及时掌握能源生产和消费结构、能源利用效率、相关产业发展的态势，解决出现的困难和问题，促进能源增长方式的转变，搞好能源的高效利用，实现能源发展与生态环境建设和污染防治的协调发展，建设资源节约型、环境友好型社会，不断增强能源可持续能力。因此，加强前瞻性、综合性的预测研究，全面、正确地分析与把握能源资源、能源开发、能源结构、能源消费、能源节约、能源安全、能源管理体制和能源对外合作的现状及发展趋势，做到统筹社会经济与能源发展、统筹能源开发与节约、统筹能源发展与改革、统筹国内开发与国外合作，才能适应国际国内环境的变化，做到未雨绸缪，才能防患于未然。

1.2.3 丰富我国能源价格监测预警理论的内涵

监测预警是能源研究的一个重要领域，但与宏观经济、粮食、水资源和水环境等其他领域相比，能源价格的监测预警研究稍显落后，没有在全局层面上为能源依赖地区制定综合能源战略和政策提供支持的综合性能源价格监测预警系统，这在能源依赖经济转型发展的今天尤为重要。本研究将吸收和借鉴国内外研究经验，对能源价格监测预警的要素、机制和指标体系等方面的内容进行研究，初步建立能源价格监测预警的理论框架，丰富和完善能源系统分析学科体系，为从国家层面提出能涵盖整个能源领域的、完整的能源价格监测预警体系提供理论和技术方法支持。

2 能源价格监测预警的研究进展

能源价格监测预警包括能源价格监测和能源价格预警两个方面的研究。能源价格监测是能源价格预警的基础，同时能源价格监测又具有相对的独立性。

2.1 能源价格监测研究进展

与能源价格预警相比，能源价格监测研究从价格预测角度出发，较早受到人们的重视，并取得了较多的研究成果。数学模型是进行价格监测和预测的重要手段，而能源模型是用数学方法表示能源系统内部活动及其与外部的联系。为了分析能源供需平衡，或达到一定目标的能源供应，或保持能源部门和非能源部门之间的经济联系，根据能源价格、需求量与供应量以及能源工业生产要素需求量等有关数据，应用系统分析方法和手段，将复杂的能源系统活动用比较简单的数学方式表达，并求出相应结果。用模型构建的方法可将能源价格监测分为数据外推模型和集成结构模型。

2.1.1 基于数据外推模型的能源价格监测研究

外推模型是指不直接研究能源系统的内部运行规律和联系，而仅仅根据数据关系进行外推的数学模型。常见的这类模型有多元自变量回归模型、时间序列模型、ARCH/GARCH 模型、神经网络模型、灰色预测模型、区间数据模型及组合模型等。数据外推模型结构相对简单，使用起来比较直观、方便。但由于这些模型对系统内的机理过程考虑较少，而仅侧重于数据之间的相关关系，较长时间的外推能力比较差，所以其适合于短期价格预测而不是长期价格预测。

2.1.2 基于集成结构模型的能源价格监测研究

当系统的结构比较复杂时，由于各种系统变量相互关联，相互影响，用数据外推模型就无能为力，必须使用结构更为复杂的模型系统，包括长期能源可替代规划系统模型（long range energy alternatives planning system，LEAP）、市场分配模型（market allocation，MARKAL）、第二代模型（second generation model，SGM）及亚太地区气候变暖对策评价模型（Asian-Pacific integrated model，AIM）等。各种模型均有自己的特点和应用的范围及重点，在做具体问题分析时应该综合考虑。

2.2 能源价格预警研究进展

目前，能源价格预警研究尚处于起步阶段，在概念、理论和方法等方面还有待成熟，也没有形成共识。但国内外在有些领域已经开展了较为深入的预警方面的研究。借鉴其他领域预警研究成果是进行能源价格预警研究的有效手段，因此有必要对现有能源领域及相关领域的预警研究进展进行回顾，为能源价格预警的理论研究奠定坚实的基础。

2.2.1 能源领域的预警研究进展

西方国家重视能源价格预警始于 20 世纪 70 年代初爆发的第一次石油危机。为打击以色列及其支持者，1973 年 12 月石油输出国组织的阿拉伯成员国宣布收回原油标价权，使油价猛然上涨了 2 倍多，从而引发了第二次世界大战之后最严重的全球经济危机。在这场危机中，所有工业化国家的生产增长都明显放慢，其中美国工业生产下降了 14%，日本工业生产下降了 20% 以上（王思强，2009）。在此背景下，国际能源署（International Energy Agency，IEA）建立的世界能源预警系统对帮助成员国应对能源危机发挥了重要作用（Häfele，1981）。此外，除了石油应急预案系统，IEA 在中长期能源预警方面也取得了丰富的研究成果，如基于 ETSAP 模型的区域能源经济模型分析系统。

国内对能源预警的研究仍处于起步阶段，且研究重点多集中于能源安全评估、能源安全影响因素、能源安全预警、能源金融安全及能源企业财务风险等方面，而对能源价格预警的研究为数不多（贺刚，2009）。王礼茂（2002）、迟春洁和黎永亮（2004）、郭小哲和段兆芳（2005）针对能源安全影响因素及测度指标体系进行了研究，从资源因素、政治因素、经济因素、运输因素、军事因素和可持续发展因素探讨了能源安全的灾变、效益、供需、环保、效率以及安全等子环节。李继尊（2007）在分析能源安全因素的基础上，运用主成分分析和回归方法建立了中国能源预警模型，创建了中国能源预警指数的概念并确定了计算方法和预警边界。谭忠富和陈广娟（2007）讨论了以能源供需平衡和价格波动、单位产值能耗、能源需求增长速度等为指标的预警系统构建思路。张粒子等（2011）就如何确定我国能源市场体系建设的目标及路径进行了初步研究，认为现代能源市场体系建设应该包括能源市场基础设施、能源供应链、能源市场的制度基础、能源市场结构、能源市场机制、能源市场监管等六大基本要素建设。陈柳钦（2012）认为现代能源产业体系应以提高能源利用效率、改善能源结构和传统能源生产供应体系为目的，以优化能源产业结构为支撑，以先进技术为载体，建立大型化、集约化、高度市场化及空间布局合理化的安全、稳定、经济、清洁的现代能源供应体系。董真等（2010）对煤炭价格监测预警定量指标进行了初步研究。吕峰等（2013）从我国能源可持续发展预警角度出发，运用灰色理论建立了基于端点和中心点权函数的能源可持续发展评估模型，并结合改进熵权法得到我国能源综合预警指数，通过预警信号系统预报相应警度。刘玥等（2014）基于价格预警理论提出了煤炭价格指数的预警思路，从定量分析的角度出发，运用协整检验方法研究煤炭价格指数与宏观经济运行指标的关系，以此来确定煤炭价格指数的警限区间及警度。贺刚（2009）基于经典的价格监测预警理论，在研究能源价格监测预警内容、方式和手段基础上，构建了能源价格监测预警指标体系，提出了能源价格波动警情界定、应急预案制定与启动的思路和方法。王君萍和白琼琼（2015）以我国能源行业上市企业为研究对象，进行了财务危机预警研究。李丽红（2015）通过对能源金融市场风险特征的分析，遴选了能源金融市场风险的基本经济金融指标，通过主成分分析定义了能源金融市场风险强度，认为当前我国的能源金融市场处于较大风险区间，并有风险进一步增加的趋势。

2.2.2 相关领域的预警研究进展

由于宏观经济预警对经济危机的爆发具有预先警告作用，所以发达国家的经济学家、统计学家从未间断过对经济预警的研究。经济预警的研究最早起源于 19 世纪后期的西方国家，其认为可以根据影响经济波动的因素构造经济晴雨表，用经济晴雨表来测定宏观经济波动，并指出经济气象测定即为监测预警（Stekler，1994）。随后，哈佛大学经济景气监测调查委员会编制了哈佛指数，这对景气指数的发展产生了重大影响，其构造思想和方法为英国、瑞典、德国、法国、日本等许多国家所效仿。对今天各国经济景气监测系统有直接影响的研究是从 20 世纪 30 年代后期开始的。美国国家经济研究局（National Bureau of Economic Research，NBER）继续了景气监测研究，构建了由先行、同步、滞后三类指数形成的经济景气监测系统，随后还采用了多指标信息合成指数和扩散指数方法。20 世纪 70 年代末期，基于信息识别和计算机的发展形成了国际经济指标系统（international economic indicator system，IEI）。目前，国际上经济预警的主要方法是选择有限数量的指标进行跟踪，分季度、月度、年度等提出形势分析和阶段性研究报告。随着应用数学和计算机科学的进一步发展，预警理论、预警指标设计、预警的新方法都正在向前发展。

中国现代意义上的经济预警出现于 20 世纪 80 年代以后。1980 年后，我国有一些学者开始对经济预警中的问题进行研究，尤其是针对 1985～1986 年我国经济出现的过热现象，如投资失控、消费膨胀等问题进行研究。经济过热阻碍了我国经济持续稳定发展，也给我国经济体制改革带来了一定困难，学者们和政府监管部门认识到研究经济波动的重要性，开始研究我国宏观经济监测预警系统，并在预警指标体系的建立、预警理论的研究方面取得了一定的成果，在宏观经济监测系统建设方面经历了从无到有的过程（国家信息中心课题组，1994；高铁梅等，1997；顾海兵，1997；王耀中等，2004；中国科学院预测科学研究中心，2013，2014，2015；顾海兵和张帅，2016）。目前，我国较为典型的是国家统计局经济景气监测中心的经济预警信号系统，以短期经济预测为基础，能实现对我国的主要经济运行指标的短期跟踪预测，并能判断先行指标与滞后指标之间的关系。

进一步来说，将经济预警方法应用到各专业领域当中，如农业和粮食预警、水资源和水环境预警及本文研究的能源价格监测预警等，是对宏观经济各个子行业所做的研究，也是宏观经济预警的重要组成部分。但在实际研究中，专业领域的监测预警往往会更具体地结合行业特点，对问题的关注方向和程度也不尽一致，所采用的方法也有所区别。

自 1978 年以来，已有 100 多个国家参加了针对粮食和农业信息的预警系统。陶骏昌等（1994）对农业预警的基本原理进行了阐述，并将农业预警进一步划分为农业生产预警、农业土地资源预警和农业生态预警，这是我国第一本系统性的关于农业预警的专著。顾海兵和刘明（1994）对我国粮食生产预警系统进行了研究，将我国的粮食安全状况划分为 5 个等级，即巨警、重警、中警、轻警和无警，对相应的警情、表现和措施进行了描述。马九杰等（2001）对粮食安全衡量及预警指标体系进行了研究，并指出粮食安全既包括宏观层次的粮食安全，也包括微观层次的粮食安全。吕新业等（2006）采用 VAR 模型和主成分分析方法，对我国 1980～2003 年的食物安全进行了总体评价，在此基础上对我国未来食物安全状况进行了预测和预警。邵立民（2011）根据我国粮食发展总体目标，分析了我国历年粮食发展的规律，给出未来粮食安全综合警限指标，并提出了建立我国粮食安全预警系统的对策。雷勋平等（2012）考虑影响粮食供给和需求等因素构建了区域粮食安全预警指标体系，结合熵权和可拓学理论，建立了基于熵权可拓决策模型的区域粮食安全预警模型，并对安徽省 2000～2010 年的粮食安全进行预警分析。杨磊（2014）指出粮食安全风险包含粮食生产总量和增速的波动、粮食消费的增长、粮食贸易逆差的加大和粮食价格的波动，因此需要从粮食生产安全、消费安全和流通安全三个方面构建粮食安全评价指标体系。姚成胜等（2015）运用食物系统的观点，从粮食生产资源、粮食可供量与稳定性、粮食获取能力和粮食利用水平等四个层面出发，构建了中国粮食安全评价指标体系，并对中国 1990～2011 年来的粮食安全状况进行了定量评价。

由于经济的持续发展，环境污染日趋严重，环境预警逐步受到重视。国内对环境的预警研究大体上起始于 20 世纪 90 年代，陈国阶（1996）、陈国阶和何锦峰（1999）认为环境预警就是对环境质量和生态系统逆化演替、退化、恶化的及时报警，包括环境质量负向演化预警、环境质量恶化速度预警、环境恶化状态预警和环境恶化质变预警。同时，将生态环境的预警划分为不良状态预警、恶化趋势预警、恶化速度预警、临界点预警和灾变预警，其预警的关键在于评价因子的选择、环境质量的预测、预警参数和警戒线的建立。王韩民（2003）基于复合生态管理的思想，提出生态安全复合系统的概念，分析了生态安全系统的主要构成要素，建立了生态安全系统评价的压力-状态-响应指标体系。曹新向（2006）建立了一个由旅游地生态环境压力预警子系统、旅游地生态环境质量预警子系统、旅游地生态保护与整治能力预警子系统等构成的旅游地生态安全复合预警系统，并借鉴生态环境能力建设的临界调控思想，采用模糊综合评判方法，对开封市旅游生态安全预警进行了初步地评价。吴冠岑（2008）分析了土地生态安全的演化原理，认为区域土地生态安全的分析原则包括一般性与特殊性相结合，实用性、前馈性、定性与定量分析相结合等原则，并且区域土地生态安全预警应该具有复杂性、多功能性、动态性和有限性等特征，预警框架包括预见、监测评估、防范、调控和指导等功能。王耕和吴伟（2008）构建了生态安全状态-隐患综合评价指标体系，采用数学方法计算安全状态指数，采用安全评价方法计算隐患指数，最后根据多目标决策准则，采用状态指数和隐患指数并合的方法计算预警评价的结果指数。王耕等（2013）基于压力-状态-响应（pressure-state-response，PSR）框架建立城市生态安全预警评价指标体系，并利用系统动力学方法构建城市"资源-人口-经济-社会-环境"复合系统的生态安全预警模型。徐成龙等（2014）以黄河三角洲为例，采用 PSR 模型构建黄河三角洲生态安全预警指标体系，运用熵权法对黄河三角洲生态安全预警进行分析。张玉泽等（2015）构建了基于熵权法和多指标综合评价的驱动力-压力-状态-响应（driving force-pressure-state-response，DPSR）模型，并对山东省 17 地市的生态安全进行了预警分析和空间格局研究。

进入 21 世纪以来，除了针对环境质量的预警以外，水资源的预警研究也有了一定的进展。张巧显等（2002）运用系统分析的理论与方法，分析了中国水生态系统的特征及各组分间的相互作用，建立了中国水安全动态模型，从生命安全、经济安全、粮食安全、生态系统安全、环境安全和社会安全等六个子系统出发，按常规发展、技术革新、体制改革和行为诱导及水资源可持续利用四种不同情景进行系统模拟。郑通汉（2003）指出由于自然和人类社会因素引起的重大水资源不安全（或水资源危机），需要预期性评价以提前发现未来水资源可能出现的不安全问题及其成因，为制定消除或缓解水资源不安全的措施提供依据。韩奇等（2006）从社会经济系统、水资源与水环境系统及二者的相互联系的定量研究入手，建立了系统动力学（system dynamics，SD）预警模型，并通过其变量分析了该系统内部的耦合关系。畅明琦等（2008）运用作用力与反作用力、正反馈与负反馈的逻辑思维，建立了水资源安全评价及预警指标体系，应用 Vague 集理论对山西能源基地水资源安全进行了综合评价，并建立了水资源安全预警级别、标准及各个安全级

别的阈值，对其水资源安全状态进行了识别与预警。李仰斌和畅明琦
（2009）根据水资源安全的概念与内涵，筛选出具有代表性的指标，建立了
水资源安全评价和预警指标体系，并运用层次分析法进行水资源安全评价和
预警研究，给出了水资源安全级别及阈值。董云仙等（2012）采用 GPS 定位
方法对程海水质进行了为期 10 年的研究，分析了水质时间变化特征和空间
变化特征，辨识影响程海水质时空变动的主要因素，提出水质安全预警级别
与阈值判定建议。康绍忠（2014）分析讨论了粮食生产-水资源-生态过程的
互馈机制及农业旱涝致灾机理与预警机制。江红和杨小柳（2015）指出国家
综合水安全包括生活水安全、经济水安全、城市水安全、环境水安全和水灾
害抗御力五个方面，采用熵权法确定亚洲-太平洋地区水安全评价指标体系
中各指标的权重，评估亚洲-太平洋地区 47 个国家的水安全状况。彭建等
（2016）系统探讨了水安全格局构建历程与方法研究进展，基于景观生态学
格局-过程互馈理论和地理学区域综合视角，构建了水资源安全、水环境安
全和水灾害规避安全三个单一维度的水安全格局，并提出基于空间多准则分
析模型的区域综合水安全格局构建概念框架。

总之，在农业和粮食、环境、水资源等相关领域的预警研究工作表
明，各个领域的预警研究既有一定的共性，也有不同的行业特点。因此，
针对能源价格的监测预警研究首先应该借鉴已有研究的工作基础和基本理
论，然后结合能源行业运行特点来具体分析，基于此构建监测预警框架和
实施方案。

3 能源价格监测预警的理论基础

本文对能源价格监测预警系统的基本概念、基本要素及基本分析方法进
行阐述，初步构建能源价格监测预警的基本理论体系。

3.1 能源价格监测预警的基本概念

价格监测预警是指政府价格主管部门对重要商品和服务价格的变动情况
进行跟踪、采集、分析、预测、公布的活动。价格监测以定点检测和周期性
价格监测报表为基础，开展专项调查、临时性调查、非定点监测等，加强对

重要商品、服务价格的动态监测和变化趋势分析，提高价格检测的时效性和准确性。价格监测的基本任务是调查和分析重要商品、服务价格，以及相关成本与市场供求的变动情况；跟踪反馈国家重要经济政策在价格领域的反映；实施价格预测、预警，并及时提出政策建议。

监测、预测和预警三者之间关系密切，在预警实践中比较容易混淆，因此有必要做出区分。预警和预测都是根据历史数据和现实资料来预测未来，为管理部门把握现状和发展趋势，做到未雨绸缪。两者的主要区别在于，预测是在系统变量的自身变化规律和某一变量与另外一些变量之间的变化规律的研究基础上，利用数学方法和计量模型对系统变量的变化趋势做出量的估计。它除了利用各种统计检验方法对所预测的变量做出优劣评价外，基本上不从价值意义上评价这种变量变化趋势的好坏。预警除了具有预测的上述功能外，还给出了一个对预测值在价值意义上的好坏进行评价的区间，使得决策者能够非常直观地对预测值进行价值的判断和选择。因此，预警不是一般的预测，而是特殊情况的预测；不是一般的预报，而是参与性的预报；不是从正面剖析，而是从反面剖析。预警可以说是高层次的预测。

从集合论的角度看，预警和监测的关系主要有三种类型，即重叠关系、相交关系和相离关系。重叠关系表示监测即预警，预警即监测，也即预警与监测是相同的。相交关系表示监测包含了部分预警，预警包含了部分监测，只是侧重点不同。监测侧重于能源市场建设的过程分析，旨在揭示能源市场发展过程中各种因素之间的关系和内在规律。预警则侧重于能源市场趋势、走向的险情预报，旨在预报能源市场运行中的不正常情况，是对未来发展趋势的一种科学推断。相离的关系表示监测为监测，预警为预警，两者完全不相关。这三种关系体现了人们对预警和监测认识的三个阶段，从混淆到模糊，再从模糊到清晰的过程。

能源价格问题是涉及社会学、经济学和自然科学的综合性问题，其监测预警过程较为复杂，需借助于宏观经济学、自然科学及社会发展预期等多方面的因素，综合进行预测和判断。能源价格监测预警是根据能源潜在的资源量、经济发展速度、经济结构、产品结构和变化、人口增长、消费行为变化、技术的改进、对环境的影响等因素，综合分析和预测未来的能源供需，基此判断能源价格运行情况和发展趋势等。主要方法有经验判断法、数理统计法和模型方法等。

3.2 能源价格监测预警的要素分析

借鉴宏观经济、农业和粮食、水环境和水资源等领域的预警研究成果，以及能源领域的预警研究成果，我们对能源价格监测预警体系的基本组成要素——警义、警源、警兆及排查措施几个方面进行简单介绍。

警义即警情的含义。能源供需不平衡所引发的能源价格波动是能源价格监测预警的关键，具体包括两个方面，即供不应求情形下的价格上涨和供过于求情形下的价格下跌。也就是说，价格的异常波动是能源价格监测预警的警义。

警源是警情产生的根源，是能源系统变化过程中已经存在或潜伏的病兆。能源价格监测预警的警源很多，大体上可分为供需因素、运输因素、经济因素和环境因素。①供需因素。供需是能源价格监测预警最为核心的内容之一，包括供与需两个方面。其中供给包括的主要因素有能源资源量和资源等级、资源需求量、库存量、储备量、地区平衡度及行业产能等；而需求的主要因素为经济增长速率、产业结构、人均收入、生活和消费方式、行业发展政策等。②运输因素。能源从生产到消费，必须经过运输。特别对于煤炭系统，由于其主要生产和使用地均在国内，所以其影响因素包括运输线路的建设。由于我国石油对外依存度逐渐增强，进口运输通道的安全成为能源安全的重要因素，同时这也与我国所处的国际政治环境有关，还与我国的经济、军事和政治等综合实力有关。③经济因素。能源价格过高，将会提高能源成本，抑制能源消费，由此引发人们对未来能源需求下降的预期，加剧能源价格的波动。④环境因素。环境问题是我国经济可持续发展的重要因素，能源消耗污染与环境问题息息相关，循环经济的实施、清洁能源的使用及减排措施的建设等势必会影响到我国能源消费结构的调整，进而引发市场能源需求的转变。

警兆是指被监测系统发生异常变化导致警情爆发之前出现的先兆。警源的存在为警情的产生提供了火种，而由警源到警情的产生和发展，其间要经历一个或长或短的过程。伴随这一过程，必然有各种各样的警情先兆现象。能源价格监测预警的警兆是指在能源经济活动中可能出现的重大问题，包括：①消费增长不合理，如能源消费对经济增长的贡献不合理，高耗能产品增长过快等。②能源消费结构失衡。③行业产能过剩、投资过热。④能源效率低、节能工作不力。⑤能源产、运、销不能衔接。⑥国际能源市场动荡，进口不畅。⑦价格扭曲，比价关系不合理。⑧能源替代无市场竞争力。⑨资源、环境破坏严重。

排查措施是指用于解决能源价格系统警兆的措施，包括短期应急性排查措施和长期政策性排查措施。

3.3　能源价格监测预警的方法研究

与基本要素相对应，能源价格监测预警的方法研究包括警义识别、警源查找、警兆分析、警度预报和寻找有效排查措施。特别地，在警兆分析和警度预报研究中，我们要明确能源价格警限确定的方法和原则及能源价格预警的方法分类。

警限是预警指标的阈值，是划分不同警度的依据。能源价格监测预警只有建立在定量的基础上，才具有较强的可操作性。能源价格在变化过程中，往往存在着一些特殊临界值，临界值两侧往往代表了不同的发展方向、状态或属性。能源供需状态存在着临界值，一旦超过了它，我们认为能源价格存在风险。因而，能源预警警戒线的确定是能源价格监测预警的关键技术之一。警限划分方法主要有系统化方法、控制图方法、突变论方法和专家确定法：①系统化方法遵循多数原则、半数原则、均数原则等原则，是通过对大量历史数据进行定性分析，根据各种并列的原则或标准来研究警限，结合实际情况和以往的经验，综合多方面意见进行适当的调整，从而得出合适的警限。②控制图法是基于正态分布小概率事件发生临界值来确定警限的。③突变论原意指突然发生的灾难性变化，预警系统就是要防止这种灾难性变化的发生，因此突变论就成了确定预警指标警限大小的定量化数学方法。突变论方法分析预警指标变化的内在规律，建立相应的数学模型，并运用几何上的拓扑学、奇点、微分方程定性理论和稳定性数学理论，来研究预警指标发生非连续突变的临界点即警限。④多数预警系统确定警限是根据个人的主观经验，并针对这种实际情况，提出专家确定法。这种方法依靠各个领域专家的集体智慧和经验，对能源预警指标的警限进行判断，判断结论的准确性取决于参加判断者的知识水平、判断能力及经验和资料掌握的程度。

能源价格监测预警可分为黑色预警方法、黄色预警方法和红色预警方法：①黑色预警方法，即根据警素的时间序列波动规律进行直接预警。这种预警方法不引入警兆等自变量，只考察警素指标的时间序列变化规律，即循环波动特性。②黄色预警方法，即依据警兆进行预警。这种预警方法是最常用的预警方法，也有人把它称为灰色分析。它根据警兆的警级预报警素的警度，是一种由内因或外因到结果的分析。具体操作可进一步从预警指数的合成、警兆与警素之间的统计分析及时间序列预测等方面展开。③红色预警方法，即依据警兆及各种影响因素进行估计。这是一种环境社会分析方法，其特点是重视定性分析，主要内容是对警素的影响因素进行全面分析，然后进行不同时期的对比研究，最后结合预测者的直觉、经验及其他有关专家学者的估计进行预警。

4　能源系统整体运行情况分析

随着经济社会发展对能源需求的增加，其供需矛盾日渐突出，这已成为我国经济发展的瓶颈。造成能源供需矛盾的原因是多方面的，但其价格构成不完整是严重影响能源开发利用、造成能源的极大浪费、导致生态恶化和环境污染的重要原因之一。要在更大程度、更广范围发挥价格在能源配置中的基础性作用，缓解其对经济社会发展的瓶颈约束，为建设节约型社会和转变经济增长方式创造良好的价格环境，必须了解能源价格构成，使其价格完整地反映价值，以调节人们对能源的开发利用行为。

根据能源系统的组成，我国的能源系统包括石油、煤炭、天然气、电力、核能、可再生能源、生物质能。其中，电力属于能源转换，它既包括一次电力，如风电、水力发电，又包括二次电力，如煤电、气电等，而核能、可再生能源、生物质能在我国整个能源供给和消费结构中占比不大，因此本文将重点围绕石油、煤炭、天然气行业的运行情况展开分析。

4.1　石油行业运行情况分析

我国石油价格的市场化改革起步较晚，主要经历了：完全计划体制下的单一价格阶段、多种价格形式并存阶段、国家统一定价即价格并轨阶段及目前与国际油价接轨等发展阶段。虽然之后我国成品油价格机制仍在不断地调整，但是均会参考国际市场价格的加权平均，这就导致国内石油价格被动跟踪国际石油价格，没有能力将中国石油市场的变化以价格信号的形式反馈到国际市场。

本文对我国的原油产量、原油消费及供需、原油国际价格及原油进出口等情况进行简要分析，基于此探究与原油价格监测预警有关的潜在影响因素。

4.1.1 原油产量和消费量情况

我国目前是世界第一大石油进口和消费国。2009 年中国成为仅次于俄罗斯、沙特阿拉伯、美国之后的第四大原油生产国。近年来，国内原油产量一直稳定在 1.9 亿~2 亿吨，但这个产量相比国内巨大需求还差得较多，每年需要进口原油量约 2 亿吨，详见图 3 和图 4。

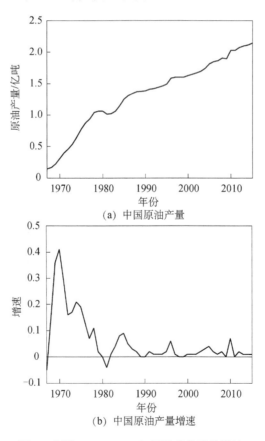

图 3　中国 1967~2015 年原油产量及其增速

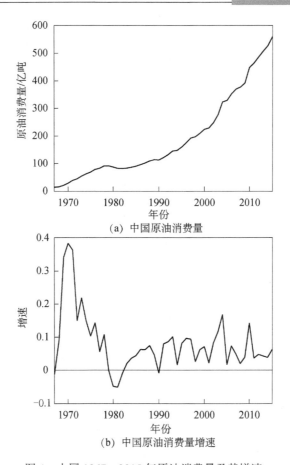

（a）中国原油消费量

（b）中国原油消费量增速

图 4 中国 1967~2015 年原油消费量及其增速

图 3 表明虽然我国近些年来原油产量一直在保持增长，但是增速非常缓慢，而同期的中国原油消费量也保持增长且增速较快，且原油消费量远大于中国原油产量。2001~2015 年，中国原油产量平均增速为 2%，远远低于同期的中国原油消费量平均增速 6%，这势必会增加中国原油消费的对外依存度，加大原油进口量。国际原油市场价格会受到政治危机、金融危机、战争、原油产量及国际宏观经济环境等诸多因素的影响，而价格波动会影响国内原油消费成本，因此完善对国际原油价格的监测预警研究能为我国能源安全及经济稳定运行提供有价值的参考。

4.1.2 原油价格运行情况

目前国家确定的成品油销售中准价要在国际市场价格加权平均变动超过

一定幅度时才做出调整，因此这里我们主要分析国际原油价格波动特征，见图 5。

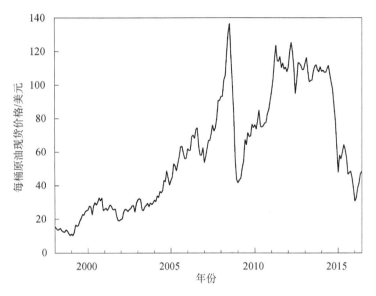

图 5　布伦特原油现货价格（1998 年 1 月至 2016 年 6 月）

图 5 的布伦特原油现货价格走势表明，国际原油价格有一定的趋势特征，但是波动剧烈。从 2000 年到 2008 年美国次贷金融危机以前，布伦特原油现货价格保持较快的增长趋势，从每桶 25.56 美元增长到最高点的每桶 136.75 美元。在美国次贷金融危机之后，布伦特原油现货价格仅仅经过 6 个月的时间，于 2009 年 1 月急跌至每桶 41.57 美元，随后价格逐步回升。从 2015 年开始，布伦特原油现货价格再次回落，截至 2016 年 6 月，布伦特原油现货价格一致保持在每桶 40 美元左右的低位运行。由于国际原油价格会受到诸如政治和金融危机、供需平衡、宏观经济环境等因素的影响，所以价格波动非常剧烈。因此，像中国这样的原油进口大国进行国际原油价格走势和波动特征的监测是必要的。

4.1.3　原油进出口情况

我国原油供需缺口日益加大，因此有必要了解我国原油进口量及对外依存度，见图 6、图 7 和图 8。

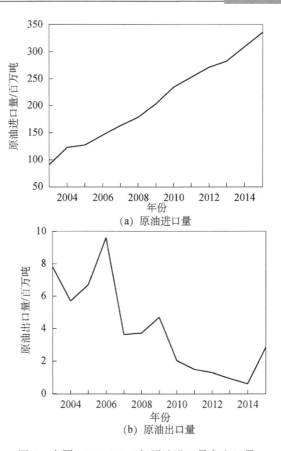

图 6　中国 2003～2015 年原油进口量和出口量

　　图 6 表明我国原油的进口量呈现快速增长趋势，从 2003 年的 9110 万吨增长到 2015 年的 33 577 万吨，增幅达 269%；原油出口量呈现下降趋势，降幅达 64%。相比而言，图 7 表明 2003～2015 年世界原油进口总量呈现先升后降再升的波动特征，而同期的美国原油进口总量在逐年减少，美国原油出口量呈现明显的上升趋势，从 2003 年的 110 万吨上升到 2446 万吨，升幅达 21 倍。这与中国原油进出口情况截然相反，由此可以看出我国原油消费的外在压力非常大。

　　图 8 给出了我国原油进口依赖度、原油自给率及对外依存度的变化趋势。从图中可以看出，从 1995 年开始，我国原油进口依赖度快速上升，从 3.17%上涨到 65.01%；原油自给率快速下降，从 107.63%下降到 35.44%；原

（a）世界原油进口量

（b）美国原油进口量

（c）美国原油出口量

图7　2003～2015年世界原油进口量、美国原油进口量和出口量

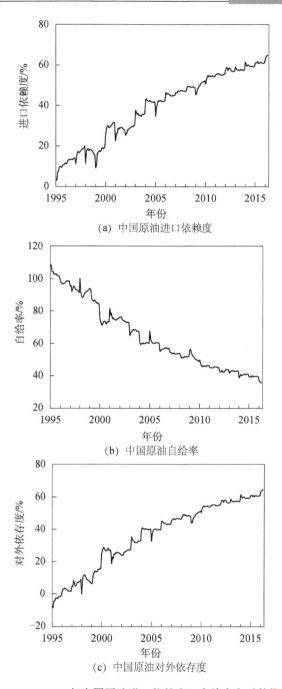

图 8　1995~2016 年中国原油进口依赖度、自给率和对外依存度

油对外依存度快速上升，从－7.63%上升到 64.56%。特别地，1993 年，中国首次成为石油净进口国，2009 年我国原油进口依存度首次突破国际公认的 50%警戒线，2010 年我国进口原油达 2.39 亿吨，同比增长 17.5%，石油对外依存度同比上升 3 个百分点。到了 2011 年，中国超过美国成为第一大石油进口国和消费国，当年，官方公布的数据显示中国原油对外依存度达 55.2%，也首次超越美国的 53.5%。当前，中国石油消费超过了 GDP 增速，预计到 2020 年，石油消费总量将达到 6 亿吨左右。到 2030 年，中国石油消耗量的 80%需要依靠进口。由此可以看出，我国原油消费成本很大程度上要依赖原油进口价格，所以我国对原油价格的监测预警研究是必要的。

4.2 煤炭行业运行情况分析

煤炭作为我国重要的基础能源，在一次能源消费结构中，所占比重一直维持在 70%左右。我国能源禀赋存在"富煤、贫油、少气"的特点，且石油和天然气供给又具有一定的国际政治色彩，因此煤炭作为我国主体能源的格局短时间内不会改变。煤炭价格的改革在我国的进展是缓慢的，且是在计划经济向市场经济转变的背景下进行的，经历了多个发展阶段。1994 年 7 月，国家取消了统一的煤炭计划价格，除电煤实行政府指导价外，其他煤炭全部放开，由企业根据市场需要自主定价。

本小节对我国整体及山西省的煤炭产量、煤炭库存、煤炭消费及供需、煤炭价格和煤炭进出口等情况进行简要分析，基于此探究与煤炭价格监测预警有关的潜在影响因素。

4.2.1 煤炭行业产量、库存及消费量情况

从新中国成立后到 20 世纪 80 年代之前，我国煤炭行业也像所有其他行业一样，完全在计划经济的环境下运行，所有的煤炭生产任务都由国有企业承担。企业的建设与发展基本上依赖国家投资，企业的生产、销售、定价完全遵从政府计划；80 年代到 90 年代上半期，随着改革开放政策的实施，各个行业的发展趋于活跃，社会经济对作为基础能源的煤炭的需求量猛增，煤炭供应紧张，政府倡导大中小煤矿并举的政策，导致行业集中度很低；煤炭

行业在 80 年代和 90 年代前半期虽然发展速度迅猛，但质量相当低下，全行业陷入不景气的局面，这种局面一直维持到 2000 年。从 2001 年开始，我国煤炭产业经历了黄金十年的发展，但是目前煤炭行业发展出现了严重的产能过剩问题，行业整体低迷，我国整体及山西省煤炭产量、库存情况详见图9、图 10 和图 11。

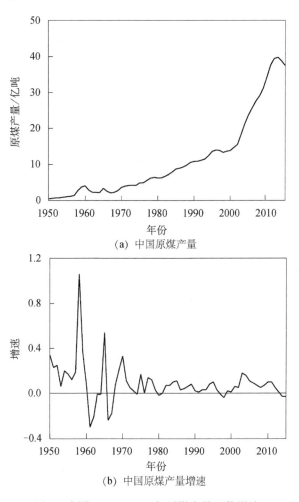

(a) 中国原煤产量

(b) 中国原煤产量增速

图 9　中国 1950～2015 年原煤产量及其增速

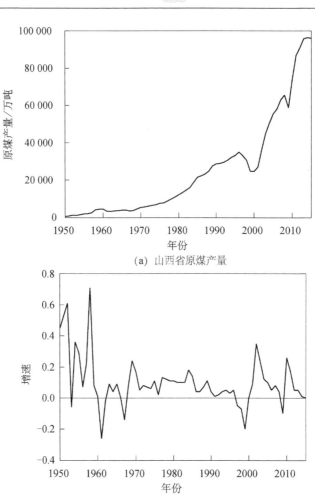

（a）山西省原煤产量

（b）山西省原煤产量增速

图10　山西省1950～2015年原煤产量及其增速

从图 9 和图 10 中可以看出，2001～2012 年，我国煤炭产量再次快速增长，产量平均增速达 9%；特别对于能源依赖的资源型区域——山西省，2001～2012 年，山西省原煤产量平均增速达 12%。但从 2014 年开始，中国煤炭产量开始下降，产量下降 3%。进入 2015 年以来，国民经济增长的速度继续放缓，煤炭行业发展的形势更为严峻，煤炭企业所处的生存环境更为艰难，煤炭市场的供需仍然难有根本性转变，全行业普遍认为煤炭行业低迷的现状已成常态化。尽管煤炭行业目前处于低迷期发展过程中，但是山西省煤炭产量仍然没有出现负增长，整体产量高位运行，而同期的

GDP 增速垫底。

图 11 中的全国和山西省的煤炭库存量均表明，从 2012 年开始，煤炭库存量急剧攀升，全国煤炭库存从 2012 年 1 月的 2621 万吨上升至 2015 年 12 月的 7358 万吨，而山西省从 2012 年 1 月的 479.33 万吨上升至 2015 年 12 月的 1097.93 万吨。因此，我国目前煤炭库存整体处于高位，煤炭供应仍相对充足。

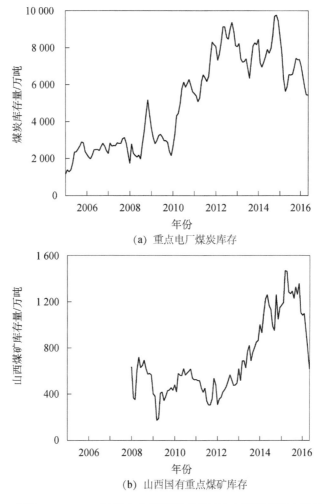

(a) 重点电厂煤炭库存

(b) 山西国有重点煤矿库存

图 11　中国 2005～2016 年重点电厂煤炭库存量和山西国有重点煤矿库存

图 12 中的全国煤炭消费量及其增速表明，从 2000 年以后我国煤炭消费量快速增加，且截至 2013 年，煤炭消费量平均增速为 8.42%。但从 2014 年

开始，中国煤炭消费量开始下降，下降约 1.5%。此外，从图 13 中的中国动力煤供需缺口估计中可以看出，从 2010 年 1 月到 2015 年 12 月，我国动力煤供需缺口估计值大多为负值，缺口平均值为 −361.69 万吨。由此可以看出，我国煤炭行业整体处于低迷状态，我国煤炭消费总量明显小于煤炭产量，供大于求，产能过剩问题突出。

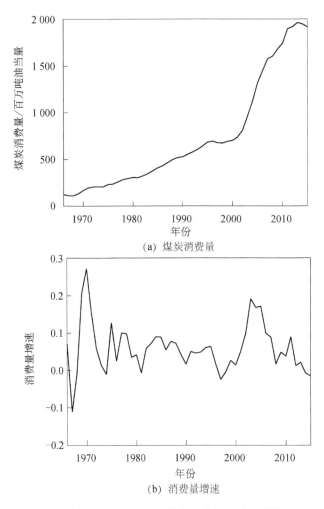

(a) 煤炭消费量

(b) 消费量增速

图 12　中国 1966～2015 年煤炭消费量和消费量增速

因此，随着煤炭行业"黄金十年"的结束，山西省和全国其他煤炭主产地一样，也面临着煤炭产能过剩的问题，"去产能"既是贯彻国家宏观调控政策的需要，也是山西煤炭产业扭亏脱困、实行产能升级的现实要求。

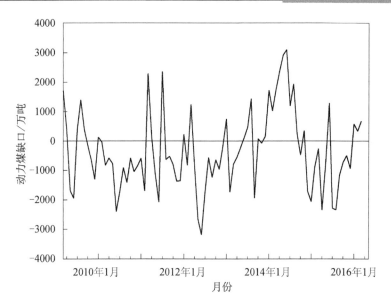

图 13   中国动力煤供需缺口估计：总需求-总供给（2009 年 3 月至 2016 年 5 月）

4.2.2   煤炭价格运行情况

从 2012 年 5 月煤炭市场形势逆转变动以来，全行业已普遍达成共识：产能过剩、需求疲软，煤炭行业的低迷已成为"新常态"。

图 14 表明自 2012 年以来，受国内经济形势和国际煤炭价格的影响，我国煤炭价格指数一路下挫，煤炭"黄金十年"自此告一段落。事实上，特别以图 15 中山西产动力煤秦皇岛港口市场价为例，该价格从 2007 年 12 月 5 日的每吨 993 元跌到 2015 年 12 月 31 日的每吨 370 元，随后在 2016 年上半年煤炭价格略有反弹。

4.2.3   煤炭行业进出口情况

从能源消费看，我国人均用能仅 3.2 吨标准煤，低于德国、法国、日本及美国。随着新型工业化、城镇化的推进，人民群众生活水平不断提高，我国能源消费总量还将增加。通过前面的分析，我们已经发现国内煤炭产量过剩，但是图 16 表明我国煤炭进口量从 1998 年开始逐年增长，而出口量却从 2002 年开始逐年下降，进口动力煤平均单价从 2012 年 1 月的每吨 122.82 美元降到 2016 年 6 月的每吨 53.64 美元，仍低于同期的山西产动力煤秦皇岛港口市场价（每吨 400 元），且折价幅度达 10%以上，表明国际进口煤炭价格对我国国内煤炭市场冲击非常大。事实上，随着煤炭市场化改革的推进，国内煤炭价格与国际煤炭价格的变动趋势一致化，对于我国经济的稳定运行将会产生越来越大的影响。

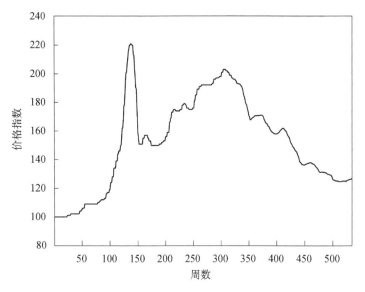

图14　中国煤炭价格指数（2006年1月1日至2016年7月8日）

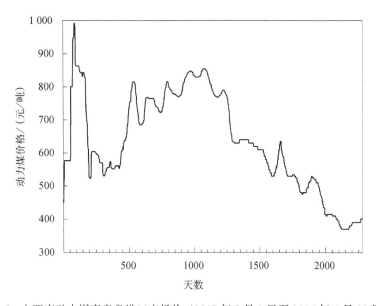

图15　山西产动力煤秦皇岛港口市场价（2007年8月1日至2016年6月30日）

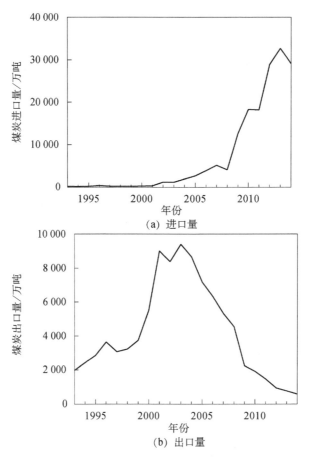

图 16　中国 1993～2014 年煤炭进口量和出口量

4.3　天然气行业运行情况分析

　　我国沉积岩分布面积广，陆相盆地多，形成了多种优越的、适合天然气储藏的物质条件。近些年来，我国天然气探明储量一直保持较快增长速度，可却依然落后于我国天然气开采速度，这直接影响了我国天然气的供给。加之我国人口众多，人均天然气储量更是远低于美国等天然气资源大国。2011 年，国际石油供求形势进一步恶化、不确定性频出，致使天然气行业的发展更加迅猛。全球范围内，天然气行业正处在高速发展阶段，"天然气时代"渐行渐近。美国、俄罗斯等发达国家天然气市场发展的历程表明，天然气市场的发展可以划分为启动期、发展期、成熟期三个阶段，而我国的天然气行业尚处于发展期的较早阶段，今后随着体制、机制的不断完善，我国天然气行业必将进一步加快其市场化步伐，逐步向成熟完善的、高度市场化的产业状态过渡。

本小节对我国天然气产量、天然气消费及供需、天然气价格及天然气进出口等情况进行简要分析，基于此探究与天然气价格监测预警有关的潜在影响因素。

4.3.1 天然气产量和消费量情况

我国天然气行业虽然发展较晚，但随着经济发展水平的不断提高，以及社会环保观念的不断加强，城市居民开始大面积使用天然气作为主要消费能源。由于科学技术的进步，天然气的应用范围正在不断拓展，逐渐向许多传统能源消耗领域发展，如汽车、电池、家电设备等。1980~2015 年，我国天然气的产量和消费量呈现上升趋势，见图 17 和图 18。

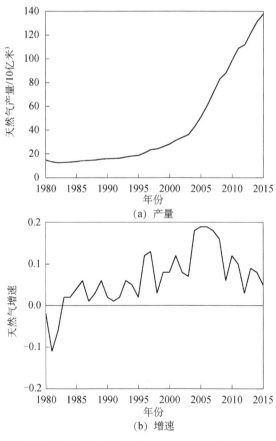

图 17　中国 1980~2015 年天然气产量和增速

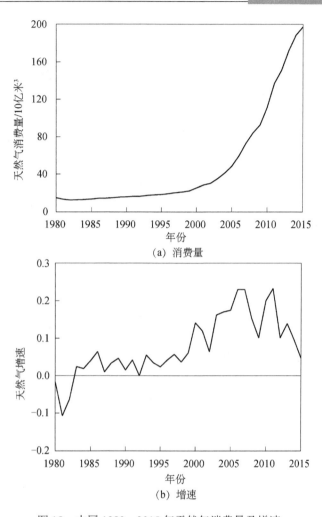

图 18　中国 1980~2015 年天然气消费量及增速

　　图 17 表明我国 1980~2015 年的天然气产量基本上保持增长趋势，特别是在 2000 年以后，我国天然气产量增幅迅速扩大，从 2000 年的 281.4 亿立方米增长到 2015 年的 1379.6 亿立方米，增幅达 390%。此外，1980~2000年我国天然气产量平均增速为 3%，而 2000~2015 年我国天然气产量平均增速为 11%。由此可以看出我国在能源消费结构转型方面力度不断加强，为天然气使用的大面积推广从产量上提供基本保障。但是从我国天然气基础储量来看，2015 年天然气基础储量为 49 451.78 亿立方米，而开采量仅为基础储量的 2.79%。

图 18 表明我国 1980～2015 年的天然气消费量及增速基本上保持增长趋势，特别是在 2000 年以后，我国天然气消费量增幅迅速扩大，从 2000 年的 253.5 亿立方米增长到 2015 年的 1973.2 亿立方米，增幅达 678%。1980～2000 年我国天然气消费量平均增速为 2.07%，而 2000～2015 年我国天然气消费量平均增速为 15%。此外，我国天然气供需不平衡日趋严重，在 2000 年时我国天然气产量超过天然气消费量约 27.9 亿立方米，但 2015 年我国天然气消费量超过天然气产量约 593.6 亿立方米，供给缺口快速扩大。虽然我国天然气产量的提升潜力是巨大的，但这依赖于开采技术、开采设备及技术人员培养等方面的进一步提升，依赖于我国科技创新驱动发展战略的有效实施。

4.3.2 天然气价格运行情况

目前，我国天然气价格管理依然实行政府定价，由过去的"成本加成法"实现了向"市场净回值法"的转变，执行一省一价的门站价格管理模式。值得一提的是，根据天然气定价向市场化发展的总体思路，2015 年 11 月 18 日，国家发展和改革委员会发布了《关于降低非居民用天然气门站价格并进一步推进价格市场化改革的通知》，目标实现即放开上游气源和终端销售价格，政府只监管自然垄断的管网输配气价格。

由于我国天然气国内价格由政府管理，所以价格相对稳定。这里我们主要分析国外天然气出口价格波动特征。在图 19 中，我们给出俄罗斯天然气出口价和美国天然气出口价，通过对比分析来探讨我国天然气价格监测预警过程中应该注意的问题。

由于国内天然气需求快速增长，内部市场供给严重落后于国内需求，而国际市场供给机制不畅也过度抬高了天然气资源价格。图 19 表明从 2000 年开始，俄罗斯和美国天然气出口价格都经历了快速增长期、波动期及回落期，且对于俄罗斯天然气出口价格变化尤为明显。2000～2012 年，俄罗斯天然气出口价格几乎翻了 3 倍，从 2014 年才开始回落，目前价格处于低位。相比而言，美国天然气出口价格波动更加剧烈，但是目前价格也是处于低位运行。总体而言，国外天然气出口价格决定了我国天然气使用成本，因此，从国际市场天然气价格监测预警和国内天然气价格改革两方面出发，才能保证我国天然气市场的稳定安全运行。

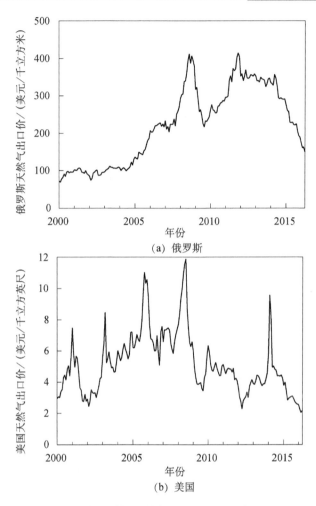

图19　俄罗斯天然气出口价和美国天然气出口价（2000年1月至2016年4月）

4.3.3　天然气进出口情况

由于我国天然气供需缺口日益加大，因此有必要了解我国天然气进口量及对外依存度，见图20和图21。

图20表明我国天然气的进口量呈现快速增长趋势，从2010年的35.6亿立方米增长到2015年的335.7亿立方米，增幅达8.4倍。相比而言，同期俄罗斯和美国的天然气进口量在逐年减少，减少幅度分别约为50%和15%。由此表明我国天然气消费越来越依存于国外天然气的进口，详见图21。

图20　2010～2015年管道天然气进口量：中国、俄罗斯及美国

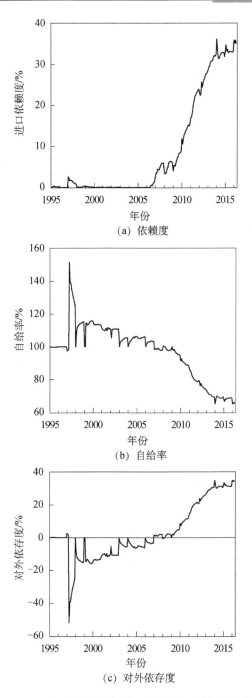

图 21　1995~2016 年中国天然气进口依赖度、自给率和对外依存度

图 21 给出了我国对天然气进口依赖度、天然气自给率及对外依存度的变化趋势。从图中可以看出，从 2006 年开始，我国天然气进口依赖度上升迅速，从 0.00%增加到 35.11%；天然气自给率快速下降，从 100%下降到65.99%；天然气对外依存度快速上升，从 0.00%上升到 24.01%。由此可以看出，我国天然气消费成本很大程度要依赖于天然气进口价格，所以对天然气价格的监测预警研究是必要的。

5 能源价格监测预警系统的构建框架

5.1 能源价格监测预警系统指标构建概述

监测预警指标的确定是构建能源价格监测预警系统的基础，指标的选取将影响到数据采集、数据分析、模型方法及监测预警的准确性和及时性。根据能源系统的特征，能源价格监测预警指标分为基础指标、预测指标和预警指标。基础指标属支撑性指标，是可以直接提取的指标和现行的各类统计指标；预测指标则是在基础指标分析的基础上，选择那些需要对未来价格趋势做出分析判断的指标，预测指标可以是某些基础指标，也可以是基础指标生成后的指标；预警指标是反映警情程度的指标，可以从基础指标和预测指标中直接选取，也可由基础指标和预测指标生成一个综合性指标，或者是由基础指标、预测指标、综合性指标共同组成数据指标集合。指标的选取要考虑与能源系统运行的相关性，数据收集与采集的可能性、及时性和可靠性，数据收集的时间、空间有效性，统计上的全面性和充分性。

5.2 能源价格监测预警系统指标设计原则

5.2.1 系统性原则

系统性，要求指标呈现的特征是包含整体、动态、层次分明、相关联、适应性等方面。针对能源价格监测预警方面所实施的指标体系，必须能够反映出供需的均衡层面，同时还要关注到能源系统整体面貌，并能突出关键部分。不同指标之间必须要有相关性，并且能够除去信息上出现的叠合。指标间的组合要带有结构层次性，由于能源价格时常是动态变化之中，所以指标体系的特征还得包含可变适应性。指标体系构建的系统性原则，是指纳入指标体系的各项指标在总体上应具备一定的系统性、统一性和完整性，涉及能源价格监测预警的各个方面。

5.2.2 科学合理性原则

监测预警指标体系的建立，必须有一定的科学合理度，要求指标的定义必然是正确无误的，而且也要符合科学发展的蕴意，能够从根本上去度量和展现系统结构的关联和现状，同时还可以对未来趋势中相关问题进行判断和分析。能源价格监测预警指标体系的建立必须按照能源市场供需的客观规律和要求，依据价格理论，在相关指标选取、指标权重确定、截面数据选取时点和分析方法运用的过程中，充分考虑其科学性，既能全面反映能源行业的运行过程，也能较为准确地反映价格波动等具体方面的特征。

5.2.3 可操作性原则

可操作性主要包含指标数据收集的可行性和真实性，便于整理分析、调查统计和综合评价。应重点考虑指标的代表性、覆盖性和发展性，该体系的设立必须关注到指标量化，还要关注到数据的可信度和易得程度，所选取的指标应是可测的且与有关统计资料在统计口径上具有一致性，通过纳入的各项指标数值能够客观、科学地反映能源价格监测预警内容，普遍采取和运用统计部门所提供的不涉密、有针对性的综合指标。

5.2.4 动态连续性原则

指标体系既要反映价格水平趋势，同时要显示出价格波动的动态变化，所以要使静态与动态的评价实现有机的糅合。能源价格监测预警既是目标又是过程，其内涵和意义也会随着国内外宏观经济发展、产业结构、货币政策、技术创新的进步而不断深化，这也要求指标体系能够动态地反映能源价格的发展状态和趋向，以提高监测预警指标理论与实践的同步性。

5.2.5 简洁性原则

监测预警指标体系应当简单明确，层次清晰，用尽可能少的指标来反映能源价格的整体状态，做到全面性和代表性的统一。同时，所构建的指标体系必须具有可操作性，这些指标的数据既要与现实接轨，保证能及时、完整和准确地通过统计获得，又要能够量化它与现实经济现象之间的相关性。

5.3　能源价格监测系统的构建

本文从能源价格监测系统的构建框架研究出发，探讨能源价格监测系统的构建、实施方案及机制措施。

5.3.1　能源价格监测系统的目标

能源价格监测系统的目标是能够监测、分析、预测能源价格趋势发展和波动情况，通过对能源价格水平的实时跟踪监测，以定点监测和周期性价格监测为基础，展开专项调查、临时性调查、非定点监测等，以此加强对能源价格的动态监测和变化趋势分析，提高价格监测的时效性和准确性，掌握能源价格的变动情况，从而为能源价格调控及供需结构调整等决策提供依据。

5.3.2　能源价格监测方式分类

能源价格监测系统基本框架包括市场价格监测方式、价格分析预测方式和价格信息发布方式。根据能源价格波动状态和能源价格监测的需要，将市场价格监测分为四种类型；根据能源价格监测分析目的，将价格分析预测分为五种类型；根据能源价格监测信息内容，将能源价格监测信息发布分为两种情况，详见表1。同时，与能源价格监测方式相对应，能源价格的监测手段同其他商品的价格监测手段有相同之处，主要包括：建立能源价格监测网络体系；提高能源价格监测信息处理能力；完善能源价格信息发布制度。

表 1　能源价格基本监测方式分类

基本方式	类别	适用范围
市场价格监测	常规监测	各类能源产品常规价格报告
	应急监测	价格明显波动，临时性监测
	预警监测	因国内外重大事件发生引发的价格异常波动
	市场调查	重大经济政策和价格热点问题
价格分析预测	价格动态分析	能源商品价格基本运行规律
	价格专题分析	重大、特殊事件或政策发布
	价格形势分析	能源价格外在宏观环境分析
	价格预测分析	能源价格短期趋势性判断
	价格预警分析	价格极其不稳定，异常波动剧烈
价格信息发布	价格监测信息	价格现状、价格波动、热点问题
	价格预测信息	价格趋势、价格形势、行业前景

5.3.3　能源价格监测系统指标选取和分析

构建能源价格监测系统，加强对能源价格运行的监测，多方面地反映动态系统中的能源价格，才能保障能源价格稳定运行。能源价格运行与能源供给、能源需求、能源库存、能源行业景气及能源价格机制等有着密切的联系。根据能源价格监测系统需求，结合我国现有可用数据的采集能力，选用以下指标作为能源价格实际监测指标体系，详见表2。

表2　能源价格监测系统指标体系

一级监测指标	二级监测指标	指标说明	监测分析
供给指标	潜在储量、可开采量、年生产量、年进口量	先行指标	世界经济发展状况；经济发展和经济结构；宏观经济分析；行业景气分析；煤炭运输能力；国际石油政策环境
需求指标	工业能源消费、居民能源消费、能源出口量	先行指标	
库存指标	能源库存总量、库存产品结构、库存地区结构	先行指标	
行业景气指标	煤炭行业：固定资产扩建投资额增速、金融机构贷款增速、商品房销售额增速、重工业企业增加值增速、发电量增速、平板玻璃产量增速等	先行指标	
	石油行业：化肥产量增速、水泥产量增速、汽车产量增速、民航货运量增速等	先行指标	
价格指标	生产价格、批发价格、零售价格、期货价格、进出口价格、国际市场价格 煤炭行业：坑口价、车板价、平仓价、煤炭开采业产品销售收入增速、铁路货运量累计增速、煤炭开采业税金总额增速 石油行业：石油工业品出厂价格指数、石油产品销售收入增速、成品油购进价格、加油站零售价格等	一致指标	世界经济发展状况；经济发展和经济结构；宏观经济分析；行业景气分析；煤炭运输能力；国际石油政策环境
	生产成本、流通费用、税金、费用	价格构成指标	
	平均价格、相对价格、比价、差价	加工指标	

（1）能源供给指标。能源商品在全球范围内生产、分配和消费，世界性的能源商品供给必将影响到国内能源商品的供给。从短期来看，能源商品决定于其生产能力和进口量，即决定于能源开采能力和海外获取资源的能力；从长期看，能源商品的供给则取决于能源的潜在储量和可开采量。

（2）能源需求指标。在能源供给不变的条件下，能源需求上升将导致能源均衡价格上涨。由于国内外能源市场的一体化程度不断提高，世界能源消费量的增加必将影响国内能源消费，国内能源消费主要包括工业用能源消费和居民能源消费。

（3）能源库存指标。一般情况下，市场库存上升意味着供大于求，是市场资源沉积量增加和流通不畅的结果，必将导致市场价格下跌；而当库存较少时，市场价格将会上涨。因此，根据能源库存变化判断未来能源价格的变动趋势，符合市场供求规律。此外，库存具有调节市场供需、平抑价格波动的功能。一方面，当市场价格上升时，通过减少库存，增加供给来降低价格上涨；另一方面，当价格下降时，可增加库存，扩大需求，致使能源价格上升。因而，在具体分析库存与能源价格之间的关系时需要确认两者之间的关系是正向还是负向关系，以便对库存量的变化影响做出合理的判断。库存量变化包括总量指标、库存产品内部结构变化和库存地区差异。

（4）行业景气指标。行业景气分析是一种实证的景气观测方法，其基本出发点是，价格周期波动是通过一系列经济活动来传递和扩散的，任何一个变量本身的波动过程都不足以代表价格整体的波动过程。因此，为了正确预测能源价格的波动状况，必须综合地考虑生产、消费、投资等各领域的景气变动及相互影响。各领域的周期波动并不是同时发生的，而是从某些领域向其他领域，从某些产业向其他产业，从某些地区向其他地区波及、渗透的极其复杂的过程。基于这种认识，从各领域中选出一批对能源行业景气变动敏感、有代表性的指标变量，用数学方法合成为一组景气指数，以此作为预判能源价格波动的综合尺度。

（5）能源价格指标。上述能源供给、需求和库存指标及行业景气指标是与能源价格相关的指标，而能源价格本身则是能源价格运行的直观反映。根据相关价格理论，可将能源价格数据分成基本指标、价格构成指标和加工指标。其中，期货价格的一个重要功能就是具有价格发现功能，它对现货价格变化方向和水平具有引领作用；国际市场价格一般是经过较长历史发展形成的，是在国际商品交易市场、商品集散地形成的价格，能够反映国际市场价格动态。

除上述指标分析外，还需要对国内有关能源市场变化的热点问题和能源产业发展的政策动向、世界经济的发展状况、世界其他国家的能源政策、能源商品主产区的政治形势等方面进行监测。例如，石油输出国组织的石油政策，国内能源生产、消费企业的结构、数量和地区分布，国外能源价格补贴政策、产能过剩引发的产能调整与产量限制、节能环保要求等。

5.4 能源价格预警系统的构建

本文从能源价格预警系统的构建框架研究出发，探讨能源价格预警系统的构建、实施方案及机制措施。

5.4.1 能源价格预警系统的目标

能源价格预警是指在对能源市场价格进行监测和分析的基础上，评估和诊断当前能源价格运行状态和发展趋势的安全程度，从而提前发现能源市场价格偏离正常的非理性波动并给出警示，为政府制定调控政策提供信号和依据。

5.4.2 能源价格预警系统的指标体系及分析方法

能源价格变动在市场上的最直观表现就是能源价格波动的幅度、持续的时间和辐射的范围三个方面，而价格波动幅度是较敏感的一个指标。因此，能源价格预警体系将预警指标确定为三个：价格波动幅度、价格波动时间和价格波动范围。同时，为适应能源市场价格多变特征，将上述三个指标分别设定子指标，以反映能源价格的波动状况。其中，价格波动幅度分为四个子指标，价格波动时间分为三个子指标，价格波动范围分为四个子指标，具体见表3。

表 3　能源价格预警系统指标体系

一级指标	二级指标	指标说明
价格波动幅度	绿色、黄色、橙色和红色	依据能源价格波动幅度来划分预警级别
价格波动时间	短期、中期和长期	依据价格波动持续时间来划分预警期
价格波动范围	省份、产区、销区、全国	依据价格波动辐射范围来划分预警范围

基于表 3 中的能源价格预警系统指标体系，我们需要采取多种方法，从多个角度进行分析。①宏观分析与微观分析相结合。宏观分析从总量的角度说明价格所处的状态或变动过程，微观分析是对整体结构和层次进行分析，便于分析理解整体内部之间的关系。②动态分析与静态分析相结合。对能源价格运行过程进行监测预警，其目的是要把握能源价格波动的轨迹，进行超前性、趋势性的预测分析，这就必然要求对价格进行动态分析。但在实际分析过程中，由于所使用的数据往往是某一个时点或时段的，加之动态分析的复杂性，故需静态分析做参考，对价格进行相关分析和结构分析。③定性分析和定量分析相结合。定性分析是定量分析的前提，定量分析是定性分析的深化，两者相辅相成。④因素分析和比较分析相结合。因素分析主要用于分

析影响价格变化的原因，比如分析供求、成本、预期、政策、国际价格等因素，并注意区分主要因素与次要因素、长期因素与短期因素。在价格监测预警分析中往往要对价格进行静态比较或动态比较，纵向比较或横向比较，通过比较分析，找出价格变动的规律。

5.4.3 能源价格预警系统警情分级与界定

根据能源价格预警指标体系的实际表现，将能源价格波动设置为四级警情，分别为一级红色警情、二级橙色警情、三级黄色警情和四级绿色警情，具体说明见表4。

表4 能源价格预警系统警情分级与界定

警情分级	界定标准	含义	实际表象
一级红色警情	全国范围或部分地区价格异常波动剧烈，价格涨幅或跌幅剧烈，严重影响 GDP 和居民消费价格指数（consumer price index，CPI），国务院实行价格紧急措施	高度风险范围	消费者信心极低、流言传播、市场价格混乱、买卖不平衡度极高，成为社会不稳定因素
二级橙色警情	全国或部分地区价格波动显著，价格浮动范围较大，明显影响 GDP 和 CPI，国务院、省（自治区、直辖市）实行价格干预措施	进入风险范围	部分地区出现电荒、煤荒、油荒、限制购电、抢购等现象，可能引发社会不稳定因素
三级黄色警情	全国或部分地区出现明显价格波动，但价格浮动范围不大，可能会影响 GDP 和 CPI，异常价格波动的产品数量不大和持续时间不长	风险关注范围	对社会生产、生活造成轻微影响
四级绿色警情	全国或部分地区没有出现价格明显波动情况	价格正常范围	纵向对比变化不大

为了及早发现和准确判断能源价格异常波动警情，需要辨清突发性事件与能源商品价格变化之间的因果关系，分析国内外突发性事件和因素对能源价格带来的影响范围和影响力度，密切关注社会舆论和媒体焦点及相关商品的价格波动情况。

5.5 能源价格监测预警响应机制

由于能源商品的特殊属性，国家发展和改革委员会、国家能源局等主管能源的部门应根据能源价格监测结果和价格预警信号，及时做好价格应急预案的制定与启动工作，以保持市场价格的基本稳定。同时，为使应急预案顺利实施，应做好舆论宣传工作。

能源价格波动应急预案的制定要参照国家发展和改革委员会印发的《全

国重要能源价格监测报告制度》和预警工作的《市场价格异常波动和预警及应急监测工作实施办法》，应对能源价格异常波动情况，实施属地管理、分级负责的工作原则，并由国家能源局与价格主管部门共同成立能源价格异常波动小组，包括价格监测组、价格政策宣传组、价格监督检查组。省、市、区、县价格监测中心负责价格应急管理的日常工作，建立新闻宣传制度，加强社会价格监督，维护价格稳定，并将信息公开。

当在一定范围内出现能源商品总量或结构性的价格显著上涨，市场价格水平出现剧烈波动等异常状态时，根据能源价格的波动程度、影响范围、危害程度，相应启动一级红色预案、二级橙色预案、三级黄色预案。如果能源价格预警信号与市场价格的波动相一致，就依法启动价格应急预案，按照应急预案要求，采取能源商品调配、价格管制、限价等措施，采取提醒告诫方式引导和规范市场主体行为，对造谣惑众、哄抬物价、囤积居奇、牟取暴利等行为依法惩处。在价格剧烈波动时期，甚至可采取价格紧急干预措施，部分或全部冻结能源价格，使市场价格得到有效控制。

6　政策措施及建议

随着中国能源价格市场化步伐的不断加快及与国际市场接轨，能源价格的不确定性会加剧经济、产业及企业所面临的风险，进而会影响整个国家经济的持续稳定发展。通过健全完善能源价格监测预警系统，对能源价格的波动趋势进行定性与定量预测，从而减少能源价格的冲击效应，这对资源依赖型的经济发展是必要的。为了能够更好地服务于国家和地方经济的发展，能源价格监测预警系统应该从综合信息的大数据平台、监测预警制度、监测预警方法及相应的保障措施等方面进行完善和深化。

6.1　构建能源价格监测预警大数据平台

现代社会是一个高速发展的社会，科技发达，信息流通，人们之间的交流越来越密切，生活也越来越方便，大数据就是这个高科技时代的产物。整个能源系统的数据量具有大而广的特点。从数据类别来看，包括能源消费数据、能源供给数据、能源库存数据、能源运输数据、能源进出口数据、能源价格数据、能源成本数据、能源衍生品数据、能源行业景气数据、能源排污数据及能源国内、国际政策环境数据等；从数据层次来看，包括宏观、中观及微观各个层面；从数据频率来看，包括日度数据、月度数据和年度数据。收集、整理、分析、模型化相关数据是构建能源价格监测预警大数据平台的基础，也是实现能源价格监测预警的基础保障。

能源价格大数据分析平台可以帮助实现以下功能。第一，从数据结果反推出产生的原因，然后得到最终判断，以此对现有数据事实进行解释，从而实现对能源价格监测的目的。第二，利用预测模型分析能源产量及供需关系等关键指标，基于此预测能源价格趋势及其波动程度，从而实现能源价格预警目的。第三，通过信息发布实现信息共享，帮助国家、地区乃至企业制定相应的发展战略。

6.2 完善能源价格监测预警制度

能源价格监测预警系统从价格监测到价格预警，再到警情预报及排除，这整个过程都需要相应的制度来保障实施。制度的实施必须有相应的组织保障。能源问题涉及多领域、多部门，为实现能源战略决策和统筹协调，需设立高层次的议事协调机构，负责研究拟订国家能源发展战略，建立能源价格监测预警信息收集、研究和发布的机构，并形成比较固定的研究队伍。建立该机构与能源决策部门之间的沟通和协调机制，以有效支持国家的能源决策和管理。此外，需要建立不同层次的能源预警信息发布机制。能源价格监测预警信息服务于国民经济建设，应定期、公开发布相关信息，为社会和企业相关部门提供参考，为石油、煤炭、天然气等行业提供有针对性的信息报告和咨询服务。同时，警情出现以后，应对机制要提出建议性或强制性对策，包括长期性政策方向制定、短期性应对策略，以及突发事件应急措施。

6.3 深化能源价格监测预警的方法研究

能源价格监测预警研究工作非常复杂，从基础理论、指标体系构建、数据收集、整理和分析、数据建模、预警判别、信息发布到政策建议这一系列环节中，都需要进行深入挖掘和探索。①加强理论研究。能源价格监测预警理论研究应朝着两个方向发展，一是监测预警的深度，二是监测预警的广度。能源价格监测预警的深度是指能源价格监测预警应建立在对能源供应和能源消费了解的基础上，加强探究能源领域发展的资源因素、技术因素、运输因素、环境因素等因素对能源价格的影响。能源价格监测预警的广度是指能源价格监测预警应立足于宏观，立足于综合性的能源系统，立足于对整个国民经济和社会的影响，以及立足于中长期的能源发展战略，进行综合性的战略预警分析。②完善指标体系。完善能源价格监测预警指标体系，增加和完善能源分布结构、能源投资、能源价格、能源进出口、地区能源核算等数据，加强能源消费和市场统计，研究建立节能指标体系，以适应能源价格监测预警对能源信息的需要。同时，需要提高监测预警指标的代表性和准确性，在指标数据的可获得性和数据指标的代表性之间进行平衡，选取具有代表性、容易获得特别是容易通过公开途径获得的数据指标。③加强模型研究。数学模型是能源价格监测预警定量研究的重要工具。定量化是能源价格分析的基本要求，同时，能源价格监测预警也需要对未来的经济发展和能源供需引发的价格波动进行预测。因此，模型研究在能源价格监测预警、特别是中长期预警研究中具有十分重要的意义。虽然已有一些相关数学模型在能源价格预测研究中得到了应用，诸如 ARMA 模型、VAR 模型、VECM 模型、GARCH 模型等，但是数据样本较为单一，模型设定简单。所以，在今后的能源价格监测预警研究中，一方面要拓展数学模型的研究样本，从点值数据向区间型数据、符号型数据、函数型数据进行拓展；另一方面要避免单一模型设定，要进行模型组合和优化。

6.4 建立能源价格监测预警系统的保障措施

建立能源价格监测预警系统是一项十分艰巨的工作任务，需要充分利用各方面的资源，综合考虑各项配套措施，整体推进。①加强人才培养。开展能源价格监测预警工作要建立一支既有学术研究背景又有实际分析经验的研究团队，对缺项数据、错误数据进行核查、估算，对监测预警结果进行分析判断，并提出相应的政策建议。为了能够做好、做强能源价格监测预警工作，必须加大能源人才的培养和输送力度，尽量营造良好的环境，逐步积累经验，提高工作质量，逐步形成能源监测预警的人才库。②全面整合数据渠道。对能源价格监测预警来说，数据是基础，没有高质量的数据，其他工作做得再好，得出的结论也是无法令人信服的。我国能源统计力量比较薄弱，有的数据统计口径、获取渠道不统一，有的数据无处统计，如缺乏全面的能源价格相关数据，难以适应国家宏观管理和社会对能源信息不断增长的需要。因此，政府部门要与相关行业协会、企业、研究机构密切合作，及时沟通和交流数据信息。研究建立国家能源局、统计局、行业协会、大型能源生产企业、重点耗能企业的数据共享服务机制，由国家能源局和国家统计局对能源信息进行全面、系统的管理，对能源信息进行及时准确的搜集、整理、储存和传递，为建立能源价格监测预警系统服务。③加大财政资金的支持力度。建立能源价格监测预警系统是一项复杂的系统工程，包括建立网络通信系统、开发软件系统、数据统计分析系统、模型优化系统及数据库的日常维护和更新，对一些重大指标进行专门的课题研究和论证，对国内外相关研究现状和经验的考察等，所以需要政府在资金投入和人员配备方面给予大力支持。

参 考 文 献

曹新向. 2006. 旅游地生态安全预警评价指标体系与方法研究——以开封市为例 [J]. 环境科学与管理，3：39-43.

畅明琦，刘俊萍，黄强. 2008. 水资源安全 Vague 集多目标评价及预警 [J]. 水力发电学报，3：81-87.

陈国阶. 1996. 对环境预警的探讨 [J]. 重庆环境科学，18（5）：1-4.

陈国阶，何锦峰. 1999. 生态环境预警的理论和方法探讨 [J]. 重庆环境科学，21（4）：8-11.

陈柳钦. 2012. 现代能源产业体系的实现路径探析 [J]. 创新，6（2）：37-41.

迟春洁，黎永亮. 2004. 能源安全影响因素及测度指标体系的初步研究 [J]. 哈尔滨工业大学学报（社会科学版），6（4）：80-84.

董云仙，谭志卫，朱翔，等. 2012. 程海水质变动特征与水安全预警因素识别 [J]. 安全与环境学报，4：136-140.

董真，梁启建，伏乃建. 2010. 煤炭价格监测预警定量指标研究初探 [J]. 能源技术与管理，1：151-153.

高铁梅，张桂莲，樊克勤. 1997. 我国经济预警信号系统的维护和应用 [J]. 预测，5：35-38.

顾海兵，刘明. 1994. 我国粮食生产预警系统的探讨 [J]. 经济理论与经济管理. 1：37-42.

顾海兵，张帅. 2016. "十三五"时期我国经济安全水平预测分析 [J]. 中共中央党校学报，2：40-45.

顾海兵. 1997. 宏观经济预警研究：理论、方法、历史 [J]. 经济理论与经济管理，4：1-7.

郭小哲，段兆芳. 2005. 我国能源安全多目标多因素监测预警系统 [J]. 中国国土资源经济，2，13-15.

国家信息中心课题组. 1994. 我国宏观经济监测及预警预测系统建设 [M]. 北京：中国经济出版社.

韩奇，谢东海，陈秋波. 2006. 社会经济—水安全 SD 预警模型的构建 [J]. 热带农业科学，1：31-34，84.

贺刚. 2009. 中国能源价格波动监测预警机制研究 [J]. 中国物价，6：3-6.

江红，杨小柳. 2015. 基于熵权的亚太地区水安全评价 [J]. 地理科学进展，3：373-380.

康绍忠. 2014. 水安全与粮食安全 [J]. 中国生态农业学报，8：880-885.

雷勋平，吴杨，叶松，等. 2012. 基于熵权可拓决策模型的区域粮食安全预警 [J]. 农业工程学报，28（6）：233-239.

李继尊. 2007. 中国能源预警模型及其预警指数的创建 [J]. 中国石油大学学报（自然科学版），31（6）：161-166.

李丽红. 2015. 中国能源金融市场风险预警——基于 PCA & ARMA 模型的研究 [J]. 经济问题，2：52-57.

李仰斌，畅明琦. 2009. 水资源安全评价与预警研究 [J]. 中国农村水利水电，1：1-4.

刘玥，曾庆婷，周顶峰，等. 2014. 煤炭价格指数预警研究 [J]. 中国煤炭，40（8）：10-14.

吕峰，陈建国，曾雪琴，等. 2013. 能源可持续发展预警的评估模型及实证 [J]. 统计与决策，19：55-59.

吕新业，王济民，吕向东. 2006. 我国食物安全的短期预测与预警研究 [J]. 农业经济问题，5：49-55.

马九杰，张象枢，顾海兵. 2001. 粮食安全衡量及预警指标体系研究 [J]. 管理世界，l：154-162.

彭建，赵会娟，刘焱序，等. 2016. 区域水安全格局构建：研究进展及概念框架 [J]. 生态学报，36（11）：3137-3145.

邵立民. 2011. 我国粮食安全预警系统研究 [J]. 农业经济与管理，2：10-19.

谭忠富，陈广娟. 2007. 我国能源发展的风险影响因素与预警系统分析 [J]. 中国能源，5：40-44.

陶骏昌，陈凯，杨汭华. 1994. 农业预警概论 [M]. 北京：中国农业大学出版社.

王耕，刘秋波，丁晓静. 2013. 基于系统动力学的辽宁省生态安全预警研究 [J]. 环境科学与管理，2：144-149.

王耕，吴伟. 2008. 区域生态安全预警指数——以辽河流域为例 [J]. 生态学报，8：

3535-3542.

王韩民. 2003. 生态安全系统评价与预警研究 [J]. 环境保护，11：30-34.

王君萍，白琼琼. 2015. 我国能源上市企业财务危机预警研究 [J]. 经济问题，1：109-113.

王礼茂. 2002. 资源安全的影响因素与评估指标 [J]. 自然资源学报，17（4）：401-408.

王思强. 2009. 中长期能源预测预警体系研究与应用 [D]. 北京：北京交通大学.

王耀中，侯俊军，刘志忠. 2004. 经济预警模型述评 [J]. 湖南大学学报（社会科学版），18（2）：27-31.

吴冠岑. 2008. 区域土地生态安全预警研究 [D]. 南京：南京农业大学.

徐成龙，程钰，任建兰. 2014. 黄河三角洲地区生态安全预警测度及时空格局 [J]. 经济地理，3：149-155.

杨磊. 2014. 我国粮食安全风险分析及粮食安全评价指标体系研究 [J]. 农业现代化研究，6：696-702.

姚成胜，滕毅，黄琳. 2015. 中国粮食安全评价指标体系构建及实证分析 [J]. 农业工程学报，4：1-10.

张洪潮，王素芳，马侃，等. 2015. 煤炭价格波动对煤炭富集区经济影响研究：以山西为例 [J]. 中国矿业，24（4）：45-49.

张粒子，何勇健，凡鹏飞，等. 2011. 我国能源市场体系建设的目标框架与路径模式 [J]. 价格理论与实践，7：33-35.

张巧显，欧阳志云，王如松，等. 2002. 中国水安全系统模拟及对策比较研究 [J]. 水科学进展，13（5）：569-577.

张玉泽，任建兰，刘凯，等. 2015. 山东省生态安全预警测度及时空格局 [J]. 经济地理，11：166-171，189.

郑通汉. 2003. 论水资源安全与水资源安全预警 [J]. 中国水利，6：19-22.

中国科学院预测科学研究中心. 2013. 2013 中国经济预测与展望 [M]. 北京：科学出版社.

中国科学院预测科学研究中心. 2014. 2014 中国经济预测与展望 [M]. 北京：科学出版社.

中国科学院预测科学研究中心. 2015. 2015 中国经济预测与展望 [M]. 北京：科学出版社.

Häfele W. 1981. Energy in a Finite World [M]. Cambridge：Ballinger Publishing Company.

Penning de Vries F W T, van Laar H H. 1982. Simulation of Plant Growth and Crop Production[M]. Wageningen：Centre for Agricultural Publishing and Documentation.

Stekler H O. 1994. Are economic forecasts valuable[J]. Journal of Forecasting, 13(6): 495-505.

科技管理与决策评价篇

山西省实施科技创新调查制度对策研究[①]

- -

1 创新调查制度背景

1.1 创新调查制度的内涵

为贯彻习近平同志关于"建立符合国情的全国创新调查制度，准确测算科技创新对经济社会的贡献，并为制定政策提供依据"的指示精神，2012 年7 月，中共中央、国务院召开了全国科技创新大会，印发了《关于深化科技体制改革加快国家创新体系建设的意见》（中发〔2012〕6 号），明确提出建立全国创新调查制度。

我国探索和建立创新调查制度的相关工作，可追溯到 1986 年开始逐步建立的科技统计工作。1986 年 8 月 14 日，国家科学技术委员会、国家统计局联合发布《国家科学技术委员会、国家统计局关于加强科技统计工作的通知》，其中提出了建立科技统计报告制度、逐级建立科技统计机构、明确了科技统计机构的职责与任务等。

1986 年 8 月 14 日，国家科学技术委员会、国家统计局联合发布《科技统计报告制度暂行规定》，其中明确指出，我国科技统计的基本任务是，对

---

① 课题组组长：范建平。课题组成员：李常洪、吴美琴、张晓杰、卫媛、张静、张嘉琪、薛凯丽、侯园园、赵苗、赵园园、朱兆钰、刘胜男。本文完成于 2016 年 12 月，如无特别说明研究涉及数据截至2016 年。

全国科技活动状况进行经常的统计调查，提供统计资料、统计分析，实行统计监督。

为加强和完善国家科技统计工作，1987年国家科学技术委员会发布《国家科委委内统计工作协调方法》（国家科委（87）国科发综字0646号）；1996年国家科学技术委员会发布《国家科委科技统计工作管理办法》（国科发计字〔1996〕357号），其中指出，我国科技统计的基本任务是，对我国科学技术活动的基础状况、发展趋势及其影响进行系统的统计调查、统计分析，提供统计资料和统计咨询意见，实行统计监督。

2007年9月29日，科学技术部在对原《国家科委科技统计工作管理办法》（国科发计字〔1996〕357号）进行修订的基础上，发布了《科学技术部科技统计工作管理办法》（国科发计字〔2007〕620号），其中指出，我国科技统计的基本任务是，对我国科学技术活动的情况进行统计调查和统计分析，提供统计资料，开展指标研究，发挥科技统计的服务作用、监测作用和导向作用。

2014年1月，国家科技改革领导小组第4次会议审议通过《建立国家创新调查制度工作方案》，标志着我国从原来的创新统计工作向建立内涵更加丰富的创新调查制度大力推进。该方案明确指出：①"国家创新调查制度是在科学、规范的统计调查基础上，对国家创新能力进行全面监测和评价的制度安排。其中，创新能力监测是指基于政府统计调查和科学设计指标，发布客观反映国家、区域和企业等创新活动特征的数据。创新能力评价是指通过构建指标体系，对国家、区域和企业等的创新能力进行综合分析、比较与判断。"②建立国家创新调查制度的目标是"创造有利条件，定期开展全国创新活动统计调查，全面、客观地监测、评价我国的创新状况，准确测算科技创新对经济社会的贡献，为推进创新型国家建设进程，完善科技创新政策提供支撑和服务"。

2015年，科学技术部发布了《创新调查十问》，再次强调了建立创新调查制度的目的和主要工作内容。《创新调查十问》明确了创新调查对象包括企业、研究机构、高等学校、创新中介等，同时具体说明了相关对象主要的创新调查内容。

创新调查制度与原先的科技统计工作相比有如下联系与区别。

（1）联系：创新调查制度与科技统计都包含通过科技创新活动调查统计与监测，分析我国科技创新状况，为科技政策制定提供导向和服务的功能。

（2）区别：创新调查制度比科技统计工作更加制度化、系统化、科学化。在原来科技统计相关工作基础上在以下两个方面有所加强：①国家创新调查制度是在科学、规范的统计调查基础上，对国家创新能力进行全面监测和评价的制度安排，与科技统计工作相比突出了对创新能力的监测与评价；②在原来针对国家和区域调查统计和监测的基础上，强化了对企业、行业、国家级园区等创新密集区的统计、监测和评价。

1.2　国际方面历史与现状

1.2.1　20世纪的世界科技统计活动

早期工业化国家对科技活动的统计与对科技统计理论的研究已有相当长的历史。对科技活动中的 R&D 活动的定义及其测度方法的理论也起始于20世纪40年代或更早，直到20世纪50年代初，由于科学与技术活动受到更多国家更为广泛的关注，科技统计才逐渐从许多国家的社会经济统计中分离出来，并逐步成为制定与评价国家科技政策的重要支撑。其中，美国国家科学基金会（NSF）对现代科技统计，特别是现代 R&D 统计，做出了开创性的贡献。经济合作与发展组织（OECD）和联合国教育、科学及文化组织（UNESCO）是目前世界上从事科技统计最有影响力的两大组织。

1. OECD 的科技统计发展

1961年，包括欧美主要发达国家在内的 OECD 正式成立。OECD 在有关成员国已有工作的基础上，把对 R&D 的定义及其测度作为科技政策研究的重点，并大力推进。1963年6月，来自 OECD 各成员国的 R&D 统计专家在意大利弗拉斯卡蒂镇（Frascati）举行会议，就 R&D 统计指标的定义和测度方法进行深入研究和广泛交流，并最后通过了《研究与发展（R&D）调查的推荐标准与规范》，即现在人们所熟知的《研究与发展调查手册》的第一个正式文本。从此，OECD 各成员国便在该手册建议的方法的指导下，定期收集有关 R&D 投入的详细数据，不断修订《研究与发展调查手册》。

到20世纪末，OECD 连续推出五种有关科技活动统计的手册，统称为"弗拉斯卡蒂系列手册"，即《为调查研究与发展（R&D）活动所推荐的标准规范》（即弗拉斯卡蒂手册）《技术国际收支手册》（即 TBP 手册）、《技术创新手册》（即奥斯陆手册）、《专利手册》、《科技人才资源手册》（即堪培拉手册）。

随着科技的进步，科技研发工作的性质有所改变，这给科技统计带来了新的挑战。1963 年的"弗拉斯卡蒂手册"是搜集研发统计数据最为重要的统计方法学上的标准（察志敏，2000）。为适应新的研发统计工作的需要，OECD 有关科技指标专家在前 5 次修订的基础上于 2000 年再次修订，并于 2002 年完成。第 6 版力图在各种方法上提出建议和指南，尤其是改进服务部门的 R&D 统计，收集更为翔实的 R&D 人力资源数据。为迎接全球化给 R&D 调查带来的挑战，手册提出了对分类进行一些修改的建议。当前的 R&D 统计是基于"弗拉斯卡蒂手册"所做调查的系统性发展的结果，R&D 统计也成为 OECD 成员国统计体系的一部分。尽管手册主要是一份技术性文件，但它也是 OECD 的一项基础性工作，旨在通过分析国家创新系统提高人们对科学技术问题的理解。此外，手册还通过提供国际认可的 R&D 定义及其活动分类，以帮助各国政府讨论关于科学技术政策的最佳实践。

2005 年 6 月中旬，OECD 国家科技指标专家组在冰岛首都雷克亚未克举行工作组会议，还讨论了将 R&D 资本化包含在国民经济核算中的方法。如果研发转化为资本能够得到接受，这将是研发统计数字获得承认的一个重要标志。

《奥斯陆手册》于 1992 年正式推出后，也分别于 1997 年和 2003 年经过了两次修订。目前的第 3 版主要增加如下内容：一是扩大了创新调查的产业范围，早期的创新调查主要集中在制造业，新版手册增加了服务业技术创新的调查方法；二是扩大创新的类型，新版手册不仅包括产品创新、工业创新和服务创新，还包括市场创新和组织创新；三是增加了发展中国家开展技术创新调查的有关内容；四是增加了创新实例，便于填表人准确理解各种类型的技术创新。

《专利手册》补充了如何在专利统计方法上重点研究具体技术领域专利统计定义的制定；有关科技人力资源的研讨分别于 2002 年 6 月和 2003 年 3 月召开了专门会议，讨论了包括建立适应政策和分析需要的科技人力资源数据库、数据应用的范例、博士学位调查、国家和区域经验介绍等在内的几个方面的议题，并提出合理改进建议。

事实上，OECD 也是最早系统地收集科技统计数据的国际组织，在科技统计界处于世界领先地位，收集的数据库主要包括成员国的 R&D 数据库、技术国际收支数据库、专利数据库、技术创新数据库、科技指标或经济分析指标数据库。这些统计数据定期出版在《基本科技统计数据》（BSTS）、《主要科技指标》（MSTI）、《工业研究与发展》刊物上。同时，为加强与非成员国在科技统计和科技指标方面的合作，OECD 收集成员国和非成员国的科技统计数据，建立了容量可观的数据库。OECD 建立专门的机构负责与发展中国家进行科技统计工作的合作与交流，以推广国际科技统计标准。1990 年，OECD 成立了经济转型国家合作中心（CEET），1998 年 CEET 又扩大并改名为非成员国合作中心（CCNM），全面负责与非成员国的合作，合作的重点国家是巴西、中国、印度、印度尼西亚和俄罗斯。在 CCNM 设有中国合作组，专门负责与中国进行合作的立项、预算和计划。加强与非成员国在科技统计和科技指标方面的合作，帮助这些国家了解、掌握和采用 OECD 在科技统计和科技指标工作方面的经验和做法，是 CCNM 的一项重要任务。

2. UNESCO 的科技统计发展

UNESCO 的科技统计工作始于 1965 年，主要是对 R&D 数据进行系统收集、分析、标准化工作及公布国际统计资料。1978 年通过了《关于科学技术统计国际标准化的建议》之后，又于 1984 年发布了《科学技术活动统计手册》。UNESCO 在上述文件中提出了"科学技术活动"的概念，并将科技活动划分为研究与发展（R&D）、科技教育与培训（STET）和科技服务（STS）三个组成部分。UNESCO 与 OECD 对 R&D 的基本定义及小分类几乎完全一样，UNESCO 在科技指标工作上的一个重要特点是，较早注意到科技统计与一般社会经济统计的协调。

为了制定更规范的国际统一科技统计标准，UNESCO 同样很注重国际交流与合作。1984 年，UNESCO 首次向成员国正式颁布用于科技统计的国际标准，即《科学技术统计工作手册》，就充分考虑到发达国家、发展中国家、市场经济国家和以计划经济为主的国家的不同特点，制定了一套各成员国都能遵守的科技统计指标的国际规范，以使各成员国通过科技统计资料的国际比较，能在更广阔的范围内，正确分析和评价本国科技活动的规模、结构及功能，正确认识本国的科学技术在国际社会中的地位。

UNESCO 自 1960 年以来一直从其成员国收集科技统计数据。目前，正在订正数据收集工具和程序，并与 OECD、欧洲统计局和美国国家科学基金会订立了数据分享协定，以避免工作重复，减少各国答复者的负担。UNESCO 根据各成员国定期以标准的国际可比形式向统计办公室提供的报告，经分析整理，在《联合国教科文组织统计年鉴》及其他出版物上发布国际科技统计的系统数据及分析报告。同时抓好科技统计的能力建设，UNESCO 统计研究所改进数据公布和提高数据质量的一个关键手段是执行统计能力建设方案，其中包括在适当的区域和国家模式技术上，为国家和机构统计人员开办培训班。

1.2.2 主要发达国家科技统计工作

1. 美国的科技统计

美国科技统计始于20世纪50年代初，是典型的分散型统计体制，没有一个全国性的统一统计机构，各种政府统计都是分散在联邦政府各个有关部门内进行的。美国科技统计由美国国家科学基金会中的科学资源研究处（SRS）负责，其数据搜集网络主要由以下四个部分构成：私人企业的R&D活动调查，美国商务部普查局实施的技术创新调查，美国教育部统计中心提供的美国教育情况、大学R&D情况数据，国家科学基金会负责的政府部门科技活动统计。此外，还有其他少量有关数据由各州政府提供，有关专利、贸易等方面的资料则需通过有偿的渠道买入。这些数据最后由科学资源研究处统一汇编整理。

从1972年开始，美国国家科学基金会的管理机构——国家科学管理委员会一直在出版双年度的《科学指标》。20世纪80年代更名为《科学和工程指标》。这些双年度报告除了统计和对有关统计数据的处理外，还提供对有关趋势以及这些趋势在国家科学技术和经济形势下的意义之评论和讨论。后来的双年度报告又包括了关于公众对科学技术的态度的调查结果，以及更多的细节和分析（包括科技合作活动、国际合作联合体方面的数据）。同时，依据科技统计数据，结合其他机构组织提交的相关报告，以三种平行方式即《科学技术年度报告》《美国科学及工程指标》《五年展望》评价美国的科技活动，为政府制定科技发展政策和影响美国公众提供重要背景材料。

2. 意大利的科技统计

作为OECD的主要成员国之一，意大利的科技统计起步早、研究多，聚集了大批的优秀科技统计研究人员，积累了丰富的经验。

意大利中央统计局是国家统计体系的中枢，负责重大国情国力调查和资料提供；统计调查理论和方法论研究以及数据分析应用方法研究，主要在科研机构和有关同等院校进行。其科技统计工作紧紧围绕国家科技政策和企业发展战略，紧跟时代步伐，具有很鲜明的针对性。

意大利科技统计最具代表性的特色是：科技统计调查规范统一、有较强的政策咨询和分析研究能力。其基本科技统计调查（R&D）要求企业、教育和科研单位共同执行"弗拉斯卡蒂手册"设计的基本标准、定义、分类及计算方法等，得到的数据质量高，便于汇总和进行国际比较。应用多种分析手段研究欧共体各国之间，与美、日等国之间的 R&D 和技术创新状况，以及与国际贸易和经济增长之间的关系，以便制定国家科技发展政策，确定重点支持的产业、行业，增强国际竞争能力。

具体来看，意大利的 R&D 统计调查基本上是定期的重点调查，范围包括企业（公司）、大学、研究部门及政府机构等有科技活动的单位。技术创新调查则采用不定期的重点调查来进行。

R&D 统计按主持部门分为三个部分独立进行，其统计的方式是不一样的。大学（高等院校）的 R&D 统计是根据 R&D 经费占全部教育经费支出的比例，结合一定的调查结果而估算的，其 R&D 人员也是按照一定的比例（这种比例每年根据实际变化情况进行调整），将非全时人员折合成全时人员计算的。科研机构的 R&D 经费是根据财政预算而估算得出的。企业的 R&D 数据是根据实际统计调查的结果。其统计调查程序分为几步，首先依据以往统计结果和所掌握的实际情况，按照企业名录，将企业分为三种情况，然后进行统计调查：有 R&D 的企业发正式的统计调查表；对尚未确定有无 R&D 的企业发简单的统计报表进行调查，在确认有 R&D 后，再发正式统计报表进行调查；而确认没有 R&D 的企业则无须发统计报表进行调查。企业统计调查是按全面调查与重点调查相结合的方式进行，访问调查与信函调查是统计调查采用的两种形式。意大利的技术创新统计和其他科技统计也采取上述灵活的统计方式进行。

3. 德国的科技统计

德国联邦统计局是德国统计工作的国家级管理中心，它与联邦政府各部、各联邦州统计局相互协调，依法开展各项统计工作。其科技统计工作体制具有政府的宏观控制、政府与非政府机构相互协调的显著特点。

目前，德国的科技统计主要包括公共机构及接受政府经费资助机构的 R&D 统计、以高校统计为基础的高校 R&D 测算、政府年度结算及预算统计中的科技支出预算、政府 R&D 预算拨款统计、国际技术收支平衡统计、制造业结构调查、企业 R&D 普查、企业创新普查、专利统计、科学文献统计等十项主要内容。此外，还有科技人力资源评估、高强度 R&D 产业及产品评估等一些特殊统计项目。

德国严格执行 OECD 标准，在科技统计的条块划分上也是分成五个部分，即政府、企业、非营利私人机构、高校和国外投资；在 R&D 统计内容和主要调查方法上基本和我国的是一样的。

R&D 统计内容上包括 R&D 投入统计（从事 R&D 活动的人员统计、R&D 资金来源统计、R&D 金额投入量统计）和 R&D 产出统计（专利登记数，工业新产品向市场的输送量，专利的购买和输出统计，即专利输出净额）。

德国联邦统计局承担的国家科研机构和高校的科技统计任务，基本采用全面调查方法取得数据，分级布置汇总上报，即联邦统计局-州统计局-基层单位、基层单位-州统计局-联邦统计局。根据法律规定，政府统计的内容各单位必须全面上报。粗一看，德国在科技统计上并没有特别之处，然而，其科技统计工作在国际上都有名，主要是因为它十分注重与社会民间调查的合作以及在实施过程中所体现出的科学态度。比如，在数据统计上确保准确性，一旦出现差错很少采用行政办法，而是采用多技术审核办法解决；其统计部门发布的报告、文章，亦是对实际发生情况的客观描述，主观分析判断内容极少。

4. 澳大利亚的科技统计

澳大利亚于 1968 年开始实施 R&D 调查。和其他国家一样，在进行多次 R&D 调查后才取得了高质量的数据，澳大利亚最初的高质量数据是从 1976 年开始的。直到 1980 年前后，R&D 指标才开始对澳大利亚的政策讨论产生影响。从 1968 年开始的 12 年经验表明，如果要为科技政策服务，必须坚持不懈地进行统计分析工作。

自 20 世纪 80 年代中期起，澳大利亚开始在 OECD 国家科技指标专家组（NESTI）发挥积极作用。该组负责修订《弗拉斯卡蒂手册》（OECD 1993），开发新的指标及其可靠的测度方法。澳大利亚有关 R&D 测度的工作日臻成熟，并开始发展其他指标，如严谨的文献计量学研究自 20 世纪 80 年代早期即已开始。科技指标的分析开展得比较缓慢。1988 年澳大利亚出版了第一部综合科技统计指标报告，这是若干年来大量工作的结果，自此，定期出版综合科技统计指标报告的新版和分析。

5. 日本的科技统计

日本从 1953 年开始每年都对本国的科技活动进行详细的调查，并以《速报》和《科学技术研究调查报告》的形式发布。

科技迅速发展，科技政策的制定更依赖于对科技活动定量的分析，为此，日本科技厅委托日本资源调查所组织专家对建立本国的科技指标体系进行研究探索。其对美国科技统计指标的设计思想、指标的基础概念和定义进行深入剖析，并与本国类似指标进行比较，已经取得相当成效。比如，日本的指标体系也用一些指标来反映科学技术对工业、社会和国际关系的贡献以及科学技术被社会接受的程度，这样使得其科学指标体系有了更广泛的基本原则：包括了科学活动的社会属性方面。

日本每年出版的《日本科技白皮书》，以翔实的数据、科学的方法对本国科技活动进行全方位的分析与评价。然而，日本指标体系倾向于以选定的指标来反映现有的科技政策，因此它们成了这些政策的成就的事实性测度，而不是对科学状态的客观测度。

6. 韩国的科技统计

韩国的科技统计始于 1963 年，由当时的韩国经济计划部技术发展局负责，并主要对研究机构的状况进行调查，1967 年转由科技部承担。1983年，韩国开始采用 UNESCO 科技统计标准，并对本国的科技统计指标进行调整。现在，韩国已成为 OECD 成员国。为了保证科技统计数据的国际可比性，韩国科技部 1996 年决定，由科学技术政策管理研究所（STEPI）按 OECD 的科技统计标准对国家的 R&D 活动进行调查，调查结果的发布仍由科技部负责。

韩国的主要科技统计出版物有《科学技术研究活动调查报告》《产业技术主要统计要览》。《科学技术研究活动调查报告》由韩国科技部编辑，用于发布国家 R&D 活动年度统计详细结果，其中也包括专利、论文、技术贸易活动，以及国际上部分国家 R&D 活动的翔实数据。《产业技术主要统计要览》由韩国产业技术振兴协会编辑，全面反映韩国 R&D 资源、技术贸易、技术合作、知识产权状况，侧重于对企业 R&D 活动的总量和结构数据以及国际比较数据的收集。

7. 印度和巴西的科技统计

从 1974 年开始，印度科技部按照 UNESCO 建议的国际标准定期（每两年一次）开展全国性的科技活动资源调查，并发布两份分析报告——《研究与发展统计》和《产业研究与发展》。前者描述和分析全国科技活动状况，后者提供关于产业 R&D 的资金和人力资源投入的详细情况。

巴西科技活动数据的出版始于 1996 年，当年就出版了两期《国家科技指标数据集》，分别收录了 1990～1994 年和 1990～1995 年的国家科技发展数据。除了持续统计和发布科技经费和人员数据以外，巴西也很注意改进统计方法，以加强国际可比性。

1.2.3 科技统计的发展趋势

目前发达国家有关 R&D 投入的指标研究已经比较成熟，但对科技产出指标的研究具有很大的局限性。科技产出与投入相比，种类繁多，性质不一，往往存在时间上参差不齐的滞后现象，加上投入和产出之间并不存在明确的关系，无法用简单的数学模型来模拟。相对于投入指标而言，产出指标研究难度更大。而要全面分析评价科技活动及其产出效率，拥有可靠的产出指标是至关重要的。因此，国际上一直在坚持不懈地进行产出指标的深入研究。

《奥斯陆手册》的问世，极大地推动了创新指标研究的进展。目前的创新指标主要针对企业技术创新的测度，还没有编制能够全面用于国家创新系统分析研究的指标；目前对创新指标研究远不如对 R&D 投入指标的研究那么深入。最重要的是，经过几十年的努力，创新理论的研究有了很大进展，但仍然未能透彻地揭示创新系统各个要素之间的相互作用规律，使得创新指标的研究缺乏必要的理论支持。因此，在深入创新理论研究的同时，不断推动创新指标研究，是科技统计指标研究的又一个重要课题。

在继续深入、完善现有科技统计指标的同时，国际上对于科技统计指标的研究不断向许多新的领域扩展。

1. 国际化指标

随着经济的全球化，科学技术活动日益国际化，如各国在大科学项目上广泛合作，各国科技机构和研究人员之间频繁交流与合作研究，大批跨国公司为了开拓海外市场和利用发展中国家优质廉价的科技人力资源在国外设立研究开发机构，国际企业技术联盟不断扩大，等等。怎样准确评估判断当前科技活动国际化和经济全球化的基本态势，怎样充分利用国际化带来的机会使本国科技实现跨越式发展，是各国尤其是发展中国家不可忽视的政策课题，并由此而成为科技统计指标研究的重要领域。

2. 社会和人文科学指标

科技统计指标研究一直着力于对自然科学与技术领域的科技活动统计的研究。社会科学研究活动规律和自然科学与技术领域的研究活动有显著差异，不能直接套用现有的科技统计指标。因此，需要开展理论和实证研究，建立描述社会和人文科学领域研究活动及其与社会经济相互作用的指标。

3. 数学模型和综合指数评价研究

在指标方法论方面，现实中存在着对综合指数评价的迫切需求。顺应这种需求，国内外都有研究者开展了国家科技实力或科技竞争力的综合评价研究，如瑞士洛桑国际管理发展学院的《国际竞争力年度报告》、世界经济论坛的《全球竞争力报告》、联合国《人类发展报告》新设立的技术成就指数（TAI）、国内自然科学基金会资助的关于科技竞争力的研究等。用这种方法所得的评价结果具有简明、直观的优点，但这类评价都不同程度地要受研究者本身价值取向的影响，其评价结果往往是有争议的，很难得到同行专家和公众的公认。

瑞士洛桑国际管理发展学院（International Institute for Management Development，IMD）和世界经济论坛（World Economic Forum，WEF）是目前国际上从事竞争力评价研究的两家著名机构。一直以来，两家机构对中国大陆的排名结果存在分化，尤其是在2006年，IMD评价中国大陆有明显提升，在61个经济体中位居19位，而WEF的排名显示中国大陆竞争力在继续下降，在125个经济体中仅排第54位。由此引发了国内各界对两种竞争力评价理论与方法有效性的质疑。IMD和WEF自1989年开始合作开发世界竞争力评价项目。1996年因在理念与方法上出现分歧，两家开始独立研究（姜爱林，2004）。10余年来，随着全球化国际态势的变化和竞争力理论的发展，IMD和WEF对其竞争力评价体系都进行过多次修订，其理论与方法逐步形成各自特点。

首先，表现在对国际竞争力的界定上，WEF认定的生产率与竞争力等价，而IMD则认为生产率是竞争力的表现之一，如果使用模型变量概念加以区分，那么IMD的被解释变量是综合能力，其中生产率仅是综合能力的一个解释变量而已。而WEF的被解释变量就是生产率，因此生产率不能作为解释变量进入评价指标。

其次，表现在竞争力决定模型的差异上，虽然两家都采用层层分解的还原论方法，将竞争力复杂系统用要素-子要素-指标的层级描述范式，构建起竞争力水平描述与竞争力决定要素分析的统一逻辑框架。但基于竞争力概念的不同认识，仍然形成两类根本不同的竞争力决定模型。IMD竞争力决定模型为国家竞争力（综合能力）=F[经济运行，政府效率，商务效率，基础设施]，IMD 竞争力决定模型是按线性设计的，其评价体系由 4 个竞争要素构成，各竞争要素下设 5 个子要素，共计 20 个子要素，子要素下设若干指标；WEF 竞争力决定模型为生产率=G[基础条件，效率提升，创新与成熟度]，WEF 竞争力决定模型是按类型线性设定的，其由 3 个要素决定，在实际评价中，WEF 则更侧重于决定各个要素的 9 个支柱的分析，其中基础条件要素包括制度、基础设施、宏观经济和健康与初等教育 4 个支柱，效率提升要素包括高等教育与培训、市场效率和技术准备 3 个支柱，创新与成熟度要素包括商业成熟性和创新 2 个支柱。每个竞争支柱均视为经济增长的一种驱动力，利用历史数据建模估计出各个支柱对生产率的贡献程度，以此作为竞争力评价的依据。在竞争力评价中，WEF 实际上对生产率概念做出一定的扩展，不仅包括人均 GDP，还包括稳定持续的经济增长（如 GDP 增长率）、充分就业（如就业率）、平衡的国际收支（如经常项目差额及结构）等方面。其在 WEF 竞争力决定模型中都作为被解释变量处理，不能进入 WEF 评价指标体系。由此形成了广义生产率或均衡生产率的竞争力概念。应当指出，没有进入 WEF 评价体系的约 40 个指标，在 IMD 竞争力决定模型中都是作为解释变量处理的。其在竞争力总指数计算中占有近 25%的权重，对评价结果的影响不可忽视。在两家评价指标体系中，一些指标既可以在 WEF 体系下解释生产率，也可以在 IMD 体系下解释综合能力，如征税效率、股东权利保护、贷款融资难易度、基本基础设施质量、知识产权保护、高级人才是否充足等。本文称这些指标为共有指标，称其他指标为非共有指标。

最后，表现在评价信息综合处理办法的差异上，IMD 竞争力模型线性设计，是由其评价信息综合处理方法表现的。假定其 4 个竞争要素对综合能力的影响作用相同，各个子要素对其所属要素的竞争力水平影响作用相同，以及硬指标数据较调查指标更为客观可靠。因此其综合评价信息处理方法中，指标权数设定原则为要素等权、子要素等权，子要素下硬指标等权、调查指标等权，并在硬指标与调查指标之间设有固定的权数折算系数，以保证硬指标和调查指标在竞争力总指数中的权数比率为 2∶1。WEF 则以经济增长具有俱乐部趋同性为前提，将处于不同发展阶段的经济体划分为三种基本类型。因各类型经济体经济增长与发展的主要驱动力存在较大差异，其各个竞争要素的贡献是不同的。依据上述类型确定各项竞争力决定要素的权重，即权数设定有两个要点：其一，各支柱权数不同，并且不同发展阶段类型的经济体，支柱权数结构也不同；其二，竞争支柱权数，依据历年其对人均 GDP 贡献的统计经验规律研究成果设定。2006 年 WEF 对初级发展阶段经济，在制度、基础设施、宏观经济及健康与初等教育 4 个支柱的权数较大，共占到 50%，而创新支柱的权数仅为 10%。而对于高级发展阶段经济，其创新支柱的权数达到 30%。因此，WEF 的竞争力模型表现为类型线性特征。由此可以看到，两家机构竞争力概念界定不同，直接体现于其相应的竞争力模型与评价指标体系设计，以及采用不同的评价综合信息处理方法，最终导致评价结果出现差异。

由此可以发现，人类对科技活动规律的认识尚不足以为构筑单一完整可靠的数学模型提供基本框架和基础支撑，现在仅有一些局部模型。而在缺乏基本数学模型的情况下，任何具体数学方法的选择都显得依据不足。然而为了满足决策需求，科技指标研究者应积极开展有关数学模型和数学方法的研究，不断改进综合指数评价方法并尝试将其运用到实践中。

1.3 国内方面历史与现状

1.3.1 我国科技统计工作的里程碑事件

从 20 世纪 50 年代起，我国的一些职能部门和系统就曾根据各自管理的需要收集编辑了部分科技统计资料。

自 20 世纪 70 年代末开始，有关专家学者着手开展了科技统计方法的研究活动，为开展科技统计工作做了必要的准备。1978 年，国家统计局、国家计划委员会、国家科学技术委员会、民政部联合组织了"全国科学技术人员情况普查"。通过普查，摸清了我国自然科学与技术领域科技人员的基本情况。

但较为系统地提出科技统计指标并将其应用于常规科技统计调查，换言之，我国的科技统计调查制度始建于 20 世纪 80 年代中期。30 年来，中国科技统计工作取得了长足进步，并做了如下主要工作。

1. 1985 年的科技普查

1985 年经国务院科技领导小组批准，由国家科学技术委员会牵头，会同国家统计局、国家教育委员会共同实施了科技普查。这是我国首次符合国际规范的科技统计工作，将 UNESCO 的《科学技术活动统计手册》引入我国，结合我国实际情况和统计目标设计了一套科技统计指标，建立了按地域逐级进行的调查系统，为国家"七五"科技发展计划和科技拨款制度改革方案的制订提供了依据。在此基础上，由科技、教育和统计部门分别建立了政府科研机构、普通高等学校和大中型工业企业科技统计年报制度，正式开展了科技统计调查工作。

但由于统计指标的差异，统计数据不能反映我国科技活动的整体特征。而且以原国家科学技术委员会为主实施的科学研究与开发机构的科技统计体制、以原国家教育委员会为主实施的高等院校科技统计体制和以国家统计局为主实施的工业企业统计体制作为我国科技统计的主体，由于其在具体的分类、指标设计及实施上都存在着诸多弊病，从 1985 年普查开始，历时 3 年得不出全国 R&D 总量。

2. 全社会科技投入调查

鉴于上述情况，同时为了使我国的科技资源得到更为合理的配置，1988 年国家科学技术委员会组织专家深入研究科技统计的国际规范，综合我国实际情况，修订我国的科技统计指标，并对全国 R&D 投入进行了抽样调查，首次获得我国大中型工业企业、研究机构和高等院校三大科技活动实体的 R&D 投入的系统数据。虽然在抽样调查的设计方案上存在一些问题，但通过采取某些补救措施，使其为下一步的科技统计工作获得了有益经验。

1990 年，国家科学技术委员会组织了 20 个省份参加的"全社会科技投入"调查，此项调查历时 3 年，首次对我国 R&D 活动的范围和口径进行规范，并获得具有国际可比性的科技投入总量数据和结构数据，为建立全国统一的科技统计年报制度奠定了基础。"全社会科技投入"的调查，为国家科技投入的确定和《全国科技发展"九五"计划和到 2010 年远景目标纲要》的制定提供了翔实的数据。

3. 科技综合统计年报制度的建立

1991 年，国家统计局经过协调，在部门科技统计的基础上，建立了全国科技综合统计年报制度，用于反映我国科技活动的总体情况。同年，首次公布了我国 R&D 数据，这一指标不仅反映了我国研发活动投入情况，分析研发投入的规模、分布情况和投入的强度，还能够在国家层次上进行国际比较，为实现我国科技统计国际化迈出了关键性的一步。

该年报制度的建立，使我国科技统计基本的总量指标得到规范，特别是能够在国家层面上进行比较，从而成为我国科技管理和宏观决策的重要工具。

4. 全国 R&D 资源清查

为落实"科教兴国"战略，满足国家和地方宏观决策与科技管理的需要，国家统计局和科学技术部等国务院七个部门于 2000 年共同布置了全国 R&D 资源清查。这次清查是一次重要的国情国力调查，其调查范围覆盖了国民经济各个行业有 R&D 活动的单位。包括科学研究与技术开发机构（含外国公司及其他各类组织在华开办的独立研究机构）、科技信息和文献机构、全日制普通高等学校、工业企业、建筑企业、交通运输仓储及邮电通信企业、农林牧渔及服务业企事业单位、地质勘查及水利管理企事业单位、医疗卫生机构、金融保险机构、公共设施服务机构、计算机应用服务机构、广播电影电视企事业单位、各类学会、协会、研究会及政府有关部门办的非独立研究机构等国民经济各行业企事业单位。

这次的清查获得了全面、系统、准确的大量科技信息，数据结构丰富，提供了多角度、多方位研究分析的可能。同时，调查发布的《科技投入统计规程》使三个主要活动部门的统计口径、技术标准按照统一的方案进行，调查指标进一步与国际 R&D 统计规范接轨，数据具有较好的国际可比性。

也可以说，2000 年的清查使中国统计工作自身获得了突破性的进展。我们用四个"第一"来说明：①是我国第一次 R&D 专门调查，推进了我国科技投入核算体系的改进和完善，逐步实现了我国 R&D 统计与国际规范的全面接轨；②是第一次将调查范围从三大部门扩展到全社会各类执行 R&D 活动的单位；③创造了"条块结合"的跨部门组织协调模式，第一次由各个部门按统一方案进行统计调查，初步解决了部门间统计口径、技术标准不一致的问题；④第一次获得了全国 R&D 活动执行单位的基层数据。

5. 全国工业企业创新调查

为反映我国工业企业自主创新能力现状以及企业开展创新活动的政策环境，为完善扶持企业创新的政策、推动创新型国家建设提供统计支撑，2007 年国家统计局组织了我国第一次全国范围的企业创新调查。这次调查对我国大中型工业企业进行了全面调查，对规模以上小型工业企业进行了抽样调查，调查企业数达到 8 万家。调查对象包括了国有企业、私营企业、外资和港澳台资企业等各种类型企业，调查范围覆盖了食品和服装加工、机械和运输设备制造、医药和电子产品制造等全部产品制造行业，以及采矿业、水电燃气的生产和供应业。

这项调查主要是了解工业企业的技术创新情况，包括产品创新和工艺创新两个方面。统计口径涵盖了工业企业创新活动的全过程，即新产品创意及设计、研发及相关技术的获取、设备购置及生产准备、试生产及规模化生产、市场销售等活动内容。这项调查能够从创新活动的规模及分布情况、创新活动的类型和组织方式、创新活动的动因、创新活动的经费投入及来源、创新活动的成效和拥有知识产权情况、企业创新的政策环境及企业家对创新重要性的认识等方面，反映我国工业企业创新活动的基本特征，可为政府有关部门制定并完善创新政策提供依据，并为引导和评价企业创新活动发挥重要作用。这次调查还在方案设计上采用了欧盟国家的统计标准，为开展创新方面的国际对比分析奠定了基础，可以适应开展创新型国家建设进程统计监测工作的需要。

为准确把握调查数据质量，在正式调查之前，先期在北京、陕西、山东、广西等地组织了较大规模的试点，根据试点反映出的问题，对调查方案进行了全面改进，提高了调查方案的可操作性。同时，采取多种方式组织了较大规模的培训，提高了调查人员的素质和能力，为准确把握数据质量奠定了基础。这项调查得到科技主管部门的高度重视，在方案设计、高新技术园区企业调查和资料开发工作上给予了大力协助，提高了调查的针对性和效果。

1.3.2　我国科技统计工作体系的建立

我国科技统计工作体系是从 1985 年全国科技普查开始形成的。随着我国科技事业的不断发展，科技管理日趋加强，科技统计工作也逐渐受到普遍重视。我国现有科技统计工作体系正是为了满足科技宏观管理和制定科技政策的需求而建立的。

到 21 世纪初，我国科技统计工作已逐步建立起了一套比较完善、规范并与国际接轨的科技统计指标体系和统计制度，也培养了一支具有专业化水平的统计人员队伍。

我国科技统计工作体系是按照科技活动的执行部门设置的。科技主管部门负责独立研究与开发机构的统计，统计部门负责企业科技活动的统计，教育主管部门负责全日制高等学校科技活动的统计，原国防科学技术工业委员会负责国防科技工业系统的统计，国家统计局负责进行全国数据的综合汇总。

在科技统计调查中，大部分调查制度采取"地方为主，部门为辅"的"条块结合"的方式进行。地方科技主管部门主要负责调查任务的布置、培训和数据汇总工作，各相关部门主要协助地方科技主管部门负责本部门内科技活动单位的统计培训、数据收集和审核等工作。

1.3.3　我国科技统计范围的扩大和内容的扩展

1. 统计范围的扩大

1985～1995 年，我国科技统计的范围一直保持着研究机构、大中型工业企业和高等学校三个主体的口径。随着我国改革开放政策的不断深入和"科教兴国"战略的实施，三个统计主体之外的企事业单位的科技活动也在进一步加强，如高新技术企业和民营科技企业如雨后春笋般破土而出，农业、医疗卫生业、邮电业等企业发展，上述几类机构开展的科研活动的规模正在逐步扩大。为适应变化，有关部门采取了以下两项重要举措。

（1）1995 年以后，国家统计局将统计范围由大中型工业企业扩大到国有小型工业企业、建筑业、运输仓储邮电业、农林牧渔业、地质水利业、医疗卫生业和国家高新技术园区企业，并按照扩大的范围和统一的口径对历史数据进行调整。将扩展的行业成立起五年一个周期的滚动调查制度，基本可以满足全社会科技统计核算工作的需要。

（2）2000 年由科学技术部、国家统计局、财政部、国家计划委员会、国家经济贸易委员会、教育部、国防科学技术工业委员会共同组织了全社会 R&D 资源清查。这次全社会 R&D 资源清查是我国科技统计发展史上的重要里程碑。与以往调查相比，这次调查在以下几个方面有新的突破：一是调查范围覆盖了国民经济各个行业有 R&D 活动的单位，使 R&D 调查范围基本与GDP 的核算范围相同；二是通过《科技投入统计规程》的发布，使三个主要活动部门的统计口径、技术标准按照统一的方案进行，可以得到比原来更丰富的结构数据；三是调查指标进一步与国际 R&D 统计规范接轨，使数据具有较好的国际可比性。

2. 统计内容的扩展

除了统计范围的扩大，调查统计的内容也有所扩展。

（1）地方财政科技拨款调查。为了掌握地方政府的科技投入情况，1990年国家科学技术委员会和财政部共同制定了地方财政科技拨款调查制度。通过调查可以了解政府科技投入的总体情况，监测地方财政科技投入占国家财政科技总投入的比重及投入的类别。

（2）国家科技计划统计调查。国家科技计划是体现国家目标，提高研发能力，解决国家重大关键技术，促进成果转化的一个重要措施和手段。从1996年起，建立了国家科技计划项目执行情况调查制度。主要是对当年实施的国家科技计划项目的基本情况、执行情况及科技成果的情况进行调查。包括国家重点基础研究发展计划（"973计划"）项目和基础研究重大项目前期研究专项、国家高技术研究发展计划（"863计划"）课题、国家科技攻关计划课题、国家级火炬计划项目、国家级星火计划项目和科技成果重点推广计划。

（3）企业技术创新试点调查。企业技术创新是企业增强市场竞争力的有力武器，也是增强国家竞争力的关键。它是经济界和科技界共同关心的热点问题。

为制定推动企业技术创新的国家政策，增强企业的创新实力，1996年国家科学技术委员会和国家统计局联合对北京、上海、江苏、广东、辽宁及哈尔滨六个地区的大中型工业企业及国家高新技术产业开发区企业的技术创新状况进行调查。在总体调查设计和指标体系设计上，采用了国际通用规范——OECD制定的《技术创新调查手册》的基本概念与理论框架，为调查过程的规范性与调查数据的国际可比性奠定了基础。同时，针对政策需求和国内企业的具体情况，形成了富有创新性的调查设计，包括面向企业总体情况的定量调查问卷和面向企业经营者的定性调查问卷。这次调查是至今国内规模最大的技术创新调查，涉及我国制造业较为集中的六个地区的不同类型的工业企业。

（4）专项科技统计调查。专项科技统计调查是相对于综合科技统计调查而言，它是为了满足科技管理工作和掌握相关科技政策的落实情况而专门制定的各种调查项目。包括国家高新技术产业开发区统计、全国科技成果统计、民营科技企业统计、技术市场统计、国际科技合作与交流项目统计、软科学研究机构统计、生产力促进中心统计、科普工作统计。

1.3.4　我国主要的科技统计出版物

科技统计出版物是统计工作成果的主要表现形式。它主要包括数据集、统计报告、分析报告等内容。出版物的作用一方面是向管理者和公众提供统计信息和分析结果；另一方面可以规范统计指标，促进统计工作的进一步完善。主要政府出版物包括《中国科学技术指标》《中国科技统计年鉴》《全国科技经费投入统计公报》《中国高技术产业统计年鉴》《中国科技统计数据》《中国高技术产业数据》。

《中国科学技术指标》由科学技术部编写。从 1990 年开始，每两年出版一次，分为中文版和英文版。偶数年份出版中文版，奇数年份出版英文版。该书是以指标的形式，反映我国的科学技术状况、科技实力和科技水平及其发展变化等。主要内容包括科技人力资源、R&D 经费、学术研究部门的科技活动、工业部门的科技活动、科技活动产出、高技术产业发展和公众的科学素养及其对科学技术的态度等。

《中国科技统计年鉴》由国家统计局和科学技术部联合编写。从 1990 年开始，每年出版一本。《中国科技统计年鉴》以数据表格的形式，编录了我国科技统计的结果。主要内容包括综合数据、研究与开发机构数据、大中型工业企业数据、高等学校数据、国家科技发展计划数据、科技活动成果数据、科技服务数据和国际比较数据。

《全国科技经费投入统计公报》由国家统计局、科学技术部和财政部联合发布。从 1998 年开始，每年公布我国科技经费投入数据。主要内容包括 R&D 经费支出情况、科技活动经费筹集和使用情况、财政科技拨款情况。

《中国高技术产业统计年鉴》由国家统计局、科学技术部、国家发展和改革委员会联合编写。从 2003 年开始，每年出版一本。《中国高技术产业统计年鉴》以数据表格的形式，编录了我国高技术产业的数据结果。主要内容包括生产经营情况、科技活动情况从业人员和工程技术人员情况、固定资产投资情况、出口情况和国际比较情况。

《中国科技统计数据》由科学技术部发布。从 1992 年开始，每年出版一本。《中国科技统计数据》是一本全面、系统地反映科技活动主要数据，中英文对照便于国际交流的小册子。主要内容包括科学技术活动概况、R&D 活动、国家财政科技拨款、科技产出、科技人力资源等方面的数据。

《中国高技术产业数据》由科学技术部发布。从 2000 年开始，每年出版一本。《中国高技术产业数据》是一本综合性强、简洁直观、便于携带、反映年度变化趋势等的小册子。主要内容包括高技术产业、高技术产品进出口、国家级高新技术产业开发区等方面的数据。

1.3.5　我国创新能力评价工作情况

在创新能力评价领域，国内较为知名的评价工作有以下几个方面。

1. 《全国科技进步统计监测》

科学技术部发展计划司自 1993 年起组织课题组开展了对全国科技进步

统计监测及综合评价的研究。监测体系在 1994 年开始试算的基础上，于 1997 年进行较大程度修订后，用于"九五"期间全国科技进步监测并发布监测报告。现在每年发布《全国科技进步统计监测》，为建立区域创新能力监测指标体系提供了重要基础，目前更新到了 2016 年。报告包括三个部分：第一部分是全国及各地区科技进步基本状况评价；第二部分是地区科技进步各级指标评价；第三部分是地区科技进步水平分析。报告采用统计综合评价方法，对各级指标进行合成。将指标分为三级，然后从第三级指标开始逐级求各级指标的加权和，最后得到的值即为综合技术进步指数。因此，评价时需要事先知道各级指标的权重，报告中采取的是等量赋权法，显然这种赋权法不能体现各级指标的相对重要程度。

报告中采用的评价方法与其他评价方法（如数据包络分析法、逼近理想解排序法、层次分析法等），除上述提到权重赋予的问题外，还存在着一些其他方面的问题。一是仅仅监测了最近一两年的状态，如 2013 年的监测报告中仅仅比较了 2012 年和 2011 年两年的技术进步指数，不能动态地比较其他年份技术进步指数。同时，观察不到它的变化趋势，因此可以采用全要素生产率指数来进行评价。二是仅仅采用一种评价方法进行监测，得到的评价结果可能不太客观。因此，可以采用多种评价方法来进行评价，然后综合各个评价结果，得到综合技术进步指数。三是报告中采用的评价方法只是简单地对每级指标进行加权，不利于我们分析妨碍技术进步的因素，对此可以采用基于松弛变量的测量方法来进行评价，如 SBM-DEA 模型等。

2. 《国家创新指数报告》

《国家创新指数报告》由中国科学技术发展战略研究院发布。中国科学技术发展战略研究院参考世界经济论坛、瑞士洛桑国际管理发展学院等国际权威机构的评价方法，建立了包括创新资源、知识创造、企业创新、创新绩效和创新环境 5 个一级指标和 30 个二级指标的评价指标体系，其中包括 20 个定量指标和 10 个定性指标，开展了有关创新型国家评价指标体系的系统研究，并先后于 2011 年、2012 年、2013 年和 2015 年发布了国家创新指数系列报告。

国家创新指数指标体系主要关注我国当期创新能力发展水平的监测分析，并与世界其他主要开展研发活动的国家进行动态排序比较。报告采用的评价方法与科技进步统计监测报告采用的方法相同，同样存在上述赋权不合

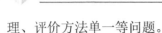

理、评价方法单一等问题。

3.《中国区域创新能力报告》

《中国区域创新能力报告》由科学技术部政策法规司策划，研究任务由中国科技发展战略研究小组承担，小组成员来自科学技术部、中国科学院、清华大学、国务院发展研究中心、北京系统工程研究所等单位，1999 年以来每年出版一册，2015 年 12 月发布了最新册，已成为科学技术部等相关部门推动区域创新的重要决策参考。

《中国区域创新能力报告》借鉴了瑞士洛桑国际管理发展学院发表的《国际竞争力报告》的经验，重点从知识创造能力、知识流动能力、企业的技术创新能力、创新的环境、创新的经济绩效等五个方面对中国区域创新能力进行评价。

根据《建立国家创新调查制度工作方案》工作安排，区域创新能力评价指标体系将以《中国区域创新能力报告》为基础展开评价体系设计。

4.《创新型国家进程统计监测研究报告》

《创新型国家进程统计监测研究报告》由国家统计局组织研究，2007 年发布。在研究过程中，相关研究人员通过比较各种指数计算方法，较多地借鉴了"欧洲创新记分牌"的方法来计算我国的创新型国家总指数，其中权重的确定采用了与"欧洲创新记分牌"一致的等量赋权法。

该报告将反映我国创新型国家建设进程的监测指标分为三个层次：第一个层次用于反映我国创新型国家建设进程的总体情况，通过计算创新型国家总指数实现；第二个层次用于反映我国在创新资源、知识创新、技术创新、创新水平和创新影响五个领域的情况，通过计算分领域的创新型国家指数实现；第三个层次用于反映具体的创新活动及其条件和成果等。

5. 国内其他区域创新能力评价工作

2002 年，黑龙江召开了科技统计会审会议，为科技统计工作创造了一个新工作模式。2003 年，其被评为全国科技统计工作先进省。2006 年，黑龙江开通了科技统计信息网，设立了统计数据查询、统计资料、科技统计工作手册、统计报告、统计信息、工作动态、通知通告、备查资料、科技文章、统计文件、交流园地、科技名录、指标帮助、资料下载 14 个栏目，实现了科技统计信息的网络化，有力地推动地域科技进步。2007 年，黑龙江召开了科技统计工作报告会，具体指出位次较低的科技指标有哪些。2008 年，黑龙江召开高新技术产业统计工作会议，将高新技术产业指标纳入各市主要责任指标考核体系。2009 年，黑龙江省科学技术厅发展计划处在哈尔滨市召开了第二次 R&D 资源清查工作启动暨全省高新技术产业统计工作会议。2010 年，黑龙江圆满完成了第二次全国 R&D 资源清查工作，相继印发了《黑龙江省科技统计数据 2009》《黑龙江省科技工作主要数据 2009》《黑龙江省科技统计综合名录 2009》等，成为各级政府部门决策的重要参考资料，为各级部门研究、管理工作提供了有力的数据支撑。

2007 年，安徽省为加强科技统计工作，建立了有效工作机制，成立了科技统计工作小组。2008 年，在安徽省科技情报研究所成立科技统计中心，其主要职责是完成安徽省科学技术厅委托的各项常规科技统计任务，完成各项统计的数据调查、汇总、上报、数据汇编等工作，确保数据质量和时间符合国家要求，实现科技统计数据归口保存工作，形成科技统计数据库。2009 年，在蚌埠市举行了全省科技计划管理与科技统计工作会议，并提出科技统计工作要实现从"做统计"向"管统计"转变，从"小统计"向"大统计"转变，从"数据采集"向"数据分析加工"转变。2011 年，为做好本年度科技活动统计年报，马鞍山市科技局联合市统计局深入马钢集团公司进行现场调研，就 2011 年科技活动项目、R&D 经费支出等科技统计指标与马钢集团进行了深入的探讨，并针对统计人员变动较大这一情况提出了明确要求。2012 年度全省科技统计工作研讨会在铜陵市召开，安徽省科学技术厅及全省 16 个市科学技术局的有关人员出席了会议，会上传达了全国科学技术统计工作会议精神并通报了全国 R&D 考核指标。

2011 年，贵州省研究提出科技进步统计监测指标体系。2012 年，由贵州省科学技术厅牵头，会同贵州省统计局等 15 个部门，开展了全口径综合性的科技进步统计监测工作。此次统计监测分别从科技进步环境及基础、科技投入、科技产出、科技促进经济社会发展等角度入手，重点突出企业主体地位，省、市、县全方位推进，高等院校、科研院所、产业园区、重点企业全面覆盖，开展了科技创新调查制度的先试先行工作，摸清了上述重点领域的布局情况及薄弱环节，形成了 2012 年、2013 年贵州省科技进步统计监测报告，建立了相关工作机制，有效地促进了贵州省创新体系建设。

2013 年，山东省科学技术厅开始建立国家创新调查制度。2014 年启动全面调查，山东省统计局承担企业创新活动调查，主要针对规模以上企业和重点服务业开展调查，山东省科学技术厅负责科研院所的创新调查工作，主要通过在科技机构年报中增加报表的方式开展调查。2015 年，山东省第一个综合性的科技统计服务平台建立了，这将全面实现科技统计数据的在线直报、在线查询、在线监测与分析和科技统计数据信息资源的共建、共享、互联、互补功能，大大提高科技统计数据质量和工作效率，全面提升科技统计服务能力，推动科技统计工作再上新台阶。

1.3.6 国家创新调查制度工作方案的实施情况

1. 《建立国家创新调查制度工作方案》

2014 年 1 月，国家科技改革领导小组第 4 次会议审议通过了《建立国家创新调查制度工作方案》。该方案全文约 2400 字，共分为四部分。第一部分为总体思路——明确国家创新调查制度的内涵、目标和基本原则。国家创新调查制度是在科学、规范的统计调查基础上，对国家创新能力进行全面监测和评价的制度安排，其目标是创造有利条件，定期开展全国创新活动统计调查，全面、客观地监测、评价我国的创新状况，准确测算科技创新对经济社会的贡献，为推进创新型国家建设进程、完善科技创新政策提供支撑和服务。第二部分为工作内容——明确国家创新调查制度的总体框架。国家创新调查制度包括企业创新活动统计调查、创新能力监测和评价两个部分，强调在创新活动统计调查的基础上，重点对国家、区域、企业、典型产业和典型创新密集区的创新能力进行监测和评价，并形成监测和评价的标准与方法。第三部分为组织实施——明确建立国家创新调查制度工作由科学技术部、国家统计局牵头负责，国家发展和改革委员会、教育部等其他有关部门协调推进。第四部分为工作进度。明确在 2014 年两会前发布国家、区域、创新型城市及高新区创新能力评价报告，在 2015 年两会前发布企业、典型产业及其他典型密集区创新能力评价报告。

2. 国家创新调查制度进展

2015 年 4 月，科学技术部发布《中国区域创新数据 2014》，该项工作的重点是监测指标的确定和监测数据的获取，以省域为单位对指标进行发布。2015 年 7 月，科学技术部发布《国家重点园区创新监测报告》，针对高新区、农业科技园区、可持续发展实验区等园区重要的创新密集区的创新指标进行了发布。2015 年 6 月，中国科学技术战略发展研究院发布《国家创新指数报告 2014》，在国家层面进行了创新能力的分析与比较。

2 山西科技统计工作历史与现状

2.1 山西省科技统计主要机构及其工作情况

参与山西省创新调查、创新监测与评价活动的相关部门有山西省统计局、国家统计局山西调查队、山西省科学技术厅、山西省科学技术情报研究所及山西省主要高等院校等单位。这些单位已开展的创新调查相关情况如下所示。

2.1.1 山西省统计局的相关工作[①]

山西省统计局承担组织领导和协调全省统计工作,确保统计数据真实、准确、及时,制定全省性的统计政策、规划、基本统计制度和统计标准,指导全省统计工作。目前,其主要承担以下统计调查相关工作。

(1)健全完善全省国民经济核算体系,拟定并组织实施全省国民经济核算制度和全省投入产出调查方案,核算全省及各市国内生产总值,汇编国民经济核算资料,监督管理各地区国民经济核算工作。

(2)根据上级部门重大国情国力普查计划、方案,组织实施全省人口、经济、农业等重大国情国力普查,汇总、整理和提供有关全省国情国力方面的统计数据。

(3)组织实施农林牧渔业、工业、建筑业、批发和零售业、住宿和餐饮业、房地产业、租赁和商务服务业、居民服务和其他服务业、文化体育和娱乐业以及装卸搬运和其他运输服务业、仓储业、计算机服务业、软件业、科技交流和推广服务业、社会福利业等统计调查,收集、汇总、整理和提供有关调查的统计数据,综合整理和提供地质勘查、旅游、交通运输、邮政、教育、卫生、社会保障、公用事业等全省性基本统计数据。

(4)组织实施管理能源、投资、消费、价格、收入、科技、人口、劳动力、社会发展基本情况、环境基本状况等统计调查,收集、汇总、整理和提供有关调查的统计数据,综合整理和提供资源、房屋、对外贸易、对外经济等全省性基本统计数据。

(5)组织各地区、各部门的经济、社会、科技和资源环境统计调查,统

---

① 参见山西统计信息网,http://www.stats-sx.gov.cn/tjzn/bmjs/201508/t20150818_15975.shtml.

一核定、管理、公布全省性基本统计资料，定期发布全省国民经济和社会发展情况的统计信息，组织建立部门间统计信息共享制度和发布制度。

（6）对国民经济、社会发展、科技进步和资源环境等情况进行统计分析、统计预测和统计监督，向省委、省政府及有关部门提供统计信息和咨询建议。

（7）审批部门统计标准，依法审批或者备案各部门统计调查项目、地方统计调查项目，指导专业统计基础工作、统计基层业务基础建设，组织建立服务业统计信息管理制度，建立健全统计数据质量审核、监控和评估制度，开展对重要统计数据的审核、监控和评估，依法监督管理涉外调查活动。

（8）协助管理设区的市统计局局长、副局长，管理省设在各市、县的调查监测中心和调查队，指导全省统计专业技术队伍建设，会同有关部门组织管理全省统计专业资格考试、职务评聘和从业资格认定工作，监督管理中央及省财政提供给市、县及乡镇统计部门的统计经费和专项基本建设投资及固定资产投资。

（9）建立并管理全省统计信息自动化系统和统计数据库系统，组织制定各地区、各部门统计数据库和网络的基本标准和运行规则，指导地方统计信息化系统建设。

2.1.2 国家统计局山西调查总队相关工作[①]

国家统计局山西调查总队既是政府统计调查机构，也是统计执法机构，依法独立行使统计调查、统计监督的职权，独立向国家统计局上报调查结果，并对上报的调查资料的真实性负责。目前，主要承担以下统计调查相关工作。

（1）组织实施城乡住户、国民经济主要行业生产价格、投资价格、居民消费价格、农产量、农业中间消耗、服务业、规模以下工业、规模以下固定资产投资和资质以外建筑业企业等国家抽样调查制度，以及国家统计局布置的有关企业景气、企业集团、现代企业制度跟踪监测、贫困监测、城乡社会经济基本情况等专项调查制度。

（2）组织实施国家统计快速反应制度，组织开展经济社会重大问题专项调查，及时报告本地区的突发性经济事件和重大社会经济问题等方面的信息。

---

① 　参见山西国调信息网，http：//www.sxdc.sx.cn/tyhrc_BigClass. asp? tyhrc_typeid=75&tyhrc_BigclassID=194.

（3）参与组织实施国家有关普查项目。

（4）根据国家统计局的授权，管理和公布有关统计调查数据。

（5）依法查处调查队系统及其调查对象的统计违法案件。

（6）与地方统计局一起完成统计信息化的有关工作。

（7）受国家统计局委托，管理下属各级调查队；组织指导地方调查队的业务工作。

（8）接受地方政府、有关部门的委托，开展统计调查，提供统计数据处理服务。

2.1.3　山西省科学技术厅相关工作①

山西省科学技术厅目前承担的与创新调查制度相关的工作主要有以下几点。

（1）组织实施国家关于科技发展的法律、法规和方针、政策，牵头拟定全省科技发展规划和方针、政策，起草科技发展的地方性法规、规章草案和规范性文件并监督实施；组织开展科技发展行政执法工作。

（2）拟定政策引导类科技计划并指导实施，会同有关部门拟定高新技术产业化政策，指导高新技术产业开发区，负责高新技术企业的认定和管理。

（3）组织拟定科技促进农村和社会发展的方针政策，制定相关重要措施和办法，促进以改善民生为重点的农村建设和社会建设。

（4）会同有关部门拟定促进产学研结合的相关政策，负责拟定科技成果管理和推广政策，指导科技成果转化工作，组织相关重大科技成果应用示范，推动企业自主创新能力建设。

（5）提出科技体制改革的方针政策和重大措施建设，指导科技体制改革工作，审核相关科研机构和科技中介机构的组建和调整，优化科研机构布局。

（6）负责全省科普工作，拟定促进技术市场、科技中介组织发展政策，制定科技保密管理办法，负责相关科技评估管理和科技统计管理。

2.1.4　山西省科学技术情报研究所相关工作②

山西省科学技术情报研究所是山西省科学技术厅直属的省级公益性科技情报研究机构，是全省综合性科技文献中心、情报研究咨询中心、知识产权信息保障中心及科技情报人才培养基地。受山西省科学技术厅的委托，组织

---

① 参见山西省科学技术厅网站，http：//www.sxinfo.gov.cn/rjc/21.jhtml.

② 参见山西省科学技术厅网站．http：//www.sxinfo.net/html/themes/kjxxw/html/qbs/qbs_tjys.jsp？child Menu qbs=42.

并完成科学技术部布置的全国科技统计年报工作和省科学技术厅的其他科技统计任务；整理、编辑出版《山西省科技统计年鉴》；建立山西省科技统计信息自动化系统和科技统计数据库体系；并充分利用科技统计的相关资料信息以及各行业、各区域科技统计的具体数据，通过整理、统计、分析、预测，为有关部门决策提供依据和咨询建议，为全省科技、经济和社会发展服务，编辑出版刊物《山西科技统计参考》。

2.2　山西省创新能力评价主要机构及其工作情况

山西省当前从事科技创新评价的主要机构有山西省科学技术情报研究所、山西大学、太原理工大学、山西财经大学等。

山西省科学技术情报研究所下属统计与评价中心的主要工作内容是完成科学技术部和省科学技术厅布置的各类统计调查任务；为社会各界提供及时、准确、丰富的科技统计数据和资料；深入挖掘各类统计数据的价值，针对山西省科技活动的基本情况和发展趋势，围绕科技宏观决策中遇到的热点、难点问题，开展统计分析和研究工作，为科技管理部门及科技支撑产业发展提供咨询建议；开展山西省科技计划项目绩效评价工作。

山西大学和创新调查与评价相关的学科和机构有管理科学与工程一级学科博士点（2003 年设立，设有预测决策预评价研究方向）、硕士点，技术经济及管理二级学科硕士点，统计学一级学科硕士点，应用统计专业学位硕士点，经济统计学本科专业，山西大学管理与决策研究中心（山西省人文社会科学重点研究基地）等，是山西省经济社会预测、决策预评价的重要研究力量。

太原理工大学与决策评价相关的学科有管理科学与工程一级学科博士点、硕士点，技术经济及管理二级学科硕士点，主要从事科技创新与知识管理方向的研究与实践。

山西财经大学与创新评价相关的学科有技术经济及管理二级学科博士点、管理科学与工程一级学科硕士点、应用统计专业学位硕士点。

除此之外，山西省统计局下属的山西省统计科学研究所、太原市生产力促进中心、山西省社会科学院、中北大学、太原科技大学等科研机构也从事创新评价的相关工作。

山西几所高等院校进行了装备制造、煤炭、电子信息、高新技术等行业的创新能力评价研究。研究工作相对分散，还没有形成完整的区域、企业、行业、园区等创新能力评价体系和方法，没能有效指导山西省科技政策制定、没能有效衡量各类创新主体的科技创新能力。

2.3 山西省当前主要创新调查相关统计数据情况

创新调查制度必须有科学完善的统计制度和统计数据，目前山西创新调查相关的数据主要来源于《山西统计年鉴》和《山西省科技统计年鉴》，具体情况如下。

2.3.1 《山西统计年鉴》情况

《山西统计年鉴》由山西省统计局与国家统计局山西调查队共同发布，每年出版。年鉴统计指标口径范围以国家现行统计报表制度为准。统计资料主要来源于统计年报，部分资料来自抽样调查和有关部门。年鉴所使用的度量衡单位均采用国际统一标准计量单位。为便于国际交流，内文全部采用中英文对照。年鉴收录了全省和各市、县以及各部门上一年度经济、社会、科技等方面的统计数据，能比较全面地反映山西省国民经济和社会发展情况。

2.3.2 《山西省科技统计年鉴》情况

《山西省科技统计年鉴》由山西省科学技术厅和山西省科学技术情报研究所发布，最新的版本是《2010年科技统计年鉴》。年鉴主要内容是山西省科技活动情况的统计资料，主要包括山西省国民经济主要指标、科技活动人员情况、科技活动经费支出情况、R&D情况、科技成果情况、科技项目情况、科技活动机构概况、山西省地方财政科技拨款、R&D经费情况、R&D机构、高等院校研究和发展概况、科技进步奖授奖情况、各类科技计划安排情况等。

3 山西省建立创新调查制度面临的问题

3.1 创新调查监测与评价指标体系不完善

指标体系是建立国家创新调查制度的重要基础，是为国家、区域、企业、产业和创新密集区创新能力的监测和评价，提供科学评判标准。

为提高创新能力监测和评价指标体系的科学性、实用性和可操作性，科学技术部于 2013 年 11 月 30 日至 2013 年 12 月 15 日对《国家创新调查监测和评价指标体系》向社会各界公开征求意见。2013 年 12 月 15 日，《国家创新调查监测和评价指标体系》征求意见的完成，标志着用于监测和评价国家、区域、企业和生物技术产业等创新能力的标准初步确立。通过与国家创新调查监测和评价所需要的统计数据对比，当前山西省创新调查相关统计数据准备工作情况如下。

3.1.1 国家创新能力评价

1. 国家创新能力评价指标体系

国家创新能力评价指标体系由创新资源、知识创造、企业创新、创新绩效和创新环境 5 个一级指标和 33 个二级指标组成。指标数据主要来源于《中国科技统计年鉴》，没有额外新指标。

2. 国家创新能力评价指标体系对山西省的影响

国家创新能力评价指标体系主要用于评价世界上主要国家的创新能力，揭示我国创新能力变化的特点和差距。力图通过逐年评价与国际对比来监测我国建设创新型国家的进程，为实施国家创新发展战略提供支持信息。山西省应在健全的国家创新能力评价指标下着力做好日常统计工作。

3.1.2 区域创新能力监测与评价

1. 区域创新能力监测指标体系

建立区域创新能力监测指标体系的目的是为我国区域创新能力监测和综合评价提供数据支撑。区域创新能力监测指标体系由创新环境、创新资源、企业创新、创新产出和创新效果 5 个一级指标和 53 个二级指标组成。

在区域创新能力监测指标中，22 个指标来源于《中国统计年鉴》、18 个指标来源于《中国科技统计年鉴》、3 个指标来源于《中国高技术统计年鉴》、2 个指标来源于国家统计局社科文司《工业企业科技统计活动统计资料》、1 个指标来源于《中国能源统计年鉴》、7 个指标来源于非公开统计资料。

2. 区域创新能力监测指标体系对山西省的影响

区域创新能力监测与评价针对我国各省（自治区、直辖市）的创新能力监测、评价与对比，能揭示各区域创新能力变化的特点和创新能力差距，为区域创新驱动发展提供决策支持。

区域创新能力监测指标数据主要来源于现有统计资料，以下 3 个指标需要收集：高新技术企业减免所得税占全国比重（%）、万人国内论文数（篇/万人）、万人国际论文数（篇/万人）。

3.1.3 企业创新能力评价

1. 企业创新能力评价指标体系

企业创新能力评价把区域企业整体作为评价对象，主要是对企业自身的创新能力及其作为技术创新主体所发挥的作用进行分析。指标体系由创新投入能力、协同创新能力、知识产权能力和创新驱动能力 4 个一级指标、12 个二级指标和 24 个三级指标组成。

2. 企业创新能力评价对山西省的影响

企业创新能力评价指标体系用于企业总体或行业来评价，所选指标全部来源于政府部门或权威机构的公开出版物或公开发布的数据资料。山西省不需要再收集额外数据。

本指标体系不适合直接用来对单个企业创新能力进行评价。如果要针对企业个体层次展开创新能力评价，需要专门研究相关监测和评价指标体系。

3.1.4 生物技术产业创新能力监测与评价指标体系

目前，生物技术产业的范围在我国已经基本确定，为业内和社会人士所广泛认可，国家创新能力监测与评价首先从生物产业开始实行。

1. 生物技术产业创新能力监测指标体系

生物技术产业创新能力监测指标体系包括：外部创新环境、产业创新过程、企业核心能力、企业创新绩效等 4 个一级指标；国内政策支持、国内知识创造、国际行业发展、投入要素、组织结构、创新网络、核心技术、新产品、市场地位、企业效益等 10 个二级指标；101 个三级指标。

在生物技术产业创新能力监测指标数据中，55 个数据来源于现有统计数据，43 个数据来源于相关企业上报数据，"生物技术企业新创立企业数量"

"生物技术企业农业新品种证书数量"指标数据来源于有关部门，"获得国际发明奖数量"指标数据需要专门收集。

2. 生物技术产业创新能力评价指标体系

生物技术产业创新能力评价指标体系包括创新环境、创新投入、网络组织、核心能力和创新成效等 5 个一级指标；政府支持、社会支持、人力资本、物质资本、技术资本、平台建设、国内合作、国际合作、专利、论文、新产品、出口、规模、效率等 14 个二级指标；三级指标作为具体的测度指标共设 42 个。

指标数据主要来源于生物技术产业创新能力监测数据，科学技术部、教育部、农业部、国家知识产权局、国家工商总局等部、委、局，中国科学院等相关院所，并参考和借鉴《中国科技统计年鉴》等出版物中的数据。

3. 生物技术产业创新能力监测与评价指标体系对山西省的影响

从生物技术产业创新能力监测和评价指标体系看，该指标体系主要用于国家层次对战略性新兴产业的监测和评价，不适合区域层次使用。如果要对山西省战略性新型产业创新能力进行监测和评价，需要新研制相关指标体系。

根据 2012 年 12 月国家统计局发布的《战略性新兴产业分类（2012）（试行）》中的"战略性新兴产业分类表"，战略性新兴产业包括节能环保产业、新一代信息技术产业、生物产业、高端装备制造产业、新能源产业、新材料产业、新能源汽车产业等七大产业。

3.1.5　创新型城市创新能力评价

1. 创新型城市

城市是区域经济社会发展的中心，是国家经济产出最重要的基地，是各类创新要素和资源的集聚地，城市的发展对区域和国家发展全局影响重大。创新型城市是指自主创新能力强、科技支撑引领作用突出、经济社会可持续发展水平高、区域辐射带动作用显著的城市。加快推进创新型城市建设，对于增强自主创新能力、加快经济发展方式转变、促进区域经济社会又好又快发展和建设创新型国家意义重大。

2010 年 1 月 6 日，国家发展和改革委员会《国家发展改革委关于推进国家创新型城市试点工作的通知》（发改高技〔2010〕30 号）原则上同意大连、青岛、厦门、沈阳、西安、广州、成都、南京、杭州、济南、合肥、郑州、长沙、苏州、无锡、烟台等城市申报的创建国家创新型城市总体方案，支持以上 16 个城市开展创建国家创新型城市试点。

2010 年 1 月 10 日，科学技术部召开全国科技工作会议，为北京市海淀区等 20 个国家创新型试点城市（区）授牌。

2. 创新型城市创新能力评价指标体系

创新型城市创新能力评价指标体系包括基础条件、创新投入、创新绩效、创新环境 4 个一级指标、18 个二级指标。创新型城市评价数据来源于三个渠道：一是从公开渠道获得的数据，包括《中国统计年鉴》《中国区域经济统计年鉴》《中国城市统计年鉴》《中国环境统计年鉴》，以及各试点城市（区）的统计年鉴等；二是各试点城市（区）上报的数据；三是从其他渠道获得的相关统计数据。

3. 创新型城市创新能力评价对山西省的影响

2010 年 10 月，《太原市建设国家创新型城市试点工作方案》获科学技术部批准。太原市建设国家创新型城市是山西省创新驱动发展的关键所在。

太原市作为试点城市，应做好创新型城市创新能力评价指标体系中相关指标数据的收集和自评工作。省内其他城市有必要按照《创新型城市创新能力评价指标体系》来对城市创新能力进行监测和评价，了解自身在创新驱动发展中与省内外兄弟城市在城市创新能力方面的差距。

3.1.6 国家高新区创新能力监测与评价

1. 国家高新区情况

1988 年 8 月，中国国家高新技术产业化发展计划——火炬计划开始实施，创办高新技术产业开发区（简称高新区）和高新技术创业服务中心被明确列为火炬计划的重要内容。截至 2014 年 1 月，总共有国家高新区 114 家，遍布除西藏以外的 30 个省（自治区、直辖市）。

2. 国家高新区创新能力监测与评价指标体系

国家高新区是建设创新型国家的核心载体，在实施创新驱动发展战略中，充分发挥引领示范和辐射带动作用。

《国家高新区创新能力监测指标体系》包括 27 个指标，生成监测指标的基础数据均来源于政府统计公开出版物。

《国家高新区创新能力评价指标体系》主要用于评价国家高新区创新能力的发展水平，揭示国家高新区整体创新能力的纵向发展趋势以及国家高新区队列内的横向状态比较情况。评价指标体系测算所涉及数据均来源于经国家统计局批准、火炬中心组织实施的国家高新区年度统计调查，包括国家高新技术产业开发区企业统计报表、国家高新技术产业开发区综合统计报表。

3. 国家高新区创新能力监测与评价对山西省的影响

目前，山西有 1 个国家高新区——太原国家高新技术产业开发区。根据科学技术部火炬中心的制度，太原国家高新技术产业开发区有完善的统计制度，有规范化的火炬统计工作管理办法能顺利完成相关监测和评价指标的统计工作。

3.1.7 农业科技园区创新能力监测与评价指标体系

1. 农业科技园区情况

国家农业科技园区是以市场为导向、以科技为支撑、以企业为主导的现代农业建设新模式。在工业化、城镇化深入发展中同步推进农业现代化的新时期，加强国家农业科技园区建设对于发展现代农业、建设社会主义新农村和促进城乡协调发展具有重大意义。

2. 农业科技园区创新能力监测与评价指标体系

农业科技园区创新能力监测指通过统一的部署安排和数据收集整理，发布客观反映农业科技园区内企业等主体创新活动特征的数据，以供后续创新能力的评价分析。

《农业科技园区创新能力监测指标体系》共有 3 个一级指标、22 个二级指标。《农业科技园区创新能力评价指标体系》包括 3 个一级指标、18 个二级指标。指标数据主要来源于农业科技园区创新能力监测取得的数据。

监测指标的数据主要来源于农业科技园区所在地的地方统计局、接受创新能力监测并填报数据的园区管理委员会及所辖企业，由当地农业科技园区管理委员会负责核定并汇总数据。所获取的数据将通过地方科技部门，以实地考察调研、随机数据抽查等方式加以验证。

3. 农业科技园区创新能力监测与评价指标体系对山西省的影响

根据科学技术部、农业部、水利部、国家林业局、中国科学院、中国农业银行 2012 年 5 月共同制定发布的《"十二五"国家农业科技园区管理办法》。农业科技园区建设期限一般为三年。园区建设期满后，由省级科技主管部门向国家农业科技园区管理办公室提出验收申请，由园区管理办公室组织专家在现场审查基础上进行综合评议验收。未通过验收的园区取消建设资格。

山西目前有 3 个国家农业科技园区：山西太原国家农业科技园区、山西晋中国家农业科技园区、山西运城国家农业科技园区。这三个园区及准备申报的新园区，需要根据农业科技园区创新能力监测与评价指标体系来统计相关数据。

3.1.8 国家可持续发展实验区创新能力监测与评价指标体系

1. 国家可持续发展实验区情况

国家可持续发展实验区从 1986 年开始，由原国家科学技术委员会同原国家经济体制改革委员会和原国家计划委员会等政府部门共同推动的一项地方性可持续发展综合示范试点工作，旨在依靠科技进步、机制创新和制度建设，全面提高实验区的可持续发展能力，探索不同类型地区的经济、社会和资源环境协调发展的机制和模式，为不同类型地区实施可持续发展战略提供示范。

根据科学技术部 2007 年发布的《国家可持续发展实验区管理办法》（国科发农字〔2007〕476 号），实验区建设期间要进行定期评价与考核。实验区建设期限一般为六年，分两个阶段实施。实验区开展工作满三年，完成阶段任务后，应向省实验区管理部提供一份全面工作总结报告和验收申请，由有关部门共同进行阶段检查。完成阶段任务并通过阶段验收的实验区，将转入下一个实验阶段；长期工作进展不大或出现较大问题的实验区，由实验区办公室提请科学技术部批准撤销。

2. 国家可持续发展实验区创新能力监测与评价指标体系

国家可持续发展实验区创新能力监测指标体系由 4 个一级指标、13 个二级指标和 32 个三级指标组成。在 32 个三级指标中，19 个为必须填报的指标，13 个为选填指标。在 13 个选填指标中，每个实验区至少填报其中的 3 个指标。

实验区创新能力评价指标体系包括科技创新能力、可持续发展能力、管理创新能力 3 个一级指标、8 个二级指标、20 个三级指标。其中有 4 个三级指标是定性指标。

指标数据主要来源有两种：一是统计年鉴，既包括统计部门的统计年鉴，也包括科技部门的科技统计年鉴；二是部门提供，是指该指标数据相关政府部门应该掌握并可以提供。

3. 国家可持续发展实验区创新能力监测与评价指标体系对山西省的影响

山西目前有 5 个国家可持续发展实验区：山西省泽州县，山西省太原市迎泽区，山西省怀仁县，山西省长治市，山西省右玉县。各实验区及准备申报的新实验区要根据《国家可持续发展实验区创新能力监测指标体系》《国家可持续发展实验区创新能力评价指标体系》做好相关数据统计工作。

3.2　创新能力评价的理论和方法不健全

2014 年 11 月，科学技术部所属中国科学技术发展战略研究院在青岛举办了"科技统计年报暨创新调查培训会"，专门针对建立国家创新调查制度相关工作进行了培训，并根据实施国家创新调查制度的要求对科技统计年报做了相关的安排，重点是对原有的科技统计指标进行调整。从中可以看到，国家创新调查制度的实施是对原有科技统计工作的自然延续，相关数据的获取还是利用原有科技统计体系来获得。此外，国家创新调查制度在确定创新能力监测指标及获取数据的基础上，要对所获得的数据进行深入的挖掘和利用，具体来说，就是展开对各级创新载体创新能力的评价，在此基础上准确测算科技创新对经济社会的贡献，为推进创新型国家建设进程、完善科技创新政策提供支撑和服务。

从国家层面看，各级创新载体的创新监测报告正在发布，但是对我国各级创新载体的评价与分析还未全面展开，对创新载体进行创新评价的理论、方法、技术还很不完善。通过系统的创新评价对各级创新载体进行创新驱动战略的决策支持工作还未有效开展。

山西省和其他省份一样，对创新监测和评价数据的收集、统计，还是通过原有的科技统计系统来进行。但是，对创新统计数据的利用还未充分展开，创新评价的相关理论、方法、技术亟待提升。

3.3 缺乏专业的创新调查相关机构

目前，山西省创新评价的主体只要有山西省科学技术厅、山西省科学技术情报研究所、各级科学技术局下属的生产力促进中心等。现有的人才、技术、理论、方法等不足以对山西省创新能力展开全方位、多层次的监测与评价。具有高等院校背景的第三方专业创新能力监测与评价机构缺乏。

3.4 缺乏专业的高素质创新调查人才队伍

创新调查制度是建立在原有科技统计工作基础之上的，创新调查工作需要大批既懂科技统计相关工作，又具备评价与决策相关能力的复合型人才。高等院校的统计学专业、经济统计学专业人才不能完全满足创新调查工作的需要，需要通过政、学、研相结合的模式开展创新调查符合人才的培养。

4 山西建立创新调查制度的对策

4.1 制定《山西省推进国家创新调查制度工作方案》

按照《建立国家创新调查制度工作方案》的总体部署，结合山西省资源型经济转型发展和创新驱动的需要，制定《山西省推进国家创新调查制度工作方案》，为推进山西省创新发展奠定基础。

4.2 建立创新能力评价的第三方智库

按照《建立国家创新调查制度工作方案》的要求，国家创新调查制度是在科学、规范的统计调查基础上，对国家创新能力进行全面监测和评价的制度安排。创新能力监测体现在对数据的收集整理上，原有的科技统计系统可以完成。创新能力评价要求对监测数据进行全面的挖掘，从监测或统计数据中发现区域、行业等创新载体创新能力的发展趋势和存在的问题，为区域创新驱动战略的相关决策提供咨询。

山西省要全面实施创新调查制度突破点在于，尽快建立高水平的创新评价研究机构，展开对各级创新载体的评价与分析工作。山西省科学技术厅、山西省科学技术情报研究所与山西大学、山西财经大学、太原理工大学等省属高等院校可以联合建立一批专业创新能力评价智库或基地，长期开展创新能力评价研究和咨询的相关工作。

4.3　建立有山西省特色的创新调查指标体系及评价方法

与国家接轨，参考科学技术部发布的国家创新调查监测和评价指标体系，依靠山西省决策与评价领域相关智力机构，展开有山西资源型区域特色的创新调查监测和评价指标体系的研究工作。2015～2016 年应该从以下三个领域做监测和评价指标体系，并就创新能力的评价方法展开研究工作。

1. 山西省区域创新能力

一是在国家提出的《区域创新能力监测指标体系》基础上，研究提出山西省区域创新能力监测指标；二是研究形成山西省的区域创新能力评价指标体系；三是针对区域创新能力评价方法展开研究。

2. 山西省企业创新能力

在国家提出的《企业创新能力评价指标体系》基础上：①从企业总体和行业层次研究提出山西省企业创新能力监测和评价指标体系，发布企业创新能力监测数据，研究确定山西省企业创新能力评价方法，发布企业创新能力评价报告；②从企业个体层次研究提出针对不同企业的企业创新能力监测和评价指标体系，对各类企业的创新能力进行监测和评价。

3. 山西省资源型经济转型发展创新能力

资源型经济转型的核心就是区域发展动力由资源依赖、投资驱动向创新驱动转型，要落实创新、协调、绿色、开放、共享的"五大发展"理念。在山西省各级创新载体的创新能力监测与评价中，要体现"五大发展"的要求，建立以科技创新为主体的多目标评价指标体系、评价方法。

4.4　按照国家要求尽快开展山西省创新调查活动

根据《国家创新调查监测与评价指标体系》要求，山西省应该在以下几方面尽快展开相关工作。

1. 开展山西省区域创新调查与评价

根据《建立国家创新调查制度工作方案》安排，2015 年国家已启动全面创新调查工作。山西省统计局、山西省科学技术厅等单位要根据《国家创新调查监测和评价指标体系》，做好创新调查监测和评价数据的收集整理工作。展开山西省区域创新能力的监测与评价活动。研究开发山西省区域创新指数，对山西省各类创新载体的创新能力进行跟踪。

2. 典型创新密集区创新能力监测与评价

根据《国家创新调查监测与评价指标体系》中关于国家高新区、农业科技园区、国家可持续发展实验区三类典型的监测和评价指标体系，研制山西省相应的监测和评价指标体系，并研制山西省省级创新密集区监测和评价指标体系，展开相应的评价工作。适时发布典型创新密集区的创新能力监测数据和创新能力评价报告。

3. 山西省资源型经济转型发展监测与评价

研究构建创新驱动下的山西省资源型经济转型发展监测与评价指标体系；重点研究开发创新驱动下的山西省绿色发展、低碳发展、循环发展指标体系和相关评价方法。定期对山西省各区域、行业在创新驱动下的资源型经济转型能力、发展水平展开监测与评价。

参 考 文 献

察志敏. 2000. 国外科技统计发展与我国科技统计改革思路[J]. 统计研究，17（4）：47-49.

邓庆平. 2007. 我国科技统计工作之国际比较研究[D]. 长沙：中南大学.

姜爱林. 2004. 国际竞争力及其评价方法[J]. 广西社会科学，（2）：53-57.

刘树梅. 2007. 我国科技统计发展概况[J]. 科技管理研究，（2）：1-3.

山西省高校科研创新与科技转化能力研究报告①

1 引 言

深化综合改革，坚持内涵发展，全面提高高等教育质量，是当前我国高等教育改革发展的核心任务。全面提高高等教育质量，创新是灵魂，科研是支撑。科研是高校的重要职能，科研兴校，科研强校，科研出人才、出成果、出效益。所以，科研创新能力是高校办学质量和水平的重要衡量指标。

另外，我国经济发展进入新常态，实施创新驱动发展战略进入关键期。中共中央、国务院发布了《关于深化体制机制改革　加快实施创新驱动发展战略的若干意见》，就是要强化科技同经济对接、创新成果同产业对接、创新项目同现实生产力对接、研发人员创新劳动同其利益收入对接，增强科技进步对经济发展的贡献度，为经济转型升级提供强大的动力源泉。针对我国科技创新投入高、科技成果数量多，而科技成果转化率比较低、对经济社会发展的贡献度比较低等问题，2015 年 3 月，全国人大初次审议了《促进科技成果转化法修正案（草案）》，正在向社会征集意见。创新驱动战略深入实施和促进科技成果转化法的修正，意味着我国正在全力将科技创新作为促进经济增长和经济发展方式转变的新引擎。各省（自治区、直辖市）应积极行动起来，努力将科技创新作为推动经济结构调整和产业转型升级的强劲动力源，着力推动科技成果向现实生产力转化。

① 课题组组长：马瑞敏。课题组成员：张欣、张慧、尉心渊、杨雨华、秦亚楠。本文完成于 2016 年 5 月，如无特别说明研究涉及数据截至 2014 年。

科研创能能力与科技转化能力反映了高校的科研综合实力，二者同等重要，密切相连，科研创新能力是科技转化能力的基础，科技转化能力是科研创新能力的最终目标。山西高校经过多年的励精图治，科研创新能力和科技转化能力得到显著提升，取得了一定成绩，但是，与其他省份相比，累积性的矛盾与问题制约着山西高校科研创新和科技转化能力的进一步提升。因此，我们就山西高校科研创新能力与科技转化能力与其他省份进行比较分析，力求在横向比较中认识山西高校的发展现状，挖掘问题所在，并提出发展性建议。

2　山西省高校科研创新能力研究现状

2.1　分析的思路、指标和对象

高校科研创新能力分析的思路：通过对山西省高校与其他省份在一些体现科研创新能力的关键评价指标上的表现进行比较分析，在比较中认清山西省高校科研创新能力现状，发现优势和劣势，进而有效分析原因，最后提出提升山西省高校科研创新能力的建议。

这里涉及的指标都是能够体现高校科研创新能力的标志性指标，主要从平台、人才、成果三个方面展开，对于不能很好体现科研创新能力的指标不予以考虑，如一般水平的科研项目和论文。由于要与其他省份进行比较，各个省自设的一些项目、人才计划等未列入，具体如表1所示。

表 1　分析指标体系

项目	指标	具体分析指标
平台	学科	国家重点学科、培育学科
	实验室与基地	国家级、教育部重点实验室、工程技术中心、工程研究中心、教育部人文社会科学研究基地
人才	拔尖人才	院士、长江学者特聘教授、杰出青年基金获得者、长江学者讲座教授、新世纪人才、优秀青年科学基金
	创新团队	国家自然科学基金创新研究群体科学基金、教育部创新团队
成果	项目	国家自然科学基金重大项目和重点项目、国家社会科学基金重大项目和重点项目
	论文与专利	ESI*高被引论文数、发明专利授权数
	获奖	国家科技三大奖、全国百篇优秀博士论文数、教育部人文社会科学优秀成果奖

* ESI 是汤姆森路透集团的研发的《基本科学指标》，已经成为国内评价学科、学者和机构科研实力的重要指标工具

本文的数据来源主要有三个方面：一是官方网站，如教育部、科学技术部等官方公布的数据；二是统计资料，如《高等学校统计资料汇编》；三是手动统计，如论文和专利的数据是由课题组成员检索并下载后进行统计得来的。数据统计的时间段为：①对于人才类为自设立以来历年的数据；②对于其他指标则为 2008～2014 年 7 年间的数据。对于多单位完成成果，只考虑前三位并给出各自权重（0.5∶0.3∶0.2）。

本文内容涉及中西部省份和无教育部直属高校的省份的本科院校①科研创新能力情况。对于中西部省份中有部属院校②的，要将这些部属院校剔除，主要是为了保证可比性、合理性和科学性。这些省份共 20 个，其中中部 6 个，西部 12 个，其他 2 个，具体如表 2 所示。

表 2　分析对象及其类型

省份	所属区域	类型	省份	所属区域	类型
山西	中部	无部属院校	甘肃	西部	有部属院校
河南	中部	无部属院校	青海	西部	无部属院校
湖北	中部	有部属院校	重庆	西部	有部属院校
湖南	中部	有部属院校	四川	西部	有部属院校
安徽	中部	有部属院校	西藏	西部	无部属院校
江西	中部	无部属院校	广西	西部	无部属院校
内蒙古	西部	无部属院校	贵州	西部	无部属院校
新疆	西部	有部属院校*	云南	西部	无部属院校
宁夏	西部	有部属院校	河北	东部	有部属院校**
陕西	西部	有部属院校	海南	东部	无部属院校

* 新疆生产建设兵团直属高校有 5 所。

** 河北有司法部、地震局等部级单位直属高校，但是都是专业类高校，且规模都很小。并且河北与山西很近，高教发展有很多相似性，故也列在此处。

2.2　现状分析

针对前面部分列出的具体指标，我们将逐项进行分析。需要注意的是，我们没有对指标进行加权，给出的都是原始数据。

---

① 对于非本科院校，如民办高校等，它们并不是高校科研创新的主体，在此不予以考虑。

② 包括教育部、工业与信息化部、中国科学院、国家民族事务委员会等。

2.2.1　平台分析

平台包括两个部分：一是国家重点学科（表 3）；二是实验室与基地（表 4）。拥有国家重点学科是一所高校某一学科科研实力的综合体现，很多重大成果来自这些重点学科。拥有实验室与基地也是对一所高校某一学科或者学科群的认可，是创新成果产生的重要源地。从表 3 来看，山西省重点学科数量居于 20 个省份的前列，排在第 5 位，其中国家重点学科 5 个，国家重点学科（培育）3 个，共 8 个。从表 4 来看，山西省拥有国家级实验室和基地的数量处于中等水平，排在第 8 位，总数达到 14 个。由此可见，山西省高校创新平台建设已取得了一定的成绩，但还有较大的拓展空间。

表 3　20 个省份国家重点学科分布情况　　　　（单位：个）

省份	国家重点学科数量	国家重点学科（培育）数量	合计	省份	国家重点学科数量	国家重点学科（培育）数量	合计
湖南	11	2	13	安徽	3	1	4
陕西	10	1	11	江西	2	2	4
四川	8	3	11	广西	2	2	4
河北	6	3	9	甘肃	1	2	3
山西	5	3	8	湖北	0	1	1
河南	3	4	7	贵州	1	0	1
内蒙古	3	4	7	宁夏	0	0	0
重庆	6	0	6	青海	0	0	0
云南	5	1	6	西藏	0	0	0
新疆	3	2	5	海南	0	0	0

表 4　20 个省份国家级实验室、基地分布情况　　　　（单位：个）

省份	国家重点实验室数量	国家工程技术研究中心数量	国家工程研究中心数量	教育部重点实验室数量	教育部工程研究中心数量	教育部人文社会科学研究基地数量	合计
江西	0.3	5	1	8	7	1	22.3
河南	0.3	1	2	9	6	2	20.3
湖南	0	1	0	8	8	2	19
陕西	1	1	0	10	6	1	19
四川	1.8	0	0	8	6	1	16.8
湖北	0	1	0	9	6	0	16
云南	0	0	4	7	4	1	16
山西	1	0	0	7	5	1	14

续表

省份	国家重点实验室数量	国家工程技术研究中心数量	国家工程研究中心数量	教育部重点实验室数量	教育部工程研究中心数量	教育部人文社会科学研究基地数量	合计
安徽	0	0	0	6	6	2	14
重庆	0	1	1	5	6	1	14
河北	1	2.3	0	6	3	1	13.3
广西	0.5	0	0	7	3	0	10.5
甘肃	0	1	0	5	3	1	10
贵州	0	1	0	7	2	0	10
内蒙古	0	0	0	5	3	1	9
海南	0	0	0	5	2	0	7
新疆	0	0	0	4	2	0	6
宁夏	0	0	0	3	2	1	6
青海	0	0	0	5	1	0	6
西藏	0	0	0	2	1	0	3

2.2.2 人才分析

人才主要包含两个层面：一是拔尖人才（表5）；二是创新团队（表6）。拔尖人才是学校科研创新能力提升的学术帅才，不仅能够产出高水平、创新性的科研成果，而且能够发挥凝聚作用促进创新团队的形成与发展。大科学时代，攻克科学前沿领域、解决复杂的社会现实问题、攻关重大项目等，都需要创新团队的紧密协作。以拔尖创新人才为核心的创新团队的层次与水平，直接影响着学校科研创新能力的层次与水平。从表5来看，山西省拔尖人才从数量上有较大优势，各类拔尖人才共103人，位居第二。另外，优秀青年科学基金获得者、长江学者讲座教授数量位居第一，国家杰出青年科学基金数量位居第二，新世纪人才数量位居第三，但是长江学者特聘教授和院士数量排在中等水平。从表6来看，山西省高校国家级创新团队排在靠前位置位居第六。其中创新研究群体科学基金获得方面有较突出表现，位居第二，是20个省份中拥有该项荣誉的3个省份之一。综合以上两个方面，我们可以看出，山西高校在拔尖创新人才集聚和创新团队建设上，具有显著优势，为科研创新能力的提升积蓄了潜在的力量。

表5　20个省份国家级拔尖人才分布情况　　（单位：人）

省份	院士数量	长江学者特聘教授数量	长江学者讲座教授数量	国家杰出青年科学基金获得者数量	新世纪人才数量	优秀青年科学基金数量	合计
湖南	3	8	2	8	111	2	134
山西	2	5	3	11	73	9	103
河南	4	4	0	8	80	4	100
陕西	5	7	1	10	59	5	87
四川	2	5	2	6	58	2	75
河北	4	7	1	12	48	3	75
湖北	0	2	1	2	43	4	52
云南	3	6	0	3	37	3	52
内蒙古	1	3	0	2	44	0	50
江西	1	2	0	2	41	2	48
安徽	0	1	0	0	41	3	45
重庆	0	1	1	2	37	1	42
广西	0	3	1	1	35	1	42
甘肃	0	3	0	0	34	1	38
贵州	1	2	1	1	33	0	37
新疆	1	1	0	0	27	2	32
宁夏	0	1	0	0	25	0	26
西藏	0	4	0	0	19	0	20
海南	0	1	0	0	17	0	20
青海	0	2	0	0	16	0	19

表6　20个省份国家级创新团队分布情况　　（单位：个）

省份	创新研究群体科学基金	教育部创新团队	合计	省份	创新研究群体科学基金	教育部创新团队	合计
河南	0	24	24	贵州	0	8	8
陕西	2	18	20	云南	0	8	8
湖南	0	18	18	安徽	0	6	6
河北	3	14	17	重庆	0	6	6
甘肃	0	16	16	广西	0	6	6
山西	2	12	14	湖北	0	4	4
内蒙古	0	12	12	青海	0	4	4
新疆	0	12	12	西藏	0	4	4
四川	0	12	12	宁夏	0	2	2
江西	0	10	10	海南	0	2	2

2.2.3 成果分析

成果包含三个方面：项目（表7）、论文与专利（表8）、获奖（表9）。承担国家级重大攻关项目和重点项目，是对拔尖创新人才及其创新团队科研创新能力与水平的有力验证，也是催生重大创新成果、提升科研创新能力、培育创新人才的重要载体。论文包括 ESI 高被引论文、SSCI 期刊收录论文和 CSSCI 一级学科主学报论文，ESI 高被引论文代表着一篇论文发表后得到了广泛关注，具有很强的创新性。SSCI 期刊收录的论文则都是经过国际同行匿名评审的论文，有较高的质量。CSSCI 一级学科主学报收录的论文也有着较高质量。其内容是国内社会科学研究的前沿和热点，发明专利本身就要求有很强的创新性，是科技进步的重要体现和度量指标。国家科技三大奖、教育部人文社会科学优秀成果奖、全国百篇优秀博士学位论文奖，都是对创新性成果的充分肯定。从表7来看，山西省高校承担的国家级重大、重点项目数量整体上位于中等偏上地位，位居第五。在重点项目方面，国家自然科学基金的重点项目位居第一，表现突出，但是，我们也看到国家社会科学基金的重点项目仅8项，排在第9位，数量上与湖南、江西、河南等省份相差较远；在重大项目方面，无论是国家社会科学基金还是国家自然科学基金，山西的表现都一般，尤其国家社会科学基金重大项目数量少，排在第11位，比较靠后。综合来看，山西省自然科学研究的科研创新能力已经迸发，在一些指标上起到了领头羊的示范作用；社会科学研究的科研创新能力处于中等偏下水平，亟待采取积极举措进行激励与提升。

表7　20个省份国家级重大、重点项目分部情况 （单位：个）

省份	国家自然科学基金			国家社会科学基金			总计
	重大项目数量	重点项目数量	合计	重大项目数量	重点项目数量	合计	
湖南	1	17	18	15	31	46	64
江西	0	10	10	7	19	26	36
河南	3	11	14	2	19	21	35
安徽	0	10	10	10	14	24	34
山西	1	21	22	3	8	11	33
陕西	6	15	21	6	6	12	33
重庆	1	10	11	3	16	19	30
新疆	0	3	3	12	12	24	27
云南	3	8	11	4	11	15	26
四川	1	17	18	4	3	7	25
贵州	0	5	5	5	11	16	21

续表

省份	国家自然科学基金			国家社会科学基金			总计
	重大项目数量	重点项目数量	合计	重大项目数量	重点项目数量	合计	
河北	1	7	8	4	8	12	20
广西	0	5	5	3	6	9	14
湖北	0	3	3	1	5	6	9
西藏	3	0	3	2	2	4	7
内蒙古	0	3	3	4	0	4	7
青海	0	0	0	0	5	5	5
甘肃	0	1	1	1	2	3	4
宁夏	0	0	0	1	3	4	4
海南	0	0	0	0	2	2	2

从表 8 来看，山西省高校各类论文总数排在第 5 位，其中 CSSCI 一级学科主学报论文数量排在第 1 位，ESI 高被引论文数量排在第 5 位，SSCI 论文数量排在第 8 位，发明专利数量排在第 8 位。从表 9 来看，山西省高校获奖总数排在第 5 位，但是在国家科技三大奖方面表现不突出，排在第 7 位，这与自然科学重点项目、拔尖创新人才和创新团队方面的显著优势不相称。另外，全国优秀博士论文数量排名较为靠前，年均 2 篇左右；教育部人文社会科学优秀成果奖数量则排在第 5 位。总的来看，山西省高校科研产出相较人才团队方面的表现要逊色不少，需要山西省在科研体制机制创新、人才创新能力激发等方面进行深入研究，为高水平科研成果产出、重大项目承担和国家三大科技奖的获得奠定坚实的基础。

表 8　20 个省份论文与专利分布情况（按论文合计排序）

省份	论文/篇				专利/个
	ESI 高被引论文数	SSCI 收录论文数	CSSCI 一级学科主学报收录数	合计	发明专利授权数
河南	68	2 441.5	252	2 761.5	11 121
重庆	23	1 967.5	149	2 139.5	3 299
安徽	45	1 623	247	1 915	4 635
河北	35	1 498.5	134	1 667.5	6 239
山西	35	841.5	321	1 197.5	5 545
广西	14	1 080.5	61	1 155.5	7 988
四川	19	920	123	1 062	6 213
江西	36	866	159	1 061	4 824
湖南	58	697	303	1 058	6 313
陕西	28	822.5	114	964.5	10 124
云南	20	822.5	95	937.5	5 836

续表

| 省份 | 论文/篇 | | | | 专利/个 |
	ESI 高被引论文数	SSCI 收录论文数	CSSCI 一级学科主学报收录数	合计	发明专利授权数
湖北	28	454	107	589	5 411
甘肃	18	301	94	413	2 253
新疆	5	270	20	295	840
贵州	13.5	229.5	49	292	1 997
内蒙古	4	246.5	22	272.5	1 328
海南	2	131.5	16	149.5	594
宁夏	0	119	13	132	268
青海	0	28.5	3	31.5	70
西藏	0	5	3	8	19

表 9　20 个省份国家级获奖分布情况

| 省份 | 国家科技三大奖数量/个 | | | | 全国百篇优秀博士论文数/篇 | | | 人文社会科学优秀成果奖数量/个 | 总计 |
	国家自然科学奖数量	国家技术发明奖数量	国家科学技术进步奖数量	合计	获奖数量	提名奖数量	合计		
湖南	0	1.5	7.8	9.3	10	15	25	19	53.3
河北	2.1	1	6.3	9.4	3	16	19	10	38.4
陕西	0	3.9	6.2	10.1	7	7	14	13	36.8
四川	0	2.1	6.1	8.2	6	15	21	5	34.2
山西	1	3.5	2.2	6.7	4	11	15	11	32.7
河南	1.2	1.7	9.4	12.3	2	6	8	7	27.3
重庆	0	1.3	4.1	5.4	2	5	7	14	26.4
云南	0	3.6	1.5	5.1	1	8	9	12	26.1
湖北	0	3.5	6.1	9.6	0	2	2	7	18.6
江西	0	1	2.6	3.6	1	1	2	9	14.6
安徽	0	0	1.3	1.3	1	6	7	4	12.3
新疆	0	0	1.8	1.8	0	1	1	6	8.8
内蒙古	0.1	0	0.8	0.9	2	3	5	2	7.9
广西	0	0.3	0.3	0.6	1	2	3	3	6.6
贵州	0	0	0.5	0.5	0	0	0	5	5.5
甘肃	0	0	0.4	0.4	0	0	0	5	5.4
西藏	0	0	1	1	0	0	0	3	4
宁夏	0	0	0	0	0	1	1	2	3
青海	0	0	0	0	0	0	0	2	2
海南	0	0	0	0	0	0	0	2	2

2.3 比较优势与存在问题

通过上面的分析，我们可以看出山西省高校科研创新力有许多可圈可点之处，当然与其他省份相比，还有一些方面存在差距，现总结如下。

2.3.1 比较优势

（1）创新性人才队伍建设成效显著。院士、长江学者特聘教授、长江学者讲座教授、国家杰出青年科学基金、优秀青年科学基金和新世纪人才等拔尖人才数量合计 103 人，排在 20 个省份的第 2 位。创新团队数量尽管位列第六，但含金量高的创新研究群体科学基金数量，位列第二，是 20 个省份中有该项荣誉的 3 个省份之一。

（2）自然科学创新性研究成果表现突出。自科基金重点项目承担数位居 20 个省份第一，ESI 高被引论文数位居 20 个省份第五。

（3）创新性人才培养方面成绩突出。全国优秀博士学位论文数量位居 20 个省份第四，年均 2 篇左右。

2.3.2 存在问题分析

（1）成果产出表现一般，与人才队伍建设的突出表现不相一致。山西省拔尖人才数量位列第二，创新团队位列第六，成绩较为突出。但是，成果产出的指标大多数处于 20 个省份的中等偏上或中等水平（如高水平论文数排在第 9 位，发明专利数排在第 8 位，国家社会科学基金重点项目和重大项目数量排名靠后）。当前，山西省高校花费巨大力量培养和引进人才，为什么没有在成果产出上展现出明显的比较优势呢？是科研体制机制创新滞后问题，还是拔尖创新人才和创新团队自身的问题？这些问题值得深思。

（2）平台建设还有一定差距。高层次的创新平台是人才集聚与人才培养的基石，更是高水平、标志性科研成果产出的基础。山西省无论是自然科学还是社会科学，平台数量偏少，处于中等偏上水平，尤其在国家级实验室和基地方面差距较大（并列第八）。如何发挥学术帅才的领军作用，推动创新团队建设，进而推动创新平台建设，也就是将人才的培养引进与平台建设有机结合起来，是山西省需要认真审视的问题。

（3）人文社会科学研究获得大项目的能力和成果国际化水准亟待提高。从研究成果来看，CSSCI 一级学科主学报和教育部人文社会科学优秀成果奖方面表现不错（分别位列第一和第五）。但山西省人文社会科学承担国家重大重点项目数排在第 11 位，SSCI 论文位居第八，表现一般，还需进一步提升。

（4）最高级别的科技成果数量太少。在国家科技三大奖方面，山西省数量只有 6.7 个，平均每年不到 1 个，位居第七。

3 山西省高校科技转化能力研究现状

为更深入地了解山西省高校科技转化能力的现状，本文从自然科学与工程科学一些关键指标（2011～2014 年）进行系统分析。数据全部来自《高等学校科技统计资料汇编》。另外，需要强调的是，我们分析的院校只包括地方高等院校，排除了部属院校，这样更具可比性。从投入和产出两个部分展开分析：投入从研究发展人员数、R&D 成果应用及科技服务人员、研究发展经费支出、R&D 成果应用及科技服务支出经费①四个方面展开分析；产出则从专利授权与收入情况、技术转让情况两个方面展开分析。

3.1 投入分析

表 10 给出的是 20 个省份的研究与发展人数分布情况，包括从事基础研究、应用研究和试验开发人员，其数量与水平是衡量一个地区科技实力和潜在的科技转化能力的重要指标。从表 10 来看，山西省研究与发展人员的数量年均 6582 人，排在第七位，处于中等偏上水平。

表 10 20 个省份研究与发展人员情况表　　　　（单位：人）

省份	平均人数	省份	平均人数
广西	12 349	云南	5 430
安徽	9 898	内蒙古	4 907
湖南	8 432	重庆	3 655
河北	7 953	贵州	3 589
四川	7 892	新疆	3 281
湖北	6 608	甘肃	2 070
山西	6 582	宁夏	1 263
河南	5 917	海南	620
江西	5 584	青海	603
陕西	5 450	西藏	547

① 用支出经费可以看出经费的使用情况，真正使用的经费才能算成真正的投入。

表 11 给出的是 20 个省份研究与发展成果应用及科技服务人员分布情况，其数量与水平直接反映着一个省的科技成果转化与科技服务能力。从表 11 来看，山西省研究与发展成果应用及科技服务人数 203 人，排在第 12 位，仅是位列第三的河北省的 18%，是位列第四的江西省的 23%。山西省高校 R&D 成果应用及科技服务人员基数偏少，严重影响着人员水平的提升，进而严重影响着科技成果的转化能力。

表 11　20 个省份 R&D 成果应用及科技服务人员情况表　（单位：人）

省份	平均人数	省份	平均人数
陕西	1503	云南	311
湖南	1336	山西	203
河北	1128	新疆	158
江西	883	贵州	110
广西	867	内蒙古	87
河南	866	青海	66
湖北	795	甘肃	64
安徽	673	西藏	13
重庆	624	海南	10
四川	439	宁夏	2

表 12 给出的是 20 个省份研究与发展经费支出分布情况。高等教育是典型的"高投入-高产出"类型的行业，研究与发展经费大力支持是人才集聚、重大项目联合攻关、科技成果转化的有力保障。没有研发经费的支持，很难产生较大影响力的科技成果，更谈不上转化。从表 12 来看，山西省高校研发经费支出年均 5.3 亿元，排在第 8 位，处于中等水平。结合表 10，山西省研发人员每年人均支出为 8.1 万元，排在第 11 位，处于中等偏下水平，还不到河南省人均支出 18.5 万元的一半。山西省研发经费年均支持力度不高，人均研发经费投入更落后，影响到标志性研发成果的产出，进一步会影响科技转化的广度和深度。

另外，从研发经费的支出比例来看，从高到低为应用研究（59%）、基础研究（36%）、试验发展（5%）。试验发展经费占比过低，排名非常靠后。试验发展是科学研究的延伸，是推动高校科技成果跨越"死亡之谷"的重要研发阶段，经费投入的显著缺少，往往可能使具有市场与商业价值的科技成果得不到有效开发而被大量束之高阁，这既会造成对前期人力投入、资金投入的巨大浪费，又无法提高科技成果对经济社会发展的贡献度。

表 12　20 个省份研究与发展经费支出情况表（按年均总支出金额排序）

省份	基础研究		应用研究		试验发展		年均总支出金额/千元	平均每人支出金额/千元
	支出金额/千元	比例/%	支出金额/千元	比例/%	支出金额/千元	比例/%		
河南	421 746	38	470 604	43	204 350	19	1 096 700	185
四川	237 538	26	602 884	66	68 927	8	909 349	115
湖北	131 447	17	493 086	65	132 254	17	756 786	115
湖南	206 160	30	411 540	59	80 057	11	697 758	83
江西	212 746	31	332 691	49	139 890	20	685 327	123
河北	251 579	44	281 250	49	40 502	7	573 332	72
安徽	234 809	44	239 359	44	64 490	12	538 658	54
山西	193 093	36	310 212	59	27 560	5	530 864	81
陕西	151 726	29	261 359	51	102 263	20	515 347	95
云南	153 576	32	311 421	64	22 466	5	487 463	90
重庆市	113 151	26	186 856	43	138 965	32	438 972	120
广西	169 600	41	214 446	52	31 703	8	415 749	34
甘肃	33 514	11	235 844	75	47 074	15	316 432	153
内蒙古	80 658	28	144 534	50	65 581	23	290 772	59
贵州	112 394	40	160 434	56	11 440	4	284 268	79
新疆	89 043	44	101 713	50	12 351	6	203 107	62
宁夏	47 136	59	28 325	35	4 653	6	80 114	63
海南	40 187	51	34 716	44	3 258	4	78 161	126
青海	11 629	35	16 640	50	4 704	14	32 972	55
西藏	6 913	29	17 033	71	5	0	23 952	44

　　表 13 给出的是 20 个省份 R&D 成果应用及科技服务支出经费分布情况。R&D 成果应用及科技服务支出经费直接反映着一个省（机构）服务于科技转化的资金投入，比如用于科技成果转化咨询费用、科技园孵化器的运行投入等。如果 R&D 成果应用及科技服务支出经费较少，必将制约科技转化关键环节：为科技成果寻找合适的"买家"或合作者及后续服务。从表 13 来看，山西省该指标年均支出经费约为 3600 万元，位居第12 位，处于落后水平，与其他省份相比差距较大。比如，与研发经费支出差不多的陕西省相比，山西省 R&D 成果应用及科技服务支出经费只占陕西省的 8%。再从人均经费支出来看，山西省 R&D 成果应用及科技服务的人均经费支出 17.8 万元，位居第 10 位，明显低于中部的河南省和江

西省。综上可以看出，山西省高校在科技成果应用与科技服务方面的投入少，处于 20 个省份的中等偏下水平，是制约高校科技成果转化的明显薄弱环节。

表 13　20 个省份 R&D 成果应用及科技服务支出经费分布情况表
（按年均支出经费排序）

省份	年均支出经费/ 千元	人均支出经费/ 千元	省份	年均支出经费/ 千元	人均支出经费/ 千元
河北	550 445	488	云南	48 098	155
陕西	449 239	299	山西	36 081	178
河南	348 989	403	内蒙古	21 440	246
江西	216 144	245	贵州	20 857	190
湖南	174 632	131	青海	14 523	220
广西	146 339	169	新疆	13 366	85
湖北	133 634	168	甘肃	9 022	141
重庆	115 312	185	海南	1 262	126
四川	85 112	194	西藏	982	76
安徽	56 366	84	宁夏	56	28

3.2　产出分析

表 14 给出了 20 个省份的发明专利授权、转化与收入情况。专利是重要的知识财产之一，研发机构都非常重视专利申请、保护和转化，很多创新型企业基本是由于拥有某个方面的独特专利而占领了市场较大份额。从一定程度上讲，专利已经成为现代企业最为重要的抢占市场份额的利器之一。对于发明专利授权数，山西省高校年均 278 件，位列第六，处于中等偏上水平。对于专利转化签订的合同数，山西省年均 52 件，也位居第六，说明在专利转化数量方面表现也不错。但是从实际收入来看，山西省高校年均实际收入尚不足 300 万元，位居第十，与河北、河南等高等教育发展水平基本相当的省份相比，要差很多。每份合同的平均收入还不足 6 万元，排在第 16 位，非常靠后。由此可见，山西省专利转化呈现数量与收益不一致的状态。

表 14　20 个省份发明专利授权、转化与收入分布情况表（按年均实际收入排序）

省份	发明专利授权数/个	合同数/份	年均实际收入/千元	每份合同的平均收入/千元	省份	发明专利授权数/个	合同数/份	年均实际收入/千元	每份合同的平均收入/千元
河北	336	80	16 445	206	陕西	500	45	2 362	52
河南	468	30	10 345	348	贵州	62	3	1 005	335
湖北	261	108	7 504	69	江西	178	6	830	144
重庆	172	50	6 741	135	甘肃	113	6	363	63
安徽	184	57	6 076	106	海南	29	3	238	79
湖南	291	36	5 758	159	内蒙古	53	1	163	130
四川	277	41	5 542	134	新疆	45	1	88	175
广西	250	76	4 868	64	宁夏	9	0	8	30
云南	285	18	3 943	225	西藏	1	0	0	0
山西	278	52	2 970	57	青海	7	0	0	0

　　表 15 给出了 20 个省份的技术转让签订合同对象分布情况。当前，很多省份和高校等都制定政策来支持技术转让，技术转让将越来越受到高等教育界的重视。我们可以看到山西省高校四年平均签约合同数为 78 份，列第 11 位，绝对数太小，排名较靠后。在这 78 份合同中，主要是与国有企业签约，占 61%；其次是与民营企业签约，占 38%，而与外资企业签约只有 1%。所以，山西省的技术转让很大程度还是依靠与国有企业签约，而与市场需求旺盛的民营企业签约相对较少。江西、河南、湖南、四川、湖北、云南、广西等与民营企业签约的比例要超过与国有企业签约的。从一定程度上讲，民营企业更注重技术转让的实际价值和收益，对技术转让要求更高；他们一旦发现有好的技术，也乐意投钱，从而达到双赢。

表 15　20 个省份技术转让对象分布情况

省份	与国有企业		与外资企业		与民营企业		其他		四年平均签订合同数/份
	签订合同数/份	比例/%	签订合同数/份	比例/%	签订合同数/份	比例/%	签订合同数/份	比例/%	
安徽	338	56	13	2	185	30	71	12	607
河北	119	35	26	7	123	36	75	22	344
湖南	78	30	7	3	171	65	6	2	262
重庆	114	47	18	8	90	37	19	8	241

续表

省份	与国有企业		与外资企业		与民营企业		其他		四年平均签订合同数/份
	签订合同数/份	比例/%	签订合同数/份	比例/%	签订合同数/份	比例/%	签订合同数/份	比例/%	
陕西	109	47	1	1	95	41	25	11	230
河南	44	21	2	1	137	66	26	12	209
四川	63	37	4	2	103	61	0	0	170
湖北	47	29	9	6	79	58	27	17	162
广西	24	25	0	0	45	46	29	29	98
江西	20	22	1	1	67	74	3	3	90
山西	47	61	1	1	30	38	0	0	78
海南	41	61	6	8	15	22	6	9	67
云南	20	31	0	0	35	57	7	12	62
新疆	24	85	0	0	4	15	0	0	28
贵州	1	12	0	0	9	83	1	5	11
内蒙古	5	49	0	0	5	51	0	0	10
甘肃	3	50	0	5	3	45	0	0	6
西藏	0	0	0	0	0	0	0	0	0
青海	0	0	0	0	0	0	0	0	0
宁夏	0	0	0	0	0	0	0	0	0

表 16 给出了 20 个省份技术转让收入情况。山西省在这方面表现一般，居第 13 位，全省年均只有 330 万元，绝对数量太少。收入主要来自国有企业，占到了 60%，其次是民营企业，占到 39%，这一分布与合同签订情况基本一致。从每份合同收入来看，平均收入只有 4.3 万元，除了没有收入的 3 个省份外，仅高于新疆。所以，山西省技术转让情况不容乐观。

表 16 20 个省份技术转让收入分布情况表（按四年平均总收入排序）

省份	与国有企业		与外资企业		与民营企业		其他		四年平均总收入/千元	每份合同收入/千元
	签约收入/千元	比例/%	签约收入/千元	比例/%	签约收入/千元	比例/%	签约收入/千元	比例/%		
河北	28 530	46	3 632	6	22 748	36	7 557	12	62 466	182
重庆	36 131	60	3 444	6	15 982	26	4 606	8	60 162	250
安徽	35 939	60	941	2	16 641	28	6 279	10	59 799	99
河南	11 769	21	373	1	41 240	72	3 725	6	57 106	273

续表

省份	与国有企业		与外资企业		与民营企业		其他		四年平均总收入/千元	每份合同收入/千元
	签约收入/千元	比例/%	签约收入/千元	比例/%	签约收入/千元	比例/%	签约收入/千元	比例/%		
湖南	12 648	29	463	1	30 529	69	265	1	43 904	168
陕西	25 876	65	236	1	10 398	26	3 240	8	39 751	173
江西	7 512	23	258	1	23 751	73	804	3	32 324	359
四川	11 138	46	906	4	12 297	50	0	0	24 341	144
海南	11 053	67	839	5	3 459	21	1 232	7	16 583	248
湖北	5 527	39	1 474	10	5 736	40	1 586	11	14 323	89
云南	4 934	43	0	0	5 321	46	1 250	11	11 505	186
广西	1 767	22	0	0	3 268	41	2 973	37	8 008	82
山西	2 006	60	44	1	1 307	39	3	0	3 359	43
内蒙古	1 665	69	0	0	763	31	0	0	2 428	237
贵州	555	34	0	0	1 010	62	55	4	1 620	154
新疆	655	78	0	0	183	22	0	0	838	30
甘肃	168	49	13	4	158	47	0	0	338	61
西藏	0	0	0	0	0	0	0	0	0	0
青海	0	0	0	0	0	0	0	0	0	0
宁夏	0	0	0	0	0	0	0	0	0	0

3.3 存在问题

综合以上分析，山西省高校科技转化方面存在以下一些问题。

（1）人均研发经费投入过少。对于研发经费，山西省高校研发经费总投入排在第8位，人均研发经费投入排在第11位，处于中等偏下水平。没有大的研发投入很难产出较大的成果。

（2）投入经费配置比例不合理，试验发展投入比例过低，R&D成果应用及科技服务经费投入过少。在研究经费中，试验发展的投入年均不足3000万元，占所有投入的5%，意味着对技术的产品化、潜在商品化的小试与中试过程的投入不重视。R&D成果应用及科技服务经费排在第12位，且绝对数过小。没有专门的一批人来做科技转化服务，靠科研人员来做市场转化，在市场分析、法律等方面都存在很多问题。经费投入重视基础研究和应用研究，却对试验发展和研发成果应用及科技服务不够重视，也就是对技术向市场转化的关键环节不够重视，这很可能导致科技成果向现实生产力转化的一系列环节的恶性循环。

（3）发明专利数量较多但是转化收益过低。我们可以看到，发明专利的授权数和转化件数是较多的，都居第六位，但每份专利收益过少，居第十六位。

（4）技术转让不活跃，主要还是集中在与国有企业的合作上。山西省技术转让合同数年均只有 78 件，绝对数少，居第十一位。合同主要还是依赖于与国有企业签约，相对于其他省份，与民营企业的合作还有较大差距。

（5）技术转让呈现绝对收入低和平均收入低"两低"状态。技术转让的绝对收入年均只有 330 万元，相对于年均研发经费投入的 5.3 亿元来说，几乎可以忽略。而平均每份技术转让收入不足 5 万元，含金量太低，处于 20 个省份中的垫底位置。

4 提高山西省高校科研创新能力与科技转化能力建议

4.1 提升山西省科研创新能力的建议

山西省高校科研创新方面的表现值得肯定，但是仍然存在一些问题，针对这些问题，提出以下五点建议。

（1）加大重点学科建设力度，委托专门中介评价机构对山西省一级学科进行定期评估，经费下拨应与评估结果挂钩。学科建设是高校发展的重中之重，科学研究必须依靠一个好的学科平台，高校科学研究的根本还是要放在学科建设上：学科建设好，人才队伍集聚好，才能建设好学科平台（实验室、基地）。当前山西省已经在这方面投入了大量资金，从 2010 年起，一年近 1 亿元的投入。但是从上面的分析来看，山西省与学科建设紧密相关的平台建设还有提升空间。所以，我们需要对这些重点学科进行更大的投入。从 2015 年起，应该每年再多投入 5000 万元，用于学科中有潜力的重大项目的资助（重点支持大项目，一般项目按照原来资助方式进行）。这样，每年的经费投入应该达到 1.5 亿元。通过对大项目的支持，有助于在拔尖创新成果和人才上有新的突破，形成良性循环。

另外，根据教育部的提议，将来高校的相关评估更多的是依靠第三方的中介机构，山西省应该尽快与 1～2 个中介评价机构签订合同，制定分学科门类评价标准，尽早开展学科评估①。以 3 年建设为一个周期、分学科门类（如管理学、农学、经济学等 13 个学科门类）进行考核，每次考核优秀率为 20%，良好的为 30%，合格的为 35%，黄牌整改的为 10%，淘汰的为 5%。对于表现优秀的学科，应该以项目的形式加以资助。在保证评估结果科学性后，以后省级学科经费的下拨应该与评估结果挂钩，其中评价优秀和良好的学科将占到资助的 80%，合格的给予 20%，亮黄牌的和淘汰的学科要按规定追回划拨的经费，奖优惩劣，提高资金的使用效率，对学科建设真正实行动态管理。

（2）有序稳妥推进山西省协同创新中心建设。从数据来看，山西省创新性的重大成果绝对数量还是太少，尤其是在国家科技三大奖方面表现一般。当前，已经在全国高校中展开了"2011"计划，以后将作为国家高校投入的主要途径。所以，当前要想从国家层面取得更多的资金支持，必须规划好山西省的协同创新中心建设工作。从前面的数据来看，最近几年山西省在人才方面集聚了不少力量，在一些学科上已经形成了实力雄厚的、在国内外有较高学术影响力的科研团队。所以，我们有创建协同创新中心的"原始资本"。但结合山西省科研实力整体还不是很强的现状，应有序稳妥推进该项建设。在十三五规划期间，应该在全省建设 3 个协同创新中心（A 类）、10 个协同创新培育中心（B 类）。协同创新中心（A 类）需要进一步冲击国家级协同创新中心，理科每年资助 600 万元，文科每年资助 300 万元。结合山西省实际，协同创新中心（A 类）主要是面向学科前沿类（光学）、行业产业类（煤炭）和文化传承创新类（晋商）。协同创新培养中心（B 类）则重点解决山西省经济社会发展中的系列问题，每年资助理科 200 万元，每年资助文科 100 万元。协同创新培养中心（B 类）中，行业产业类 4 个（煤炭、钢铁）、区域发展类 2 个（资源型经济转型）、文化传承创新类 2 个（晋文化）。

要加大对已经获批的国家级协同创新中心的调查研究，对于协同创新的运作模式要有清晰的顶层设计，山西省应该尽早在省级层面出台《山西省高校协同创新中心建设指导意见》，对各种制度（如组建原则、人才引进待遇、知识产权归属等）提出指导性的框架方案。以该方案作为以后山西省高校进行协同创新中心建设的基础性的纲领性文件。

（3）引进和培养人才并重，两者不可偏颇。当前山西省引入的拔尖人才大都是以柔性引进为主，已经取得了一定成绩（如山西省当前实施的"百人

---

① 可把平台建设情况纳入学科建设评价指标体系中。

计划")。但大量实质性全职引入的拔尖人才数量还比较少，引入的团队更是少之又少。在重视引进人才的同时，要格外重视当前已有人才的培养，创造更好的条件帮助他们成长。针对山西省的具体情况，提以下几点具体建议。

第一，切实加强柔性引进人才的考核。柔性引进的人才一般都是在学科领域做出突出贡献的学者，引进的目的应该集中在"领前沿，带团队"方面，所以考核时主要看是否带领团队做出了原创性、前沿性成果。山西省当前对于柔性引进的人才给予的条件比较丰厚，但必须加强考核。以 3 年聘期为一个考核周期，不合格者不再续聘并依照协议追回部分资金。

第二，继续加强高等学校优秀人才资助力度。当前，山西省已经在全省高校实行了高等学校创新人才支持计划和"131"领军人才工程等，立足山西省高校现有人才，给予他们较大资助，尤其是对于青年人才有很大的提升作用。由于山西省每年都有一定数量的新教师加入，所以这些支持政策应该持续执行。山西省当前已经资助了 400 余人，占全省研发人员的 6%左右。如果我们期望到 2020 年这一比例达到 8%，每年以 0.5%增长，那么 2016～2020 年分别应该资助 38 人、50 人、52 人、54 人和 56 人。每年投入的资金也要随之增加，五年总预算投入 1300 万元左右。二是还是要加强考核，对于考核优秀的应该继续给予支持，而对于考核不合格的应该收回荣誉称号及相关资助。

第三，定期召开人才座谈会。对于人才的关心，不仅仅是体现在科研资金方面的资助上，也要在生活、工作中对他们进行全方位的关心，用感情长久地留住人才。所以，山西省从上到下都应该定期（如一个季度）与不同层面的人才代表进行座谈，解决他们面临的各种问题，营造更好的氛围鼓励创新，推动创新。

第四，重视在校生尤其是研究生创新创业能力的培养，营造积极氛围、创造有利条件促进他们快速成长。在领会《国务院办公厅关于发展众创空间推进大众创新创业的指导意见》基础上，制定山西省高校在创新创业激励方面的具体措施，及早对接国家战略需求，从根本上改变"为了学习而学习、为了研究而研究"的教条教育和学习方式，以解决经济、社会发展实际问题，这为以后教育的主方向。

（4）保持山西省基础科学研究优势，加大有潜力科研团队的资助力度。从前面数据来看，山西省基础科学研究尤其是自科科学研究已经取得了较好的成绩，多个指标位居前列，值得肯定。但是我们也看到山西省在社会各界广泛关注的国家科技三大奖上表现较差，这说明山西省在学科最前沿领域还有较大差距，还没有较多得到学科专家认可的重大成果。山西省有一批人才且有一定学术影响力的科研团队，但是在国家三大奖方面却难有量的突破，这说明山西省科研团队建设还存在问题，以后要重点支持那些有潜力的科研团队。这一工作可与协同创新中心建设统筹考虑，鼓励有潜力的科研团队冲击省级、国家级协同创新中心的申报，给予他们较大资金的资助，并鼓励他们去国内外前沿的科研院所进行交流，扩宽视野。如果山西省能够把 15 个左右协同创新中心（大的科研团队）在 2016～2020 年建好，那么冲击三大奖的概率会大大增强。

（5）制定政策大力繁荣哲学社会科学研究。当前，山西省已经对人文社会科学的研究进行了一系列的支持，大大促进了山西省高校人文社会科学的发展，成果从数量到质量都有了较好的提升。但是，通过比较发现，其他省份的院校最近几年发展势头也很迅猛，山西省社会科学的整体发展水平居于20 个省份的中等水平。而我们知道，山西省有一支人数较多的社科研究队伍，这与我们对他们的期望严重不符。结合国家的政策文件和山西省人文社会科学发展实际，当前山西省哲学社会科学可以在三个方面做一些工作。

一是继续加强人文社会科学省级重点研究基地建设和评估工作。当前，山西省已经在全省高校建立了省级人文社会科学重点研究基地，这些基地每年都获得 1～2 个项目支持，多年下来已经得到了较多支持。这些基地已经成为山西省高校人文社会科学研究重镇。集中财力办大事在山西省人文社会科学基地建设中已经有集中体现：全省 85% 左右的国家社会科学基金都由这些基地的成员承担，而国家级重大攻关项目则全部由这些基地的研究人员承担。当前山西省共有 26 个人文社会科学重点研究基地，分布在 13 所高校。而人文社会科学实力不如山西省的河北省，已经建立了 35 个人文社会科学重点研究基地，与山西省实力相当的河南省已经建立了 39 个人文社会科学重点研究基地。所以，以后还需要加强人文社会科学重点研究基地的建设。在 2020 年要使得重点研究基地总量保持在 40 个，从 2015 年开始，每年应遴选 2 个新的人文社会科学重点研究基地。另外，山西省应该对这些研究基地建立动态评估制度，尽早制定分类评价方案。在评估指标的设定上要有导向性：对于基础研究类以高水平、国际化为基本要求；对于应用类以调查研究、服务决策为基本要求。要淘汰一些发展不合乎定位的、组织松散的基地，增补一些有发展潜力的新基地。

二是建立若干有特色、有竞争力、有知名度的智库。加大社会咨询服务，为政府、企业等提供智力支持。当前，中央全面深化改革领导小组第六次会议审议了《关于加强中国特色新型智库建设的意见》，我们应该先知先行，在充分摸底的情况下，尽早挂牌成立一些智库机构。这些智库机构的建设应该与重点基地建设统筹安排，优先支持重点基地成立智库机构，除了将研究重点放在基础研究方面的基地，其他基地应该针对区域经济社会发展建立相应的智库机构。那么山西省在 2020 年前至少应该成立 35 个智库机构。

三是要强化社会科学类研究的国际化视野。山西省高校在这方面与其他省份相比还有一定差距，要根据《高等学校哲学社会科学繁荣计划（2011—2020 年）》和《高等学校哲学社会科学"走出去"计划》制定山西省的相关具体政策，争取在五年内山西省高校能够在国际上学术界有一定的显示度，某些特色优势学科能够有一定的话语权。

4.2 提升山西省科技转化能力的建议

从第三节分析来看，山西省高校科技转化能力还比较薄弱，一些关键环节存在一定问题，下面提出一些提升山西省高校科技转化能力的意见和建议。

（1）尽快出台省级层面的促进高校院所科技成果转化暂行办法或规定、细则，激发科研人员科技转化的热情和积极性。当前一些省份（如湖北、北京、海南等）已经制定了相关政策，有些省份（如湖北）已经出台了细则。在此引导下，很多高校也出台了相关的文件。文件对于科技成果的归属、转化收益的分配都进行了明确规定，厘清了产权归属，已经取得了较好的效果。我们应该在借鉴的基础上，结合山西省实际尽快出台相关办法或者细则，力求从政策上保障山西省高校在科技转化方面有所发展和突破。

（2）每所高校都应该建立专门的科技孵化公司，以公司化的方式进行科技转化运作。科技转化是一项非常专业化的、系统的工作，应该成立相关公司来独立运作，减轻研发人员负担，更为重要的是，使科技成果能够得到更为科学的推广。当前山西省已经有 7 所高校建立了资产管理（经营）公司，完成改制的有 3 所，已经逐步显现效益，如山西大学重点培育的校办企业"山西山大合盛新材料股份有限公司"于 2014 年在"新三板"市场成功挂牌；太原科技大学控股的高新技术公司"科大重工"已为太重、太钢等企业试制成功大型滚切剪、钢管矫直机等大型装备。但是，从总体来看，还没有形成一定规模的高科技上市公司，还有很多潜力可挖掘。需要重点强调的是，建立的科技孵化公司人员的配置也应该市场化，这些人员能为高校相关研发团队提供市场、法律等方面的咨询；由于是公司化运作更注重收益，这些人员将积极主动寻找可以转化的成果，加速成果的转化速度，提高成果转化质量。另外，政府可以将一部分科技服务经费用来支持这些公司的发展。

（3）加强和完善大学科技园的建设，建立大学科技园评价体系，实施动态评估，使得真正有潜力的高科技公司涌现出来。山西省现在已经建立了以中北大学牵头的国家级科技园，截至 2014 年年底，大学科技园共吸引了科技型企业 123 家，在园研发机构 54 个，其中孵化企业 79 家，从业人数 977 人。2014 年科技园共申请专利 47 项，获得授权 14 项，成果转化 45 项；承担国家和省科研项目 17 项，科研活动经费支出 2300 万元；在孵企业总收入 7700 万元，实现利税 248 万元。但是，还是没有形成特别突出的公司品牌，整体效益偏低。所以，今后要加大考核，做大做强一些公司，创立行业品牌；淘汰一批没有市场前景的公司，尤其是一些皮包公司。在建议（1）的基础上，针对教师创办公司，专门制定相关细则。大学科技园建设应该与科技孵化公司同时建设，两者应并行运行。

（4）加大研发经费的投入，尤其是在试验发展方面加大投入。山西省人均研发经费偏低，而对于研发而言，一般大的产出都需要有大的投入。我们研发经费投入处在 20 个省份的中等偏下位置，还需要加大投入。与山西研发人员数量相当的河南和湖北，其经费投入分别为每年 11 亿元和 7.6 亿元，而我们只有 5.3 亿元，所以将来还需要从各个渠道争取至少 2 亿元的资金。事实上，山西省实际上已经聚集了一批创新性人才队伍[①]，通过有重点的研发经费的投入，应该在未来几年有新的突破。另外，山西省应该在试验发展方面投入更多的资金，加大产品试验、检测和认证工作，为推向市场做好最后的冲刺准备。当前山西省试验发展经费占研发总经费的 5%，而中等水平以上省份的比例都在 10% 以上，有些省份的比例达到了 20% 以上，所以，山西省在这方面的投入以后每年至少保持在占比 15%。

（5）加强研发经费的绩效考核，成果和成果转化并重。山西省现在研发经费的投入年均 5.3 亿元，但是专利和科技转化收入两者总共年均只有 630 万元，每份合同收入不足 5 万元，投入和产出严重失衡。通过对山西省科研创新能力的分析，我们发现山西省的创新性成果（高水平论文、大项目等）还是表现不错的，位居前茅。但是成果转化表现非常一般，这说明山西省的

---

① 详情可参见"2 山西省高校科研创新能力研究现状"。

研究还主要集中在基础研究上，应用开发类研究还很少。虽然山西省在2014～2015 年有一些可圈可点的科技转化成果，如山西大学程芳琴教授课题组研制的劣质煤燃烧利用关键技术、煤尘抑制剂技术及煤矿井下瓦斯封堵剂技术等在劣质煤生产企业和煤矿井下巷道中获得应用；太原理工大学李忠教授课题组采用无毒、无污染的无氯催化剂和高效浆态床反应技术提高了催化剂的活性和使用寿命，已经在内蒙古庆华集团有限公司落地。但是，总的来看，技术顶尖、产值高的项目屈指可数。所以，一是在科研绩效评价中应该将科技成果转化考虑进去，至少应该与理论成果并重 [要与建议（1）有机结合起来]。二是在 R&D 成果应用及科技服务方面人员和经费方面加大投入，我们看到很多省份在这方面的投入都在 1 亿元以上，而山西省只有 3600 万元，所以在加强专业化服务人员建设的同时，应该加大投入（可以与科技孵化公司的建设统筹考虑），保证投入经费每年在 1 亿元左右。三是推动与民营企业的合作。山西省当前科技转化主要是转化给国有企业，而我们看到不少省份与民营企业合作更频繁，占到收益的一半左右。民营企业更具有市场敏感性，对于新技术也更敏锐，它们也愿意把资金投入到技术革新方面，所以应该拓宽这方面的合作。这一任务应该交由科技孵化公司来完成。

（6）扎实且有重点推动协同创新，尤其是加强解决区域经济与社会发展的关键问题的省级协同创新中心建设。以已获批准的浙江工业大学绿色制药协同创新为例，它们有自己的公司，建立了包含上、中、下游的全产业链条，并建立了国际化的药品质检中心。它们的建立正是基于浙江制药行业较兴旺这样的大背景。在十三五规划期间，应建立一批协同创新中心[详见 4.1 所提建议（2）]。另外，山西省应尽早在省级层面出台《山西省高校协同创新中心建设指导意见》，按照产学研紧密结合的运作模式来重点运作这些有潜力的中心，使创新成果更加贴近市场，产生更多的经济价值和社会价值。

最后需要再次强调的是，科研创新能力和科技转化能力紧密相关、相互促进，科研创新是科技转化的基础，科技转化进一步刺激科研创新并提供新的方向，所以两者应该并重，不能偏颇。

资源型经济转型评价研究报告①

　　资源型经济转型是我国长期的经济发展战略，需要在相当长的时间内持续贯彻，如何实现资源型城市原有产业再升级、新产业层级的构建，科学合理地转型，一直是资源型城市转型推行过程当中面临的严峻的现实问题，也是城市管理者、业内专家及学界人士持续多年的关注点。如何对资源转型地区的发展阶段进行识别，全面了解资源转型城市发展现状与理想目标的差距，指导后续的城市建设，仍然缺乏成熟的理论模型和方法。对转型的效率进行科学的评价，可以为转型方向的把握及政策的制定提供良好的效率保障。

　　本文系统地梳理了资源型经济转型相关理论、对策与评价的研究进展，在前人"系统-子系统"分析框架的基础上，提出了更适用于资源型经济转型评价的"目标-系统"分析框架，结合"投入-产出"的要素转化机制，构建了 R-P-E-C 四维评价体系，并设计了相应的指标体系。采用投入导向 SBM 模型与三种评价准则相结合的测度方法，对 2012～2014 年我国各省份的转型效率进行了评价与分析。从我国各省份之间转型的均衡性、我国转型发展的地理性特征，在四大目标维度上的发展与改进进行了分析与汇总。相应地，本文提出了五大建议，包括：①积极推动全国性的资源型经济转型，缩小转型高效率地区与低效率地区的发展差距；②大力促进东北、西北、西南

---

① 课题组组长：贾君枝。课题组成员：史璇。本文完成于 2015 年 12 月，如无特别说明研究涉及数据截至 2014 年 12 月。

地区的资源型经济转型发展；③发展构建新能源生态体系，培养民众环保节能意识；④探索制造业与服务业新型发展模式，紧抓人才与教育；⑤结合转型成果，提高居民生活水平。为我国资源型经济转型的有序、有效发展，提供了一定的理论支撑。

1 引 言

1.1 研究背景和问题的提出

自 Corder 和 Neary 提出"荷兰病"的概念以来，关于资源型经济应当如何转型发展的讨论就从未停止（Corden and Neary，1982）。20 世纪以来，世界见证了资源型经济的繁荣与衰落，同时也见证了各国在资源型经济转型道路上的不懈探索。随着改革开放战略的不断深化，我国经济保持着快速、稳定的发展势头，但对资源消耗的过度依赖决定了我国依然是以资源型经济为主的发展中国家。资源型经济不但造成了环境问题，也使经济发展受制于国际能源市场，不利于我国经济的长期稳定发展。在这样的背景下，如何实现有效的资源型经济转型是我国急需解决的问题。

资源型经济早在 19 世纪的发达国家中就已经出现了，它造就了工业革命的繁荣，但也对世界各国的资源、环境带来了前所未有的危害，因而逐渐退出历史舞台。西方发达国家对资源型经济转型的实践相对较早，德国的鲁尔区、法国的洛林区、日本的九州、美国的休斯敦等都是知名的转型成功地区。我国是煤炭资源大国，对煤炭资源的依赖尤为显著。数据显示，近年来我国所有的能源消耗中有 70%以上都来源于煤炭。自 2001 年起，我国针对部分煤炭资源型经济地区进行了试点转型，如辽宁阜新、黑龙江大庆、河南焦作、山西大同等，虽然部分地区取得了显著的成果，但总体依然不容乐观，资源型经济为主导的经济结构并未改变。在我国"十三五"规划发展报告中，"发展方式转变""发展动力转换"等方针依然作为经济发展的重点，体现了资源型经济转型在我国现阶段发经济发展中的重要战略地位。

许多学者在这一方向上做出了有意义的尝试，其中包括对"资源诅咒"的研究、国内外转型经验探索及转型政策建议等。然而，关于资源型经济转型评价方面的研究依然处于探索阶段，并无权威性的研究框架与评价体系。构建资源型经济转型评价体系与评价方法，可以为转型滞后地区与转型成功地区开展横向比较分析提供有效工具，有利于发现我国资源型省市与发达省市及我国与发达国家之间的差距，并为选择转型路径、制定转型政策提供参考。

1.2 国内外现状分析

自 20 世纪 50 年代以来，资源型经济的发展前景不断受到质疑，这促使资源型经济转型相关研究得到了极大的丰富与拓展，并逐步为学术研究与政策制定提供了较为完整的分析框架。从整体的研究进展来看，关于资源型经济转型的研究主要集中于三个方面，即资源型经济理论、资源型经济转型对策研究、资源型经济转型评价研究。

1.2.1 资源型经济理论

资源型经济理论揭示了资源型经济衰落的原因，为转型研究奠定了理论基础。由 Corden 和 Neary 提出的"荷兰病"模型最早指出了资源型经济的负面影响，它指出以资源为主的初级产品部门的繁荣会通过转移效应与支付效应，导致制造业的衰落（Corden and Neary，1982；Corden，1984）。Auty 等于 1993 年提出了"资源诅咒"这一概念，指出丰富的自然资源反而会成为经济增长的一种限制（Auty and Warhurst，1993）。Sachs 和 Warner 于 1995 年通过实证研究发现，资源丰富的地区往往在发展速度上慢于资源匮乏的地区（Sachs and Warner，1995）。这带动了大量学者对这一现象的原因进行证实探究，其中 Xavier 等以尼日利亚为例，解释了"资源诅咒"的作用机理，指出资源型经济会随着其发展催生负面的经济制度（Xavier and Bassler，2003），而 Mehlum 等（2006）发现，并不是所有的资源型经济国家都受到了"资源诅咒"影响，像加拿大、澳大利亚、挪威等资源型国家就摆脱了它的影响，并从计量分析的角度对其产生原因给予了分析。

关于资源型经济导致的后果，多位学者从不同的角度进行了分析。首先，资源型经济对其他生产部门的存在挤出效应。Matsuyama（1999）运用熊彼特的技术创新理论，指出正常的经济形态应是创新型经济与非创新型经济相互组合与交替的过程，而资源型经济缺乏创新元素，必然难以持续。Papyrakis 和 Gerlagh（2004）指出资源型经济将使政府失去继续投资与创新的动力，同时 Gysfson 和 Zoega 也指出资源型经济对人才与教育都存在挤出效应（Gylfason，2001；Gylfason and Zoega，2006）。其次，资源型经济导致环境污染。Zhang 和 Smith（2007）指出，在中国，煤炭燃烧是大气污染的主要来源，并严重损害居民的健康。Bhuiyan 等（2010）以孟加拉国为背景，指出煤炭中的重金属物质在燃烧后污染土壤，使当地农业发展遭遇重大影响。最后，资源型经济会造成制度弱化。Caselli 和 Cunningham（2009）指出在资源被少数人掌握的情况下，会催生寻租与腐败行为，而这进一步阻碍了资源型经济的科技化发展。Mehlum 等（2006）分析了寻租行为对人力资源组织模式的影响，指出寻租行为抑制了生产部门的人力资本投入，使资源生产效率低下。

1.2.2　资源型经济转型对策研究

在资源型经济转型对策的相关研究中，多位学者分别从某一角度论证了不同转型方案的作用机理与可行性，为深入挖掘资源型经济转型的影响因素奠定了基础。最早提出通过技术创新实现资源型经济转型的学者是 Rashe 和 Tatom，他们将自然资源作为要素引入生产函数，探讨如何突破资源约束实现经济增长（Tatom，1978）。之后有众多学者将这种研究方式称为内生增长范式，进而引入更多变量，探讨其对经济的影响，如人力资本、劳动力的流动、教育、R&D 投入等（Schou，2000；Krutilla and Reuveny，2006；Dalton et al.，2005；Bretschger，2005）。也有学者借鉴熊彼特的创新理论，考虑创新破坏内生增长框架，研究产品的代际更替对经济及资源利用效率的影响（Grimaud and Rouge，2003；Agnani and Gutierrez，2005）。Aznar 和 Ruiz 就创新这一要素，结合随机内增长模型，解释了创新与 R&D 效率的关系，阐述了其突破资源限制实现经济增长的作用机理（Aznar and Ruiz，2005）。此外，Teece（1986）指出产业结构优化能够为企业创新提供更好的制度与环境，从而更好地促进资源型经济转型。

人力资本积累与可持续发展也是实现资源约束突破的重要策略。Gylfason（2001）在研究中发现，人力资本可以在一定程度上抵消资源开发的负面作用，调查数据显示，高效的教育投入带来的人力资本积累是一些发达国家摆脱"资源诅咒"的主要原因。Braro、Dahlman、Algieri 等分别对不同的实证对象进行分析，也得出了相同的结论（Bravo and Jose，2005；Dahlman et al.，2006；Algieri and Bracke，2011）。可持续发展的定义最早由 Mitcbam（1995）给出，他从循环与发展的哲学视角，指出了可持续发展所应具备的特征。Seifritz（1990）从耗散结构理论的角度，对实现可持续发展的可能性进行了分析。之后，大量学者从产业与实证角度进行可持续发展的探索。Hilson 和 Murck（2000）对采矿业的可持续发展进行了研究，指出其不仅需要考虑环境与资源，还应考虑周边的社会与人文要素。此外，许多采矿企业担心可持续发展会消耗企业资金，影响企业的发展与竞争力，Humphreys（2001）通过研究否定了这一说法，得出可持续发展从长远角度来看有利于矿业企业发展的结论。

1.2.3　资源型经济转型评价

评价体系与评价方法是资源型经济转型的研究重点。由于我国对转型的迫切需要，涌现出相对较多的研究成果。

（1）评价体系构建方面，Herendeen 和 Wildermuth（2002）将直接能源和间接能源作为主要研究对象，从资源消耗、资源依赖、资源干扰三个角度对资源型经济转型效率进行评价。刘纯彬和张晨（2009）从绿色转型的视角，构建了包括经济、社会、资源、环境、企业、产业、政府七个方面的评价体系。沈露莹（2010）以上海市经济发展方式转型为背景，构建了以经济增长、服务经济、城市功能、自主创新、资源集约和以人为本为内涵框架的指标体系。商允忠和王华清（2012）以山西为例，基于投入产出的思路，构建转型评价体系，其中包括能源消耗、社会投资、社会产值及环境与社会相关指标。余丹林（1998）、车晓翠和张平宇（2011）、熊剑平等（2009）均将资源型经济转型问题从经济、资源、环境、社会四大系统进行分析，构建了针对转型接续产业的评价体系。

通过上述研究可以发现，资源型经济转型指标体系的设计已逐渐形成以经济、资源、环境、社会四大系统为主流的分析框架。这种分析框架基于系统论的角度，将与资源型经济转型的相关要素分为相互关联的子系统来考查，实现了转型要素的全面提取与整合。然而，在指标的选取与设计上，很多文献提出的方案并不能很好地解释指标体系与转型目标之间对应的关系，存在一定的逻辑缺陷。本文将在前人的研究框架的基础上，提出一套基于"目标-系统"的交叉分析框架，以实现转型要素与转型目标的统一，对资源型经济转型理论体系进行补充与完善。

（2）评价方法方面，多种定量测度模型被运用于资源型经济转型评价，陶晓燕（2010）、高峰等（2012）、侯强（2007）、陈静等（2012）在研究中分别运用了主成分分析法、层次分析法、灰色关联分析等方法，此外，随着研究的深入，新型的定量评价方法还在不断出现。进入 21 世纪后，数据包络分析（Data Envelopment Analysis，DEA）方法在转型评价中逐渐受到人们的关注。Ramakrishnan（2007）采用 DEA 方法，将 GDP 和碳排放量作为产出，将能源消耗作为投入，对能源效率进行了分析。Bi 等（2014）以我国 31 个省份（不包括港澳台地区）为研究主体，运用了 SBM，分别讨论了能源、环境对经济发展的投入产出效率。段永峰和罗海霞（2014）运用 DEA 方法中的 BBC 模型，对内蒙古各资源型城市进行了低碳经济的评价。商允忠和王华清（2012）采用交叉 DEA 方法，对山西省 11 市的资源型经济转型效率进行了评价。

DEA 方法在评价运用中有以下优点。首先，采用 DEA 方法进行多目标评价无须赋权，因而在一定程度上避免了主观因素造成的偏差；其次，DEA 方法是一种效率评价方法，避免了使用数量指标可能产生的对小规模评价主体的歧视。本文在改进后的理论框架与评价体系的基础上，采用了 SBM 的效率测度方法，并通过实证研究得到了一些管理启示。

2 资源型经济转型理论框架

系统化的分析思路，是全面把握研究对象的运作机制，洞悉目标与实现路径的对应关系，在复杂事物中提炼出因果关系的方法。有效的系统分析需考虑资源型经济转型所涉及的相关要素，只有将转型要素与转型目标相关联时，才能得出具有解释力的理论框架与指标体系，进而得出有意义的结论。在以往的文献中，多数学者采用了"系统-子系统"的理论框架，即"目标-子目标"与"系统-子系统"的逻辑结构始终保持一致，子目标必须由对应的子系统内的要素或指标来表征，不能跨越其他系统，因而存在一定的局限性。在本文中，资源型经济转型作为本文的评价目标，其子目标并不能直接依照资源系统、经济系统、环境系统、社会系统的框架来划分，与某一子目标相对应的要素或指标并不属于单一子系统，而是穿插于各子系统之间，因而必须打破以系统为框架的限制。在吸纳系统框架下的相关要素的前提下，本文构建以"目标-系统"为框架的评价体系，即将系统框架下的要素或指标与特定的转型目标进行对应，形成更具有解释力的理论框架，为后续的评价工作提供有力支撑（图 1）。

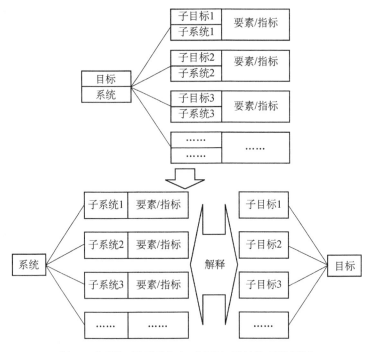

图1 "系统-子系统"与"目标-系统"理论框架

2.1 目标分析

资源型经济转型本质是要以转型政策为动力，通过改变经济发展的资源配置、发展要素、发展路径等手段，达到抑制并摆脱资源型经济发展的目的。从表面上看，经济发展模式仅受经济政策的影响，然而历史的经验表明，单从经济层面进行转型是远远不足的。只有同时促进资源、环境、社会各部门统筹协调、通力合作，才能确保转型的顺利进行及转型目的有效实现。在前期研究中，大量学者对资源型经济转型所涉及的相关要素已经进行了较为全面的探索与挖掘，并达成了一定共识，认为经济系统的转型还需要资源系统、环境系统、社会系统的协同转型予以支持。在转型政策的推动下，四个系统之间各个要素的流动与相互作用会发生根本改变，这些都作为制定目标测度方法的依据。

在资源型经济转型相关研究成果的基础上，可大体将目标分为四个维度，即资源效率、环境效率、经济效率、保障民生。如下将对各个维度的内容进行解释。目标R——资源效率，涉及资源系统和经济系统，反映经济发展对资源的依赖程度；目标P——环境效率，涉及环境系统和经济系统，反映经济发展对科技与人才的依赖程度；目标 E——经济效率，涉及经济系统，反映经济发展以环境污染为代价的程度；目标 C——保障民生，涉及经济系统和社会系统，反映财政决策对居民生活质量促进的作用。R-P-E-C 四维目标模型涵盖了多种资源型经济形态与转型成功的社会形态的主要区别，同时，四维目标实现的强和弱，分别表现了不同的转型效率与社会特征（表 1）。

表 1　各维度转型目标的实现与社会特征的对应关系

目标维度	目标实现度弱	目标实现度强
资源效率（R）	资源型产业主导型	多元产业型
环境效率（P）	环境代价型	环境友好型
经济效率（E）	劳动力密集型	科技人才密集型
保障民生（C）	国富民穷型	国民共富型

2.2　"目标–系统"分析

"目标–系统"分析框架试图建立系统要素与转型目标间的相关关系，针对目标的达成效率提供可行的测度方案，并确保测度结果合理、有效。本文提出运用系统内及系统间的要素转换效率的测度方法，并进一步通过"投入–产出"的逻辑对要素转换效率进行刻画，形成具体的测度方案。利用"投入–产出"的要素转化机制，将资源型经济转型相关的资源系统、环境系统、经济系统、社会系统与 R-P-E-C 四维目标间的因果对应关系进行描述（图 2），从而构成资源型经济转型系统框架图。

在资源效率维度上，通过资源系统对经济系统的"投入–产出"关系来表征目标 R。资源型经济主要通过开发和使用自然资源，实现生产制造等经济活动来产生经济效益。当资源使用越少，经济产出越多时，该环节的效率越高，也表明经济增长对资源的依赖程度低，转型的效率高。

在环境效率维度上，通过资源系统对经济系统的"投入–产出"关系来表征目标 P。资源型经济会以较大的环境污染作为经济发展的代价。当环境损害越少，经济产出越多时，该环节的效率越高，也表明经济增长对环境的危害程度小，转型的效率高。

在经济效率维度上，通过资源系统对经济系统的"投入–产出"关系来表征目标 E。资源型经济主要以劳动密集型产业为主，经济效率较低。当经济投入越少，经济产出越多时，该环节的效率越高，也表明经济增长开始向科技、人才密集的方向发展，转型的效率高。

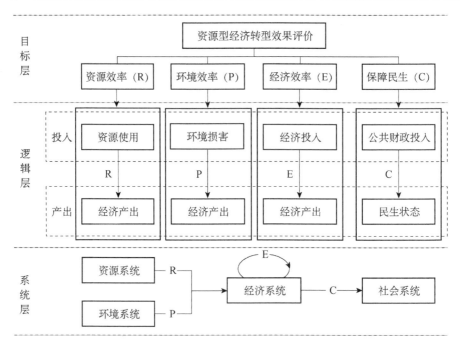

图 2　资源型经济转型系统框架图

在民生保障维度上，通过资源系统对经济系统的"投入-产出"关系来表征目标 C。政府将从社会产生的部分财富用于公共财政，进一步将公共财政用于民生改造。当财政投入较少，民生状态越好时，该环节的效率越高，也表明政府部门合理使用了财政支出，居民对生活更满意，转型效率高。

3　资源型经济转型评价体系设计

3.1　评价体系的建立原则

本文遵循科学性、系统性、可行性、可操作性、权威性等原则，参照多位学者对资源、环境、经济、社会系统内部组成要素的划分及指标设计思路，在资源型经济转型理论框架的基础上，构建 R-P-E-C 四维评价体系。

3.2　评价体系的构建过程

本文构建的评价体系，如表 2 所示，包括 4 个目标指标、8 个系统指标、23 个底层指标。需要说明的有,由于同一系统指标可能用于表征不同的目标指标,在底层指标中出现多次的情况是合理的。此外,为了表征不同目标指标,所对应的系统指标也会变化,如经济系统在目标 C 体现公共财政投入时运用的指标与目标 P 体现经济投入时不同。

表 2　资源型经济转型效率评估指标体系

目标层		系统层		指标层	单位	数据来源
目标 R	投入	资源使用	资源系统	煤类资源消费总量	亿吨	《中国能源统计年鉴》
				能源消费总量	万吨标准煤	《中国能源统计年鉴》
	产出	经济产出	经济系统	GDP	亿元	《中国统计年鉴》
				第三产业生产总值	亿元	《中国统计年鉴》
				高技术产业主营业务收入	亿元	《中国科技统计年鉴》
目标 P	投入	环境损害	环境系统	废水排放总量	万吨	《中国统计年鉴》
				废气排放总量	万吨	《中国统计年鉴》
				固废排放总量	万吨	《中国统计年鉴》
	产出	经济产出	经济系统	国民生产总值	亿元	《中国统计年鉴》
				第三产业生产总值	亿元	《中国统计年鉴》
				高技术产业主营业务收入	亿元	《中国科技统计年鉴》
目标 E	投入	经济投入	经济系统	全社会投资总额	亿元	《中国统计年鉴》
				总人数	人	《中国统计年鉴》
	产出	经济产出	经济系统	国民生产总值	亿元	《中国统计年鉴》
				第三产业生产总值	亿元	《中国统计年鉴》
				高技术产业主营业务收入	亿元	《中国科技统计年鉴》
目标 C	投入	公共财政投入	经济系统	公共财政占 GDP 比重	百分比	《中国统计年鉴》
				人均公共财政支出	亿元	《中国统计年鉴》
	产出	民生状态	社会系统	居民消费水平	元	《中国统计年鉴》
				居民就业率	百分比	《中国统计年鉴》
				居民受教育率	百分比	《中国统计年鉴》
				每千人口卫生技术人员	人	《中国统计年鉴》
				人均绿地面积	公顷	《中国统计年鉴》

指标的相关解释如下。

目标 R 由资源使用与经济产出的效率关系来表征。资源使用采取了能源消费总量与煤类资源消费总量两项指标,反映了减少煤炭资源使用与能源消耗总量的意图。其中未加入石油、天然气、电力,是由于我国大部分地区不使用石油,选取石油作为指标会造成评价结果的偏差,此外,天然气、电力是相对较清洁的能源,对转型的解释力度不强。经济产出选取了 GDP、第三产业生产总值、高技术产业主营业务收入三项指标,分别从总量、非资源型产业、技术型产业三个角度对转型的效率进行了解释。

目标 P 由环境损害与经济产出的效率关系来表征。环境损害选取了废水、废气、固废这三类主要的污染物排放量指标，反映了减少各种污染物排放的意图。经济产出的解释与目标 R 相同。

目标 E 由经济投入与经济产出的效率关系来表征。经济投入选取了全社会投资总额、总人数两项指标，反映了运用更少的人力、财力、物力资源实现更多经济产出的目标，这其中也间接体现了科技、教育等软实力的作用。经济产出的解释与目标 R 相同。

目标 C 由公共财政投入与民生状态的效率关系来表征。公共财政投入选取了公共财政占 GDP 比重和人均公共财政支出两项指标，反映财政资金的使用效率，是否高效地提升了民众的生活水平。民生状态选取了居民消费水平、居民就业率、居民受教育率、每千人口技术人员数、人均绿地面积五项指标，借鉴了民生发展指数中的部分指标。

4　资源型经济转型评价过程

4.1　数据与评价方法

本文选取 2012～2014 年我国 30 个省份[①]为研究对象进行实证研究，采用了本文构建的指标体系，对我国这些省份三年来的资源型经济转型效率进行评价与分析。指标数据来源于中华人民共和国国家统计局《中国统计年鉴》（2013～2015 年）、《中国科技统计年鉴》（2013～2015 年）、《中国能源统计年鉴》（2013～2015 年）等资料。

DEA 是测量生产与运营效率的传统方法，经过长时间的应用实践与方法改进，现已广泛应用于环境、能源、金融等领域。本文使用的 SBM 就是在 DEA 原始的 CCR、BCC 模型的基础上发展而来的。SBM 最先由 Tone（2001）提出，其最大的优势在于能够有效地避免径向与角度的选取带来的评价差异，且效率值与每个投入和产出的差额是单调递减的，从而使评价结果能更加客观地反映效率的本质。本文所采用的 SBM 为投入导向，不考虑规模收益，目的在于从资源的投入角度进行分析，更有益于发现有意义的管理启示，且以纯技术效率为参考，消除了规模效应对规模差异较大的决策单元（Decision Making Units，DMU）之间的评判差距。

[①]　由于部分数据难以获取，本文不包含对香港、澳门、台湾、西藏的转型效率评价。

本文通过应用 SBM 分别得到 30 个省份在 R-P-E-C 四维目标下的效率得分与排名，并在基础上进行了下述研究。①采用多种多目标评判准则，对各省份的总体转型效率进行评价与排名；②基于 30 个省份的转型效率及得分进行聚类分析，总结各省的转型现状与转型特点；③对无效 DMU 的投入进行分析，获得各省需改进的方向，为政策制定提供参考；④对不同维度目标进行相关性分析，对政策制定提供导向性建议。

4.2 评价结果

应用投入导向 SBM，分别对我国 30 个省份在 2012～2014 年间 R-P-E-C 四维目标的实现效率进行测量，主要结果如图 3 所示。

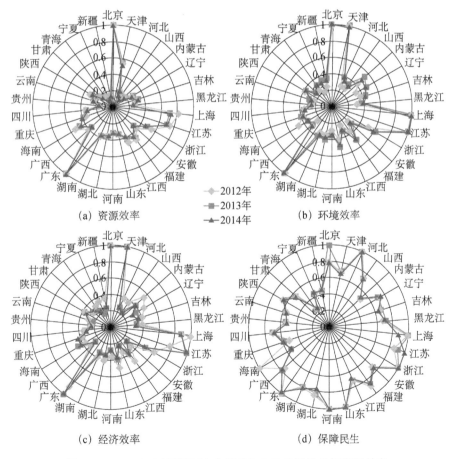

图 3　2012～2014 年我国 30 个省份 R-P-E-C 四维目标实现效率

在这一结果的基础上，本文采用了逼近理想解法（Technique for Order Reference by Similarity to an Ideal Solation，TOPSIS）多目标评判方法，对各省份在不同目标维度下的效率表现进行了综合，考虑到各个目标代表的意义相互之间无法替代，故将各个目标对转型效率的权重设为相同的值，得分结果如图4所示。需要注意的是，逼近理想解排序法的结果仅作为打分结果，可以用于排名，不能用于数值上的效率分析。

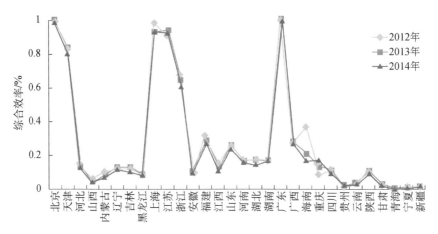

图4　2012～2014年我国30个省份转型综合效率

4.3　主要结论

基于上述结果，本文主要得到以下三点主要结论。

第一，我国30个省份资源形经济转型发展程度极不均衡，两极分化严重。如图4所示，北京、天津、上海、江苏、广东5个省份的综合得分十分突出，均达到0.8以上，而其余省份与之差距较大，除浙江省的综合得分超过0.6之外，其余省份三年的得分均未超过0.4。转型劣势省份过多，与优势省份差距过大，造成全国总体转型发展效率低下。此外，如图3所示，在资源效率、环境效率、经济效率维度上，仍然体现与出综合效率相似的结论，而在保障民生维度上，30个省份的发展差距较为平缓，河北、山东、浙江、河南等多个省份的DEA效率均达到了1，多数省份的效率也达到了中等偏上的水平，只有较少数省份效率较低。在综合效率具有优势的北京、天津、上海、广东、江苏5个省份中，仅有江苏与广东表现出较高的效率，北京、天津、上海在近年来均表现出保障民生效率下降的趋势，这对于经济、人口密集的直辖市的民生问题是一个警示。

第二，我国30个省份转型效率在2012～2014年基本保持稳定，我国资源型经济的地理格局仍未改变。如图4所示，除重庆的效率有所上升、海南的效率有所下降之外，其余省份的转型效率并没有发生太大的变化。进一步从地区视角对这一问题进行分析，将30个省份划分为华北、东北、华东、中南、西南、西北进行对比分析。图5显示了各地区各省份的转型效率平均得分。可以看到，我国各地区的转型效率的排名在2012～2014年都保持在相对稳定的位置，没有发生赶超。但也可以看到，东北、西南、西北地区与华北、华东、中南地区的转型差距依然很大，进一步印证了两极分化的结论。此外，从地区发展的均衡性角度来看，转型效率高的地区，发展均衡性普遍较弱；反而转型效率低的地区，各省的转型发展较为均衡。华北地区的转型发展不均衡尤为显著，北京、天津地区与山西、河北、内蒙古的转型效率差距过大，甚至超过了全国的平均水平，对于区位稳定尤为不利，近些年提出的京津冀一体化的发展战略正是出于这一战略目的所提出的。

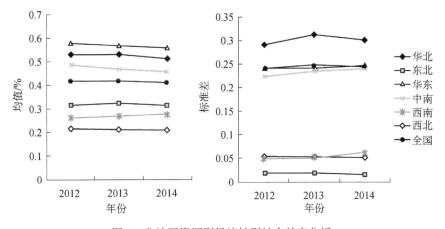

图5　分地区资源型经济转型综合效率分析

第三，我国30个省份在2012～2014年，在资源与民生目标维度的效率总体平稳，而在环境与经济维度的效率发生了整体性变化。三年间，我国大部分省份在环境效率方面有了总体性的提高，与北京、广州等效率较高的省份之间的差距有所缩小，但仍然有待提高；相反，这些省份在经济效率方面有所降低，与高效率省份之间的差距加大，这两个现象可以由近年来我国所进行的资源型经济转型政策来解释。一方面，大规模关停资源型企业，主要是经济效率低、环境污染严重的企业，经济产出在受到少量损失的情况下，环境损害可以大幅度下降，这势必会使造成社会总体的环境效率提高；另一方面，关停资源型企业造成了经济产出的下降，与此同时，各地正大力提高经济投入，扶植高科技产业、第三产业、服务业等的发展，虽然这的确为地区经济发展了解除了资源型经济的束缚并提供了更大的发展空间，但还需要一定时间的积累与磨合才能实现新产业与旧产业在经济上能力的接续。在之后几年内，我国的总体经济效率会受到这次举措的影响而逐渐回升，但在当前，经济投入的增加与暂时性的经济产出下降，使得经济效率有所下降。

4.4　改进效率分析

SBM 模型所具有的特性有助于非效率决策单元得到各指标相应的改进值，而投入导向的 SBM 模型的分析视角在于固定某一特定产出值，通过分析减少投入值或增加其余产出值的方式，使决策单元的效率达到有效前沿。进一步通过与效率为 1 的决策单元之间的差距进行对比，得到各决策单元的投入、产出指标的值与有效前沿间的距离，即各决策单元所需改进的值。通过这一角度可以将我国转型效率较低的省份与效率较高的省份进行对比，找到差距并得到相应的改进对策，为各省的转型政策制定提供方向性参考。该研究以 2014 年国家统计局最新数据为准，对 30 个省份在各个目标维度上的改进值进行了计算。

为便于分析，利用 k 均值聚类分析方法将我国 30 个省份的改进特征进行分类，分类结果如下。第一类：北京、天津、上海、江苏、广东；第二类：吉林、重庆、辽宁、安徽、江西、湖南、湖北、广西、四川、陕西、浙江、福建、山东、河南；第三类：内蒙古、云南、甘肃、青海、宁夏、新疆；第四类：贵州、山西、河北；第五类：海南、黑龙江。各类别省份投入指标改进值如图 6 所示。

第一类省份主要包括以转型效率较高、经济较为发达的北京、上海等省份，除在保障民生维度被第二类与第四类省份超越之外，其余各个指标均远高于其余几类省份。第二类省份主要包括东北、中南、华中部分省份，是省份数量最集中的类别，其能源效率、经济效率仅次于第一类，在保障民生维度方面优于第一类发达省份，环境效率方面劣于第五类省份，总体改进程度中等，处于正在转型过程中的状态。第三类省份主要包括西南与西北部分省，在所有维度上，均落后于其他省份，需要改进的程度最高，转型的空间也

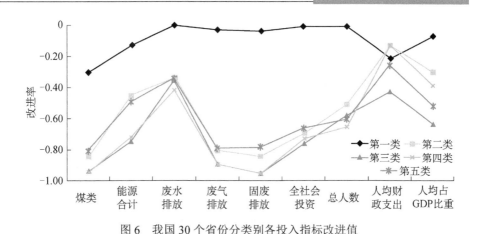

图6　我国30个省份分类别各投入指标改进值

最大。第四类省份包括贵州、山西、河北，在资源、环境、经济维度上均落后于其他省份，但在保障民生维度上表现较为优秀。第五类省份包括黑龙江、海南两个省份，在资源与经济维度与第二类省份较为一致，只在环境效率与保障民生上略有不同。

通过上述分类可知，最具转型潜力的是资源效率与环境效率，由图6可知，绝大部分省份的煤类、废气排放、固废排放的改进值均达到了-0.8以下。在能源合计方面，西北、西南、华北各省份落后较多，改进值达到了-0.7以下，反而在环境方面，废水排放与优势地区的差距相对较小。在经济效率方面，全社会投资的改进值在各省总体处于-0.7左右，而劳动力方面也需要-0.5~-0.7的改进，故仍应持续在个各省份发展第三产业与高技术产业。在保障民生方面，西北与西南地区的劣势较大，需要指出的是，单纯增加财政投入并不能使民生问题有效的解决，而是要使其更加有效地用于提升居民生活的满意度。

4.5　政策启示

自我国提出"经济增长方式转变"这一战略命题以来，全国各地都进行了积极的探索，不断寻找新的发展方式与经济增长点。产业结构调整与升级、发展可持续经济、节能减排、大力发展服务业等方针，都在推动转型的逐步实现。然而，在实践过程中始终面临着严峻的现实问题。"经济增长方式转变"要求打破以传统的资源型经济为主导的经济增长方式，而在保持社会与经济稳定的前提下，产业结构格局的改变必须循序渐进。在我国政府渐进式改革的不断推动下，全国各地的转型实践获得了一定的成果，也存在很多不足。本文通过评价体系构建、调研与数据分析，主要得出以下几点政策建议。

4.5.1　积极推动全国性的资源型经济转型，缩小转型高效率地区与低效率地区的发展差距

凭借转型成功地区如江苏、广东等地的转型经验与资源，充分利用发达地区的人才、资金、技术聚集能力，带动附近地区的服务业及高技术产业发展。整合其周边省份的自然、政策、人文资源，以战略性经济体的形式，将非资源型经济增长模式辐射至周边，使周边省份成为其经济上的战略支撑，激活周边区域经济；进一步推动第三产业的发展，充分利用互联网的连接优势，大力发展支持性服务业，为经济发达城市提第三方供服务型产品，创造就业机会，以妥善安置资源型产业关停后闲置的劳动力；以政策支持发展教育，发展基础设施，培养并吸引人才，大力支持人才回流，吸引技术型产业投资建厂，大力扶植当地制造业，通过产品与服务的双重途径提升竞争力。

4.5.2　大力促进东北、西北、西南地区的资源型经济转型发展

着眼于全国的经济形式，重新确立非资源型经济状态下，东北、西北、西南地区在经济意义上的战略分工，并运用多种方式，促进其战略性产业的发展。以资金、人才、教育、科技等形式的支持，建立区域与战略性产业的绑定关系。通过扶持、减税、激励等方式的政策支持，逐步打造以核心省份为中心，东北、西北、西南为战略支持的产业模式。通过这一战略间接带动当地的经济氛围，促进当地与发达地区的交流与联系，有助于挖掘当地的经济潜能，为进一步的发展与交流打通一条道路。

4.5.3　发展构建新能源生态体系，培养民众环保节能意识

对煤炭的工业使用进行监管，同时减少煤炭的日常生活使用，降低化石燃料的燃烧，代之以清洁能源。支持能源领域科学探索，培养能源领域相关科研人才，开发替代性新能源。大规模建设风电、地热、太阳能等产能基地，攻克能源储备与运输难关，实现新型能源的大规模收集与有效利用。大力发展循环再利用产业，建立回收再制造体系，降低工业产品生产量，减少资源浪费。针对企业颁布节能减排激励政策，对重点转型产业实施能源管理合同政策，为产业转型提供支持。利用政府宣传力量，倡导绿色生活、绿色出行，培养节约意识、环保意识，组织绿色公益活动，促进全民参与绿色行动，宣传绿色环保、资源节约的理念，培养下一代的环保与资源节约意识。

4.5.4 探索制造业与服务业新型发展模式，紧抓人才与教育

持续削减资源型产业的数量，寻找接续产业。大力发展制造业，提升高技术产品的生产制造能力，大批量制造能力。引进并培育技术型人才，持续研究并吸收海外先进技术，提升技术向应用的转化，向经济能力的转化，向企业竞争力的转化。大力开发与制造业配套的服务业，提升服务环节在经济收益中的比重，增强企业的服务品牌影响力，摆脱过去成本与价格竞争的不利境地。持续从海外引进一流的人才，引进并借鉴国外的教育体系，培养更具有学习能力与实践能力的高素质人才。

4.5.5 结合转型成果，提高居民生活水平

继续推行资源节约与环境保护方针，改善居民生活环境，提升居民健康状况。发展活跃的第三产业与服务业，提升服务的质量与服务水平。创造新的就业机会，使居民摆脱资源型生产企业艰苦的工作环境。发展新能源产业与回收再制造业，生产节能产品，降低产品价格。提高公共财政支出使用效率，增添基础设施，增设便民服务。拓宽教育渠道，提供平等的受教育机会。切实完善社会保障体系，提高居民满意度。

5 结 论

本文围绕资源型经济转型评价这一问题，在前人研究成果的基础上，结合资源型经济转型的特殊，提出了更具针对性的"目标-系统"分析框架，从资源效率、环境效率、保障民生四个维度，构建 R-P-E-C 理论分析模型，构建资源型经济转型评价体系，设计了 SBM 与 TOPSIS 相结合的资源型经济转型评价体系，对 2012～2014 年我国 30 个省份资源型经济转型效率进行了评价，并对转型现状及存在的问题进行了分析。我国资源型经济转型极不平衡，各地区资源型经济地理格局并未改变，环境效率有所改善而经济效率所有下降。针对转型过程中存在的问题，本文提出了相关政策建议。积极推动全国性的资源型经济转型，缩小转型高效率地区与低效率地区的发展差距；大力促进东北、西北、西南地区的资源型经济转型发展；发展构建新能源生态体系，培养民众环保节能意识；结合转型成果，提高居民生活水平。

参 考 文 献

车晓翠，张平宇. 2011. 基于多种量化方法的资源型城市经济转型绩效评价——以大庆市为例[J]. 工业技术经济，（2）：129-136.

陈静，程东祥，诸大建. 2012. 基于灰理想关联分析的中国城市低碳竞争力评价[J]. 资源科学，9：1726-1733.

段永峰，罗海霞. 2014. 基于 DEA 的资源型城市低碳经济发展的效率评价——以内蒙古地级资源型城市为例[J]. 科技管理研究，34（1）：234-238.

高峰，范宪伟，王学定. 2012. 资源型城市经济转型绩效评价分析[J]. 商业研究，（8）：70-75.

侯强. 2007. 资源枯竭型城市产业转型的评价——阜新经济转型评价分析[J]. 资源与产业，9（2）：1-4.

刘纯彬，张晨. 2009. 资源型城市绿色转型内涵的理论探讨[J]. 中国人口资源与环境，19（5）：6-10.

商允忠，王华清. 2012. 资源型城市转型效率评价研究：以山西省为例[J]. 资源与产业，14（1）：12.

沈露莹. 2010. 上海转变经济发展方式的评价指标体系与阶段评估[J]. 上海经济研究，（6）：74-84.

陶晓燕. 2010. 我国典型资源枯竭型城市生态系统健康综合评价[J]. 地域研究与开发，29（1）：119-123.

熊剑平，刘承良，张传琪，等. 2009. 资源枯竭型城市产业发展评价与接续选择——以湖北省大冶市为例[J]. 经济地理，29（8）：1282-1287.

余丹林. 1998. 区域可持续发展评价指标体系的构建思路[J]. 地理科学进展，17（2）：84-89.

Agnani B，Gutierrez A I. 2005. Growth in overlapping generation economies with non-renewable resources[J]. Journal of Environmental Economics and Management，50（2）：387-407.

Algieri B，Bracke T. 2011. Patterns of current account adjustment——insights from past experience[J]. Open Economies Review，22（3）：401-425.

Auty R，Warhurst A. 1993. Sustainable development in mineral exporting economies[J]. Resources Policy，19（1）：14-29.

Aznar-Marquez J，Ruiz-Jamarit J R. 2005. Renewable natural resources and endogenous growth[J]. Macroeconomic Dynamics，9（2）：170-197.

Bhuiyan M A H, Parvez L, Islam M A, et al. 2010. Heavy metal pollution of coal mine-affected agricultural soils in the northern part of Bangladesh[J]. Journal of Hazardous Materials, 173 (1): 384-392.

Bi G B, Song W, Zhou P, et al. 2014. Does environmental regulation affect energy efficiency in China's thermal power generation? Empirical evidence from a slacks-based DEA model[J]. Energy Policy, 66: 537-546.

Bravo-Ortega C, De Gregorio J. The relative richness of the poor? Natural resources, human capital, and economin growth[J]. Policy Research Working Paper Series from the World Bank, 2005, 01: 01-47.

Bretschger L. 2005. Economics of technological change and the natural environment: How effective are innovations as a remedy for resource scarcity? [J]. Ecological Economics, 54 (2): 148-163.

Caselli F, Cunningham T. 2009. Leader behavior and the natural resource curse[J]. Oxford Economic Papers, 61 (4): 628-650.

Corden W M, Neary J P. 1982. Booming sector and de-industrialisation in a small open economy[J]. The Economic Journal, 825-848.

Corden W M. 1984. Booming sector and Dutch disease economics: Survey and consolidation[J]. Oxford Economic Papers, 36 (3): 359-380.

Dahlman C J, Routti J, Ylä-Anttila P. Finland as a knowledge eeonomy: Elements of success and lessons Learned[M]. World Bank, 2007.

Dalton T R, Coats R M, Asrabadi B R. 2005. Renewable resources, property-rights regimes and endogenous growth[J]. Ecological Economics, 52 (1): 31-41.

Grimaud A, Rouge L. 2003. Non-renewable resources and growth with vertical innovations: optimum, equilibrium and economic policies[J]. Journal of Environmental Economics and Management, 45 (2): 433-453.

Gylfason J. 2001. Natural resources, education, and economic development[J]. European Economic Review, (45): 847-859.

Gylfason T, Zoega G. 2006. Natural resources and economic growth: The role of investment[J]. The World Economy, 29 (8): 1091-1115.

Gylfason T. 2001. Natural resources, education, and economic development[J]. European economic review, 45 (4): 847-859.

Herendeen R A, Wildermuth T. 2002. Resource-based sustainability indicators: Chase County, Kansas, as example[J]. Ecological Economics, 42 (1): 243-257.

Hilson G，Murck B. 2000. Sustainable development in the mining industry：Clarifying the corporate perspective[J]. Resources Policy，26（4）：227-238.

Humphreys D. 2001. Sustainable development：Can the mining industry afford it？[J]. Resources Policy，27（1）：1-7.

Krutilla K，Reuveny R. 2006. The systems dynamics of endogenous population growth in a renewable resource-based growth model[J]. Ecological Economics，56（2）：256-267.

Matsuyama K. 1999. Growing through cycles[J]. Econmetrica，（67）：335-347.

Mehlum H，Moene K，Torvik R. 2006. Institutions and the resource curse[J]. The Economic Journal，116（508）：1-20.

Mitcham C. 1995. The concept of sustainable development：Its origins and ambivalence[J]. Technology in Society，17（3）：311-326.

Papyrakis E，Gerlagh R. 2004. The resource curse hypothesis and its transmission channels[J]. Journal of Comparative Economics，32（1）：181-193.

Ramanathan R. 2007. Supplier selection problem：Integrating DEA with the approaches of total cost of ownership and AHP[J]. Supply Chain Management：An International Journal，12（4）：258-261.

Sachs J D，Warner A M. 1995. Natural resource abundance and economic growth[R]. Washington D C：National Bureau of Economic Research.

Schou P. 2000. Polluting non-renewable resources and growth[J]. Environmental and Resource economics，16（2）：211-227.

Seifritz W. 1990. CO_2 disposal by means of silicates[J]. Nature，345：486.

Tatom J. 1978. Economic growth and unemployment：A reappraisal of the conventional view[J]. Federal Reserve Bank of St. Louis Review，60：16-23.

Teece D J. 1986. Profiting from technological innovation：Implications for integration，collaboration，licensing and public policy[J]. Research Policy，15（6）：285-305.

Tone K. 2001. A slacks-based measure of efficiency in data envelopment analysis[J]. European Journal of Operational Research，130（3）：498-509.

Xavier K B，Bassler B L. 2003. LuxS quorum sensing：More than just a numbers game[J]. Current Opinion in Microbiology，6（2）：191-197.

Zhang J J，Smith K R. 2007. Household air pollution from coal and biomass fuels in China：Measurements，health impacts，and interventions[J]. Environmental Health Perspectives，115：848-855.

法治文明篇

关于提升地方立法水平的思考与建议
——以山西省 2015 年地方立法为样本的研究报告[①]

近些年，山西省的工业化、城镇化、信息化进程不断加快，同时国家资源型经济转型综合配套改革试验区建设也在不断深化，社会矛盾、风险、挑战更加突出，需要充分发挥法治的规范作用。2013 年 5 月 24 日，中共山西省常委会通过《关于深化法治山西建设的意见》，其中提出了"着力推进科学立法，切实提高地方法科学化、民主化水平"的具体任务，表明建设法治山西的重要性日益加强。近 30 年，山西省地方立法工作得到了长足的发展。虽然山西省地方立法工作不断进步，但在其发展过程中出现了种种问题。立足于山西省当前面临的资源型经济转型发展立法现状，以山西省 2015 年地方立法为样本，探讨当前山西省立法存在问题，以期提出相关建议，完善山西省立法机制。

1　山西省 2015 年地方立法概况

2015 年省人大常委会召开常委会会议 6 次，制定、修改、废止地方性法规 16 件，审查批准太原、大同两市地方性法规 23 件，审查规范性文件 72 件。

---

① 课题组组长：李麒。课题组成员：武夏青、郝思扬、田早春。本文完成于 2016 年 12 月，如无特别说明研究涉及数据截至 2015 年 12 月。

1.1 关于经济建设方面的立法情况

推进经济结构战略性调整、提升财政科学管理水平。常委会听取审议计划执行情况报告，深入调研煤炭、电力等重点行业，专题视察科技、水利、交通等重点领域投资项目。全省经济呈现缓中趋稳、稳中有进的态势，政府进一步调整产业结构、优化发展环境、加大投资力度，促进经济社会发展。常委会依法加强对全口径预算决算的审查监督，把一般公共预算、政府性基金预算、国有资本经营预算和社保基金预算全部纳入审查范围，对 113 个省直部门预算（涉密部门除外）在人代会上进行审批。听取审议、审计工作报告后，政府高度重视组成人员审议意见，完善 245 项政策措施，补征、补缴财政收入 192.92 亿元，移送案件 297 起。

面对煤炭价格回落、煤炭企业举步维艰的巨大困境，常委会修改煤炭管理条例和安全生产条例，取消煤炭生产许可证审批和煤炭经营企业资质审批，支持政府简政放权，为企业松绑减负，激发市场活力。围绕煤炭"六型转变"、煤企改革广泛调研，从各方面加大对煤企转型的扶持力度，加快实施"革命兴煤"战略。开展旅游立法调研，听取审议非物质文化遗产法律、法规实施情况报告，加强对旅游业发展情况报告审议意见的跟踪监督，重点督办发展旅游业方面的代表建议，支持政府加大非物质文化遗产等文化旅游资源的开发保护力度，促进文化和旅游深度融合、发展。

1.2 关于法治建设的立法情况

健全科学立法、民主立法工作机制，出台立法公开、立法论证、立法评估、立法听证工作规范，委托第三方就法律援助条例、环境保护条例进行立法后评估，立法活动与人们生活贴得更近。

落实民主法治领域改革任务，抓住"依法确定权力"这一"六权治本"的首要环节，出台各级人大常委会规范性文件备案审查条例，规范报备范围，明确审查程序，强化意见处理，确保各类规范性文件不与宪法法律法规相抵触、不超越法定权限制定、不违反法定程序出台，特别是不违法设定公民、法人和其他组织的权利或义务。认真落实省委安排部署，经省委批准，制定常委会关于对任命的省"一府两院"国家工作人员加强监督的意见，建立健全宪法宣誓、法律知识考试、履职报告、履职档案登记、专项工作报告测评等制度，监督被任命人员依法用权、为民用权、廉洁用权。

1.3 关于公共产品和服务供给的立法情况

修改人口和计划生育条例，落地全面两孩政策，促进全省人口长期均衡发展。听取、审议住房公积金管理使用情况报告，复审《山西省城镇住房保障条例（草案）》，切实保障住房困难家庭和个人基本住房需求。制定女职工劳动保护条例，将女职工更年期劳动权益纳入保护范畴。

重视生态环境保护。常委会修订水土保持法实施办法，初审《山西省环境保护条例修订（草案）》，重点督办采煤沉陷区治理代表建议，强化政府、生产建设单位及个人保护、改善环境的责任和措施，促进生态保护和治理修复。

重视社会治理创新。常委会制定国有土地上房屋征收与补偿条例，明确政府房屋征收主体责任，就征收房屋损失补偿、被征收人住房保障及责任追究等做出规定，为解决房屋拆迁引发的社会矛盾提供法律支撑。修订法律援助条例，强化政府责任，降低援助门槛，切实维护困难群众权益。出台城市公共客运条例，对城市公共客运事业发展责任主体、规划布局、设施建设、运营服务做出全面规定。初审《山西省无线电管理条例（草案）》，就保守国家秘密法开展执法检查，对宗教事务条例进行执法调研，维护国家安全、社会稳定。

1.4 关于立法工作的立法情况

围绕加强基层人大工作和建设，中共山西省委转发《中共山西省人大常委会党组关于贯彻落实中发〔2015〕18 号文件精神，加强全省县乡人大工作和建设的实施意见》（晋发〔2015〕24 号），常委会打包修改山西省各级人大选举实施细则、乡镇人大工作条例、代表法实施办法 3 项地方性法规。注重把各地的实践经验和成功做法，总结提炼为山西省实施意见的具体要求。

推进设区的市有序开展立法工作，及时修改山西省地方立法条例，全面组织立法培训，围绕各市立法需求和立法能力深入调研、严格评估，决定运城、晋城等七市人大及其常委会开始制定地方性法规。各市高度重视、明确责任、积极落实，在立法机构设置、人员编制等方面充分准备。运城市设立法制委、法工委，成立法律咨询中心，从全国选聘 26 名法律专家组建专家委员会，与国家级法律研究机构签署战略合作协议。多年开展立法工作的太原市，围绕城市建设与社会管理加强重点领域立法，认真开展社会风险评估，扎实推进立法精细化；大同市立法咨询基地、专家库、基层联系点有序运转，在人大主导立法上迈出了新步伐。①

1.5　各项立法的具体情况

各项立法的具体情况如表 1 所示。

表 1　各项立法的具体情况

法规名称	颁布时间	生效时间	条文数量	主要内容
《山西省各级人名代表大会常务委员会规范性文件备案审查条例》	2015 年 3 月 31 日	2015 年 7 月 1 日	30 条	①规定备案审查规范性文件范围；②规定规范性文件报备程序；③规定备案审查程序；④审查规范性文件存在问题时的处理程序
《山西省城市公共客运条例》	2015 年 5 月 28 日	2015 年 10 月 1 日	46 条	①相邻城市可统筹配置城市公共客运资源；②鼓励政府采购使用新能源、新技术的环保车辆；③公共客运车辆优先；拒载乘客罚款；禁止携带动物乘车（导盲犬除外）
《山西省女职工保护条例》	2015 年 7 月 30 日	2015 年 10 月 1 日	29 条	①将女职工劳动保护纳入社会信用体系；②劳动合同中应当告知女职工在工作过程中可能产生的职业危害；③女职工享受经期、孕期、产期、哺乳期、更年期保护；④女职工可享受生育保险待遇；⑤用人单位应当为在职女职工每人每月发放不低于 30 元的卫生费
《山西省实施〈中华人民共和国水土保持法〉办法》	1994 年 7 月 21 日颁布，2015 年 7 月 30 日修订	2015 年 10 月 1 日	40 条	①对预防水土流失做出相关规定；②禁止在 25° 以上陡坡地开垦种植农作物；③违反相关规定的处罚措施
《山西省国有土地上房屋征收与补偿条例》	2015 年 9 月 24 日	2016 年 1 月 1 日	47 条	①征收方面规定房屋征收部门应拟定征收补偿方案；②补偿方面明确了补偿内容评估方面中规定被征收房屋的价值，应当由具有相应资质的房地产价格评估机构依法评估确定，规定了法律责任
《山西省法律援助条例》	2003 年 11 月 30 日颁布，2015 年 11 月 26 日修订	2016 年 1 月 1 日	42 条	①在原有的基础上扩大了法律援助范围；②降低了法律援助门槛；③完善了法律援助程序；④健全了法律援助机制

---

① 详见李政文：《山西省人民代表大会常务委员会工作报告——2016 年 1 月 29 日在山西省第十二届人民代表大会第四次会议上》，载《山西日报》2016 年 2 月 4 日第 A2 版。

续表

法规名称	颁布时间	生效时间	条文数量	主要内容
《山西省组织实施宪法宣誓办法》	2015年12月6日	2016年1月1日	10条	①规定了宣誓国家工作人员范围； ②规定了宣誓活动的组织主体； ③规定宣誓誓词、宣誓场所、宣誓仪式的具体要求
《山西省人民代表大会常务委员会关于修改〈山西省地方立法条例〉〈山西省各级人民代表大会选举实施细则〉〈山西省乡镇人民代表大会工作条例〉〈山西省实施〈中华人民共和国全国人民代表大会和地方各级人民代表大会代表法〉办法〉的决定》	2015年11月26日	2015年11月26日	32条	①对《山西省地方立法条例》做出修改； ②对《山西省各级人民代表大会选举实施细则》做出修改； ③对《山西省乡镇人民代表大会工作条例》做出修改； ④对《山西省实施〈中华人民共和国全国人民代表大会和地方各级人民代表大会代表法〉办法》做出修改
《山西省地方立法条例》	2001年2月21日颁布，2015年11月26日修正	2001年3月1日	96条	①明确了设区的市制定地方性法规和规章的事项范围； ②规定了省人民政府、设区的市人民政府法制机构按照国务院《规章制定程序条例》的规定负责规章制定的具体工作； ③明确规定省人民代表大会专门委员会、常务委员会工作机构应当提前参与有关方面的法规起草工作； ④规定在法规通过前，法制委员会可以对法规案中主要制度规范的可行性、法规出台时机、法规实施的社会效果和可能出现的问题等进行评估，省人大有关的专门委员会、常委会工作机构可以适时组织对有关法规或法规中有关规定进行立法后评估
《山西省各级人民代表大会选举实施细则》	1989年9月22日颁布，1995年5月18日第一次修正，2011年5月27日第二次修正，2015年11月26日第三次修正	公布之日	65条	①明确代表资格审查委员会依法对当选代表是否符合宪法、法律规定的代表的基本条件； ②对选举是否符合法律规定的程序，以及是否存在破坏选举和当选无效的违法行为进行审查，提出代表当选是否有效的意见，向本级人民代表大会常务委员会或者乡、镇的人民代表大会主席团报告

续表

法规名称	颁布时间	生效时间	条文数量	主要内容
《山西省乡镇人民代表大会工作条例》	1989 年 11 月 25 日颁布，1995 年 5 月 18 日第一次修正，2007 年 6 月 1 日第二次修正，2015 年 11 月 26 日第三次修正	公布之日	34 条	①明确乡镇人大主席团在本级人民代表大会闭会期间，每年选择若干关系本益和社会普通地区群众切身利害关注的问题，有计划地安排代表听取和讨论本级人民政府的专项工作报告，对法律、法规实施情况进行检查，开展视察、调研等活动；②听取和反映代表和群众对本级人民政府工作的建议、批评和意见；主席团在闭会期间的工作，向本级人民代表大会报告
《山西省实施〈中华人民共和国全国人民代表大会和地方各级人民代表大会代表法〉办法》	1993 年 5 月 21 日通过，1995 年 5 月 18 日第一次修正，2015 年 11 月 26 日第二次修正	公布之日	23 条	①规定由选民直接选举的代表应当以多种方式向原选区选民报告履职情况，县级人民代表大会常务委员会和乡、镇的人民代表大会主席团应当定期组织本级人民代表大会代表向原选区选民报告履职情况，县级以上的各级人民代表大会常务委员会，乡、镇人民代表大会主席团建立代表履职档案，记录代表履职情况；②县级以上的各级人民代表大会代表参加本级人民代表大会常务委员会组织的执法检查和其他活动，乡、镇人民代表大会代表参加本级人民代表大会主席团组织的执法检查和其他活动
《太原市发展新型墙体材料条例》	2015 年 1 月 23 日	2015 年 6 月 1 日	45 条	①以法律的形势明确管理部门职责及执法主体，解决多头管理等问题。通过立法，确定从政府层面对新型墙体材料开发与技术创新以及企业自主开发能力的引导和扶持；②解决新型墙材企业存在的管理混乱、技术规范执行不到位、不遵守行业规则和不合理竞争的问题；③解决墙材市场中仍有外地市黏土砖涌入太原市、流通环节管理缺失的问题；④合理规划产业规模和数量，及时淘汰落后产品，维护行业健康有序发展；⑤通过立法，推动行业向农村和城镇纵深发展；⑥建立地方标准和企业标准，解决一些产品没有列入工程建设标准，扩大新型墙材的使用范围的问题
《太原市城市桥梁管理条例》	2015 年 1 月 23 日	2014 年 5 月 1 日	44 条	①城市桥梁竣工验收移交程序与审查程序；②城市桥梁养护维修与监测评估的主体、程序；③城市桥梁安全安全管理相关规定；④违反本条例的法律责任
《太原市人民代表大会常务委员会关于集中修改部分地方性法规的决定》	2015 年 11 月 26 日	2015 年 11 月 26 日	37 条	①对《太原市消防条例》的修改；②对《太原市关于集会游行示威的若干规定》的修改；③对《太原市禁止燃放烟花爆竹的规定》的修改；④对《太原市晋祠保护条例》的修改；⑤对《太原市文物保护和管理办法》的修改；⑥对《太原市东西山绿化条例》的修改；⑦对《太原市外商企业投资条例》的修改；⑧对《太原市商业网点管理办法》的修改

续表

法规名称	颁布时间	生效时间	条文数量	主要内容
《大同市人民代表大会常务委员会关于修改〈大同市地方立法条例〉的条例》	2015 年 7 月 30 日	2015 年 7 月 30 日	9 条	①修改了地方立法目的、立法权限；②明确参会与发表意见的人员；③增加了起草主体、立法评估
《大同市餐厨废弃物管理条例》	2015 年 9 月 24 日	2016 年 1 月 1 日	29 条	①统筹规划和建设餐厨废弃物工作；②餐厨废弃物实行申报制度，规定了产生餐厨废弃物主体、收集主体、运输主体相关义务；③规定餐厨废弃物的处置程序；④规定了餐厨废弃物监督管理制度；⑤规定违反本条例的承担的法律责任
《大同市人民代表大会常务委员会关于修改〈大同市煤炭安全生产监督管理条例〉的决定》	2015 年 9 月 24 日	2015 年 9 月 24 日	25 条	①修改、新增煤矿建设的安全保障相关条款；②修改、新增煤矿安全监督管理相关条款；③修改、新增承担法律责任相关条款
《山西省人民代表大会常务委员会关于加强和改进人大监督工作的决定》	2015 年 1 月 23 日	2015 年 1 月 23 日	11 条	①强化对依法确权的监督；②强化对行政权力运行的全程监督；③加强对政府全口径预算决算的审查和监督；④注重发挥审计监督作用；⑤监督司法机关公正司法；⑥加强规范性文件备案审查；⑦强化对人大及其常委会选举任命人员的监督；⑧深入贯彻落实《山西省预防职务犯罪工作条例》；⑨加强人大监督工作的跟踪问效；⑩充分发挥代表主体的作用；⑪构建优势互补、监督有力、富有实效的监督体系

2 取得的成绩

"十二五"时期是山西省发展很不平凡的五年，山西省正处于加快经济转型跨越发展、全面推进综合改革试验的攻坚时期，2015 年作为"十二五"规划的收官之年备受关注。面对严峻复杂的经济形势和艰巨繁重的改革发展稳定任务，积极应对挑战，奋力攻坚克难，按照"四个全面"战略布局和党中央对山西工作的重要指示要求，坚持"深入学习贯彻习近平同志系列重要讲话精神，净化政治生态，实现弊革风清，重塑山西形象，促进富民强省"的"五句话"总要求和总思路，坚持依法治国、依法治省的法治理念，2015

年山西省的法制建设，特别是地方立法取得了一定的成绩和进步。在修改和完善了部分地方性法规的基础上，2015 年山西立法取得的主要成绩表现在以下几点。

2.1　颁布了《太原市发展新型墙体材料条例》

太原市作为山西省的省会，承载着重要的发展角色。随着近些年山西省的转型跨越发展，太原市的城镇化建设也突飞猛进，对新型墙体材料的需求不断加大。目前，太原市城区新型墙体材料的应用率已经达到90%以上。新型墙体材料的大规模需求和应用，使得出台相应的地方立法显得尤为重要，加强地方立法，规范并促进行业发展，十分必要。因此，2015 年 1 月 23 日，山西省第十二届人民代表大会常务委员会第十八次会议批准通过了《太原市发展新型墙体材料条例》。该条例的颁布实施，有以下几个方面的重要意义。

首先，以法律的形式明确了管理部门的职责和执法主体，从源头上解决了"多头"管理等问题。通过立法，确定了从政府层面对新型墙体材料的开发与技术创新以及企业自主开发能力的引导和扶持。

其次，着重解决了生产新型墙体材料的企业中普遍存在的管理混乱、技术规范执行不到位、不遵守行业规则和不合理竞争的问题，同时也解决了墙体材料市场中关于流通环节管理缺失的问题。

再次，通过立法的形式，合理规划生产新型墙体材料产业的规模和数量，及时淘汰落后的产品，创新推出新型产品，维护了该行业健康有序的发展，并推动了新型墙体材料市场行业向农村和城镇纵深发展。

最后，通过立法确立了地方标准和企业标准，解决了一些产品没有列入工程建设标准的问题，扩大了新型墙体材料的使用范围。同时，涉及新型墙体材料的生产、销售、使用的相关企业的注意事项。

从根本上讲，《太原市发展新型墙体材料条例》解决了太原市新型墙体材料发展质的问题；具体讲就是规范管理，提升发展，解决发展方式转变，提高了发展的质量和效益问题。规范管理，提升发展是辩证的统一，没有规范管理，难以实现提升发展；要提升发展，必须规范管理；规范是基础，提升是目的。规范管理，提升发展就是这部条例要着重解决的问题，也是这部地方性法规的主题。该条例就是围绕这个主题，从城区到乡村、从宏观到微观、从生产到使用、从服务到管理、从限粘到禁粘等多个方面，对如何提升新型墙体材料发展设置了章节和条款，并规定了如何规范管理及违反规定的责任追究。该条例不仅对上述问题做出了规定，更为相关产业行业立法提供了参考。

2.2　颁布了《太原市城市桥梁管理条例》

为带动全省经济快速发展，山西省持续加强基础设施和城乡建设，大力改善交通条件。太原作为山西省交通运输的枢纽，近两年来，太原市的桥梁规模达到了前所未有的水平，高架桥、全互通式立交桥纷纷亮相，桥型结构更为复杂，科技含量逐渐增加，城市品质也得到了大幅提升，通达、便捷的立体化现代交通运输体系日益完善，为经济社会发展增添新的优势。俗话说，三分建，七分管。这么多桥梁陆续投入使用，日后的检修、养护成为管理者面临的最大问题。城市交通立体化的太原作为沿汾河两岸建设的城市，解决跨河交通问题是城市建设的重中之重。太原市的四条中环快速路最大的亮点就是立体交通的建设。下穿的、上跨的、全互通的、半互通的磅礴大气的各式立交造型，使城市交通由平面走向立体。在建设路快速化改造、长风街快速化改造以及太原南站周边路网建设中，借助一条条高架桥，实现了路口的快速通行。之前，太原市的桥梁长度仅有 17 千米，经过近两年的建设，桥梁长度增加了 60 多千米，桥梁长度是原来的约 3.5 倍。目前，由市政部门管辖的桥梁有 177 座。如今，全市桥梁数量达到历年来之最，长度也是最长。

但是，目前太原市对城市桥梁管理主要依据国务院于 1996 年颁布的《城市道路管理条例》，建设部于 2004 年制定的《城市桥梁检测和养护维修管理办法》，市人大常委会于 2005 年制定的《太原市城市道路管理条例》。对于太原市各类桥梁设施不断增加的现状，这些法律、法规已很难适应管理要求，亟待制定符合太原市实际情况的桥梁管理地方性法规。为此，2015 年 1 月 23 日，山西省第十二届人民代表大会常务委员会第十八次会议批准通过了《太原市城市桥梁管理条例》。此后，太原市桥梁的管理将有章可循、有法可依。《太原市城市桥梁管理条例》是太原市首部桥梁管理的专项法规，该条例明确了太原市行政区域内各种桥梁养护、管理的责任主体，使养护管理工作有法可依、有章可循，行业管理的规范化、科学化水平大幅提升。针对市区桥梁数量较多、种类繁多，以及影响桥梁技术状况和安全的各种因素复杂等情况，该条例还重点加强了对桥梁安全管理方面的规定，实行桥梁预警机制，确保桥梁安全运营。此外，对于今后出现破坏桥梁的违法行为，将依法严惩。

2.3　修改了《大同市地方立法条例》

党的十八届三中全会提出，"逐步增加有地方立法权的较大的市数量"，十八届四中全会进一步要求，"依法赋予设区的市地方立法权"。2015 年 3 月，十二届全国人大三次会议审议通过的《立法法》修正案，明确规定将地方立法权扩大到所有设区的市，并由省级人大常委会确定新获得立法权的设区的市开始制定地方性法规的具体步骤和时间。《立法法》的这一修改既是对中央精神的贯彻落实，也是推进依法治国的重大举措，给地方立法带来了新的挑战和机遇。

改革开放以前，我国没有严格意义上的地方立法权。为适应改革开放，加强地方治理、增强地方经济活力的需要，1979 年实行的《地方组织法》规定了省级人大及其常委会的地方性法规制定权。1982 年修改《地方组织法》时，考虑到一些较大的市的政治、经济、文化地位比较重要，需要根据本地实际制定地方性法规，规定省会市和经国务院批准的较大的市人大常委会"可以拟订本市需要的地方性法规草案，提请省、自治区的人大常委会制定、公布，并报全国人大常委会和国务院备案"。这就开启了较大的市立法的序幕。之后，1986 年再次修改《地方组织法》时，将省会市和较大的市地方性法规草案的"拟订权"修改为"制定权"，报省、自治区人大常委会批准后施行。2000 年制定《立法法》时，将较大的市的立法权扩大到经济特区所在地的市。至此，我国享有立法权的较大的市就有三种类型，分别是 27 个省会市、18 个经国务院批准的较大的市和 4 个经济特区所在的市。

随着我国社会主义建设进入新阶段，党的十八届三中对全面推进深化改革做出重大部署，提出了"推进国家治理体系和治理能力现代化"的目标任务，并要求中央和地方"逐步理顺事权关系"。十八届四中全会又对全面推进依法治国做出重大部署。地方立法作为地方治理的重要手段，通过行使地方立法权，可以修改和废止不合时宜或者存在缺陷的制度，补充和完善尚有不足或者需要改善的制度，从而推进地方治理的法治化。因此，《立法法》

赋予所有设区的市地方立法权不仅是完善立法体制的重大举措，也是理顺中央和地方事权、推进国家治理体系和治理能力现代化的基本途径。

根据新修订的《立法法》，山西省人大常务委员会对《大同市地方立法条例》也进行了相应的修改。这次修改不仅是为了更好地理解、领会并落实好十八届四中全会精神，也是厘清地方立法权限边界、加强地方立法能力建设的重要举措，是山西省针对地方性立法问题的一次重要改革。

2.4　出台了《山西省女职工劳动保护条例》

2015 年 7 月 30 日，《山西省女职工劳动保护条例》（以下简称《条例》）经省十二届人大常委会第二十一次会议表决通过，并从 2015 年 10 月 1 日起实施。作为国务院颁布的《女职工劳动保护特别规定》（以下简称《特别规定》）实施以来女职工保护领域的第一个省级地方性法规，《条例》对《特别规定》的内容进行了细化，并新增了一些颇具特色的保护措施。《条例》在全国率先提出女职工经期、孕期、产期、哺乳期、更年期等"五期"保护，并对"卫生福利"等内容做出了具体规定。《条例》明确县级以上人民政府应当将女职工劳动保护纳入社会信用体系。它的实施将更好地保护女职工在劳动中的安全与健康。

《条例》细化了《特别规定》中处于"三期"女职工的劳动、聘用关系的特别保护，将保护范围扩展到了"结婚"这一情形，同时也对用人单位的劳动合同管理、福利及考核制度的拟订和实施提出了更高的要求。《条例》将禁止安排加班或夜班劳动的保护范围扩大到怀孕不满 3 个月的女职工，并增加了流产女职工的产假待遇。除上述提及的细化《特别规定》相关措施及待遇外，《条例》还新增了一些对用人单位的要求，第六条规定要求用人单位在订立合同时应书面明示女职工保护内容。

《条例》中对经期女职工的特别保护曾引起广泛讨论。许多地方规定不乏对经期女职工的特别保护规定，但《条例》中除常见的不得安排经期女职工从事高处、低温、冷水作业和第三级以上体力劳动强度作业的规定外，还十分具体地规定了保护基准。比如，连续 4 个小时以上站立劳动的，应安排20 分钟工间休息；对医疗机构证明患有痛经或经量过多的，还应给予 1~2天的休息时间。

《条例》还对用人单位提出了另外一些要求，为女职工提供了较为全面的保护。对违反规定的用人单位，《特别规定》明确了行政处罚、责令停业或关闭、赔偿损失及追究刑事责任等法律责任。在此基础上，《条例》第三条进一步将女职工劳动保护纳入社会信用体系。第二十四条规定，用人单位违反《条例》规定，侵害女职工合法权益的，经人力资源和社会保障部门责令改正，逾期不改的，将记入社会保障守法诚信档案并向社会公布。这一规定强化了女职工特别保护的社会信用监督，对用人单位提出了更高要求。

3 存在的问题

党的十八大精神的贯彻落实，必将大大促进国家民主法制建设的进程，同时也对各个方面的立法工作提出新的要求，因此地方立法工作必须跟上国家法制建设的步伐，跟上山西省经济和社会发展的步伐，适应全省经济体制和政治体制改革的需要，建立起与国家法律、法规相配套的，具有山西特色的法规、规章体系。在十八大和十八届三中、四中全会精神的指导下，在我国全面贯彻执行依法治国的政策下，山西省也积极实行依法治省，地方立法工作有序推进，法制建设不断加强，对于促进和保护山西省经济体制改革和重要能源重化工基地建设，都起到了重要作用。虽然近几年山西的法制建设工作取得了一定的成绩，但从长远来看，山西省的立法工作并非完美，与法治国家、法治山西的建设还有一定的差距，山西省社会、政治、经济等方面的立法还有待完善。山西省的地方立法主要有以下几方面的问题，通过对这些问题进行认真研究，才能不断改进和提升山西省的地方立法水平。

3.1 缺乏科学的立法计划

2013 年 5 月 24 日，中共山西省委常委会通过的《关于深化法治山西建设的意见》将科学立法放在了法治山西建设总体思路的核心位置，并提出了"着力推进科学立法，切实提高地方立法科学化、民主化水平"的具体任务。科学的立法计划是彰显地方立法水平的重要指标。年度立法计划应当与山西省的发展趋势相适应，确保地方立法的必要性、实用性。编制年度立法计划，应当对需要立法的项目进行考察，按照所需解决问题的缓急程度妥善安排立法任务。

"十二五"规划时期，是山西省全面建设小康社会的关键时期，是深化改革开放、加快转变经济发展方式的攻坚时期，也是实现转型跨越发展的重要时期。"十二五"规划期间，山西省相继出台了许多法规、规章，地方性法规的数量和质量都有所提高。但与"十二五"规划提出的能源、材料、煤炭工业可持续发展、建设循环经济试点省和生态省试点等目标相配套的法规、规章并不完善，而且也没有纳入立法计划。这就导致山西省地方立法落后于经济社会发展，无法及时解决转型发展中出现的需要寻求法律帮助的问题。缺乏科学的立法计划，是山西省地方立法实践中存在的严重问题。

3.2　缺乏重点领域立法

加强重点领域立法，提高地方立法针对性是地方立法的重要内容，也是有效立法的重要保证。地方立法的目的就是要在充分了解本地经济、政治、文化、法制、风俗、民情的基础上，切实把当前地方的立法规划同当地的经济社会发展战略结合起来，通过法规、规章来解决本地实际问题。提高地方立法水平，改善地方经济社会状况的首要任务就是推进地方重点领域的立法。当前山西省正处于转型跨越发展的关键时期，在地方转型发展的实践中出现了一些急需解决的突出问题，但又没有现成的法律依据，这就需要地方先行立法，为这些迫切需要用法规加以规范的领域提供法制保障。

在当下的转型跨越发展中，山西省正从传统的煤炭大省向旅游大省、文化资源大省转变。在多年的发展中，山西省煤炭行业的相关规章制度已经逐步完善，但在新的转型发展中，旅游行业和文化资源行业中凸显的新问题却很少能通过现行有效的法规、规章解决。新形势下，各行各业显现出来的立法需求逐渐增多，地方立法的领域也应逐步扩大，哪些领域应该先行立法，哪些领域应该重点立法，都是山西省地方立法工作中应该考虑的问题。在实际的立法实践中，要结合本地实地情况，紧扣发展中面临的重点和难点问题，有针对性地进行重点领域立法，将有限的立法资源实现最优化。

3.3　立法缺乏公众参与

地方立法的重要目的就是有针对性地解决本省的实际情况，地方性法规应该真实反映本省人民的意愿。《立法法》第五条规定，"立法应当体现人民的意志，发扬社会主义民主，坚持立法公开，保障人民通过多种途径参与立法活动"。公众参与是提高地方立法水平的重要途径。要想提高地方立法水平，在立法实践中就必须丰富和完善民主立法形式，广泛听取社会各界的意见，让相关领域的专家学者、工作人员、群众更好地参与到立法工作中来。

在山西省当前的立法工作中，参与立法的主要是省人大常务委员会、法制办公室和高校专家学者，鲜有群众能够有效参与到立法工作中，立法机关很难全面客观地了解不同领域、不同阶层的群众意见和愿望。立法过程应当公开透明，通过举行立法听证会等多种形式，让广大人民群众参与进来，这样立法才能反映民意、符合民心，才能制定出更适合当地情况的法规、规章，实现地方立法的真正目的。

3.4 委托专家起草立法草案机制不健全

委托高等院校专家起草立法草案机制本身不甚健全，一方面缺少公开竞争的机制，致使有的并非该领域专家，对该领域知之甚少，却领衔主持起草该领域立法草案。另一方面缺少协同机制，地方性立法虽然侧重于地方经济、民生领域，但是，从法的体系来讲，往往存在与上位的行政法律、刑事法律、民事法律协调问题，以及一些自然科学方面的专门性问题，因此，需要多方面、多领域、多学科专家协同。

4 完善措施

目前，山西省正处于转型跨越发展的关键时期，为了提高山西省的地方立法水平，必须以党的十八大精神为指导思想，按照修订后的《立法法》的新要求，扎实推进科学立法，紧紧围绕转型跨越发展大局，积极投身转型跨越发展的主战场，加强重点领域立法，加强立法协作，拓展人民群众有序参与立法途径，从源头上、根本上着手，为转型跨越发展提供有力的法律支撑，创造和谐稳定的社会环境、公平正义的法治环境、优质高效的服务环境。

4.1 科学编制立法计划

第一，拓宽立法项目的来源渠道。具体来说，山西省在立法项目阶段，不仅可以面向社会公开征集地方性法规和政府规章立法项目，还可以通过下发征求意见函，由市政府执法部门提出立法项目，并引导公众积极参与。多渠道的立法项目提出方式，为择优遴选立法项目、科学编制立法计划，迈出了关键的一步。

第二，把握科学的立项标准。面对征集来的立法项目，应紧紧围绕省委、省政府和市委、市政府的决策部署和中心工作，从以下几个方面对立项标准尽可能量化，使之具有可操作性：一是关系地区经济和社会发展重大决策的项目优先；二是关系人民群众切身利益的项目优先；三是属于突出地方特色的项目优先，如《大同市云冈石窟保护管理条例》等；四是地区创新性的项目优先；五是立法条件成熟的项目优先。

第三，注重年度立法计划与五年立法规划的衔接。立法过程中，应根据国家立法进程和本地区经济社会发展的进程，着手进行立法调研，对需要进行地方立法的项目，按照轻重缓急的不同，进行选择、分类后，形成了五年的地方立法规划，保持立法工作的延续性。同时，为了体现立法工作的灵活性，除了应按期完成立法规划中的项目外，还应该坚持突出重点、统筹兼顾、合理布局、体现地方特色的原则，坚持"立、改、废"相结合，把修订和废止地方性法规和政府规章放在与制定法规同等重要的位置上，编制年度立法计划，以达到科学立法、民主立法。

第四，省人大应引导地方优选立法项目。即省人大应当引导设区的市紧紧围绕实现"十三五"时期经济社会发展目标遇到的突出问题立法，树立"针对问题立法，立法解决问题""注重管用有效，突出地方特色""大胆改革探索，抓好先行先试"的理念，在提高立法质量上下功夫。一要准，要找准问题；二要实，要能解决问题，真正管用有效；三要细，要细化措施，提高可操作性；四要精，要尽量做到一事一法，提升专业性和规范性，让立法经得起时间检验。从省内外立法经验来看，各市在立法初期可以在城乡规划管理、大气污染防治、生态环境综合治理、节能减排、城市水系建设与管理、文物建筑和非物质文化遗产保护、风景名胜区管理、城市管理行政执法、市容和环境卫生、户外广告设置、城市园林绿化管理、违法占地违法建设查处等亟须解决的方面开展立法工作。

4.2 加强重点领域立法

当前，山西省正处于转型跨越发展的关键时期，经济社会发展的深层次矛盾逐步显现，挑战增多。深化改革，加快发展，维护社会稳定迫切需要加强制度建设，规范权力运行，加强和创新社会管理。为了适应山西省在环渤海区域的重要地位，促进区域转型发展，在地方立法工作中，要紧紧围绕全省经济社会发展大局，利用好国家资源型经济转型综合配套改革试验区政策，着力构建保障和促进转型跨越发展的制度支撑体系，重点抓好经济结构调整、资源开发利用、发展循环经济、保护生态环境、完善社会保障、落实"三农"政策、扩大对外开放、促进招商引资、加快公共安全管理和加强政府自身建设等方面的制度建设，服务转型发展、跨越发展区域发展大局。

第一，应加强文化领域立法。山西作为文化资源大省、文物大省、旅游大省，拥有全国 70%以上的人文旅游资源，而且文化产业转型也是山西省跨越转型发展的新兴支柱产业之一。虽然山西省历史文化方面的保护工作相较于其他省份是比较多的，但实际立法情况却差强人意。从文化产业立法来看，无论是省级政府规章还是市级政府规章都没有涉及，即使是地方性法规也非常有限，如文化方面的立法省级的仅有《山西省非物质文化遗产条例》中部分内容涉及文化产业，实际上也仅有太原市的一部地方性法规有所涉及。就山西省而言，缺乏系统性的立法规定，没有能对促进文化产业发展的相关配套措施做出制度化的保障。而作为文物大省的山西，在历史文化保护方面居然没有一项地方性规章，不能不说是一大遗憾。历史文化保护法律的不足对于山西省的文化产业转型发展和文物保护工作都是瓶颈，这也是山西未来地方立法亟待解决的突出问题。2010 年年底，山西省获批全国第九个国家级综合配套改革试验区，打造"文化强省""旅游大省"已成为山西实施综改的优先领域之一。因此，有必要重新审视现有立法，在环境法框架下完善地方性法规：确立旅游可持续发展理念；明确环境技术标准；增强法律法规可操作性；加大执法力度；保障资金来源等。

第二，应完善大气污染防治地方立法。地方立法的任务是解决地方问题，地方立法应当有鲜明的地方特色，其基本原则之一是要从本地实际出发，保持地方特色。在大气污染治理方面，由于各个地区产业结构不同，即便是城市人口基数相似、空气污染程度相似，每个城市的主要大气污染源也并不完全相同，治理方法也不能千篇一律。所以，在地方法规的制定方面，应更多尝试"开门立法"，立足广泛调研，科学统计，使地方性法规更具有地域特色，更具有针对性。学习其他省份的治理经验，走自己的治理道路，这样的地方性法规才具有更强的可操作性，才可能达到事半功倍的效果。结合山西省的实际情况，完善大气污染防治地方立法，应从以下几个方面着手。

其一，完善煤炭清洁利用方面的法律规定。山西省是煤炭资源大省，因煤而兴，也因煤而污染，但煤不是天然污染物，只要设施到位、技术先进、制度完善、监管到位，煤炭开发利用是可以实现低排放、低污染的。积极推进煤炭清洁利用是应对气候变化、完成节能减排目标、实现煤炭资源可持续利用的重要举措。目前山西省关于煤炭清洁利用的地方立法还存在一些问题，如地方性法规、规章中对于煤炭清洁利用的规定缺乏操作性，相关的配套立法没有跟上；倡导性规范多，强制性规范少，对督促企业开展煤炭清洁利用的约束不够。此外，现有规定中更多是政府在推广煤炭清洁利用中的义务，对市场机制方面的规定很少。因此，需要修订《山西省大气污染防治条例》等地方性法规，就保障措施制定具体办法，要体现政府在推进煤炭清洁利用中的引导、激励和监管作用，要积极推进煤炭清洁利用市场机制建设。

其二，针对重污染行业制定地方污染物排放标准。煤炭、炼焦、冶金、电力是山西省传统四大支柱产业，这些行业都属于重污染行业。对于山西省而言，一方面要防治可吸入颗粒物（PM_{10}）、细颗粒物（$PM_{2.5}$）这些新问题；另一方面要继续做好二氧化硫、氮氧化物等工业污染物的减排。可以参考山东省的经验，出台污染物排放地方性标准，使重污染行业节能减排。

其三，对机动车污染进行立法。目前，除了太原市、大同市制定了机动车污染防治的地方性法规外，山西省其他地区尚无机动车污染防治方面的法规或规章。近些年，机动车的急剧增加，不仅造成了严重的道路拥堵，也成为$PM_{2.5}$的来源，"控车"成为共识。机动车属于移动污染源，其管理与固定污染源有很大不同，因此，许多省份都出台了专门针对机动车污染的地方性法规或规章，建议山西省及早制定机动车污染防治条例或办法。

其四，加强沙尘和扬尘等面源污染的防治。沙尘天气是春季我国北方（特别是西北地区）容易发生的一种灾害性天气现象，山西省地处黄土高原腹地，容易受到沙尘天气的影响。而扬尘则是城市建设、道路施工中常见的污染，同时扬尘是$PM_{2.5}$的重要来源。立法中要重视对面源污染的防治，植树造林挡住沙尘，清洁降尘防治扬尘。

第三，加强社会管理领域立法。加强依法管理，其着力点在于制定和实施系列的社会政策和法律规范。加强社会管理领域立法，是社会管理体制改革的一个发力点。尽管我国社会管理法律法规体系建设取得了一些成绩，但是由于社会管理涉及的领域较多，任务繁重，对有些法律、法规的需求迅速扩大，我国社会管理的法制建设显得比较滞后，有些领域还存在着一些法律空白。因此，今后要加大社会立法比重，加强以保障和改善民生、完善公共服务、维护社会公平正义为重点的社会领域立法。要科学把握立法规律，切实维护国家法制统一。认真推进综改，先行先试，积极探索，大胆改革创新，积极探索资源型经济转型的新方式、新办法，勇于突破，特别是在推进产业优化升级、生态环境恢复治理、城乡区域统筹发展、民生社会事业建设管理等方面，大胆突破现有的条条框框，为综改先行先试提供有力的支撑点和实践依据。加强政府立法工作，建设法治政府，是完善社会主义市场经济体制的迫切需要，是促进区域转型发展的前提基础。

4.3　加强立法协作

在"十三五"时期乃至今后更长的时期内，山西省 11 个设区市在城乡建设与管理、环境保护和历史文化保护方面，面临着许多共同的立法难题，特别是面临处在相邻区域的市在共性立法项目上需要合力解决的难题。例如，作为能源大省，环境污染需要各地共同治理；作为文物大省，需要对数量多、分布广的历史文化遗产共同保护利用；山西省"城中村""棚户区""采煤沉陷区"的改造治理工作在各地普遍存在，亟须摆脱各自为政的局面，实现经验共享与规则统一，等等。这些问题都期待各设区市的依法治理能力的提高。整合立法资源，加强立法协作显得十分必要和重要。为此，省人大可以从以下三方面鼓励和加强省内外及市与市之间的立法协作。

第一，立法资源互补，规则统一。要加强此次首先授权的设区市与以后批次授权的市之间的立法协调引导工作，做到先后的立法在相邻共生区域不因先后、早晚而产生冲突、抵触甚至矛盾，促进区域经济一体化发展，提升区域核心竞争力。

第二，立法工作合作，经验共享。要加强已获得立法权的市与尚未获得立法权的市之间、其他设区市与太原、大同两个立法经验较为成熟的市之间的合作与协作，缩小新旧授权、前后授权的市在立法力量和经验上的差异，为处理本市或带有跨区域性特点的经济社会发展、公共事务管理等事项，搭建经验分享和互援互助的平台，共同扫除改革和发展中的制度障碍。

第三，省外横向协作，互促互进。在全面深化山西省与周边区域合作过程中，为促进区域协调发展，鼓励相关市的立法工作在面对跨省的区域性立法课题时，通过"立法协作"的方式，对跨省的事务进行立法资源整合，横向协作，互促互进，释放法律合力，实现省际交界地区经济社会的协作发展。

4.4 提高公众参与度

山西省正处于转型跨越发展的过程之中，加大公众参与地方立法的广度和深度，对提升山西省地方立法的科学化水平是十分重要的。目前山西省在这方面存在的主要问题是缺乏制度保障，需要尽快建立健全公众参与地方立法制度。通过完善公众参与地方立法制度，不仅可以提升山西省地方立法的科学化水平，也是对社会公众知情权的保障。公众通过参与立法过程，可以更加清晰地了解立法的目的和内容，从而能够增强地方性法规的执行力，提升社会公众对法规的认同度。因此，公众参与立法，对地方性法规的制定、执行、遵守具有十分重要的意义。提高地方立法的科学化水平，需要重点关注以下三个阶段公众参与机制的形成。

第一，加大公众在法规立项阶段的参与。公众往往是通过地方立法规划的公开才对法规立项有所了解，但单纯以此来实现公众对地方立法立项的参与是远远不够的，我们需要的是建立经常性的公众参与法规立项的机制。在实践中，一些地方的立法机关在编制立法规划、计划过程中，为了使立法决策与本地改革发展决策相适应，通过各种形式向社会广泛征集立法项目建议，如山西省在 2010 年就曾公开向社会征集地方立法项目。但征集公众的立法建议仅仅是实现公众参与立法的第一步，立法机构还需建立相应的反馈机制。通过对公众立法建议的整理分析，向社会公开立法建议的采纳情况，对其中出现的问题定期回复，这样才能形成良性互动。在这一过程中，可以考虑逐步建立征集立项建议的激励机制，有选择地给予一定的物质和精神奖励，调动民众参与地方立法的积极性，实现立法与民意的良性互动。以《甘肃省公众参与制定地方性法规办法》为例，其中建立了公众参与立法意见的反馈制度，第十三条规定："地方性法规制定机关或者起草单位应当对征集到的公众意见和建议归类整理、分析研究，对科学、合理的意见建议，应当予以采纳并做出回应。"同时公众参与地方立法可以获得一定的物质补贴和表彰奖励，这种激励制度增强了公众参与立法的荣誉感和积极性。而反观山西省的《地方立法条例》，仅是在第五条中规定："编制立法规划和计划，起草、审议、修改法规和规章草案，应当深入实际调查研究，广泛听取各方面意见，保障人民通过多种途径参与立法活动。"在实践中，虽然在公众参与立法选项方面进行了有益的探索，但尚未形成稳定的制度机制。

第二，加大公众在起草阶段的参与力度。在地方政府立法的起草阶段，可以从以下两个方面考虑公众的参与问题。

首先是扩大政府规章的征求意见的途径。我国《立法法》中规定的立法征求意见的途径比较多样，包括论证会、座谈会、听证会等多种形式。2005年，《山西省人民政府拟订地方性法规草案和制定规章程序的规定》虽然也规定了听证的内容，但仅是原则性的规定。其中在立法时如果涉及重大、疑难问题的，可以由政府法制机构召集有关单位、专家参加座谈会、论证会。而其中对听证会基本程序则并没有提及，可操作性不强。在这一问题上，大同市政府走在了省级立法之前。2005 年 10 月 10 日，大同市政府出台《大同市政府立法听证办法》，成为山西省第一部专门规范地方政府立法听证的规章。其实，除了听证会外，公众参与地方立法的方式可以灵活多样，完善公众、社会团体、企业事业组织直接提出立法建议机制，通过座谈会、群众来访、来电来信、传真、报纸、电台、电视等传统媒体，以及现在的新媒体如微信、微博等表达立法意愿，提出具体的意见和建议；作为主要承担政府立法职责的政府法制机构，应当积极创造途径，方便公众参与，比如在政府法制办公室网站设置专门的留言版块或投票机制。

其次是进一步完善相关专家参与起草制度。在各地方政府立法实践中，虽然有时公众参与热情较高、涉及面比较广，但由于缺乏专业性，立法建议质量并不高，从而也影响了政府对公众参与立法的重视程度。因此除了建立广泛的公众参与机制，还可以建立通过委托有关院校、律师事务所及相关法律专业机构参与立法的方式，提高立法的质量。修订后的《立法法》赋予了所有设区市立法权，就山西来说，过去只有太原和大同两市，但是现在扩大到了所有地级市，这些地方过去没有相关经验，面对的又是如此纷繁复杂的社会背景，单纯依靠政府的法制工作人员显然不足以应付这一局面，应当通过和相关专家密切合作等方式来弥补这一短板。实践中，山西除太原、大同外，其他设区市也为了更好地行使地方立法权而纷纷开展了积极的准备工作，成立了相关的立法咨询中心，建立了基层立法联系点，聘请全国知名法学专家参与立法。例如，运城市和中国行为法学会签署了战略合作协议。这些措施有利于发挥专家的专业优势，弥补地方立法人才不足的短板，有利于地方科学立法的实现。

第三，加大公众在立法后评估阶段的参与程度。立法后评估是指法规实施一段时间以后，由法定主体或其委托的主体依据一定的指标，对法规实施绩效进行分析评价，并提出完善建议的活动，目的是检验和提高立法质量。目前，实践中地方立法后的评估主体一般是立法机构，有时也包括其委托的部门。这种自我评价、自我纠正的方式，固然是从有利于工作的角度出发，但也使得社会对其评估结果的公正性和有效性产生疑虑。因此，从"科学立法、民主立法，不断扩大公民对立法的有序参与"的角度出发，拓宽公众参与立法后评估的渠道，尽可能让所有利益相关人和社会公众的看法得到充分的反映，就显得更为重要了。事实上，一般公众是地方性法规实施的直接对象，若缺少公众对法规实施的评价，就难以保证立法后评估的客观性。同时，由法规的直接感受者社会公众对法规的实际效果进行评估，有利于将法规存在的缺陷及影响实施效果的问题充分揭示出来，这是提高地方立法科学化水平所必需的。以《甘肃省公众参与制定地方性法规办法》为例，其中规定："公众认为已经生效的地方性法规与上位法不一致，或者明显不适应经济社会发展需求的，可以依法向地方性法规制定机关提出修改、废止的建议，地方性法规制定机关应当依法进行处理。"这样的规定为公众参与地方立法后评估提供了制度依据，进一步拓宽了公众参与地方立法的范围，是提升地方立法科学化水平的一个创新性手段。

4.5　健全委托专家起草立法草案的机制，建立公开、公平竞争机制和协同机制，提高立法草案文本质量

委托高校专家起草立法草案，应当公开竞争或选拔，保证高校专家公平竞争进入草案起草委员会，要确保入选起草委员会的高校专家熟悉该立法领域的问题，同时，还需要建立多学科专家协同机制，以更好地承担和完成起草立法草案的重任。另一方面，委托专家起草立法也要注意避免专家立法可能造成的立法草案脱离实际的问题，要进行全方位调研和考察，将专家起草的立法草案与地方经济和民生相结合，切实提高地方立法水平。

总之，科学编制立法计划是提高地方立法质量的前提，加强重点领域立法是提高地方立法质量的关键，加强立法协作是提高地方立法质量的必然要求，拓展人民有序参与立法途径是提高地方立法质量的有效方式。在新形势、新任务下，各级政府只有切实贯彻落实党的十八大的立法新要求，自觉地把经济社会发展摆到更加重要的位置，扎实推进科学立法，认真制定与社会经济发展相适应的地方性法规和政府规章，切实提高地方立法质量，才能切实发挥地方立法为地区经济社会发展提供更多、更好的法治保障的积极作用。

5 结　语

　　山西省正处于资源型转型发展的关键时期，经济社会发展的矛盾逐步显现，挑战不断涌现，面对当前形势，应规范权力运行，加强和创新社会管理，完善山西省地方立法。如今，推行法治山西的工作进程不断加大，我们应意识到山西省地方立法存在一些问题。根据现存的问题，必须不断创新、完善山西省的立法机制，运用多元化手段推行山西省地方立法工作的进步。首先应科学编制立法计划，其次通过加强文化领域立法、完善大气污染防治地方立法来加强重点领域立法，最后构建立法协作机制，实现综合创新，提升地方立法水平。

资源型经济转型发展中如何健全司法权运行机制研究报告①

山西省正处于加快经济转型跨越发展、全面推进综改试验的攻坚时期。为了全面推进全省经济的转型发展，我们应当用法治思维和手段推动化解过剩产能、调整产业结构、优化发展环境；要把深化改革的成果和行之有效的管理经济事务方式，用法律形式固定下来；运用人大立法、监督手段支持创新，监督扶持资金发挥更大效能；要关注司法环境，监督有关法律、法规的执行，促进政府依法行使审批权；要关注民营经济发展，运用法治手段鼓励、支持民营经济在新兴产业、服务领域等方面投资创业；要关注吸引和留住人才，进一步完善人才创业、实现其自身价值等方面的法治环境。

因此，当前我们应该健全司法权运行机制，为山西省经济的转型发展保驾护航。以下就如何健全司法权运行机制展开相关的论述。

1　保障司法独立，维护司法权威

1.1　保障司法独立

严格落实领导干部干预司法办案记录、通报和追责制度，细化干预司法

---

①　课题组组长：原美林。课题组成员：姚雅洁、席丽花、罗鹏飞。本文完成于 2016 年 11 月，如无特别说明研究涉及数据截至 2015 年 12 月。

活动和插手具体案件处理的具体情形，明确通报主体、通报范围和责任追究办法，对干预司法机关办案的，一律给予党纪政纪处分，造成冤假错案或者其他严重后果的，依法追究刑事责任。建立健全司法人员履行法定职责保护机制，非因法定事由、非经法定程序，不得将法官、检察官调离、辞退、提前离岗或者做出免职、降级等处分。合理调整行政诉讼案件管辖制度，探索建立行政诉讼案件异地集中管辖、提级管辖制度，有效排除地方政府对行政诉讼案件审理的不当干预。

1.2　强化法院内部的人员分类管理

审级独立与平等是审判权运行中的基本特性。正确定位上、下级法院之间的监督和被监督，不因任何缘由而改变。同时，切实解决同一法院内部的本应平等法官的科层化问题。法官可以通过法官等级而非行政级别确定政治待遇。打破法官层级化的困局，防止内部人员对独立审判的干扰，维护审判工作健康、有序进行。对法院内部工作人员细致划分，明确各类人员的职权与职责。坚持法官必须办案，只有法官才能审案，从而保证审判权独立运行。提升法官的职业保障，为法官提供正常晋升的通道和空间。

1.3　改革司法机关人、财物管理体制

探索实行法院、检察院司法行政事务管理权和审判权、检察权相分离，规范司法行政事务管理职责，确保司法行政事务管理活动服务于审判、检察活动，落实《山西省省以下法院、检察院财物由省级统一管理试点工作方案》。

1.4　健全完善司法管理制度

落实侦查机关、检察机关对所有讯问活动、重要取证活动全程同步录音、录像制度，严格依法收集、固定、保存、审查、运用证据，确保侦查、审查起诉的案件事实证据经得起法律的检验。建立司法机关内部人员过问案件记录制度和责任追究制度，严禁违反规定干预他人正在办理的案件。依法规范司法人员与当事人、律师、特殊关系人、中介组织的接触交往行为，严

禁司法人员私下接触当事人及律师、泄露或者为其打探省委和政法委案情、接受吃请或收受财物、为律师介绍代理或辩护业务等违纪、违法行为。健全预防刑讯逼供、体罚虐待、非法取证工作机制，加大对限制人身自由强制措施和侦查手段的司法监督。进一步规范查封、扣押、冻结、处理涉案财物的司法程序，完善保障公民财产权的相关制度。

1.5　维护司法权威

要健全惩戒制度，对妨碍司法机关依法行使职权、拒不执行法院生效裁判和藐视法庭权威的行为，严肃追究责任。切实维护司法权威。推动完善拒不执行判决、裁定、藐视法庭权威等犯罪行为的追诉机制。推动相关法律修改，依法惩治当庭损毁证据材料、庭审记录、法律文书和法庭设施等严重藐视法庭权威的行为，以及在法庭之外威胁、侮辱、跟踪、骚扰法院人员或其近亲属等违法犯罪行为。依法加大对虚假诉讼、恶意诉讼、无理缠诉行为的惩治力度，完善识别、防范、审查、惩处机制。

1.6　对滥诉人实行严格的处罚措施

针对一些学者提出的当事人可能滥用诉权的问题，我们认为尽管可以将大多数当事人视为理性的经济人，但也不能排除一些当事人恶意地滥用诉权以达到自己的不正当目的。对此，很有必要采取一定的处罚措施，对滥用诉权的人实施处罚。针对滥诉人，立法可以通过提高其诉讼费用、罚款等方式来遏制其对诉权的滥用，这样也能对其他滥用诉权的当事人以警醒，防止因滥用诉权加大法院的压力。

2　加大司法公开力度，主动接受新闻媒体监督，并且规范新闻媒体的监督，正确处理民众舆情与司法独立的关系

2.1　推进"阳光司法"工程，加快司法信息化建设

贯彻落实《全省政法机关实施"阳光司法"工程五年规划（2014—2018

年)》，按照"一年建机制、两年搞试点、三年全到位"的思路开展工作。全面推进审判流程、裁判文书、执行信息三大平台建设。完善审判信息数据及时汇总和即时更新机制，加快建设诉讼档案电子化工程，推动实现在同一平台公开审判流程信息，加强裁判文书公开网站建设，整合各类执行信息，加大失信被执行人名单信息公布力度，完善被执行人信息公开系统建设。不断升级完善山西公安便民服务在线平台，以平台为载体，深化执法公开。逐步推进行政复议决定书和行政处罚决定书的公开；建设案件信息公开查询系统，向案件特定当事人公开案件进展情况。

2.2 规范新闻媒体监督

新闻媒体是社会监督不可或缺的主体之一，要解决现实中出现的"媒体审判"问题，需要从制度和机制等方面对媒体监督司法权力运行加以规范。第一，要合理界定媒体监督的权限。根据不同类型的诉讼案件，明确新闻媒体介入的时间，同时，在监督内容上，新闻媒体主要是监督执法侦察人员在执行公务和履行职责过程中有无存在违法失范的情况，而不是对司法官的任何行为都进行监督。第二，新闻媒体要规范自身行为。虽然我国目前还未出台专门的法律法规对新闻媒体的报道行为进行规范，但是新闻媒体应当恪守职业道德，客观地进行报道和依法行使监督权，不得为了追求某些舆论效应而过分夸大甚至捏造事实，对未经审判的案件进行倾向性评论，更不得侵犯他人隐私。

2.3 司法运作过程中应对网络舆情的基准

网络舆情对司法权运作的正面作用和负面影响都是现实存在的，既监督法律的公正性又影响其独立性，我们必须正视网络舆情与司法之间的关联，进一步规避两者间的冲突与可能产生的风险，创造网络舆情促进司法权的良性运行、司法过程融合网络舆情的和谐局面。

2.3.1 以法治原则统领网络舆情与司法的关系

法治原则是人们在法治社会中对在制定和执行法律时应遵循的指导思想的抽象和概括。网络舆情的迅猛发展应当有法治原则的引导和统领。

（1）法律优先原则。这是法治原则的一个基本子原则。网络舆情的本质是民意的体现，但民意不能成为干扰司法权运作的因素。在网络舆情与法律产生矛盾之时，应当强调的是法律位阶体系，保障法律的绝对权威。

（2）高效便民原则。法国谚语云："迟到的正义不是真正的正义。"司法对于网络舆论的回应应当具备迅速、高效、公开、有效的特质，即除涉及国家秘密等不应公开的事实情况，司法活动应使公民无障碍地触碰到案件的真实一面，以提升公众司法参与度的方式来抑制、消除不当的误解与揣测。

（3）合法合理原则。司法权运行在以法律优先为指导的基础上应考虑更好地符合法理、伦理和自然理性。法官在审理案件时，应注意甄别、把握案件所涉的网络舆情，包括个案特殊情况、社会评价、法律与道德等。

2.3.2　以良性互动机制的建立来协调网络舆情与司法的关系

（1）完善网络立法，强化责任意识。我国已经制定了规范网络信息服务方面的法规，包括《互联网信息服务管理办法》《互联网站从事登载新闻业务管理暂行规定》等，但这些规定都没有对如何规范网络舆情进行详细的规定。笔者认为，立法机关应当从网络舆情的特征出发，将网络媒体、网民等网络主体的权利、义务以及相应法律责任明确规定，从而保证司法权公正、独立。

（2）完善司法信息公开与吸收机制。在司法信息公开方面，可以通过完善新闻发言人制度、法律文书上网制度等措施，使社会公众能够及时了解案件的审理情况，并监督司法机关具体工作。在信息吸收方面，司法机关可以主动与重点网站合作，保障可靠信息在网上运行并将权威的信息进行汇总，拓展良性信息的辐射空间，从而积极引导网络舆情，形成良好的传播环境。

（3）建立健全网络舆情信息监测机制。要高度重视对互联网信息发布的监测，特别是对涉及司法内容的信息收集、反馈与处置，加强对网络利益行为的管制，引导网络信息发布者及网络评论员公正、客观地发布信息。

2.3.3　以监督机制来保障网络舆情与司法的关系

（1）倡导现实言论自由，提高网民法律素养。公民只有充分享有言论自由，才能使监督机制的运行更加有效。同时，只有不断提高网民的法律素养和道德水平，才能提高网民的监督实效。

（2）拓展网络舆情融入司法过程的渠道。在形式上，应进一步加大网络媒体在司法程序中的利用程度，如"网民坚持跟帖形成规模，利用各种网络群体的动员效应，辅之以拍客、播客、博客的冲击作用，使信息保持公开透明，及时地澄清虚假网络信息及舆情信息"。在内容上，司法部门应适时地利用专业组织、专家及"名人堂"的作用，更好地发挥网络舆情的引导作用。

综上所述，当司法案件被网络舆情所关注时，一方面，网络舆情可以保障公民言论自由的权利，对司法实体公正和程序公正起到监督的作用；另一方面，网络舆情与司法独立二者之间的冲突也不可避免地凸显出来。我们必须把握并正确应对网络舆情的特征，发挥其对于司法权运作过程的积极作用，消减负面影响，最终建立二者的良性互动机制。

3 检查系统的监督

3.1 继续深化人民检察院检察改革

探索建立检察机关提起公益诉讼制度。学习外省先进经验，探索建立公益诉讼的管辖、诉讼审理、执行等相关程序，推动确立以检察机关为原告的公益诉讼制度。加强和完善检察机关法律监督职能，认真落实省人大《关于加强人民检察院对诉讼活动法律监督工作的决定》及相关配套规范性文件，依法加强对刑事诉讼、民事诉讼、行政诉讼的法律监督。

3.2 加强检察机关的法律监督

完善检察机关行使监督权的法律制度，加强对刑事诉讼、民事诉讼、行政诉讼的法律监督，有利于保障人民检察院依法履行职责，维护和促进司法公正。检察机关要提高监督能力和水平，执法司法机关要自觉接受检察机关的法律监督。

在民事执行活动中，检察机关发挥法律监督职能。应该以"依法、同级监督、有限监督"为原则，监督民事执行活动中是否存在违法违规的情况，从而促进我国法制建设的发展，同时有效保护民事执行活动中当事人的合法权益。

完善检察机关内部管理制度。检察机关应该结合检察机关的实际工作状态与职能，建立完善的内部管理制度，以此来约束法律监督人员依法行使法律监督职能。同时，在监察机关内部，应该构建完善的人员素质培养制度，增强法律监督人员依法监督的意识，促进其专业技能、法律素养、创新能力、职业道德等综合素质的提高，为检察机关法律监督职能的有效发挥提供人力资源基础。

多种法律监督方法创新运用，保证法律监督效率。我国宪法将检察机关的地位规定为"国家的法律监督机关"，也就是说，检察机关可以运用各种法律监督方法，对民事诉讼（包括民事审判活动与民事执行活动）实施法律监督活动，从而保证法院民事执行活动的合法性。因此，检察机关的相关法律监督人员必须提高认识，积极创新法律监督方法，并针对不同情况，将各种法律监督方法综合运用，以便提高检察机关的法律监督职能。

检察机关在发挥法律监督职能过程中，必须注重对监督人员综合能力的培养工作，同时还要注重对法律监督方法的创新工作。根据实际情况，针对不同的民事执行活动，灵活运用各种法律监督方法，从而保证检察机关法律监督职能的充分发挥，也保证民事执行活动的合法完成，避免出现损害当事人权益的事件。

3.3 加强对司法活动的监督力度，保障司法公正

集中开展司法活动中突出问题专项整治，以解决人情案、关系案、金钱案为重点，完善司法作风群众评议制度，严肃查处司法活动中的违纪违法问题，以零容忍态度查处司法腐败。完善人民监督员制度，建立由司法行政机关确定和管理监督员人选机制，重点发挥人民监督员对检察机关查办职务犯罪中立案、羁押扣押冻结财物、起诉等环节的监督作用。加强对司法活动的舆论监督，司法机关要强化接受监督意识，主动回应社会关切，为舆论监督提供条件，同时要规范媒体对案件的报道，坚持客观公正，防止误导舆论、干扰审判、影响司法公正。

4 人大的监督

优化审判权运行机制与坚持人大的监督。我国实行人民代表大会制度，人民行使国家权力的机关是人民代表大会，其他国家机关都是由人民代表大会选举产生，对其负责并受其监督。权力机关对审判权的监督是我国宪法确认的最高法律监督，必须正确处理好人大和法院的关系。

强化人大监督一方面应当禁止人大代表以个人名义或联名就具体案件提出监督意见的做法，因为人大代表的个人或者少数群体的意见往往带有舆论的倾向性，缺乏对案件的理性思考和中立判断。对法院的监督绝不是对法院审理的案件进行审批或就具体案件向法院发布裁判指示。人大的监督是对法院的裁判进行法律上的事后集体监督，保证法院依法独立行使职权。另一方面，如果人大代表在社会活动中发现有冤假错案或者严重的司法不公，可以向人大常委会反映，人大常委会可以指定某一专门委员会作初步调查，核实后再交由司法机关处理。司法机关对人大及其常委会提出的监督意见要认真对待，以事实为依据，以法律为准绳，独立自主地进行处理。法院必须严格执行人大制定的法律，严格适用法律，做到公正裁判，从而实现最广大人民群众的根本利益。

5 完善人民陪审员制度

完善人民陪审员制度。落实人民陪审员倍增计划，扩大参审范围，完善随机抽选方式。逐步实行人民陪审员不再审理法律适用问题、只参与审理事实认定问题的陪审制度。

人民陪审员的优势在于，他们来自普通民众，具有丰富的社会阅历，了解社情民意，对风俗民情和市井社会有更为直观的感受，具备识别和判断案件证据材料、认定案件事实的能力。由人民陪审员认定案件事实，能够将普通民众的朴素观念带入案件审理中，弥补法官专业知识的不足，使案件裁判更好地反映社会大众的日常情感。与法官相比，人民陪审员并不具有法律适用方面的优势，所以，让人民陪审员只参与审理事实认定问题、不再对法律适用问题进行表决，更加符合人民陪审员的实际情况和案件审判规律，更有利于其发挥作用，提高司法公信力。

保障人民陪审员可以认真履行职责。要坚持权利、义务相统一的原则，保障公民陪审权利，明确公民陪审义务。公民经选任为人民陪审员的，无正当理由不得拒绝履行陪审职责。建立对人民陪审员无正当理由拒绝履行陪审职责，有损害陪审公信或司法公正等行为的惩戒制度。明确人民陪审员退出情形，完善人民陪审员退出机制。进一步明确人民陪审员权利、义务清单。加强对人民陪审员个人信息和人身安全的法律保护，对危害人民陪审员制度的行为，建立相应的处罚规则，维护人民陪审制度权威性。人民法院及各相关单位应当为人民陪审员履职提供相应的便利和保障。人民法院应当会同行政执法机关，加强和改进对人民陪审员的培训和管理，充分调动人民陪审员履职积极性，提高履职实效性。人民陪审员所在单位不得因人民陪审员履行陪审职责而对其实施解雇以及减少工资或薪酬待遇等不利措施。明确人民陪审员制度实施所需经费列入人民法院业务费预算予以保障。

6　建立以审判为中心的诉讼机制

"审判中心主义"是指审判案件以庭审为中心，事实证据调查在法庭，定罪量刑辩论在法庭，裁判结果形成于法庭，全面落实直接言词原则，严格执行非法证据排除制度。这是将审判阶段置于整个诉讼的中心，使侦查、审查起诉活动围绕审判程序进行，法官在庭审时直接听取控辩双方意见，依证据裁判原则作出裁判。

建立以审判为中心的诉讼制度，是落实依法治国的基本治国方略，实现刑事诉讼既打击犯罪又保障人权、避免冤错案件发生的重要保障；建立以审判为中心的诉讼制度，要求案件审理由审判机关把关，去行政化，让审理者裁判，由裁判者负责；公检法三个机关各司其职，相互之间角色不能错位，既相互配合又相互制约；提出刑事案件以审判为中心、民事案件以庭审为中心，排除非法证据的具体对策措施，以及对诉讼制度国家立法和司法解释的建议。

建立以审判为中心的诉讼制度，是我国依法治国的基本治国方略的重要组成部分，是司法机关对诉讼规律认识提升的重要体现。建立以审判为中心的诉讼制度，是实现刑事诉讼法保护人权，避免冤错案件发生的重要手段。

建立以审判为中心的诉讼制度，要求案件审理由审判机关把关，不受行政机关、社会团体和个人的干涉。依法治国，建立以审判为中心的诉讼制度是我国依法治国的必然要求。中国共产党第十八届中央委员会第四次全体会议首次以全会的形式专题研究部署全面推进依法治国的基本治国方略。会议通过的《中共中央关于全面推进依法治国若干重大问题的决定》提出要推进以审判为中心的诉讼制度改革。

6.1 "审判中心主义"是司法公正之根本要求

公正是法治的生命线，司法不公对整个社会的破坏力极大。习近平同志说，努力让人民群众在每个司法案件中都感受到公平正义。司法公正包含实体公正与程序公正。作为现代刑事诉讼制度的一项基本理念，1996 年、2012 年《刑事诉讼法》的两次修改均努力突出审判的中心地位，尤其是 2012 年《刑事诉讼法》的修改确立了非法证据排除制度、起诉全部案卷移送制度。但在刑事诉讼活动中，我国长期以来实行的是"流水作业式"的"分段包干"诉讼构造，侦查、起诉和审判权分属公检法三个机关行使，犹如工厂生产车间的三道工序。公安、检察和法院在这三个环节上进行着流水作业式的操作，它们通过前后接力、互相配合、互相补充的活动，共同致力于刑事诉讼法任务的实现。在这种诉讼构造下，公检法三家权力分散，在三个阶段中各司其职，审判权的行使受制于侦查权、起诉权，法院必须依靠指控方在审判前、审判过程中，以及法庭审理结束以后相继移送的书面案卷材料，制作裁判文书，过于倚重书面证言。在庭审过程中，法官无法产生内心确信，从控辩双方的举证和辩论过程中形成自己的裁判结论。"审判中心主义"的重要含义之一，是指审判程序是整个刑事诉讼程序的中心，只有在审判阶段才能最终决定特定被告人的刑事责任问题。侦查、起诉、预审等程序中对于犯罪嫌疑人罪责的认定仅具有程序上的意义，不应该影响法官对案件的判断。确立"审判中心主义"制度，有利于法院全面、客观地发现事实真相，使法官对案件的裁决建立在控辩双方庭审活动的基础上，以法律为唯一标准，独立、公正地作出判断和裁判，也是司法程序公正理念和司法独立原则的必然要求。

6.2　　"审判中心主义"是法官"居中裁判"之本质要求

公平正义是法治的基本价值取向。法官作为庭审的裁判主体，"居中裁判"是其行为规范和实现公平正义的起码要求。推行"审判中心主义"诉讼制度，旨在强化庭审功能，提高法官的庭审驾驭能力和庭审技艺，使当事人的诉讼对抗明明白白地展示在法庭、解决在法庭，一切以庭审所查证和认定的为准，对各方诉权及利益同等看重，秉持中立，公正裁判。传统诉讼理论的通说承认"审判中心主义"，明确认为"审判是决定被告人有罪与否及其刑事责任轻重的最后和关键的阶段"。但在司法实践中，审判的中心地位并未突出，一方面，在刑事案件中，大多数证人、鉴定人不出庭，导致庭审过程主要依靠书面证据和证人证言，控辩双方的对抗性不强，庭审基本是走程序；另一方面，由于我国实行起诉卷全部移送制度，庭审前法官对案件已经有所了解，且对被告人有罪与否已经形成了基本的预判，庭审后再跟进庭审情况对全部卷宗进行梳理、合议。可见法官的主要工作并不在庭审环节，而在庭前，特别是庭后的阅卷环节。另外，在现阶段的刑事诉讼中，侦查环节仍然是刑事案件的中心环节，侦查以抓获犯罪嫌疑人并获取其口供为重点，以及以案卷笔录等证据为核心的"卷宗中心主义"，从中均可以看出实践中审判并非处于中心地位。这样的刑事程序本质上是人治程序，不是法治程序。再者，虽然《宪法》《刑事诉讼法》等都赋予法院独立审判权，但由于司法体制上的原因，我国法律规定上的"法院独立"是法院作为一个整体行使审判权时的集体独立权，并非法官个人的独立判案权，也不是合议庭的独立。因此，只有进一步提升审判在诉讼中的中心地位，推进以"审判为中心"的诉讼制度改革，才能在实质上保障法官在庭审中的中立地位，使庭审真正成为整个诉讼程序的核心环节。

6.3　　落实疑罪从无原则

美国最高法院大法官霍姆斯认为："与政府的卑鄙非法行为相比，罪孽要小得多。"疑罪从无是无罪推定原则的一个派生原则，是程序法治原则的重要体现，是体现法治司法文明、尊重和保障人权的一项重要原则。《决定》中也明确提出，健全落实罪刑法定、疑罪从无、非法证据排除等法律原则的法律制度，加强人权司法保障。以审判为中心的诉讼制度改革的一个重要目标就是确保案件的质量，防范冤假错案。虽然我国《刑事诉讼法》中已经确立了疑罪从无原则，但在司法实践中贯彻得并不彻底。在庭审中，应充分保障被告人、辩护人的刑事辩护权，强化被告人的诉讼主体地位，真正落实无罪推定原则和不得强迫自证其罪。强化控方的举证责任、证据出示义务，明确在指控犯罪的事实、证据的查明上辩方不负举证责任，坚持非法证据排除规则。

6.4 树立程序正义理念

正义不单要实现，而且要以"看得见的方式"实现。"看得见的方式"就是指程序正义或公正。因为程序是否公正，无论是诉讼参与者还是社会群众，都能够耳闻目睹、感同身受。不管案件最终结果如何，如果程序公正了，就会获得认同感。

6.5 确立控辩平等原则

控辩平等又称控辩平衡，是现代刑事诉讼的基本理念，是现代刑事诉讼结构的内在需求。对抗制诉讼是查明真相的最理想方式，裁判者必须通过坚持某种程序或确认某些权利来确保控辩双方之间的平衡。充分尊重被告人及其辩护人的合法权益，注意听取辩护人的辩护意见，做到文明、规范、平和、理性地对抗，共同促进审判公正。

6.6 彻底贯彻人权保障精神

尊重和保障人权是我国《宪法》的明确要求，要始终贯彻尊重和保障人权的理念，切实保护公民的人身权利、财产权利、民主权利等合法权益。

6.7 建立以审判为中心的诉讼制度的前提条件——让审理者裁判，由裁判者负责

司法系统对内去行政化、对外减少不正当的干预并树立司法权威，是建

立以审判为中心的诉讼制度的前提条件。

6.7.1　去行政化

我国法院的行政色彩过于浓厚，影响法官公正独立判案的司法权行使。建立以审判为中心的诉讼制度需去行政化，将案件的事实认定和法律适用的权利回归合议庭和主审法官。避免法官在办理案件中过多地受到行政因素的干扰，让审判权回归合议庭和主审法官应从以下三个方面入手：一是要保证各级法院的独立性，避免上级法院对下级法院的不正当干预，改革法院不合理的考评体系。依据我国法律规定，上下级法院属于监督与被监督的关系，但是在实践操作中，上下级法院通常处于领导与被领导的关系。二是要保证法官的独立性，避免本级法院内部的行政领导。严格法官的责任制，淡化对法官的行政管理。借鉴其他国家的做法，在法院内设立类似法官委员会或者法官会议的机构，负责法院重大行政事务的决策。三是要改革法院审判委员会制度。我国《刑事诉讼法》规定对疑难、复杂、重大案件合议庭难以做出决定的，交由审判委员会讨论决定。审判委员会制度一方面让法官独立对案件进行审判流于形式；另一方面违反刑事诉讼的直接言词原则。直接言词原则要求法官只能依据经过法庭庭审的证据作为裁判基础，通过对证据的审查，当事人的质证和辩论等认定案件事实和适用法律，不能通过法院内部的讨论完成对案件的裁判。

6.7.2　减少不正当干预

建立以审判为中心的诉讼制度，还需要确保法院的独立性，减少司法系统之外的不正当干预。法院独立尤其要注意避免行政机关对法院的干预。保证法院的独立性需要从以下几个方面来完善：一是需要确保法院的经费和物质保障不受行政机关制约。法院完全独立于行政机关，脱离行政机关对法院的限制。二是建立独立的法官任命、罢免、豁免制度和考核体系。

减少不正当干预，还应避免社会舆论过分影响司法独立。刑事审判工作区别于政府对社会事件的行政管理或治理，刑事审判将剥夺当事人财产权和人身自由权，甚至是生命权。由于我国经济的飞速发展，民意通过某些渠道呈几何式传播，易于对司法造成舆论压力，并且民意的内容有时无法与法律适用一致。避免民意过度影响司法，保障司法独立，是建立以审判为中心的诉讼制度的前提条件之一。

6.7.3 公检法三个机关角色不能错位

我国《刑事诉讼法》规定公检法三机关各司其职，分工负责、相互配合、相互制约。各司其职、分工负责是指公安机关、检察机关和审判机关根据刑事诉讼法的规定，在法律规定的权限范围内分别行使职权，各司其职、各司其职，既不能相互替代，也不能相互推诿。相互配合指公安机关、检察机关和审判机关在分工负责的基础上，使案件的处理能够上下衔接、协调一致，共同完成查明案件事实、正确使用法律的任务。相互制约是指公安机关、检察机关和审判机关应当按照诉讼职能的分工和程序上的设置，相互约束、制衡，以防止发生错误或及时纠正错误，做到不错不漏，不枉不纵。

法院作为国家的审判机关，依法独立行使审判权。建立以审判为中心的诉讼制度，就是建立以法院为中心的诉讼制度，强调法院庭审审判的重要性，旨在通过庭审对证据的审查和质证，诉讼当事人和诉讼参与人的辩论，让"居中裁判"的法官形成心证，对案件进行公正审判。建立以审判为中心的诉讼制度，需要做到以下两个方面：一是确立诉讼当事人的主体地位，让诉讼当事人和诉讼参加人充分进入刑事诉讼程序并依法行使诉讼权利。保障当事人的诉讼主体地位，需要当事人获得听审的机会，同时及时告知当事人在诉讼过程中享有的诉讼权利。诉讼当事人，特别是犯罪嫌疑人、被告人在刑事诉讼中，面对专门的国家司法机关，处于天然的弱势地位，因此保障犯罪嫌疑人、被告人的合法权利得到有效行使尤为重要。我国 2012 年修订的《刑事诉讼法》将律师介入阶段提前到侦查阶段，同时将法律援助的范围扩大到尚未完全丧失辨认或控制自己行为能力的精神病患者、可能被判处无期徒刑的人，并完善律师的会见权等方式，以保障犯罪嫌疑人、被告人的诉讼权利。二是法官对案件的审理需要改变查明的证明观，转向证明的证明观。依据《刑事诉讼法》规定的证明标准——定罪和量刑都有相应的证据证明，定罪量刑的证据都经过法定程序查证属实，综合全案证据，对认定的事实已排除了合理怀疑——对案件作出裁判。

7 推动审判权与执行权相分离

审判权与执行权相分离可有效发挥执行工作对审判工作的监督与检验作

用，有利于发现和弥补审判工作中的不足，亦有利于避免审判权力过于集中，对于防止司法腐败，保证司法公正具有重要意义。为此，《决定》提出"推动实行审判权和执行权相分离的体制改革试点"，但对具体的分离方式存在分歧，主要有两种观点：第一种观点是执行权要与审判权相分离，就是将执行权从法院切除出去，交给行政机关行使。理由是执行权在性质上属于行政权，不宜由人民法院行使。第二种观点是执行权事实上属于司法权，应由法院来行使，执行权和审判权的分离，也应在人民法院内部进行。笔者认为，第二种观点更符合四中全会《决定》精神。

第一，因司法判决后产生的执行权仍是司法权的延伸和继续。司法权并非单一的审判权，而是内涵丰富的权力体系，包括审判权和与审判权相关的或用于辅助审判权的一系列权力，其中就有生效判决的执行权。因此，生效判决产生的执行权与行政权和行政法律关系中产生的执行权有本质区别，人民法院并不必然不可行使这种执行权。

第二，从域外执行立法的经验来看，在所有法制发达的国家，无论英美法系还是大陆法系国家，重大的民事执行行为、价值巨大的财产的民事执行、其他财产权的民事执行、执行裁决事项等都是由法院行使；而执行员或行政官员只能介入价值较低的动产的执行，其中行政官员需要取得法院命令后才能展开执行活动。考虑到民事执行权的行使会限制或剥夺被执行人对其财产的处分权，为慎重起见，域外不仅设定了法院专有的执行领域和事项，而且对参与强制执行的执行法官提出了很高的要求。

第三，将执行权交给行政机关，会造成严重的司法资源浪费，会降低人民法院的司法权威。与行政权、立法权相比，司法权的配置在国家权力体系中较为薄弱，容易受到其他权力的干预而难以有效行使，行政权最强势，最难制约。若由行政机关行使执行权，必然造成行政权的过度膨胀，同时会影响人民法院的司法权威，特别是会降低民事诉讼中的财产保全、妨害诉讼的强制措施、知识产权诉讼中的临时禁令、海事诉讼中的海事保全和海事强制令等诸如此类的司法强制措施效力。

第四，审判权与执行权的分离涉及法院审判管理体系构架的变革，由独立的执行机关行使执行权力，执行权运行将变得更加科学、规范，有利于形成执行工作全国一盘棋的工作体系和运行机制。在法院内部独立执行权也需要创新改革。一要做好执行与审判的信息衔接，提高透明度，同时要牢固树立网络安全意识，确保被执行人的信息只用于执行，切实防止发生失密、泄密事件；二要做好执行与立案的信息衔接；三要做好执行与社会征信机构的衔接，扩大对失信被执行人信用惩戒范围，加大信用惩戒力度，推进执行规范和执行公开。对此，最高法院已经积极贯彻落实《决定》精神，与公安部身份证查询中心、全国组织机构代码管理中心、国家工商行政管理总局、中国银行业监督管理委员会、中国证券监督管理委员会、20 家银行业金融机构等签署合作备忘录，搭建联合查控被执行人财产、惩戒失信行为的网络专线，联合在全国范围内建立立体执行查控机制。同时，最高法院与全国 27 家高级人民法院实现了执行网络纵向联网。建立四级法院联网，具备快速反应能力、能够实现"统一管理、统一协调、统一指挥"的人民法院执行指挥中心，通过网络统一调配执行力量，实现上下联动、内部联动，远程指挥、监控、实施执行措施，彻底解决执行难问题。

8 立案登记制

8.1 严格施行立案登记制

变立案审查制为立案登记制，做到依法有案必立、有诉必理，对不符合法定立案条件的，要向当事人说明具体理由。根据最高人民法院关于人民法院登记立案若干问题的规定，认真实行登记立案制。进一步深入开展立案窗口规范化建设及诉讼服务中心建设工作，严格执行立案标准，健全配套机制，结合工作实际，关注立案登记过程中遇到的新问题，及时化解并报最高法院研判。

8.2 我国法院立案登记制度的完善措施

加强对法官的培训，努力提高法官的素质。与其等到在新的案件面前手足无措，不如未雨绸缪，法官应事先提升自己的业务水平以适应新形势的要求。一支高素质的法官队伍是应对立案登记制度的最有力的武器。同时，要发挥我国独有的人民陪审员制度的优越性，做好人民陪审员的聘任工作，尤其是要聘请专业人士担任人民陪审员，提高人民陪审员的出庭率，借以弥补法官在某些专业领域知识储备的不足。

完善机构设置，做好配套制度改革。应对新型案件，增设必要的业务庭室，理顺法庭内部的关系；出台相应的法律，对于立案登记制度做详细的规定，尤其是要明确从登记到确定庭审时间的具体时间。为避免立案却不审理的情况发生，应规定相应的责任追究制度。

强化服务理念，优化立案软硬件。在立案登记制度上，更加强调立案的服务性而非权力性，因而在理念上应当坚持服务理念，为群众提供优质、便捷的立案服务。为此，建议加强人民法院诉讼服务中心和信息化建设，实现公开、便捷立案。推行网上立案、预约立案、巡回立案，为当事人主张诉权提供便利。

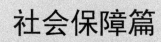

社会保障篇

"山西整合城乡医保"的研究报告[①]

----

1 城乡医保制度"分割"的弊端与整合的可行性

1.1 城乡医保制度的分割建设

现行医疗保险（简称医保）制度建设按城乡、户籍、职业为区分标准，主要区分建设以下三种制度。

1.1.1 城镇职工基本医疗保险制度

城镇职工基本医疗保险制度包括公费医疗保险制度，起源于 1992 年广东省深圳市，以及 1994 年江苏省镇江市、江西省九江市对计划经济体制的福利性特色公费医疗和劳保医疗制度的改革，在"新老划断"便于全面启动改革的思路下，部分地区保留了财政出资的高级干部的公费医疗制度。1998年 12 月，国务院发布了《关于建立城镇职工基本医疗保险制度的决定》，确立了城镇职工基本医疗保险制度，并向全国推行。2002 年，城镇职工基本医疗保险制度覆盖全国。城镇职工基本医疗保险制度是一种覆盖全体城镇职工、社会统筹和个人账户相结合、由企业和职工共同缴纳保险费，为城镇职

----

① 课题组组长：孙淑云。课题组成员：曹克奇、柴志凯、郎杰燕。本文完成于 2016 年，如无特别说明研究数据截至 2015 年 12 月。

工提供基本医疗服务的基本医疗保险制度。

1.1.2 新型农村合作医疗制度

2002 年 10 月,《中共中央、国务院关于进一步加强农村卫生工作的决定》提出,改革传统农村合作医疗制度,建立新型农村合作医疗制度。新型农村合作医疗制度(简称新农合制度)是一种覆盖农村居民,由"政府组织、引导、支持,农民自愿参加,个人、集体和政府多方筹资,以大病统筹为主的农民医疗互助共济制度"[①]。2008 年,新农合制度实现覆盖全国的目标。

1.1.3 城镇居民基本医疗保险制度

2007 年 7 月,在复制新型农村合作医疗制度模式的基础上,国务院城镇居民基本医疗保险部际联合会出台《关于开展城镇居民基本医疗保险试点的指导意见》,确立了城镇居民基本医疗保险制度。城镇居民基本医疗保险制度的保障对象包括不属于城镇职工基本医疗保险制度覆盖范围的中小学阶段的学生(包括职业高中、中专、技校学生)、少年儿童和其他非从业城镇居民,是一项以家庭缴费为主,政府给予适当补助,其基金重点用于参保居民的住院和门诊大病医疗支出。[②]2010 年,城镇居民基本医疗保险制度覆盖了全国。

2009 年,城乡三元基本医疗保险实现了"制度覆盖"了全国的目标,并被 2010 年颁布的《中华人民共和国社会保险法》法律化。[③]城乡三元医疗保险制度和局部保留的公费医疗保险制度,是我国现行社会医疗保险制度体系的主要部分。此外,四种医疗保险制度在向全国推行过程中,各个医疗保险的统筹地区[④]

---

① 参见 2003 年 1 月 16 日国务院办公厅转发卫生部、财政部、农业部《关于建立新型农村合作医疗制度的意见》(国办发〔2003〕3 号)。

② 对试点城市的参保居民,政府(中央与地方财政)每年按不低于人均 40 元给予补助,对属于低保对象的或重度残疾的学生和儿童参保所需的家庭缴费部分,政府原则上每年再按不低于人均 10 元给予补助;对其他低保对象、丧失劳动能力的重度残疾人、低收入家庭 60 周岁以上的老年人等困难居民参保所需家庭缴费部分,政府每年再按不低于人均 60 元给予补助。

③ 《中华人民共和国社会保险法》第二十三至二十五条规定,我国城乡基本医疗保险体系由城镇职工基本医疗保险制度、城镇居民基本医保制度、新型农村合作医疗制度等三元制度构成。

④ "统筹地区"即指根据国家法定标准,负责社会保险计划的基金收支平衡的政府和辖区。通过明确统筹层次,进而明确社会保险管理层次和管理体制,实质上是解决中央政府和各级地方政府对基本医疗保险权责义的划分问题。一般来说,某一统筹层次对应的该级政府,是该项基金医疗保险待遇支付的最后担保人。在我国,职工基本医疗保险、城镇居民基本医疗保险一般以市为统筹单位,新型农村合作医疗制度一般以县为统筹单位。

考虑区域差异性，发挥地方主动性，根据当地的经济发展水平及基本医疗消费需求，并考虑当地职工和城乡居民家庭和财政的负担能力，又创新了不同制度模式；有些地区还专门为农民工建立了独立医疗保险制度，使得社会医疗保险制度呈现错综复杂的现象。

山西城乡三项医保制度建设基本与全国同步，2001 年大范围启动城镇职工基本医疗保险制度改革，2003 年启动新型农村合作医疗制度，2007 年启动城镇居民基本医疗保险制度，到 2010 年，从制度安排上已实现了山西境内的"全民医保"。但是，基于三项医保县、市统筹的现实，一县（市）一策。在执行三项基本医保政策制度过程中，各地根据自身财力状况和地方知识、地方利益，在创新旗号下，在各项社会保障项目的筹资、待遇、经办方面形成地方政策壁垒，相机创建了不同模式，形成了差异化、层级型、"碎片化"的基本医保制度样态。

1.2　城乡医保制度"碎片化"构建的特征

改革开放以来，我国城乡三项医保制度以"低水平、广覆盖、多层次、可持续"为基本方针，经过 30 余年的努力，分割建立了"碎片化"的基本医保制度，实现了基本医保"制度覆盖"全民的基本目标。我国"碎片化"基本医保制度的构建，别有特色，形成了独有的分割逻辑，即与经济体制改革及城乡二元体制转型伴随，在城乡分离、分治的基本医保体制下，嵌入职业身份类分、地域壁垒、部门管理分割等因素交叉影响而形成"碎片化"的制度体系。

1.2.1　城乡二元体制下的"碎片化"惯性

现行分割的城乡医保制度不是凭空想象，而是对计划经济体制下基于城乡户籍、单位性质和职业身份等社会等级为基础的"一个国家、两种福利"[①]的医保制度的改革。在与既得利益妥协下，在逐步改良中，计划经济体制下以城乡二元户籍及其"社会身份本位"分割医保制度的巨大惯性，在城乡医保制度改革过程中得以保持和延续。

---

① 计划经济时代，由于城乡社会福利水平差距很大，因此，中国的福利制度是典型的二元制福利体系，可以称为"一个国家，两种福利制度"（岳经纶，2008）。

在城市，20世纪80年代中期，国有企业改革使大量工人下岗，进而迅速演变成一场社会危机。为适应和成就国有企业改革，被动地对计划经济时期城市的"身份、所有制差异"的"单位福利制度"的公费医疗制度和劳保医疗制度进行改革。在逐步完成了与国有企业改革配套的城镇职工（即正式从业者）基本医疗保险制度建设后，2002年，在党的十六大"统筹城乡、全面协调可持续的科学发展"的执政理念和方针政策指导下，城镇职工医疗保险制度体系开始向非正式从业者"扩面"。由于非正式从业者从业多元化、收入不稳定及缺乏客观的收入计算平台，制度覆盖的"扩面"极其艰难，为此催生了农民工医疗保险制度和城镇居民基本医疗保险制度等"小制度"体系。

2002年以后，在农村为居民构建了新型农村合作医疗制度。该制度是对原有集体互助保障的传统农村合作医疗制度的承继和改革，因为政府财政资金的积极注入，集体互助保障机制演变成为社会保障制度。但是，新型农村合作医疗制度的构建，仍然坚持了以"农村户籍""农民身份"定位制度的惯性，携带了城乡分割体制的基因，形成了与城市基本医保制度体系分割的"碎片化"制度样态。

1.2.2 "摸着石头过河"改革策略下的探索式"碎片化"

我国由计划经济向市场经济体制转轨，任何改革的主张往往面临严重分歧和意识形态争论，很多情况下研究者难以达成共识，"没有谁能掌握社会变革的总钥匙和总规律"（刘进业，2014）。因此，在"实践是检验真理的唯一标准"的理论引导下，搁置争议，采取"摸着石头过河"的改革策略，执政者的改革理念处于渐进成长过程，政治博弈也呈渐进过程。在这种"转型"时期开创性、灵活性的经济社会制度背景下，适应城乡二元经济社会和地区发展不平衡的国情，以及就业形式、劳动关系多元化、非就业人群普遍存在的民情，不会有绝对正确的基本医保制度模式，只可能有试验、摸索，不断地进行制度选择和制度完善。"我国社会保障制度的改革过程也是为了应对当时一些迫切需要解决的经济和社会问题而实施的，大多数社会保障项目的选择和出台是为了应对当时的问题，而不是从长远的战略视角出发制定的。"（张秀兰等，2009）城乡基本医保制度遵循了这一改革策略，分割试验建设了城镇职工基本医疗保险制度、新型农村合作医疗制度、城镇居民医疗保险制度，三项基本医疗保险制度由城镇到农村、从覆盖正式从业人群到非正式从业及无业人群，用了20多年时间，才实现"制度覆盖"全民的目标。三项基本医保制度的试验性、渐进性、权宜性的制度变迁逻辑，"取决于体制作为一个整体的相互适应性的需要和社会承受力，不是按既定模式、既定理论走来的，是分类探索自然形成的"（杨兆敏和陈敏娜，2007）。

1.2.3 政策治理和政策执行中的层级型"碎片化"

与"摸着石头过河"的改革策略相伴随，我国各个领域的改革都采取政策治理方式，只确定改革的方向、政策的基本框架，不规定改革的具体规范，为改革留下创新余地，从而自下而上进行试验，再自上而下总结、完善政策。因此，城乡三项基本医保全国性政策出台后，允许地方在医保的筹资方式、保障待遇支付、管理和经办等环节上探索创新。由于城乡差别、区域差异，地方财政资源禀赋不同，特别是中央与地方基本医保事权与财权一直没有明确划分，依赖财力支持的基本医保制度，在省、市、县层层落实过程中，各地均根据自身财力状况和地方知识、地方利益，在创新旗号下，对三项基本医保制度的筹资、待遇、管理和经办等方面相机变通，创建了不同模式，形成了差异化、层级型的地方政策壁垒。三项基本医保制度一县（市）一策，财力雄厚的地方，以及民生意识较强的地方，三项基本医保的筹资和待遇明显高于财力弱的地方，导致统一医保项目之下区域性的"碎片化"制度分割，"地方政府所实行的基本医保政策进一步'分割'了整个医保体系"（施世俊，2009）。

1.2.4 行政管理分割下的政策制定"碎片化"

现代社会保险制度作为强制性、政府主导的公共事业，需要政府确定主管部门统一管理和推行。同时，为了适应社会保障专业化、标准化、规范化、信息化、精细化管理事务的需要，行政主管部门必须细化社会保险的决策规则、管理规则和服务规则。为此，除了社会保险基本立法外，各国社会保险的行政立法和政策体系都庞大而复杂。我国现行主管基本医保的政府部门在中央层面包括人力资源和社会保障部、国家卫生和计划生育委员会，以及国家发展和改革委员会、农业部、财政部、民政部等配合管理部门，各行政主管部门都分别建设了庞大的[①]基本医保政策。各行政主管部门由于职能

---

① 据笔者统计，仅就基本医疗保险制度体系中的新农合制度建设来说，从 2002 年中共中央、国务院提出建立新农合制度以来至 2012 年年底，卫生部、财政部、民政部等部门或单独或联合发文，先后颁发了 70 项相关新农合制度的政策文件。

不同，存在一些本位上的不同观点；加之，主管部门对运营巨量基本医保资金的经办机构人员、业务、经费的控制，以及为此衍生出来的权威及其利益，存在一些争权诿责现象；"政策制定各部门间由于角度、视野或者立场的不同，针对各自认为的主要问题出台政策，导致决策的不作为或者乱作为，实际出台的一些政策往往起反向作用"（金春林，2014）。

总之，我国现行城乡基本医保制度体系在"城乡分割、身份分割、地域分割、部门分割"的逻辑下渐进构建而成。

1.3 "碎片化"医保制度的时代局限与整合的必要性

城乡基本医保制度的"碎片化"构建，伴随着我国改革开放的启动，为应对改革开放产生的因病致贫现象与社会问题所建，与我国经济处于发展不足、财力薄弱、城乡社会结构分割相适应。20 余年的"碎片化"医保制度构建，使我国医保制度体系框架基本形成，实现了制度"低水平、广覆盖"于全民的初级目标，基本医保制度建设取得了伟大成就。

但是，经过 30 余年的改革发展，我国已于 2009 年跨入中等收入、新兴工业化的国家行列。特别是工业化、城市化建设步伐的加速，使我国经济社会结构发生深刻变迁，人口流动加速，多元就业格局形成，城乡"二元"体制解冻，并加速解体，城乡一体化体制机制建设加速推进。"碎片化"医保制度造成的制度之间的交叉、重叠，基本医保管理和经办机构的职能重叠、消磨，医保权利享受"不公平、不便携、不可持续"等弊端日益凸显，客观推动了"碎片化"医保制度的整合。

1.3.1 我国"碎片化"医保制度的时代局限

（1）"碎片化"医保制度导致重复受保和漏保并存，难以实现全民覆盖。我国基本医保制度分城乡、分区域、分职业、分部门、分时段构建，三项医保制度以身份区分保障对象，覆盖人群有限，导致大量处于政策夹缝中的人群无缘医保制度。例如，新农合制度在卫生部门主管下，基本上以县为统筹单位，并且一县（市）一策，户籍制度下的人户分离者、无户籍居民、原农村户籍人口因就学、服兵役等原因将户口迁出后又回到原籍居住的人群，由于各地新农合制度各自为政，缺乏转移接续政策，这些人群常常被排除在参保范围之外。又如，城镇职工基本医疗保险制度是对计划经济体制下城镇正式从业者设计的基本医疗保险，经过改革，虽然政策宣称非正式从业者可以自愿参保，但是设置过高的筹资门槛基本上排除了非正式从业者。与漏保现象并存的是重复受保，如随着农民工成为城市工业化的主力军，其医保权益日益受到重视，一些地方的城镇职工基本医保、新农合、城镇居民医保、农民工医保的政策都规定农民工可以参加。然而，在实践中，城乡三项医保管理分割，卫生、人社部门各自为政，政策互相冲突，为完成参保率任务又互争参保资源。在管理方式和信息系统不统一的情况下，农民工往往重复参保。重复参保又造成财政重复补贴，致使财政不堪重负。

（2）"碎片化"基本医保制度导致制度的公平性先天不足，直接阻碍社会流动和社会融合。公平、公正、共享是社会保障制度的核心价值理念。社会保险一般以收入为基数，遵循量能负担原则，收入多的人多缴纳保险费，收入少的人少缴纳保险费。但是，不论缴纳保险费多寡，最后都公平地享受社会保险待遇，以实现社会保险调节收入分配的社会效果。而基本医保制度的"碎片化"的实质就是受保障人权利不公平、不平等。城乡居民因户籍、职业、收入等社会经济因素的限制，被划分归属于城乡三项基本医疗保险制度中，三项基本医疗保险制度受保障对象及筹资结构、筹资水平选择不同，以此为基础，势必导致三项基本医疗保险制度间保障水平差异较大、权利实现不平等。主要体现在两个方面：其一，制度与制度之间筹资和保障水平的差异。城镇职工医保和新农合人均筹资相差约 20 倍、与城镇居民医保相差约 2 倍（辜胜阻，2010）。要想使三项医疗保障制度达到同样保障水平，实现城乡统一，在不降低城镇职工基本医疗保险保障水平的情况下，唯一的办法就是增加新农合、城镇居民基本医疗保险的筹资水平。但现阶段，无论是农民、城镇居民的收入水平还是国家财政能力，都无力担负筹资水平的提高。因此，在低水平的筹资主导下，城镇居民基本医疗保险和新农合医疗保障水平也低水平起步，粗略给付农民和城镇居民的医疗保障待遇。而且，新农合的基本药物目录、基本诊疗服务等"基本医疗服务包"的容量较城镇医保小，"绝大部分地区对新农合的报销范围做了较大限定，很多药品和诊疗服务都未纳入报销范围，因而参保农民只能利用基本医疗中的'最基本服务'"（新型农村合作医疗试点评估组，2006）。其二，同一制度的不同统筹单位筹资和保障水平的差异。限于我国区域经济社会发展不平衡，特别是县域经济社会发展差异大，各个统筹地区财政补助三项基本医疗保险的筹资差距也较大，特别是新农合和城镇居民筹资差别大，这决定了新农合、城镇居民各统筹地区基金能力高低不同。学者胡善联（2004）对新农合的研究列示：就筹资水平来说，全国大多数地方筹资水平是人均30～40元，东部发达地方是50～80元。待遇支付水平的不同表现在以下四个方面。一是各地待遇支付范围不同，一种是保大病（主要是住院花费），另一种是保大兼保小（住院和门诊花费都在保障范围内）。二是待遇支付的起付线不同，经济发达程度不同的省份之间起付线设置差异较大，同一省份甚至同一市内的不同试点县之间，起付线也表现出较大的差异。例如，浙江宁波10个试点县中，县级医院住院报销的起付线最低的是300元，最高的是1000元，可见起付线的设置主观性和随意性很大。三是待遇支付的封顶线不同，最低的西部省份为3000元，最高的东部省份为50 000元。四是待遇支付的报销比例不同，各省份各试点县的差异更大。共同的是农民平均报销率低，全国平均报销率为31.60%，农民要承担近70%的共付率。当然，公平性不足的"碎片化"的基本医保制度不利于社会流动。"碎片化"的基本医保制度，多样化的区域医保政策，多元化的医保待遇，造成身份歧视，导致城乡三项医保制度的被保障主体医保权利转移难、衔接难，直接阻碍社会流动，"不利于社会融合和社会和谐"（郑秉文，2009）。

（3）"碎片化"医保制度导致管理经办资源浪费和不足并存，基本医保运行质量提高难。"碎片化"的基本医保制度在管理、经办方面，部门分割，体制不顺，职能交错混乱，导致管理资源浪费和不足并存。长期以来，人社部门负责管理城镇职工基本医保和城镇居民基本医保，卫生部门负责新农合医保。分割管理，政出各门，重复建设，职能交错，又没有统一的法律界定和划分，导致三项基本医保管理机构配合乏力，甚至互相扯皮；各个管理机构在城乡基本医保管理需要协调配合时，又互争利益；各部门自建基本医保经办机构，重复设置机构、重复建设信息系统，导致现代IT技术下医保信息管理的"井田制"，资源无法共享，导致资源极大浪费。即便是为了纠正三项基本医保的分割弊端，在当下三项基本医保整合试点阶段，由于人社部门与卫生部门争夺管理权，互不协调、配合，而且，两个部门竞争管理权辐射影响地方整合城乡医保管理权，整合后的基本医保管理权在地方又被"分解"为卫生部门管理模式、人社部门管理模式、人社和卫生部门合作管理模式、财政部门管理模式、政府直接管理模式等。在全国视域内，基本医保管理被分割、肢解得七零八落，上下管理纵横交错、职能混乱，管理不足与浪费并存。而且，在各自为政的管理体制下，加上医保经办与管理政事不分，管事、管钱、监督集中于一个部门，"一条龙"容易导致基本医保服务效率低下和腐败风险增加，难以提高医保制度运行质量。

（4）"碎片化"基本医保制度导致法律统一规定难，法律实施容易被政策架空。"碎片化"的基本医保制度，实质是分城乡、分部门、分区域的政策制度创新的结果。立法机构总结基本医保 20 多年政策试点的经验，将不少政策上升为法律条文。但是，我国基本医保还处于改革进程中，各地区试点在筹资、基金管理、基金统筹层次、待遇支付等方面探索了不少制度或管理模式，很多问题难有定论。有些是尚未经过充分实践的制度，争议较多，制度未定型，如新农合和城镇居民医保制度，决定这两项医保的经济、社会、政治很多因素还处于渐变过程中，新情况、新问题不断出现，要继续探索和实践，需要保持必要的灵活性。有些则是因为部门权力博弈，僵持不下，只能回避性授权立法，如人社部门与卫生部门争夺新农合管理，还需要行政体制改革的跟进。有些是由于存在中央和地方之间的利益分歧，难以做出统一规定，如基本医保逐步实现省级统筹。由于我国二元经济和社会的外部条件，在经济发展水平上存在较大差异，基本医保筹资、待遇地区差异较大，统筹层次提高到哪个层级，哪个层级的财政就要担负更多的责任，统筹层次越低，效率越高；统筹层次越高，风险越大。在既定的外部条件下，许多地方基本医保还处于县级统筹，应逐步实现省级统筹。基于上述诸多因素，《中华人民共和国社会保险法》立法时，立法机关只能确立"确立框架、循序渐进"的原则；对于各地实践中的做法、创新、争议予以认可，大都以授权性立法做方向性、空白性规定，形成框架式、综合性、原则性、授权性的社会保险立法特征。这样的立法，操作性自然很弱，需要基本医保行政管理部门制定法律实施性规定和政策。但是，我国基本医保纵横交错的管理体制，意味着条块分割的执法权、决策权和政策体系，进而强化了基本医保法律实施的分割，导致基本医保法律制度被基本医保政策架空的弊端。

1.3.2 我国"碎片化"基本医保制度整合的必要性

城乡"碎片化"基本医保制度建设是我国特定历史时期的产物，在促进城乡基本医保"低水平、广覆盖"方面发挥了一定作用。然而，随着我国进入新的发展阶段，"碎片化"基本医保制度已经成为阻碍经济社会发展的"一堵无形的墙"。城乡、身份、区域差异使得国民不能公平、公正、共享社会发展利益，而且贻误基本医保改革深化的时机。所以，整合"碎片化"基本医保制度是经济社会发展的时代要求，是深化改革重要的一环，是基本医保制度自身完善的必然要求。

（1）从基本医保制度建设的内在规律看。"碎片化"基本医保制度建设基于社会保障制度产生的根源性,各国社会保障体系建设都经历了从"碎片化"建设到相互协调的完整体系的发展过程,我国又经历了对计划经济体制"碎片化"社会保障制度"渐进性"改革、摸索式前进的特色道路,经过20余年的"碎片化"构建,具有中国特色的、覆盖全民的"碎片化"基本医保制度体系框架已初步建立。初步建立起来的基本医保制度体系框架,意味着医保"制度覆盖"全民的阶段目标实现,是基本医保制度建设的初级阶段和过渡阶段。"碎片化"的基本医保制度构建,在完成全民覆盖的伟大历史成就之时,也逐步暴露出弊端,诸如制度之间的交叉、重叠,不同人群医保水平的不平等,不同医保制度保障权利转移难,管理和经办机构的职能重叠等问题,成为全民普惠式、公平医保权利实现的障碍。应该与时俱进、因时谋事、顺势而为,推动碎片化基本医保制度的整合,实现基本医保制度的定型、公平和可持续发展。当然,基本医保制度的全民覆盖,为整合基本医保制度提供了基础条件,统筹城乡、统筹区域、统筹全民,完善基本医保制度体系已成为我国基本医保制度建设下一阶段的目标。

(2)从我国经济社会发展条件看。改革开放30多年来,我国经济社会取得长足进步和发展,经济社会转型、体制转轨是其基本特征。特别是在2002年党的十六大"统筹城乡、全面协调可持续的科学发展"的执政理念和方针政策指导下,计划经济时期所确立的城乡二元体制开始松动;2007年十七大又提出加快城乡经济社会一体化格局的体制机制建设步伐;目前我国的经济社会发展已经达到一定水平,农村人口向城市的流动也已经形成较大规模,城乡经济社会一体化步伐加速,城镇化、工业化、现代化提速和推进,这些深刻地改变了我国经济、社会、人口结构,需要基本医保制度体系与之协调发展。从经济上看,2007年,在人均GDP上我国已经达到中等发达国家水平,经济总量和财政收入的快速增长为健全基本医保制度提供了深厚的经济基础。从社会发展看,随着城乡结构变迁,人口流动加速,社会结构进一步分化,贫富差距、城乡差距、区域差异、职业差异、流动人口与当地居民利益分歧等诸多现实问题不断凸显,均需要通过基本医保制度的完善来化解社会结构变迁带来的社会差异和社会矛盾。从人口结构上看,随着经济、社会结构变化,人口结构也快速变化,大规模人口流动迁徙在我国持续了20多年,人口迅速向城镇聚集,"2012年,我国城镇化率为52.7%,流动人口总量达到2.36亿人"(国家卫生和计划生育委员会流动人口司,2013),特别是家庭化迁徙成为新生代流动的主体模式,就业形式更加多元化,完全打破了区分城乡、身份、职业所建立的基本医保制度的格局。如何适应流动性,

成为现行基本医保制度体系的难题，也是现行基本医保制度完善的突破口。

（3）从民众基本医疗保障的需求看。自改革开放以来，为适应经济体制改革，基本医保制度建设从城市到乡村，主要解决的是"'有没有'的问题，也就是努力从制度和人员两方面都实现全覆盖，做到人人有保障"（《中国社会保障》编辑部，2013）的问题。从没有到有，让过去享受不到基本医保的主体，特别是农民和城市无业者尝到了甜头。但是，随着碎片化基本医保制度的构建与实施，筹资水平、保障水平、经办服务水平因城乡、区域、职业区分的差异逐步显现出来，这些只是浮在表面的问题；碎片化基本医保制度运行过程中逐步暴露的深层问题是覆盖面总体不足、基本医保保障不公平、基本医保制度设计不完善，这些越来越成为阻碍人口流动的社会瓶颈，造成的后果是，拉大和加重了城乡、区域、职业、收入差别，基本医保制度调节收入、削弱贫富差距的功能没能得到很好的发挥。所以，从基本医保制度全面覆盖，到人人平等享受更加可靠的基本医疗保障，已成民众普遍的需求，为全民心之所向。民之所愿，施政所向，是政府执政理念，也是基本医保制度完善的理念。所以，整合碎片化基本医保制度，最大限度地体现公平和正义原则，已经具备强大的民众社会支持和合理、合法性。

1.4 当前整合"碎片化"基本医保制度的社会基础与可行性

可见，基本医保制度全民覆盖，是整合和完善基本医保制度的内在要求；经济社会一体化加速发展，是整合和完善基本医保制度的时代要求；国民公平、公正、共享社会发展利益，是整合和完善基本医保制度合理、合法性要求。所以，整合和完善基本医保制度具有必要性。而且，整合基本医保制度已经具备了社会基础，具有可行性。

1.4.1 党和政府社会政策的进步，为整合基本医保提供了政策指南，具备了政策可行性

《中华人民共和国宪法》第四十五条赋予公民社会保障权，社会保障权是指公民在遭遇民生问题时从社会获得基本生活条件的权利。从宪法视角看，社会保障权的主体是全体社会成员，社会保障权是一种积极权利，国家的不作为会造成对公民社会权的侵害。因而，社会保障是政府必须履行的宪法义务，也是执政党合宪性的法律义务。社会保障学通说认为："执政党必须

将社会保障纳入执政纲领，就其基本原则和体系建设勾画出远期规划和近期目标，并依法明确政府对实现这些规划和目标承担连续性责任，以便政府拟定具体工作计划，人民可以据此判断是否欢迎这个执政党。"（杨燕绥等，2007）基于社会保障这一理论，在我国，中国共产党作为执政党，其社会政策[①]，特别是社会保障包括基本医保的具体政策，是推动政府制定和执行基本医保制度的决定性力量，当然，也是推动城乡基本医保制度整合的决定性力量。

20世纪80年代中后期，社会保障概念开始出现在党和国家的重要文献中。1993年，党的十四届三中全会通过《中共中央关于建立社会主义市场经济体制若干问题的决定》，将正在构建过程中的"多层次"社会保障制度，确立为我国社会主义市场经济体制的基本支柱之一，并提出新型社会保障体系的若干原则。但是，自改革开放至2002年党的十六大召开，由于以经济建设为主要政策导向，社会保障只是国有经济体制改革的配套措施，国家在社会保障制度改革过程中减少了社会福利和服务的提供。2002年年底召开的党的十六大出现了明显的民生导向，社会保障政策得到了前所未有的重视，使用了"初次分配注重效率""再分配注重公平"的提法（岳经纶，2008），并明确提出了统筹城乡经济社会发展的要求。2003年10月召开的党的十六届三中全会提出以人为本、全面协调可持续的科学发展观，再次提出统筹城乡发展的政策；2003年，以新农合制度建设为标志的全民医保启程。2004年9月，党的十六届四中全会明确提出构建"和谐社会"的新理念；几乎同一时间，国务院发表了新中国成立以来的首部《中国的社会保障状况和政策》白皮书，明确了"中国的社会保障体系包括社会保险、社会福利、优抚安置、社会救助和住房保障等。社会保险是社会保障体系的核心部分，包括医疗保险、失业保险、养老保险、工伤保险和生育保险"。2004年，劳动和社会保障部发布的《关于推进混合所有制企业和非公有制经济组织从业人员参加医疗保险的意见》明确要求，将农民工纳入城镇职工基本医疗保险的范围。2006年10月，党的十六届六中全会发布《中共中央关于构建社会主义和谐社会若干重大问题的决定》，在构建社会主义"和谐社会"理念下，进一步明确了我国社会保障体系建设的目标："适应人口老龄化、城镇化、就业方式多样化，逐步建立社会保险、社会救助、社会福利、慈善事业相衔接的覆盖城乡居民的社会保障体系。"党的十六大以后，在经济发展比较快的地区，已经开始了将基本医疗向农村居民覆盖的探索，同时自发地探索"碎

① 社会政策指影响公共福利的国家行为，社会保障是社会政策最基本、最重要的组成部分（岳经纶，2008）。

片化"基本医疗制度的整合；同年，《国务院关于解决农民工问题的若干意见》要求，有条件的地方直接将稳定就业的农民工纳入城镇职工基本医疗保险中，并对各地下达"扩面"指标，通过劳动保障部门行政性推广。①2007年10月，党的十七大报告进一步阐述了中国社会保障制度建设的目标："必须在经济发展的基础上，更加注重社会建设，着力保障和改善民生，推进社会体制改革，扩大公共服务，完善社会管理，促进社会公平正义，努力使全体人民学有所教、劳有所得、病有所医、老有所养、住有所居，推动建设和谐社会。"2008年10月，党的十七届三中全会报告《中共中央关于推进农村改革发展若干重大问题的决定》把加快形成城乡经济社会发展一体化新格局作为根本要求，提出到2020年，农村改革发展基本目标任务之一是基本建立城乡经济社会发展一体化体制机制。其中，建立促进城乡基本医保制度一体化是体制机制建设的一项关键和重要内容。《中共中央关于推进农村改革发展若干重大问题的决定》号召"把国家基础设施建设和社会事业发展重点放在农村，建设社会主义新农村，形成城乡经济社会发展一体化新格局，必须扩大公共财政覆盖农村范围，发展农村公共事业，使广大农民学有所教、劳有所得、病有所医、老有所养、住有所居"。2009年的《中共中央　国务院关于深化医药卫生体制改革的意见》和《2009—2011年深化医药卫生体制改革实施方案》发布，为实现基本医疗保障制度全面覆盖城乡居民明确了解决方案和政策实践路径。2010年10月28日，全国人大常委会高票表决通过了《中华人民共和国社会保险法》，这是国家最高立法机关首次就社会保险制度进行立法，因此被认为是我国社会保障体系建设的里程碑，也是统筹城乡基本医保制度的法律依据。2012年年底，党的十八大报告提出关于社会保障制度的多项重要阐述，要统筹推进城乡社会保障体系建设，坚持全覆盖、保基本、多层次、可持续方针，以增强公平性、适应流动性、保证可持续性为重点，全面建成覆盖城乡居民的社会保障体系。其中，整合城乡居民基本医保被列为重点任务。2012年5月2日，国务院常务会议通过了《社会保障"十二五"规划纲要》，实际上已经解决了我国统筹城乡基本医保及整个社会保障体系建设的目标与方向问题，也勾画了2020年整合城乡基本医保制度的蓝图。

总之，党和政府社会政策的进步，为整合城乡基本医保制度提供了政策指南，整合城乡基本医保制度建设已经成为近年来的政治共识，有利于集中各级政府的财政责任及全社会力量，合力推动城乡基本医保制度整合。

---

① 参见《劳动和社会保障部办公厅关于开展农民工参加医疗保险专项扩面行动的通知》（劳社厅发〔2006〕11号）。

1.4.2 城乡一体化体制机制建设加速，为整合城乡基本医保提供了制度基础，具备了制度可行性

整合城乡基本医保制度不仅要考虑具体制度整合的设计问题，更要考虑确保城乡基本医保制度整合后妥适运行的配套制度。整合城乡基本医保制度，就是整合现行"碎片化"的基本医保制度。现行"碎片化"的基本医保制度，就其实质是因城乡户籍分割，职域分割、收入分配政策，公共财政城乡分割、地区分割，基本医保行政管理分割而共同导致的。因此，整合城乡基本医保制度，需要同时整合城乡分割的户籍制度、收入分配制度、城乡公共财政制度等，以获得制度运行的可行性。2008 年，党的十七届三中全会报告《中共中央关于推进农村改革发展若干重大问题的决定》把加快形成城乡经济社会发展一体化新格局作为根本要求，为此，自上而下开始探索加速城乡一体化体制机制建设，至今，已为整合城乡基本医保制度扫除了一定的体制障碍，提供了一定的制度可行性。

首先，城乡户籍制度改革进入全面实施阶段，为整合城乡基本医保制度运行提供了社会基础。户籍制度是一项基本的社会管理制度，城乡"二元"户籍制度将社会保障与社会福利"捆绑"在一起，是城乡基本医保制度"碎片化"的主要致因，因此，改革城乡一体化户籍制度，为整合城乡碎片化基本医保制度提供制度可行性。在十七届三中全会加速城乡一体化体制机制要求之前，截至 2008 年年底，全国已有河北、辽宁等 13 个省（自治区、直辖市）相继出台了以取消"农业户口"和"非农业户口"性质划分、统一城乡户口登记制度为主要内容的改革措施（曹克奇，2012）。2010 年，国务院转发了国家发展和改革委员会《关于 2010 年深化经济体制改革重点工作的意见》，首次在国务院文件中提出在全国范围内实行居住证制度。2014 年 7 月 30 日，《国务院关于进一步推进户籍制度改革的意见》的颁布标志着户籍制度改革进入全面实施阶段。此次改革以居住证为载体，建立健全与居住年限等条件相挂钩的基本公共服务提供机制。户籍制度改革是一项必须优先推进的基础性工程，牵一发而动全身，"户籍制度改革有一个整体构架，是一次总体调整，教育、就业、医疗、养老、住房保障、农村产权改革等一系列配套措施将全面跟进"（余晓洁和邹伟，2014）。以统一的居住证为基础，才能建立健全实际居住人口登记制度，建设和完善覆盖全国人口、以居民身份号码为唯一标识、以人口基础信息为基准的国家人口基础信息库。凭此，社会保障才能构建统一的信息制度和统一的社会保障卡制度，建设统一的经办服

务平台，并顺利推进城乡基本医保制度整合。

其次，收入分配和财税体制改革的全面推进，为顺利整合城乡基本医保制度提供了重要保障和财力基础。从筹资角度来说，社会保障制度就是国家通过立法组织"全社会"筹资，并将资金公平分配给被保障主体。"社会保障资金来源包括税收、缴费、捐献等多渠道，又被支付给受保障者与需要者，这种分配机制其实是一种风险分散或共担机制，风险共担本身即以互助为基石并在互助中使风险得到化解。"（郑功成，2000）同理，基本医保的筹资来源于初次分配、再分配和三次分配，基本医保作为收入再分配的重要手段，在初次分配、再分配和三次分配中，切割资金要做精细设计，既不能损伤经济发展效率，又要促使社会在公平稳定环境中为经济可持续发展提供动力，并为基本医保提供充足的财源。我国长期以来城乡居民收入差距较大，收入分配秩序不规范，再分配公平性欠缺，财政分权体制不完善，"以分税制为主要特征的财政体制确立，包括社会保障支出在内的社会支出责任的地方化，使得地方政府，尤其地级市、县级政府成为财政性社会保障项目的主要责任者，而各类社会保障统筹层次长期处于地级市和县级政府的层次，也使得这些地方政府成为社会保障项目的管理者。……在政治集权和财政分权的治理体制下，在劳动力丰富、资本稀缺的资源约束下，地方政府公共支出竞争主要指向流动性的资本……直接导致财政性社会保障支出遭遇经济建设支出的'挤出'"（彭宅文，2011）。因此，收入分配政策的不明确、不稳定，社会保障中央与地方事权和财权长期不清晰、不规范，在缺乏制度化的政治问责和劳工政治面临制度约束的背景下，城乡社会保障基金筹资的稳定及财政性社会保障支出的合理发展受到极大的限制，亟待改革。党的十八大三中全会报告对城乡的收入分配改革、财税体制改革、政府职能改革均做了方向性和路径安排；2013年2月国务院批转国家发展和改革委员会、财政部、人力资源和社会保障部出台《关于深化收入分配制度改革的若干意见》；2014年6月30日，中共中央政治局审议通过了《深化财税体制改革总体方案》，对进一步理顺中央和地方收入划分，合理划分政府间事权和支出责任，建立事权和支出责任相适应的制度做了统筹安排。新一轮财税体制改革于2016年基本完成重点工作和任务，于2020年基本建立现代财政制度。这些基础性、全局性、根本性改革的全面推进，为整合城乡基本医保制度，建立和完善城乡统筹的基本医保基金制度提供了良好的制度环境。

最后，政府职能改革为整合城乡基本医保制度运行提供了管理基础。现代社会保障制度是政府主导、以政府为主要责任主体的强制性公共事业。因此，社会保障制度运行的核心问题是政府主导社会保障待遇给付的公平与公共管理的善治问题。这需要承担主要责任的政府建立高效率的社会保障决策机制、管理机制和服务机制，需要服务型的政府管理部门细化社会保障决策规则、管理规则和服务规则。所以，"社会保障管理对社会保障制度而言，较之法制系统、实施系统等更具形象代表色彩，同时是社会保障责任主体履行自己责任的象征，因此，现代社会保障制度不仅要求建立起相应的社会保障管理机制，而且要求建立健全高效率的社会保障服务机制"（郑功成，2000）。当下，我国基本医保管理最为人诟病的是管理分制，叠床架屋，并进一步导致基本医保服务分割和效率缺乏。因此，整合基本医保管理体制，推动基本医保服务专业化、信息化，是推动城乡基本医保制度整合的组织和管理基础。党的十八大报告对政府与市场的关系、政府与社会的关系、政府职能范围、政府的经济社会管理权限、中央与地方的事权与财权划分等发出了改革信号和方向性的安排，为全国建立统一的基本医保管理体制部门打好了基础。

1.4.3　整合城乡基本医保理论研究加热，为整合城乡基本医保提供了理论基础，具备了理论可行性

理论源流在于实践，实践依据在于理论。基本医保制度牵扯整个社会正义、社会经济资源的分配、政府责任等，从表面上看，其成败取决于现实制度安排与政策实践，实际上深受一定的理论基础与价值偏好的影响。社会保障学是在政治学、经济学、社会学、法学等多学科基础上逐渐发展起来的，因此，目前学术界对于整合城乡基本医保理论研究的触角也是多领域、多方面的，归纳起来主要有以下几种理论。一是基本医保城乡一体化理论，运用发展经济学城乡一体化理论分析基本医保一体化，将基本医保一体化作为城乡一体化的重要内容（徐同文，2011），指基本医保制度安排消除城乡差别，在管理上统筹安排，在组织上统一协调，在受益上基本均等；基本医保城乡一体化是整合城乡社会保障的目标。二是统筹城乡基本医保理论，指以基本医保一体化为目标，"改变和摒弃'重城市和轻农村'的二元思维模式和'城乡分治'的基本医保制度安排，通过深化体制改革和实施政策调整，实行城乡基本医保统一筹划，消除城乡藩篱，促进城乡二元医保制度向城乡基本医保一体化的转变"（仇雨临和翟绍果，2012）。三是基本医保整合理论，是系统科学整合理论的应用，即通过对"碎片化"的基本医保制度进行梳理，对局部制度进行调整，对制度内相关主体的责任进行合理划分，对部分制度内涵进行适度延伸，以实现基本医保制度内容和制度结构体系的完善，

促进基本医保制度公正、持续发展（高和荣，2013）。四是基本医保公平理论，基于社会保障公平的价值理念，实现全民社会保障均等化和适度普惠性的社会福利（王俊华，2012）。为此，现阶段基本医保制度建设应打破城乡分割、身份分割、部门分割、区域分割，建立制度相对统一、责任明确、转接灵活的基本医保制度体系，实现基本医保制度在较高统筹层次上的管理、组织、信息和服务标准一体化。

总之，上述几种整合城乡社会保障的理论并无实际冲突，实际上是对整合城乡社会保障制度的目标、手段、方式、价值进行了多视角论证和多维度思辨，共同促进整合城乡社会保障在理论上达成共识，理论共识最终形成强大的智识力量，推动党的十八大报告整合城乡基本医保制度政治共识的形成，也成为"十二五"社会保障规划的重要内容，成为各级政府执政的重要内容。

1.4.4　整合城乡基本医保全国性立法启程，为整合基本医保提供了法律基础，具备了法律可行性

首先，2010 年 10 月 28 日颁布的《中华人民共和国社会保险法》是我国第一部社会保险的基本法律，启动了整合基本医保的全国性立法。但是，该法作为一部综合性、纲要式、原则性的立法，是一部屈从现实的立法，具体规范"内容粗糙、法律实践性差，更多价值在于'里程碑'式的宣示"（郑尚元，2013）。相关整合城乡基本医保制度的规定毫无"具体性、操作性"可言，主要以发展性、方向性、空白性的规范呈现，是我国进一步整合城乡医保制度的基本法律依据。该法将城乡三元基本医保制度并列纳入基本医疗保险体系，预示着城乡基本医保制度整合的方向；该法第七条关于"国务院社会保险行政部门负责全国的社会保险管理工作"，给予统一社会保险管理体制以原则性规定。《中华人民共和国社会保险法》的总则、第九章对社会保险经办机构设立、机构职责、经费保障、信息系统建设做了较为详细的前瞻性、可操作性规定，为整合基本医保经办机制提供了规范指引。第五十八条规定，"国家建立全国统一的社会保障号码。个人社会保障号码为公民身份证号码"，也预示着全民普惠性基本医保制度的方向。第六十四条第三款就基本医疗保险统筹层次低的现状，对整合"碎片化"的区域基本医疗保险制度做了弹性、授权性规定："基本养老基金逐步实行全国统筹，其他社会保险基金逐步实行省级统筹，具体时间、步骤由国务院规定。"

总之，《中华人民共和国社会保险法》为整合城乡基本医保制度提供了最基本的法律依据，使得整合城乡基本医保制度具备了法律可行性。

2 全国整合城乡医保的态势

在对全国整合城乡医保的经验总结、政策制度、学术探讨文献及调研基础上，本课题组于 2013 年 11 月~2015 年 6 月，选择江苏省、安徽省、山东省、山西省作为重点实地调研地点；从每个省至少选择一个地级市、两个县级市对比观察；此外，还选择广东省东莞市、陕西省神木县做对比调研地点。调研方法主要是对调研地点展开整合城乡医保的实地观察法，对城乡医保管理和经办的负责人进行深度访谈。结合调研地整合政策的制定者或者执行者的访谈调研，以及对整合政策的规范分析，课题组对全国城乡医保整合的态势进行了概括。

2.1 整合试验由点及面，已成不可阻挡之势

整合试验从东部经济社会发达之地开始，整合城乡基本医保的制度建设以珠三角地区为先导，佛山市最早于 2004 年开始整合城乡居民医保，随后东莞、珠海等地也成功地实现了新农合和城镇居民医保的"制度并轨"。至 2014 年上半年，全国已经有 7 个省及省级地区和 40 多个地级市，还有 160 多个县不同程度地整合了城乡基本医疗保险制度（李唐宁，2014）。西部地区诸如青海省、宁夏回族自治区、新疆生产建设兵团，中部安徽、湖南、湖北等省的部分市、县均整合了城乡居民医疗保险制度。可见，整合城乡医疗保险制度由地方自发探索开始并不断加速，是对我国城乡一体化加速趋势的适应。总之，"我国省级、地级、县级，东部、中部、西部，均有城乡基本医保制度整合的成功范例"（郑功成，2013）。整合试验在经济发达和不发达地区自发、积极、创造性地展开，表明整合城乡医保不仅是社会共识，而且不受区域经济社会发展差异的限制，已成不可阻挡之势。

2.2 整合路径较为理性，优先整合管理体制

"城乡分割的制度安排，根源在于城乡二元结构，关键则是部门分割的管理体制与经办体制。"（郑功成，2014）现代社会保险制度作为强制性、政府主导的公共事业，需要政府确定主管部门统一管理和推行。为此，行政管

理权及其决策权、规则制定权的整合是整合城乡基本医保制度的关键和突破口。在此基础上才能顺利推进基本医保经办服务整合，这是理性的整合之道。

微观解剖各地整合城乡医保的路径，虽各有特点，但都不约而同地选择了整合的理性之路，值得充分肯定。

例如，山东省整合的样本。2013年11月，山东省在总结东营市等先行试点地区经验的基础上，出台了《关于建立居民基本医疗保险制度的意见》（鲁政发〔2013〕31号）《关于印发山东省整合城乡居民基本医疗保险工作实施方案的通知》（鲁政办发〔2014〕2号），明确整合的基本原则、整合内容、工作步骤、组织实施等事项。整合依循的路径：一是整合职能、机构、编制、人员、资产、档案、信息数据；二是整合城镇居民医保和新农合基金；三是整合信息系统；四是整合基本医疗保险制度。从参保范围、统筹层次、筹资方式和标准、医疗服务和管理、基金管理和监督等环节，对城乡医保制度规范进行整合。①

又如，整合较为理性的广东省东莞市。整合经历了"两步走阶段"，第一阶段，在2004年国家建立新农合制度时，将新农合划归社保部门管理；突破居民城乡户籍界限，同时将农民、居民一并纳入，并划分A档、B档两个筹资档次，其中B档和职工医保差不多，为日后与职工医保的整合留下了制度性"接口"。这样，东莞不仅以最短的时间和最少的花费协调了人社部门和卫生部门之间争夺基本医保管理权的冲突，还早于国家政策，将城镇居民医保一起纳入新农合制度框架予以保障。第二阶段，打破正式从业人群与非正式从业②以及无业人群医保体系的分割，于2008年将城镇职工医保与居民医保全面并轨，实现医保制度城乡一体化运行。③

再如，安徽省铜陵市，2013年3月底，将新农合管理职能调整到市人社部门，在市社会保险事业服务中心增设城乡居民医疗保险服务科，把新农合管理中心人员和编制整体划入，卫生部门与人社部门密切配合，顺利

---

① 参见山东省人力资源和社会保障厅. 2014. 解读《山东省人民政府办公厅关于印发山东省整合城乡居民基本医疗保险工作实施方案的通知》. http://www.sdhrss.gov.cn.

② 非正式从业是指在劳动时间、收入报酬、工作场地、社会保险、劳动关系等几方面（至少是一方面）不同于建立在工业化和现代工厂制度基础上的、传统的主流就业方式的各种就业方式的总称（何平等，2008）。

③ 参见张亚林，叶春玲，郝佳. 2009. 东莞市统筹城乡医疗保障制度的现状与启示. 中国卫生政策研究，（12）：4. 该文第一作者张亚林为原东莞市社会保障局副局长。同时，上述总结还有部分内容来源于笔者2013年9月17日赴东莞市对张亚林及其管理团队进行的深度访谈记录。

完成了经办机构整合。在此基础上，2013 年 5 月 1 日，铜陵市出台了《城乡居民医疗保险暂行办法》、《城乡居民基本医疗保险实施细则》和《铜陵市基本医疗保险慢性病门诊医疗费用补助暂行办法》等相关政策，统一参保缴费、统一医保待遇、统一信息管理，促进医疗保险关系转接，取得了整合的成功经验。

其他如笔者调查的安徽省肥西县，江苏省苏州市、常熟县，陕西省神木县的整合，共同点是优先整合管理体制、经办体制，再对城乡医保制度的参保人环节、筹资环节、基金管理环节、待遇支付环节、基金监督环节等规范进行梳理、组合、融合，形成统一的城乡居民基本医疗保险制度。

2.3 整合地方立法探索试验，已延展至全国性立法

制度整合是我国城乡基本医保制度体系变革和整合的结果，也是调整利益格局、追求城乡医保制度体系公平性的深刻变革。而整合立法则是这场制度整合的有力推动力量。2003 年，新型农村合作医疗以城乡分割的制度形态向农村扩展伊始，在党的十六大"统筹城乡、全面协调可持续的科学发展"的执政理念和方针政策指导下，在我国城乡二元体制松动并向"一体化"转型的大背景下，整合城乡三元基本医保制度及其立法也拉开了序幕，并从地方立法开始，延展到全国性立法，历经了十余年发展。

2.3.1 地方整合城乡基本医保的立法

由于整合城乡基本医保的经验不足、社会关系没有定型、全国性立法时机不佳，整合立法事实上是地方实验立法和地方先行立法[①]。地方整合立法多以地方政府的行政规章表达，具有影响力的是 2007 年 10 月 17 日发布的《苏州市社会基本医疗保险管理办法》、2008 年 11 月 18 日公布的《成都市城乡居民基本医疗保险暂行办法》、2012 年 2 月 3 日颁布的《天津市基本医疗保险规定》等。2013 年 4 月 24 日广州市人大常务委员会通过的《广州市社

---

① 实验立法特指经济特区为发挥"改革试验田"的作用，根据全国人民代表大会及其常务委员会的法律授权，根据经济特区的具体情况和实际需要，遵循宪法的规定和法律、行政法规的基本原则，制定经济特区地方法规的活动。地方先行立法，是指在《立法法》规定的中央专属立法事项之外，对于其他中央立法事项、中央与地方共享的立法事项，地方可以先行制定地方法律文件，不断积累和总结经验，待时机成熟，由中央制定法律或行政法规将其正式确立下来，地方法律文件中除了与中央立法相抵触的部分无效外，其他部分仍可继续有效（崔卓兰等，2007）。

会医疗保险条例》，是第一部规范城乡基本医保整合的地方法规。此外，由于没有立法权，大多数地方整合城乡基本医保以地方政府的规范性文件来表达，最有影响力的是 2004 年 1 月 9 日颁布的《东莞市农（居）民基本医疗保险暂行办法》、2009 年 2 月 9 日发布的《神木县全民免费医疗实施办法（试行）》等。"地方政府依职权的行政创制性规范文件不一定有直接的法律依据，但符合法律的精神，增进公众的福祉，可以作为行政给付的依据，也应是人民法院审理此类案件的依据。"（叶必丰，2011）依循行政法学这一通说，本文将地方政府因无立法权所做的相关整合城乡医保的创制性规范文件视同行政法的渊源纳入分析范畴。以"参保人制度、筹资制度、待遇支付制度、管理体制、基金经办制度"等基本医保的五个"要素"环节制度的整合[①]为分析维度，上述地方整合立法可以归纳为四种模式。

一是"二元制度两种基金统筹"的整合立法模式，继续保留城镇职工基本医保制度单独运行管理，单独立法；另外，立法将城镇居民医保与新农合并轨，统一管理经办、统一筹资、统一待遇。这一立法模式以珠海、汕头、昆明、长沙、常熟、嘉兴及青海为代表。

二是"一元制度两个基金统筹"的整合立法模式，将城乡三元基本医保制度整合为一个立法制度，虽然管理、经办体制统一，但城镇职工医保与城乡居民医保区分为两个统筹基金，两种不同筹资方式、不同筹资水平和两类保障待遇。这种立法模式以苏州、广州、天津、镇江为代表。

三是"二元制度三层基金统筹"的整合立法模式，继续保留城镇职工基本医保的单独立法模式，将城镇居民医保与新农合制度并轨并单列立法，同时，统一城乡居民医保的管理和经办。该立法模式的特点在于，将原有城乡三元医保的筹资和保障待遇整合为三档或多档筹资和保障待遇，各档基金独立，赋予城乡居民根据经济能力选择各档的平等参保权，最高档次筹资和待遇与城镇职工基本医保留下制度"接口"。这种立法模式由成都创新，重庆紧随其后，为许多地方借鉴。

四是"全统一"的整合立法模式，将城乡三元基本医保制度合并为城乡一体化制度，管理、经办统一，所有参保人无论是否正式从业，无论城乡居民，分类参保，基金统筹调剂，医保待遇支付平等。这种整合立法模式是整合城乡医保制度的最高层次，以东莞、神木为代表。当然，两地立法内容不

---

① 我国城乡"三元"基本医保制度的分割，是以参保人制度、筹资制度、待遇支付制度、管理体制、基金经办制度等五个"要素"环节制度的不同而分割的。同样，整合城乡三元基本医保制度，就是围绕这五个"要素"环节制度进行不同程度的整合。

同，其显著区别表现在，东莞市各类参保人员保险费分担主体不同、筹资方式不同，但是参保比例相同、保障待遇相同。神木仍然保留城乡三元基本医保中三类参保制度，代之以县财政对城乡三类筹资水平差距的补贴，以及强力财政补贴下城镇职工医保与城乡居民医保待遇水平的拉平。

上述地方整合城乡医保立法模式的划分，是依据基本医保的五个"要素"环节制度所做的粗略、大致的定性划分，各地整合立法中还有许多细节区分。总的来说，地方整合城乡基本医保的立法早于全国整合立法，是在城乡医保制度"分割建设"过程中的局部整合立法，是地方政府依据工业化、城市化加速发展的实际，在党的"统筹城乡、科学发展、以人为本、公平、公正、共享发展成果"等执政新理念指导下的制度探索和创新，并呈现立法制度的多模式、"碎片化"及艰辛成长的特点。

2.3.2 全国整合城乡基本医保的立法

地方整合城乡医保的立法，为全国性立法预备了实践基础，积累了制度资源。事实上，在地方整合立法实践的启示和拷问下，如何整合城乡三元医保的讨论伴随《中华人民共和国社会保险法》起草、审议、出台的全过程，特别是《中华人民共和国社会保险法（草案）》三审时，基本医保制度是分割还是整合，成为争议的焦点问题。[①]最终，2010 年 10 月 28 日颁布的《中华人民共和国社会保险法》启动了整合的全国性立法，将城镇职工医保、城镇居民医保、新农合并列纳入基本医疗保险体系。但是，该法作为一部综合性、纲要式、原则性的立法，是一部屈从现实的立法，具体规范"内容粗糙、法律实践性差，更多价值在于'里程碑'式的宣示"（郑尚元，2013）。相关整合城乡基本医保的规定毫无"具体性、操作性"可言，主要以发展性、方向性、空白性的规范呈现，是我国进一步整合城乡医保的基本法律依据。

首先，从管理和经办的制度整合基础环节看，《中华人民共和国社会保险法》第七条关于"国务院社会保险行政部门负责全国的社会保险管理工作"，给予统一基本医保管理体制以原则性规定。《中华人民共和国社会保险法》总则、第九章对社会保险经办机构设立、机构职责、经费保障、信息系统建设做了较

---

① 全国人大法律委员会副主任委员张柏林 2009 年 12 月 22 日在《关于〈中华人民共和国社会保险法〉（草案）修改情况的汇报》中解释："草案二次审议稿第 24 条第 2 款对城镇居民医保和新农合并实施做了原则规定。有些常委和部门提出，这两项社会保险险种的具体实施问题，不宜在法律中作出规定。法律委员会经同国务院法制办、卫生部、人力资源部和社会保障部研究，建议删去这一款，同时增加规定'新型农村合作医疗的管理办法，由国务院规定'。"

为详细的前瞻性、可操作性规定，为整合基本医保经办机制提供了规范指引。

其次，从参保和筹资的制度整合关键环节看，《中华人民共和国社会保险法》第三章区分城镇职工、城镇居民、农村居民三类参保人群，并明确了保险费分类筹集的原则；第六十四条第三款就基本医保统筹层次低的现状，对整合"碎片化"的区域医保制度做了弹性、授权性规定："基本养老基金逐步实行全国统筹，其他社会保险基金（包括基本医疗保险）逐步实行省级统筹，具体时间、步骤由国务院规定。"

最后，从保障待遇的制度整合重点环节看，《中华人民共和国社会保险法》第二十六条以方向性、空白性的规范呈现："职工基本医保、新型农村合作医疗和城镇居民医疗保险的待遇标准按照国家规定执行。"从这条规定的字面意义上看，未来国家可以通过整合实现三元医保待遇支付标准的统一；最起码，这条规定"没有在法律上设置障碍，明确了城乡统筹的方向"（彭高建，2010）。为三元基本医保待遇的公平实现预留了空间。第五十八条第三款规定"国家建立全国统一的社会保障号码。个人社会保障号码为公民身份证号码"，也预示着全民普惠性医保制度的方向。此外，第三十二条对不同统筹区域之间基本医保待遇的衔接做了原则性规定："个人跨统筹地区就业的，其基本医疗保险关系随本人转移，缴费年限累计计算。"

2.3.3 整合城乡基本医保立法的变迁趋势

全景式考察整合立法的十年历程，整合城乡基本医保的地方立法和全国性立法上下呼应，已经呈现明显的变迁趋势。

1. 整合立法的内容：从初步整合到全面整合

考察地方整合立法，无论哪种立法模式，管理经办的整合是基础和前提。"二元制度两种基金统筹"的整合立法模式只是"选择性"将城镇居民医保与新农合并轨为城乡居民医保制度，仍然以职业区分，保留了城乡居民医保与城镇职工医保之间的制度"壁垒"。"一元制度两个基金统筹"的整合立法模式貌似进步，但整合内容与前一模式相近。"二元制度三层基金统筹"的整合立法模式，则在"赋予城乡居民根据经济能力选择各档次筹资的平等参保权"上做了制度创新，在当今城乡居民从业方式多元、收入水平缺乏客观测定的约束条件下，以参保权利公民身份平等为突破口，消除参保者城乡、户籍、职业歧视，打破了三元医保参保人制度的分割，为三元医保制度渐进性走向"一体化"开通了"渠道"。"全统一"的整合立法模式以参保人基本医保待遇公平实现为目标，实现了城乡三元医保制度的"全面整合"。可见，一个模式、一个阶梯，从最初管理经办的整合，到城乡医保五个"要素"环节制度的不同程度整合；从城乡居民"两元"制度的整合，到城乡三元制度的全面整合；整合立法的内容呈现从初步整合到全面整合的变迁趋势。

2. 整合立法的理念：从提高管理效率到增强制度公平性

法律制度背后是理念，理念、法律制度是一种由外到里的递进逻辑关系。城乡基本医保的整合立法发展和嬗变进程中，整合立法的理念也在变革。首先，大多数地方整合立法的理念，起源于提高管理效率的简单理念，以管理节约、经办效率为本位，先行将分割在人社部门与卫生部门之间的管理经办整合归属一个部门。这样的理念是简单的、经验的，基本医保的管理和经办制度，"作为'基础'和'重点'制度，如果能够统一行政管理，无疑更有利于顶层设计和顺畅实施"。进一步的整合立法遵循"优先次序"理念，这种整合理念主要基于新农合和城镇居民医保"两制"内容高度相似的现实。在基本医保制度多元化向一体化目标转型过程中，在城乡经济社会发展差距较大地区，探讨制度相近的城镇居民医保和新农合的整合更具有优先、现实意义，也容易实施。上述"二元制度两种基金统筹"的整合立法模式和"一元制度两个基金统筹"的整合立法模式就是这种理念指导的产物。最高层次的整合理念是"增强城乡医保制度公平性"，即所有城乡居民，不分正式从业、非正式从业还是无业，不分户籍，在参保机会上公平，参保缴费水平和医保待遇上相对公平。上述"二元制度三层基金统筹"的整合立法模式和"全统一"的整合立法模式，正是"增强城乡医保制度公平性"理念的实践。

可见，整合城乡基本医保的理念从简单到复杂、从低级到高级、从经验型到理论型的嬗变过程，充分展现了两个现实：一是整合理念受我国城乡经济社会从二元体制到"一体化"转型实践进程的制约；二是整合理念与党和政府执政理念的变迁相随，即从党的十六大的统筹城乡经济社会发展，到党的十七大全面协调可持续的科学发展，再到党的十八大公平、公正、共享发展成果的理念变迁。整合城乡基本医保的理念逐步完善，逐步理性，"公平、公正、共享发展成果"理念的贯彻，提升基本医保制度的公平性，已经成为当下整合城乡基本医保立法的根本性问题。

3. 整合立法的完善：从碎片化地方整合立法到"全面整合"的全国性立法

"立法是一种地方性知识和经验的总结"（崔卓兰等，2007），这是整合城乡基本医保地方立法多样化、碎片化的理论合理性和价值正当性。而且，基本医保中央与地方共同事权尚未厘清之下地方事权加大的政策取向，地区经济社会发展不平衡之下地方政府竞争及其积极性的发挥，使得地方先行立法具有极大的实践适应性和不可逆转之势。但是，整合城乡基本医保的法律调整不仅只关涉医、患、保三角社会关系，还延至参保人、社会经济组织、各级公共财政等多元主体之间责任分担关系，还涉及三元制度领域不同参保人群之间、城乡之间、区域之间、地方与中央之间庞杂的再分配利益关系。相对而言，整合城乡基本医保地方立法的多样性、碎片化、功利化、地方利益的狭隘保护、财政条件较好的地方立法的非理性福利扩张[①]等立法瑕疵，客观地损害了基本医保再分配的公平性和制度的可持续性，急需"全面整合"的全国性立法予以矫正和完善。

如前述及，《中华人民共和国社会保险法》已经启动了整合的全国性立法。但是，该法对整合城乡基本医保只是做了发展性、方向性、空白性的规范，没有充分实现"全面整合"城乡医保的全国性立法的功能。当然，这是我国《中华人民共和国社会保险法》选择"统分结合"立法体例的必然结果。《中华人民共和国社会保险法》颁布后，人社部门已经在充分论证的基础上，拟订了《中华人民共和国社会保险法》配套法规制定的工作计划，研究起草了《基本医疗保险条例》（送审稿，已于 2011 年 12 月报送国务院）（袁山，2012），依循上位法指导下位法的法理，"全面整合"的全国性立法应该由《基本医疗保险条例》来担当，该条例应该将《中华人民共和国社会保险法》相关整合城乡医保的发展性、方向性、空白性规范予以具体化、明确化和操作化。

总之，整合城乡医保的立法工作已启动，不足在于整合立法不到位、不完善。但是，十年的整合立法实践，地方立法与《中华人民共和国社会保险法》的探索、呼应，为"全面整合"城乡基本医保的全国性立法积累了制度资源，准备了实践基础，进行了理论论证。整合立法的实践表明，

---

① 如神木对户籍内城乡居民保险缴费的"过度补贴"、保障待遇对财政的偏倚、基于政绩观盲目选择与制度本身性质不相符合的"免费医疗"名称等，违背了社会保险基本医疗权利与义务相结合、社会保险缴费与经济社会发展水平相适应原则，从而非理性地将基本医保予以福利性扩张。

整合城乡基本医保符合经济社会发展的客观需求,是城乡医保制度完善的必然要求,揭示了实现"全面整合"城乡基本医保的全国性立法时机已经到来。

3 山西整合的行动、困境与对策

山西城乡三项医保制度建设与全国基本同步,2001年大范围启动城镇职工基本医疗保险制度改革,2003年启动新型农村合作医疗制度,2007年启动城镇居民基本医疗保险制度,到2010年,从制度安排上已实现了"全民医保"。

近年来,在全国整合试点的影响下,山西人社部门与卫生部门也紧锣密鼓地跟进整合工作,但是,整合没有实质进展[①]。课题组对山西人力资源和社会保障厅、卫生和计划生育委员会,以及太原市、永济市、保德县、应县的城乡医保运行与整合状况进行了实地考察和访谈调研;并剖析山西整合行动方案被搁置的原因,参酌、镜鉴全国整合的经验和教训,针对性地提出相关行动方案和政策制度建设的建议。

3.1 山西整合的行动

3.1.1 山西地方自发整合及其终结

山西自发探索城乡医保整合的是襄汾县和保德县。

2004年襄汾县启动新型农村合作医疗试点。当时,襄汾县财政收入在临汾地区名列前茅,地方政府对民生较为关注。在县级领导的直接关注下,在国家相关城乡居民医保政策出台前,2006年,由襄汾县财政自筹资金、自发借鉴新农合制度模式,先于全国城镇居民医疗保险政策进行了居民医保试点。2007年,县政府将"城镇居民合作医疗管理中心"划归卫生行政部门。2008年,该县被卫生部确定为全国八个城乡居民医保整合试点县之一。在卫生部中央专家组的指导下,经过充分的调研讨论,《襄汾县新型农村合作医

---

① "医保制度整合",参见山西政府网(www.shanxi.gov.cn),2016年11月2日上传。2017年2月,课题组负责人孙淑云教授受邀参与了山西省整合城乡居民基本医疗保险相关政策制定的论证及其修改工作。

疗与城镇居民基本医疗保险"两制衔接"试点实施办法》于 2009 年年初正式出台。从制度内容来看，城乡居民医保只是形式上达到了统一，但实质上仍保持两种制度双轨运行。2009 年，经人社部门的干预和争取，该县城镇居民医保被分割出来，归并人社部门管理。

同样，2006 年保德新农合开始试点，向城镇居民"扩面"覆盖。两年以后城乡医保被分割，归人社部门和卫生部门分别管理。

3.1.2　全省整合行动方案已草拟，政府迟迟未拍板

2011 年是"十二五"开局之年，山西省启动国家资源型经济转型综合配套。改革试验区建设，创新体制机制，整合城乡医保，是推动山西省转型跨越发展的重要内容和任务之一。而且，山西省政府办公厅印发的《山西省国家资源型经济转型综合配套改革试验 2014 年行动计划》以及"2014 年目标责任书"都明确，"统筹设计城乡居民医疗保险制度，在全省范围内建立统一的城乡居民大病保险制度"，并将责任单位确定为山西省人力资源和社会保障厅。山西人力资源和社会保障厅医保职能部门对整合城乡医保已经做了大量调研，并且设计了整合的行动方案。但是，在上级主管部门的牵制下，该行动方案未报送省政府正式讨论，政府领导处于观望状态。

3.1.3　地方试点被鼓动，观望思想为主导

按照"国家统一决策与地方分级管理相结合"的原则，山西省人力资源和社会保障厅曾经鼓励晋城、临汾、保德整合试点，但未能得到地方政府的强有力支持。山西省卫生和计划生育委员会曾经鼓励太原市、河津市、怀仁县等地开展城乡医保制度整合的试点工作，也没有实质进展。总体来看，山西省各地市观望思想严重。例如，Y 县被访谈的医保经办人员说："我看（县）领导没有这个想法，提都不提，现在省里都在观望，在等中央的顶层设计，地区领导也是这个态度。"B 县被访谈的医保经办人员认为"整合关键是看县里一把手，县里没有搞，我们也不能搞。"X 县被访谈的医保经办人员认为："整合关键还是一把手，我们不能越级。"

3.1.4　城乡医保经办人员希望尽早整合，踏实工作

课题组访谈调研时，无论是人社部门的经办人员，还是卫生部门的经办

人员，都认为整合城乡医保是大势所趋，整合越早越主动，整合越早越利于完善城乡医保制度。

山西省医保经办人员认为，从《中华人民共和国社会保险法》来看，把新农合定位于基本医疗保险，定性基本正确。由于历史原因，新农合归卫生和计划生育委员会管理，卫生和计划生育委员会在人力、物力、财力和制度方面做了大量的工作，对中国最大群体——农民给予了基本的医疗保障，这是应该肯定的。但是从社会发展和深化制度角度来看，应该把新农合整合到人力资源和社会保障部。就法律的层面而言，《中华人民共和国社会保险法》已经规定新农合是基本医疗保险，而基本医疗保险又是社会保险的一部分，既然是社会保险，国家又设立专门的社会保障部门，那么就赋予社会保障部门管理社会保险的职能。若不整合到人力资源和社会保障部门，那么它的存在就有问题。第一，它不是基本医疗保险；第二，它破坏了国务院的机构改革的原则，即一项工作，一个管理职能原则上应归一个部门来管。

山西省新农合经办人员认为，对基层来讲整合到人社部门或是卫生部门都可以，但应尽快推进。而且，基层处于观望状态，工作任务就很难完成，任务完不成，是要担责任的。可是，基层的医保经办不是垂直管理，而是属地化管理。现在的关键是，第一，赶紧整合；第二，调整整个医保管理结构。

3.2 当下山西整合城乡医保踟蹰的原因

3.2.1 医保管理上级分割的牵绊

在山西省，无论是省级医保整合的踟蹰，还是市、县医保整合的观望，主要原因在于医保管理上级分割的牵绊。山西省医保整合迟迟没有行动，与其他地区及其他领域的改革一样，最难突破的就是管理体制。

2013年3月，国务院机构改革方案明确规定，城乡三项医保的行政管理职能整合到一个部门，6月底前完成。在这段时间，人社部门和卫生部门就医保管理权的归属展开激烈论辩。理论界主要有两种观点：一种观点认为，城乡基本医疗保险应由卫生部门主管，采用"一手托两家"的管理，即卫生部门既管医疗机构，又负责医疗保险资金偿付（王延中，2011）。这种管理方式的优点在于，能统筹医疗服务供给和需求管理，满足医疗服务需求和控制医疗费用的平衡，形成集中决策、统一负责的体制。这种管理方式的缺陷在于，保险方和服务方归为一家管理，可能加大医疗服务方道德风险，导致保险活力不足。另一种观点认为，城乡基本医疗保险应由人社部门主管（王东进，2010）。优势在于医疗费用管理和医疗服务部门分离，便于相互制约，同时医疗保险和养老保险、失业保险等由同一个部门管理，各险种关系协调，管理经费可以得到合理利用。缺点是，无力关照医疗保险远较其他社会保险的复杂性和特殊性，不易与医疗服务部门协调。以上两种观点各有所长，但是，对城乡医保管理的制衡都缺乏周密有力的理论依据，因而久议不决。

正是支持人社部门和卫生部门的学者观点各有理论缺陷，加之医疗服务的技术垄断性、信息偏在性，导致了医保管理监督的专业化及医保监督管理的"世界级泥潭问题"，将医保管理权归属搞成了"高精尖端"的研究难题，为此陷入进退维谷境地。

3.2.2　相关医保管理权归属政策不到位

整合城乡医保已达成共识。首先，是在2012年中国共产党第十八次全国代表大会上达成政治共识。其次，是在实务界，无论是人社部门还是卫生部门也达成共识。唯一争执不下的是医保管理具体归属哪个部门。而恰恰是在这一点上，各级政府的政策都有不到位之处。

其一是国务院机构改革方案对基本医保管理权归属规定的不明确。国务院办公厅2013年3月26日发布的《关于实施〈国务院机构改革和职能转变方案〉任务分工的通知》，并未明确城乡医保管理权归属人社部门还是卫生部门，只是规定"整合城镇职工基本医疗保险、城镇居民基本医疗保险、新型农村合作医疗的职责等，责任部门是中央编办"。这样的规定和安排为人社部门和卫生部门争夺管理权打下了伏笔。

其二是国家卫生和计划生育委员会成立的"三定"方案对新农合管理权的去留不明晰。2013年6月18日中央机构编制委员会办公室审批下发的《国家卫生和计划生育委员会主要职责内设机构和人员编制规定》，与2008年卫生部"三定"方案不同的是，并没有在基层卫生部门的职责当中涉及新农合的管理问题。而且，规定"由国家卫生和计划生育委员会负责协调推进医药卫生体制改革和医疗保障"，同时"将国家发展和改革委员会承担的国务院深化医药卫生体制改革领导小组办公室的职责，划入国家卫生和计划生育委员会"。这样实际为卫生部门争夺医保管理权提供了政策根据。"在'三定'方案公布之际,卫计委对新农合管理的相关问题做出了表态。卫计委称,新农合制度十年来运行良好,成为国际公认的绩效最高的基本医保制度之一。针对此次'三定'方案没有明确新农合的管理问题,卫生计生委表示,整合城镇职工基本医疗保险、城镇居民基本医疗保险、新型农村合作医疗,是项系统工程。具体管理体制问题不在本次'三定'范围内,将另行规定。在管理体制明确前,国家卫生计生委继续承担新农合管理职责。"(刘涌,2013)

3.2.3 山西各级政府观望思想较重

尽管医保管理权归属自上而下不明确,但是,整合并归属于一个行政部门管理是共识。作为党的十八大报告明确的政治共识,各地有积极探索和推动城乡医保整合的责任。至2014年上半年,全国已经有7个省份、40多个地市和160多个县不同程度地整合了城乡基本医疗保险制度(李唐宁,2014)。在各地整合试验中,医保管理权大多数自发归属于人力资源和社会保障部门。据统计,"截至2011年9月底,省级医保整合均由人社部门来管理,市一级由人社部门管理的约占93%,县一级由人社部门管理的约占61%,其他的归卫生部门或其他部门来管理"(人力资源和社会保障部农民养老保险处,2012)。

整合的趋势较为明显。但是,实际上整合城乡医保,将管理权整合,只是为医保制度的整合建立管理和决策平台。究竟归属哪个部门并非当下整合城乡医保的根本诉求,也不是整合最难操作的环节。整合的根本诉求是城乡医保制度的整合,"要消除城乡医保分割状态下制度不统一及其由此直接衍生的城乡居民重复参保、财政重复补贴、经办资源重复建设等效率低下和浪费等诸多弊端"(郑功成,2014)。这才是整合的最大利益和最根本的诉求。至于医保管理权归属,虽然它是整合突破口,是整合"能否开始"的难题,但却是整合最容易操作的环节。这也正是各地整合的宝贵经验。

山西各级政府恰恰陷入"整合最容易操作环节"而止步不前,为此,一再推迟整合。除了上级政府对医保管理整合没有明确表态,以及卫生上级主管部门的牵制等原因外,主要的原因还是改革创新意识不足,观望思想严重,当然也有近年山西省官场"塌方式"震动的影响。

3.3 山西整合行动方案之对策

按照十八大整合城乡医保的要求，加快推进城乡医保整合是大势所趋，也是广大人民群众的衷心期盼，已成为两个城乡医保管理部门和社会各界的普遍共识。全国各地先行试点地区普通反映，推进医保城乡统筹宜早不宜迟，越早越主动，越晚越被动。结合各地的探索和实践，对山西的整合，提出以下行动方案和建议。

3.3.1 在鼓励地方探索的基础上谋划顶层设计

从全国各地探索情况看，整合城乡医保的省、市、县，不一定是经济发展较好的地区，但改革创新意识较强是共同的特点。从管理归属来看，无论是卫生部门管理还是人社部门管理都有其合理性。鉴于目前还没有一个被各个方面都接受的改革模式，应该鼓励各地进行探索，山西省发展和改革委员会、机构编制委员会、人力资源和社会保障厅、卫生和计划生育委员会等部门及时进行总结，研究制定符合山西省实际的顶层设计方案，适时推出。同时，相关部门应站在全局的高度，摒弃部门利益，支持各地结合实际，探索创新，不能因为归属部门不同而人为设置障碍，打击地方政府整合城乡医保的信心。

3.3.2 在加快"两保合一"的基础上探索"三保合一"

实现城镇职工医保、居民医保和新农合并轨是医保制度改革的方向。当前，考虑到城镇居民基本医保和新农合政策框架已基本定型，保障水平趋于一致，建议加快整合力度，尽快在全省范围内实现并轨，统一为"城乡居民医疗保险"。在操作步骤上，建议先统一行政主管部门和经办机构；在基金筹集上，建议采取"分档缴费、分档享受"的办法，让全省所有城乡居民结合自身需求和经济承受能力，自主选择不同的档次参保，并享受相应的医疗保障待遇，从而实现制度一体化的基本医疗保障目标。鉴于城镇职工和城乡居民的收入还有一定差距，而且政府在这两项制度上的责任也不同，目前在全省范围内全面整合城乡居民医保和职工医保的条件还不成熟，建议鼓励有条件的地区先行试点，探索城镇职工医保、居民医保和新农合并轨运行。

3.3.3　在县级、市级统筹的基础上逐步推进省级统筹

提高医保基金统筹层次可以有效加强基金管理，增强医保基金共济和抗风险能力，方便参保人在统筹地区就医。对此，《中共中央　国务院关于深化医药卫生体制改革的意见》（中发〔2009〕6号）有明确要求。在新医改方案的指导下，一些经济发达的东部省份城乡医保向省级统筹迈进。然而，至2015年底，山西省新农合仍是以县级统筹为主，城镇居民医保尽管已经实施市级统筹，但多数实行的是市级风险调剂金制度。下一步，应进一步加大市级统筹力度，尽快在全省范围全面实现城乡居民医保市级统筹，并逐步上升到省级统筹。

3.3.4　在推进整合的基础上加快完善多层次医疗保障体系

从国际经验和我国各地整合的改革探索看，在推进城乡统筹、实现制度整合的基础上，还要高度重视与补充医疗保险、大病保险、商业健康保险及城乡医疗救助等制度的衔接，加快形成多层次医疗保障体系，既保证基本医疗保险的可持续运行，也能够满足不同层次的医疗需求。更重要的是，要着力完善基本医保管理体制和运行机制，建立健全医保经办机构对医药费用的控制机制，提高基本医疗保障制度和体系的运行效率，真正发挥基本医保对医疗机构及医疗服务的监督和制约作用。

3.4　山西整合城乡医保的制度构建对策

制度整合是整合城乡医保的根本诉求，主要涉及医保的管理环节、基金经办环节、筹资环节和待遇支付环节等。针对医保制度的主要环节，特提出如下整合城乡医保的制度构建对策。

3.4.1　整合城乡医保管理和经办体制

城乡医保管理体制整合多年悬而不决，原因在于卫生和计划生育委员会、人力资源和社会保障部两个主管部门进行利益博弈。而两个部门利益的核心在于对医保经办机构人事、编制、财务等的控制。在部门利益和医保经办机构利益融合的背景下，我国城乡医保实践探索的五种统筹模式都不利于基本医疗保险制度的良性发展。运用社会法学利益分析的方法，我国城乡医

保管理的整合，应通过立法拆解政府部门利益，将政府从医疗保险的"举办者"转变为医、患、保三方利益的规划者、监管者、调控者，实现基本医疗保险各方利益平衡，促使医保管理良性运转。

1. 拆解部门利益，确保医保经办机构法人自主权

我国现行医保管理实践中，一般视医保经办机构为全额事业单位，这种定性极为模糊，无法准确反映其基本特征和功能定位。2011年，中共中央、国务院下发《关于分类推进事业单位改革的指导意见》（中发〔2011〕5号）文件，并同时下发9个配套文件，以推动事业单位改革。其中，《关于建立和完善事业单位法人治理结构的意见》明确："要把建立和完善以决策层及其领导下的管理层为主要构架的事业单位法人治理结构，作为转变政府职能、创新事业单位体制机制的重要内容和实现管办分离的重要途径。"结合事业单位改革，医疗保险经办机关应定位于公益一类事业单位，并在此基础上完善法人治理机制。

第一，经办机关内设理事会，其作为经办机关的决策和监督机构，依照法律法规、经办机关章程开展工作，接受政府监管和社会监督。理事会负责经办机关的发展规划、财务预决算、重大业务、章程拟订和修订等决策事项，依法履行人事管理方面的职责，并监督经办机关的运行。理事会11名成员由有关政府部门、经办机构、参保人和其他有关方面的人员组成。政府部门理事由统筹级别的发改委、卫生部门、社保部门、财政部门各委派1名，统筹层级人大常委会选派具有教学、临床或实际经验的医药专家4名，金融、保险、财务管理人员各1名，作为参保人理事，经办机构行政负责人为当然理事。理事均为专职，聘期4年，可续聘1次。理事会决议实行多数决与集体负责制，理事会承担善良管理人之注意义务和忠实义务，并确立理事责任追究制。

第二，明确医保经办机构管理层的权责。医保经办机构管理层作为理事会的执行机构，由经办机关行政负责人及其他主要管理人员组成。管理层对理事会负责，按照理事会决议独立自主履行日常业务管理、财务资产管理和一般工作人员管理等职责，定期向理事会报告工作。经办机关行政负责人由理事会任命。

第三，制定医保经办机关章程。医保经办机关章程是法人治理结构的制度载体和理事会、管理层的运行规则，也是政府部门对事业单位进

行监管的重要依据。经办机关章程应当明确理事会和管理层的关系，包括理事会的职责、构成、会议制度，理事的产生方式和任期，管理层的职责和产生方式等。事业单位章程草案由理事会通过，报登记管理机关核准备案。

2. 破除经办机关垄断，提高患者在医疗保险利益平衡机制中的地位

提高患者地位主要依靠两种方式。一种是依靠政府组建专门的机构或部门维护参保人权益，如《中华人民共和国社会保险法》第一款第八十条规定："统筹地区人民政府成立由用人单位代表、参保人员代表，以及工会代表、专家等组成的社会保险监督委员会，掌握、分析社会保险基金的收支、管理和投资运营情况，对社会保险工作提出咨询意见和建议，实施社会监督。"这种方式的缺陷在于，对于单个参保人来说，实际作用有限。另一种是依靠市场机制，打破经办机关垄断，通过参保人选择经办机构来提高参保人在三方博弈中的地位。所以，第一，保留现有的城乡区分的两个经办机构，在统一的结算标准下，不再区分新农合和城镇医保经办服务，允许两个机构同时经办城乡"三大板块"的基本医疗保险业务；第二，放开并鼓励医疗保险公司参与医保经办服务，政府从医保经办服务"举办者"向"经办服务购买者"转变；第三，参保人自由选择医保经办机关，签订医保经办服务合同，同时财政部门按参保人数对医疗保险经办机关支付经办费用，实现经办费用逐步从"养人"向"办事"转变。

3. 合并卫生和人社部门，建立统一负责的"大卫生"管理部门

政府统筹协调医疗服务供需双方主要有两种方式。一种是设立临时性的议事协调机构，如我国现行联席会议、深化医药卫生体制改革工作领导小组办公室等，但往往是决策方面的协调，到了具体执行中，各部门仍然自行其是，实践证明这样的机制效果并不好。①另一种是建立大部制，把并列关系变成内部协调关系，将管理成本内部化，同时将公民健康责任主

---

① 例如，我国人社部门为每位公民办理社会保障卡，卫生部门为每位公民办理居民健康卡，如果参保人去医疗机构就诊需同时带两种卡，不仅不方便，也是巨大的浪费。而实际上两种卡完全可以合二为一，居民健康卡可以为新农合参保人办理费用结算等医保服务使用。参见人社部. 社会保障卡统一标准，号码采用公民身份号码. http://finance.people.com.cn/insurance/GB/15543207.html［2012-02-20］；卫生部. 居民健康卡采用身份证号码. http://www.gov.cn/fwxx/jk/2012-02/17/content_2069680.htm［2012-02-20］。

体明确到政府的具体部门。从国际经验看，在建立了法定医疗保障制度的112 个国家中，有 69.9%的国家将医疗保险制度与医疗卫生服务交由同一个部门统筹管理。①2001 年，日本合并了厚生省和劳动省，成立厚生劳动省，负责日本的国民健康、医疗保障、社会保险等职责；2008 年，意大利合并卫生部和劳动与社会保障部，成立劳动、卫生与社会政策部，综合管理各项社会保障职责。因此，笔者建议合并卫生部门与人社部门，建立卫生与社会保障部门，同时下设不同的内设机构分别监管经办机构和医疗机构。

第一，卫生社保部门内设卫生政策咨询委员会，作为卫生政策发展的决策咨询机构，提供卫生政策、法规的研究及咨询事宜，成员由各部门成员、参保人、雇主、保险医事服务机构等代表专家组成。

第二，在卫生社保主管部门下设医疗保险管理司，负责医疗保险经办机构监管。具体职责包括基本医疗保险年度计划及业务报告审查；基本医疗保险预算、决算审查；基本医疗保险业务检查事项；基本医疗保险财务、账务稽核事项；基本医疗保险风险准备金情况；基本医疗保险法规及改革研究建议事项；其他有关保险业务监督事项。

第三，卫生社保部门内设社会保险仲裁委员会，为审议患者、投保单位及定点医疗服务机构、经办机关对参保人核定之案件发生争议事项。例如，患者与经办机构就医疗服务付费项目的争议，医药机构与经办机构就定点医院、定点药店的争议等。委员会由主管机关代表、法学、医药及保险专家组成；参保人、经办机构等对争议案件审议不服时，需依法提起诉讼。

3.4.2 参保人分类与筹资的量能负担

整合城乡三元医保的筹资制度是整合城乡医保的关键，当下，学术界和实务界通常认为，筹资水平差距是阻碍城乡医保制度整合的主要问题，"整合城乡居民医保制度，首先会遇到现阶段城乡经济社会发展不平衡导致的缴费能力差距问题，农民缴多少，市民缴多少，这是一个绕不开的难题"（向春华，2014）。笔者认为，这种认识只是从侧面观察到整合筹资制度的难度，却同时片面夸大了筹资水平差距造成的整合城乡医保的难度。实际

---

① 参见卫生部新农合研究中心. 2007. 国际社会保障制度及其管理概述政策报告。

上，不同人群的收入差距是客观的，社会保险的筹资理念是量能负担，在参保人收入差别的客观基础上，建立"同等费率、合理分摊、多方筹资、财政补贴"的筹资机制。基于这样的理论认知再去观察城乡医保筹资制度整合难题，实质在于：一是如何整合双重标准分类下三元医保参保人的交叉与重复参保；二是如何在量能负担筹资理念下整合城乡医保分割的筹资制度。

首先，整合三元医保参保人交叉分类的制度。在社会保险一般理论上，实施全民社会保险的国家，"社会保险不看参保人的身份只看参保人职业活动的地域范围"（周宝妹，2005），以确定其参加的统筹基金单位；依据从业形式类分参保人并确定量能负担的筹资方式。一般将参保人分为被组织聘用的正式从业者、自营作业者及零星受雇者、居民状态的个人（或称任意参保者）、客观情形导致的身份不确定性的特殊群体（钟秉正，2005）。我国三元医保制度以职业身份、城乡户籍双重标准将参保人分为正式从业的"职工"、非正式从业的"非全日制从业人员和其他灵活就业人员"、城镇居民与农村居民。这里，暂不论其立法措辞的不规范以及对宪法规定的公民平等参加社会保险权的违背，双重标准的参保人分类，在我国城乡居民加速流动现状下，这不仅导致城乡三元医保的参保人漏保、重复参保并存，还难以公平确定参保方式及量能负担保险费的分担方式。所以，整合参保人制度，先应该消除参保人城乡、户籍、职业等身份歧视，尤其是淡化二元分割的户籍制度，以户籍改革中形成的统一城乡公民的居住证为准，界定参保人参加基本医保的基金统筹单位（即基金统筹层级单元）；按从业形式将参保人分类为正式从业人员、非正式从业人员、居民状态的个人（即任意、自愿参保人员）；明确城乡全日制在校学生、学龄前儿童及外国人等特定主体参保的"选择适用制度"。这样，以参保权利公民身份平等作为突破口，一律以居住证为统一规格，再不分城镇居民、农村居民，只做从业形式区分，不同从业人群有不同的筹资方式、不同的筹资分担主体。这是突破城乡三元基本医保制度的最佳切口，是"水到渠成"的机制。在此基础上才能建立"量能负担"的筹资机制。

其次，以参保权利公民身份平等为起点、基点，建立适应城乡经济社会发展不平衡的"有差别的统一"的"量能负担"筹资制度。也就是，在城乡居民参保权利统一的前提下，短期内虑及城乡、区域差别较大的实际，按照社会保险激励原则，以收入为基准，设立"一制多档"的、有差别的、过渡性的筹资制度，要求城乡正式从业者参保最高档次；收入缺乏客观测定标准的城乡非正式从业者、居民状态的个人量能"自愿选择"参保和待遇档次；设计向居民状态的个人倾斜的保费补贴制度，以及无力支付保费的低收入人群免交保费制度；辅助设计连续参保奖励制度以抵御逆向选择，设计医保基金财务统筹制度实现医保基金中不同参保档次之间的利益平衡。"过渡性的、有差别的、量能负担的城乡医保筹资和待遇支付水平，在医保渐进整合过程中，当绝大多数城乡居民选择最高档筹资，即达到城镇职工筹资水平，城乡待遇比例统一的'普遍主义'模式医保制度就会水到渠成"（孙淑云，2014）。

3.4.3　保障待遇与再分配的社会公平性

起源于职业团体互助保险、商业保险、政府干预机制相结合的社会保险制度，是一种具有社会性和保险性双重属性的社会保障制度。其社会性是通过公共政策的推行，将雇主、雇员、国家"捆绑"在一起，强调社会成员互相帮助，共同分担社会风险，建立广泛的收入转移和调剂的社会责任机制，这种社会责任机制的实质是"在社会转移支付及其资金筹措支持下运转的社会再分配系统，涉及权利与义务、收入与财产、人与人、代与代、地区与地区的互助共济"（覃有土和樊启荣，1997）。再分配领域天然地追求社会公平分配之理想，基本医保作为再分配制度之一，基本医保待遇的分配应该以社会公平为第一原则，"社会保险含有社会扶助的性质，其给付虽与保费有一定联系，但更应顾及社会衡平因素"（柯木兴，2002）。此外，与社会保险的社会性并行不悖的是其保险性，保险性借用风险管理机制达到危险分摊的效果，其筹资、待遇支付的运作上具有"预先防范、预存式、财务自主、自助而后人助"的特性，它强调保障待遇的享受要与保险费缴纳的义务相应（但不具有保险统计学上的对价性），要适度兼顾筹资及其保障待遇的利益激励原则。为此，兼顾社会保险的双重属性，社会保险保障待遇标准与规范设计要实现社会公平原则与利益激励原则相结合，这是各国设计社会保险保障待遇标准和规范的共同难题，多取决于各国配合国情对公共利益、社会互助、社会公平、社会衡平等政策的不同考量和拿捏（钟秉正，2005）。

当下，我国整合城乡三元医保制度，保障待遇的公平实现是核心难题，不仅难在待遇社会公平原则与利益激励原则相结合"度"的把握上，还难在城乡、区域经济社会发展不平衡、从业形式多元、不同从业群体收入差距造成的基本医保筹资差距较大。为此，具体设计保障待遇整合制度时，既要参酌、镜鉴国际经验，更要审视我国国情、民情及整合基本医保制度建设的经验，重点应对如下三个方面问题。首先，为适应城乡居民从业形式多元、收入差距和筹资差距较大的实际，配合上述参保人及其筹资制度的整合，适应基本医保的保险性及其保障待遇的利益激励原则，短期内先建立与"一制多档"筹资制度相符合的、过渡性的保障待遇制度。其次，适应城乡、区域发展不平衡的现实，体现社会保险待遇的社会公平和社会衡平理念，明确各级财政对基本医保基金的担保责任，建立向低筹资群体和高负担群体倾斜的"积极差别待遇制度"，适度淡化医保待遇与医保缴费的关联性，积极缩小不同档次筹资制度之间的保障水平差距。最后，要建立"止损条款"[①]制度，以免低筹资群体和高负担群体因高额医疗费用陷入经济困境。这样，在缩小不同筹资档次待遇的倾斜政策下，经过渐进升级统筹层次，最终实现全民公平、普惠性的基本医保待遇。

参 考 文 献

曹克奇. 2012. 新型农村合作医疗参保人的身份认定：从参合农民到参合居民[J]. 晋阳学刊，（6）：44-47.

陈成文，廖文. 2013. 医疗卫生体制改革与改善民生——以几种典型低收入人群为例[J]. 山东社会科学，（1）：16-27.

崔卓兰，于立深，孙波，等. 2007. 地方立法实证研究[M]. 北京：知识产权出版社.

董黎明. 2011. 我国城乡基本医疗保险一体化研究[M]. 北京：经济科学出版社.

高和荣. 2013. 论整合型社会保障制度建设[J]. 上海行政学院学报，（3）：74-80.

辜胜阻. 2010. 社会保险法不宜过快统一城乡医保[J]. 今日中国论坛，（Z1）：36.

顾海，李佳佳. 2013. 中国城镇化进程中统筹城乡医疗保障制度研究：模式选择与效应评估[M]. 北京：中国劳动社会保障出版社.

---

① 止损条款，即个人自付封顶线，是国际上很多国家和地区医疗保险制度中最重要的一项制度。具体说，就是当患者的共付费用达到了规定的上线后，之上的费用将全部由基本医保基金支付，个人不用负担止损线以上的共付费用，从而可以避免患者及其家庭陷入财务困境（陈成文和廖文，2013）。

国家卫生和计划生育委员会流动人口司. 2013. 中国流动人口发展报告[M]. 北京：中国人口出版社.

何平, 华迎放, 等. 2008. 非正规就业群体社会保障问题研究[M]. 北京：中国劳动社会保障出版社.

胡善联. 2004. 全国农村新型合作医疗制度的筹资运行状况[J]. 中国卫生经济，（9）：24-25.

胡晓义. 2009. 走向和谐：中国社会保障发展60年[M]. 北京：中国劳动社会保障出版社.

金春林. 2014-02-17. 政策制定力避碎片化[N]. 健康报，第4版.

柯木兴. 2002. 社会保险[M]. 台北：三民书局.

李唐宁. 2014-05-13. 七省份完成城乡医保并轨，三保合一仍有障碍[N]. 经济参考，第1版.

厉以宁. 2014. 中国经济双重转轨之路[M]. 北京：中国人民大学出版社.

刘进业. 2014-05-22. 社会转型需要一定的保守主义[N]. 南方周末，第31版.

刘涌. 2013-06-19. 卫生计生委"三定"，国务院医改办职责划入卫计委[N]. 21世纪经济报道.

龙玉琴. 2014-08-20. 三大医保整合迟延1年仍没谱，或由第三方机构管理[N]. 南方都市报.

彭高建. 2010. 解析社会保险立法及其成就[EB/OL]. http：//old.civillaw.com.cn/article/default.asp?id=51390[2013-05-17].

彭宅文. 2011. 分权、地方政府竞争与中国社会保障制度改革[J]. 公共行政评论，（1）：174-177.

覃有土, 樊启荣. 1997. 社会保障法[M]. 北京：法律出版社.

仇雨临, 翟绍果. 2012. 城乡医疗保障制度统筹发展研究[M]. 北京：中国经济出版社.

人力资源和社会保障部农民养老保险处. 2012. 2011年地方医疗保险城乡统筹管理整合情况[J]. 中国社会保障，（3）：35.

施世俊. 2009. 社会保障的地域化：中国社会公民权的空间政治转型[EB/OL]. http：//www.doc88.com/p586798957063.html[2014-03-21].

水延凯. 2003. 社会调查教程（第三版）[M]. 北京：中国人民大学出版社.

孙淑云, 柴志凯. 2009. 新型农村合作医疗制度的规范化与立法研究[M]. 北京：法律出版社.

孙淑云. 2014. 新型农村合作医疗管理条例制定的战略取向——基于城乡一体化发展的视角[J]. 山西大学学报（哲学社会科学版），（1）：98-103.

孙淑云. 2014. 中国基本医疗保险立法研究[M]. 北京：法律出版社.

王东进. 2010. 切实加快医疗保险城乡统筹的步伐[J]. 中国医疗保险，（8）：6-8.

王飞跃. 2004. 城乡社会保险制度并轨研究[M]. 北京：经济科学出版社.

王国军. 2011. 中国社会保障制度一体化研究[M]. 北京：科学出版社.

王俊华. 2012. 基于差异的正义：我国全民基本医疗保险制度理论与思路研究[J]. 政治学研究，（5）：58-65.

王延中. 2011. 卫生服务与医疗保障管理的国际趋势及启示[A]//卫生部农村卫生管理司. 基本医疗卫生制度建设与城乡居民基本医疗保障制度研讨会会议资料汇编[C]. 北京：中国卫生经济学会：84-85.

向春华. 2014. 统筹城乡医保的法制路径[J]. 中国社会保障，（5）：20.

新型农村合作医疗试点评估组. 2006. 发展中的中国新型合作医疗——新型农村合作医疗试点工作评估报告[M]. 北京：人民卫生出版社.

徐同文. 2011. 城乡一体化体制对策研究[M]. 北京：人民出版社.

杨燕绥，阎中兴，等. 2007. 政府与社会保障——关于政府社会保障责任的思考[M]. 北京：中国劳动社会保障出版社.

杨兆敏，陈敏娜. 2007-11-21. 人口结构变化：决定社会保障制度改革最终方向[N]. 工人日报，第7版.

叶必丰. 2011. 行政法与行政诉讼法[M]. 北京：中国人民大学出版社.

余晓洁，邹伟. 2014. 用户籍制度改革筑牢公平公正之[EB/OL]. http：//www.gd. xinhuanet.com/newscenter/2014-07/31/c_1111873032.htm[2014-08-02].

袁山. 2012. 法贵必行——社会保险法配套法规政策制定工作情况[J]. 中国社会保障，（7）：22-23.

岳经纶. 2008. 社会政策学视野下的中国社会保障制度建设[J]. 公共行政评论，（4）：55-83.

张秀兰，徐月宾，方黎明. 2009. 改革开放30年：在应急中建立的中国社会保障制度[J]. 北京师范大学学报（社会科学版），（2）：120-128.

郑秉文. 2009. 中国社会保险"碎片化制度"危害与"碎片化冲动"探源[J]. 社会保障研究，（1）：209-224.

郑功成. 2000. 社会保障学——理念、制度、实践与思辨[M]. 北京：商务印书馆.

郑功成. 2011. 中国社会保障改革与发展战略（医疗保障卷）[M]. 北京：人民出版社.

郑功成. 2013. 从整合城乡制度入手建设公平普惠的全民医保[J]. 中国医疗保险，（2）：8-10.

郑功成. 2014. 城乡医保整合态势分析与思考[J]. 中国医疗保险，（2）：8-11.

郑尚元. 2013. 我国社会保险制度历史回眸与法制形成之展望[J]. 当代法学，（2）：125-131.

钟秉正. 2005. 社会保险法论[M]. 台北：三民书局股份有限公司.

周宝妹. 2005. 社会保障法主体研究[M]. 北京：北京大学出版社.

《中国社会保障》编辑部. 2013. 年度字典——转[J]. 中国社会保障，（1）：20.

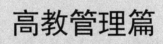

高教管理篇

资源型经济转型发展中的大学支持研究报告^①

经济的发展和产业结构的形成与资源开发密不可分，因采掘此类资源而形成的相关产业占据社会经济主导地位。资源型经济是指主要随着矿产资源、基础能源、森林木材等自然资源的开发利用而兴起，资源产业在区域经济中的体量极大、比重占有绝对或较大份额，相关从业人员规模和比重较大，导致经济和社会的发展对资源型经济产业的依赖程度极高的区域经济。

在经济发展增长的过程中，资源型地区作为原材料及基础能源的主要提供区域贡献巨大，形成了独特的资源型区域经济结构及模式。但随着社会与经济的深入发展，因为自然资源的有限性、不可再生性，加之环境问题的凸显，以及新技术革命带来的产业结构升级要求，缺乏可持续发展动力的资源型经济迫切需要转型发展。

这里所指的转型，是指经济的组织形态、构成模式、运行机制，以及经济社会中人们的思维、意识、观念统统产生深刻而根本的转化和演变，是自觉自愿地求新求变的自主创新过程和经历。"转型发展是我国经济发展方式转变、产业结构转型升级、解决新增劳动力就业结构性矛盾的迫切要求，是深化我国高等教育供给侧改革、破解高等教育结构性难题的深层次变革"（钟秉林和王新凤，2016）。

资源型经济通常以自然资源的开采和初加工为主导或支柱产业，其经济增长方式、产业结构、资源利用模式已基本定型和固化，它的转型发展难以

① 课题组组长：徐冰鸥。本文完成于 2016 年 8 月，如无特别说明研究数据截至 2016 年 7 月。

依靠自发和内生的方式来解决，必须依靠知识与科技的创新、人力资本的培养和积累、文化的创新和引领来实现。而这些，恰恰是以服务社会为战略目的的现代大学的发展动因和根本定位。

大学支持的深化与丰富，将日益成为经济转型发展的智慧之源、人才摇篮和可持续发展的推动力，这不仅已成为社会各界的理论共识，也正在被国内外的诸多现实所证明。认真分析资源型经济转型发展中大学支持的现状，探求大学支持的内在价值，并对大学支持的具体路径做出分析和定位，有利于资源型经济区域的跨越式转型发展，也有利于大学社会服务方式的创新和拓展，有助于两者实现共同发展、相互促进的双向式超越。

1　资源型经济转型发展中大学支持的现状分析

1.1　服务意识的觉醒与自觉行动的缺位

随着以创新为特征的技术经济和知识经济时代的到来，曾推动区域经济增长和发展的丰富的自然资源因素，居然逐渐变成了区域经济转型和发展的阻滞性力量。特别是在传统的工业区，普遍呈现经济发展与资源开发显现逆相关的"资源诅咒"现象（Auty，1990），资源型区域经济发展和资源型经济转型的思考逐渐成为全球性话题，更被区域内大学中的相关研究者广泛关注。

自 21 世纪初开始，诸多高校的研究者开始关注并思考资源型经济所面临的发展困局，并试图从政策引导、政府职能转化、金融支持、环境治理、技术创新等多个方面寻求突破。近几年来，随着高校学者关注度的不断提高，很多大学的硕士、博士也把研究的方向聚焦于此。据笔者对中国知网所收录的论文进行的不完全统计，2010～2016 年，以资源型经济转型为题的硕士论文超过 50 篇，博士论文超过 40 篇，涉及的大学超过 30 所，由此不难看出大学对资源型经济转型问题的关注度。

从上述论文中可以看出，大学里的研究者开始关注资源型经济转型，并试图为之把脉开药，这既显示出研究者的学术敏锐性，也反映出大学自觉服务社会的意识觉醒。然而，诸多关注和研究资源型经济转型问题的论文，很少或者说基本没有涉及大学在这一进程中所处的位置及应有的作用。由此不难发现，虽然资源型经济转型作为社会问题已经深入研究者的视野，大学研究者仍然只是把资源型经济转型问题作为外在的研究对象，没有真正把大学自身的历史使命与时代定位与其进行综合考量，因此也就形成了大学自觉服务社会意识的觉醒与现实中自觉行动的缺位这一矛盾。

1.2 理论探讨的深入与产学研合作行动的脱节

对资源型经济转型问题的关注与重视，引发了大学对这一研究课题的深入探讨。资源型经济面临的危机和弊端包括：经济增长可持续性不足，容易出现发展瓶颈及较为剧烈的动荡；区域内的发展思想固化，思维和意识僵化，创新的能力和动力严重不足；反工业化现象严重，倒逼并促使服务业价格的畸形高涨；忽视人力资本的培养和积累，导致创新能力与人才支持无法满足转型需求；极易导致区域内不同人群收入差距急剧扩大，引发权力寻租现象不断产生，致使生态环境持续恶化等等。这一系列问题在大学的理论研判中被剖析得极为深刻。同时，大学内的研究者也提供了一系列相应的解决方案：优化产业结构，改变资源型产业为主导的经济运行和发展模式；以市场为导向调整产业结构，注重科技进步，提高经济效益，保护生态环境；由采掘型、加工型经济为主体，向以技术型、知识型经济为主体逐步转化，用创新改变发展路径，减少和打破资源依赖；提升人力资本，构建合理的人力资源结构等等。

理论探讨的深入，无法掩盖现实中具体操作行动的缺失。特别是资源型经济区域内的大学，基本未能发挥自身在协助或引领当地经济转型中的重要作用，呈现出理论上的强音和行动中的弱势。大学未能明晰自身与区域经济的相互影响与作用，也就更不可能发挥自身优势，引领双方的双向式超越，大学与所在区域愈呈疏离和隔膜之态，甚至双方越行越远，最终以大学的抽离为结局。不仅未能发挥资源型经济转型中大学的支持作用，反而使得资源型经济区域的再生发展更显艰难。典型的例子是鸡西市原有的三所大学全部搬迁，彻底脱离了这个资源已呈枯竭态势的城市（徐向国和薛伟，2005）。

1.3 对科技创新的高度重视与对文化引领的漠然

"创新驱动、转型发展"既是国家经济结构调整的战略性目标，也是资源型经济区域发展的现实需要。服务国家战略既是大学的重要责任和历史使命，更是满足区域进步需求并促使自身赢得广阔发展空间的重要途径。

资源型经济最主要的特点就是对资源产业的过度依赖，产业结构初级化、单一化、刚性化，习惯于生产要素集中投入式的增长模式。资源型经济的转型发展，目的是通过优化产业结构，寻找到新的经济增长点和发展方向，彻底摆脱对单一资源型产业的依赖。要达到这一目的，当前的共识是必须借助于科技创新。科技创新是产业结构合理调整的内在动力，会借助自身新颖的技术手段、先进的生产方式、高品质的拳头产品、高附加值的产出等多种因素，推动产业结构形态和布局的变化。科技创新既要求发现和获得新知识，也要求运用新知识创造和改进技术，更要求以前两者为基础，开发和推广新产品并使之市场化。而大学作为新知识、新技术、新方法、新观念、新思想的重要策源地，在创新发展中自然拥有无与伦比的地位和作用。

目前，大学已经成为科技创新的核心团队。受国家教育体制改革领导小组办公室委托，由厦门大学邬大光教授牵头成立的评估组于 2015 年年底发布的《高等教育第三方评估报告》统计，高等学校承载科研能力大幅提升。2005～2013 年，高等学校承担科研项目成倍增加并超过同期其他科学研究与开发机构。高校基础研究在全国占绝对优势，基础研究经费在全国占比超过一半，高校科技成果占据 70% 以上。2010～2014 年，高校共获国家自然科学奖 583 项，获技术发明奖 1328 项，获科技进步奖 3577 项，高校获得的国家科技奖励三大奖占比为 70% 左右。2005～2013 年，高校科技论文占全国比例一直在 70% 以上。高校专利授权数从 8843 件增加到 84 930 件，增加了 8.6 倍。

能否发挥大学科技创新在资源型经济转型中的重要支持作用，确实关乎资源型经济转型的快慢与成败，怎么强调和重视都是应该的。但不能因此忽视大学在其中的文化创新和引领作用。在知识经济和信息时代，文化传承和发展创新已成为社会和经济进步的重要因素。"大学不仅要满足社会大众对各种文化的需求，更重要的是，要告诉社会应该需要什么样的文化，成为代表先进文化前进方向的中坚力量。高校有责任通过文化思想的创新实现社会先进文化引领。"（张男星和王春春，2012）仅仅从实用性的技术手段角度提倡大学的科技创新功能，往往会不自觉地忽略和遮蔽大学的文化功能，造成社会发展和经济增长的深层畸形化。

1.4 人才培养的规模扩大与适切性的错位

2015 年发布的《高等教育第三方评估报告》显示，"2014 年，在校生规模达到 3559 万人，居世界第一，高校数量为 2824 所，居世界第二""每十万人口平均在校大学生数增幅超过 3 倍，毕业生占当年新增城镇人口比例从 12.86% 提高到 61.62%，高校毕业生已经成为促进经济社会发展的重要生力军""新建本科院校分布于全国 201 个地级城市，覆盖全部地级城市的 60.36%，极大改变了高等教育格局结构。本科毕业生数首次超过专科毕业生数。高等教育科类结构与国民经济发展总体相协调，与社会行业结构基本契合"①。

目前看来，大学人才培养已经达到一定的规模，但是人才培养的适切性并未形成同步效应。现有大学的专业设置仍未摆脱计划性色彩，当地经济发展和产业结构的特点很少通过专业结构反映出来，大学专业布局有待完善，不同院校未形成层级和互补，专业设置的重复项极高，区域内各大学之间的专业分工协作和优势互补并未形成，反而是同质化竞争较为严重。这种种现象，在资源型经济区域更为明显，大学专业的设置和调整要么盲目追风，要么故步自封，既难以满足现行经济结构形势下用人单位的实际需求，更缺乏引导和把握未来经济发展和产业变动趋势和大局的能力，专业建设和质量管理严重滞后。大学的毕业生一方面是就业困难，造成结构性过剩和人才资源的浪费；另一方面是难以满足企事业单位的现实需求，形成人力资本的总量不足。

2 资源型经济转型发展中大学支持的价值探求

2.1 有利于资源型经济区域的可持续发展

资源型经济区域一般以资源采掘业为经济发展的支柱型产业，经济结构相对单一，一旦遭遇市场价格波动，其应对变化的脆弱性就会凸显。同时，单一的经济结构，造成相关产业人员数量大、占比多，一旦资源或市场因素

---

① 厦门大学. 高等教育第三方评估报告（摘要）[R/OL]. 2015. http://www.moe.edu.cn/jyb_xwfb/xw_fbh/moe_2069/xwfbh_2015n/xwfb_151204/151204_sfcl/201512/t20151204_222891.html[2016-07-26].

出现变动，加之再就业调控能力不足，容易引发社会问题。而资源开发和采集的过程中，因为产业的基础性和粗放性，区域内及周边的生态环境不可避免地会遭到破坏和干扰，生态环境的恶化，又会反过来影响产业发展，导致后续发展乏力。与其他区域相比，资源型经济区域的可持续性发展问题显得更为紧迫和重要。

首先，大学可以为资源型经济区域的可持续性发展提供战略支持和总体规划。资源型经济的转型，需要做好整体性的规划和合理的设置；需要提升主导产业的科技含量，挖潜改造；需要及时而科学地选择替代的产业；需要出台和配套相关的产业政策及法规；需要积极而有效地治理环境；需要多途径地转移和化解剩余劳动力；需要转变支柱企业的体制和机制。以上这些转变，涉及政治学、社会学、经济学、法律、环境治理、人力资源管理、科学技术、信息技术等多个学科和专业，而大学恰好具备这方面的条件和优势，既有完备的学科设置，也不乏各个专业的研究者队伍，更具备合作研究和交叉互补的现实基础。作为经济转型发展的局外人，大学的理论支持和实践介入，能够客观而公正地为区域经济的转型发展提供战略支持，做好科学预测和合理的规划。

其次，大学可以为资源型经济区域的可持续性发展提供科技推动力。科学技术是第一生产力，这一点在资源型经济转型发展中表现更为突出。无论是对传统主导性产业改造升级，保持资源增长和消耗的平衡，还是对粗放的资源采集展开深加工，提高资源综合利用和再生利用的效率；无论是对自然环境的保护，还是对替代型产业的推进；无论是对替代能源和替代资源的开发，还是对高科技信息产业的引进，这一切都离不开对科学研究突破和技术手段进步的依赖。目前，大学就是科技创新的基地和园区，它的研究成果的产生、转化和应用，必然为资源型经济区域的可持续性发展提供巨大的科技推动力。

再次，大学可以为资源型经济区域的可持续性发展提供人力资源。资源型经济的转型发展、可持续性发展离不开巨大的人力资本，既需要急需的主导产业的合格从业者，也需要具有创新思维和开发能力的科技人员，还需要具备科技信息综合素质和全面能力的新产业从业者，更需要大量高素质的第三产业人员。大学的任务之一就是培养大批拥有专业知识与技能的合格劳动者，为社会和经济的发展储备更多的人才资源。

最后，大学可以为资源型经济区域的可持续性发展提供监督和引导力量。可持续性发展必须同时关注到当下社会生活的需求、经济发展的目的、自然环境的和谐和子孙后代的生存，特别强调和谐、公平、持续和以人为本。大学作为继承和呼吁具备科学思维、超前眼光和反思精神的人文殿堂，天然地会对经济的可持续发展持赞同态度，并会自觉地对其监督和规范。

2.2 有利于大学与区域经济的融合和均衡发展

（1）区域经济为大学建设奠定发展基础，大学建设促进区域经济的深度发展和特色发展。

大学的发展需要海量的资金，区域经济的发达与否，是决定大学发展潜力大小的根本性基础。区域经济不发达，产业结构单一，投入产出效益差，增长明显放缓或呈颓势，必然会制约对大学的投入，而投入的减少和不足，必然会使大学的科研立项、人才引进和师资培训、教学科研设备的配备、教学环境的改善深受影响。而大学办学条件的落后，也会使其逐步失去服务社会的能力。区域经济发展水平较高，增长速度较快，才能够给大学提供更好的环境，更多的资金、资源，更丰富的人才支持，大学也才得以拥有更好的办学基础和科研水平，才能够有更为突出的科技创新成果和服务社会的能力。

资源型经济占据主导经济地位的区域，因其现实需要，与大学的连带关系会越来越趋紧密。经济转型的迫切要求和现实压力，会使该区域对大学提出更高的要求，希望大学提供切实的理论支持和实践介入，提供转型急需的科研成果和技术创新，提供产业深化的专门人才和高新产业的新一代从业人员，因而更愿意向大学提供资金支持。而转型区域内的大学，出于自身发展的内在驱动和社会需求的双重动力，必然会对现有经济模式展开深入的探讨和分析，致力于挖掘区域经济的特色，使经济向纵深开掘，追求特色发展。

（2）区域经济为大学发展提供多样性的选择，大学的完善为区域经济带来丰富的人力支持。

大学培养人才的根本目的是为社会服务，如果培养的人才与社会需求脱节，大学教育必然会失去其应有的价值，也会越来越失去社会成员的认可与资金支持。因此，现代大学的发展，离不开对市场的关注与把握，其所设置的专业、发展的学科、培养的人才，除了要追求学科发展的基础性和前瞻性以外，更要注重市场的走向和现实需求。而资源型经济区域出于转型的现实需求，其市场必然呈现多样化发展的态势，人才需求的数量、层次、结构在不断发生剧烈的变动，这就决定了对大学学科、专业、方向、人才需求的多样性要求，间接决定了大学发展的多样性。

区域经济的转型和发展，需要不断累积的人力支持。一个区域的人才多来自区域内大学的培养。大学会根据区域经济发展的实际状况与未来趋势，对未来的人才需求和科技走向做出预测，并得出相应的判断和发展规划，在专业设置、学科发展时考虑未来区域经济发展的人才需求实际，减少或停止培养区域内饱和的专业人才培养，增加或扩大适应本地发展特色的紧缺人才培养，尽可能满足地方经济发展的需要，为区域经济的发展和转型输送合格的决策者、管理者、研究者、从业者、服务者。

（3）区域经济为大学的定位提供社会依据，大学的发展为区域经济提供有效的服务。

大学的发展，离不开区域经济这一发展基础和依据。如果脱离区域社会发展和经济转型的现实需求，大学就有可能在发展过程中陷入盲目扩张、短视扩张、趋利扩张的误区，从而造成教育规模、质量、结构和效益之间的失调，引发毕业生就业困难和人才相对短缺的失衡。这既阻碍了大学教育的进一步发展，又引发了区域经济转型的新一轮困境。大学的发展在必须遵循自身发展的普遍规律之外，还要确立自身的优势与特色，而区域经济特色及其转型发展方向就是大学建立优势与特色的现实基础。大学只有紧紧抓住区域经济转型的需要和方向，有针对性地发展和提高，摆脱贪大求全的误区，才能找好自身发展的出路和立足点，确定学科和专业发展的平衡点，明确师生成长的共同点，走上良性发展之路。大学良性发展，才可能有更多的专业研究者、更多的科学研究和技术开发经费、更大的社会影响力和话语权，有更多的高素质人才来支持、深化、发展区域经济，使区域经济的发展转型得到更大范围的社会关注和强有力的政府支持。

2.3   有利于推动大学的定位与转型发展

在资源型经济转型发展的过程中强调大学的支持作用，既是知识经济时代的必然要求，是作为知识型组织的大学服务经济社会的首要义务，也是大学自身发展的现实起点，有利于大学的自身定位和转型发展。强调大学支持，要求大学为资源型经济转型提供服务和助力，实质上也是倒逼大学反思和检视自身的发展道路和服务属性，在办学理念、学校定位、学科发展、人才培养、队伍建设和管理机制等方面进行清醒的观照和科学的定位。

在办学理念方面，地方性、应用性、适切性、服务性、引领性应该成为大学办学理念的重要维度。大学的发展，必须深入联系当地社会与经济发展的实际，树立客观而全面的认识，密切对接当地的经济与产业结构，积极服务于改善和推进当地经济建设，并能对其弊端做出深入体察，对其变化做出迅速反应，对国际国内经济发展的大势做出合理的分析判断，前瞻性地引领当地经济的转化与更新。

在学校定位方面，办学目标应以培养服务区域经济的综合型多功能人才为主，以推动区域经济转型和跨越的科学技术创新成果的产出和转化、应用为辅。办学类型应以教学为主导、兼重科研的教学研究型大学为主。在办学特色上，科研实力强劲、基础雄厚、人才积累丰富的"985"、"211"等大学，应以传统强项的基础研究和新技术突破为特色，重点培养和发掘具有创新性科研能力的人才；普通的地方本科大学，则应强化应用型的教学和研究，培养能够满足和适应本区域经济发展和转型的骨干型人才；一般的高职院校，则应以社会需求和市场反馈为参照，培养具有自身生存技能和区域特殊需要的从业者。

在学科发展方面，要突出区域应用型学科和特色人才培养学科，突出专业设置与行业发展的对接，加强相关学科建设的管理，强化内涵发展，不断提高培养质量。同时，结合区域经济转型的的需要，稳步建立和发展相关的交叉学科、综合学科、新兴学科。

在人才培养方面，以区域经济发展和社会需求为目标，以人才的就业情况分析和市场反馈为参照，以经济的发展和行业的前瞻为导向，尊重人才的培养成长规律，强化实践教学和实习培养。结合企业需要，利用自身资源，开展职业教育及后续辅导。

在队伍建设方面，教师队伍既注重自己培养，又注重域外引进；既强调区域性，又重视开放性；既要求有实际针对性，又强调前瞻性和创新性；既注重理论研究，又强调实践技能；既注重基础研究，又强调应用和开发并重。

在管理机制方面，以有利于资源型经济转型为目的，创新和完善大学管理和运行机制，制定并落实相关管理条例和制度，注重大学和区域内经济体的关系，注重大学内部的专业协调，注重不同专业研究者的合作，注重形成综合优势，注重大学、企业、政府、社会团体之间的协作创新。

2.4 有利于大学、政府、企业协同创新模型的建立与完善

在传统的区域经济发展过程中，大学常常处于旁观者的地位，最多算是备用和顾问的角色，缺乏参与和共同建构社会经济的机遇和可能。然而，资源型经济的转型，科技创新是根本，机制、体制的创新是关键。科技创新不

是单一部门或机构的任务，它必然会牵涉大学、研究所、政府、社会团体、企业、中介机构等多个不同主体，并关系到人才、创新思维、资助资金、经济和文化环境、管理机制、政策法规等多种要素，是一个多主体和多要素共同作用、相互影响的综合动态系统。

在资源型经济转型的背景下，大学和研究机构成为科技创新的实施主体。大学拥有坚实的研究基础、充沛的教育资源、不断地创新追求，能够从人才输送和智力支持方面保障创新活动的开展和延续。大学不再作为独立于区域经济转型和发展之外的看客，而成为其中不可或缺的角色。在知识经济和信息时代，大学作为知识创新和科技研发的重要单位，其所具有的内在属性就是科技的创新与人才的培养，在浓厚的创新氛围与传统的学术环境中，大学多学科发展的特质与丰富的人才储备，使不同学科人才都拥有发挥创造性才能的机会，从而取得科技的新突破和知识的创造性传承，进而为满足服务社会经济转型发展的需求，将创新的知识成果和科学技术加以转化、应用、推广。在这一过程中，大学不可避免地会与企业合作，借助企业的优势和力量，使自身的研究成果得以开发、生产、销售。同时，大学能够促使和推动中小型科技企业的不断产生，并逐渐培养其成为区域经济转型和增长的内在动力。"走出了'象牙塔'的现代大学，其结构和功能越来越复杂与多元化，与政府、企业、社区的关系日益密切。"（梁林梅和桑新民，2012）

而企业是科技创新的实施关键，是科技与经济发展的关键结合点。企业在市场机制的激励下，或主动获得大学先进的科技成果，或积极进行科技投入，并将其转化为产品，使科技成果产品化、商品化和产业化。产品推向市场后，企业不仅给大学提供相关的培训任务，而且能够为大学提供最真实的市场反馈，帮助大学的研究者获取第一手信息资料和研究灵感，掌握区域经济转型发展的真实需求，不断适应和满足市场需求。

政府和中介机构是科技创新的支持主体，主要负责为科技创新活动提供保障和服务。政府负责科技创新的政策引导和宏观调控，通过制定相关的法律法规，建立合理的规章制度，营造经济转型和产业创新的良好环境；借助资源、资金、人才的调控配置，引导科技创新的方向，促使其合理而科学地发展。中介机构则是科技创新和成果转化的催化剂，能够推动大学、政府、企业间的积极沟通和密切互动，搭建三者间的协作桥梁，促进和提高合作的效率和效益，是创新生产能力和转化能力、反馈能力的推进器。

在区域资源型经济转型过程中，必须"要突破高校与其他创新主体间的壁垒，大力推进高校与高校之间以及高校与企业、地方政府等机构之间的深度合作，探索适应不同需求的协同创新模式"（胡赤弟和黄志兵，2013）。大学与政府管理部门、产业部门直接对接，建立和完善协同创新的模式，既能加速知识的创造、加工、转化、应用的速度，缩短科技成果产业化、商品化的进程，又可以激发大学研究者追求科技突破的热情，推动科技新成果和新文化思想的诞生，推动经济转型的快速完成，促进区域经济的极大发展。

3　资源型经济转型发展中大学支持的路径前瞻

3.1　深化和细化大学人才培养的渠道和模式

区域经济转型发展的需要和知识经济时代的要求，促使大学围绕知识传承、创造和应用这一追求目标，努力实现人才培养、科研创新和学术资本转化的三重使命。人才培养是大学首要的职责和使命，也是资源型经济转型发展中大学支持的最基本形式。要使人才培养的质量完全适应经济社会发展的需求，就必须对大学人才培养的渠道和模式进行针对性的深化和细化。

3.1.1　科学配置，适当调整，优化结构

大学的人才培养，为社会人力资本的积累奠定基础，对经济长期稳定的增长具有重要的促进作用。人力资本曾被划分为普通人力资本和特殊人力资本，后者专指具有专业知识和技能的人才。在高等教育向大众化普及的阶段，为社会批量培养专门人才和高技能劳动者，是大学的基本职能，也是大学支持的重要手段。但随着资源型经济转型发展，大学人才培养暴露出学科专业结构适应性差、人才质量不能适应社会经济需求、结构性就业失衡等问题，"人才结构与产业结构之间是一种推力和拉力的关系，即人才结构的高级化会推动产业结构的进一步优化升级，而产业结构的调整又促使与之相适应的人才结构的完善"（张子良，2008）。

具体措施包括：第一，大学的人才培养目标要做到重心下沉，适应高等教育大众化的趋势和资源型经济转型的需求，分层次培养具备创新精神和实践能力、满足各级各类需要的专门人才和具备较高素质和实用技能的劳动者；第二，改变大学片面注重培养数量和招生规模的倾向，强调内涵发展，将优化人才结构和提高培养质量提到首位；第三，大学要以区域经济社会发展的实际需要为本，结合本身的历史优势、现实定位、区域需求和实际发展

状况，以强化特色和质量为先导，避免盲目追求大而全，不顾实际拔高学校层次；第四，大学要放缓普通本科招生的增长步伐，按照自身定位，合理分工，更多地关注和强化提高研究生教育、专业学位研究生教育、高等职业教育、在岗培训、成人高等教育、行业培训等针对性教育的质量；第五，大学要与人事劳动部门密切联系，同时选点深入当地主要的和新兴的行业企业，结合市场供求调查进行人才需求预测，灵活调控专业设置和招生比例。

3.1.2 根据实际情况，明确自我定位，追求特色发展

大学要根据历史发展结果和当前实际状况，结合自身的具体条件，明确自身定位和发展方向。首先，研究基础深厚、科研队伍强大的 985、211 系列大学，应积极向研究型大学发展，以培养极具创新实力的高层次科研人才为己任，力争在知识创新、科技创新上不断突破，努力跻身世界一流大学；具有博士、一级硕士学位授权点，历史底蕴深厚的本科大学，应科研与教学并重，既注重选拔高层次人才培养为科研后备力量，又注重为社会经济发展培养提供具备专门知识与技能的通才，力争"两翼齐飞"；新近创办或升格的普通本科院校，则应以培养本区域发展急需的专业人才和针对性极强的高技能劳动者为主要任务；各类高职高专院校，应该针对区域经济结构现状和行业需要，致力于培养具有应用针对性和实践技能的初级专门人才。其次，除了工学、矿业、农学、医学、财经等专业类大学要积极培养面向实际需要、满足生产一线的专业性人才外，综合性大学也必须追求特色发展，依据自身实际和区域经济特色，壮大或设置特色专业，建立特色实验室。例如，太原理工大学创建了省部共建的原位改性采矿教育部重点实验室、煤科学与技术教育部重点实验室、新材料界面科学与工程教育部重点实验室；山西大学创建了煤化废弃物综合利用技术国家地方联合工程实验室等等。

3.1.3 推动观念变革，实现思路创新

思路决定出路，特别是因资源型经济转型发展的需要，大学要进行观念先导和变革，彻底转变仅仅进行精英教育的传统观念，大学做出自身科学定位，合理规划和调整各自的专业设置、培养目标及就业出路。大学应从服务社会和满足区域需要的角度出发，与人事劳动部门和用人单位合作，强化毕业生的实习工作，提高实训能力、实践技能和适应能力。大学还必须面向广大教师、学生及家长，进行教育观念和就业观念的不断教育。同时，大学应与有用人需求的行业、企业联合，也可以和地方政府合作建立大学的分校、独立学院等，采取"走出去、引进来"的办学方式，或采用委托培养、定向

培养的方式，增强人才培养的适切性和针对性。这既解决了学生的就业需求，又满足了区域经济转型发展的要求。

3.2 从根本上深化大学科学研究的创新产出能力

3.2.1 大学教育必须以创新精神为核心和导向

"培育创新人才，这是大学存在价值的根本体现，也是支撑经济转型发展的关键。"（马德秀，2012）大学是知识保存、传承、应用、创新的重要场所和承载体，其最根本的目的和旨归就是创新。要想从根本上深化大学的创新产出能力，首先必须把创新精神作为大学教育的核心和导向。创新是大学根据自身的传统、优势、知识资源等进行多种形式的尝试并有所发现的过程。在教学和科研的过程中，大学必须为全体师生树立不断创新的意识，把有所发现和解决问题作为系统化和有目的的追求，特别是要把资源转型和产业发展中遇到的现实问题作为课题和项目研究。同时，应在师生中提倡和推广科学理性的意识、批判性思维、质疑精神和不断追求的毅力。

3.2.2 打破专业壁垒，培养复合型人才

要满足经济转型的需要，除了要切实提高学科教学质量以外，更重要的在于逐步消解甚至打破专业壁垒。目前，我国的大学确实存在专业划分狭窄、学科体系封闭、研究范式单一、课程与教学僵化等问题。相对狭窄和封闭的专业培养模式，容易使学生的探求兴趣和内在需求与录取的专业形成矛盾，也容易造成所学知识内容和学生未来就业、发展的脱节，过分注重理论学习的状态，又可能导致专业学习与实践应用比例失调。这一系列问题，都可能导致学生的学习兴趣大减，失去追求新知的快乐感，走上为考试而学习的死路。而随着资源型经济的转型，产业结构必然发生巨大变化。随着知识经济和信息时代的来临，新兴产业将大行其道。社会需要的人才不仅限于多方面、多层次的专才，更需要越来越多理论知识和实践能力俱佳的通才，这就要求大学尽快打破专业壁垒，依照社会经济发展的需要，同时考虑学生的兴趣、能力、偏好、学习风格、认知特点、发展需求，提供更多可选择的专业发展方向和灵活实用的课程和实践活动，"探索并推行创新型教育方式方法，突出培养学生的科学精神、创造性思维和创新能力"[①]。

---

① 参见国家中长期人才发展规划纲要（2010—2020 年）[Z/OL]. 2010. http://www.gov.cn/jrzg/2010-06/06/content_1621777.htm[2016-07-26].

3.2.3 打造开放而自由的教学与研究环境

新时代的大学，不能仅仅满足于为社会经济提供合格的人力资源，更应关注每个个体全面、和谐、自由、成功的发展。大学教育不是按统一的可加工模式去束缚、限制和塑造人，而是本着解放的目的，去寻求和发现每个个体发展的可能性，并将其转化为现实性。打造开放而自由的教学与研究环境，提供适当的条件和合理的平台，才可能使每个个体获得充分而自由的发展，通过其独特性生成过程，促使更多受教育者成为创新人才、拔尖人才、实用人才，既可以弥补依据市场需求预测培养人才的机械性，也可以纠正人才培养中的功利化倾向，保证大学人才培养的丰富性和多元化。

打造开放而自由的教学与研究环境，首先必须保证大学的学术自由。"学术自由是指教师与学生在学习、教学和学术研究等过程中，不受外界不合理因素的干扰和影响，从而能够客观、自主地进行创造性思考、研究和交流等学术活动的自由。"（李维安和王世权，2013）其次，要努力实现学习自由。大学应该改革学科培养模式，改变学生"被专业化"的局面，重视通识教育，打好基本的人文与科学基础，再进行大类基础课程和交叉学科学习，扩大选修课种类，开放跨专业选课，在此基础上，依据个体的选择偏好和发展特长，确定专业学习方向。大学应实行更灵活、更人性化的专业选择机制，允许有特长和偏好的学生、专业学习确有困难的学生通过一定的程序转换专业。在规定学制下，实行学分制，使学习年限获得一定弹性，能够允许有实践尝试或创业需求的学生中途休学或提前毕业。最后，要保证大学有开放性的实践机会。通过丰富的课题探究、多元的社团活动、开放的社会实践活动、深入的课程实习体验，促使学生直面社会经济面临的问题，并自觉而积极地将其与自身的学习内容进行结合。

3.2.4 强化大学的学术责任和社会使命

面向国家和区域"创新驱动、转型发展"的战略需求，大学不能故步自封，沉溺于自己所创建的"象牙塔"之中，满足于"高深知识"的创造与发表；也不能仅仅追求满足社会经济的已然需求，只围绕着经济发展的指挥棒疲于奔命。

作为公共的知识传承系统和独立的学术机构，大学有其独特的学术责任和服务社会的公共使命。大学绝不仅仅传承和生产具有资本性质和经济价值的知识，同时也必须传承和生产具有象征意义和文化价值的知识，通过承继、生产、保护和传输民族文化来维护民族国家的利益。"知识和科学的本性决定了知识和科学本身是一个公共领域"（黄宇红，2008），大学天然具有面向公众，从公共立场和公共利益出发，关涉公共事务和重大社会问题的责任和使命。

如果单纯强调大学对于国家、区域经济活动的具体效用，大学埋头于追求经济效益的应用研究，只关注技术公民的训练和培养，强调和过度保护知识的商业性成果，而忽略对真理的追求与表达，放弃对形而上问题的关注，有意淡化或逃避对社会整体和人类本身的义务与责任，那么大学的存在意义和价值合理性将失去基本的根基。大学的存在和发展，有其超越性的价值和社会意义。面临资源型经济转型的区域，更应该强化和宣传大学的社会使命和学术责任，确保大学的均衡发展，使其发展逻辑不致于偏废，使大学保持自身创新产出能力的持久和活力。

3.3 丰富和强化大学社会服务的途径和方式

在资源型经济转型发展过程中，亟须大学提供创造性人才与实用型人才，需要大学提供创新性的科研成果支持。更需要的是，大学能够提供具体而针对性强、细致而有可操作性的服务手段，以此实现理论与实践的顺利结合，实现知识传承、创造、应用的完整统一。

3.3.1 主动参与政策研判与规章制定

要想保证资源型经济转型的成功，首先需要进行先期的理论分析研判和相关产业政策的制定，各项针对性的政策法规的制定与实施，必然推动产业转型和振兴的经济力度，特别是促进区域转型和可持续发展。大学可以根据资源型经济转型的重大需求，结合自身的多学科优势，集合不同专业、不同领域的专业研究人员，探索资源型经济转型发展的重大理论，为资源型经济转型发展奠定坚实理论基础，为资源型地区经济转型发展提供理论依据与决策支持。例如，山西大学的资源型经济转型发展协同创新中心，以解决资源型经济转型重大需求为导向，以理论创新、治理体系优化、民生保障为主要协同研究问题，进一步整合了校内学科，打造了产业转型、收益分配、金融支持、科技管理、政府管理、基层治理、决策评价、法治文明、社会保障九个团队，主动参与政策研判。以山西大学中国中部发展研究中心主任、山西大学管理与决策研究所、山西大学资源型经济转型发展协同创新中心李志强教授为首的团队，结集出版研究山西省国家资源型经济转型综合配套改革试验区建设的蓝皮书《山西资源型经济转型发展报告》，适应山西转型跨越发展之需，提出了具有理论支撑的可操作性政策建议。

3.3.2　积极提供理论与技术咨询

学术研究是大学承担的重要职责和使命之一，不断产生新知识、新理论、新技术、新发明是大学的基本要务。在资源型经济转型的背景下，大学应积极施展所长，立足理论前沿，以优势学科为依托，为相关的产业、企业提供理论的指导和技术咨询，力争以创新驱动来激活资源型经济转型中各种要素的迸发，促进资源型经济转型发展科学而快速地实现。

3.3.3　追求科研成果的推广应用，致力于学术资本的转化

要使在资源型经济转型发展中的大学支持落到实处，必须强调知识的直接应用，也就是追求大学科学研究结论的成果化、产品化。大学学术发展的最终目的是为人与社会的发展而服务，学术成果的迅速转化，能够形成完整的学术链条，使理论研究和实践结果互相促进。当然，追求科研成果的推广和学术资本的转化，并非简单地鼓励知识生产者都去直接进行学术创业。学术成果的发表与出版、专利的申请等，以追求价值实现和以实用为导向的"学术创业、知识应用"形式都值得提倡。

3.3.4　推动不同区域、不同类型文化的交流

在社会经济发展中，知识具有极大的社会功能和价值作用，资源型经济转型中的大学支持，特别强调和重视知识给予。知识是文化最为重要和关键的组成部分。文化本质上是人的一种精神创造，不仅包含知识的确证性、技术性、应用性，还包含知识传承和创新中的理性成分，代表人类创造的精神成果，包含应然追求和价值取向在内的精神空间，包含活泼生动的感性因素，包含创造的完整过程。文化与生命的成长完善和创造活力紧密地联系在一起。"我们的目标是，要塑造既有广泛的文化修养又在某个特殊方面有专业知识的人才，他们的专业知识可以给他们进步、腾飞的基础，而他们所具有的广泛的文化，使他们有哲学般深邃，又有艺术般高雅。"（怀特海，2012）大学以其自由、开放、包容的特性，能够包容和接纳不同区域、不同类型、不同风格、不同层次的文化，并给它们提供平等交流、理性对话的平台。不同的文化代表着人性和人文的不同维度，它们的并存、交流、碰撞、

互融，既有利于培养完整的人性，完善个体精神，也有助于创新能力的孕育与升华，更可以用人文补科学之不足，避免走上唯科学主义的歧路。

3.3.5 夯实基础研究的根基，纠正商业化偏向

大学为社会服务的途径和方式，不单单是为经济活动提供效用，也不仅仅是为技术革新提供方法，更不只是为产业转化提供产品。大学的存在意义和社会价值，不仅仅是追求可商业化的技术，开发可产品化的价值。对社会和文化、物质和自然的原理和规律展开探索与发现、力求获得最基本知识的基础研究，才是大学的核心使命。"一所大学突出的标志就是研究。我们所讲的研究就是对基础知识的追求。"（威廉·墨菲和布鲁克纳，2007）基础研究的成果虽然很难获得直接的商业回馈和市场应用，但回顾历史进程，没有基础研究奠定的科学进步，缺乏基本知识，应用研究、科技进步和产业革命只能是无源之水、无本之木。大学在满足经济发展需要、追求应用性研究的同时，必须扎实做好基础研究。只有这样，才有可能抵制"学术资本主义"的侵袭，摆脱对自身核心使命的不确定感，避免大学自身成为经济的附庸和被取代。

3.4 凸显大学文化创新与引领的地位和作用

在资源型经济转型发展的进程中，大学支持不仅局限于人力资源的培养和积累、科学技术的进步和创新、社会服务的深化和多元，还表现在大学对文化的传承、创新与引领上。大学作为传播先进文明思想、培养优秀文化人才的主阵地，承担着文化传承与文化创造的重任。创新包括两个方面：一是硬技术创新，是指物质转化方式的创新；二是软技术创新，是指思想观念、思维方式等意识形态的创新（宋凡和牛雅莉，2001）。大学对经济转型和社会发展的影响，有相当的部分是通过文化的形式而实现的。

第一，大学应提倡自觉的创业文化。大学的创业教育是培养创新人才的重要途径和手段。"创业教育是指培养受教育者的创业意识、创业思维、创业技能等创业综合素质，并最终使受教育者具有一定的创业能力的教育"（葛宝山等，2011），提倡自觉的创业文化，"注重经世济用的创新与创业文化的培育"（宣勇和张鹏，2014），可激发受教育者乐于攻坚克难的批判和创新精神，促使他们努力拥有自主和持续学习新知识的能力，拥有相应的专业基础和特长，培

养对事业成功的强烈渴望和追求。同时，有助于受教育者形成坚毅的意志品质、脚踏实地的工作作风、善于联系实际的意识、灵活的协调沟通能力。

第二，大学需具备开放的包容文化。自由、开放、包容、多元是大学应该具有的文化气度。不同的文化，对于塑造全面和完善的人格均有其作用和意义。开放和包容的文化，更有助于塑造受教育者的文化自信，使他们更为独立、理性和宽容，既具备求真务实的精神力量，又不缺乏创新求变的追求品格。多元文化所塑造的大学生，能够抛弃狭窄的自我视野，避免思考问题局限于狭隘的角度，自然具备宏阔的视野、高尚的情操、自觉的反思意识和高度的社会责任感。当他们走入社会之后，必然会在社会活动中自觉地承担社会责任和义务，促使所在部门或企业不忽视社会利益、公众利益，为社会的发展贡献积极的力量，促进可持续发展。

第三，大学应拥有先进的科学文化。大学是知识的主要生产园地和科学与文化的殿堂，始终从事前瞻性、开拓性的科学探索，一向是学术前沿和科学技术前沿。科技是当代人类精神文化的重要构成基础，"新的科学知识是通过一种持续的否定过程与新的综合过程而获得的。由于这个动态的过程总是通过纠正过去的错误而不断地得到修正并把看待过去的新视角引入研究方法，科学建构的任务因而永远不可能一劳永逸地得以完成"（戴维•斯沃茨，2012），科技发展过程中形成的科学思想、精神、道德、规范是精神文化的重要内容。科技的发展有助于变革人的思维方式，确立科学精神和理性逻辑，从而提升人类的思维水平和精神境界。先进科学文化一旦与旧有的知识结构、伦理道德产生作用，会深化和丰富人们的思想、思维、文化意识和传统，促进科学精神和科学文化的进步与更新。随着大学教育的大众化，融入大学教育的可持续发展、绿色环保、转型发展等文化理念，会潜移默化地进入大众的日常生活，不知不觉中提升大众的科学文化水平和道德修养。

第四，大学需涵养特色的校园文化。富有特色的校园文化，是大学历史发展的积淀和文化进步的结晶，能够在不经意间通过多种方式进入受教育者的精神血脉，并化为人格修养的独特成分。"在优秀大学文化中，人们应该既能够看到学校的历史足迹，又能够看到它的现实追求；既能够看到它优良的传统，又能够看到它创新的硕果，感受到它与时俱进的精神脉搏。在文化发展上，大学要始终坚持与时俱进，充分借鉴人类历史文明的有益成果，继承传统而不保守。还要始终保持敏锐的洞察力和独立的判断力，不断成为创新文化的开拓者和发源地，始终辐射、影响、引领社会文化的再创造。"（张男星和王春春，2012）

第五，大学离不开独特的区域文化。"区域文化是在一定区域内因其自然条件、人文条件或者具有其他特殊背景而形成的不同的物质文化、精神文化和制度文化。它反映了本地域人们的生活状态和生存方式，包括思维方式、价值取向、行为习惯、社会心理、审美追求等。因此区域文化具有地域性、典型性、独特性。"（杨如安，2013）区域文化与大学建设能够彼此适应、相互促进、共同发展、互通共赢，进而形成独具特色的学科优势。例如，山西师范大学借助本省的文化资源和文物优势，重点打造戏曲艺术与文物研究这一特色学科博士点；山西大学结合学科优势与地域特色成立了晋商研究中心；依托丰富的历史遗迹和民俗风情资源，山西大学的民俗学专业发展迅速，并在旅游资源挖掘和开发上不断献计献策，申报了多项国家课题；围绕资源型经济开发与转型，山西大学、太原理工大学成立了一系列以煤炭及相关产业为中心的重点实验室、研究中心。

第六，大学应升华优秀的传统文化。大学是知识与文化生产传播的主阵地，文化的接纳、选择、继承、发扬、创新、传播、应用是不可推卸的责任。大学对传统文化的去粗取精，使优秀的传统文化在越来越多的公民中得以传承和弘扬。升华优秀的传统文化，有助于提升文化自信，有助于培养既具有传统文化优秀品质，又具有现代科学精神和全球视野的优秀人才。

3.5　加强大学与政府、企业、社会团体的横向合作与沟通

在区域经济转型的背景下，大学特别是区域性的地方大学，"必须走地方化、应用化和教学化道路。所谓地方化，即着眼于为地方经济、社会、科技和文化事业发展服务，在面向地方服务中确立自己的地位，争取科研选题和资源支持。所谓应用化，就是大力发展地方需要的，面向生产、建设、管理、服务一线的，可以转化为经济和社会效益的应用性研究与开发研究，大力发展和推进产学研一体化工作"（李俊杰，2012）。要在资源型经济转型发展过程中发挥大学支持的作用，必须走大学、政府、企业创新合作之路。大学和企业是合作的双主体，大学在合作中发挥主导作用，企业在合作中发挥推动作用；政府是合作的媒介和推手，在合作中发挥引导和调控作用。

首先，发挥大学在经济转型中的导向和管理作用，重视智库建设。政府和企业要重视大学的知识和科技创新能力和作用，把与大学合作看作产业转

型与产业发展、提高企业运作水平的重要途径，通过共建实验中心、实现研发的创新突破，鼓励教师带着课题深入产业一线、协助企业解决技术难题和管理问题，开展员工理论和实践培训，共建产学研合作基地、实训基地、创业园等手段，构建双赢而长效的合作机制。同时，借助大学的人才集群优势和学科协作的便利，为政府提供政策咨询和管理献策等理论支持，发挥智囊团的建言献策效用。

其次，注重社会对大学的反哺作用，丰富师资来源和渠道。坚持大学师资力量自主培养开发与引进海外人才并举，组织实施创新人才推进计划、海外高层次人才引进计划，推进"百人计划"、长江学者奖励计划、国家杰出青年科学基金等人才项目。大力吸引海外高层次人才和急需紧缺专门人才回国创新创业，加大对这部分优秀青年科技人才的发现、培养、使用，从中选择优秀代表聘为大学相应专业的兼职教学人员。针对区域经济转型需要，大胆聘请实践经验丰富、操作能力突出的企业人员，聘请熟悉相关政策、管理经验丰富的政府公务员，走入大学担任研究生导师，建设双师型的导师队伍和培养模式、教学制度。

再次，建立和完善人才合理流动的机制与制度。要想发挥大学的支持作用，实现资源型经济的顺利和成功转型，离不开人才的培养和合理使用，建立和完善科学合理的人才流动机制，既能够确保大学的生存和发展，也能够推动区域经济的科学转型。政府、大学和企业应密切合作，打破人才身份、单位、部门和所有制限制，完善选拔人才制度，拓宽人才来源渠道，完善人才交流和挂职锻炼制度，营造开放的用人环境，实施推进政府管理人才、企业经营人才、大学专业人才的合理流动政策。政府管理人才到企业和大学任职或挂职，可以改变管理观念，提高管理水平，创新管理行为，结合经济转型的区域设计，了解企业的需求，发现大学的优势，推进校企合作。大学专业人才到政府和企业任职和挂职，能够提高和深化社会服务意识，促进理论研究和实践需求的自觉结合，根据自身对大学专业研究进程和前沿成果的熟悉和把握，推进经济转型的顶层设计，促成具体项目的合作，增强大学服务社会的能力和机会。企业经营管理人才到政府、大学交流任职或挂职，能够推进相关政策的制定和完善，及时发现企业急需的科技创新，加速科研成果的转化和推广，提高企业的合作积极性。

最后，缩减转化环节与成本，促进知识的直接应用。大学可以依托各院系的科研计划和重大科研、工程、产业攻关、国际科技合作等项目，依托各学科专业教师申请的各级、各类科研课题和项目，结合区域经济转型的具体要求，争取地方政府的经费和资金扶持，吸引企业的资助或投资，创建以政府管理部门为指导、以企业为主体、以市场为导向、以大学为推动力的多层次多种类的产学研战略联盟，通过共建科技创新平台、联合创办高新技术企业、开展校企合作教育培训、共同实施重大项目、委托技术攻关等方式，缩减研究成果的转化环节与成本，促进知识创新成果的直接应用。例如，山西大学依托研究人员力量强、学科领域设置齐全的现行优势，创建国家级大学科技园，创办高新技术企业、大学生创新创业工作室，在培育创新企业、转化科技成果、促进产学研结合等方面取得了不俗的成绩，成为山西高校服务地方经济社会发展的重要平台和展示科研成果的重要窗口。

4 资源型经济转型发展中大学支持的政策建议

4.1 制定和完善相应的法律法规，发挥法律的保障功能

要想在资源型经济转型发展中得到更多的大学支持，使资源型经济顺利转型，并和大学双向促进、共同发展，必须保证制定和完善相应的法律法规，并确保其得以顺利实施，充分发挥法律的保障功能。首先，必须调整和完善高等教育财政政策，由中央政府和省级政府合理分担，逐步加大对大学的财政拨款和经费投入，理顺大学和政府的财政关系，逐步提高教育经费的比重，确保实现教育支出占据 GDP 的合理比重。同时，制定科学的政策，确保大学的新增教育资金用到实处，用得恰到好处，避免资金的不合理使用和浪费。其次，制定和强化保护知识产权的相关法律法规，鼓励大学中的研究者积极投入技术开发，保护他们的创新动力和技术转化的激情，促进大学的知识转移和知识的市场化运作。再次，制定相关的法律法规，鼓励企业对大学的科研进行资助，对企业的资助行为进行税收减免，通过税收的优惠，促使企业愿意在大学的研究者中寻求合适的资助对象和感兴趣的研究项目，设立专项技术创新资金，以科研课题或生产任务的形式吸引大学相关科技人员参加。企业应主导建立和完善资本市场，借助金融机构的作用，积极探索建立社会化的产学研结合引导基金，建立风险投资体系，以风险投资和研究赞助的形式投入资金，使具有广泛市场前景的技术能够得到进一步的开发利用。同时，资金量的充裕，有助于研究进度的加速，而产业资助的研究，使研究的成果更容易推广。最后，尽快制定和完善校企合作的相关法案，使大

学与企业的多种合作形式有法可依，通过建立完善的高等教育市场法律保障机制，为大学衍生公司的建立提供法律保障。

4.2 大学必须加快改革步伐，实现观念、制度、方式的彻底转变

教育部原部长陈至立曾指出："高等学校在国家技术创新中起着不可替代的重要作用，搞好高校技术创新工作，要着重解决好机制创新问题，建立有利于科技成果转化的分配机制、激励机制，探索出一条适合我国高校特点的技术创新的路子；进一步改革高校科技评估体系，修改完善评估指标，以充分体现高校教学、科研和高科技产业三者的同等重要地位。进一步推进高校人事制度改革，鼓励教师和科技人员从事科技成果转化和高科技产业化工作。高校必须充分认识到，综合国力竞争的核心是知识创新、技术创新；高校开展科技成果转化和高新技术产业化工作是我国现代化建设的迫切需要，是当前科技工作应当着重加强的环节。"（张明，2002）要想在资源型经济转型发展的过程中发挥支持作用，首先，大学必须改革评估体系，完善评估指标。大学研究人员除了应以撰写和发表论文、出版和发行专著、申报研究课题等方式服务社会，还应考察其对科技成果转化和高科技产业化的贡献，同等强调人才培养、科学研究和知识转化的重要性。其次，在不断重视和强调应用性研究的同时，不能忽视和偏废基础研究，要鼓励并支持部分大学研究者坚持基础性的研究工作，努力获取更多的新知识，这样才可能为未来的应用性研究和转化性开发利用打下坚实的基础。再次，如果寄望于促进资源型经济的顺利转型，大学不能只关注工科专业的发展，而应拓宽思路，抓住适应时代需要和适合区域特点的人文学科，开展富有特色的人文社会科学研究，如对文化创意产业的研究和开发利用，必然促成全新产业的出现和壮大。最后，大学的人事制度和管理制度应朝向更灵活的方向改革，落实人员聘任制度，形成人员的科学流动机制。

4.3 加强产学研合作，积极推进协同创新

在资源型经济转型发展的过程中，大学与社会经济发展保持良性互动的方式离不开产学研合作，更需要借助协同创新来完成。大学应因国家战略和

行业发展的急需，立足现实开展科研，解决现实问题，展开学理探讨，促进研究深化，创新关键技术，寻求成果转化，推广应用成果，使得产学研一体进步，形成良性循环体系。大学应改变科研成果丰富但应用和转化率低下的现状，选择和创建适应区域经济特色、有利于自身发展的产学研合作模式，或者利用已有的科技成果直接创办独资的生产企业，实现科研实体和产业实体的共生；或者联合企业，成立相应的研究中心，大学可以直接接触具体的技术问题，并通过企业投资获得足够的研究经费，企业能够充分利用大学的科研资源，针对性地获得技术支持；或者利用学科领域优势和特色研究团队，创建创新平台或联盟，为区域经济、企业个体或群体、农业项目、服务行业等提供科技服务，由项目合作向全方位服务辐射；或者借助政府支持，发起成立大学科技园、大学创业园，开发高新技术产品，推动全民创业、自主创业；或者联络相应的企业和大学，利用网络和即时通信工具等软件，围绕特定的行业和产业，开展网络合作研究，形成全新的创新联盟和虚拟的合作体制。

政府必须发挥主导和管理作用，促使和引导大学、企业冲破隔阂，优势互补，资源共享，联合攻关，主动寻求全面深入的战略合作。政府、大学、企业应通力合作，加强协同创新的配套法律法规建设和组织管理、资金管理、项目管理、中介管理、人才流动的规划设计。大学内部必须打破学科专业之间限制，开展跨学科和交叉学科研究，完善师生的知识结构和理论素养，鼓励和扶持学术创新。

参 考 文 献

戴维·斯沃茨. 2012. 文化与权力——布尔迪厄的社会学[M]. 陶东风，译. 上海：上海世纪出版集团.

葛宝山，陈沛光，高洋. 2011. 促进中国创业教育发展的关键因素研究[J]. 学习与探索，（6）：171-173.

胡赤弟，黄志兵. 2013. 知识形态视角下高校学科-专业-产业链的组织化治理[J]. 教育研究，（1）：76-83.

怀特海. 2012. 教育的目的[M]. 庄莲平，王立中，译. 上海：文汇出版社.

黄宇红. 2008. 知识演化进程中的美国大学[M]. 北京：北京师范大学出版社.

李俊杰. 2012. 科研反哺教学的合理性及地方高校因应策略[J]. 教育研究，（3）：53-56.

李维安，王世权. 2013. 大学治理[M]. 北京：机械工业出版社.

梁林梅，桑新民. 2012. 当代企业大学兴起的解读与启示[J]. 教育研究，（9）：79-85.

马德秀. 2012-03-12. 走出中国自己的大学之路[N]. 光明日报. 第 14 版.

宋凡，牛雅莉. 2001. 技术创新理论与实践[M]. 北京：中国地质大学出版社.

威廉·墨菲，布鲁克纳. 2007. 芝加哥大学的理念[M]. 彭阳辉，译. 上海：上海人民出版社.

徐向国，薛伟. 2005. 黑龙江省资源型城市转型冲击下的高等教育[J]. 黑龙江高教研究，（12）：39-40.

宣勇，张鹏. 2014. 论创业型大学的价值取向[J]. 教育研究，（4）：43-49.

杨如安. 2013. 教育生态视域下的区域文化与特色大学建设[J]. 教育研究，（3）：74-78.

张明. 2002. 产学研结合对高校人才培养及地方经济与社会发展的影响[J]. 宁波大学学报，24（5）：81-83.

张男星，王春春. 2012. 如何认识大学的文化功能——访华东师范大学党委书记马敏[J]. 大学，（2）：4-13.

张子良. 2008-04-23. 以人才结构优化支撑产业结构升级[N]. 文汇报. 第 5 版.

中共中央，国务院. 2010-06-07. 国家中长期人才发展规划纲要（2010—2020 年）[N]. 人民日报. 第 14 版.

钟秉林，王新凤. 2016. 我国地方普通本科院校转型发展若干热点问题辨析[J]. 教育研究，（4）：4-11.

Auty R M. 1990. Resource-Based Industrialization：Sowing the Oil in Eight Developing Countries[M]. New York：Oxford University Press.

关于提升山西高校党建服务资源型经济转型研究的思考与建议[①]

1 资源型经济转型发展研究

1.1 资源型经济概述

资源型经济是指依靠区域资源，特别是以矿产资源为导向、以矿产资源产业为基础的经济，主要是通过对煤、石油、天然气等能源资源，以及铁、铜等矿产资源的开采、初级加工并形成初级产品为主导的经济体系。传统资源经济的发展模式，是以经济效益最大化为中心，耗费了自然界大量的资源与能源，主导产业单一化，经济结构不合理。这种模式已给资源型经济地区发展带来了经济社会发展的危害，亟须建立一种新的发展模式，即现代资源经济发展模式，仍以资源型产业为区域经济发展的基础，按照国家结构调整、产业升级的要求，开发利用可再生资源，发展先进制造业，实现资源的重复利用，促进工业现代化。资源经济的发展与进步主要表现在可持续发展能力的不断增强。

[①] 课题组组长：刘晓哲。课题组成员：李娟、刘惠惠、何彦霏、张瑞芳、张晓楠、杨景、张凌、宋慧洁。报告执笔人：刘晓哲、何彦霏。本文完成于 2016 年 8 月，如无特别说明研究涉及数据截至 2016 年 7 月。

1.2 资源型经济现象及主要症结

资源型经济主要是依赖自然资源而发展的经济。自然资源，特别是矿产资源在经济发展的初期起到了不可比拟的作用，具有其他资源未拥有的优势。但是，在发展的过程中，自然资源也暴露了诸多问题，由于国家集中发展资源型经济产业，导致其他产业发展缓慢，产业发展极度不平衡；由于资源具有有限性和不可再生性，一旦过度开采，可利用的资源将越来越少，最终枯竭，依赖资源的产业将失去产业来源；由于过分开采自然资源，造成了环境的污染和生态的破坏，严重的甚至威胁人类的生存和发展……历史已经给出了经验和教训。不少资源丰裕的国家和区域，非但没有从资源的大规模开发过程中受益，反而受到严重牵累，陷入资源优势陷阱，出现"资源诅咒"等资源型经济现象。

20 世纪 70 年代开始，"资源诅咒"开始在资源型经济国家蔓延，主要表现为资源枯竭、环境污染、经济波动等，引发了收入分配严重失衡、贫富差距加大、贪污腐败严重、社会冲突频发、失业人口增多等。这些国家和地区的情况表明良好的资源优势，尽管在短期内给这些地区带来了经济利益，但是难以保证经济的持续增长，还引发了众多的社会问题。90 年代中后期，我国一些资源型地区也陆续出现了经济结构、经济增长、居民收入、资源环境、社会就业等诸多问题。资源型经济的发展为国家提供了初期发展的不竭动力，但同时也付出了沉重的环境代价和后续发展能力的代价。

资源型国家和地区长期以来的发展与变迁显示：资源丰富与经济增长呈现出反向发展趋势，经济发展滞缓似乎成了资源繁荣的宿命和铁律，出现"资源诅咒"现象。尤其是在一些资源即将枯竭，或开采难度增大的区域，资源型企业面临着严重的人员转岗分流和再就业压力。多年来，资源型地区产业极度单一，其他产业力量薄弱，可分流失业人员的渠道非常有限，社会就业形势严峻。而多年对于资源的依赖，也造成了资源型地区人口素质低下、思想观念陈旧，这极大地束缚了资源型地区的持续发展。山西等煤矿资源富集地区，由于煤炭资源的稀缺性和不可再生性,以煤炭资源为依托的支柱产业单一和粗放型的经济发展方式对煤炭资源型城市的经济、社会产生了很大的负面影响。

1.3 资源型经济转型发展

推动资源型地区经济转型是党中央、国务院做出的重大战略决策，事关加快经济发展方式转变的全局。资源型经济转型是指某一地区的发展由传统的资源依赖型、结构单一型发展模式向寻求新的经济增长点、多元化的发展模式转变的过程，实质上是以创新为依托的各种生产要素、公共资源等的优化配置过程。资源经济转型是转变经济发展方式的需要，是社会稳定的需要，同时也是资源型经济体自身发展的需要。

1.3.1 资源型经济转型的难点

随着改革开放的不断推进，我国经济在取得飞速发展的同时，也暴露了一些问题。其中，重点发展资源型经济所带来的"资源诅咒"逐渐凸显，寻求适合我国经济发展的资源型经济转型道路显得尤为重要和迫切。目前，我国资源型经济转型难点主要体现在以下三个方面。

1. 城市产业结构属于资源型、粗放型的传统初级产业结构，技术水平与效益低下

资源型城市的主导产业大都是在当地具有优势的资源基础上发展起来的，在城市发展的初期，这种资源型经济为城市的经济做出过突出贡献。但是，随着城市的不断发展和进步，对单一资源的需求越来越少，且这些资源均具有一些弊端，如资源型经济产业的结构普遍比较单一，且多属于粗放型的传统初级产业，对技术的要求较低，且随着资源的枯竭，这些完全依靠资源的产业将失去市场竞争力，将面临"灭顶之灾"，这在一定程度上也阻碍了城市的发展。

2. 就业和社会保障压力巨大，严重影响社会稳定与和谐社会建设

资源型城市资源濒临枯竭带来的社会问题也日益严重，其中尤以就业和社会保障压力巨大为首，我国资源型经济城市的就业人员主要集中在资源型企业中，一旦经济转型，这些靠资源运转的企业将面临倒闭或者缩编，下岗职工和提前退休人员激增，职工养老、医疗、工伤等社会保障的压力也随着而来，如果这一问题得不到及时有效的解决，就会导致引发一系列极端暴力事件，将严重影响了社会稳定与和谐社会的建设。

3. 资源濒临枯竭，环境污染和生态破坏问题严重

我国资源型城市经济发展面临的最直接问题就是资源的枯竭。自然资源的供给具有供给有限性，但是经济的持续发展具有需求的无限性，而由于初期的对自然资源的开采多是掠夺式和粗放型，加速了资源枯竭的进程。同时，自然资源的加快开采和不合理利用，势必会造成资源的浪费、环境污染和生态破坏。目前我国每年因矿产资源开采而引发的地质灾害造成的直接经济损失数额巨大，而因采富弃贫而浪费的资源更是数量巨大，难以统计。资源型城市既面临着经济衰退、资源枯竭，还面临着生态环境治理的难题，这些都加大了资源型城市转型的复杂性和艰巨性。

1.3.2 资源型经济转型的目标

资源型经济城市的发展必须要结合国策省情，制定出符合本省发展的道路，走好资源型转型发展这条路。总的来说，资源型经济转型的目标是要处理好资源发展、综合发展、后续发展能力、经济效益和生态环境之间的相互关系。简单来说，就是既要对国家负责、又要对百姓负责、还要对子孙负责。改变现有经济运行模式，调整和优化经济结构，探索新型发展之路。在转型的过程中特别要注意产业结构的调整和升级，注意经济增长的质量，注意产业之间的关联带动和协调发展，谋求结构高度、结构弹性和结构效益，即经济效益与综合发展和后续能力的统一。

1.3.3 资源型经济转型的动力

（1）体制变革

适当的制度安排是经济活动合理化的根本前提，也是技术创新的基础和诱导力量。因而体制变革在资源型经济转型过程中具有更加本质的意义。我国自改革开放以来，在原来单一的计划经济体制上逐渐加入了市场的因素，这对于资源型经济转型来说，既是机遇，又是挑战。资源型经济城市要在我国体制的创新下，结合本省发展特点，加快资源型经济的改造，提高经济转型的效率和效果，使制度变迁成为资源型经济转型的重要推动力量。

（2）政策推动

经济政策的目的在于促进经济活动的竞争性、公平性、有序性。资源型经济的转型过程需要相关政策的配套和实施，来引导、规范和激励经济的转型和发展。资源型地区应根据自身经济发展的特点，在经济政策的科学引导

下，制定较为完善的经济政策体系、有效的经济政策手段、便于操作的政策执行程序，既对经济活动进行宏观调控，又对市场进行补充和规范，确保经济活动的秩序和效率，通过政策的规范和引导，提高产业的竞争力和经济效益。

（3）技术进步

技术创新和进步对于资源型经济的可持续发展具有重要的推动作用。在资源型地区，技术普遍比较落后，且缺乏创新能力，经济转型必须依靠技术的开发和创新。技术作为新产品开发的加速器、整合者和催化剂，是工业发展的基本推动力量。资源型经济的转型和发展越来越多地取决于开发和利用技术，尤其是高新技术的能力。对于资源型经济而言，应当根据产业经济特点，建立多层次的技术创新体系，充分利用有限甚至是短缺的资源，推进技术创新和开发，提高产业活动的技术层次和产品的技术含量，有效推动经济的转型。

2　山西资源型经济转型研究

2.1　发展历程与政策演进

山西是我国典型的资源型省份和全国重要的能源基地。山西的矿产资源丰富，特别是煤炭资源，为我国的经济建设做出过突出的贡献。但是，随着经济的发展，山西也因资源的枯竭陷入"资源诅咒"怪圈，亟待转型和发展。

近年来，国家和山西政府在山西转型发展道路上也做出了诸多努力。2010年12月1日，国务院批复设立"山西省国家资源型经济转型综合配套改革试验区"（简称山西综合配套改革试验区），山西成为全国第九个综合配套改革试验区，也是全国第一个全省域、全方位、系统性的国家级综合配套改革试验区。山西经济社会发展由此进入一个新的历史阶段，同时对于推动全国资源型地区经济发展方式转变，真正实行科学发展也具有重要示范意义。

批复文件要求：山西要秉持先行先试的精神，抓住与资源型经济转型密切相关的重点领域和关键环节，推进改革，率先突破。着力调整优化产业结构，推动工业化与信息化深度融合，提升发展的质量和产业竞争能力；着力推动技术创新，形成并完善有利于自主创新和运用最新科学技术的体制机制，促进经济增长向主要依靠科学技术进步、劳动者素质提高、管理创新转变；着力深化改革，完善宏观调控，充分发挥市场配置资源的基础性作用，建立健全资源要素价格形成机制和要素市场体系，推进产权多元化、竞争公平化和现代企业制度建设；着力推进资源节约型、环境友好型社会建设，树立绿色、低碳发展理念，加快构建资源节约、环境友好的体制机制；着力构建城乡统筹发展机制，促进工业化、城镇化和农业现代化协调发展，加快社会主义新农村建设。要求山西省"要通过改革试验，率先走出一条在更大范围内实现资源型经济转型发展的新路子，为全国其他地区加快资源经济转型和经济发展方式转变，实现科学发展和社会和谐发挥示范带动作用。"

2012 年 8 月，为推进山西综合配套改革试验区建设，国务院批复了《山西省国家资源型经济转型综合配套改革试验总体方案》（简称《总体方案》），2013 年 4 月 20 日，山西省人民政府正式印发了《山西省国家资源型经济转型综合配套改革试验实施方案（2013—2015 年）》（简称《实施方案》）。《实施方案》将《总体方案》提出的目标任务，做了细化和分解，使各项任务的落实更具具体，更具有可操作性。《实施方案》中提出了 50 项重大改革、100 项重大事项、100 个重大项目和 10 个重大课题，是未来三年各级各部门推进转型综改试验区建设的行动指南。

2013 年 4 月，省政府办公厅印发了《山西省国家资源型经济转型综合配套改革试验 2013 年行动计划》（简称《行动计划（2013）》）。《行动计划（2013）》是根据省委、省政府年度工作部署，对《实施方案》三年任务中 2013 年工作任务的具体安排，提出了 10 项重大改革、20 项重大事项、30 个重大项目和 5 个重大课题。同年 8 月召开的省政协十一届三次常委会议审议并原则通过了《关于大力推进转型综改试验区建设的建议案》（简称《建议案》）。《建议案》包括六个方面：推动国有企业转型升级、加快服务业发展、推动开发区发展、化解土地配置矛盾、突破金融制约瓶颈、推动政府职能转变。

2014 年 1 月，中共山西省委印发《关于深入贯彻党的十八届三中全会精神 加快推进转型综改试验区建设的若干意见》，同年 12 月 7 日召开的中共山西省委十届六次全会指出，要坚定不移全面深化改革，扩大对外开放，加快资源型经济转型综改试验区建设。

2015 年 1 月，山西省政府出台《关于贯彻落实〈能源发展战略行动计划（2014—2020 年）〉的实施意见》（简称《实施意见》）。《实施意见》提出，重点推动能源供给革命、消费革命、技术革命、管理体制革命和加强能源领域合作。

2015 年 12 月 4 日，中国共产党山西省第十届委员会第七次全体会议在太原召开。全会审议通过《中共山西省委关于制定国民经济和社会发展第十三个五年规划的建议》、省委十届七次全会决议和有关事项，研究部署"十三五"时期经济社会发展工作。这次会议强调：找准关键环节深化改革，重点推动煤炭资源市场化配置、国资国企改革等。

从山西省资源转型发展的现状来看，山西省的资源转型发展状态良好，各方面的转型发展在相互配合中均取得了良好的成绩，资源型经济转型稳步前进，不断创新。

2.2 取得成效及存在问题

国家高度重视综合配套改革试验区建设，国家发改委多次召开会议都强调，综合配套改革试验区就是全面深化改革的试验田，给每个综合配套改革试验区部署了改革任务。自 2010 年成立山西综合配套改革试验区以来，根据国家对资源型转型试验的要求，依据中央科学发展观的目标，山西省委、省政府提出了转型发展、跨越发展的战略部署。特别是 2012 年《总体方案》获得国务院批复以来，山西省深入贯彻落实《总体方案》，省委、省政府确定了"《总体方案》——《实施方案》——《行动计划》"的推进思路和分年度实施"四个重大"即"重大改革、重大事项、重大项目、重大课题"的推进模式（其中重大改革是主线，重大事项是载体，重大项目是抓手，重大课题是前沿）。相继制定出台了 2013～2015 年的《实施方案》，部署了"5111"重点任务（50 项重大改革、100 项重大事项、100 项重大项目、10 个重大课题），分年度出台了《行动计划》。

2013 年《行动计划》部署了"1235"重点任务，即 10 项重大改革、20 项重大事项、30 项重大项目、5 个重大课题。

2014 年《行动计划》部署了"3675"重点任务，即 30 项重大改革、60 项重大事项、70 项重大项目、5 个重大课题。

2015 年以来，省委、省政府把综合配套改革试验区建设作为统领和抓手，作为全面深化改革的切入点，作为激发发展活力、推进"六大发展"和实施"六权治本"的重大举措，统筹推进转型综合配套改革和全面深化改革，年初，省政府下发了 2015 年《行动计划》，部署了"2285"重点任务，即 20 项重大改革、20 项重大事项、80 项重大项目、5 个重大课题，任务涉煤炭管理体制改革、国资国企改革、金融业改革、科技体制改革、生态环境补偿机制等方面。

2016 年 4 月，山西省政府办公厅印发《山西省国家资源型经济转型综合配套改革试验 2016 年行动计划》（简称《行动计划（2016）》）。这个文件对我省 2016 年转型综合配套改革试验区建设做出了全面的安排部署。《行动计划（2016）》共分为七个部分：总体要求、重大改革、重大事项、重大项目、重大课题、市县及试点企业转型综合配套改革试验、工作措施，提出了"2455"重点任务，即：20 项重大改革、40 项重大事项、50 个省级转型综合配套改革重大项目和 5 项重大课题。

山西的综合配套改革试验区建设是围绕着资源型经济转型进行的。经过几年的探索和实践，综合配套改革试验区建设对推动我省转型发展起到了积极的作用。2015 年上半年，全省三次产业结构调整为 5.7：42.3：52，服务业比重同比提高 7.2 个百分点，首次突破 50%。新兴产业较快增长，装备制造业增加值增长 19.1%，同比提高 2.3 个百分点。固定资产投资完成 4211.7 亿元，增长 12.8%，超过全国 1.4 个百分点，居全国第 15 位，投资结构持续优化，民间投资占全省投资的 60%，同比提高 4.8 个百分点。节能减排成效明显，一季度全省万元 GDP 能耗下降 5.19%，1～5 月，化学需氧量、氨氮、二氧化硫、氮氧化物等主要污染物减排均达到序时进度。居民收入稳步提高，全省居民人均可支配收入 8258 元，名义增长 8.6%，扣除价格因素后实际增长 8.2%，高于全国 0.6 个百分点，农村居民收入增速继续超过城镇居民收入。

虽然改革取得了很大的成效，但仍然存在诸多问题。

一是由于长期对资源型产业的高度依赖，导致了"一煤独大"的单一产业结构不断强化，其他产业发展缓慢、产业结构不合理、产业发展极不平衡。山西煤、焦、冶、电四大传统产业对全省经济增长的贡献率超过了 85%。在资源红利的诱导下，煤及相关资源产业吸纳了大量的资金、技术、人才等汇聚，造成了对其他产业的"挤出"效应，导致非煤经济增长缺乏动力和竞争力新兴产业比重小，产业发展不平衡、不协调问题十分突出。二是对于煤矿的过度开采，粗放发展，对能源和地下水资源资源浪费巨大，污染严重，环境代价巨大。长期不合理的煤炭开采，造成地表塌陷严重，二氧化碳排放强度居全国首位，环境容量处于超负荷状态。三是经济社会发展不均衡，贫富差距加大，失业严重，造成了诸多社会问题。四是资源产业的高额利润导致官商结合，权钱交易，大量权力寻租现象出现，腐败现象蔓延，政治生态恶化，导致了山西近年来出现的系统性、塌方式腐败。

除了上述问题外，资源部门持续扩张、阻碍区域经济发展；产业升级转换不力、整体结构效益不佳；资源财富流失严重、外部性问题突出；科技创新机制不健全、内生发展能力不足；生产要素比价上升、区域贸易条件受损；受制于煤焦产业波动、区域经济波动强度较大等问题，也是当前山西资源型经济转型中所面临的突出问题。

2.3　发展思路与工作进展

近年来，山西在资源型经济转型中采取的主要对策和举措有以下几个方面。

第一，积极推进煤炭管理体制改革。山西作为典型的资源型地区，一直是国家重要的能源重化工基地，而也正因为这个原因，多年来"一煤独大"问题制约了经济可持续发展。近年来山西高度重视煤炭管理体制改革。2014年省政府立了六人小组，在全国率先清理规范了涉煤收费项目，实施了煤炭资源税从价计征改革，推进煤炭焦炭公路销售体制改革，在煤炭管理体制改革上迈出了重要的一步，实现了重大突破。2015年继续深化煤炭管理体制改革，围绕到2017年基本实现煤炭管理体制和管理能力现代化的目标，出台了《关于深化煤炭管理体制改革的意见》，加快了煤炭行政审批和证照管理体制改革的步伐，从煤矿项目审批准备到核准、开工、竣工验收等各阶段都减少审批环节，规范审批行为，加强监督制约，实行阳光运作；初步编制了煤炭资源市场化配置改革实施方案，对一级市场招拍挂、共伴生矿业权一体配置、矿业权二级市场监管等作出制度性安排。

第二，全面推进能源领域相关改革。自国家能源局同意委托山西"十二五"时期低热值煤发电项目以来，山西落实国家授权，确定了10个基础准入条件和10项优先原则，2014年7月路条发放工作全部结束。2015年以来，落实省政府对全省低热值煤发电"两个1000万千瓦"（上半年核准并开工1000万千瓦，下半年核准1000万千瓦）的部署，修编了低热值煤发电专项规划，按照"十准入""十优先"的要求，全力以赴推进项目核准和开工建设，2015年，全省29个低热值煤发电项目已核准19个，装机1640万千瓦，其中已开工14个，装机1166万千瓦。实施燃煤发电机组超低排放提速工程，2014年率先提出实施燃煤发电机组超低排放，出台了实施意见，2015年又进一步下发通知，将原计划改造时限由2020年提前至2017年底，3年将全部完成106台、4404万千瓦机组的超低排放改造，2015年安排的33

台、1417 万千瓦机组改造正在全面实施。

第三,着力推动"金融振兴、民营经济、科技创新"三个突破。针对山西资源型经济转型发展的这"三个短板",2015 年上半年,省委、省政府召开了全省金融振兴推进大会,出台了《关于山西金融振兴的意见》《山西省金融改革发展总体规划(2015—2020 年)》和《促进金融业振兴 2015 年行动计划》,明确了山西推进金融改革的"路线图"和主要任务。民营经济发展方面,省委常委会审议通过了《加快民营经济发展的意见》《关于进一步支持小型微型企业健康发展的措施》,制定了关于加快民营经济和小微企业发展的具体措施。有关部门联合公布了 2015 年重点扶持的 27 家重点骨干民企和 23 家优秀民企名单,按照"一企一策"原则给予政策倾斜和融资支持。科技创新方面,全省科技创新推进大会召开,对实施创新驱动、促进转型发展做出了全面部署。编制了煤基产业创新链(2015 版)、高新技术产业创新链(2015 版),统筹煤与非煤两篇大文章。建设创新驱动的平台和载体方面,山西科技创新城建设正在加快推进,核心区起步区控制性详细规划及 19 个专项规划已经批复,华能低碳研发中心、山煤科研院等 9 个研发机构项目,以及科技创新综合服务平台、核心区道路等 3 个基础项目开工建设。

第四,积极推进国企改革。在全国率先出台省属国有企业规范化、制度化的国企财务等重大信息公开办法,加强社会对国有企业运行的监督机制,使国有企业在阳光下运行。2015 年进一步出台了实施细则,已完成省属国有企业财务等重大信息公开,对加强国有企业监督制约起到积极的作用。同时,积极推进国有企业负责人的薪酬标准和履职待遇管理制度改革,出台了《山西省省属企业负责人履职待遇业务支出管理办法》,省属企业负责人薪酬制度改革方案已获国家批复。积极推进省直机关直属企业脱钩改革,根据出台的改革方案,力争 2017 年底脱钩改革全面完成。与此同时,省属企业发展混合所有制试点工作方案、改组(组建)国有资本投资运营公司试点工作方案、分类监管分类考核办法等文件正在修改完善。同煤、晋能集团将开展深化改革试点。

3　山西高校党建服务于资源型经济转型研究

高校党的建设是指高校党组织在马克思主义理论和中国特色社会主义思想的指导下,通过加强高校党的政治思想、组织制度、作风纪律等方面的建设，充分发挥党领导组织的先进性，发挥基层党组织的战斗堡垒作用和党员先锋模范作用，以便更好地提高贯彻执行党的教育方针政策，建设符合社会主义发展的高等教育。资源型经济转型是指某一地区的发展由传统的资源依赖型、结构单一型发展模式向寻求新的经济增长点、多元化的发展模式转变的过程，山西省的资源型经济转型是改革和提升山西经济水平的必经之路，是山西经济可持续发展的必然要求。高校作为经济发展的后援力量，为经济的转型和可持续发展提供了智力支持和人才保障。同样，在党的领导下的我省高校为山西省的资源型经济转型发展也做出了重要贡献。

3.1　基本情况概述

3.1.1　我国改革开放三十八年发展历程

改革开放 38 年，是高校全面推进党的思想政治建设、组织制度建设、作风纪律建设的 38 年，是高校党建工作与高等教育发展共同前进的 38 年。同样，改革开放的 38 年，也是中国经济飞速发展，迎来一个崭新局面的 38 年。高校一直是先进生产力和高端技术的前线，对经济的发展具有敏锐的洞察力，为经济的发展提供了强有力的智力支持和人才保障。高校党建的发展与经济的发展有着不可忽视的联系，从 1978 年至今的 38 年里，随着经济的发展和进步，我国高校党建也不断发展和前进着，并取得了令人瞩目的成就。

1. 第一阶段（1978～1988 年）：恢复重建与曲折发展

十一届三中全会制定了改革开放政策，明确提出我国要以经济建设为重心的发展目标，在经历了前期的经济发展挫折后，百废待兴，因此，我国经济主要以逐步恢复为主线，全国经济在恢复重建中逐步发展。这一时期，高校的党建也经历了恢复重建和曲折发展的过程。为适应改革开放发展的需要，党的十一届三中全会以后，高校党建工作主要"以拨乱反正、恢复建设为主线，坚持四项基本原则教育，坚持高校党建与思想政治教育的正确方向，试行党委领导下的校长分工负责制。"经过对教育事业的有力整顿，高校党建工作在这一阶段虽然经历曲折，但是也取得了卓有成效的进展。

2. 第二阶段（1989～2002 年）：深入反思和重塑核心

这一时期无论是国际国内，共产主义运动都发生了巨大的变化。同样，受国际因素影响，我国的经济建设也出现了一些问题，但是，针对国际国内出现的种种问题，全党上下在第三代领导人的带领下，深入反思，并结合我国具体国情，制定了符合我国经济发展的政策，特别是十四大正式确定了社会主义市场经济体制，使得我国的经济得到了快速发展。同时，面对国际局势风云突变，国内发生政治风波，党中央高度重视高校的党建工作，进行了深刻反思，并逐渐使党建工作走上了正轨，高校党的建设工作得到进一步加强，逐步形成了齐抓共管的工作机制和格局，高校党建工作的体制机制进一步完善，为实现高等教育事业快速发展提供了保障。

3. 第三阶段（2002 年至今）：不断推进和全面发展

这一时期，我国迎来了历史发展的新阶段，各项事业蓬勃发展，特别是经济的快速发展使我国逐渐成为世界经济强国，国际地位得到提高，党的建设也进入了全面发展时期。在党的十六大、十七大、十八大党建精神的指导之下，高校党的建设工作也得到了全面发展，坚持以马克思主义、毛泽东思想和邓小平理论为指导，深入贯彻落实科学发展观，认真学习习近平总书记的重要讲话内容，在全党开展"两学一做"教育学习，高校党建工作在继承中不断创新、在改革中全面发展，成效更加显著。

回首我国经济建设和高校党建的 38 年历程，虽然两者在发展中均出现过波折，但总体却是在稳步中全面进步和发展的，历史给我们留下了丰富又宝贵的经验和启示，我们要在借鉴宝贵经验和启示中，更好地更有效地开展现阶段我国经济建设和党建工作。

3.1.2 山西高校党建服务资源型经济转型现状概述

高校一直是先进生产力和高端技术的前线，对经济的发展具有敏锐的洞察力，为经济建设提供智力支持和人才保障。目前，山西省内共有普通高校 79 所（独立学院计入校数），其中本科院校 23 所、独立学院 8 所、专科院校 48 所（高等专科学校 7 所，高等职业学校 41 所）。民办普通高校 15 所，其中本科院校 2 所、独立学院 8 所、高等职业学校 5 所。成人高等学校 12 所，其中职工高等学校 7 所、管理干部学院 2 所、教育学院 2 所、广播电视大学 1 所。中国共产党具有与时俱进的先进性和不可比拟的影响力，加强高校党建，可以助力山西省的资源型经济转型发展。

2016 年 7 月 26 日，针对山西的省情现状，省委书记骆惠宁在与 47 名新任县委书记进行集体谈话中强调，山西面临的最大两项任务是"治吏"与"发展"，要同步抓好"构建良好政治生态"和"推动经济稳定向好"这两个关键，做到两手硬。提出了四大需狠抓的任务：要狠抓发展第一要务，狠抓改革第一动力，狠抓民生第一关切，狠抓党建第一责任。强调山西经济一定要转型升级、浴火重生，努力走出一条资源型地区转型升级新路。要规划和实施一批重大科技创新项目，在重点领域加大科技攻关力度。要大力推动"大众创业、万众创新"，让千千万万创业者活跃起来。

近年来，为了适应山西省资源型经济转型发展，更好地建设高校，发挥高校党组织的力量，构建良好的高校政治生态，我省高校党建在服务资源型经济转型中已经取得诸多的成果。

目前，就山西高校的发展现状来看，为配合我省资源型经济转型的具体要求，省内诸多高校都积极适应市场变化，开设了资源型经济转型急需专业，培养适合转型升级的合格人才，特别是要培养、选拔和聘用了一批既具有崇高党性，素质过硬，又适合我省经济转型发展的党员人才，深入推进产教融合、校企合作，深化人才培养模式改革创新。山西省教育厅 2016 年工作要点中明确指出要启动本科院校向应用型转变试点工作，推进省市共建，建设一批服务当地经济社会发展的专业，认真实施高等学校"131"领军人才工程和"三晋学者"支持计划，加大高校高层次人才以及团队的引进和培养力度。同时，在高校内开展技术创新项目，发展相关研究中心，为山西省的资源型经济转型发展提供技术和人才。同时又指出要推动高等教育内涵式发展，启动实施山西省高等教育振兴行动计划，研究制定《山西省高等学校设置"十三五"规划》。重点支持 20 个左右优势专业建设项目，150 项左右省级教学改革创新项目，200 项左右大学生创新创业训练计划项目。为更好地适应山西省资源型经济转型发展的要求，省内诸多高校开展创新科技项目。例如，山西大学量子光学与光量子器件国家重点实验室和国家大学科技园。王儒林在 2015 年对山西大学进行调研时就强调要筛选一批科技创新型企业重点扶持，发挥示范带动作用；要坚定信心、迎难而上，着力破除制约科技创新的体制机制障碍；要着力推动科技创新，为落实"六大发展"、实现富民强省增添新活力、注入新动力、做出新贡献。又如，太原理工大学的新材料界面科学与工程教育部重点实验室、煤科学与技术教育部和山西省重点实验室、矿产资源高效安全开采山西省重点实验室、科学云计算中心等。

李青山 2013 年在对太原理工大学的调研中指出，学校要紧跟时代发展步伐，不断创新人才培养模式，提升人才培养质量；要瞄准国际前沿，准确把握学科发展方向与趋势，继续加强科技创新，积极引进培养科技领军人才；要充分发挥学科优势和百年老校的优良传统，大力提升学校办学水平，为服务我省经济社会发展做出新的更大贡献。再如，中北大学超重力化工工程技术研究中心、计算机控制工程学院"新动力梦工厂"和仪器与电子学院创新精英研究院等。张复明在 2016 年对中北大学的调研中指出，要进一步加强协同创新，与高新区、相关企业合作建设更多的创业园、创业基地，让更多的学生参与到创新创业中来。中北大学要紧紧抓住国家"双一流"计划、山西省高等教育振兴计划、省政府与国家国防科工局共建协议签署等契机，争取获得更多支持等。山西农业大学依托学校特色，重点发展农业科技创新，立足产业需求，拥有高端技术，开展重点攻关，加大成果转化和技术服务力度，设立了科技创新园、大学生创业园，开展番茄培育试验棚、创意景观植物、食用菌发明专利、绿色果蔬等创业项目。2016 年，王儒林在调研中看了农业新技术新成果展示后，也鼓励大家学用结合，大胆创业，服务社会，努力成为科技带头人、新型农民。此外，山西医科大学、山西大同大学、太原科技大学等省内各高校均为资源型经济转型发展做着突出的贡献。因此，高校在党的领导下，结合本省省情，发挥高校办学特色，在助力山西省资源型经济转型发展中发挥了不可忽视的作用。

资源型经济转型需要高校党建的助力，高校党建的好坏直接影响和制约着山西省资源型经济转型发展的成败，为此，山西省对高校进行了系列的专项巡视，从巡视中我们发现，目前，山西省高校的党建总体来说发展趋势良好，但是也存在不少问题，如何在资源型经济转型的背景下，搞好山西省高校党建，使高校党建更好地助力资源型经济的转型发展，是高校党建发展的当务之急。

3.2 山西高校党建存在问题及原因

3.2.1 高校党建存在的问题

1. 部分党员党性观念不强

中国共产党是中国的执政党，代表无产阶级利益，具有鲜明的阶级性，区别于其他政党，具有本党固有的党性。但是，就目前来看，随着经济的发展，特别是在资源型经济转型发展的过程中，一些党员贪图经济利益，谋取私利，做出了侵害党组织的事情，暴露了部分党员对我党的政治思想理论认识不足，党性观念不强的问题。在调查中我们发现，一些高校从领导班子到基层党组织成员及学生党员对党的性质存在认知偏差，理想信念发生危机，导致人生观和价值观出现诸多问题，道德观念滑坡，出现了损害集体利益和危害党的发展的严重事件。更甚者，一些党员把党员身份当成其炫耀的资本，出现了认为自己高人一等的不良思想，放松了严格要求自己的思想意识，造成了不良影响。

2. 校党委主体责任落实不力

高校实行党委领导下的校长负责制，这是高校特殊地位和承担的历史责任的必然要求，必须理直气壮、旗帜鲜明地贯彻执行中央确定的这一领导体制。但在实际贯彻执行中也出现了一些问题，如有些学校由于党政领导沟通不畅导致关系处理欠佳，班子配合较差，整体力量较弱且分散，因而在体制的运行中出现了阻力和摩擦，影响了学校事业的发展；有些学校没有明确好党委与校长的职责，存在党委大包大揽、党政不分的倾向；有些学校党政截然分离，党只管党、政只管政，配合较差，不利于高校各项工作的顺利开展和实行。同时，有些高校领导干部自身思想政治建设制度不健全，中心理论学习不连贯，民主生活会流于形式，不同程度存在着不讲政治、不讲学习、不讲正气等的现象，不能完全适应新形势下，特别是在经济转型的形势下驾驭高校改革、发展和稳定大局的需要。

3. 基层党建缺乏创新

创新是一个民族、一个人发展的不竭动力，是紧跟时代步伐的必然要素。资源型经济转型需要创新，特别是山西省作为一个以煤炭为主的单一资源型经济大省，想要真正得到改革和发展，必须要时刻创新，而高校党建工作重心在基层，基础在基层，活力在基层。因此，要坚持抓基层打基础，推进高校党建工作。但是目前，山西省的高校基层党建缺乏创新意识，同时，还存在诸多问题。例如，基层党建的凝聚力和影响力不足；基层党组织建设活力不够，活动内容单一，且质量不高，缺乏创新能力；基层组织间的互助共建、交流沟通不够；基层党建专职人员（组织员、支部书记、入党联系人等）不足或不强，且缺乏规范的业务培训；基层党建条件保障不够有力，特别是一些高校的基层党组织活动常受到经费等限制等。因此，基层党建有很大的改革和提升的空间。

4. 党员省情意识薄弱

山西省正处于转型跨域的关键时期，经济的资源转型需要党员切实了解我省的具体发展情况，但是，就目前来看，高校党员，除了教师队伍中的党员外，主要由广大的学生党员组成，这就意味着其中必然存在一些问题，一是高校的学生党支部队伍薄弱，且由于支部成员年龄层次较低，一般都是新党员，能力素质水平有限，对我省的省情认知不足，甚至存在偏差；二是他们富有朝气，对党的感情质朴，但受党内教育才起步，思想磨炼不够，甚至存在一些入党动机不单纯，功利色彩严重的党员，党性修养欠缺；三是他们普遍欠缺社会实践经验，容易受不良因素影响，政治辨别能力差。这些问题严重影响和制约着高校党建的发展。

5. 党员学术骨干模范引领作用不够

高校的教师队伍党员，特别是教师队伍中的学术骨干党员，在高校党建中具有不可忽视的重要作用。在资源性经济转型的发展时期，党员学术骨干更要起到模范引领作用，但是，就目前对山西省高校党员学术骨干调查研究来看，大多数党员学术骨干未起到模范引领作用，主要体现在：一些高校党员学术骨干授课方式过于死板，授课时对学生们的启发不够，组织讨论不够，授课语言也缺乏生气，无法激起学生对所授课程的学习兴趣。特别是肩负传播和弘扬我党先进理论知识的"两课教师"，并没有将党的相关知识丰富系统地教授给学生，让学生真正意义上的理解、认同中国共产党的先进理论知识，弘扬和发展中国共产党的优秀精神体系，也没有结合山西发展的具体省情，表明党建工作在经济改革中的重要作用，不同程度地影响了高校党建工作的积极、深入开展。

6. 廉政勤政作风不实

中国共产党在长期的建设和改革实践过程中，已经制定了严明的纪律，形成了许多优良作风。这些纪律和优良作风是保持我们党的进步性和先进性的奥秘所在。但是，改革开放后外来思想的涌入，特别是在资源型经济转型发展过程中，在各种经济利益的驱使下，党内也出现了贪污腐败、奢靡享乐等不良作风问题。骆惠宁也曾指出山西是腐败的重灾区，曾出现过"塌方式腐败"。同样的，高校党员队伍中也深受这些不良作风的侵蚀和毒害，甚至出现了扩大和蔓延，将不良的党风扩大到了教风和学风上，出现了教师对学生的"吃、拿、卡、要"和科研学术抄袭造假等严重的问题，严重污染了校园的纯洁风气，阻碍了高校党建的顺利进行。

3.2.2 高校党建存在问题的原因

1. 政治思想教育和理论武装不扎实

高校党建工作的第一要务，就是通过组织开展形式多样的学习活动，提高广大党员干部对加强理论学习、提高理论水平的重要性的认识，自觉养成加强理论学习的自觉性和主动性。高校党的思想建设，是党的自身建设的重要组成部分，并在党的建设中处于首要地位。当前，党的政治思想建设就是要对党员进行理论知识的学习，对党的基本路线和党的基本知识教育，保证党的基本路线的贯彻执行。高校党员的政治思想理论不扎实，对知识学习的不够深入和透彻，对资源型经济转型发展的认识不到位，甚至存在投机取巧思想是造成高校党员政治思想认识不够和认知偏差的主要原因。因此，要结合资源型经济转型发展的需要，加强政治思想理论知识的学习和教育。

2. 党委领导下的校长负责制贯彻不到位

加强高校党组织等领导班子建设，是党的自身建设的重要内容，也是一个学校发展的决定因素，要始终坚持把班子建设作为高校党建工作的首要任务来抓。特别是在资源型经济转型时期，高校领导班子建设的好坏直接影响着高校是否能够更好地在党的正确领下为转型发展提供人才和技术支持。目前，针对高校党组织存在诸多问题，究其原因主要是校党组织领导权责不明，党委领导下的校长负责制贯彻不到位，主要体现在：一些学校党政不分，没有明确好党委与校长的职责，存在党委大包大揽的倾向，或者是将学校党政截然分离，党只管党、政只管政，配合较差，不利于高校各项工作的顺利开展和实行。

3. 基层党组织发展落后

基层党组织是高校党建的坚实堡垒，面对当今日新月异发展的社会，特别是我省正处于资源型经济转型的新时期，各项工作均要有所调整，与时俱进，适应社会的发展。但是，一些高校的基层党组织活动仍然还是老一套，形式单一，且内容单调，质量也不高，缺乏吸引力等，这些问题的存在严重阻碍了高校党建的发展。特别是面对社会公共媒体高度发达，网络技术的发展，党员可以从各种渠道获取各种信息，而党组织提供的信息有限，教育效果远不及社会的影响等。究其原因，主要是基层党组织发展老套，跟不上步伐，且发展不够全面，缺乏正确有效地重视和改革等。

4. 党员队伍针对性教育缺失

目前，高校的党员主要包括教职工党员和学生党员，对于高校的党员队伍来说，除了教职工党员外，主要的党员来自高校学生。党员是高校重点培养的为社会主义事业做贡献的人才，是坚持社会主义建设方向，为我省资源型经济社会转型发展提供人才支持的直接力量来源。虽然高校党员队伍中不断地吸取和发展优秀的学生党员，但总体来看，学生党支部队伍力量还是相对薄弱，且这些年轻的学生党员自身的能力业务水平有限，加之高校缺乏针对性的党员相关教育和系统地培训，这些因素严重制约和阻碍着高校党建的顺利有效地改革和发展。

5. 党员学术骨干自身能力有限

高校教职工是一个高文化层次的特殊群体，他们对一系列社会政治经济问题有自己的见解和主张，对我省的经济转型有自己的理解和想法，具有重要的带头和引领作用。在资源型经济转型的发展时期，高校作为实现山西振兴崛起有力的人才支撑和智力支持的提供者，党员学术骨干的自身能力直接影响着高校人才的培养，技术的创新，因此对资源型经济转型发展起着至关重要的作用。但是由于高校缺乏系统有效地党员培训以及这些党员学术骨干自身能力水平有限，加之他们所处地位的特殊性，容易受一些不良思想的侵蚀和影响，使得这批高校学术骨干并没有在党建中发挥应有的作用。

6. 社会不良风气影响校园环境

改革开放以后，我们党的工作、生活和所处的环境发生了重大的变化，加之资源型经济转型的发展，带来了改革的同时，也带了许多不良风气，党内逐渐滋生了贪污腐败、奢靡享乐、官僚主义的不良现象。高校的党风也同样被侵害和污染，这些不良风气严重影响了党在群众中的形象，影响了青年学生对党的正确认识。特别是高校中一些党员干部利用自身的职权贪污腐败、奢靡享乐使得校园的党风建设蒙上了不利的影响，有些党政官员表现出的官僚主义更是严重损害党群、干群关系，损害党和政府的形象，也对青年学生产生极为消极的影响。

3.3　提高高校党建服务资源型经济转型的思路与路径

3.3.1　政治思想建设

为确保山西高校党建服务资源型经济转型工作的顺利有效实现，高校党建必须要始终坚持正确的政治思想，学习理论知识，了解省情政策，把握学术导向，培养创新思维，才能保证高校党建在正确理论思想的指导下稳步前进，创新发展。

1. 学习理论知识

党的十七大报告中指出："思想理论建设是党的根本建设，党的理论创新引领各方面创新"。山西省正处于资源型经济转型的关键时期，各项事业均在转型发展，为了确保转型发展中始终坚持社会主义方向，更需要加强对理论知识的学习。高校党建的首要工作就是加强理论知识的学习，在党的建设工作中，政治思想建设党建工作的基础。高校党的思想建设的实质是要坚持党的马克思主义思想在高校的领导，保持全体党员在思想上、政治上同党中央的高度一致及党的共产主义纯洁性。高校党的思想建设过程中，通过对高校党员的思想建设，加强对党员师生的理论教育，提高党员师生的理论水平。在党员师生的思想理论水平达到一定高度后，党员师生的思想理论素质将自发地对广大学生的思想理论素质产生影响，最终使整体的思想理论素质得到提升。2016 年山西省教育厅的工作要点中指出要加强教育系统党的思想政治建设。按照中央和省委统一部署，组织开展"两学一做"学习教育，巩固深化"三严三实"专题教育成果，切实增强全体党员和领导干部的政治意识、大局意识、核心意识、看齐意识，确保全省教育系统思想统一、政治团结、行动一致。

2. 了解省情政策

马克思讲"具体问题，具体分析"。我省在党建过程中除了遵循一般党建的政策外，还要结合本省的具体省情，特别是我省资源型经济转型发展过程中所面临的现实问题、机遇和挑战，以及资源型经济转型发展中高校党建所暴露的实际问题，制定符合我省高校党建发展的具体政策和思路，更好地指导我省党建，特别是高校党建的改革和发展。2016 年山西省教育厅根据我省高校党建发展的实际情况，提出了切实可行的高校党建发展的思路，一要加强教育系统党的思想政治建设，在"两学一做"和"三严三实"思想的指导下，确保全省教育系统思想统一、政治团结、行动一致。二要切实加强和改进高校党的建设，如严格落实并不断完善党建工作责任制，落实高校基层党组织书记抓党建述职制度，进一步规范高校发展党员工作等。三要持续抓好党风廉政建设和反腐败工作。四要加强干部队伍和机关自身建设。这是在新形势下，结合我省具体省情制定的高校党建工作的具体任务。

3. 把握学术导向

高校党员教师是具有高文化层次的特殊党员群体，特别是作为学术带头作用的党员干部和学术带头人在社会和高校中具有重要的影响力，高校作为支持资源型经济转型发展，实现山西振兴崛起有力的人才支撑和智力支持的提供者，党员学术骨干的学术导向和能力素质直接影响着高校人才的培养，技术的创新，因此对资源型经济转型发展起着至关重要的作用。所以，要想搞好高校党建，必须要充分发挥这一群体的力量，正确的鼓励和支持高校党员教师，特别是高校党员学术骨干要时刻坚持社会主义方向，认真学习中国共产党方针政策，严格要求自己，把握正确的学术方向，将学术做真，做实，用自身的学术素养引领高校的学术方向，把握学术动态，在学术上起到带头和领导作用。同时，还要围绕市场，把握市场导向，产教结合。2016 年4 月 20 日，省委常委、太原市委书记吴政隆一行到山西经贸职院调研指出，要紧紧围绕市场和产业发展需求，充分利用好产学研平台，进一步深化产教融合，引导学生在具体操作中不断提升职业素养，使毕业生能够迅速适应社会需求，为经济社会转型发展贡献力量。

4. 培养创新思维

改革发展需要创新思维，更离不开创新思维，创新是资源型经济转型发展的关键，只有创新发展，才能转变山西旧有的经济发展方式，逐步发展符合时代要求的经济方式。同样，高校党建也需要培养创新思维。"十三五"规划更是提出了"大众创业，万众创新"的科学发展理念。在高校党建中，要着力培养全体党员的马克思主义世界观和方法论，坚持解放思想、实事求是、与时俱进，深刻认识改革创新的理论意义、实践意义、历史意义，在新的历史起点上坚持以改革创新为动力，力求创新发展理念、创新发展思路、创新发展思维。使党始终保持与时俱进的精神状态，进一步焕发党的生机、战斗力与创造力。2016 年山西省教育厅工作要点指出要加强高校科技创新工作，大力推进实施山西省高校协同创新中心建设计划，加强高校科技创新平台建设。2016 年 7 月 26 日，省长李小鹏在山西农业大学微藻燃油中试基地调研中强调，要大力推动能源科技创新、深化煤炭供给侧结构性改革，加快实现黑色煤炭绿色发展、高碳资源低碳利用、煤炭行业脱困发展。发挥好各方面作用，调动好各方面积极性主动性和创造性，凝聚起努力塑造山西美好形象、逐步实现山西振兴崛起的强大合力。

3.3.2　组织制度建设

为确保山西高校党建服务资源型经济转型工作的顺利有效实现，高校党建必须具有坚强的组织制度保障，充分发挥党的组织制度优势，健全党建体系，实现机制创新，建设领导班子，完善高校基层党组织，注重党员成长，创新党建载体等，增强新时期党在高校的影响力、领导力和凝聚力。

1. 健全党建体系

完善系统地高校党建体系是党建工作顺利开展和有效实施的重要保证。要建立一套结合省情政策，适合高校发展的高校党建制度体系，确保党建工作的顺利有效实施。具体而言，一是可以在整体上制定有关促进党建的制度，如制定出符合党的发展的大政方针，高校人才培养制度，符合党员身心发展的制度等。二是可以不断加强制度创新建设，如民主选举党支部委员会制度、评优、评奖类的制度，惩处违纪党员的制度，保障党员的民主权利和日常学习、工作、生活等方面权利的制度，党内监督的制度等。三是可以充分挖掘高校党建工作中各项制度，同时确保制度之间的相互配套，确保各项制度既不冲突，也不留盲点和死角，建立健全高校党建制度，从制度上确保高校党建相关工作顺利有效地进行。

2. 实现机制创新

高校党建工作合理有效的机制，是保证高校党建工作正常、有效运转的重要因素。建立健全一套行之有效的高校党建工作运行机制，是新时期高校教育体制改革的需要，也是改进高校党建工作现状的需要。针对目前高校党建的机制，要构建适合高校党建工作的创新机制，具体措施包括：第一，利用现代网络技术，创立高校党建工作网站，设置一批拥有正确政治导向、具有时代特色、同时符合当代青年大学生心理要求的主页和网站。第二，完善党建监督机制创新，从制度上保证对党员的监督落到实处。第三，建立有效的激励机制、绩效机制和科学的评价机制。全面考核党员干部的德、能、勤、绩，规范党员行为的同时推动高校的改革发展。第四，建立高校党员思想状况评价反馈机制，完善党员管理和监督制度，如民主评议党员制度、预备党员公开转正答辩制度、党员思想状况定期评价制度等。

3. 建设领导班子

加强高校党的组织建设，领导班子建设和干部队伍建设至关重要。研究小组发现，为了防止山西再次出现"塌方式腐败"，振兴山西经济发展，山西省委书记骆惠宁对山西人事进行了调整，一个主要的特点是山西高校领导班子出现较大"换血"。可见，高校的领导班子对于党建和振兴山西经济有着不可替代的作用。高校党建要坚持和完善党委领导下的校长负责制。首先，建立健全组织领导体系，加强高校党建领导班子和干部队伍建设，为高校党建提供强有力的制度支撑。其次，明确党政干部职责，党委要把主要精力放在抓方向、议大事、管全局上，努力提高驾驭全局的能力。校长要执行党委的决策，依法行政。最后，党政领导班子，校党委与院党委要相互配合，努力构建良好的党建领导体系。2016 年山西省教育厅工作要点中明确指出要认真贯彻落实中共中央办公厅《关于坚持和完善普通高等学校党委领导下的校长负责制的实施意见》（中办发〔2014〕55 号）和我省实施办法，配合教育部、省委组织部专项督查党委领导下的校长负责制落实情况。指导高校科学制订领导班子和领导成员任期目标，确保任期制的顺利推行。严格落实并不断完善党建工作责任制，落实高校基层党组织书记抓党建述职制度。实施高校教师党支部书记"双带头人"培育工程，选优、育强、用好党支部书记等。从制度上确保了高校领导班子的建设。

4. 完善基层组织

党的基层组织是党的全部工作和战斗力的基础，是党巩固和发展的组织基础，是党联系群众的桥梁和纽带。资源型经济转型发展过程中，最直接最密切联系的就是各级基层党组织，高校基层党建工作是党的建设的重要组成部分，也是高校党建的核心和关键。因此，加强高校党的基层组织建设，使其真正成为富有影响力和凝聚力的坚强战斗堡垒，这对于在新时期推动高等教育改革和振兴山西省经济具有重要的现实意义。高校基层党建工作必须面对新情况、新问题，正视现实，在实践中不断探索，理顺工作思路，创新工作形式，引导大学生健康成长。例如，完善基层党组织建设，特别是创新发展新党员制度，选配政治、业务素质高和责任心强的干部担任基层党政领导；激发基层党组织活力，开展形式多样，内容丰富的基层党组织活动等；高校各基层党组织要建立一套科学严密的管理制度，健全党组织工作制度，围绕学校的中心工作，把工作着力点放在抓好自身建设和作用的发挥上，只有这样，我们才能更好开展高校基层党建工作。2016 年山西省教育厅工作要点中指出要加强基层党组织建设，持续抓好支部书记"一岗双责"落实，进一步提升党建工作质量和"六型机关"创建水平。省高校工委于 2016 年 7 月 17 日至 19 日在太原举办了高校系统"两学一做"学习教育基层党务骨干培训示范班。高校工委所属 33 所高校"两学一做"学习教育协调小组综合组组长、院系党委（党总支）书记、基层党支部书记等共 150 名基层党务骨干参加了培训学习。

5. 注重党员成长

高校一直是先进生产力和高端技术的前线，对经济的发展具有敏锐的洞察力，中国共产党具有与时俱进的先进性和不可比拟的影响力，加强高校党建，可以引导党员干部转变观念、增强素质，及时有效快速地了解经济转型动态，成为经济转型的政策通，广大高校党员干部还可以深入市场调查研究，分析经济转型相关问题，围绕经济转型升级和跨越发展要求，结合实地调研，提出符合我省经济转型发展的政策和道路方向，在我省的经济转型发展中切实起到模范带头引领作用。要想更好的服务资源型经济转型伐善的要求，需要培养一支高素质党务工作队伍。培养一支高素质的党务工作队伍就要在日常的党建工作中积极探索和注重党员的成长，充分发挥和发掘党员的潜在力量，为高校党建做出贡献。

高校的党员建设主要包括四个层次的建设，第一，关注高校党员领导干部的的培养，着重培养他们的组织领导能力；第二，关注高校基层党务工作者，对专职党务工作干部进行专业化培养，使他们最终具有较高的政治理论水平，不仅熟悉党建管理工作基本业务，同时面对新形势要有开拓创新意识，时刻把握党建的时代发展脉络；第三，党员学术骨干教师的培养，注重培养他们的事业心和责任感，过硬的党建业务能力，充分发挥他们作为教学、科研骨干的优势。第四，关注学生党员建设，一是严把发展新党员的入党程序，选拔政治素质高，理想信念坚定，学习能力强的新党员；二是注重培养学生党员的政治素质、专业能力等，开展针对性的培训教育活动，提高他们的党性和能力，为高校党建注入新的活力。

6. 创新党建载体

科学技术的迅猛发展带来了新技术的发展，其中尤以互联网最为突出。互联网日益成为许多党员直接获取信息的重要渠道，要想加强和改进新形势下高校党的建设，紧跟时代发展的潮流，善于借助和运用现代科技新成果，创新党建平台是必经之路。近些年来，我国高度重视利用现代网络技术创新党建工作，十七届四中全会中就明确提出为了更好地扩大党建工作覆盖面、增强党建工作影响力、提高党建工作实效性，应推进基层党组织工作信息化，时效化，及时化，办好党建网站，注重分析网络信息等就显得尤为重要。高校要大力创新党建平台，发展党建工作的网络建设，提高高校党建工作水平和工作效率。各高校可以开展多种方式的党建载体，充分利用微信、QQ、微博等新媒体建立党建网站和博客等交流平台，通过网络发布有关信息，使广大党员以及在校师生能够及时地了解我国相关政治新闻，同时也可以将马克思主义、毛泽东思想、邓小平理论等经典著作登到网络上，以方便广大师生的学习和研究，同时也有利于形成网络上的主流意识形态。

3.3.3 作风纪律建设

为确保山西高校党建服务资源型经济转型工作的顺利有效实现，高校党建还必须注重党的作风纪律建设，通过保持优良作风，抓好廉洁自律，坚持从严治党，加强学风建设等方面为高校党建营造一个良好的校园环境，促进高校党建工作的顺利开展和有效进行。

1. 保持优良作风

优良作风是保持党的先进性的有力保证。在资源型经济转型的新形势下，高校党组织不但要抓思想建设和组织建设，更重要的是抓作风建设。作风过硬了，认识才能提高，思想才能统一，党的凝聚力和战斗力才能增强，党组织的先进性才能有效发挥，党建服务资源型经济转型的优势才能得到最大限度发挥。保持党的优良作风，要求克服各种歪风邪气，继承和弘扬党的优良传统和作风。高校中，党的作风建设要围绕培养"有理想、有道德、有文化、有纪律"的社会主义现代化事业合格的建设者和可靠的接班人来进行，既要联系实际，学以致用，严于律己，做清正廉洁的表率，又要统筹学校的改革与发展，敢抓敢管，敢于同歪风邪气做斗争。各高校党组织在加强党的作风建设的同时，要根据中央的统一部署，结合本地区的实际情况，从党的领导班子到基层党组织再到每个党员，都要时刻牢记自己的身份，不能利用各种便利以权谋私，要廉洁自律，始终保持党员的先进性，营造良好的党风，为党的建设做出贡献。2014年12月13日，太原理工大学召开了学习讨论落实活动干部专题培训会，特别邀请中央纪委法规室副主任谭焕民做了题为"加强党员领导干部作风建设 严格廉洁自律"的专题报告。山西省委书记骆惠宁曾在多次会议上强调，"作风建设要从领导干部抓起"，还指出要从省委常委会抓起，从领导干部抓起，持之以恒加强作风建设，严格执行中央八项规定精神，紧盯"四风"隐形变异问题和重要时间节点，健全抓常抓细抓长的有效机制，推动作风持续好转。

2. 抓好廉洁自律

反腐倡廉是高校党建常保活力的保障。抓好党的廉洁自律，是保证党顺利开展各项工作，确保各项工作有效进行的推进剂和强化剂。廉洁是勤政为民的前提，不讲廉洁，就必然会滋生种种腐败行为，这些腐败行为会逐渐侵蚀着党的力量，如果得不到及时有效的解决，最终会导致严重后果。我省在资源型经济转型中，一些党员干部贪图经济利益，谋取私利，贪污腐败，做出了危害社会健康发展的恶性事情，造成了不良的后果和影响。而高校中，抓好廉洁自律对于高校党建同样至关重要。首先，可以在制度上加强监督，保证党建工作顺利开展；建立健全权力制约和监督机制，完善党内民主监督、群众监督、建立师生参与监督的工作机制，规范党员干部行为。其次，增强尚廉意识，加强每个党员的廉洁自律意识。党员干部必须努力做到"一身正气，两袖清风"，依法行政、公正清廉，坚决杜绝各种"吃、拿、卡、要"等陋习。特别是在无人监督、面对各种不健康思想侵蚀和引诱的时候，必须时刻提高警惕、严格约束自己，坚决抵御"色、权、钱"等种种诱惑。要狠抓反腐倡廉建设，加强反腐倡廉的力度，完善反腐预警机制和廉政考核机制，以反腐倡廉建设的威力促进党风的根本好转，以反腐倡廉建设的丰硕成果树立党的清新形象，为推动学校各项工作的发展提供强劲动力和根本保证。2016年山西省教育厅工作要点中指出要持续抓好党风廉政建设和反腐败工作；督促各高校和厅直属单位抓好"两个责任"落实，按照"一案双查"的要求细化责任追究；探索在高校各基层党组织设置纪检监察专员，推进建立与有关市县纪检、检察机关合作办案机制；抓好重要岗位关键环节监督执纪问责，畅通民主监督渠道，重点调查处理高校违反六大纪律、中央八项规定精神的案件和损害师生利益的违纪案件。

3. 坚持从严治党

从严治党是中国共产党治党的重要原则。改革开放和社会主义市场经济的发展出现的新问题新情况要求我党要在全党内开展从严治党基本方针，这是社会主义现代化建设与时俱进的重要体现，结合我省具体发展情况，从严治党更是资源型经济转型发展的需要。山西省委书记骆惠宁 2016 年 7 月 15 日在全省学习贯彻"七一"重要讲话精神大会上强调——不断塑造美好形象，逐步实现振兴崛起。骆惠宁指出，要深入贯彻全面从严治党要求，在"两学一做"中展示党员干部良好形象。认真落实管党治党主体责任，坚持严字当头，加强和规范党内政治生活，严肃党的政治纪律和政治规矩，全面净化党内政治生态，着力构建良好政治生态，推动经济稳步向好，振兴山西经济崛起。从严治党对于抑制党内的腐败风气，不良作风有着重要的实际意义，因此，高校党建中同样要重视从严治党。高校中开展从严治党方针，除了遵循党对全国党员从严治党的五个方面，还要可以结合高校党建自身发展的特点，有针对性地加强党的建设。建立上至高校党的领导干部，下至普通党员严于律己，从严治党的党建体系，通过从严治党，始终保持党的纯洁性和党员的先进性，确保党建工作的顺利实行。

4. 加强学风建设

面对全球化浪潮和知识经济时代的挑战，以及执政党作风中存在的突出问题，要进一步夯实党的执政根基，提高党的领导水平和执政水平，为社会经济发展提供良好的工作氛围。除全面加强党的作风建设外，在高校中，更要关注和加强学风建设。高校是为企业和社会选人、育人、用人的重要场所，是培育山西省资源型经济转型发展急需专业和人才基地。高校的学风好坏直接影响着企业和社会的发展，更直接影响着资源型经济转型发展的成败。因此，要加强高校的学风建设。加强高校学风建设，就是要紧紧围绕育人为本，德育为先，全心全意为师生服务的宗旨，整顿文风、会风，力戒形式主义、官僚主义，坚持实事求是、求真务实。同时，要杜绝学术造假，一经发现，严肃处理，追究学校、学院、导师、学生等多方面责任，严控学术抄袭造假的不良学风。再者，可以开展丰富多样的学术活动，帮助学生开阔视野、丰富学术知识，从源头上杜绝学术造假。每一个共产党员都要树立崇尚科学、追求真理的精神，传承和建立良好的校风、学风，执着追求严谨求实的科学精神、反对学术腐败和学术造假等。

山西省高校党建与资源型经济转型发展具有相互促进、相互制约的作用，我们要充分利用高校党建促进资源型经济转型发展，这是永葆中国共产党先进性的要求，更是适应山西省转型跨越发展，走出一条适合山西未来党建发展重要道路的现实体现。同时，在发展经济的同时，切实做好高校的党建工作。在山西省资源型经济转型发展的大趋势中，建立符合时代背景，发展要求的高校党建创新体系，牢固树立和贯彻落实创新、协调、绿色、开放、共享的发展理念，紧紧围绕立德树人根本任务，深入推进改革创新，构建良好的高校党建政治生态，为推动经济稳步向好，实现资源型经济转型，全面推进综改试验，振兴山西经济崛起发挥关键支撑作用。

中西部高校综合实力提升工程专项经费资助

山西资源型经济转型发展报告
（2016）

刘维奇◎主　编　马瑞敏◎副主编

上部

科学出版社

北京

图书在版编目（CIP）数据

山西资源型经济转型发展报告.2016（共两册）/ 刘维奇主编.
—北京：科学出版社，2017.12
　ISBN 978-7-03-053315-9

　Ⅰ.①山…　Ⅱ.①刘…　Ⅲ.①资源经济-转型经济-研究报告-山西-
2016　Ⅳ.①F127.25

中国版本图书馆 CIP 数据核字（2017）第 128926 号

责任编辑：石　卉　张翠霞 / 责任校对：何艳萍
责任印制：张欣秀 / 封面设计：有道文化
编辑部电话：010-64035853
E-mail：houjunlin@mail.sciencep.com

科 学 出 版 社 出版
北京东黄城根北街 16 号
邮政编码：100717
http://www.sciencep.com
北京建宏印刷有限公司印刷
科学出版社发行　各地新华书店经销

*

2017 年 12 月第　一　版　开本：720×1000　B5
2017 年 12 月第一次印刷　印张：36
字数：641 000
定价：**168.00 元**（共两册）
（如有印装质量问题，我社负责调换）

前　　言

　　我国人口众多、生态脆弱、人均资源占有不足，人均国内生产总值排在全球百位左右，贫困人口的绝对数量比较庞大，资源环境对经济发展的约束作用强，区域发展不平衡问题突出，科技创新能力不强。基于这样的基本国情，国家制订了可持续发展的重大战略。资源型地区经济转型是贯彻和落实国家可持续发展战略的重大举措。山西设立国家资源型经济转型综合配套改革试验区，就是希望山西为全国资源型地区的可持续发展先行先试、探索道路、积累经验、提供示范，使资源型地区转型的重大举措落到实处。山西资源型经济转型探索了 30 余年，在某些领域、某些区域的经济转型已取得阶段性成效，但仍然存在"转型发展理论重大缺失、各要素创新驱动治理体系不健全、民生保障不完善"的薄弱环节。这些薄弱环节是复杂的经济、社会、政治问题，必须依靠多个单位的协同创新、联合攻关方可加以解决。在这种大背景下，借山西大学加入"中西部高校综合实力提升工程"（一省一校）的契机，我们联合校内外资源，成立了山西大学资源型经济转型发展协同创新中心（简称协同创新中心）。协同创新中心按照"国家急需，世界一流"的要求，主动对接山西资源型经济转型发展的重大需求，以"绿色、创新、民生"为主题，以"创新转型理论、优化治理体系、实现民生保障"为重大任务牵引，通过校政、校企、校所等不同创新力量的整体协调和深度融合，整合校内学科打造了"产业转型、收益分配、金融支持、科技管理、政府管理、基层治理、决策评价、法治文明、社会保障"九个方面的创新团队，围绕人才培养、学科建设、科学研究和社会服务关键领域，以协同创新机制体制改革为主要推动力，转变传统教学、科研和人才培养模式，力争在资源型经济转型理论研究与实践领域实现重大突破，为山西资源型经济转型发展提供重要支撑，并最终把中心建设成为能够科学系统解决资源型经济转型中重大问题的优秀人才的汇集基地、经管法学科共生共长平台和提供高质量社会服务的智库。

经过两年多的建设，协同创新中心已经在多个方面取得了可圈可点的成绩。这里主要展现的是近两年来一些专家学者针对资源型经济转型发展中的热点问题所撰写的咨询类研究报告。研究报告分为七个部分。第一部分是产业转型发展篇。这部分既包括宏观政策方面的研究，如山西省低碳发展对策（杨军教授等）、山西资源型经济结构均衡发展政策建议（李志强教授）及碳交易制度对山西省的影响（张波副教授等），也包括具体行业的转型发展建议，如农业产业集群发展建议（耿晔强副教授等）和服务业发展建议（李继红副教授等）。第二部分是公司治理篇。这部分研究既有对企业研发投入政策的系统研究（张信东教授等），也有对传统资源型企业商业模式的革新（王素娟副教授等）和在"互联网+"背景下资源型企业转型路径（张凯副教授等）的深入分析，还包括对资源型地区创业企业成长的建议（王艳子博士等）。第三部分是金融支持与价格监控篇。这部分一是在当前资源型地区经济下行压力增大的实际情况下，设计有效的评价策略，提升金融创新效率（宋鹏副教授等）；二是对能源价格监测预警，实现对煤炭价格的波动趋势进行定性与定量预测，从而减少煤炭价格的冲击效应（杨威博士等）。第四部分是科技管理与决策评价篇。这部分一是围绕科技创新展开，包括山西省实施科技创新调查制度对策研究（范建平副教授等），以及山西省高校科研创新与科技转化能力评价与分析（马瑞敏副教授等）；二是对山西省资源型经济转型效果进行评价（贾君枝教授等）。第五部分是法治文明篇。资源型经济转型发展中虽然在一定程度上有先行先试的"特权"，但是应当用法治思维和手段来处理相关事务。这部分研究主要是探讨地方政府如何提升立法水平（李麒教授等），以及资源型经济转型发展中如何健全司法权运行机制，为综合配套改革提供法律支持（原美林副教授等）。第六部分是社会保障篇。主要围绕山西如何推进城乡医保一体化水平展开（孙淑云教授等）。整合城乡基本医保、统筹城乡医保制度建设是推进综合配套改革试验的重大民生问题，这部分研究抓住这一问题展开具有显著的现实意义。第七部分是高教管理篇。丁学良教授曾经指出，"哪一个区域有一所世界著名大学，这所大学几乎就是这个区域兴旺发达的明确无误的标记"，由此可见高等教育对于资源型地区转型发展非常重要。这部分一是强调提升资源型经济转型发展中大学的支持作用（徐冰鸥教授）；二是提出山西高校党建服务资源型经济转型研究的一些思考和建议（刘晓哲教授）。

　　资源型经济转型发展是一个非常复杂的体系，即使我们协同了各方力量来建言献策，取得了一些成绩，也仍然有很多工作需要去做。在以后的工作中，各个团队将继续围绕热点问题展开广泛调研和系统深入研究，为资源型经济转型发展提供更多的智力支持。

　　最后需要指出的是，本书各部分由各专家学者分头撰写，为尊重他们的劳动成果和保护他们的知识产权，在出版过程中保留了他们的原始论述。在撰写和出版过程中由于各种原因可能会出现一些纰漏，请同行和读者指正。

刘维奇

2016 年 10 月 1 日于山西大学

目　　录

上　部

产业转型发展篇

山西省低碳发展报告[①]

---

1 综合篇

1.1 低碳发展的国际形势

随着人类社会步入工业化阶段，资源的大量消耗、生态环境的严重破坏和气候的异常变化等问题成为威胁人类发展的全球性问题。面对上述问题，发展低碳经济得到了国际各界的普遍认同。"低碳经济"是 20 世纪末出现的新概念，1998 年在 Kinzig 和 Kammen 合作的文献中开始出现"低碳经济"一词，而 2003 年由英国发布的能源白皮书——《我们能源的未来：创建低碳经济》则正式提出"低碳经济"的概念，即以更少的自然资源消耗和环境污染来获得更多的经济产出并创造机会发展、应用和输出低碳技术。

发达国家鉴于自身的经济增长速度受限，企图通过低碳技术和低碳制度的创新引领新一轮的经济快速增长，向发展中国家发起挑战。因此，从全球范围来看，发达国家的低碳发展步伐相对较快，采取的各项低碳措施也更为积极。

[①] 课题组组长：杨军。课题组成员：丛建辉、连慧君、刘庆燕、赵永斌、裴彦婧、李曼、王晓培。本文完成于 2016 年，如无特别说明研究涉及数据截至 2015 年 12 月。

1.1.1 美国低碳发展概况

美国实施低碳发展主要是加大政府对低碳领域的投资力度和加快低碳领域的制度建设。一方面，美国以政府作为推动低碳经济运行的引导者，大规模地对低碳领域进行投资。2009 年，美国总统奥巴马签署《复苏与再投资法案》，内容包括开发新能源、节能增效和应对气候变暖等。其中，与开发新能源相关的投资总额超过 400 亿美元。另一方面，美国政府积极推进低碳领域的相关制度建设。2009 年通过的《美国清洁能源法案》是美国推动低碳经济发展在制度层面上的重要举措，其中规定，经济发展中要减少使用化石能源，到 2020 年，温室气体排放量要在 2005 年的基础上减少 17%，到 2050 年减少 83%。自 2012 年起开始实行温室气体总量控制与排放权交易制度，发电、炼油、炼钢等工业部门的温室气体排放配额逐步减少，超额排放需要购买排放权。其中，美国各州的低碳行动较国家行动更早，如加利福尼亚州州长于 2006 年签署了《全球气候变暖解决方案法案》，并于 2013 年 1 月 1 日正式启动碳交易市场，该市场涵盖电力，石油炼化、炼油，钢铁，造纸，水泥等行业。

1.1.2 英国低碳发展概况

英国是世界上发展低碳经济的先行者。根据《京都议定书》的温室气体排放量减排任务，欧盟内部达成"减排量分担协议"，英国的温室气体减排目标是到 2012 年在 1990 年的水平上减排 12.5%，而英国自身制定的目标则是力求在 2010 年将二氧化碳减排 20%，到 2050 年减排 60%，实现低碳经济发展。

英国主要通过构建低碳经济制度和发展低碳技术来推动低碳发展。从 2001 年起英国开始实施气候变化税，用税收制度的改革来促进低碳经济的发展。政府征收气候变化税之后再通过不同的途径返还给企业，促进企业在应用低碳技术和提高能源效率方面进行改进，以此减少温室气体排放量。考虑到征收气候变化税可能给能源密集型企业带来巨大负担，英国政府又推出了气候变化协议制度。能源密集型企业与政府签订气候变化协议，如果达到规定的能源效率或温室气体减排目标，英国政府可以减少征收其应支付气候变化税的 80%。如果达不到规定的目标，英国政府允许其参与英国排放贸易机制，以买卖温室气体排放配额的方式，来达到气候变化协议的要求。需要指出的是，英国在征收气候变化税之后，运用碳基金等方式将税收收入用于低碳投资领域，加快了发展低碳经济所需资金的运营。碳基金成立于 2001

年，是由英国政府投资按企业模式运作的独立公司，其投资领域主要是低碳技术开发、碳减排活动和公众减排宣传活动。碳基金由于按照企业模式运转，实行独特的管理模式，自成立以来，取得了卓著的成效。2009 年，英国政府发布《低碳转型发展规划》，在世界上首次将温室气体量化减排指标进行预算式控制和管理。

在低碳技术方面，英国政府投入大量资金用于绿色、节能技术的研发，促进碳捕获、清洁煤等技术发展，支持低碳产业发展。同时，在低碳建筑和低碳交通方面推进低碳技术的应用。在住房方面，2010 年，英国政府拨款 32 亿英镑用于房屋的节能改造，对主动在建筑中安装清洁能源设备的家庭进行补偿。在交通方面，新生产汽车的碳排放标准要在 2007 年的基础上平均降低 40%。

1.1.3 德国低碳发展概况

德国主要通过制度建设和技术改革来提高能源使用效率，推动社会向低碳型发展。其中在制度建设方面，一是完善与环境保护、低碳发展相关的税收制度。德国自 1999 年起实施生态税，其征税对象为汽油、柴油、天然气等产品，征收的税收收入主要用于降低社会保险费；在交通减排上，德国政府通过修改机动车税来推动低碳经济发展，规定新车要标注能源效率信息。二是完善相关的法律制度。为保障可再生能源的地位，德国通过了《可再生能源法》，对利用可再生能源发电进行补贴；为了弥补可再生能源发电没有独立电力传输网络的缺陷，德国于 1991 年出台了《可再生能源发电并网法》，规定了可再生能源发电的并网办法和足以为发电企业带来利润的收购价格；制定了《可再生能源供暖法》和《热电联产法》等，前者推动可再生能源用于供暖，后者推动热电联产技术的发展和应用。以上措施都从制度方面促进了低碳经济的发展。

在技术改革方面，自 1977 年起，德国政府先后推出了五期能源研究计划，以提高能源效率和开发可再生能源为重点，并给予大量资金支持。2006 年德国推出了"高技术战略"，2007 年又制定了"气候保护高技术战略"，根据战略的实施，各界投入大量的资金用于气候保护技术的开发与利用。此外，为充分挖掘建筑和公共设施方面的节能潜力，德国政府计划每年拨款 7 亿欧元用于民用建筑的节能改造。

1.1.4 日本低碳发展概况

日本由于能源资源稀缺，历来重视节能低碳发展，是《京都议定书》的发起国和倡导国，在提高能源效率方面做了许多努力。近些年，日本加快了低碳经济发展步伐，一方面对低碳能源利用和低碳技术开发投入大量资金；另一方面通过多项减排计划和政策打造低碳社会。

2009 年日本公布了总额为 15.4 万亿日元的经济刺激计划，其中有 1.6 万亿日元，用于发展低碳经济，即加大对可再生能源的利用规模，推广普及环保汽车，推进低碳交通革命，发展先进的物流等。在加大投资的同时，日本政府不断推出节能减排计划，主导建立低碳社会。2008 年 6 月日本首相福田康夫提出"福田蓝图"，提出低碳发展的技术创新、制度变革及生活方式等方面的转变建议；2008 年 9 月日本政府通过《建设低碳社会行动计划》，为实现"福田蓝图"确定了数值目标和日程，提出在 2020 年前实现二氧化碳捕捉与封存技术的应用；2009 年 4 月日本公布《绿色经济与社会变革》的政策草案，提出了实现低碳社会、实现与自然和谐共生的社会等方针，还提议征收环境税和实施温室气体排放权交易制度等，通过上述措施以环境保护来推动经济发展，实现新的增长机遇和低碳发展。

除上述几个国家外，加拿大、瑞典、法国等发达国家也都制定了各自的低碳发展战略。例如，加拿大对建筑商选择建筑材料的节能环保性能制定了严格的管理制度，即在建筑物的开发、建设过程中必须经过具有独立认证资格的第三方监督、检验和认证其是否符合各项环保和节能要求；瑞典率先将低碳环保概念引入驾驶执照考试中，并推出了一系列措施来鼓励国民使用环保型汽车；法国不断推出新政策促进交通运输业的碳减排。发达国家的低碳发展之路在为全球环境保护做出贡献的同时，也在将低碳经济作为新的经济增长模式，力图成为新一轮国际竞争的先行者和领导者。

1.2 2011～2014 年中国低碳发展概况

1.2.1 中国碳排放量概况

1. 中国总体碳排放量情况

从总体上看，用碳排放系数计算出的中国碳排放量显示，中国碳排放量总体呈上升趋势，且目前的碳排放量主要来源于煤炭消费，其次是石油消费，最少的是天然气消费，这种差距还在扩大。这主要是因为我国一直以来的能源消费结构以煤炭为主，石油次之，天然气最少，且消费天然气所产生的碳排放量相对较小。虽然从总量上看，消费煤炭和石油所产生的碳排放量较大，消费天然气所产生的碳排放量相对较小，但消费天然气所产生的碳排放量近些年增长速度较快。具体来看，煤炭、石油、天然气三种能源碳排放量占中国碳排放总量的比重变化呈现如下特点：第一，煤炭消费的碳排放量占中国碳排放总量的比重最大，保持在80%左右，但总体呈下降趋势；第二，石油消费的碳排放量占中国碳排放量的比重保持在10%～20%；第三，天然气消费的碳排放量所占比重最小，维持在1%～3%。由上述分析可以发现，现阶段中国碳排放量的能源消费结构仍以煤炭为主，中国能源消费结构多样化的步伐仍有待加快。

2. 中国工业各行业碳排放量情况

中国的碳排放量最大的行业为电力、热力的生产和供应业。除此之外，排在前列的行业还包括石油加工炼焦及核燃料加工业、黑色金属冶炼及延展加工业、非金属矿物制品业、化学原料及化学制品制造业、煤炭开采和洗选业、石油和天然气开采业、造纸及纸制品业、有色金属冶炼及延压加工业。这些行业中只有化学原料及化学制品制造业为高技术制造业部门，其余集中在初级产品部门、劳动和资源密集型制造部门、低技术制造部门。碳排放量最小的行业为医药制造业。除此之外，排在后几位的行业排放量从小到大依次为文教体育用品制造业、仪器仪表及文化办公机械制造业、家具制造业、水的生产和供应业、印刷业和记录媒介的复制业、皮革毛皮羽毛及其制品业、有色金属矿采选业、烟草制品业、黑色金属矿采选业。其中，家具制造业为劳动和资源密集型制造部门，其余行业主要分布在初级产品部门和高技术制造业部门。

从中国工业各行业碳排放量增长率的情况来看，增长率最高的五个行业由高到低依次为有色金属冶炼及延压加工业、塑料制品业、水的生产和供应业、煤炭开采和洗选业、黑色金属矿采选业。其中，塑料制品业为高技术制造业部门，其余则多分布在初级产品部门，煤炭开采和选洗业等资源开采业的碳排放量较大，且增长速度较快。

综合上述中国工业行业碳排放量及其增长率的分析可以看出：初级产品部门，尤其是资源开采和加工行业的碳排放量高于其他行业，且呈快速增长态势。

3. 中国不同地区碳排放量情况

中国碳排放量最大且增长速度最快的省份为山东省，河北省、山西省、内蒙古自治区、辽宁省、江苏省、河南省和广东省也是碳排放量大省；青海省、广西壮族自治区和江西省碳排放量较小；从中国四大经济区域，即东部、中部、西部、东北部的角度来看，碳排放量较大的省份主要集中在东部地区，东北部次之，其次是中部地区，碳排放量最小的省份大多集中在西部地区。从碳排放量的年均增长率来看，碳排放量年均增长率最高的是内蒙古自治区，其次是陕西省、山东省、福建省、浙江省、广西壮族自治区和广东省。碳排放量年均增长率最低的为北京市，排在后几位的依次为上海市、黑龙江省、辽宁省、重庆市、吉林省、甘肃省。通过上述分析可以发现：各地区碳排放量的变化一方面呈现出一定的地域性特征，即东部沿海发达地区的碳排放量较大，中西部经济欠发达地区的碳排放量相对较小；另一方面各地区碳排放量对本地区能源的丰裕度表现出一定的依赖性，如山西省、内蒙古自治区为中国的煤炭生产大省，相应地，其碳排放量也较大。

从中国东部、中部、西部和东北部四大经济区域的碳排放量地区差距来看，各地区内部的碳排放量差距逐年上升，且呈现出东部差距最大、中部次之、西部和东北部最小的特点。影响地区碳排放量差距的主要原因是经济发展差距和能源消费结构。由于东部地区各省份基本没有大的能源生产基地，也不存在某一地区对某种能源消费有特定偏好的情况，因此东部地区碳排放量差距主要应从经济发展差距中寻找。可以说，正是其他三大地区内部各省份间的经济差距较东部地区更小，才导致这三大地区在碳排放量上的差距小于东部地区。

从不同能源种类的碳排放量情况来看，我国煤炭消费的碳排放量最大的省份为山东省，较大的省份为山西省、河北省、内蒙古自治区、河南省、江苏省等，这些省份绝大多数是产煤大省，煤炭在该地区能源结构中占有重要地位。与之相比，广东省、上海市、浙江省等发达省份煤炭消费所产生的碳排放量则较小。我国石油消费的碳排放量最大的省份为辽宁省，较大的省份包括山东省、广东省、江苏省、浙江省等，这些省份均处于沿海地区；较小的省份包括内蒙古自治区、安徽省、江西省、广西壮族自治区、四川省、青海省等。我国天然气消费的碳排放量最大的省份为四川省，其次为广东省；较小的省份包括辽宁省、安徽省、江西省、湖南省、贵州省、云南省、甘肃省等。

1.2.2　中国低碳经济发展概况

1. 出台相关法律法规和政策

2005 年全国人民代表大会审议通过了《中华人民共和国可再生能源

法》，2007 年修订了《中华人民共和国节约能源法》，明确规定了工业、建筑业、交通运输、公共机构等方面的节能行为，以及节能激励措施和违法处罚条例，以法律的形式推动全社会促进可再生能源的开发利用，提高能源利用效率和实现社会节约能源。

2004 年国务院通过了《能源中长期发展规划纲要（2004—2020）》；2004年国家发展和改革委员会组织编写并经国务院同意发布了《节能中长期专项规划》；2007 年 6 月国家发展和改革委员会联合 17 个政府部门发布了《中国应对气候变化国家方案》，明确了中国应对气候变化的具体目标、基本原则、重点领域及其政策措施；2007 年 11 月国家环境保护总局与国家发展和改革委员会联合制定了《国家环境保护"十一五"规划》，新增了有关气候变化的内容；2008 年国家发展和改革委员会发布了《可再生能源发展"十一五"规划》，国务院发布了《中国应对气候变化的政策与行动》。在低碳交通方面，交通运输部先后出台了多份交通运输行业低碳发展的文件，2006 年出台了《交通行业全面贯彻落实国务院关于加强节能工作决定的指导意见》；2008 年发布了《公路水路交通节能中长期规划纲要》；2011 年出台了《建设低碳交通运输体系指导意见》《交通运输行业应对气候变化行动方案》，2012年出台了《关于公路水路交通运输行业落实〈国务院"十二五"节能减排综合性工作方案〉的实施意见》；2013 年出台了《交通运输行业"十二五"控制温室气体排放工作方案》和《加快推进绿色循环低碳交通运输发展指导意见》。

2. 发展低碳城市

2008 年年初，住房和城乡建设部与全球性保护组织世界自然基金会以上海和保定两市为试点联合推出"低碳城市"，2010 年确定了广东省、辽宁省、湖北省、陕西省、云南省五个省和天津市、重庆市、深圳市、厦门市、杭州市、南昌市、贵阳市、保定市八个市为低碳试点省份和城市，2012 年再次确定了海南省、北京市、上海市、石家庄市、秦皇岛市、晋城市、呼伦贝尔市、吉林市、大兴安岭地区、苏州市、淮安市、镇江市、宁波市、温州市、池州市、南平市、景德镇市、赣州市、青岛市、济源市、武汉市、广州市、桂林市、广元市、遵义市、昆明市、延安市、金昌市、乌鲁木齐市为第二批国家低碳试点地区，低碳城市和低碳经济的概念蓬勃兴起。低碳城市实施了节能减排、低碳发展的各项措施：厦门市编制了《低碳城市总体规划纲要》，重点从交通、建筑、生产三大领域探索低碳发展模式；上海市着力推广低碳节能建筑，提高大型建筑能效，并对公共建筑的物业管理人员进行培训，提高其节能运行的能力；保定市全力打造"中国电谷"，建设了光伏产业园、风电产业园、输变电设备产业园、新型储能产业园、高效节能产业园、电力电子器件产业园、电力自动化和电力软件园等七大产业园区；杭州市发布了《杭州关于建设低碳城市的决定》，在城市交通领域首先推出公交周及无车日活动，优先发展公共交通；吉林市积极开发新能源，主要是太阳能、风能和生物质能等新能源；广元市推进"以气代煤""以电代煤"工程，推广农用沼气，减少二氧化碳排放。

1.3 2011～2014 年山西省低碳发展成效

山西省是中国经济腾飞的能源基地。新中国成立以来，山西省能源，尤其是煤炭资源，不仅支撑了中国的经济发展，更供给了全球煤炭需求国家和地区。山西省素以"煤炭之乡"闻名于世，煤种齐全，煤质优良，特别是炼焦煤、无烟煤探明保有储量均占全国总量的一半左右。拥有得天独厚的煤炭资源，加之沿黄河，水资源可以保障电厂用水，山西省逐步形成以大同-神头为中心的雁同火电基地，以长治-晋城为中心的晋东南火电基地、以太原-阳泉-柳林为中心的晋中南火电基地。长期以来，山西省的产业结构形成了依托丰富的煤炭资源的格局，培育了煤炭、电力、冶金、炼焦、化工等高碳排放量的重工业型产业，煤、焦炭、火电、尿素、粗钢等五大重点行业的碳排放量占碳排放总量的 90%左右，根据笔者测算，2011 年山西省碳排放量达到 17 706.07 万吨，表 1 为山西省 2000～2011 年的碳排放量数据。

表 1 山西省 2000～2011 年的碳排放量 （单位：万吨）

年份	碳排放量	年份	碳排放量
2000	7 472.97	2006	14 876.00
2001	7 786.15	2007	15 327.17
2002	9 462.77	2008	14 890.51
2003	10 747.03	2009	14 611.00
2004	11 760.37	2010	15 797.30
2005	13 462.69	2011	17 706.07

资料来源：根据《中国能源统计年鉴》中山西省历年能源消费数据，以及许广月和宋德勇（2010）的三类能源的碳排放系数计算所得

1. 颁布低碳发展办法

山西省已较早实施了相应的低碳减排办法，2000 年山西省人民代表大会通过《山西省节约能源条例》，旨在加强各种资源的使用管理，在从能源生产到消费的各个环节，降低消耗、减少损失和污染物排放、制止浪费，有效、合理地利用能源；2005 年山西省经济和信息化委员会与山西省环境保护局发布了《山西省清洁生产审核实施细则》，鼓励、支持企业自愿开展清洁生产，对污染物排放不达标的企业依法实施清洁生产审核；2014 年山西省政府印发了《山西省低碳创新行动计划》，推动全省低碳创新发展。多年来，山西省致力于发展循环经济，以"减量化、再利用、资源化"为基本特征，为发展低碳经济奠定了重要的基础。

2. 建立低碳园区

山西是全国首个纳入资源综合改革试验区的省份，也是全国循环经济试点省份，确立了 10 个试点园区进行循环经济试点，园区内储备了省内外多家从事服务山西低碳事业的机构，募集了从事低碳支撑服务管理体系、碳核查数据平台、法律监管和法务体系、国际低碳技术研发与应用合作为内涵的新兴智能化低碳企业，园区积极营造优越的创业环境，形成了从技术研发、技术转移、企业孵化到产业化基地、产业集群的一整套技术创新和产业孵育机制，有效支撑了园区的自主创新活动，引领山西低碳经济发展步入全新阶段。

3. 建立能源和碳排放统计、计量和监测体系

为发展低碳经济，促进节能减排工作健康有序开展，山西省于 2012 年 5 月出资 1000 万元成立了山西环境能源交易中心，为节能减排新产品、新技术的推广应用和节能减排经验交流提供了交流的平台。自山西环境能源交易中心成立之后，联合国南南技术产权交易所山西分站驻区与北京排放权交易机构战略联盟，共同在会员单位中融资 3 亿元，以合同能源管理能源分享方式，为园区新区基础设施提供低碳技术与项目的引进服务。2015 年，山西环境能源交易中心正在进行增资扩股 1 亿元的相关工作，其辖会员单位为开发区从事低碳产业发展中小企业储备了 3000 万元山西碳资产管理资金，为推动山西省低碳发展带来了新契机。

4. 开发可再生能源及新能源

山西省除了矿产能源之外，来自环境中与人类和谐发展、能够共生的资

源也较为丰富，如风能、水能、太阳能、生物能等。山西省气候干旱炎热，阳光充足，太阳能资源丰富，不仅可以采用温室、大棚等技术利用太阳能发展农业，更可以把太阳光电转化技术等应用于工业生产和日常生活；在风能资源方面，山西省60%的区域属于风能资源可利用区，北部的五台山区、南部的中条山区、东部的太行山区、西部的吕梁山区，都是可利用的良好风能资源的地区；山西省还可以利用黄河干流的水资源及柳林等地的小泉水资源，进行水力发电；通过多年的"植被幼育"计划，山西省植被覆盖有了迅速发展，采伐树木剩余的枝权可以作为燃料，果园、养殖场等也可以进行沼气发电，提供生物能源。截至2009年，山西省风电产业已形成风电电机、发电机控制装置、增速器、主轴、叶片、法兰、塔筒及整机等制造能力；太阳能发电初步形成了高纯多晶硅、硅片、电池、组件、电站、应用系统等光伏产业链和多晶硅铸锭炉、多线切割机、硅料清洗机、光伏电池电极电镀装置等光伏装备制造，新能源利用程度不断增强。

2　基　础　篇

2.1　山西省低碳发展的产业环境

2.1.1　山西省的高耗能产业结构

山西省是典型的资源型地区，多年来经济增长的引擎主要是以煤焦冶电为主导产业的能源原材料工业。山西省具有丰富的自然资源优势和传统的工业基础。在历史上，山西省形成了以能源和原材料为主导的重型产业结构。但在大力提倡又好又快、科学发展的今天，这种产业结构却显示出在经济建设中的局限性。长期资源型经济的繁荣对发展非资源型产业所必需的人力技术资本等要素产生了严重的挤出效应，造成这些资源的严重不足和短缺，从而对产业转型和经济转型产生严重的制约。煤炭在未来相当长的时期内仍然是我国的基础能源。在资源禀赋、区位优势、产能产量上，山西省在全国能源安全供应格局的地位短时期还没有哪个省份能够取代。保障国家能源安全是山西省必须承担的责任。矿业开采一枝独秀，非矿产业没有摆脱对"母体"的依赖，竞争力较弱，吸纳就业能力低，且煤炭价格未包括安全、生态环境、灾害等成本，因此在部分人群暴富的同时并没有带来矿工收入及政府税收的同步增加。

1. 产业结构失衡严重

改革开放以来，山西省产业结构在自然资源优势和国家区域产业政策双重作用下，优先发展煤炭、电力、交通、运输等少数主导产业和相关产业，而其他产业却得不到相应资源、要素投入，发展受到限制。农业基础不稳固，工业体系单一化，第三产业发展滞后，整个产业链缺乏层次性协调，难以发挥产业的系统功能，产业结构失衡严重。

2. 产业结构初级化明显

山西省产业结构以能源、原材料为主体，产业结构具有明显的初级特征：粗加工产品多，精加工产品少；传统产品多，技术含量少；小批量产品多，规模生产少；一般产品多，优质名牌少；内销产品多，出口产品少。且由于长期以来经济偏重于粗放经营，产业技术的整体发展水平与产业结构的不断调整之间存在着较大的矛盾。工业设备老化，技术技能水平不高，生产利用效率低下，技术改造投入不足，新型技术引进困难，这些都在一定程度上影响了山西省产业结构向科学化、系统化、高级化方向调整。

3. 产业结构效益低下

山西省的经济增长不是依靠产业结构的优化升级，而是主要追求量的增长，这样的增长方式导致山西省经济形成了一种效益不高的发展模式。从1996年下半年起，煤炭和重化工等企业由于市场供给过剩而全行业亏损，加之国家出台了系列对自然资源开采、生态环境保护的政策、法规，使山西省落入了资源型陷阱，经济发展受到了严重的阻碍，这从一个侧面反映出山西省产业结构并未产生稳定可靠的效益。

2.1.2 山西省与其他地区比较分析

1. 与中部省份相比，山西省产业结构"二三一"特征突出

由于特有的资源禀赋，自1960年以来，山西省产业结构的"二三一"特征就比较明显，到2013年，第二产业比重达到53.9%，"二三一"特征愈加突出。与中部五个省相比，山西省第二产业所占比重较高，河南省三次产

业结构为 12.6∶55.4∶32.0，湖北省三次产业结构为 12.6∶49.3∶38.1，安徽省三次产业结构为 12.3∶54.6∶33.1，江西省三次产业结构为 11.4∶53.5∶35.1，湖南省三次产业结构为 12.7∶47.0∶40.3。

2. 与先进省份相比，山西省产业结构明显处于较低水平

2013 年山西省人均国内生产总值（gross domestic product，GDP）达到 34 813 元，按 2013 年平均汇价计算，约合 5621 美元。2013 年山西省三次产业比重分别为 6.1%、53.9%、40.0%，第一产业比重明显偏低，第三产业份额相对不足，与北京、上海、重庆等"三二一"先进的产业结构类型省份相比，相差一个经济发展阶段，产业结构仍处于较低水平。

2.1.3 传统工业主导第二产业，新支柱产业发展后劲不足

2013 年，山西省煤炭、焦炭、冶金、电力四大传统支柱产业增加值、产品销售收入、利税占全省规模以上工业比重分别为 83.02%、78.3%、88.84%，传统工业主导作用更加突出。

新支柱产业和新兴产业中的食品工业、化工产业、医药工业等规模以上工业增加值分别为 705.5 亿元、844.9 亿元、138.2 亿元，高新技术产业尤其是高技术产业所占比重明显偏低，2013 年高技术产业增加值 510 亿元，占全省规模以上工业增加值 4.6%，新支柱产业和新兴产业虽然发展较快，但规模偏小。

2.1.4 发展低碳经济

当前，沿海发达地区向内陆地区的产业转移已成趋势，中西部各省份都在积极准备，山西省必须抓住这次机遇，主动承接沿海产业转移，推进产业结构的优化升级。一是要创优环境，山西省承接沿海产业转移必须破除思想障碍，营造良好的人居环境、市场环境、法制环境和社会环境，创造承接沿海产业转移的良好氛围；二是搭建承接沿海产业转移的良好平台，要加强和扩大与长三角、珠三角的交流，加快构建承接沿海产业转移的良好机制，制订承接产业转移的整体规划，全面建立政策支持体系；三是要有选择、有重点地承接沿海产业转移，选择条件较好的省级开发区作为产业转移示范园区，主动承接东部产业转移，借助外力加快山西省经济结构优化升级，要将产业转移的链条延伸到研发和设计环节，积极承接高附加值的知识技术密集型产业转移，要汲取东部在承接国际转移中的教训，在承接沿海产业转移中，必须提高产业门槛，不能因为追求经济效益而降低对"进门"产业的选

择标准，坚决将高污染、高耗能的企业拒之门外。

山西省民间资本十分充裕，特别是煤焦企业老板集聚了大量闲置资金。推动转型发展，要把握当前资源型产业效益下滑煤焦企业急于寻找投资出路的时机，鼓励民营企业二次创业，引导民营资本投向旅游、物流、酒店、装备制造等行业。在主要媒体设立创业政策和信息专栏，为民间资本提供政策咨询、投资信息市场行情项目推介和劳务供求等信息服务，设立资源型企业接续产业发展专项基金。

2.2 2011～2014年山西省碳排放基本状况

2.2.1 山西省温室气体排放情况

联合国政府间气候变化专门委员会（Intergovermental Panel on Climate Change，IPCC）于2013年9月发布了第五次评估的首份报告，该报告以更加科学、严谨的方式证实了人类活动"极其可能"是20世纪中期以来全球气候变暖的主要原因。人类活动一般包括能源活动、工业生产过程、农业、土地利用变化和林业及废弃物处理五大领域。山西作为资源型大省，能源活动过程中产生的二氧化碳排放量占全省二氧化碳排放总量的绝大比重。本文以能源活动过程中化学燃料燃烧直接排放的二氧化碳和电力调入带来的间接二氧化碳排放为核算口径。

经核算，2011年和2012年山西省能源活动过程排放的二氧化碳总量分别为47 014.21万吨、50 611.07万吨，单位GDP二氧化碳排放即碳强度分别为4.23吨/万元、4.18吨/万元，人均碳排放量分别为13.08吨/元、14.02吨/元，能源消耗总量分别为21 103.9万吨、22 300万吨，单位GDP能源消耗即能耗强度分别为1.9吨/万元、1.84吨/万元（表2）。

表2 2011年、2012年山西省碳排放基本情况

项目	2011年	2012年
二氧化碳排放总量/万吨	47 014.21	50 611.07
电力调入间接排放/万吨	0.32	26.94
能源消耗总量/万吨	21 103.9	22 300
碳强度/（吨/万元）	4.23	4.18
人均碳排放量/（吨/元）	13.08	14.02
能耗强度/（吨/万元）	1.9	1.84

数据显示，2011~2012 年山西省碳排放总量和能源消耗总量呈上升的趋势，碳排放总量和能源消耗总量同比分别增加 7.65% 和 5.67%。但是，2011 年与 2012 年山西省单位 GDP 二氧化碳排放和单位 GDP 能源消耗呈现下降的趋势，碳强度和能耗强度同比分别下降 1.18%、3.16%。这种趋势说明了山西省发展低碳经济，降低碳强度和能源强度已经取得了一定的成效。

2.2.2　山西省完成国家减排目标情况

《国务院关于印发"十二五"控制温室气体排放工作方案的通知》（国发〔2011〕41 号）中要求山西省在"十二五"期间单位 GDP 二氧化碳排放比 2010 年下降 17%，单位 GDP 能源消耗下降 16%。经核算，2010 年山西省碳排放总量为 44 449.59 万吨，单位 GDP 二氧化碳排放即碳强度为 4.89 吨/万元。2010 年山西省能源消耗总量为 19 456.89 万吨，单位 GDP 能源消耗即能耗强度为 2.14 吨/万元。由以上数据可知，2012 年山西省单位 GDP 二氧化碳排放比 2010 年下降了 14.5%，单位 GDP 能源消耗比 2010 年下降了 14.0%。由此可知，截至 2012 年，山西省已提前完成国家要求的能源强度下降任务。

2.3　2011~2014 年山西省推进碳交易工作情况

2.3.1　温室气体统计、监测与考核体系建立情况

1. 山西省温室气体统计、监测与考核规划

山西省政府 2013 年 5 月 21 日提出，为提高应对气候变化的能力，山西将加快气象现代化建设步伐，在全省 11 个设区市开展区域温室气体监测和评估。山西省政府称，山西省将逐步完善卫星遥感与地面监测技术相结合的温室气体监测体系，建立温室气体数据库、温室气体排放统计核算体系，组建山西省温室气体监测控制中心，开展二氧化碳等温室气体的监测分析评估。

2. 强化基础能力建设

（1）逐步建立温室气体排放基础统计制度。将温室气体排放基础统计指标纳入统计体系，建立健全涵盖能源活动、工业生产过程、农业、土地利用变化和林业、废弃物处理等领域，适应温室气体排放核算需要的统计制度。

（2）编制温室气体排放清单。加强温室气体排放核算工作，制定相关监测规范，确保数据真实准确，逐步完善温室气体排放监测体系和监测站网。实行重点企业直接向市里报送能源和温室气体排放数据制度。

（3）开展碳排放权交易试点。建立碳排放总量控制制度，探索利用市场机制开展碳排放交易试点。

3. 加快产业结构优化调整

（1）严格控制高耗能项目。坚决抑制高耗能、高污染行业发展，城区严禁高耗能、高污染项目建设。

（2）加大落后产能淘汰。按照山西省"十二五"重点行业淘汰落后产能任务和目标，限期淘汰煤炭、焦化、冶金、电力、化工、建材等重点行业落后产能。

（3）加快资源型产业提升改造。推进煤炭、焦化、钢铁、水泥等行业资源整合和兼并重组，提升集中度。

（4）推动新型产业规模化发展。加快发展先进装备制造业、新材料、新能源、电子信息、生物制药、节能环保、绿色食品工业等产业，推进主导产业高端化，引领产业绿色转型。

（5）加快服务业跨越发展。落实《山西省"十二五"服务业发展规划》，促进服务业优化结构、壮大规模，加快现代物流、文化旅游、会展、现代金融、高技术服务业、总部经济等服务业向规模化、专业化、现代化发展。不断提高服务业在地区生产总值中的比重。

4. 大力推进节能降耗

（1）加强节能管理。进一步开展能效水平对标活动，指导和帮助企业建立健全能源计量、统计等能源管理体系。实行能源利用状况报告制度，加快实施节能改造，提高能源管理水平。对未完成年度节能考核任务的企业，限期整改。

（2）拓宽节能行业和领域。综合运用经济、技术、管理、法律及必要的行政手段，加强年耗能 5000 吨标准煤以上用能单位节能管理监测。开展企业节能低碳行动，突出抓好工业、建筑、交通、公共机构等领域节能，积极探索农业和农村节能减排模式。

（3）大力发展循环经济。全力抓好循环经济园区和试点企业发展，对现有园区提出循环化改造强制要求，积极推广煤炭、电力、冶金、化工、农业等行业典型企业循环经济发展模式。

5. 调整和优化能源结构

鼓励开发利用煤层气和天然气等低碳能源，推进出租车、公交车"油改气"，常年运行锅炉"煤改气"和农村气化，因地制宜发展风电、太阳能、生物质能等非化石能源。促进分布式能源系统推广应用。降低高碳能源消费，提高非化石能源占能源消费总量的比重。

6. 努力增加碳汇

以东西山生态建设为重点，构建河流、农田、铁路、公路绿化带，增加草地、湿地等森林碳汇。整治一河、一湖、两库、市区十三条边山支河，建设汾河生态走廊。深化林权制度改革，调动社会力量参与生态建设。

7. 开展低碳试验试点

（1）编制低碳行动计划。结合国民经济和社会发展中长期规划及各专业发展规划，编制低碳发展行动计划。研究出台推进低碳发展的政策措施，组织开展市、县两级低碳试点工作。着重培育扶持工业、建筑、交通等专项领域试点。

（2）开展低碳产业园区和企业试点。依托高新区、经济区、不锈钢园区、工业园区等，建设低碳、清洁、高效的低碳产业园区，为园区低碳化发展提供示范。加快企业技术改造，优化产业链和生产组织模式，在重点工业、农业、服务业、再生利用等企业，推广合理用能、可再生能源和资源综合利用等技术，培育低碳产业集群。低碳试点园区二氧化碳排放强度、低碳试点企业主要产品二氧化碳排放强度达到国家先进水平。

（3）开展社区和商业低碳试点。结合房地产开发和旧城区改造，推广绿色低碳建筑。选择一批新建项目和老旧社区，按照绿色、便捷、节能要求进行试点。新建社区在设计、建材、施工、水、暖、电、气供应等方面实现绿色低碳化；老旧社区加快照明、供电、供暖等设施低碳化改造。推行"绿色居家准则"，制定节电节水、垃圾分类等低碳行为规范，倡导绿色低碳生活方式。针对商场、超市、宾馆、餐饮、影剧院、旅游景区等商业服务设施，改进营销理念和模式，应用节能、可再生能源等新技术和新产品，引导顾客消费行为，显著减少试点商业机构二氧化碳排放量。

8. 大力推动全社会低碳行动

（1）发挥公共机构示范作用。机关、事业单位、团体组织等公共机构率先垂范，加大设施低碳化改造力度，建立健全节能管理目标责任制，全力提升能效水平。将低碳认证产品列入政府采购清单，完善强制采购和优先采购制度，逐步提高低碳产品比重。

（2）营造全民参与低碳行动氛围。通过媒体网络、专题活动、展览展示等形式，及时发布促进绿色低碳发展的政策规定，使低碳理念成为全省人民的共识和自觉行动。组织开展低碳社区、低碳机关、低碳校园等创建活动。积极参加"全国低碳日"活动，在学校开展应对气候变化科学普及，提高中小学生绿色低碳发展认知度。

2.3.2　山西省碳交易场所工作进展

山西环境能源交易中心于 2012 年 11 月挂牌成立，位于太原市高新区，是山西省首个集环境能源领域的物权、债券、股权、知识产权等权益交易服务于一体的专业化权益性资本市场服务平台，重点开展节能减排、环境保护和能源领域的各类技术产权交易、减排权益交易及节能环保和能源利用权益等综合性交易，力争建设成为山西省首个环境在线监测中心、第一家环境能源人才基地、第一个绿色低碳园区和第一个碳交易系统。此外，山西省于 2008 年成立了山西吕梁节能减排项目交易服务中心，重点开展清洁发展机制（clean development mechanism，CDM）项目的开发与利用。

山西省排放交易平台还包括上海环境能源交易所山西分所、太原二氧化硫排污交易管理办公室，以及正在试点阶段的山西省排污权交易中心。相关环境权益交易所的陆续成立，表明山西省已对碳交易平台有了整体框架设计。然而，这些交易机构并未建立完善的碳交易系统，也未正式启动碳交易。今后，山西省要继续推进碳交易平台的建设与完善，既可以利用现存的交易平台，通过功能扩展与个性化定制的方式，构架满足碳交易的交易平台，又可以借鉴碳排放交易试点的成功经验，逐渐筛选或新建符合山西省情的碳交易平台。

2.4　2011～2014 年山西省发展低碳技术情况

2.4.1　煤炭行业低碳技术进展

1. 煤矿乏风氧化发电自主技术

煤矿乏风氧化发电技术可利用乏风氧化过程中产生的高温高热来发电，

既能降低瓦斯的温室效应，又能产生清洁的电。项目建成后，每小时可处理乏风 108 万立方米，年发电 2 亿千瓦时，相当于减排二氧化碳 140 万吨。截至 2014 年，山西多家煤矿集团有 13 个煤矿已开展实施乏风氧化发电项目，设计装机容量约 34 万千瓦，每年碳减排量可达 1580 万吨。晋煤集团累计利用煤层气 60 亿立方米，相当于减排二氧化碳 9000 万吨，累计获得碳减排收益 5.03 亿元。

2. 煤从空中走，电送全中国

山西地区的煤炭以"蚂蚁搬家"的方式运到东部地区，每年有 30 多万辆卡车长年奔走于西煤东运的路上。这种运输方式不仅消耗大量石油，而且造成严重的粉尘污染和公路损耗。

山西省转变煤炭利用方式，依托特高压技术，实现"煤从空中走，电送全中国"。1000 千伏山西至湖北特高压交流试验示范工程是世界上首条投入商业运行的交流特高压工程，工程投运 5 年，截至 2014 年，累计外送电量相当于减少标准煤运输近 1200 万吨，减少二氧化硫和烟尘排放量 10 多万吨。

变输煤为输电是山西新的战略。2013 年全省外送电 790 多亿千瓦时，相当于减少标准煤运输 2400 万吨。山西所有燃煤电厂已率先建成烟气脱硫设施，所有电厂建成烟气脱硝设施，实现发电环节最大的环保工程。

3. 废煤点废成金

朔州市是京津唐地区的电力输送基地，采煤、发电每年排放粉煤灰等废弃物近 5000 万吨，历年堆弃的粉煤灰达 1.8 亿吨，堆弃、自燃造成大量粉尘和有毒气体排放。朔州市与 16 所高校合作研发废弃物利用技术，取得 14 项专利，建成 80 多家固废综合利用企业，每年 2200 多万吨废弃物变成新材料、化工产品等。这项产业占全市工业总产值 10% 左右，成为新的支柱产业。

山西潞安集团与中国科学院山西煤炭化学研究所自主研发的煤基合成油技术使"臭煤变成香煤"。这项技术用高硫煤生产出清洁柴油和高端化工产品，盘活潞安集团上百亿吨的高硫煤资源。

朔州煤电公司还加大煤矸石、粉煤灰加工利用的力度，以王坪电厂粉煤灰、炉渣、废气，以及王坪、小峪煤矿的煤矸石为原料，加工年产 30 万立方米的粉煤灰加气混凝土砌块、1.2 亿块煤矸石烧结砖，实现了变废为宝，绿色低碳生产（山西国资委，2105）。

2013 年国家正式委托山西核准煤矸石等低热值煤发电项目，截至 2014 年已发放三批低热值煤发电项目"路条"，装机 1200 多万千瓦。全省堆存的 10 亿多吨煤矸石可实现"变废为电"。

2.4.2　循环工业园区建设

积极推进循环工业园区建设。大同煤矿集团塔山循环工业园区内 13 个项目构建了煤-电、煤-化工、煤-建材等产业链条，矸石、粉煤灰、废水实现闭路循环，就地转化。输出清洁的电，实现了"三废"利用，园区热电联产代替了当地 240 台"小锅炉"，每年减少二氧化硫、烟尘排放上万吨（吕晓宇和梁晓飞，2014）。

3　制度与政策篇

3.1　2011～2014 年山西省政府各职能部门低碳制度创新与能力建设

山西是资源型省份，以煤炭为主要生产和消费的经济发展模式，具有典型的高碳特征，碳排放总量和排放强度均在全国处于较高位置。关于如何改变资源依赖、要素驱动的发展模式，山西省委、省政府提出，高碳资源低碳发展，黑色煤炭绿色发展，资源型产业循环发展。以下是政府各职能部门关于低碳的相关制度和能力建设情况。

3.1.1　山西省科学技术厅着力开展科技创新城低碳高地建设工程

打造低碳科技创新高地。整合优势科技资源，建设重点实验室、院士工作站、工程技术研究中心（院）、中试基地、企业技术中心等，搭建低碳科技研发平台。重点推进煤炭绿色开采，清洁高效燃煤发电，煤炭综合利用，煤层气/乏风气开发利用，新能源汽车，碳捕集、封存及转化利用，分布式能源，电网智能化等技术研发。

3.1.2　山西省发展和改革委员会着力打造低碳产业高地

制定低碳产业发展目录，重点发展新能源装备、新型节能材料、新一代信息产业，发展文化创意、工业设计、现代物流、软件开发和计算机服务等高端服务业，建设低碳高新技术产业集聚区。

3.1.3 山西省住房和城乡建设厅着力打造低碳新城建设高地

在规划、设计、建设和管理全过程，引入低碳理念，践行低碳行动。从产业发展、能源利用、交通模式、住区建设、公用建筑、社区管理等方面，探索低碳新城建设模式与管理经验。

3.1.4 山西省发展和改革委员会、山西省经济和信息化委员会开展煤基循环利用工业园区示范

以同煤塔山循环园低碳园区为代表，开展以煤电材循环为特征的煤基能源循环利用示范。实施中煤末煤综合发电、电厂余热居民供热、煤矸石综合利用、粉煤灰制水泥、矿井废水净化后作为电厂冷却水的全循环示范，实现物料闭路循环，能量梯级利用。

开展煤化工循环工业园区示范。围绕煤焦化、煤气化、煤液化等产业链，开展煤化工循环产业示范，构建煤基多联产循环经济体系。推动 180 万吨潞安煤制油、40 亿立方米大同煤制气、焦煤集团 60 万吨甲醇制烯烃等重点项目实施，探索煤基多联产循环经济体系，创新低碳发展模式。

山西省发展和改革委员会、太原市政府着力建设太原低碳工业园。开展低碳能源利用为特征的园区示范。建设 60 万千瓦风电机组，打造太原风电基地。启动太原 300 兆瓦等级超临界循环流化床示范工程，创造绿色煤电示范经验。实施东山 2×9F 级大型低碳燃气热电项目，提供清洁电力。

3.1.5 山西省发展和改革委员会推进优化低碳能源供气布局

充分利用煤层气资源管理权限下放山西的政策，加快建设六大煤层气勘探开发基地。增加焦炉气综合利用和过境天然气利用量，实施大同煤制气等重大项目，统筹利用煤层气、天然气、焦炉煤气制天然气、煤制天然气（简称"四气"）等，改善能源利用结构，提高清洁能源比例。

建设低碳能源输配系统。完善"三纵十一横"输气管网布局，构建"一核一圈多环"输气管网格局。连通省级长输管线与西气东输、陕京一线、二线、三线，榆济线等国家干线网，加快建设通达大中城市、重点工业企业和

园区、重点矿区、重点城镇的支线管网。

开拓低碳能源消费市场。加快低碳清洁能源置换步伐，实施县级城市燃气改造工程，建设 1000 座加气站。重视"四气"在民用、汽车交通运输、分布式能源、工业等领域的推广应用。将晋城市作为"气化山西"示范区，全面实施气化工程。

3.1.6 山西省科学技术厅鼓励加强技术创新

强化企业节能技术创新，加快煤炭、电力、钢铁、有色、化工、焦化、建材等重点耗能行业节能共性关键技术的研发生产。在能耗高、节能减排潜力大的地区，实施一批能源分质梯级利用、污染物防治和安全处置等综合示范项目。鼓励建立以企业为主体、市场为导向、多种形式的产学研战略联盟，引导企业加大节能减排技术研发投入。

加快先进技术推广应用。完善节能减排低碳技术遴选、评定及推广机制，推进落实国家重点节能技术推广目录，制定发布山西省节能技术推广目录，在主要耗能行业推广一批重大节能环保低碳技术及装备。在钢铁烧结机脱硫、水泥脱硝和畜禽规模养殖等领域，加快推广应用成熟的污染治理技术。在燃煤和低热值煤发电企业开展烟气超低排放技术应用，推动碳捕集、利用和封存技术研发。

3.2 2011～2014 年山西省推进低碳发展政策一览

山西是一个典型的资源型省份，迫切需要发展低碳经济、实现绿色转型。为实现此目标，山西出台了相关政策（表 3）。

表 3 山西低碳政策措施一览表

年份	政策措施
2011	国家发展和改革委员会批准山西阳泉煤业（集团）有限责任公司 9 万千瓦瓦斯发电项目，天脊集团第 1、第 2、第 3 硝酸生产线氧化亚氮减排项目，山西五路山三期风电项目等九个项目作为清洁发展机制项目
2012	山西省发展和改革委员会组织召开山西省应对气候变化工作培训会，制定《山西省"十二五"控制温室气体排放工作方案》
2013	制定山西省《晋城市低碳城市试点工作实施方案》
2014	制定《山西省低碳创新行动计划》《山西省 2014—2015 年节能减排低碳发展行动方案》《山西省应对气候变化规划（2013—2020 年）》

4 专 题 篇

4.1 2011～2014 年山西省重点领域的低碳行动

4.1.1 低碳产业

1. 现有产业结构现状

我国是一个以煤炭为主要能源的国家，煤炭消耗占一次能源消耗的76%，而山西是全国产煤最多的省份。山西煤炭储量最丰富，约占全国煤炭探明储量的 1/4，煤炭资源几乎遍布全省，素有"煤海"之称。在全国能源供给格局中，山西具有不可替代的能源基地的重要地位。

山西的产业结构主要是以煤炭产业为基础展开的，形成了以能源原材料为主导并高度依赖煤炭的产业结构。而近些年来，国民经济的迅速发展而导致的对能源原材料需求的猛增及国际能源原材料价格的不断上升，使得质量上乘、价格相对合理的山西煤炭日益受到青睐，而山西的能源基地地位也显得更加重要。山西省将大量资金投入能源重化工建设。

所以，山西现在各产业发展的情况如下所示。

第一产业的发展被忽视，因而第一产业的发展速度比较缓慢，在国民经济中所占比重持续下降。

第二产业的发展迅速，在地区生产总值中第二产业的生产总值所占的份额持续上升。但是第二产业内部有严重的不均衡现象，过于重视重化工业的发展，而忽视了轻工业的发展。例如，煤炭、焦炭、冶金、电力四大传统支柱产业销售收入占全省规模以上工业比重为 78.3%，传统工业主导作用更加突出。

第三产业的发展起伏不定，所占比重在 20 世纪 90 年代有所上升，但是在进入 2000 年之后又有所回落，其总的发展趋势是稳中有升。第三产业中，传统服务业的发展较快，现代服务业的发展则相对较慢。

当然，不同产业的发展趋势与山西省的自然资源状况及产业政策等有着非常紧密的联系。全省约 4/5 的县域经济发展主要依靠煤炭产能扩张。

2. 现有产业结构现状分析

2013 年山西省生产总值 12 602.2 亿元，比上年增长 8.9%。其中，第一产业增加值 773.8 亿元，增长 4.5%，占生产总值的比重为 6.1%；第二产业增加值 6792.7 亿元，增长 10.2%，占生产总值的比重为 53.9%；第三产业增加值 5035.8 亿元，增长 7.5%，占生产总值的比重为 40.0%。

3. 产业结构调整

（1）加强第一产业的基础性地位，加大对农业的投入，提高农业的产业化水平。山西省第一产业的发展速度比较缓慢，而且在国民经济中所占比重持续下降；而第一产业是社会平稳发展的基础，因此应该加大第一产业的发展。提高农民的思想文化水平和科技文化素质，增强市场竞争观念。大力发展生态农业，促进农业稳定增长，保证农业生态良性循环，引导农民进行多元投资。大力发展粮食水果和蔬菜加工业，为农业的中间产品创造新的市场，依靠科学技术提高农业劳动生产率，调整农业的产业结构。

（2）适度放慢第二产业尤其是工业的发展速度。山西的第二产业所占比重较大，而且传统产业所占比重过大。首先，适度限制采掘业，重点转换工业经济的增长方式和提高其经济效益，发展高新技术产业，加快对传统产业的改造。其次，要充分考虑山西的实际情况，用高新技术改造和提高传统产业，提高工业的整体素质和国际竞争力，同时大力推进信息化，使工业化的发展与信息化能结合起来，互为动力，促进经济的快速发展。

（3）大力发展第三产业。首先，重点发展附加值高的产业，如金融保险、通信、房地产、信息、咨询等，提高第三产业在总产出中所占的比重。其次，继续完善各地区的法律法规，保证市场活动主体的公平。最后，通过高新技术的开发与运用，推动知识密集型服务业的发展，带动第三产业内部结构的提升。

（4）加强旅游业的开发投入，尽快实现旅游资源向经济优势的转化，使山西成为旅游大省。旅游业集旅游、娱乐、商品消费于一体，对促进服务产业的水平，提高山西产品的知名度，提高山西在国内及国际上的声誉起着重要作用。山西是中华民族古代文明发祥地之一，人文资源丰富，历史遗迹、名人足迹星罗棋布。从文物的数量与价值来说，山西是相当突出的，谓之文物大省当之无愧，因此要大力宣传，深挖旅游业的发展潜力。

（5）大力发展山西优势产品和潜力产品。选择具有潜在优势的产品为切入点，是调整产业结构大思路的关键。优势产品和潜力产品的共同之处是，具有战略带动意义的产品，对一个地区的经济增长具有举足轻重的作用，而且一般是规模效益比较突出的产品；其区别在于，优势产品已经成为现实，而潜力产品则是还没有成为现实的优势产品，通过扶持扩大规模，就能转换为优势产品。但现实情况是，山西的优势产品太少，不足以承担山西经济增长的重任。另外，优势产品是就山西现存的产业结构而言的，这样越扶持、越调整很可能导致产业结构的越刚性化，因此应该选择那些不仅具有战略带动性而且成长性好、市场空间大、技术先进、附加值高、规模效益突出、符合国家产业政策的潜力产品为调整产业结构的切入点。

（6）加速山西企业组织模式的改造。条块分割的企业组织模式降低了山西企业对市场信息的感应度，是造成山西经济"慢半拍"的重要原因。改造企业组织规模、实施产业链顺序组织企业集团是解决山西经济"慢半拍"的有效措施之一。以往组建企业集团之所以收效不大，是因为没有按经济规律办事，集团内部没有真正实现利益一致，许多是长官意志主导的"拉帮派"行为。政府应该制定相关的政策鼓励组建实质性的企业集团，尤其鼓励山西企业与沿海企业、外资企业组建企业集团。只有当山西企业生产过程、经济利益与处于生产链前沿的企业融为一体的时候，山西经济"慢半拍"的问题才可以有效地得以解决。

4.1.2　低碳交通

全省大力推行低碳交通，发展城市公共交通和改善出行模式，提高公共交通的分担率，引导市民低碳出行，不断提高强制性的汽车燃油效率标准，促进汽车改善燃油效率。另外，大力发展混合燃料汽车、电动汽车等低碳排放的交通工具，推进晋中市、长治市甲醇汽车试点，促进山西省甲醇、燃气、电动汽车产业发展；城市公交车和出租车基本实现燃气化。交通运输行业节能减排监管能力和服务水平不断提升，绿色循环低碳交通运输体系建设取得积极进展。

例如，山西省省会太原市是国家首批"公交都市"建设试点城市，近几年，在公交车、出租车、公共自行车等方面取得不错的成果。2014 年年底前，全市公交车辆将全部实现燃气。截至 2015 年 11 月，太原全市共有 8292 辆出租车，气化率已经达到 95%，剩余 5%（390 辆）出租车正在陆续改造。公共自行车系统是太原市建设"公交都市"、防控城市大气污染的一个特色项目。2013 年年底，太原市公共自行车服务站点达到 1100 个，公共自行车投放达到 3 万辆。2014 年，服务站点扩大到 1280 个，公共自行车投放数量达到 4 万辆，实现全市建成区内符合建设条件地区公共自行车全覆盖。

4.1.3　低碳建筑

在高耗能领域−建筑领域，山西省积极推进节能低碳技术在新建建筑中的广泛应用，有计划地推进太阳能、浅层地能等可再生能源、工业余热供热（制冷）规模化应用等节能低碳技术。推广新型墙体材料和新型节能保温建筑结构体系，加大节能灯具、高效冷却塔等节能低碳产品的应用。尤其是政府投资建设的保障性住房及大型公共建筑要率先执行绿色建筑标准，建设绿色建筑生态城（区）试点和绿色建筑集中示范区，逐步提高绿色建筑、低碳建筑比例，开展被动式建筑和零碳建筑示范。

在积极推进绿色建筑行动中，山西省实行"两手"政策。一方面，对城镇新建建筑全面执行节能强制性标准。将新建保障房、重点工程和新区建设作为推广重点，而正在进行的既有建筑节能改造均按绿色建筑标准改造。从2013年起，山西省将对政府投资类公益性工程全面执行绿色建筑的相关标准。从2014年起，设区市城区和扩权县县城新建保障性住房全面执行绿色建筑相关标准；其他地区将安排一定比例的保障性住房按绿色建筑标准建设。另一方面，对既有建筑进行节能改造，从2012年起，对700万平方米的既有居住建筑进行"穿衣、戴帽、戴口罩"的节能改造。同时进一步明确政策指导和对企业的激励、补贴机制，从而推动绿色建筑的市场化进程。与此同时，山西省在新建建筑中扩大可再生能源应用范围。到2015年，重点区域内可再生能源消费量占建筑能耗的比例要达到10%以上；在绿色生态城、低碳生态城（镇）、绿色重点小城镇建设中，将可再生能源建筑应用作为约束性指标，实施集中连片推广。另外，山西省通过完善绿色建筑建设监管制度、推进绿色建筑评价制度、推广绿色建筑技术应用等措施，助力绿色建筑建设的推广工作。

4.1.4　低碳消费

山西省提出了"气化山西"发展战略，制定出台了一系列推进政策和措施，各地紧紧抓住陕京一线、二线、三线，西气东输，榆济线等五条国家主干天然气管线过境的契机，充分利用丰富的煤层气资源，着力加快配套设施和管网建设，大力发展城市供气。全省形成了以天然气、煤层气为主，人工煤气和液化石油气为辅的城市供气新格局。2013年，全省城市用气总人口达到1365.8万人，供气总量达到44.8亿立方米，城市供气管网总长度达到1.55万千米，城市燃气普及率达到84.78%，较"十一五"时期提高了6.26

个百分点（山西省住房和城乡建设厅，2014）。利用过境输气管道，争取天然气配额，稳步提高天然气利用规模，重点推进地面煤层气开发和井下瓦斯抽采，形成河曲-保德、临县-兴县、永和-大宁-吉县、沁南、沁北、三交-柳林六大煤层气勘探开发基地，构建晋城矿区、阳泉矿区、潞安矿区、西山矿区和离柳矿区五大瓦斯抽采利用园区。

同时加快民用燃气、车用燃气和工业燃气利用，扩大社会和企业用气规模和范围，有效替代燃煤和燃油，降低能源碳排放强度。

山西省住房和城乡建设厅提出，到 2015 年，全省城市供气人口比 2013 年增加 120 万，达到 1500 万，城市供气管网比 2013 年增加 2000 千米，达到 1.75 万千米。加快发展工业用气、燃气分布式能源和汽车加气站等下游市场，城市供气总量比 2013 年增加 30 亿立方米，达到 74.8 亿立方米，城市供气普及率比 2013 年提高 2.22 个百分点，达到 87%。

4.1.5 碳汇

山西将充分发挥林业在应对气候变化中的功能和作用，坚持每年完成造林 400 万亩①以上。2014 年入冬前全省已经高标准完成营造林 410 多万亩，占年度任务的 91%。

山西省持续推进晋北晋西北防风固沙、太行山土石山区水源涵养、吕梁山黄土高原水土保持和平川盆地防护经济林四大生态屏障建设，不断提高森林覆盖率。各地继续坚持规模治理、区域突破、整体推进的造林方式，稳步推进国家和省确定的造林绿化重点工程，为三晋大地又增片片新绿，并在工程实施中呈现出"新旧工程衔接，连片连年推进"的良好态势。晋中市 2014 年实施市级重点造林绿化工程 104 项，总规模达到 80 余万亩，新造林面积在 3 万亩以上的乡镇达到 12 个。太谷县集中力量于 2013～2014 年连续两年绿化南山，把 3.2 万亩干石山地建成了绿意葱茏、色彩斑斓的森林公园，结束了该县无森林公园的历史。大同市 2014 年扩建实施大同火山群治沙工程和灵丘县锅帽山、平型关生态建设工程，新实施了广灵县卧龙山荒山造林工程，工程布局集中，规模令人震撼。朔州市 2014 年新实施的造林绿化工程与以往布局营造的规模化造林紧密衔接，延伸拓展，构成布局完整、浑然一体的生态修复新体系。该市对朔城区累计投资 28 亿元，在北起平鲁、南至宁武总长 50 千米、东西跨度 10 千米的西山地区，完成造林 40 万亩，修路

① 1 亩≈666.7 平方米。

216 千米，使整个西山变得郁郁葱葱（国家林业局，2014）。同时，组织实施了相关指标评估方案和评分政策。这些工作的实施，使山西省的森林面积进一步扩大，森林碳汇能力进一步增强。

4.2 2011～2014 年山西省低碳试点区域建设工作进展

4.2.1 国家低碳试点城市

2012 年 11 月 26 日，国家发展和改革委员会下发《国家发展改革委关于开展第二批低碳省区和低碳城市试点工作的通知》，晋城被确定为第二批国家低碳试点城市。2013 年 8 月，晋城市国家低碳城市试点工作启动，标志着晋城市在探索资源型城市低碳发展道路、建设"美丽晋城"中迈出了新步伐。在试点工作中，晋城市将重点开展低碳产业体系构建、重点节能提效改造、能源结构优化调整、生态城市森林增汇四大温室气体控制行动和低碳试点示范推进、低碳基础能力保障、低碳科技能力支撑、公众参与社会动员四大低碳城市塑造行动。2013 年的重点工作是，编制温室气体排放清单，确定首批城镇、社区、园区、企业等低碳试点范围，开展低碳知识普及、信息发布、政策宣传等。

按照试点实施方案要求，到 2015 年，晋城市单位地区生产总值二氧化碳排放强度较 2010 年累计下降 19%以上。以低碳发展为特征的产业体系和能源体系建设取得初步进展，建成全国煤层气开发利用示范城市，低碳消费理念和行为方式成为全社会共识，建成全国资源型城市低碳发展的先行示范区。

近年来，晋城市在推动经济持续健康发展的同时，结合自身特点，加快推进绿色低碳发展，取得了可喜成绩。未来一段时间内，晋城市一要结合转方式、调结构的内在需求，把低碳试点工作作为建设两型社会、实现科学发展的重要抓手，特别是结合综合配套改革试验区的相关工作，有序推进试点工作的开展。二要加强能力建设，用好低碳城市建设专项资金，加快建设温室气体排放数据统计和管理体系，编制晋城市温室气体排放清单，将试点工作方案中的目标任务分解到县（市、区），强化目标责任考核，推进试点工作开展。三要创新体制机制，积极研究制定鼓励低碳发展的政策措施，开展重点企业碳排查和碳评估，探索建立规划和项目的评价制度，建设关键低碳技术研发平台，建立重点行业低碳评价指标体系和相关技术规范标准，建设低碳新城、低碳园区、低碳社区等示范工程，努力把晋城打造成低碳发展的先行者和试验田，成为国家低碳发展的典范。

4.2.2 省级低碳试点城市

为推动山西省发展方式转变和经济结构调整，推进低碳试点示范，山西省发展和改革委员会组织开展了省级低碳城市和低碳县（市、区）试点工作。2014 年 2 月 11～28 日，山西省开展低碳试点市县申报工作。2014 年 10月，山西省发展和改革委员会公布了第一批省级低碳市县试点名单，确定在太原市、朔州市、大同市阳高县、忻州市忻府区、吕梁市文水县、晋中市昔阳县和祁县、阳泉市平定县、长治市黎城县和沁县、晋城市高平市和泽州县、临汾市古县、运城市万荣县和垣曲县等 15 个县（市、区）开展省级低碳试点城市工作。

试点地区将进行先行先试，建立以低碳、绿色、环保、循环为特征的低碳产业体系，建立温室气体排放数据统计和管理体系等。低碳产业体系将结合本地区产业特色和发展战略，加快低碳技术研发示范和推广应用。推广绿色节能建筑，建设低碳交通网络。大力发展低碳的战略性新兴产业和现代服务业。在数据统计和管理方面，将编制本地区温室气体排放清单，加强温室气体排放统计工作，建立完整的数据收集和核算系统，加强能力建设，为制定地区温室气体减排政策提供依据。

4.2.3 国家低碳工业园区

为贯彻落实《国务院关于印发"十二五"控制温室气体排放工作方案的通知》和《工业领域应对气候变化行动方案（2012—2020 年）》，推进工业低碳转型，工业和信息化部、国家发展和改革委员会组织开展了国家低碳工业园区试点。按照《工业和信息化部　发展改革委关于组织开展国家低碳工业园区试点工作的通知》（工信部联节〔2013〕408 号）要求，国家低碳工业园区试点评审工作已于 2014 年 5 月完成，第一批 55 家申报园区通过审核，其中太原高新技术产业开发区成为国家首批低碳工业园区之一。

太原高新技术产业开发区以煤化工、电子信息、光电、生命科学等特色产业为主导，推进低碳生产、开展低碳技术创新与应用、创新低碳管理、加强低碳基础设施建设，打造低碳工业园区，努力成为全国发展低碳经济的先行区域。作为国家级开发区，太原高新技术产业开发区已发展成为太原市的先导区，也是山西省发展高新技术产业的重要基地。截至 2010 年太原高新技术产业开发区有企业 2200 余家。其中，经认定的高新技术企业 486 家，约占全省高新技术企业总数的 70%。

4.2.4　省级低碳试点产业园区

为贯彻落实《山西省人民政府关于印发"十二五"控制温室气体排放工作方案的通知》（晋政发〔2012〕34 号），加快推进工业领域重点用能行业低碳化改造，培育集聚一批低碳型企业，建设一批有特色、代表性强的低碳产业园区，引导和带动山西省工业低碳发展，山西省发展和改革委员会于 2014 年 4 月组织申请省级低碳产业园区试点工作。最终获得批复的省级低碳试点产业园区，将挂牌"山西省低碳产业园区试点单位"，之后正式启动试点工作。同时，纳入试点产业园区的单位，将在重点低碳项目的建设上得到政策上的倾斜，这将对引导和带动山西省低碳产业起到极大的推动作用。

4.2.5　低碳社区

2013 年 1 月 10 日，山西省印发《山西省"十二五"控制温室气体排放工作方案》。"十二五"期间，山西省将结合保障性住房建设和城市房地产开发，按照绿色、便捷、节能、低碳的要求，在全省逐步开展低碳社区试点建设。

为树立生态文明理念，增强大家主动承担碳减排的意识，山西省将开展低碳社区试点，逐渐将模范效应扩大，助力碳排放减少目标的实现。"筛选基础条件较好的城市社区（街区）或农村新民居，逐步开展低碳社区试点。"山西省发展和改革委员会相关负责人介绍，选择基础较好、示范带动作用大的城市、园区、企业、社区和公共机构，开展全方位、多层次的低碳试点示范建设，以试点示范建设为抓手，调动各方参与应对气候变化工作的积极性，探索低碳发展模式和路径，促进山西省生产和生活方式低碳化转变。各试点地区要编制低碳发展规划和实施方案，积极探索具有本地区特色的低碳发展模式，率先形成有利于低碳发展的政策体系和体制机制，加快建立以低碳为特征的产业体系，践行低碳消费理念。

除此之外，山西省将开展社区节能减碳工程、加大低碳知识普及和宣传，组织社区居民开展低碳生活实践，推动社区生活方式、消费方式的转变。开展低碳公共机构建设，多举措并举建设节约低碳型机关。开展机关绿色办公、鼓励干部职工低碳出行，加强机关日常低碳节能管理；开展废旧资源循环利用活动；推进公共机构新能源和可再生能源应用。

4.3 2011～2014年山西省低碳新能源产业发展概述

4.3.1 低碳新能源产业的主要领域

1. 风能资源

开展风能资源状况调查，科学规划风能布局。建设大同、朔州、忻州百万千瓦以上大型风电基地，重点支持太重集团、汾西重工等具有自主知识产权的骨干企业，加快发展风电装备制造业。

2. 太阳能资源

推进太阳能资源利用，利用荒山、荒地和工矿废弃地等，建设一批大型光伏电站。推广太阳能热水和太阳能辅助采暖工程，加快大同、潞安太阳能一体化工业园区和太原、黎城光伏产业园建设。以政府、学校、医院、宾馆等公共建筑为重点，建设太阳能光电建筑应用示范项目，推动建筑节能改造。

3. 其他低碳能源

推进黄河北干流古贤、碛口、禹门口大型水电及垣曲、浑源抽水蓄能电站建设。重点在运城、长治、晋中、忻州等地推动秸秆生物质发电项目。

4. 新能源汽车制造产业

针对新能源汽车产业发展需求，重点研究电动汽车电池及管理技术、电机及驱动技术、整车控制技术。重点开发高密度、长寿命电池制备生产技术和工艺装备，突破电动汽车发展关键技术瓶颈。研究甲醇汽车动力提升技术，甲醇随车制氢催化剂技术。开发压缩天然气（compressed natural gas，CNG）、液化天然气（liquefied natural gas，LNG）汽车。研究车用铝镁合金材料及成型技术。形成具有山西特色新能源汽车产业链技术体系。

4.3.2 低碳新能源产业发展存在的问题

1. 新能源开发技术有待提高

山西省积极开发新能源，太阳能、生物质能和风电是近年来发展最快的可再生能源。但是，开发新能源的技术还不是很成熟，缺乏研发能力，设备制造能力较弱，新能源开发成本高，且应用领域推广范围小，达不到规模化应用，从而不能高效利用这些新能源。

2. 新能源产业政策措施不完善，激励力度不够

在现有技术水平和政策环境下，除了水电和太阳能热水器有能力参与市场竞争外，大多数新能源的开发利用因为资源分散、规模小、生产不连续等特点而成本偏高，在现行市场规则下缺乏竞争力，因而需要政策扶持和激励。但是，国家支持风电、生物质能等可再生能源发展的政策体系还不够完善，可再生能源发电上网电价与费用分摊机制不完善，经济激励力度弱，相关政策之间缺乏协调，没有形成支持可再生能源产业持续发展的长效机制。在可再生能源规划与利用过程中，缺乏足够的资源评价基础，可再生能源的发电规划与电网规划不同步、不协调。很明显，若不能及时解决并网问题，风电的进一步发展特别是大规模风电场的建设将难以实现。可再生能源产业在资金支持、消费者权益保护、价格及相关产品的质量要求等方面，还缺少相应的政策与法规保护。

3. 市场保障机制还不够完善

我国新能源发展缺乏明确的发展目标，市场需求不稳定。虽然逐步加大了对新能源发展的支持力度，但是由于没有建立起强制性的市场保障政策，无法形成稳定的市场需求，新能源发展缺少持续的市场拉动，进而导致新能源新技术发展缓慢。

4.3.3 低碳新能源产业的发展成效及前景

推动新能源建筑应用。推广应用工业余热、污（中）水、浅层地能供热（制冷）和太阳能建筑。开展分布式能源建筑示范，重点在太原、榆次等大中型城市的公用建筑、公共场馆，集中建设综合利用燃气的分布式能源示范项目。探索开展被动房零能耗建筑、智能建筑试点示范。

加强车辆用能管理。限制和减少使用低标号汽油，提高用油标准。推进车辆能源替代，提高燃气公交车、燃气出租车及电动车辆比重，加快运输装卸设备"油改气""油改电"。加强车辆节能管理，实施营运车辆能源消耗量准入制度和道路运输领域双70%制度，提高道路运输实载率。

低碳发展已成为世界经济发展的潮流和趋势。作为国家煤炭能源基地和典型的高碳经济省份，山西长期以来对煤炭进行大规模开发和粗放式利用，这对经济社会、生态环境造成了巨大压力。低碳经济发展模式是山西省经济可持续发展的必由之路和希望之路，实施低碳创新行动是资源型经济转型的长期战略选择和重大民生工程。

5 山西省低碳工作存在的问题与发展方向

5.1 山西省低碳工作存在的问题

尽管山西省在低碳经济发展方面采取了一些措施，取得了一些成绩，但仍存在许多问题，主要表现如下。

5.1.1 资源禀赋特征明显，产业结构调整阻力较大

由于天然的煤炭资源优势，山西省一直被定位为全国的能源和重化工基地，主要产业分布在煤炭、焦炭、电力、冶金、化工等方面。煤炭工业增加值占全省工业增加值的一半以上；依赖焦炭、电力和矿石资源发展起来的冶金行业，其生铁、粗钢、氧化铝和金属镁产量在全国也均排在前列。上述山西省的五大支柱产业主要是依托煤炭发展起来的，普遍面临初级产品多、精细化工产品少、产业链条短、产品附加值低、碳排放较大等问题，这些都不利于山西省发展低碳经济、寻求新的经济增长点。

5.1.2 资金与技术力量缺乏

山西省作为中部欠发达地区，从事新能源开发利用的科研型企业及技术人员数量偏少，大部分企业仍进行粗放式经营，技术层次低、创新能力弱、研发力不强，科技创新企业的主体地位还没形成，支持低碳改革发展的资金和技术力量尚不雄厚，加之政府对低碳技术开发的资金支持力度不够，更加重了新技术开发利用不足的问题，制约山西省低碳经济转型发展。

5.2 山西省低碳发展的突破点和方向分析

5.2.1 提高清洁能源利用程度

与传统的煤炭能源相比，天然气的清洁程度相对较高，因此可以出台相应的政策，继续增设天然气加气站点，鼓励私人交通工具和企业使用天

然气，运用财政补贴政策，将天然气使用从燃气拓展到工业燃料、天然气发电和天然气化工等领域，提高使用天然气的比例；在保障能源供应稳定的基础上，结合传统电力、热力供给模式，逐渐提高新型能源的利用比例，加大对现有的太阳能开发利用企业支持力度，逐步实现在建筑物屋顶安装太阳能光伏发电设备，在建筑物内部使用太阳能照明设备，在居民区推广使用太阳能热水器，形成太阳能集中供热水系统，形成太阳能规模化使用。

5.2.2 加大煤化工企业研发力度，实现能量梯度合理利用

依托高等院校，结合政产学研多方力量，积极进行煤化工技术研发，应用煤炭清洁利用技术，降低煤炭利用产生的污染，提升煤炭利用产生的附加；整合设计能量梯度利用的上下游产业链，实现各环节之间的能量充分利用，对进行能量梯度利用的企业实行税收优惠，鼓励合理的能量梯度利用。

5.2.3 多领域推广低碳工作

在交通领域，率先在公共交通设施上使用清洁能源，继续增加公共自行车租赁点，完善公共自行车租赁服务；提倡家庭用车、公务用车向小排量、新能源方向转变，推广使用电动汽车；推广使用电动汽车。在建筑领域，推广普及绿色建筑，制定和执行建筑物节能标准和相关法规，对新建楼体、厂房进行实时监督，对已建楼体、厂房进行合理改造；发挥公共机构示范带头作用，率先在公共机构建筑安装使用节能照明、节能供热等设备。在居民生活领域，加大对居民低碳意识的宣传，积极推行健康的生活方式和消费方式，生活用水多层次循环利用，生活垃圾分类收集密闭运输；综合运用生物、化学技术对有机垃圾进行回收加工，实现无害化处理、资源化利用。

5.2.4 加强低碳核算、认证、管理工作

建立企业监控体系，打造企业能源使用和污染物排放的数据平台，形成规模以上企业能源消费季报、年能源消费 5000 吨标准煤以上重点用能企业能源消费月报、年能源消费 10 000 吨以上用能企业能源消费实时监测，并统筹建筑、交通、公共机构等领域的能源监测综合服务平台；根据山西省低碳减排目标，制定企业在能源使用、加工技术、污染处理等方面的标准和目标，利用企业监控体系定期对企业的碳排放情况进行核查，增强企业低碳减

排的紧迫感和约束力；率先在重点企业制定总量控排目标，推行碳排放管理体系。

5.2.5 加大对低碳发展的资金支持力度

由政府设立低碳发展专项资金，保障各项低碳发展任务的资金投入，并充分发挥资金在低碳发展工作上的引导作用，重点支持低碳科技研发应用和公益性低碳项目建设，对低碳试点项目给予用地、能源供应、设备折旧、税收等政策优惠。同时，建立多种合作关系，拓宽低碳发展融资渠道，如成立高新技术开发区政策性融资担保公司，充分发挥政府资金扶持与公益性职能，满足低碳类科技型中小企业的融资需求。

参 考 文 献

国家林业局. 2014. 山西省今年已高标准造林 410 多万亩[EB/OL]. http://www.forestry. gov.cn/main/72/content-719552.html[2015-03-07].

吕晓宇，梁晓飞. 2014. 山西探索煤炭"绿色发展"破解"霾害"[EB/OL]. http://www. gov.cn/jrzg/2014-01/07/content_2561546.htm[2015-01-15].

山西国资委. 2015. 山西同煤集团朔州煤电公司全力推进清洁低碳开采[EB/OL]. http:// shuozhou.syxcn.com/qiye/Info.asp?ID=246[2017-03-20].

山西省住房和城乡建设厅. 2014. 山西省住房和城乡建设厅关于印发全面落实"气化山西发展战略加快城市供气设施建设实施方案的通知（第 56 号）[EB/OL]. http://www. sxbda.cn/NewsPage.aspx?id=14053[2017-04-10].

许广月，宋德勇 .2010. 中国碳排放环境库兹涅茨曲线的实证研究——基于省域面板数据[J]. 中国工业经济，05：37-47.

主动适应经济发展新常态　加快推进山西资源型经济结构均衡发展研究报告①

认识新常态，适应新常态，引领新常态，是当前和今后一个时期我国经济发展的大逻辑。当前，中国经济发展呈现从"赶超增长"转向"结构均衡发展"的态势，结构呈现由增量扩能为主转向调整存量、做优增量并重的深度调整局面，这为进一步丰富山西转型综合配套改革试验区（简称综改试验区）内涵、破解体制机制障碍、转向更深层次的结构均衡发展带来了新的机遇和挑战。在新的历史起点上，山西需要主动适应经济发展新常态，以"四个全面"和"五位一体"战略布局引领破解"资源诅咒"难题，汇聚均衡发展共识，重塑经济增长动力，加快推进山西资源型经济结构均衡发展。

1　山西转型综改试验区建设取得的新进展

2014 年，山西转型综改试验区建设进入攻坚阶段，在省委、省政府的安排部署下，全省上下齐心协力、奋力前行，不断丰富转型综改试验区的实质性内容，矢志不渝转方式，坚定不移调结构，蹄疾步稳推改革，一些重大领域和关键环节取得新突破，转型综改试验区创新实践亮点频现。

---

① 课题组组长：李志强。本文完成于 2015 年，如无特别说明，研究涉及数据截至 2014 年 12 月。

1.1　创新驱动战略加快实施，增长动力更为多元

2014 年以来，山西转型综改试验区建设充分发挥市场配置科技资源的决定性作用，不断强化科技创新对经济社会发展的引领和支撑作用，政府对创新过程的治理能力有效提升，企业的创新主体地位明显提高，科技与经济的联结通道日益疏畅，为山西省由资源依赖向创新驱动的转型发展奠定坚实基础。构建"131"创新驱动战略体系，制定实施《国家创新驱动发展战略山西行动计划（2014—2020 年）》《山西省低碳创新行动计划》《山西科技创新城建设总体方案》《围绕煤炭产业清洁、安全、低碳、高效发展拟重点安排的科技攻关项目指南》《中共山西省委山西省人民政府关于深化科技体制改革加快创新体系建设的实施意见》等相关文件。着力提升煤基科技领域创新能力，编制 7 个重点产业创新链，启动实施 68 个煤基产业科技创新攻关项目。扎实推进山西科技创新城建设，编制完成 19 项专项规划，确定入驻中国科学院、清华大学等 27 家研发机构。深入实施"千人百县"高层次人才服务基层计划，选拔新兴产业领军人才 64 名、学术技术带头人 193 名，新增院士工作站 16 个。2014 年，全省发明专利申请量与授权量分别增长 1.4% 和 17%，高达 6107 件和 1559 件。

1.2　产业结构调整进一步加快，经济结构持续优化升级

面对宏观经济形势严峻复杂、经济下行压力不断加大的困难局面，山西出台实施一系列精准有力政策举措，经济运行呈现积极变化，经济结构不断优化。三次产业结构更趋合理，2014 年，全省三次产业增加值占生产总值的比重依次为 6.2%、49.7%、44.1%，第三产业比重较上年提高 2.2 个百分点，与第二产业的比重差距由 10.3 个百分点缩小至 5.6 个百分点；三次产业增加值增速分别为 3.8%、3.7%、7.0%，第三产业增速明显快于第一产业和第二产业。工业内部结构进一步优化，在全省规模以上工业行业中，煤炭、焦炭、电力、冶金等四大传统产业增加值占全省规模以上工业增加值比重为 77.3%，与 2013 年相比降低 2.2 个百分点；非煤产业比重为 48.4%，同比上升 3.4 个百分点，其中，装备制造业比重为 9.3%，上升 0.9 个百分点。固定资产投资结构不断改善，三次产业投资比例由 2013 年的 6.2 : 43.3 : 50.5 转变为

7.4：41.8：50.8，第一产业和第三产业投资比重分别提高 1.2、0.3 个百分点；非传统产业投资占全省工业投资比重为 54.4%，较 2013 年提升 1.5 个百分点。外贸结构进一步优化，高新技术产品、机电产品出口分别增长 16.6%、10.0%。

1.3　行政管理体制改革全面提速，市场活力进一步释放

作为转型综改试验区建设的一项重要内容，2014 年，山西省进一步简政放权，不断深化行政管理体制改革，为优化发展环境、助推转型升级提供制度保障。制定实施《山西省人民政府职能转变和机构改革方案》，省、市政府机构改革任务全部完成，县级政府机构改革任务基本完成。全面清理省级审批事项，承接国务院下放行政审批项目共 33 项，取消、下放和调整减少省级行政审批项目达 435 项。发布《山西省人民政府关于公开省政府各部门行政审批事项的通知》，陆续公布各部门"权力清单"。加快推进投资体制改革，出台 2014 年版固定资产投资项目管理流程图，下放审批工作量比例高达 60%，减少前置条件和中间环节工作量比例为 50%以上；出台 2014 年版政府核准投资项目目录，减少省级核准类项目 45%以上；发布 40 个基础设施领域鼓励社会资本投资项目，计划总投资 2036.1 亿元。全面开展工商登记便利化改革，推行注册资本认缴制，实施企业年报制度，完善市场主体信用公示制度。2014 年，新登记公司制企业数量同比增长 67.9%，新增注册资本提高 39%，市场活力进一步释放。

1.4　重大领域改革与发展取得新突破，综改试验区建设成效显著

《山西省国家资源型经济转型综合配套改革试验 2014 年行动计划》部署的"3675"年度重点任务全面完成，形成制度性成果文件 60 个，出台相关推进举措文件 86 项，百度云计算中心等 25 个项目建成或部分建成投产（16 个项目建设完成）。深入落实国家赋权的三项重大改革，24 个低热值煤发电项目获批。大力推进综合能源基地建设，新增 4 条特高压外送电通道，外送电能力增加 4500 万千瓦，《晋北现代煤化工基地产业发展规划》编制完成并上报国家发展和改革委员会。全面深化煤炭管理体制改革，清理规范涉煤收费项目，着力推进煤炭资源税从价计征改革，大力实施煤焦

公路销售体制改革，减轻企业负担 320 多亿元，撤销全省 1487 个煤焦公路检查站点。全面推进国资国企改革，启动实施"3311"重点任务。积极化解产能过剩，淘汰落后焦炭产能 1058 万吨、钢铁产能 425 万吨、水泥产能 110.5 万吨、电力产能 57.4 万千瓦。加快推进城镇化建设，2014 年全省城镇化率高达 53.79%，较上年提高 1.23 个百分点。深入实施百企千村产业扶贫开发工程，投资建设 233 个产业扶贫项目。着力改善农村人居环境，重点推进"四大工程"建设，完成年度投资计划的 102.1%。建立统一的城乡居民基本养老保险制度，实现全省城居保和新农保全面并轨。探索开展节能量交易试点，超额完成全省万元 GDP 能耗下降 3.5% 的年度任务。

1.5　地市改革涌现新亮点，转型发展步入新征程

山西省各市因地制宜，开展了各具特色的转型综改创新实践，亮点纷呈。太原市突破行政区域界限，深入实施"一区多园"空间战略。运城市加快推进园区化发展集群化招商，出台了《2014 年产业集群实施方案》等配套文件。大同市与张家口市、乌兰察布市成功构建晋冀蒙长城金三角区域合作平台，着力提升区域综合实力、竞争力和承载力。忻州市确定"飞地经济"首批试点，开展园区共建、结对合作、托管建设等多种合作模式。晋中市全面启动 108 廊带建设，大力推进区域一体化协调发展。阳泉市探索转型综改第三方考核机制，全权委托山西省宏观经济学会考评相关工作。晋城市全面推进"1+9"转型综改试点建设，初步建立巴公扩权强镇试点管理体制。朔州市不断完善组织领导、创业培训、创业服务、政策支持、工作考核等五大体系，加快推进创业型城市建设。吕梁市在全省率先实行排污费集中使用，鼓励社会资本和民间资金参与污染治理。临汾市加快推进涝洰河生态建设工程，探索环境保护修复多元投入机制。长治市加快政府购买公共服务，公开招标 $PM_{2.5}$ 来源解析项目。

2　新常态下山西经济结构均衡发展的新内涵及面临的新形势

当前，全球经济增长依旧乏力，世界各经济体均面临着复杂深刻的结构性矛盾，全球分工格局正在加快重塑，中国经济业已步入稳健发展、重调结构、调控出新、动力再造的新常态。面对多重矛盾交织的复杂局面，结构

性改革任务更加迫切，山西资源型经济结构均衡发展之路任重而道远。

2.1 山西经济结构均衡发展的新内涵

若要用一个词来形容 2014 年的经济发展，这个词必是"新常态"。在"十三五"规划前夜，全国上下涌动着"认识新常态，适应新常态，引领新常态"的热潮，标志着中国步入经济发展向着结构更合理、形态更高级趋势演化的新阶段，同时，也赋予了山西经济结构均衡发展以新的内涵。首先，新常态下的结构均衡发展以稳定增长为基本前提，只有保持一定的增长速度，才能保证稳定的财政收入，才能在发展中解决更多的结构性矛盾。其次，新常态下的结构均衡发展以动力再造为根本途径，只有通过重塑经济增长动力实现由要素扩张向创新驱动的转变，实现由主要依靠物质资本向更多依靠人力资本、知识资本的转变，才能启动山西省新一轮的优势再造，立足于更高的起点不断扩大结构均衡发展的广度和深度。最后，新常态下的经济结构均衡发展以调控出新为重要支撑，只有通过宏观调控理论、调控模式及其工具的新调整，才能实现政府角色由直接参与经济活动向注重培育、优化经济环境的转变，才能更好地适应当前经济发展呈现出的与周期性调整不一样的新现象和新规律。在新常态背景下，要实现山西经济结构的均衡发展，需要我们从全面深化改革的高度着眼经济结构调整，理解好并统筹好结构均衡发展的战略必要性和战术渐进性，循序渐进，稳步开展。

立足"破"字转观念，要坚定信仰、革弊立新、重塑形象，开创结构均衡发展全新局面。所谓立足"破"字转观念，就是要摒弃路径依赖、摆脱速度情节、破除中庸思想，按照经济规律办事。要明确山西省煤炭产业"一支独大"的现状，找准山西省"因煤而困"的深层次原因，摆脱单纯依赖要素、投资拉动经济增长的发展老路，跳出资源陷阱和唯煤思路，从供给侧发力推进结构性改革。要"舍"速度"优"结构，以结构调整为依托从根本上衔接山西省短期发展诉求与中长期发展目标，通过落差催生创新，着眼长远、着眼全局，以"一马当先"的改革勇气和"金戈铁马"的转型锐气，继续坚持向深水区推进山西省改革不动摇。要破除不敢作为、不敢担当的中庸思想束缚，树立求新求变思想，遇到矛盾不绕、面对困难不躲、解决问题不拖。

立足"新"字促改革，要凝聚共识、创新驱动、攻坚综改，开启结构均衡发展崭新征程。面对新常态下的新环境、新机遇、新挑战和新要求，山西经济结构均衡发展也要有新思想、新办法、新思路和新举措。新常态下重塑增长动力关键靠创新，要推进要素驱动、投资驱动向创新驱动转变，让创新成为驱动经济社会发展的新引擎，加快形成与以往不同的增长结构和动力机制。要把握好稳增长和调结构的平衡点，坚持政策护航稳增长，取舍之间优结构，瞄准结构调整新高度，最大程度增强信心，最大范围凝聚力量，最大限度协同推进。要勇于探索，大胆创新，善于用新思想研究新情况，用新方法破解新难题，用新思路开创新局面，用新举措取得新成效。

立足"常"字谋发展，要坚定信心、顺势而为、稳中求进，谋求结构均衡发展持久动能。面对新常态下的新机遇、新挑战和新要求，我们仍要充分认识到发展才是解决山西所有问题的重要前提。在新常态下，我们必须保持一定的增长速度，保证经济增长换挡而不失速。要树立保持定力、底线民生的常态化思维，以新常态下凸显的新问题为导向，"咬定青山不放松"，继续坚持推动结构性改革不动摇。要秉承去行政化、趋市场化的常态化原则，以全面深化改革开路释放制度红利，推动市场加强公平性、法制性等方面的建设，让市场在资源配置中发挥决定性作用。要坚持既讲质量又讲效益的常态化做法，把经济增长与结构、质量、效益结合起来，大力实施高端、高质、高效战略，加快由数量扩张型、速度效益型模式向质量效益型模式转变。

2.2　山西经济结构均衡发展面临的新形势

2.2.1　全球经济增长依旧乏力，结构性改革任务更加迫切，以结构调整抢占全球价值链高端成为新趋势

金融危机后世界各国为促进经济增长纷纷采取了积极的措施，然而到目前为止，全球经济仍处在危机后的深度调整期。联合国发布的《2015 世界经济形势与展望》显示，2014 年世界经济增长 2.6%，2015～2016 年形势会有所改善，但大幅回暖的概率较小，预计 2015 年世界经济增长率将为 3.1%，2016 年将为 3.3%。世界经济增长依旧乏力，呈现发达经济体增速分化更加明显，新兴经济体和发展中国家增速全面持续放缓的格局。其中，美国经济复苏态势继续巩固，欧元区经济复苏势头减弱，日本经济陷入衰退。新兴经济体延续了 2010 年以来的持续下滑态势，发展中国家步入增速放缓新常态，不同经济体走势继续分化，无论是发达经济体，还是发展中经济体都面临着复杂深刻的结构性矛盾。

与此同时，全球分工格局正在加快重塑。为摆脱金融危机带来的阴影，

发达国家陆续展开"再制造业化"战略，而发展中国家为实现经济赶超，正在加速推进工业化，这使得国际分工关系更加复杂。以大数据、新能源技术和智能制造为代表的技术进步，加快催生新一轮科技革命和产业变革，推动全球分工重塑更有利于处在价值链两端的发达国家，发展中国家将面临更为严峻的挑战。

2.2.2　中国经济步入新常态，"三期叠加"压力不断加大，以结构调整重构经济发展平台成为新动力

中国经济在过去的 30 年里保持了近 10%的高速增长率，创造了令世界瞩目的"中国奇迹"。然而，当前，面对内在支撑条件和外部需求环境发生的深刻变化，中国经济增长目标逐步向合理区间收敛，步入稳健发展、重调结构、调控出新、动力再造的新常态。2014 年中国 GDP 增速为 7.4%，经济由高速增长转为中高速增长（图 1）。中国科学院预测科学研究中心预测 2015 年我国 GDP 增速约为 7.2%，且会呈现前低后高的趋势。新常态下的中国经济将呈现出产业结构优化升级、经济增长动力转换、资源配置方式转变等一系列新的特征与趋势，这些新趋势将推动中国经济向着结构更合理、形态更高级的阶段演化。

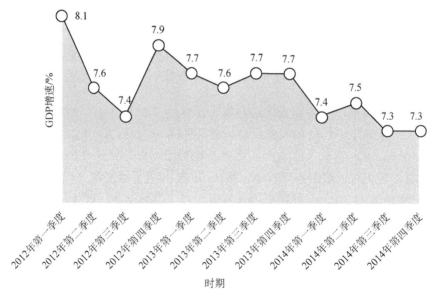

图 1　中国 2012～2014 年各季度 GDP 增速

资料来源：根据中华人民共和国国家统计局相关数据整理所得

　　然而，我国工业化、城镇化建设的任务还远未完成，在探寻经济发展新动力、新平衡过程中，增长动力结构、要素投入结构、地区结构、城乡结构、产业结构、收入分配结构等制约转型升级的诸多结构失衡问题"水落石出"。面对"三期叠加"的巨大压力，中国要想实现增长动力的转换，实现增长速度"下台阶"和增长质量"上台阶"，迫切需要加快转变经济发展方式，坚定不移推动结构性改革。

　　2.2.3　山西经济增长形势严峻，深层次结构性矛盾凸显，以结构调整加速"六大发展"成为新要求

　　伴随着宏观经济的常态化发展，山西资源型经济结构均衡发展面临着更加严峻的形势，结构均衡发展压力进一步增大。如图 2 所示，2014 年 GDP总量 12 759 亿元，实际增长速度 4.9%（2013 年同期为 8.9%），远低于年初预期目标 9% 和其他省市指标值。断崖式下滑态势透视出的是山西省更加深层次的结构性问题，增长动力不足、产能过剩严重、资金链紧绷等结构性矛盾亟待解决。在巨大的下行压力下，如何破解过度依赖资源性产业而造成的"产业结构锁定""塌方式"腐败而造成的"利益链条锁定"、政府干预过多而造成的"转型模式锁定"等"锁定性发展困局"，实现减速而不减势、结构均衡发展成为破解资源型经济转型之难的首要之举。

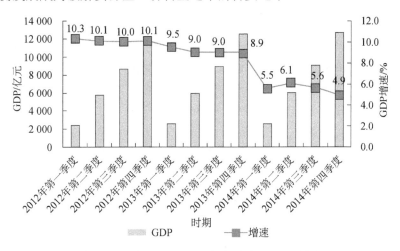

图 2　山西省 2012～2014 年各季度 GDP 及增速

资料来源：根据 2012～2014 年《山西省国民经济和社会发展统计公报》相关数据整理所得

作为资源型经济地区，山西的转型之路必将比其他省份走得更加艰难，必将经受更长时间、更强程度的阵痛，"转方式、调结构"仍将是山西未来发展的主线。在稳定增长、动力再造、重调结构、强力改革高度融合的大背景下，山西要坚持以平常心应对新常态、把握新常态和积极适应新常态，抓住换挡机遇期和最后关键窗口期，依靠创新驱动突破低端锁定困局，以结构调整加速"六大发展"，努力开创弊革风清、富民强省的新局面。

3 山西资源型经济结构失衡的表现及其形成机理

转方式、调结构是适应经济新常态的理性选择，是实现转型跨越发展的现实路径，是抢占新一轮经济发展制高点的必然要求。当前山西结构不均衡问题突出，六大结构调整阵痛相互交织，严重制约了经济发展质量和效益，急需正确分析结构失衡的形成机理，探寻实现结构均衡发展的路径。

3.1 山西资源型经济结构失衡的表现

3.1.1 长期依赖投资拉动的非均衡需求结构

山西需求结构的不均衡，主要表现在内需与外需、投资与消费、消费结构内部的失衡。近年来，山西进出口对经济增长的贡献基本为负，对外贸易依存度低。经济增长主要依赖投资，致使投资率偏高，消费率偏低（图 3）。在消费结构内部，政府消费比例不断增加，抑制了居民消费水平。长期主要依赖投资的经济增长方式，增加了山西经济的不稳定性，不利于经济良性循环发展。急需处理好扩内需与稳外需、增投资与扩消费、扩居民与限政府的关系，促进经济增长向依靠消费、投资、出口协调拉动转变，充分发挥消费的基础作用、投资的关键作用和出口的支撑作用。

3.1.2 倚重一般性生产要素的非均衡要素投入结构

在旧常态下山西的经济增长是以牺牲环境为代价的，主要拼的是资源能源、资金和劳动力等一般性生产要素，而人的创造潜力和科技创新没有充分发挥作用（图 4）。2013 年山西综合科技进步水平指数为 43.2%，比全国平均值低 6.85%；全省仅有 5 个两院院士，占全国 0.3%。这种不均衡的要素投入

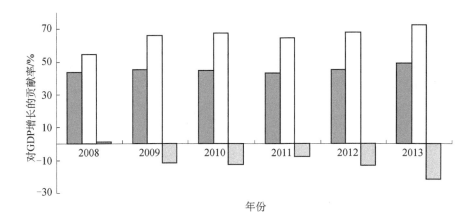

图 3　2008～2013 年三大需求对 GDP 增长的贡献率

资料来源：根据 2009～2014 年《山西统计年鉴》相关数据整理所得

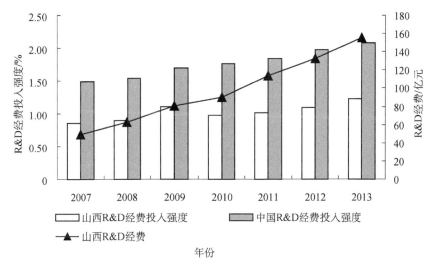

图 4　2007～2013 年山西研发投入经费与全国比较

资料来源：根据 2007～2013 年《全国科研经费投入统计公报》相关数据整理所得

结构，造成能源资源消耗较多，环境压力不断加大，资源环境的约束日益突出。当今，山西万元 GDP 耗能还远远高于全国水平，烟粉尘、二氧化硫、氮氧化物排放总量仍居全国前列。经济增长和资源环境承载能力的矛盾，倒逼山西进行要素投入结构转型，即经济增长由原来主要依靠一般性生产要素拉动向依靠技术、人才这些高级要素拉动转变。

3.1.3 主要倚重传统产业的非均衡产业结构

山西产业结构中，三次产业之间发展不均衡，产业内部结构不合理，使得产业升级迟滞。从产业结构看，2013 年山西三次产业所占 GDP 的比重为 6.1∶53.9∶40，第二产业比重相对较大，仍是发展主力，第二产业内轻重工业结构严重失衡，其发展还是主要围绕煤炭、焦炭、冶金、电力四大核心传统主导产业（图 5）。2014 年年底，山西重、轻工业比重仍高达 93.8∶6.2。第三产业发展中生活性服务产业长期占主导，即批发和零售、餐饮住宿和劳动服务等所占第三产业产值比较大，而较高层次的生产性服务业，如高新科技开发、教育、金融等占第三产业产值偏低。这种产业的畸形发展，严重影响了经济结构的转换升级。当前山西经济下行压力较大，急需进行产业结构调整，培育新的增长点。

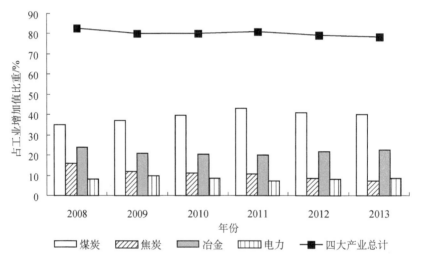

图 5　2008～2013 年山西煤焦冶电四大产业占工业增加值比重

资料来源：根据 2008～2013 年《山西省国民经济和社会发展统计公报》相关数据整理所得

3.1.4 国有经济比重过大的非均衡所有制结构

山西所有制结构不太合理，国有经济比重过大的问题依然突出。国有企业数量多，广泛分布在矿产资源、能源原材料、交通运输等国民经济的上游产业和公共服务领域。2014 年，山西第二产业和第三产业中，国有企业占比 3.69%，比全国占比高 2.29%。大型国企主要集中在重工业领域，特别是煤炭行业，资源依赖问题严重；普遍存在"一股独大"、政企不分、政资不分的现象，企业管理问题突出；部分保持垄断地位，对民营经济等其他经济主体发展的挤出效应明显。国资国企改革困难重重，是山西改革的重头戏。需要以发展混合所有制经济为突破口，大力推动国企向公共服务、战略性新兴产业、基础设施等重要领域集中，充分调动国有企业和非国有企业的积极性，共享资源，共同发展。

3.1.5　动静交织的非均衡城乡二元结构

山西的城乡二元结构有静态和动态之分。静态城乡二元结构是计划经济体制的产物，实质是城乡分治，导致农民和市民之间权利不平等。动态城乡二元结构是市场化改革的产物，实质是城市内部分治，导致外来人口与本地人口权利不平等。例如，2013 年太原市分别有 67.93 万乡村人口、104 万外来人口受静态、动态城乡二元结构直接影响。双重非均衡的城乡二元结构，导致公共资源和基本公共服务向城镇和城镇户籍居民倾斜，农村发展落后于城市。只有既统筹兼顾本地城乡户籍居民权益，又统筹兼顾本地户籍居民与外来人口的权益，才能全面破除城乡二元结构，真正形成城乡一体化发展新格局。

3.1.6　双重非均衡的国民收入分配结构

山西收入分配结构呈现双重非均衡的特征。从宏观上看，在政府财政、企业收入与居民收入分配结构中，居民所得占 GDP 的比重逐年下降，而政府和企业所得占 GDP 的比重不断上升（表 1），国民收入分配进一步向政府倾斜。从微观上看，城乡、地区、行业间的从业者收入水平悬殊，导致居民间的收入分配差距不断扩大。2013 年，城乡居民收入比为 3.14∶1；晋城市非私营单位员工年平均工资是临汾市的 1.4 倍；采矿业年均工资是水利、环境和公共设施管理业的 3.04 倍。收入分配结构的不平衡、不公平会引发利益分化，激化各收入群体之间的矛盾，不利于社会稳定发展。需要深化收入分配制度改革，加快调整收入分配结构，最终形成"橄榄型"收入分配格局。

表 1　2009～2012 年山西省国民收入分配情况　　（单位：%）

年份	个人所得份额	企业所得份额	政府所得份额
2009	45.86	38.80	15.34
2010	39.54	44.13	16.33
2011	41.61	42.08	16.31
2012	43.91	39.66	16.43

资料来源：根据 2010~2013 年《中国统计年鉴》整理所得

3.2 山西资源型经济结构失衡的形成机理

山西"六大结构"失衡问题由来已久，且彼此关联、互相影响，增长动力结构失衡是要素投入结构、所有制结构和产业结构失衡的重要原因，产业结构失衡促成了城乡结构失衡，城乡结构失衡又进一步导致了收入分配结构失衡，收入分配结构的失衡又间接造成增长动力结构的失衡。而所有这些结构失衡问题并非一蹴而就，其形成都有着长期的历史渊源和深刻的体制根源。

3.2.1 保守落后的思想观念是结构失衡的首要原因

山西有着极其深厚的文化底蕴，然而传统观念中封闭落后的"官本位思想""中庸思想""小农思想"等却逐渐成为山西经济发展的思想包袱，极大地制约了山西推进体制机制改革的活力与魄力。经济结构的优化升级须有一套完整的制度体系作为支撑，然而山西当前相对滞后的体制机制建设并不能适应经济结构调整的要求，体制机制改革强综合而弱协同，导致了结构失衡问题长期存在。

3.2.2 经济发展战略调整失范是结构失衡的直接原因

山西经济的非均衡结构肇始于优先发展重工业的非均衡战略，加之长期以来唯 GDP 论的指引，"重增长、轻质量，重总量、轻结构"的观念盛行。政府通过高投资为工业发展提供原始积累，使其长期享受较低的利率、劳动力、原材料等要素价格，这也意味着其他领域在对工业的发展进行补贴，极大地抑制了其他领域的资本积累和均衡发展。

3.2.3 资源型经济发展的路径依赖是结构失衡的主要原因

凭借丰富的矿产资源，经过长期的探索与发展，山西逐渐形成了"一煤独大、四柱擎天"的特色资源型经济体系。而在这个过程中，越来越多的人以更少的付出取得了更多的收益，逐渐形成一大批非正式的契约关系，构成庞大的利益群体，并且拒绝接受更加有效率的制度安排。山西经济体系发展也由此长期陷入低效率的、非均衡的锁定状态。

3.2.4 市场运行机制不健全是结构失衡的根本原因

相比东部发达省份，山西更加封闭落后，长期以来政府过多的行政干预在相当程度上形成了对市场的替代，导致市场功能严重弱化，延缓了要素市场价格形成体系的改革步伐，极大地降低了资源配置的效率。不完善的市场体系和不健全的市场运行机制致使资金、劳动力、技术、信息等生产要素在地区之间、城乡之间、行业之间分布不均衡，进而造成一系列的失衡问题。

4 加快推进山西资源型经济结构均衡发展的政策建议

主动适应经济增长新常态，山西必须进一步创新理念，坚定不移推动结构性改革，加快实现"六大结构"均衡发展，即在由需求拉动向供给推动转变过程中实现增长动力结构均衡发展，在破解生产要素供需矛盾的过程中实现要素投入结构均衡发展，在做好煤与非煤两篇大文章的过程中实现产业结构均衡发展，在增强各类所有制经济活力的过程中实现所有制结构均衡发展，在坚持新型城镇化与新农村建设协同推进过程中实现城乡结构均衡发展，在构建"橄榄型"分配格局过程中实现收入分配结构均衡发展。

4.1 以重点领域和关键环节改革为突破口，全面深化改革，在由需求拉动向供给推动转变过程中，实现增长动力结构均衡发展

4.1.1 进行适当合理、积极高效的需求侧管理，维持需求的稳定性，减缓经济波动

我们要放弃主要依靠需求拉动的定向思维，并不是说就不再依靠投资、消费和出口这"三驾马车"，而是合理、适当地使用之，以达到维持稳定、减缓波动的效果。首先要把稳定投资作为重点。山西是最为典型的资源型省份，上游产业比重较大，地区经济对投资变化的反应更敏感、更直接，要充分利用山西省巨大的投资需求空间，通过财政制度的创新和金融制度的创新，建立可持续的、适应新常态的投融资体制。要加大山西省城市地下网改造、城市和农村基本设施建设等民生工程的投资力度，从需求侧形成增长的

新动力。要围绕习近平同志关于"推动能源消费革命"精神指导，落实全国工业领域电力需求侧管理工作座谈会精神，大力推进山西省工业领域电力需求侧管理工作。积极引入绿色金融和保险服务支持模式，带动社会资金参与电力需求侧管理工作。同时要在扩大内需中逐步提高对经济增长的拉动力。由于投资需求是中间需求，投资所形成的生产能力及其所生产出来的最终产品和服务必须要有相应的消费能力将其消化，要加大对需求侧的补贴力度，充分发挥消费需求在经济增长中的巨大潜力和作用。要以新型城镇化发展为契机，突出"新型"之意，牢筑"民生"之基。在居民消费从模仿型排浪式阶段进入个性化、多样化阶段的大形势下，山西要紧紧抓牢物联网、云计算和第三次工业革命的重大战略机遇，通过互联网思维改造传统产品形态、消费方式和商业模式，实现传统消费和信息消费有机融合。要增加文化产业产品和服务供给能力，解决好文化产品数量多与难以满足消费需求之间的结构性矛盾。探索群众文化需求反馈机制，及时、准确了解和掌握群众文化诉求，推进山西省文化消费市场向"原创化""大众化"发展，着力提供质优价廉的大众文化产品，满足群众潜在的文化需求。

4.1.2 充分发挥市场配置资源的决定性作用，依靠制度、结构和要素供给，推动经济可持续发展

要加快建立完善统一开放、竞争有序的市场体制，实行统一的市场准入制度，反对市场垄断和不正当竞争，提高资源配置的公平性。要在构建政府与市场新型关系中，依靠新的制度供给推进动力转型。要处理好政府与市场的关系，规范政府职能和行为，进一步推进行政审批制度改革、简政放权、政务服务平台建设，加快政府从管理本位向服务本位的转变，加快服务型和效能型政府转型步伐。在形成开放型经济新优势中，创新技术要素供给，推进动力转型。进一步实施"走出去"战略，充分利用国际资源引进高端技术项目。推进协同式创新，突破企业和产业层面的技术创新局限，把政府也作为一个重要的自主创新主体，构建政府、大学、科研院所等创新要素参与其中的协同式创新体系。在以调整经济结构为主攻方向中，优化结构供给推进动力转型。要把宏观调控的重点放在结构调整上，坚持以质量和效益为中心，加快结构调整和发展方式转变，不断优化升级产业结构、所有制结构、产品结构、区域结构和城乡结构。

4.1.3 突出创新驱动经济发展的引擎作用，积蓄发展势能，重塑经济增长动力

要推进要素驱动、投资驱动向创新驱动转变，让创新成为驱动经济社会发展的新引擎，积极发现和培育新的增长点。要加快改善创新环境，落实好国家促进创新的一系列政策，加快形成与以往不同的增长结构和动力机制，既保持经济合理增速，又为调整经济结构和深化改革开放留出合理空间，在新常态下迈上新台阶。通过科技体制改革、资源性产业价格改革、中小企业融资机制改革等一系列供给端的机制创新，有效对冲成本上升压力，保住增长的可持续性，激发有活力、有潜力的制度供给，最大限度地释放制度红利。

4.2 以提升自主创新能力为核心，推进体制机制创新，在破解生产要素供需矛盾的过程中，实现要素投入结构均衡发展

4.2.1 加大资源要素的配置效率，推进资本、资源、劳动力的高效集约使用与技术进步的耦合共进

从要素投入的角度看，新常态下的经济增长必须改变以往单纯依靠资本、资源、劳动力的大规模、粗放式投入方式，转向靠投入要素的高效、集约使用和技术创新的协同共进。要充分发挥市场配置资源的决定性作用，充分调动劳动、知识、技术、管理、资本等要素的活力，充分运用市场机制进行商品服务定价和资源分配，让一切创造社会财富的源泉充分涌流。充分发挥技术在"转方式""调结构"中的支撑引领作用，紧紧围绕实现黑色煤炭绿色发展、高碳资源低碳发展、资源型产业循环发展等提供科技支撑。发挥山西科技创新城集聚优势和创新活力，通过提供完善的配套设施、强大的人力智力资源及政策优惠等服务，吸引更多的科技单位进驻。

4.2.2 推进体制机制创新，助力从资源依赖向创新驱动转变，从全能型、管理型政府向有限型和服务型政府转变

要深化科技体制改革，紧密结合山西科技创新城建设，创新企业化运作机制，把培养科技领军人才、鼓励支持各种人才创新创业作为战略性举措切

实抓好。构建全面实效的政、产、学、研、资、介"六位一体"服务体系，面向吸引各地各类科技单位进驻科技创新城、高新技术产业园区等。要以财税金融体制改革为抓手，加大增收节支力度，保重点资金需求，提升财政金融对实体经济的服务保障能力，激发民营经济发展活力，营造良好的金融生态。创新科技投入机制，利用金融市场融资，促进产业、科技、资金的有机融合，力促实现科技上下游密切合作、良性互动。深入推进行政管理体制改革，进一步转变政府职能，打造"服务型政府"。抓好山西省 27 个"扩权强县"试点工作，减少管理层次，提高行政效能，带动县域经济驶入高效管理"快车道"。建设法治政府为目标，创新社会治理体制，建立多元主体参与的现代城乡社区治理体制，充分发挥社会组织在专业性、协调性、公益性事务与服务上的主体性。加快推进土地制度创新。进一步推进山西省农村土地制度改革，针对土地确权过程中出现的难点问题，更快出台提高确权效率的政策法规。探索多元的土地征收补偿标准，在推进城乡一体化进程中保障农民切身利益。

4.3　以产业高端化升级为导向，加快构建现代产业发展新体系，在做好煤与非煤两篇大文章的过程中，实现产业结构均衡发展

4.3.1　进一步优化投资结构，促进投资结构与产业结构调整相适应

着力改善投资结构，重视把握投资的导向，坚持有扶有控，提高投资质量和效益。着眼于构建新型山西现代产业体系优化投资结构，以优化投资增量和调整投资存量为主要手段，进一步调整三次产业的投资结构，努力提高资本使用效率。加大对高新技术产业、新能源、新材料、节能环保、现代服务业及公益性项目的投资力度，瞄准一批大项目、好项目，促进形成新的经济增长点。把好项目引进和选择关，避免低水平重复性建设。增加技术创新投资，大力扶持优质高效农业、工业技术改造与创新、高新技术成果的引进和转化，在建立特色鲜明的新型现代产业体系、提高产业核心竞争力方面加大投资，全面提升产业技术水平。优化投资主体结构，大力吸引社会资金和民间资本，加快研制促进民间投资发展的具体实施办法，制定出台支持民间投资操作层面的相关专项政策文件。进一步拓宽民间投资的覆盖面，引导民

间资本以独资、控股、参股等方式参与基础产业发展和支持煤炭产业向"六型"转变，鼓励民间资本投向节能环保、生物制药等新兴产业。强化投资信息网络平台建设，快速、广泛地向社会各领域公布地方产业政策、发展建设规划、市场准入标准等信息，合理引导民间投资。严格限制高投入、高消耗、高污染、低效率的投资，积极引导资源型企业转型升级，实现产业结构与投资结构的合理化发展。

4.3.2 深化产业结构战略性调整，加快构筑特色鲜明的现代产业新体系

消解产能过剩的市场因素和体制因素，完善优胜劣汰的市场竞争机制，有效整合过剩产能。架构科学合理的统计体系，建立产能过剩的预警机制。实施企业"走出去"战略，转移低端过剩产能。提高项目市场准入标准，从严控制新增产能。更加重视利用网络化、数字化、智能化等技术改造提升传统产业，促进煤、焦、钢铁等向新型煤化工、煤焦油、煤电一体化、精品钢材、先进装备制造业延伸。持续拓展传统产业产品创新思路，推动煤炭、焦炭、冶金、电力等传统产业产品向精深加工和高端产品延伸，构建传统产业新型化发展格局。大力发展风能、太阳能、生物质能等新兴能源产业，积极发展轻型通用飞机、纳米材料等具有高附加值的新兴制造产业，着力发展汽车新能源装备、新型电子装备等具有潜力的新兴装备产业，鼓励发展云计算、物联网、大数据等新兴信息化产业，加快发展半导体照明、低温余热发电装备等节能环保产业。充分利用山西历史文化优势，进一步开发晋商大院、佛教圣地等旅游资源，打造具有山西特色的生态旅游、绿色旅游等新型旅游产品，进一步打响"晋善晋美"文化旅游品牌。加速发展现代物流、创意产业、研发设计、健康服务等新兴服务业。创新驱动现代农业发展，加快新技术、新品种、新农机研发推广应用，引导农民瞄准市场调整种养结构。创建农业标准化示范基地，继续加大地理标志产品的开发与保护力度，打造特色农产品品牌。

4.3.3 深化政产学研用协同创新，加快构建产业技术创新战略联盟

进一步深化科技体制改革，加快形成以企业为主体、市场为导向、政产学研用相结合的区域科技创新体系。进一步完善政产学研协同互动机制，充

分发挥政府在协同创新战略中的引导协调作用，建立鼓励省内外各行业的优秀企业、高等学校和科研院所采用协同研究、委托研究、联合开发、技术指导的互动协作机制，充分释放协同创新效应。设立基础研究、前沿技术、重大共性关键技术和社会公益技术研发专项资金，创新科技重大专项组织管理与实施体制机制。强化企业在技术创新中的主体地位，鼓励省属国有企业设立国家级、省级研发机构、技术中心。进一步加强科技创新平台和协同创新中心建设，汇聚多方创新资源，组建产业技术创新战略联盟。启动建立"大数据"中心，建设有重大技术突破和重大产业需求的科技成果数据库，构建集研发设计、检验检测、知识产权、技术交易和市场营销于一体的科技创新综合服务平台和科技成果转化平台。引入"双轮驱动"理念，高起点推进山西科技创新城建设，积极争取比照执行中关村国家自主创新示范区相关优惠政策。完善科技人才发展机制，重点培养一批科技领军人才，落实科技人员股权激励政策，建立与产业转型相适应的人才教育、培养和引进体系。

4.4 以国企股权多元化改革为抓手，加快发展混合所有制经济，在增强各类所有制经济活力的过程中，实现所有制结构均衡发展

4.4.1 以股权多元化改革为突破口，大力推进国有企业"去行政化"改革

通过员工持股、引进资本等方式，对国有企业实施股权多元化改革。通过管理层和员工层的共同持股调动员工工作积极性，推进国有企业高效化发展。不仅要引入资金，从形式上实现股权的多元化，还要从根本制度上进行体制机制创新，按照市场化要求真正建立现代企业制度，鼓励非公资本参与国企改制重组，保证不同所有制利益诉求的统一。加大国企"去行政化"改革力度，切实推进国企负责人管理体制改革。建立国有企业职业经理人制度，深化国有企业负责人薪酬制度改革。对企业负责人建立市场化的选、用人和激励约束机制，制定完善的职业经理人业绩考核办法。要打破国有资产管理现状，完善国有资产管理体制。将功能类国有企业逐步改组为国有资本投资运营公司，对关键领域和重点项目的投资进行宏观把握和统筹管理，先易后难、分步推进。还要进一步完善国有资产监管体制，深入推进经营性国

有资产集中统一监管，积极探索以管资本为主的国有资产监管新模式，多方协调、强化监管，建立健全国有资产监管体系。充分释放资本市场在支撑国企改革中的重要力量，提高山西省国有企业的证券化率。给定国有企业证券化率，改善国企财务结构，探索以能效信贷为基础资产的信贷资产证券化试点工作，推动发行绿色金融债，扩大能效信贷融资来源。加大国企资产证券化和混合所有制嵌合力度。立足山西省国有企业长期以来的地位和资源优势，深度改革、转型创新，推动国企改制上市，提升国有企业内在素质，创造更大的社会价值。

4.4.2　通过"混改"注入行业长足发展正能量，进一步拓宽民企准入领域

要强化企业的市场主体、投资主体及创新主体地位，强化各类所有制企业依法公平公正参与市场竞争。推动以市场为导向的企业兼并重组，促进生产要素由低效率企业向高效率企业流动。建立完善便捷的市场准入通道，在资源开发、金融、电信、公用事业等领域，向非国有资本开放一定的项目，形成示范带动效应，吸引民间资本进入市政工程、公共服务、金融服务等民生领域，做到凡是能放手让民企经营的，一律放手让民企经营管理。允许民资进入的垄断行业和垄断领域，列出允许民间资本参股、购买、转让等多种合作方式的项目清单，如在石油领域放开加油站业务、在通信领域的销售端建立混合所有制等措施，鼓励民间资本发起设立民营银行、金融租赁公司等金融机构，通过引入竞争机制，实现从垄断行业竞争性业务逐步到整个垄断行业的"混合化"。研究、梳理、落实好促进民营经济创新发展和混合所有制经济跨越发展的配套文件。向社会明确公布到底开放哪些国企、到底允许民间资本进入哪些行业的项目"正面清单"，全面清理各种准入障碍。分类推进国企改革：对于一般竞争类国企，要坚持公开透明、平等合作、公平竞争，积极推进、全面开放、有序退出；对于特定功能类国企，要做到在保证一定控股比例的基础上，积极引入民间资本、社会资本，实现互利共赢、共同发展。同时，还要准许民营企业合作组建集团，扩大资本总量，参与国企改革，完善现代企业制度和公司法人治理结构。民营企业还要防止误入产能过剩行业，防止腐败利益链渗入，防止低效重复投资。

4.5 以城乡基本公共服务均等化为着力点，健全城乡共融、一体发展长效机制，在坚持新型城镇化与新农村建设协同推进过程中，实现城乡结构均衡发展

4.5.1 积极推进城乡一体化发展体制机制创新，多举统筹城乡社会事业发展

建立城乡一体的就业政策。建立城乡统一的劳动力市场和就业服务制度，制定平等的行业准入政策，把就业管理服务工作延伸到村和社区，形成市、县、乡、村（社区）四级互联互通的就业管理服务体系。扩大现有的面向城镇劳动者就业再就业优惠政策的覆盖面，逐步向农村劳动者延伸。建立健全农村劳动力转移就业长效机制，充分发挥基层服务平台作用，提高农村劳动力规模转移的组织化程度。建立跨地区就业劳动力管理信息沟通机制，构建城乡统一的供需信息交流系统与制度，逐步延伸覆盖半径。持续推进户籍管理、社会保障和职业培训等制度创新，消除农村劳动力进入城市就业的体制障碍。

推进城乡一体的教育事业发展。深化教育体制改革，完善以市（区）县政府管理为主的农村义务教育管理体制。探索推进统筹城乡教育综合改革试验区建设、教育体制改革试点项目，深化教育质量综合评价、职业教育产教融合改革。加强农村、城镇校舍的建设、维护及教学设备的更新，实行公办学校标准化建设和校长、教师交流轮岗制度，缩小城乡之间办学条件差距。完善农村居民转变为城镇居民和进城务工人员子女就学保障机制，健全家庭经济困难学生资助体系。完善城市对口支援农村教育帮扶制度，构建利用信息化手段扩大优质教育资源覆盖面的有效机制，加快农村中小学现代远程教育工程建设。

创新城乡文化联动发展机制。建设城乡一体的公共文化服务网络，构建以城带乡、城乡文化联动发展机制，提升城市先进文化向农村辐射力度。建立城乡文化帮扶责任制，将农村文化建设发展情况纳入到创建文明城市的评价指标之中。构建城乡公共文化设施互联互通、共建共享机制，推动城乡公共文化设施功能扩展，不断提高使用效能。深入推进国家文化和自然遗产保护、历史文化名城保护、抢救性文物保护工程，加强对农村优秀民间民俗文化资源的系统发掘、整理和保护。

　　构建城乡一体的社会保障制度。深入落实全民参保登记计划,加快推进城乡基本养老保险人员全覆盖。全面推进和完善基本医疗保险市级统筹,缩小不同区域、人群间的政策差别。健全社会保障待遇正常调整机制,结合居民收入水平、物价变动和财政承受能力等情况,适时调整职工和城乡居民基本养老保险待遇。促进城乡低保和户籍制度改革的有效衔接,进一步明确低保标准和调整办法,统筹农村五保供养和城市"三无"人员救助制度安排。加快完善社会保险、社会救助、社会福利、慈善和老年人、残疾人权益保障等方面的法律法规,并将社会保障法律法规贯彻落实情况列为政府绩效评价的重要内容。

　　4.5.2　协同推进新型城镇化与新农村建设,加速城乡公共资源配置有效对接

　　加快高品质城镇化进程。加快推进规模城镇化向人口城镇化转型,创新新型城镇化体制机制,促进工业化、农业现代化与城镇化良性互动。创新城镇化推进方式与协调机制,分层次分模式推进大县城及乡镇建设,引入智慧城市、数字乡镇等崭新理念,探索县城及乡镇城镇化新模式。创新百镇建设机制,依据吸纳人口数量及经济实力赋予镇相应的管理权。深入推进矿区城镇化,开展"以矿建镇"试点建设,统筹大型煤矿与城镇化建设协调发展,充分发挥产业化对城镇化的带动作用。着力构建规范透明的城镇化建设投融资长效机制,鼓励社会资本进入公用设施投资领域,促进城镇化建设投融资主体多元化发展。

　　加快推进新农村建设。加快推进生态畜牧经济区和现代农业示范区建设,深入实施"一县一业""一村一品"工程,大力振兴设施农业、畜牧业、酿造业、粮食、杂粮、水果及中药材等七大产业。加快新型农业经营体系建设步伐,探索建立家庭经营、集体经营、企业经营等多种农业经营方式协同发展机制。加快建设农业科技创新服务平台,全力推进农业标准化、信息化。创新农技推广服务模式,全力培育懂技术、会经营的新型农民。深入实施百企千村产业扶贫开发工程,着力推进贫困地区新农村建设。建立现代农村金融制度,构建完善财政支农、金融支农政策体系,创新财政支农与金融支农联动机制。加快采煤沉陷区治理和农村危房改造进度,加大农村环境污染整治力度,逐步改善农村生产生活条件。

　　推进城乡双向互动发展。全面加快新型城镇化、工业化、信息化和农业现代化"四化同步",推进城乡区域协调发展。建立健全城乡统筹发展工作

机制和管理体制，探索构建财政转移支付与农业转移人口市民化相挂钩的机制，统筹推进城乡规划、要素交资源配置、城乡社会管理、基础设施和公共服务等。统筹推进城乡土地制度一体化，合理安排和调控城乡用地布局，建立统一的城乡建设用地有形交易市场和交易门户网站，深入推进城乡建设用地增减挂钩等改革试点。有效整合财政支农资金，鼓励社会资本投向农村建设。探索建立劳动力、资金、信息等在城乡之间合理配置的机制，推动城乡之间生产要素的自由合理流动。

4.6 以初次分配改革为重点，加快健全再分配调节机制，在构建"橄榄型"分配格局过程中，实现收入分配结构均衡发展

4.6.1 更加重视制度顶层设计，完善收入分配调控体制机制

在完善现有收入分配制度的基础上更加重视制度的顶层设计。在统筹规划、顶层设计的指导下，抓住百姓认为最突出的重点问题作为突破口，通过改革争取尽快取得成效并逐步推进收入分配制度的法制化和合理化，不断增强人们对深化改革的信心。将初次分配与再分配视为有机整体，不仅要从再分配环节总体水平及其合理结构入手，更要扩展到初次分配环节的薪酬体系改革。加大国民收入向个人倾斜的政策力度，调整政府、企业和个人之间的分配关系。完善按要素分配的收益分配制度，调整资本要素所得与劳动要素所得之间的比例关系。健全现代支付和收入监测体系，整合社保、银行、工商、民政、住房、税务等相关部门信息资源，建立健全社会信用体系和收入信息监测系统。强化用人单位工会、职代会的民主监督作用，强化各级工会的民主维权作用，发挥好新闻媒体对收入分配制度改革的正面宣传及信息披露作用，增强收入分配的透明度。

4.6.2 破除既得利益群体阻力，提速居民收入分配体系改革

以重点领域改革为突破口，加快推进薪酬制度改革。研究部署国有企业高管薪酬制度改革，大力规范高管的福利待遇和职务消费，健全高管薪酬福利的监管制度和机制。建立以工资谈判协商制度为重点的劳动者报酬增长保障机制，合理提高最低工资标准。不断深化公务员工资制度改革，建立健全公务员工资收入分配宏观调控机制和工资正常调整机制。加快推进事业单位分类改革和收入分配制度改革，大力规范各种隐性收入、不规范收入，建立

与所提供公益性服务质量、数量挂钩的事业单位工资收入调整机制。探索建立农民收入多元化稳定增长长效机制，以财产性、工资性收入为重点拓宽农民收入渠道，完善并落实土地征用和出让收益分配制度，健全对被征地农民合理、规范、多元的保障机制。深化财税体制改革，切实减轻中小企业税费负担，强化对垄断行业税收和税后利润的征收。健全收入监管调控政策体系，建立个人收入和财产信息系统。

在全面深改的关键之年、攻坚之年，山西要准确认识、适应和引领经济新常态，紧跟"四个全面"时代步伐，深刻把握"五位一体"战略布局，进一步转变政府职能，促进市场发挥决定性作用，深挖综合配套改革试验区建设机遇，释放结构均衡发展红利，主动作为、锐意改革、攻坚克难，以"六大发展"加快实现山西资源型经济结构均衡向纵深推进。

碳交易制度实施对资源型地区的影响
——以山西省为例^①

1 研究背景和意义

1.1 研究背景

1.1.1 国际背景

为了应对日益严峻的全球气候变化形势，联合国作为统一处理国际重大事务的世界性政府间国际组织，于 1992 年 5 月 9 日签署《联合国气候变化框架公约》，决定在全球范围内对气候变化问题采取必要和及时的行动。该公约规定了发达国家和发展中国家承担的"共同但有区别的"责任，包括发达国家为发展中国家的温室气体减排提供资金资助机制、技术支持机制、促进发展中国家加强能力建设机制，以及发展中国家在发达国家的资金、技术等帮助下，减缓和适应气候变化等。1997 年 12 月于日本京都通过了该公约的第一个附加协议，即《京都议定书》。《京都议定书》把市场机制作为解决以二氧化碳为代表的温室气体减排问题的新路径，即把二氧化碳排放权作为

---

① 课题组组长：张波、丛建辉。课题组成员：李文举、贺芑瑶、赵永斌、裴彦婧、刘庆燕、秦晋霞、刘婷、王晓培、常盼、李高磊、胡晓晓。本文完成于 2016 年 12 月，如无特别说明研究涉及数据截至 2016 年 12 月。

一种商品，从而形成了二氧化碳排放权的交易，简称碳交易。

碳市场是以温室气体减排为目的而创造的政策性市场，交易的是看不见、摸不着的碳排放权或碳减排量。同传统的行政命令控制手段及碳税手段一样，碳交易是进行温室气体减排的政策手段之一，相比于前两者，碳交易政策的优势在于能够充分发挥市场配置的优势，从而降低社会整体的减排成本。

目前，碳交易已经成为国际上温室气体减排的主流政策选择。1997 年各国签订的《京都议定书》构建了全球跨国碳交易的框架，2005 年启动的欧盟碳市场则成为第一个成功运行的大型区域碳市场，之后日本东京都、新西兰、澳大利亚、美国加利福尼亚州、加拿大魁北克等国家或地区的碳市场也相继建立，全球碳市场的版图在近几年快速扩大。除了发达国家之外，越来越多的发展中国家也已经建立或考虑建立碳市场来推动自身的温室气体减排。

在该公约尤其是《京都议定书》的约束以及后京都时代的众多气候谈判的推动下，全球碳市场的发展突飞猛进，以碳减排为商品的国际碳排放交易市场初步建立。当前，碳交易主要被区分为两种型态：一是配额型交易，指总量管制下所产生的排减单位的交易，如欧盟排放权交易制的"欧盟排放配额"（European Union Allowance，EUA）交易，主要是《京都议定书》约定框架内的国家之间超额排减量的交易，通常是现货交易。二是项目型交易，指因进行减排项目所产生的减排单位的交易，如清洁发展机制下的"排放减量权证"、联合履行机制下的"排放减量单位"，主要是通过国与国合作的排减计划产生的减排量交易，通常以期货方式预先买卖。

截至 2016 年，国际上已经开始运行的碳交易体系涉及至少 35 个国家（包括欧盟 27 个成员国、挪威、冰岛、列支敦士登、瑞士、澳大利亚、新西兰、哈萨克斯坦、韩国）和 13 个地区（美国东北部 9 个州和加利福尼亚州、加拿大魁北克省、日本东京都和琦玉县等）。同时，虽然已经运行的碳市场大部分分布在发达国家，但已经有越来越多的发展中国家考虑引入碳交易机制来推动自身的温室气体减排，包括墨西哥、智利、巴西、哥斯达黎加、土耳其、泰国、乌克兰等。

总体而言，碳交易市场可以简单地分为配额交易市场和自愿交易市场两种。配额交易市场为那些有温室气体排放上限的国家或企业提供碳交易平台以达成减排目标；自愿交易市场则是从其他目标出发（如企业社会责任、品牌建设、社会效益等）自愿进行碳交易以实现其目标。其中，欧盟排放交易体系是全球最大的碳交易市场，英国的伦敦金融城、美国的芝加哥气候交易所和澳大利亚新南威尔士州温室气体减排计划也已成为全球主要的碳交易市场。

根据世界银行的数据，全球碳市场交易额从 2005 年起增长迅速，2008 年便超过了 1000 亿美元，2011 年达到最高的 1760 亿美元。全球碳市场成交量自 2011 年达到峰值后持续下降。2014 年全球碳市场成交量与 2013 年相比下降 18%，为 77 亿吨，2014 年全球碳市场成交额为 494 亿美元，与 2013 年相比增加 15%。尽管近两年因欧盟碳市场的低迷碳成交量和成交额均有所回落，不过随着越来越多的区域碳市场开始步入正轨，以及新一轮气候变化谈判可能达成的国际碳交易协调机制与安排，国际碳市场在未来几年有望迎来新一轮的强劲增长（图 1）。

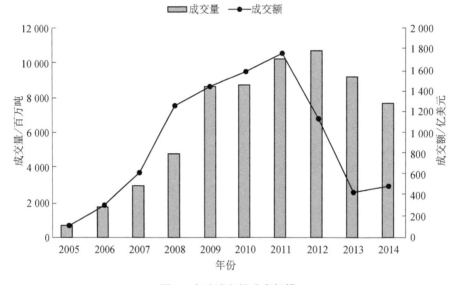

图 1　全球碳市场成交规模

1.1.2　国内背景

随着中国经济总量的持续增长，能源消费量不断攀升。2014 年，世界二氧化碳排放总量接近 355 亿吨，而中国碳排放量高达 97.6 亿吨，位居世界第一。如何应对与日俱增的减排压力，缓解日益严峻的减排形势，成为社会各界日益关注的问题。2016 年 4 月 22 日，中国签署《巴黎协定》，承诺将积极做好国内的温室气体减排工作，加强应对气候变化的国际合作，展现了全球气候治理大国的巨大决心与责任担当。中国政府的碳约束目标是：二氧化碳排放在 2030 年左右达到峰值、单位国内生产总值二氧化碳排放比 2005 年下降 60%～65%，非化石能源占一次能源消费比重达到 20% 左右，森林蓄积量比 2005 年增加 45 亿立方米。

2011 年 10 月，国家发展和改革委员会为落实"十二五"规划关于逐步建立国内碳排放权交易市场的要求，同意北京市、天津市、上海市、重庆市、湖北省、广东省及深圳市开展碳排放权交易试点。2014 年，7 个试点已全部启动上线交易，共纳入排放企业和单位 1900 多家，分配的碳排放配额总量合计约为 12 亿吨。几年时间内，7 个碳交易试点完成了数据摸底、规则制定、企业教育、交易启动、履约清缴、抵消机制使用等全过程，并各自尝试了不同的政策思路和分配方法。截至 2015 年年底，7 个试点的碳市场累计成交量近 8000 万吨，累计成交金额突破 25 亿元。通过设计不同的 7 个试点交易运行，与先前所获得的经验相比较，2016 年 1 月 11 日，国家发展和改革委员会发布了《关于切实做好全国碳排放权交易市场启动重点工作的通知》，旨在协同推进全国碳排放权交易市场建设，确保 2017 年启动全国碳排放权交易，实施碳排放权交易制度。

在努力应对气候变化的同时，需要强调的是，中国是一个人均 GDP 只有 3000 美元的低收入发展中国家。按照联合国的贫困标准，中国尚有 1.5 亿贫困人口。中国面临着发展经济、消除贫困和减缓温室气体排放的多重压力，特别是资源依赖型省份。

1.1.3 山西省能源使用现状分析

山西省作为能源大省，拥有丰富的煤炭资源，这也使得山西省在较长一段时间内存在产业发展不均衡、三次产业比重不协调等问题，造成了山西省经济发展长期依赖于大面积煤炭开采的局面，进而导致了经济发展中严重的"高碳"特征。煤炭资源的大面积开采在快速促进经济发展的同时也使得环境和资源面临着巨大的挑战。

山西省能源消耗量一直保持着快速增加的趋势，能源消耗总量在 2005 年突破 1 亿吨标准煤，在 2012 年进一步达到了 1.58 亿吨标准煤，是 2005 年的 1.56 倍，年均增长率达 7.7%（图 2）。与世界各发达国家和我国总体情况相比，山西省碳排放具有以下特征：一是人均碳排放水平高。2012 年山西省人均化石能源的二氧化碳排放量为 5.93 吨左右，超出世界平均水平 18.6%，是全国平均水平的 82.36%；二是单位 GDP 碳排放量高，2012 年山西省该指标为 1.73 吨/万元。山西省发布《山西省应对气候变化规划（2013—2020 年）》，该规划中明确提出了单位 GDP 碳排放量预计到 2020 年将下降到 2005 年的 55%。

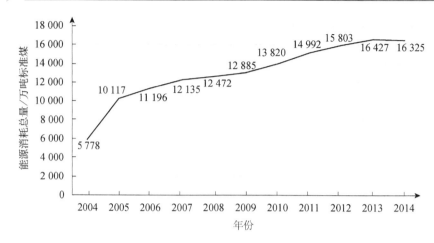

图2　山西省历年能源消耗总量趋势图

从山西省能源消费的具体构成情况来看，煤炭、焦炭、电力的消费量最高，这三种能源的消费量占总能源消费量的 95%以上，1995 年山西省煤炭、焦炭和电力的消费量分别为 10 725.15 万吨标准煤、1250.22 万吨标准煤和 490.57 万吨标准煤，分别占能源消费总量的 84.25%、9.82%、3.85%；而到 2012 年，山西省煤炭、焦炭和电力消耗达到 24 679.78 万吨标煤、2854.51 万吨标煤和 2170.16 万吨标煤，分别为 1995 年消费量的 2.30 倍、2.28 倍、4.42 倍，煤炭、焦炭和电力消费占能源消费总量的比例变为 78.94%、9.13%和 6.94%。煤炭消费量虽然逐年增加，但其所占比重却逐步下降，这表明山西省消费结构在逐渐转变。2005 年之后，随着消费结构的逐渐转变，汽油、柴油等石油类能源及天然气的消耗量逐年增加，其所占比重也呈现上升趋势，但仍需进一步提升。

煤炭资源优势和依托煤炭形成的能源重化工等资源型产业，决定了山西省长期以来能源消费结构均以煤炭为主，当前经济发展自身面临一系列问题和困难。

1）资源产业及其相关产业衰退问题

由于具有不可再生性和可耗竭性的特点，矿产资源会随着人类的不断开发，逐渐减少，最终必然走向枯竭。随着资源的减少，开发成本逐渐提高，导致矿产资源企业的利润逐年递减，带来资源产业的萎缩及其相关产业的衰退。对资源的掠夺式开发及粗放式经营，加剧了地区资源的耗竭。据有关资料统计，我国国有矿山有 2/3 进入中老年期，12%左右的资源型城市拥有的可供开发的后备资源已经不多，这些城市面临着衰败的危险。

2）资源枯竭型地区经济社会发展的可持续性问题

（1）产业结构单一。资源型地区一般以资源产业为主导，而且多以资源开发及初级原材料加工输出为主，支柱产业单一。由于主导企业在资源开发上具有垄断优势，地区的多数其他产业都被资源开发企业所控制或影响，围绕资源开发而展开，并和资源主导产业形成千丝万缕的联系。在这种情况下，虽然其他相关产业也有所发展，但受制于地区发展条件，大都发展规模小、速度慢，无法对资源开发主导企业产生根本性的触动，所以产业单一畸形发展。2013 年，山西省煤炭开采洗选业占工业行业总产值的 62%，"一煤独大"的特征十分明显；电力、热力的生产和供应业，石油加工、炼焦及核燃料加工业，黑色金属冶炼及压延加工业是仅次于煤炭开采和洗选业的重要行业，其历年所占比重均为 5%～10%。工业内部行业结构不合理，过度依赖煤炭资源，从而严重制约山西省经济的发展。

从三次产业间的比例关系（图 3）来看，第二产业在国民经济中所占比重几乎均超过 50%，高者甚至达到 61.5%，第二产业比重远远超过全国平均水平。从第二产业内部来看，轻、重工业的比例也不尽合理，总体上工业重型化趋势较为明显。2000 年山西工业增加值中，轻、重工业占比分别为 11.8%和 88.2%，此后重工业比重逐年上升，轻工业比重逐年下降，到 2013 年，轻、重工业的比重演变为 6.7%和 93.3%。

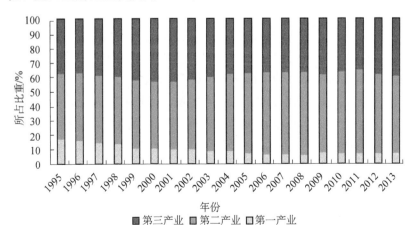

图 3 1995～2013 年山西省三次产业构成图

（2）产业结构效益低下。资源型地区的经济增长不是依靠产业结构的优化升级，而主要是追求量的增长，这样的增长方式导致经济形成了一种效益不高的发展模式。以山西省为例，煤炭和重化工等企业由于市场供给过剩，造成了全行业的亏损，加之国家出台了一系列对自然资源开采、生态环境保护的政策、法规，山西落入了资源型陷阱，山西省的经济发展产生了严重的负面影响，这从侧面反映出山西省产业结构并未产生稳定可靠的效益。

3）生态环境发展的可持续发展问题

（1）生态破坏。由于矿产资源埋藏于地下，其开采利用必然会对地表上的植被、土壤、地形地貌、水文等因子形成扰动和破坏，进而导致生态衰退。有些企业将采矿形成的废弃物胡堆乱放，甚至直接倾倒河中，使河道变窄、河床提高，有的矿山在作业中任意毁坏防洪设施，导致水土流失情况愈发严重。以山西省为例，大规模开采煤炭，造成了矿区土地沉陷，加之矿区、尾矿占地，对全省土地资源造成了很大破坏。全省因采煤引起的水土流失面积约为 5948 平方千米。同时，煤炭开采导致森林植被破坏、生物多样性减少等一系列生态退化问题。2005 年全省湿地总面积为 3660 平方千米，比 20 世纪 90 年代初期减少了约 1390 平方千米，平均每年减少近 100 平方千米。

（2）环境污染。伴随资源的高强度开采所产生的废气、废渣、废液，造成大气环境恶劣，地下水系遭到严重破坏，致使水资源严重短缺、水质受到重度污染。大气污染主要来自炼焦、发电等行业，水体污染来自矿石洗选、矿山固体废弃物的降水渗透等土壤和生物污染，主要通过"三废"排放进入土壤和生物系统，造成污染。2012 年，全省二氧化硫排放量达到 130.18 万吨，化学需氧量排放量达到 47.68 万吨，全省地表水质为中度污染，环境状况的恶化严重威胁着居民的生命安全和正常生活。

近年来，在碳市场建设和低碳发展方面，山西省鉴于自身发展的需求，积极开展探索与尝试。开展温室气体清单编制，摸清全省温室气体排放种类和排放量；筛选 2010～2014 年中任一年度综合能源消费量达到 5000 吨标准煤的法人单位及温室气体排放达到 13 000 吨二氧化碳当量的法人单位作为报送主体，开展企业温室气体排放报告工作；在全国率先开展省级温室气体站网建设，实施监测人类活动和工业聚集区环境温室气体浓度变化；建立包括行业温室气体排放系数、各领域活动水平、区域和重点企业温室气体排放量等为主要内容的山西省温室气体排放数据库；充分利用全国低碳日等专题节日和电视、报纸、广播、网络等媒体手段传播应对气候变化的知识，举办低碳发展高峰论坛；多层次、多方位开展应对气候变化培训工作，提升政府、企业应对气候变化的能力。

当前经济急需转型，产业急需发展，但同样不能忽视巨大的环境压力。全国碳市场的建设将对山西省产生深远影响，尤其对于电力、钢铁、有色金属、化工、建材、煤炭等山西省高碳产业的影响将更为突出。面对严峻的环境状况和一系列问题，碳交易制度的实施会对山西经济的发展带来哪些机遇与挑战，这是本文将要研究的主题。

1.2 意义

1.2.1 理论意义

碳排放量的持续增加已成为愈发严峻的环境问题，从理论研究方面也越来越受到重视，碳减排政策尤其是碳交易制度近年来逐渐成为备受关注的环境政策之一。本研究为衡量碳交易制度实施的影响提供理论支持，在一定程度上填补了该领域相关研究的空白。同时，碳交易制度对资源型地区影响的研究也能为碳交易制度建设、温室气体减排、适应气候变化等相关课题的研究提供参考。

1.2.2 现实意义

本研究试图在应用层面探索具有较高可行性的碳交易制度的实施对山西省经济的影响，并进行量化评估，为山西省等资源型地区的碳市场建设提供决策参考，进而为通过碳交易制度来实现减排目标、产业转型升级、全力推进绿色低碳发展提供切实保障。碳排放问题既是环境问题，又是经济发展问题。当前资源型地区仍是粗放型的经济发展模式，经济增长依然靠消耗大量能源来支撑，这难以维持经济的可持续发展。面临错综复杂的外部环境，环境问题尤其是碳排放问题成为我国经济转型过程中的客观约束条件和必须面临的挑战。对于处于能源高需求发展阶段的资源型地区，怎样处理碳减排与经济发展二者之间的关系，探讨是否要实施碳交易制度，使得资源型地区的经济发展从能源利用粗放型向能源利用节约型转变，对促进经济的长期可持续增长具有实践上的意义。其为实现资源地区经济发展及产业转型升级提供更为具体的政策建议，为实现地区生态环境根本好转和经济可持续发展提供参考。

2 理 论 基 础

低碳经济的政策工具主要包括政府管制、财政补贴、碳税、碳基金及碳排放权交易等。其中，前四类政策工具以市场失灵和外部性理论为理论基础，与之不同的是，碳排放权交易是基于产权理论和外部性理论发展而来的低碳政策工具。

关于外部性理论，马歇尔（1890 年）首次尝试通过引入外部性的概念来开展经济分析，其中的"外部性"包含了环境经济学分析的关键钥匙，因而也成为碳交易制度的理论来源之一。然而，在马歇尔提出外部性概念之前，英国著名经济学家、剑桥学派的理论奠基者西奇威克（1887 年）在其著作《政治经济学原理》中就已经提出私人产品和社会产品存在不一致性，认识到了外部性理论的存在。基于西奇威克和马歇尔所做的开创性研究，福利经济学创始人庇古（1920 年）以私人边际成本和社会边际成本、边际私人纯产值和边际社会纯产值等概念，建立了静态技术外部性理论的基本框架。庇古认为，由于边际私人纯产值和边际社会纯产值的差异，新古典经济学中认为，完全依靠市场机制形成资源的最优配置从而实现帕累托最优是不可能的。在灯塔、交通、污染等例子中都可以看到经济活动对其他人的影响，即外部性。与西奇威克类似，庇古认为，要依靠政府征税或补贴来解决经济活动中广泛存在的外部性问题。关于外部性的第一个重要论述来自卡普（1950 年），他预言，经济增长对环境具有深远的逆向后果，被定义为经济活动参与者强加在第三方或者普通公众头上的直接或间接负担，即社会成本无法被标价，因而也就表现为外部性，外部性一旦被定价，担负者就会得到补偿，外部性即被内部化。

在对外部性问题产生原因的分析过程中，多数学者认为产权界定不清会导致市场失灵，最终引致外部性问题。因此也就涉及碳交易制度的另一个重要理论来源——产权理论。产权理论最早由科斯提出，他认为如果产权制度被严格制度化，并获得法律力量的保障，对于污染等问题实行干预就没有任何必要，而是应该将所有牵涉到其中的问题留给各方自己去解决。污染者和被污染者双方通过协议商定，制定最可取的环境恶化标准，被污染者可以获得相应的奖金或补偿，这种奖金或补偿会对人们人人受损的外部效应产生一种经济激励作用。

在外部性理论和产权理论的基础上，市场许可证制度应运而生。戴尔斯和蒙哥马利提出了"排污权交易"，认为只要环境资源可以被定义为一种产权并被视为一种商品，即可通过市场机制将其出售给出价最高者，从而以最小成本来实现减排的目标。这一观点最先被美国联邦环境保护局（environmental protection agency，EPA）用于大气污染和水污染的治理。1990 年被用于二氧化碳排放总量的控制以来，已取得了空前成功，获得了巨大的经济效益和社会效益。戴尔斯认为，颁布市场污染许可证可以使共同体达到理想的空气质量水平，但政府只允许一定量的污染排放水平，并签发可以在市场里运行的许可证。这一观点也成为碳交易制度的"前身"。

碳交易是一项以市场化的手段解决环境问题的环境经济政策，在赋予碳排放权商品化的基本属性的前提下，以价格机制为核心，通过市场化的手段解决环境治理问题，实现稀缺环境资源的有效配置，并能够让经济主体遵循成本与收益的匹配性，体现外部性内在化的解决逻辑。碳交易的实施具有明显的成本与收益效应，能够以较低的成本解决环境治理，是人类社会应对气候变暖的高效制度。

3 国内外研究综述

碳交易作为低碳经济的政策工具之一，其理论基础为外部性理论和产权理论。2002 年英国正式开设了碳交易市场，成立了全球首个二氧化碳排放权交易市场，在随后的十余年中，澳大利亚、欧盟等先后建立了碳交易体系。2013 年起中国在北京、天津、上海、广东、深圳、湖北、重庆等两省五市开展碳交易试点。随着 2017 年启动全国碳市场的时间节点越来越近，碳交易制度对宏观经济及行业、企业的影响研究也日益重要。

针对碳交易制度影响的研究，部分学者将研究视角放在碳交易制度实施对单一行业造成的影响（赵盟等，2012；江成瑶，2014；许小虎和邹毅，2016）。另有部分学者从国家角度出发进行研究，研究方向主要集中在碳交易实施对 GDP、行业产出、就业、减排成本等方面的影响（任松彦等，2015；时佳瑞等，2015）。在研究方法的选取上，学术界普遍采用政策仿真模型来进行碳交易影响分析，政策仿真模型大致分为以下三类。

第一类是可计算一般均衡模型（computable general equilibrium，CGE）（袁永娜等，2012；Hermeling et al.，2013；吴洁等，2015）。该模型将经济系统作为一个整体来研究，分析各个经济主体实现各自最优化决策约束下的均衡状态。Abrell（2010）提出静态多区域 CGE 模型来研究碳交易的有效性，研究发现考虑到运输过程中的碳排放，在福利方面碳交易优于碳税。Wang等（2015）通过构建两区域 33 行业动态一般均衡模型来评估广东省针对能源密集型行业开展碳交易可能产生的一系列影响。多数学者认为，CGE 模型兼容了投入产出、线性规划等方法的优点，又克服了投入产出模型中忽略市场作用的缺点。但张健等（2009）认为考虑到碳排放权不具有生产、流通、消费的一般商品要素环节，因此 CGE 模型并不适用于碳交易的影响分析。

第二类是多主体模型（multi-agent）。作为一种自下而上的政策仿真模型，多主体模型通过模拟各经济主体的决策行为，实现对整个复杂自适应系统的研究，主要通过对各部门微观主体企业的最优决策来实现多部门的最优决策。Chappin 和 Dijkenma（2009）建立了一个多 Agent 模型来研究寡头垄断市场中碳交易机制对电力公司决策的影响。汤铃等（2014）则构建了涉及我国经济各部门和各行为主体的自下而上的动态仿真模型，测算了不同碳交易机制设定对我国经济与环境的影响。Tang 等（2015）则将多主体模型应用到中国碳交易市场的构建当中，进一步对碳市场的最优设置进行了研究。

第三类是决策优化模型。该方法在碳交易影响研究中较少使用，Zhou 等（2013）利用优化模型对省际碳交易机制对我国宏观经济的影响进行了分析，文章首先对各个省市边际减排成本曲线进行了估计，进而利用非线性规划模型评估碳交易的经济表现。

除政策仿真模拟以外，学术界也存在用其他方法衡量碳交易制度的实施影响的，这类文献普遍使用碳价作为碳交易制度的量化指标，从而对其影响进行分析（李继锋等，2013；钟世和和曾小春，2014；傅京燕和冯会芳，

2015）。张健等（2009）采用 Cheng 研究的影响分析模型来研究同时引入碳税和碳排放权交易机制对各行业部门的影响，认为碳交易机制的引入将会减少 GDP 的下降幅度，能源依存度高的企业则可通过技术革新来出售配额，以减轻企业成本。

上述研究对碳交易制度的影响进行了有益的探索，理论意义与应用价值重大。但现有文献仍存在以下不足：一是文献多在国家层面展开分析，对于具体省市的研究尚在少数，为数不多的几篇也集中在广东等碳交易试点地区；二是在研究方法的选取上没有综合考虑宏观、中观、微观层面，研究存在一定局限性。

以上问题都有待于理论与实证的进一步深化，也是本文的重点研究方向。

4 研究方法和框架

4.1 研究方法

本研究主要采用了定量、定性分析相结合的方法。首先，运用定性分析方法总结和梳理国内外碳交易制度的理论基础，简析我国现行碳交易制度的建设情况。其次，结合定量分析方法，在科布-道格拉斯生产函数基础上，引入碳交易成本，创新构建了固定效应模型。固定效应模型是指实验结果只想比较每一自变项之特定类目间的差异及其与其他自变项间交互作用效果，而不想依此推论到同一自变项未包含在内的其他类目的实验设计。其应用前提是假定全部研究结果的方向与效应大小基本相同，即各独立研究的结果趋于一致。因此，固定效应模型适用于各独立研究间无差异或差异较小的研究。本文以山西省为例，全面考虑碳交易制度实施对资源型地区宏观经济的影响时，采用了固定效应模型。

4.2 研究框架

本文的研究框架如图 4 所示。

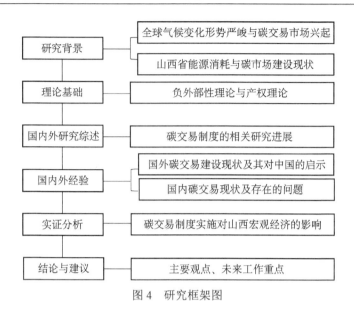

图 4　研究框架图

5　国内外经验

5.1　碳交易制度实施的国外经验

5.1.1　国外碳交易制度实施现状

1）欧盟

欧盟碳排放交易体系（European Union emission trading scheme，EU-ETS）是全球范围内涉及排放规模最大、流动性最好、影响力最强的温室气体减排机制。EU-ETS 是依据《欧盟 2003 年 87 号指令》于 2005 年 1 月 1 日正式成立的，其目的是将环境"成本化"，借助市场的力量将环境转化为一种有偿使用的生产要素，通过建立排放配额交易市场，有效地配置环境资源、鼓励节能减排技术的发展，实现在气候环境受到保障下的企业经营成本最小化。EU-ETS 采取总量交易的形式（cap & trade）：确定纳入限排名单的企业根据一定标准免费获得或者通过拍卖有偿获得排放配额，而实际排放低于所得配额的企业可以在碳交易市场出售，超过则必须购买排放配额，否则面临着严厉的惩罚。

EU-ETS 的发展至今经历了三个阶段，其覆盖范围、配额分配方式、交易规则等相关制度也发生了较大的变化，具体如表 1 所示。

表 1　EU-ETS 的三个阶段

阶段	覆盖国家	覆盖行业	覆盖温室气体	允许发放配额	减排目标	总量设定/（亿吨/年）	分配方法	新进入者配额	跨阶段存储和借贷
第一阶段（2005～2007 年）	欧盟 27 个成员国	电力、石化、钢铁、建材	CO_2	最多 5%	《京都议定书》目标	22.36	历史法	基线法免费分配；先到先得	不允许
第二阶段（2008～2012 年）	2007 年新增冰岛、挪威、列支敦士登	2012 年新增航空业	CO_2	最多 10%	在 2005 年基础上减排 6.5%	20.98	历史法	基线法免费分配；先到先得	可存储不可借贷
第三阶段（2013～2020 年）	2014 年新增克罗地亚	新增化工和电解铝；各国可以适当调整	CO_2+PFC（电解铝）+N_2O（化工）	50% 以上，目标是 2027 年实现排放配额 100% 拍卖	在 1990 年基础上减排 20%	18.46	基线法	基线法免费分配；先到先得	—

2）美国、加拿大

随着美国各界环保意识的增强及奥巴马执政时期政府经济政策的刺激，美国也在不断探索市场化的减排机制，美国的碳排放交易体系主要包括区域温室气体减排行动（regional greenhouse gas initiative，RGGI）和西部气候行动（western climate initiative，WCI）。RGGI 是一个以州为基础的区域性应对气候变化合作组织，成员包括康涅狄格、特拉华和缅因等 7 个州，该组织将电力行业作为控制排放部门，对二氧化碳排放配额进行分配。2014 年二氧化碳排放总量为 9100 万吨，比 2013 年减少 45%。RGGI 通过法律规范和具体规则的相互补充，实现区域合作性减排机制的协调一致性和灵活可操作性。

WCI 是由美国加利福尼亚州等西部 7 个州和加拿大中西部 4 个省于 2007 年 2 月签订成立的。WCI 建立了包括多个行业的综合性碳市场，计划 2020 年成员州温室气体排放比 2005 年排放降低 15%。在这一计划的执行下，WCI 与 RGGI 互补，WCI 扩大了排放交易体系的行业覆盖范围，基本扩大至所有经济部门，交易气体也从单纯的二氧化碳扩大至 6 种温室气体，甚至更多。其中，加利福尼亚州和魁北克市场已于 2014 年 1 月 1 日进行链接，并于 2014 年 11 月 25 日进行了第一次配额联合拍卖。

美国芝加哥气候交易所（Chicago Climate Exchange，CCX）成立于 2003 年，是全球第一家自愿减排碳交易市场，也是碳排放权期货交易模式的开创者。CCX 交易的商品称为碳金融工具合约（carbon financial instrument，CFI），每一单位 CFI 代表 100 吨二氧化碳。CCX 根据成员的排放基准线和减排时间表签发减排配额，如果会员减排量超出了自身的减排配额，则可以将超出部分在 CCX 交易或储存，如果没达到自身承诺的减排配额，则需要在市场上购买 CFI。同时，CCX 也接受其他项目的减排量进行碳中和交易，是美国唯一认可清洁发展机制（clean development mechanism，CDM）项目的交易体系。

3）日本

日本自 2013 年开始在全球范围内推出一项双边抵消机制——JCM（joint crediting mechanism）。JCM 虽然是独立于 CDM 的一个减排机制，但其在管理方式和运行流程上与 CDM 基本相似，日本政府将其视为 CDM 减排机制的补充。该机制的目标是"促进在节能方面没有得到 CDM 支持的地区的低碳发展"。日本政府或企业向签订协议的国家提供资金或转移低碳技术、产品、服务和基础设施等，以换取这些国家的减排量。截至 2015 年 6 月份，日本与蒙古、孟加拉、埃塞俄比亚、肯尼亚、马尔代夫、越南、老挝、印尼等 14 个国家签订了双边抵消协议。

除上述国家之外，新西兰、韩国、哈萨克斯坦等国家也相继建立了碳交易市场。新西兰温室气体排放交易机制（New Zealand emissions trading scheme，NZ-ETS）开始于 2008 年，它是欧盟之外第二个实施强制性温室气体总量控制和排放交易体制的发达国家。NZ-ETS 排放交易体系的覆盖范围广泛，对不同行业分不同阶段采取逐步纳入的方式。目前，NZ-ETS 已将林业部门、液化化石燃料、固定能源和工业加工部门纳入碳交易体系。

5.1.2　对中国碳交易制度的启示

（1）市场经济制度是基础。完善的市场降低了交易成本，促进了排污权的交易，碳交易市场必须以较为完善的市场经济为基础。

（2）总量控制的管理模式。总量控制是指根据国家环境质量标准和区域环境容量，计算或推算出一定区域内特定污染物的允许排放量，并将其分配到整个地区、行业乃至污染源，要求按照下达的总量控制指标排放污染物的法律规定。在总量控制模式下，排放者之间一部分排放权的有偿交易不会增加碳排放总量。通过行政计划和市场经济的手段，碳交易能够顺应碳排放总量不断削减的要求，有效地控制新污染源的产生，保证污染物总量控制指标的实现。

（3）严格的监管制度。依法建立监测制度和环境行政制裁措施是保护公平自由交易和实现总量控制目标的必然手段。

（4）适度的政府行为。政府在整个排放权交易体系中发挥着重要的作用。政府行为包括：制定排污总量、排放权的初始分配、监督排放权交易制度的执行情况、对交易进行管理等。在排放权交易市场中，政府也作为普通的市场主体参与购买或出售排放权的交易。但政府主要行使监管职能，参与市场交易是次要的，并且政府交易在整个交易市场中不占主要份额。

（5）建立不同碳市场间的对接机制。我国目前正在推动建立温室气体自愿减排交易市场，同时，已在 7 个省市开展碳交易试点工作，目的在于逐步建立全国性的碳交易市场。我国在开展碳交易试点工作时，应推动不同试点地区在统一的制度规则下建立碳交易机制，制定可比的标准系统，为碳市场对接做好前期准备。同时，对于已启动温室气体自愿减排交易的地区，要使自愿减排市场逐步走向强制减排政策方向，根据实际适时建立强制性减排目标及做出相应的交易制度调整，加快自愿减排市场向强制减排市场的过渡。

5.2　碳交易制度实施的国内经验

5.2.1　我国碳交易制度实施现状

2013 年以来，我国国内碳交易市场建设在试点与国家层面两个维度均取得了突破性进展。一方面，7 个碳交易试点先后正式启动交易，使中国一举成为碳排放配额规模全球第二大的碳市场，截至 2014 年 12 月 31 日，深圳、上海、北京、广东和天津碳市场已运行超过一个完整自然年度，湖北和重庆也运行近半年时间，7 个试点碳市场共成交 1700 万吨（17 009 694吨），成交金额为 6.05 亿元，平均成交价格为 35.5 元/吨；另一方面，国家发展和改革委员会正式启动了自愿减排项目，公布了 10 个行业温室气体排放核算指南，国家登记系统建设取得了进展，为建设全国统一的碳市场打下良好基础（图5，图6、表2，表3）。

我国 7 个碳交易试点成立至今，都取得了一定的成就并形成了各自的特点。从碳配额总量来说，各试点相差较大，广东省的配额总量最高，约为4.08 亿吨，深圳的配额总量最低，为 0.33 亿吨，广东的配额总量是深圳的12 倍，成交总量、成交额等都相差较大。上海市的成交量最大，其中中国核证减排量（Chinese certified emission reduction，CCER）的成交量占到80%左右；湖北的成交量排第二位，但其配额交易量比重较大。从各试点的履约情况看，除上海在 2014 和 2015 年内实现了 100%的履约率，其他试点都有一小部分未履约的情况，其中，湖北省的履约情况较差，仅为 81.2%。

表 2 2015 年七省市试点碳市场累计碳配额成交情况

试点碳市场	配额总量/亿吨	成交总量/万吨	成交总额/亿元	成交均价/（元/吨）
北京	0.5	531.9	2.38	44.7
天津	1.6	204.9	0.36	17.6
上海	1.6	493.7	1.37	27.7
重庆	1.25	27.7	0.07	25.3
湖北	3.24	2295	5.6	24.4
广东	4.08	834.6	1.87	22.4
深圳	0.33	653.7	2.98	45.6

注：广东含配额拍卖数据（截至 2015 年 12 月 31 日），由北京环境交易所整理（2015 年）
资料来源：京、津、沪、渝、粤、鄂、深交易所

表 3 各试点市场履约情况对比

试点	2015 年（2014 年度）		2014 年（2013 年度）	
	履约时间	履约率/%	履约时间	履约率/%
深圳	法定时限 2015 年 6 月 30 日	99.7	法定时限 2014 年 6 月 30 日	99.4
上海	法定时限 2015 年 6 月 30 日	100	法定时限 2014 年 6 月 30 日	100
北京	法定责令整改时限 2015 年 6 月 30 日	100	法定责令整改时限 2014 年 6 月 30 日	97.1
广东	法定时限 2015 年 6 月 30 日	100	法定时限 2015 年 6 月 30 日，通知推迟至 7 月 15 日	98.9
天津	法定时限 2015 年 6 月 30 日，通知推迟至 7 月 10 日	99.1	法定时限 2014 年 6 月 20 日，通知推迟至 7 月 15 日	96.5

续表

试点	2015 年（2014 年度）		2014 年（2013 年度）	
	履约时间	履约率/%	履约时间	履约率/%
湖北	法定时限 2015 年 6 月 30 日，通知推迟至 7 月 10 日	81.2	—	—
重庆	法定时限 2015 年 6 月 23 日，通知推迟至 7 月 23 日	未公布	—	—

注：截至 2015 年 7 月 10 日，湖北十年的履约率为 81.2%，其后湖北碳排放权交易中心于 2015 年 8 月 26 日宣布全省首批 138 家纳入碳交易排放企业已全部完成履约

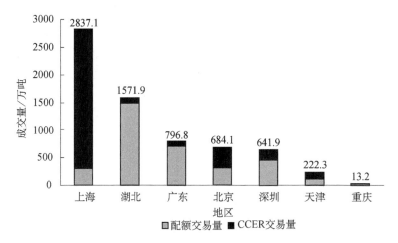

图 5　2015 年全国各试点交易量对比

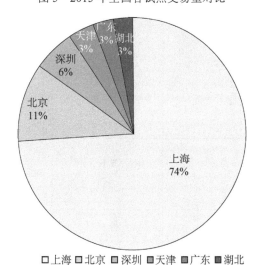

图 6　2015 年全国各试点市场 CCER 交易量占比

我国 7 个碳交易试点的运行状况具体见表 4。

表 4　我国 7 个碳交易试点的运行状况

	交易平台	交易品种	控排范围	碳排放配额分配方法	补充机制	违约处罚
北京	北京环境交易所	碳排放配额和经审定的碳减排量	行政区域内的固定设施年二氧化碳直接排放与间接排放总量 1 万吨（含）以上，且在中国境内注册的企业、事业单位、国家机关及其他单位	制造业、其他工业和服务业企业（单位）按照基于历史排放总量的配额核定方法分配配额；供热企业（单位）和火电发电企业按照基于历史强度的配额核定方法分配配额	重点排放单位可以用经过审定的碳减排量抵消其部分碳排放量，使用比例不高于当年排放配额数量的 5%；京外项目产生的 CCER 不得超过其当年核发配额量的 2.5%；优先使用河北省、天津市等与本市签署应对气候变化、生态建设、大气污染防治等相关合作协议地区的 CCER，重点排放单位可优先使用经审定的碳减排量	超出排放配额部分以 3～5 倍市场均价予以处罚
天津	天津排放权交易所	配额和 CCER	钢铁、化工、电力、热力、石化、油气开采等重点排放行业和民用建筑领域年碳排放量 2 万吨以上的企业	配额发放按各行业历史排放水平确定，配额分配以免费发放为主，以拍卖或固定价格出售等有偿发放为辅	CCER 抵消量不得超出其当年实际碳排放量的 10%，且不包括京津冀地区以外来自二氧化碳项目的减排量；优先使用京津冀地区自愿减排项目的减排量，本市及其他纳入碳交易企业排放边界用于本市排放边界内的 CCER 不得用于本市的碳排放量抵消	未遵约单位应在限期内改正，并在三年内不得享受有关优惠政策
上海	上海环境能源交易所	碳配额和 CCER	钢铁、石化、化工、电力、建材、纺织、造纸、橡胶、有色、化纤等年碳排放量 2 万吨以上和航空、港口、机场、铁路、商场、宾馆、金融等非工业行业年碳排放量 1 万吨及以上的企业	采取历史排放法和基准线法开展 2013～2015 年碳排放额度分配；试点期间，碳排放行免费发放，并适时推行拍卖等有偿方式	可将 CCER 用于配额清缴，使用比例最高不得超过该年度未来各年度配额量的 5%；得低于其通过分配取得的未来年度配额量的 50%，本市纳入配额管理的单位在其排放边界内范围内的 CCER 不得用于本市的配额清缴	未履行配额清缴的处 5 万元以上 10 万元以下罚款

续表

	交易平台	交易品种	控排范围	碳排放配额分配方法	补充机制	违约处罚
重庆	重庆碳排放交易中心	配额、CCER及其他依法批准的交易产品	2008~2012年任一年度排放量达到2万吨二氧化碳当量的工业企业;自愿加入并经主管部门批准纳入碳排放控制管理的碳排放单位;市政府指定的其他碳排放单位	企业配额分配根据企业历史排放水平和产业减排潜力等因素确定,通过登记簿向配额管理单位发放配额	每个履约期CCER使用数量不得超过审定排放量的8%,减排项目应当于2010年12月31日后投入运行(碳汇项目不受此限,且属于以下类型之一:节约能源和提高能效、清洁能源和再生能源、碳汇、能源活动、工业生产过程、农业、废弃物处理等领域减排	公开通报违规行为,对应上缴而未上缴的配额按上缴期内最高市价3倍处罚款
广东	广州碳排放权交易所	碳排放权配额、经省主管部门批准的其他交易品种	电力、钢铁、石化和水泥四个行业年排放2万吨二氧化碳(或年综合能源消费量1万吨标准煤)及以上的企业	主要采用基准线法和历史排放法;实行部分免费发放和部分有偿发放,其中,电力企业的免费配额比例为95%,钢铁、石化和水泥企业的免费配额比例为97%,配额有偿发放以竞价形式发放,企业可自主决定是否购买	可使用CCER作为清缴配额,抵消本企业实际碳排放量,不得超过上年度实际碳排放量的10%,且其中70%以上应当是本省温室气体自愿减排项目产生,在排放边界范围内产生的CCER,不得用于抵消本省控排企业和单位的碳排放	拒不履行清缴义务的,在下一年度配额中扣除未足额清缴部分2倍配额,并处5万元罚款
湖北	湖北省碳排放权交易中心	碳排放权配额、省行政区域内产生的核证自愿减排量(含森林碳汇)	2010年、2011年任一年综合能耗6万吨及以上的工业企业,涉及电力、钢铁、水泥、化工等12个行业	配额免费发放给纳入碳排放权交易试点企业,并根据试点情况,适时探索配额有偿分配方式	在本省行政区域内产生、在纳入碳排放配额管理的企业组织边界外产生,用于抵消时,抵消比例不超过该企业年度碳排放初始配额的10%,经国家发展和改革委员会备案的省(山西、江西、湖南、河南、安徽、广东),经国家发展和改革委协议认可的市可以用于抵消,年度可以用于抵消的减排量不高于5万吨	对未缴纳的差额按照当年碳排放配额市场均价的3倍予以罚款,同时在下一年度配额中予以双倍扣除

交易平台	交易品种	控排范围	碳排放配额分配方法	补充机制	违约处罚
深圳 深圳排放权交易所	碳排放配额、核证自愿减排量和相关主管部门批准的其他碳排放权交易品种	任意一年的碳排放量达到3 000吨二氧化碳当量以上的企业；大型公共建筑和建筑面积达到国家机关办公建筑的业主；自愿加入并经主管部门碳排放控制管理的纳入碳排放单位的碳排放控制管理指定的其他碳排放单位	配额分配按各行业历史排放水平确定，采取无偿两种方式，无偿分配不得低于配额总量的90%，有偿分配可采用固定价格、拍卖（该方式出售配额数量不得高于当年年度配额总量的3%）或其他有偿方式	管控单位可以使用CCER抵消年度碳排放量，最高抵消比例不高于管控单位年度碳排放量排放量的10%。管控单位在本市碳排放量核查边界范围内产生的CCER不得用于本市配额履约义务	对超额超排放量，按平均市场价格3倍处以罚款

在取得丰硕成果的同时，也应该看到我国 7 个碳交易试点存在的缺陷。

1）法律政策不完善，政策执行不够坚决

碳交易是一个典型的政策性市场，良好运行的基础是拥有完善的政策、法律体系。如果没有法律约束，或者惩罚力度较弱，碳交易的政策效果很难得到保障。在 7 个试点中，只有深圳通过了地方人大立法，北京通过了人大决定，对控排企业的约束力相对较强。其他试点基本以政府令的形式进行规制，惩罚力度有局限，法律约束力较弱。同时，现有政策执行也不够坚决，主要表现在履约期延期，严肃性较差。2014 年，仅有上海在法定期限内 100%完成履约。2015 年，在 7 个试点地区中，仍然只有上海、深圳和广州没有推迟履约期，天津更是连续两次推迟履约期。根据公开的信息，违约企业除了被要求限期改正外，没有一个因为未按期（指政府延期履约期后）履约而被惩罚。

2）信息透明度较差

碳交易本身就是为促进温室气体减排，减少二氧化碳排放所采用的市场机制，和其他任何有效运转的市场一样，只有信息公开、透明和对等才能吸引各类市场主体参与其中。但是，目前中国碳交易试点典型问题之一就是信息透明度较差，很多信息和数据的收集、整理、管理及披露正在逐步完善，目前无法达到欧美市场那种将年度许可分配、转让交易日志等信息公开，政策发布和项目核准设置公示期，以便让公众参与从而进行政策的完善。有关信息不但包括管理办法、交易细则的制定，也包括拍卖如何进行、配额如何回购、拍卖资金如何使用等。

3）基础数据缺乏，配额分配方式也需要改进

各试点企业的能源消耗量、产能、产值等关键数据严重缺失，企业产能释放不完全，加之个别企业不愿意配合碳盘查，以及政府部门之间的协调等原因，导致管理者不能准确掌握企业的真实排放数据，使得各试点省市普遍存在碳排放数据不完备的问题，这增加了配额分配的难度。在配额分配方式上，7个试点都采取了不同的方法，每套分配方法都具有一定的优缺点：历史法（也称祖父法）数据收集相对简单，只依靠历史排放数据，需要更少数据统计工作，并能减轻行业成本负担，进而保护行业竞争力，对能耗落后企业造成较小的压力，但是容易造成"鞭打快牛"的不利影响，对工艺落后、生产效率低、历史减排高的企业配额分配相对较多，对过去做减排工作较多的企业却发放很少的配额，有失公平；基准法（也称标杆法）能够很好地减轻行业成本负担，进而保护行业竞争力，并奖励先期已做过减排工作的企业，

但是数据收集较为复杂，需要收集关于历史活动水平的数据，需要大量的工作和较长时间，且使低能效企业压力过大。

4）市场流动性差，价格失真

目前，我国各试点碳市场普遍存在流动性较差，成交量、成交额低的问题。碳试点运行 2 年多，截至 2015 年 7 月 13 日，7 个试点省市累计成交金额只有 17.88 亿元，这样的交易额对蕴含巨大减排潜力的中国而言远远不足，中国的碳交易市场还远不成熟，试点地区的碳交易也基本可以用零星来形容。最典型的是重庆，在 2014 年 6 月 19 日开始日成交了 14.5 万吨以后，连续 9 个月几乎没有成交量，直到 2015 年 3 月 17 日才又开始有成交量，成交价也由 30.74 元降到 24.00 元，随后又将近 3 个月没有成交量。在碳市场容量最大的广东省，2015 年履约前的 5 月、6 月份，也有 8 个交易日没有成交量。流动性差会影响到碳市场的效率和有效性，使得碳市场无法充分发挥发现价格的作用，碳定价的功能受到影响，也就难以实现碳交易政策的效果。

碳市场流动性差带来的一个直接后果就是碳交易价格失真。价格失真又主要表现在两个方面：一是配额的价格与减排成本相差太大；二是各试点地方的价格波动太大，地区之间的价格差别较大。

中国未来的二氧化碳减排成本是相当高的，当减排率在 0～45%时，碳边际减排成本在 0～250 美元/吨。现保守估算每吨二氧化碳减排成本按 100 美元计，也超过 600 元。而目前中国各试点地区碳配额的最高价格为 143.99 元/吨，最低只有 11.7 元/吨，平均价格为 38.24 元/吨，与实际减排成本差别巨大，如果算上可以用来抵消的 CCER，则最低价格的只有 5 元/吨左右，这样的价格显然会让企业没有减排的积极性，这完全违背了建立碳交易市场的初衷。

在碳价波动方面，深圳和广东的最高和最低历史成交价的差分别达 6.84 元、6.11 元，上海和天津也都在 4 元左右，如果从全国范围来看，最高和最低历史成交价的差则达 12.23。在各交易所的平均交易价格方面，价格最高的深圳是价格最低的天津的 2.58 倍。从这点来看，我们 7 个试点经过 2 年的运行，依然没有发挥市场发现价格的作用，没有发现碳价的合理区间，试点也谈不上成功。

5.2.2　对山西省碳交易制度的启示

（1）制定相关地方法规。国外及我国 7 个碳交易试点都出台了相关碳交易的地方法规，为碳交易市场提供了相关的政策保障。如北京市《关于北京市在严格控制碳排放总量前提下开展碳排放权交易试点工作的决定》、上海市《上海市碳排放管理试行办法》、天津市《天津市碳排放权交易管理暂行办法》等都对本行政区域内碳排放配额的分配、清缴、交易及碳排放监测、报告、核查、审定等相关管理活动进行明确的规定。

（2）建立完善碳排放交易机制。山西省需要从以下几个方面着手推进碳排放交易市场建设。

总量控制方面，率先在电力、煤炭等重点排放行业确立一定时期内的碳排放总量。总量确定要结合当地发展程度和行业特征，参照当地温室气体排放信息和变化趋势，并分阶段实施总量控制目标，每一阶段的总量逐步递减，对企业形成减排的约束和倒逼机制。

配额分配方面，采取免费发放配额和市场拍卖相结合的方式，先期以免费发放为主，逐步过渡到市场拍卖为主，通过制定行业效率标杆，对行业内效率居于中上的企业进行免费配额发放。一方面，保持当地行业竞争力和保护消费者利益；另一方面，促使效率低的企业自主减排。

碳交易管理方面，除允许企业对配额进行交易和储存外，还要建立碳抵消制度，来自交易体系覆盖范围外的碳抵消项目在经过第三方审核后，可以进入碳市场交易，以团结更多力量参与到控制温室气体排放中来，为建立全国性碳交易市场奠定基础。

碳定价机制方面，坚持"以市场决定为主、政府调控为辅"的定价原则，政府设置碳价格的上下限，避免碳价剧烈波动，如有必要，可通过调整配额发放量来调节碳价格，避免碳市场调节机制失灵的现象。

监督奖惩方面，建立健全碳交易市场的监督管理制度，明确公平、公开、公正的交易原则，确保交易有序开展，建立与交易机制相配套的考核奖惩机制。

6 主要研究内容

6.1 变量选取和模型设定

6.1.1 碳交易制度建立对宏观经济的影响分析

为准确分析出碳交易制度实施对资源型地区宏观经济的影响，本文在科布-道格拉斯生产函数基础上，引入碳交易成本，构建如下计量模型：

$$\ln Y_{it} = a_0 + a_1 T_{ti} + a_2 \ln K_{it} + + a_3 \ln E_{it} + a_4 T_{it} \ln K_{it} + a_5 T_{it} \ln E_{it} + a_6 \ln CC_{it} + \varepsilon_{it} \qquad （1）$$

已知 2017 年全国统一碳市场建立之后，石化、化工、建材、钢铁、有色金属、造纸、电力和航空等八个行业将作为首批核查企业纳入碳交易当中，届时这八个行业增长值、固定资产投资额等可能都会受到影响。

因此本文重点选取八个行业各经济变量的动态数据，对碳交易制度建立后山西省的经济变化情况进行预测。在模型（1）中 Y_{it} 表示各行业每年的 GDP 水平，i 代表本文分析的八个重点行业，t 表示时间变量。K_{it} 表示当年的固定资产投资额，E_{it} 表示各行业能源消耗总额，T_{it} 是 40 元/吨二氧化碳的减排成本，以此衡量碳交易制度实施之后对行业经济增长带来的影响。减排成本可以直接影响行业的 GDP 水平，也可以通过影响固定资产投资成本，或通过影响劳动投入和能源消耗量来间接对行业 GDP 产生影响。

a_1、a_4、和 a_5 是本文模型要估计的主要参数。其中 a_1 是减排支出在碳减排政策冲击中导致的碳价变动对经济增长水平的影响，若该值为正，表示碳价的上升有利于提升经济水平，反之会抑制经济发展。a_4 表示碳价冲击对资本要素产出弹性的影响，也即对资本产出效率的影响，如该值为正就表示碳价的提高会使资本要素的投入对产出的弹性变大，反之会削弱这一影响。a_5 表示碳价冲击对能源要素产出弹性的影响，若该值为正，表示碳价冲击会提高单位能源投入的产出水平，即在同样的产出水平下需要的能源数量会下降，从而减少生产过程对能源的依赖。

本文在计算行业减排成本时，借鉴欧盟的做法，表达式如下：

$$CC_{it} = TC_{it} \cdot PC / IAV_{it} \qquad （2）$$

式中，CC_{it} 表示减排成本，即碳价格引起的额外成本占行业增加值的比重；TC_{it} 表示各行业的碳排放总量；PC 表示每吨碳价格；IAV_{it} 表示各行业的工业增加值。

在李继峰等（2013）的研究过程当中，根据"共同但有区别的责任"原则讨论碳价格的设定。行业竞争力受到严重影响（碳价格引起的额外成本占该行业增加值的比重超过 5%）的行业增加值合计占 GDP 比重最大不超过 2%。以此为依据，我国征收碳价格的合理水平应该在 40 元/吨左右。本文借鉴其研究成果，假定在稳定的碳交易制度建立之后的山西省的合理碳价为 40 元/吨。

从图 7 可以看出，在以 40 元/吨的碳价假设前提下，10 年期间各行业的碳价引起的额外成本占行业工业增加值的比重虽然下降幅度不是很大，但是均有所下降，其中 2014 年额外成本占比在 50%以上的石油加工、炼焦和核燃料加工业，化学原料和化学制品制造业，有色金属冶炼和压延加工业，电力、热力生产和供应业这四个行业，而最初减排成本最高的则是化学原料和化学制品制造业，2014 年该行业的预期碳价引起的额外成本仍占到该行业工业增加值的 51%，减排压力巨大。说明未来碳交易制度引入之后这几个行业将受到致命性的冲击，必须慎重谋划，对这几个行业进行合理优化，实现产业结构升级，合理实现二氧化碳减排。

图 7　八大行业 2005～2014 年的减排成本

6.1.2　二氧化碳排放量估算

考虑到我国统计部门在碳排放测算方面尚且没有一个统一的测算方法，本文在计算山西省首批纳入碳交易的八个行业碳排放情况时，采用 IPCC 报告当中提供的方法。八大行业中二氧化碳的排放主要来源是在生产过程中能源的消耗，借助《山西统计年鉴》当中提供的分行业能源消费数据，并根据各种能源的碳排放系数，得到各行业碳排放量，计算公式如下：

$$TC_{it}=\Sigma E_{ij} \cdot \sigma_j \cdot \eta_j \cdot 44/12 \tag{3}$$

其中，TC_{it} 表示第 i 个行业的碳排放量，E_{ij} 表示行业 i 使用的第 j 类能源的数量，σ_j 表示第 j 类能源的碳含量，η_j 表示第 j 类能源的燃烧率。

从图 8 中可以看出，2005～2014 年，除造纸和纸制品业外，其他行业碳排放量均有所上涨，其中涨幅最高的是电力、热力生产和供应业，碳排放量涨幅超过 240%，这与山西省"十二五"期间优化产业布局，促进煤焦、煤电等上下游产业联合，大力发展电力行业有关。而造纸和纸制品业因其污染强度高、山西省治污力度高，加上山西省政府出台造纸行业参与整合、造纸产业集群式发展模式，使得造纸行业的碳排放量得到极大的控制。而其余行业的碳排放量 10 年期间涨幅均在 100%以内，与图 7 中减排成本下降相对照，说明在这 10 年里，各行业在一定程度上实现了产业结构优化，虽然碳排放量有所增长，但减排成本却在下降。

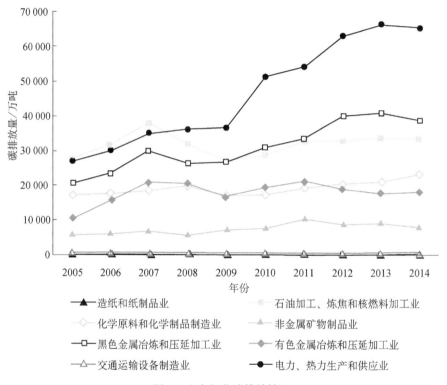

图 8　八大行业碳排放情况

6.2　回归结果分析

本文采用 Stata12.0 软件，对 2005～2014 年纳入全国统一碳市场的八个行业分行业的面板数据进行了回归分析。对于面板数据常用的回归方法，本文主要采用固定效应模型和随机效应模型。为得到准确的分析结果，本文主要采用豪斯曼检验进行随机效应和固定效应模型之间的选择。通过豪斯曼检验，p 值为 0.0885，在 10%的显著性水平下显著。因此拒绝原假设，即选择固定效应模型。

回归结果如表 5 所示。

表 5   面板数据回归结果

解释变量	参数估计值	T 统计量	伴随概率
常数项	5.91	6.44	0.0000
cc	2.89	2.32	0.024
LN（K）	0.05	1.14	0.26
LN（E）	0. 98	8.33	0.0000
ccLN（K）	−0.04	−0.42	0.677
ccLN（E）	−0.35	−2.97	0.004
LN（cc）	−0.92	−10.57	0.0000
F 统计量	52.42	伴随概率（F 统计量）	0.0000

从表 5 的回归结果可以看出：减排成本对 GDP 的弹性系数为 2.23，即碳交易制度实施之后，在不考虑资本要素投入和能源消耗的情况下，实施合理的减排措施虽然会增加企业的减排成本，但是在强制减排的倒逼下会使企业采取一定的技术优化措施，反而会增加 GDP 的增长。固定资产投资的投入产出弹性为−0.04，说明当碳价冲击的程度加大时会减少固定资产投资效率，即碳价冲击会在一定程度上降低未来山西省的固定资产投资额。能源消耗量的投入产出弹性虽然为−0.35，但是在显著性方面较差，说明碳交易制度实施之后短期内对能源的依赖性依然十分巨大，短期内不会提高能源的利用效率。说明在碳交易制度建立之后，优化产业结构依然为未来一段时间政府工作的重中之重。

7   结论与政策建议

7.1   结论

本文分析了世界碳交易制度建设历程，研究了国内外碳市场运行历史和总结了相关经验，梳理了国内外各大碳市场的总量设定、配额分配、交易监管、抵消机制和履约机制等，得到了碳交易制度实施对一般地区减排成本和经济增长的影响；运用计量模型对山西省 2005～2014 年纳入全国统一碳市场的八个行业分行业的面板数据进行回归分析，得到了碳交易制度实施对资源型地区 GDP 增长、固定资产投资效率和能源利用效率等方面的影响。详细的结论有以下几点。

（1）资源型地区面临的最主要问题是由于对资源型产业依赖度高而引发的资源型产业枯竭和资源型城市的枯竭问题。资源型地区普遍存在产业结构单一，产业结构效益低下，资源产业依赖度较高等问题，对能源重工产业的高度依赖，造成了严重的生态环境问题，生态环境可持续性差、生态破坏严重、生态修复成本高。

（2）研究国内外碳市场运行历程发现：碳交易制度实施的基础条件是有一个完善的市场经济环境，碳市场建设的关键因素是碳排放配额总量设定环节，该环节直接决定碳市场上碳排放配额的供给，且是碳价形成的基础。在配额总量设定过多情况下碳市场供给过剩，碳价低迷，相对紧缺则会增加企业的减排成本，对于资源型地区能源重化工等高排放产业密集区的影响尤为显著。

（3）当前碳交易实施存在的问题主要表现在四个方面：一是法律政策不完善，我国目前碳交易制度立法与实践同步进行，立法工作甚至滞后于碳交易制度实践，这导致碳交易政策实施没有法律保障，执行力有待提高；二是市场透明度较差；三是支撑总量设定和配额分配方法的基础数据缺乏；四是试点碳市场规模有限，流动性小，导致碳价失真。

（4）碳交易制度实施对资源型地区经济的影响主要表现在 GDP 增长、固定资产投资效率、能源利用率三个方面：GDP 增长方面，在不考虑资本要素投入和能源消耗的情况下，实施合理的减排措施虽然会增加企业的减排成本，但是在强制减排的倒逼下会使企业采取一定的技术优化措施，反而会增加 GDP 的增长；固定资产投资效率方面，当碳价冲击的程度加大时会减少固定资产投资效率，即碳价冲击会在一定程度上降低未来山西省的固定资产投资额；能源利用率方面，碳交易制度实施之后短期内对能源的依赖性依然十分巨大，短期内不会提高能源的利用效率，优化产业结构依然是未来一段时间政府工作的重中之重。

7.2 政策建议

（1）加紧制定相关地方法规。加快推进碳交易制度实施地方立法工作，使碳交易制度实施有法可依、有章可循，规范交易流程，对本行政区域内碳排放配额的分配、清缴、交易及碳排放监测、报告、核查、审定等相关管理活动进行明确的规定，以降低市场交易费用。

（2）科学设定碳排放配额总量。实行自下而上的总量确定方法，率先在电力、煤炭等重点排放行业确立一定时期内的碳排放总量。总量确定要结合当地发展程度和行业特征，参照当地温室气体排放信息和变化趋势，并分阶段实施总量控制目标，每一阶段的总量逐步递减，对企业形成减排的约束和倒逼机制。

（3）合理分配碳排放配额，采取免费发放配额和市场拍卖相结合的方式，先期以免费发放为主，逐步过渡到以市场拍卖为主，通过制定行业效率标杆，对行业内效率居于中上的企业进行免费配额发放。一方面，保持当地行业竞争力和保护消费者利益；另一方面，促使效率低的企业自主减排。

（4）适当的政府行为，进行碳交易管理。探索科学合理的配额跨期存储机制，建立碳抵消制度，来自交易体系覆盖范围外的碳抵消项目在经过第三方审核后，可以进入碳市场交易，使更多排放主体参与到碳交易体系之中，为建立全国性碳交易市场奠定基础。

（5）坚持"以市场决定为主、政府调控为辅"的碳定价机制。政府设置碳价格的上下限，避免碳价剧烈波动，探索市场异常下的配额增补和回收机制，可通过调整配额发放量来调节碳价格，避免碳市场调节机制失灵的现象。

（6）建立健全碳交易市场的监督管理制度，明确公平、公开、公正的交易原则，确保交易有序开展，建立与交易机制相配套的考核奖惩机制。

参 考 文 献

傅京燕，冯会芳. 2015. 碳价冲击对我国制造业发展的影响分析——基于分行业面板数据的实证研究 [J]. 产经评论，6（1）：5-15.

江成瑶. 2014. 中国碳排放权交易体制的简历对电力行业的影响研究 [D]. 合肥：中国科学技术大学.

李继锋，张沁，张亚雄. 2013. 碳市场对中国行业竞争力的影响及政策建议 [J]. 中国人口•资源与环境，23（3）：118-124.

任松彦，戴瀚程，汪鹏. 2015. 碳交易政策的经济影响：以广东省为例 [J]. 气候变化研究进展，11（1）：61-67.

时佳瑞，蔡海琳，汤铃，等. 2015. 基于 CGE 模型的碳交易机制对我国经济环境影响研究 [J]. 中国管理科学，S1：801-806.

汤铃，武佳倩，戴伟. 2014. 碳交易机制对中国经济与环境的影响 [J]. 系统工程学报，29（5）：701-712.

吴洁，范英，夏炎，等. 2015. 碳配额初始分配方式对我国省区宏观经济及行业竞争力的影响 [J]. 管理评论，（12）：18-26.

许小虎，邹毅. 2016. 碳交易对电力行业影响分析 [J]. 生态经济，32（3）：92-96.

袁永娜，石敏俊，李娜，等. 2012. 碳排放许可的强度分配标准与中古区域经济协调发展——基于 30 省区 CGE 模型的分析 [J]. 气候变化研究进展，8（1）：60-67.

张健，廖胡，梁钦锋，等. 2009. 碳税与碳排放权交易对中国各行业的影响 [J]. 现代化工，29（6）：77-82.

赵盟，姜克隽，徐华清，等. 2012. EU ETS 对欧洲电力行业的影响及对我国的建议 [J]. 气候变化研究进展，8（6）：462-468.

钟世和，曾小春. 2014. 碳排放权价格对我国能源价格及物价波动的影响研究 [J]. 西北大学学报（哲学社会科学版），44（6）：139-145.

Abrell J. 2010. Regulating CO_2 emissions of transportation in Europe：A CGE analysis using market-based instruments [J]. Transportation Research Part D：Transport and Environment，15（4）：235-239.

Chappin E J L，Dijkenma G P J. 2009. On the impact of CO_2 emission-trading on power generation emissions [J]. Technological Forecasting and Social Change，76（3）：358-370.

Hermeling C，Loschel A，Mennel T. 2013. A new robustness analysis for climate policy evaluations：A CGE application for the EU 2020 targets [J]. Energy Policy，55：27-35.

Tang L，Wu J Q，Yu L，et al. 2015. Carbon emissions trading scheme exploration in China：A multi-agent-based modele [J]. Energy Policy，（81）：152-169.

Wang P，Dai H C，Ren S Y，et al. 2015. Achieving Copenhagen target though carbon emission trading：Economic inpacts assessment in Guangdong Province of China [J]. Energy，（79）：212-227.

Zhou P，Zhang L，Zhou D Q，et al. 2013. Modeling economic performance of interprovincial CO_2 emission reduction quota trading in China [J]. Energy，（112）：1518-1528.

资源型地区农业产业集群发展研究报告——以山西省为例①

1 引　言

从历史经验看，资源禀赋是一个地区经济发展的基础，资源结构在很大程度上决定着该地区经济发展结构，资源型地区在经济发展初期主要依赖于资源产业，由于资源产业强大的经济带动作用，资源型地区在经济发展初期经济增长迅速。但对资源产业的过度依赖则会导致产业结构失衡、经济发展缓慢，这将会导致资源型地区的发展难以为继。

山西省是国内典型的资源型地区，全省总面积 15.7 万平方千米，其中含煤面积 5.7 万平方千米，占全省总面积的近 40%。我国经济增长在能源方面主要依靠煤炭，而山西省是全国主要的煤炭供给基地之一。长期以来，山西省在经济发展中主要依靠煤炭行业，但由于近几年国内外需求不足导致煤炭、钢铁产能过剩，山西省经济发展速度明显放缓。国家统计局公布的 2016 年第一季度数据显示，山西省的 GDP 以 3% 的增速在 29 个省份的 GDP 中排名靠后。为改善山西经济发展状况，2010 年 12 月 1 日，国家发展和改革委员会正式批准山西省为国家资源型经济转型综合配套改革试验区，这为山西

① 课题组组长：耿晔强。课题组成员：赵旭强、白雪、曹梓煊、任彩杰、郭炜英、狄媛、张世铮、郑超群、史瑞祯、韩钧伊。本文完成于 2016 年 9 月，如无特别说明研究涉及数据截至 2016 年 12 月。

省的经济转型创造了良好的条件。

山西省正处于经济转型的关键时期，我们可以借鉴德国鲁尔区、美国匹兹堡、法国洛林等资源型地区通过生产要素再分配，实现产业结构的升级和优化，最终完成经济转型的经验，如发展现代农业、旅游业等。山西省地形复杂，光能资源丰富，这样独特的地理特点使得山西省在发展杂粮业、畜牧业、干鲜果业及蔬菜业等现代农业方面具有得天独厚的优势。尤其是杂粮业优势显著，山西独特的气候环境使得种植的小杂粮营养丰富、品质优良，在国内外市场供不应求。在此背景下，山西省农业产业集群建设是现代农业发展的必然选择，是农业产业做大做强的有效途径。山西省"十二五"规划明确提出"以产业集群为目标，以开发区为载体，承接产业转移，发展块块经济"。因此，本文以山西省为例，研究资源型地区的农业产业集群发展，并提出切实可行的政策建议。

2　山西省农业产业集群对经济发展的影响

2.1　农业产业集群与经济增长

山西省是典型的资源型地区，近年来受国内外经济形势和需求状况影响，煤炭、钢铁等重工业产业低迷，经济增速缓慢。现在山西省正处于转型跨越发展的关键时期，亟须以扩大第一产业、第三产业比重，发展新兴产业来推动新常态下经济转型，而发展现代农业是实现经济转型的重要环节。

农业产业集群是现代农业的重要组成部分。实现农业产业集群良性发展，对山西经济转型有着明显的推动作用。农业产业集群可以提高规模经济效益与范围经济效益，通过节约成本、农业品牌拉动效应，以及农业集群形成的产业链吸引投资，全面提高农业生产效率和市场效率，从而提高产业的整体竞争能力，优化区域资源配置，形成山西经济新的增长点。

2.2　农业产业集群与产业结构

产业结构优化升级是经济发展的重要方面，也是提高山西省经济综合竞争力的重点。山西经济困局的出现归根结底在于结构性问题，产业结构"一煤独大"，要素结构过多地依赖资源型投入等，从而导致对市场结构需求变化适应不足。

山西产业结构是以能源和原材料工业为主的重型工业结构，这个结构建立在国家能源需求、地区资源优势和本省产业传统的基础之上。但这种产业结构的弊病也日益突显，山西必须实现产业结构的调整与升级。农业产业集群不仅对农业产业结构的调整升级起着提高精细加工产品比重、优化农业资源配置、促进产业链整合等重要作用，对山西产业结构的调整也至关重要，有助于帮助山西资源型经济尽快突围经济困局。

3 山西省农业产业集群现状及特征

3.1 山西省农业产业集群现状

山西省作为全国的工业基地之一，其资源禀赋使得其在煤炭、电力、冶金等重工业产业发展迅速，其农业发展由于资金、人力、技术的不足而发展缓慢。在产能过剩、需求不足的经济环境下，山西省应大力发展现代化农业，优化其产业结构。建设农业产业集群可以加快山西省现代农业的发展，同时山西省在"十二五"规划中明确提出，要以产业集群为目标发展山西省经济，并进一步指出"江苏、山东、浙江经济发展很快，其中的一个原因就是得益于产业集群"。山西省气候的多样性和地形的独特性，造就了农业生产条件的多样性，自然也就形成了农产品的多样性和优质性。由于独特的地理优势，山西省不仅素有"小杂粮王国"的美誉，其水果蔬菜和畜产品也有独特的优势，形成了一些颇具特色的农业产业集群，如地处山西省西北部的雁门关生态畜牧经济区，位于山西省中南部集中于太行、吕梁两山的东西两山小杂粮产区，中南部无公害果菜产业经济区。雁门关生态畜牧经济区包括5个市的30个县，其奶牛、肉牛、蛋鸡、生猪等主要农畜产品优势区域集中度分别达到80%、50%、50%、43%。东西两山小杂粮产区由33个县（市、区）组成，涉及大同、忻州、朔州等9个市。以忻州市为例，其杂粮产业已经形成以忻府区和定襄县为中心的小米产业集群、以代县黄酒为龙头的黍稷产业集群、以岢岚县为中心的红芸豆产业集群、以五寨县为中心的杂豆产业集群、以静乐县为中心的藜麦产业集群、以神池县为中心的亚麻籽产业集群，其中岢岚县被中国粮食行业协会命名为"中华红芸豆之乡"、静乐县被中国食品工业协会命名为"中国藜麦之乡"、神池县也正在倾力打造"中国亚麻之乡"。中南部无公害果菜产业经济区涉及 25 个县（市、区），其中苹果、红枣、无公害蔬菜、专用小麦、棉花的集中度分别为 89%、85%、63%、63%、98%，优势产品的商品率及集群化程度不断提高。

3.2　山西省农业产业集群类型

3.2.1　政府引导型

政府引导型农业产业集群的形成主要是由于政府的正确引导及大力支持。山西省政府在充分掌握本地经济特点及资源优势的基础上，运用市场经济这只"看不见的手"和政府引导经济发展这只"看得见的手"，引导地方产业集群的发展，因势利导制定一系列搞活农业产业集群的政策、法规，来培育农业产业集群的形成，促进区域经济的发展。下面以雁门关生态畜牧经济区为例。

雁门关生态畜牧经济区地处中纬度内陆地区，具有明显的温带大陆性气候特点，由于受西伯利亚寒流和毛乌素沙漠的影响，风沙危害曾经让 90% 的草地沙化、退化。然而，这一切在政府的"十一五""十二五"规划的实施下得以彻底改变，仅"十一五"期间被修复治理的面积就达 45 万亩，使得原来荒凉的土地变成了如今 5.1 万平方千米、带给全省活力的雁门关生态畜牧经济区。截至 2013 年年底，雁门关生态畜牧经济区林草覆盖率达到 54.6%，上规模的畜产品加工龙头企业达到 60 多家，畜牧业年总产值占到农业年总产值的 50% 左右，比全省高出 15 个百分点，农民人均纯收入 4552.4 元。除此之外，古城乳业和蒙牛、伊利、雅士利等国内知名乳品企业集团相继被吸引入区，为雁门关生态畜牧经济区的发展增添了新的动力。

3.2.2　地区区位优势型

这类农业产业集群具有明显的地理区位优势，区域性明显，特色性强，它们或聚集于资源丰富的地区，或聚集于交通便利的交通枢纽或种植历史久的地方。但它们缺乏强有力的龙头企业带动，产品深加工程度低，产品附加值少。例如，山西中南部无公害果菜产业经济区，地处山西省中南部，该地区气候温和，光照充足，昼夜温差大，水资源较为丰富，劳动力多，农业生产水平较高，适于发展水果、蔬菜等劳动密集型产业（表 1、表 2）。该区是我国北方落叶果栽培适宜区，也是我国最佳生产区之一。

表 1　无公害水果三大优势栽培区域分布表

优势栽培区	县（市、区）
苹果优势栽培区	芮城、临猗、万荣、平陆、盐湖、闻喜、襄汾、吉县、隰县、曲沃、祁县、太谷、榆次（13 个）
梨优势栽培区	盐湖、隰县、祁县、平遥、文水（5 个）
葡萄优势栽培区	稷山、曲沃、平遥、文水、汾阳、尖草坪、清徐（7 个）

表 2　无公害蔬菜三大重点生产区域分布表

重点生产区域	县（市、区）
设施蔬菜生产区	洪洞、尧都、襄汾、曲沃、翼城、侯马、新绛、闻喜、夏县、盐湖、永济、芮城（12 个）
延秋茄果根茎蔬菜生产区	寿阳、榆次、太谷、祁县、平遥、长治、长子、屯留、黎城、潞城、沁水、晋城城区、泽州、高平、文水（15 个）
精特菜生产区	小店、清徐、交城（3 个）

3.2.3　特色型

　　特色农业集群，通俗来说就是利用其自然资源方面的比较优势而发展起来的农业集群。显而易见，特色农业的发展需要以市场作为依托，要通过贸易群带动生产集群。要充分与当地资源优势相结合，发展产业链延伸的特色产品模式（唐玲，2013）。发展特色农业产业集群的首要步骤是定位特色资源，我们对整个地域的不同产品的特色进行对比，让这个地域的农产品形成强势布局，打造优势产业集群，通过相关机构、企业来辅助发展。

　　例如，山西东西两山小杂粮产业区中的"两山"指的是吕梁、太行两山。其西部纵向延伸至管涔山，与内蒙古、陕西、河北、河南四省交界。东西两山优质小杂粮产业区由 33 个县（市、区）组成，涉及大同、朔州、忻州、吕梁、太原、阳泉、晋中、长治、晋城等 9 个城市。该产业区属温带气候，光热资源丰富，年日照在 2300～2800 小时，自然条件复杂多样，山河、盆地交错，形成了适宜于各种小杂粮不同生长要求的独特气候。并且在越来越注重健康的今天，小杂粮需求量持续上升。根据中国食物发展规划，每人每年需要 14 千克小杂粮，全国小杂粮需求缺口为 400 万～800 万吨，而且小杂粮在国际市场上有明显的比较优势。有关资料显示，每出口一吨小杂粮相当于出口 2.5～4 吨大宗作物，国际市场小杂粮价格高出国内市场价格的 8～15 倍。产业集聚使得小杂粮产量大大提高。2013 年，沁县"沁州黄"谷子种植面积达到 5 万亩（其中有机谷子种植面积达到 8000 亩，绿色标准化谷子种植面积达到 4.2 万亩），全县"沁州黄"谷子总产量达到 1250 万千克，市场销售收入达到 1.5 亿元，带动农民人均增收 1000 元以上。

3.2.4 历史渊源型

在很大程度上是由于某些产业有非常悠久的历史渊源，加上政府的扶持及企业的积极发展，形成了历史渊源型农业产业集群，如汾阳杏花村的汾酒以及清徐县的老陈醋。

杏花村的汾酒早在 1400 多年前便已闻名国内，当时被称为"汾清"。"借问酒家何处有，牧童遥指杏花村"，这一家喻户晓的诗句更是让杏花村美酒的美名流传千古。历经千年流传下来的工艺加上现在技术的突破，在政府的扶持及企业的积极发展下，2007 年，杏花村汾酒酿造工艺被列为第一批国家非物质文化遗产。2008 年，在钓鱼台国宾馆举行的"中华名酒第一村"的品牌发展论坛上，汾阳杏花村被组委会授予了"中华白酒第一村"的称号。在这样的条件下，很多汾酒企业名扬四方，其中以山西杏花村汾酒集团有限责任公司最为突出。截至 2012 年 11 月该集团销售收入已经突破百亿元，达到 100.18 亿元，提前三年实现了"十二五"确定的百亿目标（齐泽萍，2015）。

清徐县是山西老陈醋的正宗发源地，是中国当之无愧的醋都，是全国最大的食醋生产基地，所产老陈醋为中国四大名醋之首，号称"天下第一醋"。在这样得天独厚的历史条件下，清徐老陈醋已形成以原料种植、生产、加工、销售为一体的农业产业集群。全县共有 70 多家食醋企业，拥有六大系列 60 多个品种、年产醋 10 万吨的规模优势，占全国醋产量的 1/6。2002 年水塔老陈醋获得中国驰名商标称号。

3.3 山西省农业产业集群的特点

3.3.1 地方文化根植性强

"根植性"一词来源于经济社会学，其含义是经济行为深深嵌入于社会关系之中。不同地区的农业发展本身就具有独特性（郑风田和程郁，2005），加之不同地区农业发展与历史文化紧密相连，农业历史根基好的地方，农业产业集群发展得就更为顺利。因此，成熟的农业产业集群一般都有悠久的历史根基，新集群的出现及发展需要时间的累积。具有地理优势、人力资源优势及历史文化的农业产业集群更容易形成稳固的联系，形成规模经济，提高产量及收入（杨英法，2013）。山西省由于其悠久的历史文化，形成了一批较成熟的农业产业集群。千年传承的制作工艺及醇厚的文化底蕴孕育了一批批优秀的生产加工企业，如山西杏花村汾酒集团有限责任公司、山西水塔醋业股份有限公司等。同时，外来资本及外来人才被吸引加入到集群的发展中来。

3.3.2 市场优势明显

农业产业集群的形成、发展及成熟都离不开市场的支持。从经济学方面来看，需求决定着供给。市场对某种农产品的需求刺激了这种农产品的发展，使其最终发展成为一定规模的农业产业集群（岳阳，2013）。例如，山西小杂粮的营养与全国平均值相比：谷类蛋白质含量高 2.6%，热量高 48 千卡[①]，膳食纤维高 0.2%；豆类蛋白质高 1.3%，热量高 55 千卡，膳食纤维高 0.9%。同时，其含有特殊的营养物质：黄酮苷、亚油酸、顺式肉桂酸、酚类，以及特有的镁、锌、铁、钙、硒等微量元素。这使其在国内外市场广受欢迎，需求量不断增加，仅出口量就以每年 10%～15% 的速度增长。这带动了一大批生产小杂粮的农业产业集群。

3.3.3 农户仍是产业集群的基本单位

农户作为生产者是企业所需的大量资源和原料的供应者，并为其提供相关的配套服务。正因为如此，农户仍然是生产中的基本元素，并且作为基础单位为农业产业集群的发展起着关键的作用。虽然龙头企业在农业产业集群的发展中起着不可替代的重要推动作用，但农户是所有产业链的底端，因此农户的生产水平、技术对农业产业集群发展有着非常重要的影响。对于山西省而言，在政府大力支持农业产业集群发展的同时，应该更加关注农户生产生活的水平，提高农户生产技术及积极性，这样更有助于企业获得高质量的产品以及农户的创收、增收。

3.3.4 网状产业链不够完善

网络是指各种行为主体之间在交换资源、传递资源活动过程中发生联系时而建立的各种关系的总和。农业产业集群的网络化是指集群内部各经济体

---

① 1 千卡＝1000 卡＝486.8 焦。

之间由于专业化分工而产生的密切的交互作用。农业产业链长、易衍生新的增值环节，一旦形成集群，其内部包含多个联系密切且具有交互性的产业。也就是说，为了使整个产业链上诸多环节能有机结合呈现出网状结构，农业产业集群中物资、信息、资金及劳动力这些生产要素就需要通过各种渠道合理地交织在一起，从而形成广泛的集群经济效益。而山西省农业产业集群的网状产业链特征不够完善，还需要通过实施工业园区建设、发展经济合作组织等有效手段共建产业化，加强蔬菜、鲜果等产品的网状产业链建设。

3.3.5 各地区产业集群化发展不平衡

山西省各地区自然资源、社会资源等分布不平衡，导致农业发展集群化程度不平衡。因为在过去的十年间，煤炭一直占据着山西整个工业结构的半壁江山，再加上与煤炭密切相关的焦炭、冶金、电力，其经济总量占到整个山西的80%以上，所以很多地区之前大力发展的产业都是与煤炭相关的产业，而农业产业的发展相对较为薄弱，如阳泉、大同等地区。因此，平衡山西省农业产业集群化对发展山西省农业产业化十分关键。

4 山西省农业产业集群形成原因

关于资源型地区的农业产业集群形成原因，可以运用波特的"钻石模型"理论进行探讨。本文以山西省为例，基于山西省特色农业产业集群的现状，通过对四个基本要素，即要素条件，需求条件，相关和支撑产业，企业战略、结构与竞争状态（刘俊浩和李加明，2008），以及政府和机会这两个附加要素的分析，进而对山西省农业产业集群形成原因进行分析。

4.1 要素条件

要素条件主要是自然资源禀赋，是资源型地区农业产业集群形成的先决条件。波特将要素条件分成了初级生产要素和高级生产要素。初级生产要素是指自然条件、地理位置、非技术工人、资金等；高级生产要素则是指现代通信、信息、交通等基础设施以及高层次劳动力、研究机构等。山西农业特色产业集群化要素条件分析汇总如表3所示。

表3 山西农业特色产业集群化要素条件

特色农业	集聚地	初级生产要素	高级生产要素	
			基础设施	高层次劳动力、研究机构
杂粮业	东西两山	山多坡广，气候多样，昼夜温差大，日照充足	逐步构建覆盖全国的小杂粮现代化流通网络体系；杂粮信息平台逐步完善	科研起步较晚
畜牧业	雁门关地区	林草覆盖率高，气候适宜	加工产业实现了机械化挤奶的全覆盖；信息平台逐步完善	标准化养殖率高，科技进步推进率不断提升
干鲜果业	中南部地区	气候适宜，光照充足，昼夜温差大，水资源较为丰富，劳动力充足	交通便利；产销信息平台尚不完善	多次开展技术交流会、水果产业发展推进会等
蔬菜业	中南部地区	气候温和，光照充足，昼夜温差大，水资源较为丰富，劳动力充足	"绿色农业示范工程"和"设施蔬菜百万棚行动计划"加强基础设施建设	科技含量较低
酒业	太原盆地以西，吕梁山东麓（汾阳等地）	水源优质，晋中、吕梁地区提供无污染优质高粱、大麦、豌豆；融资能力强	物流体系初具规模	拥有国家级酿酒师、高级管理人才等多层次人力，科研体系完善
醋业	太原盆地（榆次、清徐等地）	劳动力充足，水源优质，靠近优质高粱、小麦、玉米产区	现代化生产工艺，建成食醋产业工业园	拥有生产、加工、营销、服务各产业专业人才

4.2 需求条件

　　市场需求是资源型地区农业产业集群发展的动力（王亚，2006），因此需求条件也是山西省农业产业集群形成原因的重要一环。山西的杂粮，随着人们健康理念的提升，愈发受欢迎。全省杂粮种植面积1500万亩左右，约占全国杂粮种植面积的1/10，占全省粮食种植面积的1/3。杂粮名牌产品众多，每年大约有3万吨的小杂粮产品出口到日本、欧洲等地。虽然山西杂粮在全国各地受到欢迎，但由于大部分处于卖原粮和初加工产品的阶段，走出山西的步伐并不快，仍有着巨大的市场潜力待发掘。在山西畜牧业初级农产品中，生猪销往全国，羊肉出口中东，牛肉远销欧美，鸡肉在全球市场都有供应，蛋奶不仅供应全省还销往周边各省（自治区、直辖市）。山西蔬菜在国内市场畅销，近年来出口到中亚地区；干鲜果已经出口20多个国家和地区，运城水果已出口到36个国家和地区，尤其是运城苹果，在美国、澳大利亚、俄罗斯、新加坡、阿联酋、印度、芬兰、沙特阿拉伯等19个国家和地区打开了市场，2016 年运城水果出口突破 10 万吨。山西汾酒销售覆盖全国，并以优良的品质打开了国外市场。醋在省内市场由于地区消费偏好而需求巨大，在华北地区占有绝对优势，水塔醋系列产品已出口到东南亚、欧美、阿拉伯等国家和地区。供给创造需求，需求推动供给（李春海等，2011），山西特色农业产业潜力巨大的需求市场，将持续推动农业产业集群发展进程。

4.3　相关和支撑产业

资源型地区农业产业集群的形成离不开相关和支撑产业的支持。上下游产业的紧密合作是产业集群化的特征之一，相关和支撑产业自身的竞争力会促进特色优势产业的发展，处在上游产业的竞争优势也会拉动相关产业的发展。杏花村汾酒保护与开发经济区涵盖六大产业板块，从酿造制酒、交通物流到酒文化街、旅游项目，逐步提升产业集群程度、发挥集群优势，全面提升经济效益及品牌竞争力。山西省内果蔬产业专业合作社充足；醋业集群中酿醋专用高粱基地、技术中心、研究院、营销公司、外贸公司、旅游景区等产业相辅相成。这些相关和支撑产业的不断发展，支持着山西农业产业集群的形成与深化。

4.4　企业战略、结构与竞争状态

企业战略、结构与竞争状态对促进技术革新、发展范围经济、提升特色农业竞争力有着重要影响，最终得以提高农业产业集群水平。

山西杂粮产业集群主要以"龙头企业+公司+专业合作社+基地+农户"为发展模式，注重品牌影响（王学敏，2009）。沁县、武乡等太行山区的"沁州黄"小米基地，广灵、灵丘的苦荞基地，寿阳、平鲁、和顺的甜荞基地，汾阳、清徐的高粱基地，等等，已逐步形成规模。在山西沁州黄小米（集团）有限公司、山西清高食品有限公司、山西广灵荞宝生物科技有限公司、山西省山阴县麦片厂、大同荣康粮油精制品有限责任公司等一批知名的小杂粮加工企业拉动下，山西已培育起良好的竞争环境。100 多个小杂粮产品通过了绿色食品认证，多个产品被确认为地理标志产品。畜牧业主要以大型龙头企业、畜禽养殖专业合作社、家庭畜牧场、规模养殖场（户）等养殖主体结合发展的形式发展集群。畜牧企业注重科技推动，畜禽单产水平不断提高,加工水平持续提升,且全省 50%以上的规模养殖场应用了标准化养殖。蒙牛、伊利、雅士利等国内知名乳品品牌入驻雁门关生态畜牧经济区,也进一步激发了畜牧产业的竞争活力。山西果蔬产业主要以"企业+基地+农户"和"合作社+农户"的经营模式发展,走标准化生产、商品化处理、品牌化销售的战略道路,不断推进果蔬饮品等加工产业发展,提升国内竞争力。酒业和醋业是很明显的龙头企业拉动型经营模式(黄琴,2012),酒有杏花村、汾酒、竹叶青、汾阳王等著名品牌,醋有东湖、水塔、宁化府、紫林等著名品牌,从原料基地、科研、制造,到包装、运输、营销,再到旅游、文化,走辐射式产业发展之路。充分的竞争环境不断推动产业集群创新式发展。贵州、四川、江苏等白酒强省的名酒企业持续迈向园区化、集群化发展,刺激着山西酒业的创新与发展,使其不断提升自身的竞争优势。由此,选择适合的企业战略、结构参与到特色农业产业的集群化发展中去(朱玉林和康文星,2006),不仅能加强特色农业的竞争优势,更有助于提高产业集群水平(表4)。

表 4　特色农业情况

特色农业	集聚地	经营发展模式
杂粮业	东西两山	龙头企业+公司+专业合作社+基地+农户
畜牧业	雁门关地区	大型龙头企业+畜禽养殖专业合作社+家庭畜牧场+规模养殖场
干鲜果业	中南部地区	企业+基地+农户和合作社+农户
蔬菜业	中南部地区	企业+基地+农户和合作社+农户
酒业	太原盆地以西,吕梁山东麓(汾阳等地)	龙头企业拉动型
醋业	太原盆地(榆次、清徐等地)	龙头企业拉动型

4.5　辅助要素因素

4.5.1　政府

政府是资源型地区农业产业集群中最有力的外部环境因素(张晗和吕杰,2011)。在政府于 2012 年启动的"绿色农业示范工程"和 2010 年启动的"设施蔬菜百万棚行动计划"推动下,山西省已建成面积在 200 亩以上的蔬菜园区近千个,在基础设施保障下集群程度不断提升。山西省政府在"十二五"时期实施推进畜牧业振兴计划和畜牧产业翻番工程,加快发展规模健康养殖，积极开展畜牧招商引资和重大工程项目，全省畜牧业实现了跨越式大发展，全方位、多链条地推进了畜牧业产业集群的发展。过去依托省政府和各地方政府的政策、资金扶持、基础设施的完善以及信息平台的逐步搭建，实现了农户与市场的衔接，山西省各特色农业产业集群得以顺利推进发展，农民收入得到了切实提高。

2015 年，山西省依托杏花村酒业集中发展区、山西古城乳业集团有限公司、山西宝迪农业科技有限公司等企业，全年推进 54 个重点项目建设，山西杏花村汾酒集团有限责任公司、山西水塔醋业股份有限公司、山西九牛牧业有限公司等都是山西省大力扶持的龙头企业，同时重点推进清徐食醋、高平轻工业园、杏花村酒业集中发展区等 9 个产业集聚区建设。在山西省经济下行、社会整体消费疲软、龙头企业资金严重短缺的环境下，山西省政府农业部门积极推进农产品加工业指导方式由管理向服务转变，推进工作重点由项目资金管理向深入调研指导转移，开启招商引资，先后召集财政、国土、商务、税务、食品药品监管、金融、电力等部门，与 20 多家重点企业面对面座谈交流，协调解决用地、用电、融资等难题，农产品加工业得以平稳健康发展，全年农产品加工业销售收入破千亿元。

4.5.2 机会

市场机会是资源型地区特色农业产业集群纵深发展的重要外部环境因素（张晗和吕杰，2011），对山西来讲更是如此。面对巨大的潜在需求市场，把握机会，革新技术并提升各相关产业效率，迎合未来市场发展机遇与趋势，不仅是山西农业产业集群的形成原因，也将会为山西带来新的经济增长，进一步促进产业集群发展。具体分析汇总如表 5 所示。

表 5　特色农业集聚地及市场机会

特色农业	集聚地	市场机会
杂粮业	东西两山	健康理念的普及促使小杂粮需求市场巨大；逐步加强渠道建设和市场开发；主食化营养食品和高附加值产品趋势
畜牧业	雁门关地区	集群中加工产业精细加工与深加工仍有待进一步发展，关注方便食品未来需求趋势
干鲜果业	中南部地区	关注方便食品开发与生产，加强干鲜果精细加工与深加工
蔬菜业	中南部地区	继续发展精细加工与深加工，关注方便食品开发与生产
酒业	太原盆地以西，吕梁山东麓（汾阳等地）	不断扩大品牌影响力，用酒文化的悠久历史发展集群效益
醋业	太原盆地（榆次、清徐等地）	南方市场有待开发，北方市场持续加强建设，醋加工产品需求潜力大，抓好全国渠道建设和品牌建设

5 山西省农业产业集群化程度

山西省正处于经济转型的关键时期，应利用独特的地理环境发展现代农业，培育和发展农业产业集群是发展现代农业的必然选择。

5.1 测算方法

目前测量产业集聚程度的方法有：区位熵、集中度、空间基尼系数、层次分析法、主成分分析法等（王香花等，2014）。区位熵是经济学中对于一定区域内部产业优势及布局所用的一种指标，也是对于集群现象进行识别的常用表达方式。区位熵又称专门化率，是指一个地区特定部门的产值在该地区所占的比重与全国该部门产值在全国总产值中所占比重的比率，通常被用来衡量某一地区某一产业的专门化程度、集聚程度（Giuliani，2013）。本文通过这一指标对山西的农业产业集群状况进行分析与衡量。

区位熵计算式如下。

$$LQ_{ij} = \frac{E_{ij}/E_i}{E_{kj}/E_k}$$

其中，i 表示 i 地区，j 表示 j 产业；E_{ij} 表示 i 地区 j 产业的产值，E_i 表示 i 地区的总产值，E_{kj} 表示国家 k 产业 j 的总产值，E_k 表示国家 k 的总产值。其含义是：当 LQ_{ij} <1 时，表示 i 地区 j 产业处于比较劣势，其供给能力不足以满足本地区的需求，需要从外面引进；当 LQ_{ij} >1 时，表示 i 地区 j 产业处于比较优势，已经出现产业集群，一定程度上显示出该产业较强的集聚能力，该产业不仅能满足本地区的需求，还具有向外扩张的趋势；当 LQ_{ij} =1 时，表示 i 地区 j 产业处于比较均势，集群程度并不明显，仅能满足本地区的需求。

5.2 数据来源

本文所选的相关数据均来自《山西统计年鉴》（2007～2014 年）和《中国统计年鉴》（2007～2014 年），时间跨度为 2006～2013 年。本文中的农业产值是农林牧渔业总产值。在各地市的区位熵计算中，全省 GDP、农产品总值是各地市的加总。因为加工企业数据较难收集，采用的计算指标是全国2006～2013年的规模以上工业企业的工业总产值、农产品加工业总产值，以及2006～2013年山西工业企业的工业总产值、农产品加工业总产值。农产品加工业总产值用具有代表性的农副食品加工业产值代替。

5.3 农业产业集群化程度测度

从山西省总体农业产业集群、山西省各地市农业产业集群、山西省特色农业产业集群和山西省加工业农业产业集群四个方面，测度农业产业集群程度。

5.3.1 对山西省农业产业集群的整体测度

根据区位熵计算公式，得出山西省农业产值区位熵的计算式为

$$LQ = \frac{山西省农业总产值/山西省GDP}{全国农业总产值/全国GDP}$$

本文计算了2006～2013年山西省相对于全国的农业产值区位熵，以此来分析山西省2006～2013年农业产业集群的发展变化情况（表6）。

表6 山西省2006～2013年的农业产值区位熵

年份	山西省农业总产值/万元	山西省GDP/万元	全国农业总产值/万元	全国GDP/万元	LQ
2006	4 418 484	48 786 100	408 108 000	2 163 144 000	0.48
2007	4 983 892	60 244 500	488 930 000	2 658 103 000	0.45
2008	5 959 205	73 154 000	580 022 000	3 140 454 000	0.44
2009	9 087 428	73 583 100	603 610 000	3 409 028 000	0.70
2010	10 478 483	92 008 600	693 198 000	4 015 128 000	0.66
2011	12 075 686	112 375 500	813 039 000	4 731 040 000	0.63
2012	13 042 557	121 128 300	895 430 000	5 194 701 000	0.62
2013	14 470 052	126 022 400	969 953 000	5 688 452 000	0.67

从上述结果可以看出，2006～2013年山西相对于全国的农业产值区位熵均小于1，表明山西省农业专业化程度低于国家平均水平，产业集群程度较弱，农业产业集群正处于初级阶段。

从折线图可以看出，农业区位熵在2006～2008年明显下降，之后波动上升，但仍未超过1，表明山西省农业产业集群程度低，如果积极采取措

施，有望在不远的将来形成集聚现象（图1）。

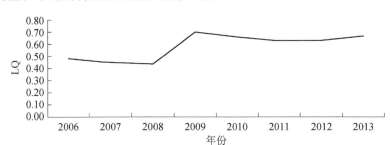

图1　山西省2006～2013年的区位熵走势图

5.3.2　对山西省各地市农业产业集群的测度

根据区位熵计算式，得出山西省各地级市农业产值区位熵的计算式为

$$LQ = \frac{各地市农业总产值/各地市GDP}{山西省农业产值/山西省GDP}$$

本文计算了山西省11个地市的农业产值区位熵，并对各地市区位熵的平均值进行了排序，以此来分析山西省各地市农业产业集群的发展变化情况（表7）。

表7　山西省11个地市的农业产值区位熵、均值及排名

地市	2006年	2007年	2008年	2009年	2010年	2011年	2012年	2013年	均值	排名
太原市	0.32	0.33	0.32	0.26	0.28	0.28	0.27	0.26	0.29	11
大同市	1.04	0.90	1.13	0.77	0.84	0.93	0.92	0.91	0.93	6
阳泉市	0.30	0.36	0.37	0.26	0.26	0.29	0.27	0.29	0.30	10
长治市	1.08	1.14	1.09	0.61	0.65	0.63	0.66	0.64	0.81	8
晋城市	0.76	0.88	0.91	0.60	0.65	0.70	0.68	0.66	0.73	9
朔州市	1.61	1.80	1.54	0.92	0.94	0.96	0.97	1.09	1.23	4
晋中市	1.52	1.68	1.54	1.22	1.27	1.33	1.36	1.38	1.41	3
运城市	1.85	2.36	2.64	2.16	2.60	2.66	2.88	2.80	2.49	1
忻州市	2.05	2.21	2.18	1.68	1.65	1.56	1.53	1.50	1.79	2
临汾市	0.94	1.17	1.13	1.08	1.22	1.14	1.15	1.16	1.12	5
吕梁市	0.80	0.82	0.93	0.86	0.80	0.72	0.75	0.83	0.82	7

在11个地市中，区位熵大于1的有晋中市、运城市等，表明山西省这些地市的农业产业集群程度较其他地区高。农业区位熵小于1的地市有大同市、阳泉市等，表明这些地区农业产业集群程度较低。在区位熵大于1的5个地市中，区位熵差距也较大，运城市的区位熵为2.49，其余的均小于2，说明山西省各地市农业集群程度不平衡。各地市都应加快资源型地区的经济转型，大力发展农业产业集群，创新农业发展方式，提高农业专业化水准。

　　山西省大部分地区农业产业集聚程度 2006～2007 年呈缓慢上升态势，2008～2009 年大幅度下降，2010～2013 年缓慢回升。全球性经济危机是其主要原因。现代社会国际交流与合作日益成为农业发展的重要推动力，山西省虽为内陆省份，但也受到了经济危机的剧烈冲击，导致农业产业的萎缩（图 2、图 3）。

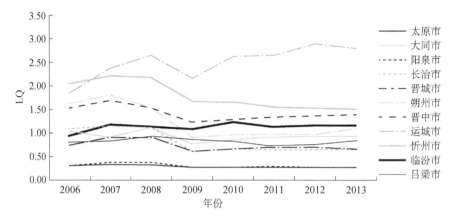

图 2　2006 ～2013 年山西省各地市的农业产值区位熵折线图

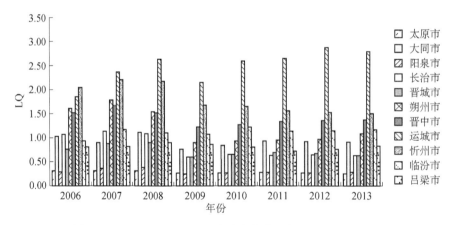

图 3　2006 ～2013 年山西省各地市的农业产值区位熵柱状图

5.3.3　对山西省特色农业产业集群的测度

　　根据区位熵计算式，得出山西省特色农业产值区位熵的计算式为

$$LQ = \frac{某类农产品产值/山西省农业总产值}{全国某类农产品产值/全国农业总产值}$$

从表 8 可以看出，2006～2013 年，山西省特色农产品区位熵最大的是玉米，均值为 3.33；区位熵最小的为麻类，均值为 0.02。在选取的 9 个农产品中，区位熵大于 1 的有小麦、玉米等，表明这些山西省这些农产品产业集群程度较高。区位熵小于 1 的农产品有薯类、棉花等，表明这些农产品产业集群程度低。大于 1 的 4 个产品中，区位熵差距也较大，玉米的区位熵为 3.33，其余的均小于 2。山西省应发展特色农业，在优势产业方面下功夫，促进优势产业集群的形成。

表 8　2006～2013 年山西省各种特色农产品产值区位熵

年份	小麦	玉米	豆类	薯类	棉花	油料	麻类	甜菜	烟叶
2006	1.93	4.06	1.83	1.07	1.58	0.51	0.01	1.33	0.26
2007	1.98	4.12	2.27	1.78	1.48	0.51	0.01	2.32	0.32
2008	2.19	4.01	1.66	1.47	1.39	0.63	0.02	2.27	0.29
2009	1.22	2.65	0.74	0.55	0.87	0.36	0.02	1.43	0.21
2010	1.33	2.86	0.84	0.55	0.77	0.36	0.05	1.61	0.26
2011	1.38	2.98	0.86	0.62	0.65	0.38	0.05	2.04	0.24
2012	1.47	3.01	1.09	0.66	0.47	0.39	0.01	2.38	0.20
2013	1.27	2.93	1.29	0.73	0.33	0.37	0.02	1.63	0.20
均值	1.60	3.33	1.32	0.93	0.94	0.44	0.02	1.88	0.25

从图 4 中可以看出，山西省特色农业产值区位熵变化趋势与各地市农业产值区位熵变化趋势总体上一致。都是在 2006～2007 年缓慢上升，2008～2009 年大幅度下降，2010～2013 年缓慢回升。经济危机对山西省农业产业的影响较大，导致多数企业难以维持现状，不得不结束运营。从另一个角度来看，这也是市场经济优胜劣汰的结果（储新民，2009），优化了山西省农业产业的结构，为山西省农业产业的健康发展奠定了良好的基础。

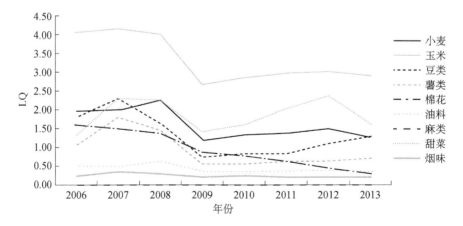

图 4　2006～2013 年山西各种特色农产品产值区位熵折线图

5.3.4 对山西省农产品加工业集群的测度

根据区位熵计算式，得出农产品加工区位熵的计算式为

$$LQ=\frac{山西农产品加工业总产值/山西工业总产值}{全国农产品加工业总产值/全国工业总产值}$$

本文运用农产品加工业总产值进行区位熵计算，得出结果如表 9 所示。可以看出，山西省的农产品加工区位熵的集群效应不高，且都小于 0.5。表明山西省的农产品加工集群的效应还不明显，没有达到专业化的水平。而且，农业加工集群与农业生产集群差距较大，农业集群发展整体仍属于粗放型。但山西省农产品加工区位熵呈逐年上升趋势，且 2011～2012 年上升幅度较大，应加快发展农产品加工业，增加农产品附加值，以工促农，促进经济发展（图 5）。

表 9　2006～2013 年山西省农产品加工区位熵

年份	山西农产品加工业总产值/亿元	山西工业总产值/亿元	全国农产品加工业总产值/亿元	全国工业总产值/亿元	LQ
2006	63.87	2 485.06	12 973.49	91 310.94	0.18
2007	88.65	3 141.89	17 496.08	110 534.88	0.18
2008	102.88	3 868.54	23 917.37	130 260.24	0.14
2009	133.61	3 518.88	27 961.03	135 239.95	0.18
2010	193.40	4 657.97	34 928.07	160 722.23	0.19
2011	266.88	5 959.96	44 126.10	188 470.15	0.19
2012	287.05	6 023.55	23 454.12	199 670.66	0.41
2013	354.34	5 953.24	26 676.39	210 689.42	0.47

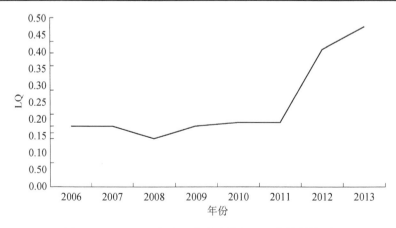

图 5　2006～2013 年山西省农产品加工区位熵折线图

6 山西省农业产业集群影响因素分析

6.1 指标选取与数据说明

本文指标选取主要是根据封永刚和钟华（2012）研究中国农业地区专业化的测定和农业集聚的影响因素中所选取的解释变量，其中包括政府教育支出力度、农业资本投入、农业劳动投入。本文根据《山西统计年鉴》中的相关数据，将指标选取为政府教育支出力度、农业机械投入、农业劳动投入。

本文使用的样本为 2006～2013 年山西省 11 个地市的面板数据。选取的所有数据均来源于历年《山西统计年鉴》和《中国统计年鉴》。

6.2 变量说明

被解释变量 Y 表示全省 11 个地市农业产值占总产值的比重，用来衡量农业集聚程度。Y 值越大，农业集聚程度越高。

解释变量：①政府教育支出力度，用各地市教育支出与全省教育支出的比值来度量地区教育投入规模，假设农业产业集群偏向于教育投入规模大的地区；②农业机械投入，用各地市农业机械总动力与全省农业机械总动力的比值来度量地区农业机械规模，假设农业产业集群偏向于机械动力规模大的地区；③农业劳动投入，用各地市农林牧渔业从业人员数量与全省农林牧渔业从业人员数量的比值来度量地区劳动投入规模，假设农业产业集群偏向于劳动投入规模大的地区。

6.3 模型设定

本文采用 2006～2013 年各地市的农业产业集聚度、政府教育支出力度、农业资本投入、农业劳动投入的数据。设 Y=山西省农业产业集聚度，X_1=各地市教育支出占全省的比重，X_2=各地市农业机械动力占全省的比重，X_3=各地市农业就业人员占全省的比重。

本文采用 Eviews8.0 软件建立面板数据模型，分析各解释变量对农业产业集聚度的影响程度。在目前的面板数据回归过程中，一般使用混合回归模型、固定效应模型、随机效应模型三种模型。具体选用面板数据模型时，首先要对面板数据单位根进行检验，接着观察模型回归结果是否理想。

现在建立回归模型如下。

$$Y_{it} = \alpha + \beta_1 X_1 + \beta_2 X_2 + \beta_3 X_3 + \varepsilon_{it}\,(i=1,2,\cdots,11;\,t=1,2,\cdots,8)$$

6.4　数据描述及模型检验

6.4.1　对数据进行的统计描述结果

对数据进行的统计描述结果如表 10 所示。

表 10　数据描述统计结果

变量名	平均值	标准差	最小值	最大值
X_1	0.088 333	0.056 038	0.01	0.26
X_2	0.091 212	0.025 147	0.04	0.13
X_3	0.090 606	0.049 610	0.04	0.22
X_4	0.091 818	0.052 328	0.02	0.22

6.4.2　三个回归模型结果对比分析

三个回归模型结果对比分析如表 11 所示。

表 11　三种模型结果对比

自变量	混合 OLS	固定效应	随机效应
教育支出比例	0.54 (2.74) ***	−0.18 (−0.81)	−0.06 (−0.29)
农业机械动力比例	0.46 (0.20) **	0.55 (2.12) **	0.49 (2.21) **
农业从业人员比例	0.56 (2.80) ***	0.34 (0.70)	0.68 (3.00) ***
常数项	1.29 (2.68)	−0.81 (−0.63)	0.18 (0.33)
调整后 R^2	0.82	0.98	0.39
F 值或 Wald 值	97.41	199.99	14.61

表示在 5%的水平下 P 值显著；*表示在 10%的水平下 P 值显著

6.5　回归结果分析与讨论

本文使用 Hausman 对三种面板类型检验（Wong，1996），虽然这三个序列为平稳序列，但在固定效应模型和随机效应模型中的教育支出比例的参数为负数，与预计不符。因此本文选用混合回归模型进行估计，通过估计结果得出以下结论。

6.5.1   政府教育支出

政府教育支出是影响农业产业集群程度的一个重要因素。通过混合模型估计得出，山西省农业产业集聚度与政府教育支出正向相关系数较大，说明在一定意义上教育投入越多，农业产业集聚程度越高。政府应加大对教育的投入，增加专业人才的数量，提升专业人员技术水平，为农业产业集群发展储备后续力量。

6.5.2   农业机械动力

山西省农业机械动力对农业产业集群程度有正向促进作用，说明增加农业机械的投入可以提高农业集群程度。政府应加大资本投入，加快推进农业机械和农机工业发展，提高农业装备水平。通过运用现代化机械设备，改善农业生产条件，增强农业综合生产能力。

6.5.3   农业从业人员

通过混合模型估计得出，农业产业从业人员比例对于山西省农业产业集群程度有较大的正向影响作用，也就是说，适当增大劳动力数量有助于农业产业集群的发展。政府还可以通过扶持一些专业培训机构来增加对农业从业人员的技能培训，增大技术人员比例，开展对农业技术人员的继续教育，提升农业产业从业人员综合素质。

7   山西省农业产业集群对策建议

7.1   农户方面

7.1.1   主动学习现代农业知识，积极参与培训

农户的技术水平是资源型地区特色农业的产出与产品质量的关键所在。当前处于农业产业集群供应链末端、从事种植养殖的农民大多是凭经验从事基础

生产活动，文化程度普遍不高，缺乏现代农业观念（杨斌和温涛，2009）。

一是加强基本文化知识的学习，不做文盲；能通过广播、电视、网络等多种媒体渠道，自觉主动学习现代农业知识与技能。

二是积极参与政府或企业在当地组织的农业培训讲座，并与主讲专业人士沟通交流，解决自身在农业作业时遇到的问题。

三是敢于将创新理念和先进的农业知识应用到实际生产中，学以致用，实现从知识到生产力的转变。

7.1.2 积极参与农业合作组织，深化合作程度

农业合作社及合作协会在节约成本、优化结构、提高效率与创造更大经济效益等方面发挥着极其重要的作用，这使其成为资源型地区农业产业集群发展中重要的一环。

一是积极广泛地参与到农业合作组织中去，通过合作组织的中介作用，优化土地、资金、技术、劳动力等生产要素的资源配置，促进农业产业集群发展。

二是农业合作组织应完善内部制度和自我管理体制，将组织的作用真正深入农产品供、产、销各个环节。合作组织网站由专人负责运行，及时更新信息，加强线上线下组织内成员沟通交流。

三是合作组织要有科学的组织架构，注重与企业的配合，建立并完善政府政策传达机制与企业联系机制（樊霞等，2012），共同推动农业现代化建设与特色农业产业集群发展。

7.1.3 多渠道获取农业信息，把握"互联网+"发展机遇

要从根本上深化资源型地区农业产业集群，同时使农民成为农业产业集群发展的受益人（董子铭，2014）。农户必须抓住农业的"互联网+"的发展机遇，通过农业的在线化和数据化，让信息技术服务于农业产业集群。

一是学习运用农业信息化平台、互联网等资源，多渠道获取有关农业的政策、基础设施、价格、行情、供求、技术专栏等各个方面的信息。

二是认识并学习适当运用智能化硬件帮助生产、贮藏等环节，建立数据观念，积极统计并提供自己的农业数据。

三是可以通过电商平台进行销售，解决部分农产品在市场失灵时出现的产地滞销而其他地区价格居高不下的情况，进一步平衡供需，促进农业产业集群发展。

7.2 企业方面

7.2.1 发挥龙头企业带头作用，增加龙头企业数量

为继续优化资源配置，提高资源利用率，实现契约化生产，应继续发展现有农业产业化龙头企业。在发展龙头企业时应注意以下几点。

一是要发挥农业产业化龙头企业的辐射带动作用，拉长产业链条，为形成产业集群奠定基础。

二是统筹企业利益与区域经济利益，以农业产业化龙头企业带动区域经济发展，以区域经济发展为农业产业化龙头企业发展创造条件。资源型地区以往的发展都是以生态环境、地区发展不均等为代价的（Kirjarainen and Loikkanen，1998）。而在资源型地区农业产业集群的发展中，应避免其以往的错误，统筹企业利益与区域经济利益，兼顾生态环境与经济利益。

三是完善农业产业化龙头企业管理体制。山西省应将龙头企业作为农业产业化发展的典型，推动农业企业结构调整，通过中小企业合并等手段扩大企业规模，形成规模经济，进而使其成长为龙头企业，以此增加龙头企业数量。

7.2.2 拉伸产业链，增加产品附加值

由于山西省地理位置特殊，形成了一批特色农产品。但产业链较短，应拉伸产业链，加强发展深加工、精细加工产业。可以从以下几方面入手。

一是实现老陈醋分散生产，集中灌装，推动老陈醋品质的提升，带动醋旅游及上下游配套产业发展。可以东湖醋业为例，发展不同种类的醋品，并建设醋园供消费者参观。

二是应重点发展巴氏杀菌乳、脱脂乳粉、乳清粉等高端乳制品和枣味奶、核桃奶、麦香奶等山西地域特色奶产品。

三是利用山西省高品质小杂粮的优势，重点发展小杂粮复合面制品、熟食制品等主食化营养食品和高附加值产品。

四是加强建设胡麻油、沙棘油、核桃油、杏仁油等加工集聚区，重点开发核桃、红枣、山楂等干鲜果品，形成果冻、脆片、果酱等系列产品。

五是功能食品要以苦荞、银杏、山药、杏仁等纯天然特色资源为基础，积极开发 a-亚麻酸、卵磷脂等营养保健功能食品。

六是在三大现代食品中，饮料制造要充分发挥山西省资源优势，重点发展植物蛋白饮料——核桃露、杏仁露；重点发展果蔬汁饮料、乳饮料，建设果汁和浓缩果汁生产基地；依托优质山泉水，建设饮用水生产集聚区。淀粉制品要重点向变性淀粉、饴糖、液体葡萄糖、胚芽、蛋白粉、玉米纤维等产品方向延伸，建设长治、忻州两大淀粉产业集群。方便食品要重点发展各种米、面、肉、蛋、果蔬熟食制品、速冻制品，发展适应家庭、餐饮业、食堂直接加热即食的方便食品；要加大方便食品新品种开发，扩大各类半成品方便食品的生产规模，培育太原、晋中等方便食品产业集群。

7.2.3 积极面对市场，增强企业竞争力

市场环境时刻在发生变化，现代企业要想在多变的环境中牢固自身的地位，就要积极面对市场，根据市场环境的改变来调整企业经营战略、策略（岳阳，2013）。

首先，要树立并坚定"质量第一"的理念，绝不因为蝇头小利生产不合格的产品，保证产品质量，扩大并维护好企业忠诚顾客群体。同时统筹兼顾企业、消费者、社会三方的利益，提升企业社会形象。

其次，要争创品牌，发展自身特色，实现品牌效应（许基南，2015），增强企业核心竞争力。实施品牌经营的过程中，应该将品牌经营的理念贯穿于生产链条的每一个环节，提高品牌意识及商标意识，进而培育出优质名牌的农产品，提高农产品在市场中的竞争力和在市场中的占有率。同时利用名牌效应，开拓新的市场，提高农业产业化的整体水平，使企业品牌走出本省，走向世界，打破人们对资源型地区的认识限制，为资源型地区的产业结构调整做出贡献。

最后，要加强企业管理，加强企业内部机制改革，培养员工忠诚度，使企业内部更加团结。并且要克服短期利益诱惑，将农业产业集群发展与企业自身发展相结合，与农户建立平等的联合机制，促进区域产业集群发展。

7.2.4 加强中小企业沟通合作，实现优势互补

企业间的合作可以使企业间优势互补或形成一条新的供需链（李梅，2012）。当企业遇到瓶颈时，企业间的合作可能会帮助企业冲破瓶颈，到达新的发展阶段。中小企业的沟通合作可以从以下几个方面来加强。

一是完善已有行业协会制度，细分行业协会类型，如可建立杂粮业协会等。积极加入协会并在协会中交流经营中所遇到的问题，共同探讨行业的发展方向。

二是定期举办一些活动，使各企业高层在活动中见面沟通，创造出更多的合作机会，为今后的合作打好基础。

三是积极与本企业优势互补的企业进行沟通合作，将有限的资源进行最大化利用。

7.2.5 坚持追求创新，改变营销方式

创新是企业生存和发展的根本。资源型地区以往对矿产行业的依赖使得其对其他行业重视不足，进而导致其他行业的创新与科技进步严重不足。在农业产业集群的发展中，国有企业以及大型民营企业应设立专门的技术研发以及产品创新部门，增加产品多样性和独特性，也可以将不同的农产品有机组合进行销售，如近年热卖的"枣夹核桃"。

企业的销售情况与其营销方式有很大的关系（尹成杰，2006），企业在进行农产品销售的时候，应并重产品营销的 STP 战略（市场细分、目标市场、市场定位）和 4P 策略（产品、价格、销售渠道、促销）。大部分企业，尤其是中小型企业只注重 4P 策略而忽略了营销的战略。企业在制订营销方案时，首先应对整个市场进行细分，随后确定自己的产品所要占领的市场，接着对自己的产品在这个市场中的定位进行确定。例如，宁化府的醋分为不同档次、不同用途。当对自己的产品有了一个清晰的定位之后，随后的营销策略就很好确定了。这样有目标的销售不仅可以节省企业资源，更可以使企业获得喜人的销售结果，进而获得更多的利润。同时，在营销渠道及促销方式上进行创新，进而取得更好的销售效果。

7.3 政府方面

7.3.1 加强农业基础设施建设

第一，切实摸清农业产业基础设施的底数，各地以市（县）域为重点，加强基础设施现状调查，利用调查结果，建立准确、翔实的基础设施数据库，进一步明确农业产业集群基础设施的投资方向与重点。

第二，加大农业产业集群基础设施的投资比重，同时进行农业基础设施的维修保养，建立完备的维修保养记录。

第三，加强物流设备投资，建立区域农业物流中心，构建农产品集散、运输、营销为一体的物流系统，充分利用互联网技术销售山西的特色农产品及附加品，培育特色农业产业集群品牌。

7.3.2 建立信息化平台，实现资源共享

第一，政府应建立农业产业集群信息化平台，制定信息化政策法规体系，提升各地发展农业农村信息化的动力。

第二，设立农村产业集群信息化专项资金，省、市各级政府设置配套资金，引导社会资金流向农村产业集群信息化基础设施建设、人才培养、应用开发等领域。

第三，政府部门按照统一的规范标准分区、分级、分类整合产业集群信息资源，各部门自建各类数据库，通过信息共享机制实现全省共享。

7.3.3 做好农业产业集群整体规划，提升政府公共服务水平

做好农业产业集群整体规划，以及农业集群的地理区域规划和升级、优化，提升政府公共服务水平。

第一，建立农业产业集群资金池，解决资金短缺问题，政府承担大部分集群资金，企业和农户缴纳部分费用。

第二，做好农业产业集群的地域分布规划。根据各地优势，培育出总产值较大的主导农业产业集群。对于已经形成产业集群的，要培育第二产业；对于布局地域比较接近的，要统一部署、统一规划，打造产业极。

第三，做好产业集群的产业升级、优化。从全省的农产品加工企业入手，首先淘汰对环境污染大的农产品加工企业，推动农产品加工企业的技术升级；其次带动农业生产的生态化，减少污染工业原料的投入。整合现有的农业产业集群，合并农业加工业园区，优化工业园区的布局，推动土地利用的集约化，提升园区的质量。

7.3.4 完善现代农业科技支撑体系

第一，建立以市场为导向，政府为主导，高校和科研院所为助力，中介服务体系为媒介的产学研联盟。政府应把握产学研合作的方向，加以引导，使其符合产业结构的调整方向，符合市场需求情况，符合三方利益。

第二，建立科研单位与农户、农业生产企业的常态联系。科研单位定期访问农户、农业生产企业，以便及时了解需求；定期召开座谈会，让农户、农业生产企业及时反馈相关信息。

第三，开展农业专业技术人员的继续教育，根据农业产业集群建设目标，分层次、分阶段地确定培训内容和继续教育方式，实施动态、开放、跟

踪式的人才培养模式（杨斌和温涛，2009）。

第四，整合现有成人教育与培训资源，动员和鼓励各类教育培训机构、涉农院校、农业科研院所、企业、专业合作社等参与培训工作，为集群发展提供必要的人力资源。

参 考 文 献

储新民.2009.苏北农业电子商务发展模式探讨[J].价格月刊，（9）：14-16.

董子铭.2014.陕西休闲农业产业竞争力评价[D].咸阳：西北农林科技大学.

樊霞，赵丹萍，何悦.2012.企业产学研合作的创新效率及其影响因素研究[J].科研管理，（2）：33-39.

封永刚，钟华.2012.中国农业地区专业化水平的测定及农业集聚的影响因素分析[J].经营管理者，（5）：126-127.

黄琴.2012.基于GEM模型的泸州白酒产业集群竞争力评价研究[D].成都：四川农业大学.

李春海，张文，彭牧青.2011.农业产业集群的研究现状及其导向：组织创新视角[J].中国农村经济，（3）：49-58.

李梅.2012.黑龙江省农业产业集群发展对策研究[D].哈尔滨：东北农业大学.

刘俊浩，李加明.2008.基于"钻石"模型的农业产业集群要素分析——以山东寿光蔬菜产业集群为例[J].农村经济.产业结构研究，（1）：47-49.

齐泽萍.2015-7-18.以汾酒为龙头，带动山西白酒整体"上位"[N].山西经济日报，第2版.

唐玲.2013.广西特色农业产业集群化发展研究[D].南宁：广西大学.

王香花，张伟婷，苏彩平.2014.山西省农业产业集群的测度[J].中北大学学报，（6）：20-24.

王学敏.2009.山西省农业产业化经营和农产品品牌战略研究[D].太原：山西财经大学.

王亚.2006.山西省农业产业化发展模式及对策研究[D].咸阳：西北农林科技大学.

许基南.2005.品牌竞争力研究[M].北京：经济管理出版社.

杨斌，温涛.2009.中国各地区农村义务教育资源配置效率评价[J].农业经济问题，（1）：29-37，110.

杨英法.2013.文化产业集群与文化消费市场间良性互动机制的构建[J].云南社会科学，（2）：34-38.

尹成杰.2006.新阶段农业产业集群发展及其思考[J].农业经济问题，（3）：4-7.

岳阳.2013.内蒙古农业产业集群研究[D].呼和浩特内蒙古农业大学.

张晗，吕杰. 2011. 农业产业集群影响因素研究[J]. 农业技术经济，（2）：85-91.

郑风田，程郁. 2005. 从农业产业化到农业产业区——竞争型农业产业化发展的可行性
  分析[J]. 管理世界，（7）：64-73.

朱玉林，康文星. 2006. 基于农业产业集群的区域品牌需求与供给分析[J]. 求索，
  （7）：35-37.

Giuliani E. 2013. Network dynamics in regional clusters: Evidence from Chile[J]. Research
  Policy，42（8）：1406-1419.

Greene W H.1981.On the asymptotic bias of the ordinary least squares estimator of the tobit
  model[J]. Econometrica，49（2）：505-513.

Kirjavainen T，Loikkanen H A.1998.Efficiency differences of finish senior second ary
  schools:An application of DEA-Tobit analysis[J]. Economics of Education Review，17
  （4）：377-394.

Wong K F. 1996. Bootstrapping Hausman's exogeneity test[J]. Economics Letter，（2）：
  139-143.

附录　山西省农业产业集群竞争力分析

1　GEM模型介绍

加拿大学者 Hervey Gibson 和 Tim Padmore 在 "钻石模型" 的基础上提出了 GEM 模型，即 "基础-企业-市场" 模型（Padmore and Gibson，1998）。GEM 模型认为，影响产业集群竞争力发展的六大因素分别是资源、设施、供应商、相关辅助产业、企业的机构和战略、本地市场和外部市场。这六大因素可分为以下三组（附图1）。

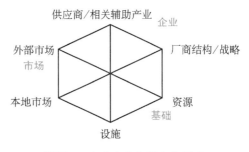

附图1　农业产业集群竞争因素

2 基础因素：资源与设施

2.1 资源

资源方面主要包括地理位置、自然资源、人力资源等。

（1）地理位置优越。山西省是华北重要交通枢纽，为同蒲、京包、大秦、石太、太焦、神黄等重要干线交会处。2012年，全省铁路营运总里程达到3773.7千米，全省铁路货运量7.14亿吨，比上年增长3.2%，铁路客运量6208.1万人次，比上年下降0.2%。

（2）自然资源丰富。山西省虽以矿产资源闻名，但其农业资源同样不可小觑。山西省是典型的黄土广泛覆盖的山地高原，地貌类型复杂多样，部分地区处在黄金畜牧带上，地处中纬度内陆，为温带大陆性气候，全境日照充足，昼夜温差大，适宜多种农作物生长。

（3）人力资源较为充足。由于山西省之前一直大力发展煤炭等资源型行业，其人力资本大多流向这些部门，但随着经济的发展及煤炭行业的衰落，山西省农业产业的人力资源逐渐回流。2014年，山西省常住人口为3647.96万人，其中居住在乡村的人口为1685.64万人，占常住人口的46.21%。截至2009年年底，山西省有农业科技人才3.22万人，其中农业科研人才0.22万人，省市农业技术推广人才0.93万人，基层农业技术推广人才2.07万人。

2.2 设施

设施方面主要包括硬件设施及软件设施。

（1）硬件设施主要包括基础建设、交通、电力等基础设施。在水利基础建设方面，山西大水网四大骨干工程已全面进入建设决胜期。据悉，截至2017年5月，大水网工程隧洞掘进已经累计超过总长的94%。辛安泉供水工程一期工程已经实现向襄垣县王桥工业园区供水，主干线工程全部建成；东山供水工程已经投入使用；小浪底工程和中部引黄工程预期在2017年实现试运行。山西大水网的建设将有效解决水资源分布与农工业生产、城市发展布局不相匹配的问题。农村公路建设完成投资50.5亿元，实施新改建工程4318千米，完工2894千米。集中连片特困地区县乡公路改造工程完成39个项目636千米，武乡县北社-王家峪-砖壁旅游公路等一批重点项目竣工；晋中、长治、运城三市村通公路完善提质试点工程开工540千米，完工450千米。大同市集中连片特困地区农村公路建设进展较快，晋中市在全省率先启动了自然村通水泥（油）路工程，吕梁市提出并实施了4年3000千米文明路创建计划。山西省地市级交通设施数据如附表 1 所示（第二次农村普查）。从公路设施来看，山西省各地市公路建设较好，但铁路建设有待加强。

（2）软件设施。软件设施是指政策法规、科研体系、行业协会等方面的内容。①政策法规支持力度强。"三农"工作上升为全党工作的重中之重，为农业和农村经济发展创造了好的时代环境。2010 年 12 月 1 日，国家发展和改革委员会对山西省申请的国家资源型经济转型综合配套改革试验区给予正式批复，发展现代农业是山西省进行经济转型的重要途径之一。同时，国家深入实施中部崛起战略，将为山西省从农业大省迈向农业强省提供更为有力的政策支持。②行业协会支持较好。各级农业行业协会对山西省农业发展提供了强大动力，如山西省粮食行业协会、山西省中药材行业协会等。但协会类型不够细化，应对每个重点农产品设置相应的行业协会。

附表 1　山西省地市级交通设施数据　　　（单位：%）

地市	有火车的乡镇	平均公交车通车线路（条/镇）	有二级公路通过的乡镇	高一级公路或高速公路出入口的距离小于50 千米的乡镇	能在一小时内到达县政府的乡镇	村内主要道路有路灯的村	通公路的村
太原市	13.5	2.90	69.2	76.9	100.0	49.6	100.0
大同市	20.2	1.64	43.4	4.5	93.9	13.3	96.3
阳泉市	18.8	1.70	65.6	81.3	87.5	29.4	99.5
长治市	19.7	2.06	50.0	84.9	91.7	32.3	98.9
晋城市	13.5	1.69	35.1	96.0	89.2	29.5	99.7
朔州市	13.0	1.94	40.6	79.7	94.2	6.6	92.0
晋中市	22.9	1.85	61.9	82.2	94.9	37.5	98.8
运城市	10.4	1.39	57.5	86.6	93.3	48.3	99.1
忻州市	20.5	1.61	46.0	35.1	78.9	8.6	84.8
临汾市	8.6	1.21	40.4	61.6	92.1	23.3	98.7
吕梁市	6.8	1.59	39.9	52.0	79.1	19.0	99.5

3　企业因素：供应商与相关企业及厂商的结构

（1）龙头企业的规模不断强大。截止到 2015 年 3 月，全省共有 24 家农业产业化国家重点龙头企业；截止到 2013 年 12 月，共有 415 家农业产业化省级重点龙头企业。2013 年，545 家大中型农产品加工企业销售产值为5705.55 亿元，资产总计 7285.61 亿元，利润总额达到 512.32 亿元。虽然龙头企业数量不断上升，但与其他省份相比仍有差距（白孝忠，2012；郭欣旺等，2011）。山西省特色农产品较多且知名度广泛，如小杂粮、山西老陈醋及汾酒等。农产品相关行业从业人员逐年上升，从 2012 年的 647.1 万人上升至 2013 年的 650.6 万人。

农业产业要最终形成集聚，必须有足够数量的关联企业，具备完善的农业社会化服务体系（刘友金，2007）。虽然山西省国家重点农业产业化龙头企业数量有待增加，但发展潜力还是巨大的。

（2）产业化企业结构以加工业为主。农业产业化企业中 86.3% 的资产集中在加工领域，流通型企业和基地型企业分别占 7.3% 和 6.4%。并且流通型企业与基地型企业数量之和仅占全部农业产业化企业总数量的 22.13%。这表明加工型企业发展良好，流通型企业及基地型企业的发展仍有待提升。

（3）农产品加工业地位逐渐提升。作为中国典型的资源型地区，山西虽然以往是资源型产品占加工业产值的大多数，但 2000 年以来农产品加工产业产值占山西省制造业产值的比重也在不断上升。受经济危机以及山西省煤炭、钢铁等行业产能过剩的影响，农产品加工产业产值占山西省工业总产值的比重在 2008 年之后也呈上升态势，并且上升幅度较大。

由附图 2、附图 3 可以看出，山西省农产品加工业的产值是逐年上升的，但山西省农产品加工业产值占山西省制造业总产值的比重由 2000 年的 12.9% 下降到 2008 年的 5.8%；占山西省工业总产值的比重从 2000 年到 2008 年下降了 5.4 个百分点。由此可以看出，山西省农产品加工业产值增长幅度小于山西省制造业总产值增长幅度及山西省工业总产值增长幅度。但山西省农产品加工业产值所占比重在 2009 年却开始迅速回升，可能与山西省 2008 年进行煤炭资源整改，大量资金涌入实体行业有关。这也说明了山西省农业产业化正在兴起，发展前景良好。

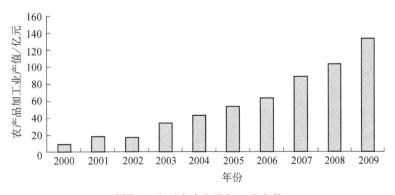

附图 2　山西省农产品加工业产值

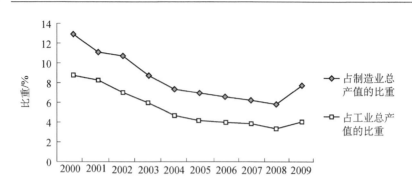

附图 3　山西省农产品加工业的地位

4　市场因素：本地市场与国外市场

4.1　本地市场

本地市场既可以指本省的市场，也可以指国内市场，本文所指的市场因素是指国内因素。山西省是一个农业大省，由于其独特的地理条件及文化渊源，其农产品国内市场潜力巨大。其中小杂粮、山西老陈醋、汾酒等其名气与产量都是首屈一指的。近年来随着互联网的发展，农产品在销售渠道上又多了一种选择。在为期一个月的 2014 年冬季农产品网上购销活动中，山西省农产品销售额达 5050 万元，购销成交量位居全国第八。截至 2014 年，全省特色农产品共获得中国驰名商标 24 个，获中国名牌产品 7 个，入选"中华老字号"企业 27 个，获得省级著名商标和名牌产品 300 多个。在某种程度上，品牌是现代农业的标志，推动传统农业转变升级就是由资源变产品，产品变商品，商品变名品的过程（郑风田和程郁，2005）。靠品牌整合资源，靠品牌壮大产业，靠品牌开拓市场，已经成为山西省推动特色农业的重要手段。

4.2　国外市场

从小杂粮来看，山西省由于其特殊的地理特征，所生产的小杂粮品质与全国平均量相比：豆类中蛋白质含量高 1.3%，热量高 230 千焦/100 克，膳食纤维 0.9%；谷类中蛋白质含量高 2.6%，脂肪高 0.98%，热量高 270千焦/ 100 克，膳食纤维高 0.2%。在欧盟、日本等发达国家和地区备受青睐。

在蔬菜方面，芦笋是山西省第二大出口农产品。由于其优越的地理条件，山西省是国际公认的芦笋优势产区，占世界贸易量的30%以上。2014年全省有15个县涉及芦笋的生产，其中永济市1340公顷①的芦笋种植面积，居世界种植芦笋面积之首。全省罐装及速冻芦笋产品90%以上销往国际市场。

在干鲜果方面，红枣、核桃和苹果等产量居全国前五，优质率在45%以上。2006年，核桃出口量就约占全国核桃出口量的一半。苹果质量标准符合世界水果检疫最严格的美国的标准，并且实现了加拿大和澳大利亚的出口技术解禁，成功进入国际水果高端市场（Katila and Ahuja，2002）。截止到2013年，全省已有20个出境水果园，先后有14个果园、5家公司具备向泰国、墨西哥出口的资格，7家果汁生产企业在美国注册。越来越多企业的发展，为山西省干鲜果走向国际市场增加了新的动力。

5 结论

总体来看，由于山西省有资源禀赋以及较好的硬件及软件设施，加之涉农企业不断发展壮大和国内外对山西省一些农产品的青睐，山西省农业产业集群正处于兴起阶段，并具有较强的竞争力。在矿产资源行业不景气的背景下，通过发展农业产业集群来发展山西省现代农业，对山西省产业结构的优化及升级都有着不可小觑的作用。

参 考 文 献

白孝忠. 2012. 基于 GEM 模型的湖北省农业产业集群竞争力分析[J]. 湖北工业大学学报，（6）：6-8.

郭欣旺，李莹，陈伟维，等. 2011. 基于 GEM 模型的甘肃省定西马铃薯农业产业集群竞争力研究[J]. 中国科技论坛，（3）：127-132.

刘友金. 2007. 产业集群竞争力评价量化模型研究——GEM 模型解析与 GEMN 模型构建[J]. 中国软科学，（9）：104-124.

郑风田，程郁. 2005. 从农业产业化到农业产业区——竞争型农业产业化发展的可行性分析[J]. 管理世界，（7）：64-73.

---

① 1 公顷＝15 亩＝10 000 平方米。

Katila R，Ahuja G. 2002. Something old，something new:A longitudinal study of search behavior and new product introduction[J]. Academy of Management Journal，45（6）：1183-1194.

Padmore T，Gibson H. 1998. Modeling systems of innovation：II. A framework for industrial cluster analysis in regions[J]. Research Policy，（6）：625-641.

经济转型背景下的山西服务业
发展研究报告[①]

----

1 山西服务业发展现状

服务业是指国民经济各个产业门类中除农业、工业、建筑业以外的各行各业，主要包括商贸流通餐饮、金融保险证券、旅游、交通运输、邮电通信、房地产、教育、卫生、文化等在内提供服务的行业。现代服务业既包括新兴服务业，也包括技术改造和升级的传统服务业，其本质是实现服务业的现代化。近年来，山西省经济社会得到快速发展，工业经济高歌猛进，新型城市化进程加快推进，各类社会需求日益扩大，强力呼唤着与之相适的现代服务业的快速发展，可以说加快现代服务业发展时不我待。

1.1 山西服务业发展的基本现状与优势

1.1.1 基本现状分析

1. 服务业增长速度有所加快

2014 年，山西服务业产值占地区生产总值的比重超过 44%，同比提高 2

----

① 课题组组长：李继红。课题组成员：岳燕萍、吴鑫锦。本文完成于 2016 年，如无特别说明研究涉及数据截至 2015 年 12 月。

个百分点以上；民间投资占固定资产投资的比重超过 58%，同比提高 4 个百分点以上；非煤产业投资占工业投资的比重超过 78%，同比提高 3 个百分点上；非传统产业投资占工业投资的比重超过 54%，同比提高约 1.5 个百分点；装备制造业连续三年成为继煤炭、冶金之后的第三大产业；旅游总收入同比增长 23.5%，特别是生产性服务优势突出，占全省服务业增加值的比重在 50%左右。其中，交通运输、金融、商贸（带仓储）三项合计占全省服务业增加值比重达 36.6%，排全国第三位，高于各省平均水平 7 个百分点，高于中部其他五个省份 10 个百分点左右。

2. 服务业内部结构有一定改善

制定新兴产业和服务业发展扶持政策，设立战略新兴产业、文化产业及旅游文化体育产业三支投资基金，推动煤层气装备、新能源汽车等七个新兴产业优化布局，加快发展节能环保产业和现代服务业。具体地说，批发零售贸易、餐饮住宿、交通运输邮电等传统服务业，在利用现代技术进行提升、改造方面取得一定进展；连锁经营、电子商务、订单农业等新型服务业态，得到了初步推广；金融保险、科技服务等现代服务业和信息、会展、社区服务等新兴服务业，快速发展的潜力逐步显现。随着全社会消费水平和消费意识的提高，全省服务业人员素质和总体服务水平也得到了明显的提升。

3. 服务业成为增加就业的重要渠道

近年来，山西省服务业吸纳就业的能力进一步增强，为全省城镇化提供了强大动力。目前，服务业万元增加值所需的从业人员是工业的两倍。"十二五"时期，服务业就业容量继续扩大，成为增加就业的重要渠道。从全社会从业人员结构情况看，2013 年山西全省从业人员总数达到 1844.2 万人，其中第一产业从业人员 650.6 万人，占 35.28%；第二产业从业人员 519.1 万人，占 28.15%；第三产业从业人员 674.5 万人，占 36.57%（山西省规划协调小组办公室和山西省社科院，2015）。

4. 区域和城乡结构有所改善

太原作为省会城市，在全省服务业发展中的中心和龙头作用进一步强化。大同、运城等区域中心城市以及侯马、五台等县级经济中心在服务业发展中的辐射带动作用日益明显。随着全省高速公路等基础设施的快速发展，服务业发展也出现了区域一体化的态势。在各级政府的政策和资金支持下，为农服务体系逐渐成为服务业发展的新热点。

1.1.2 山西服务业具备的优势分析

1. 良好的区位优势

山西省处在陕西省、河北省、内蒙古自治区和河南省的中心，晋冀相邻地区在地缘、人缘、文化、经济上具有渊源关系，可接受来自不同方位的经济辐射。山西无论是否能够成为承东启西的主要功能区，都有可能通过区域协调机制的建立，分享这些地区的发展成果，借助外力实现自我发展。随着多条高铁的建成及开工建设，如大西高铁、太焦高铁、石太铁路、太中银铁路等，山西的立体交通地理优势将很快显现。大西高铁太原至西安段正式通车，山西中南部铁路出海通道如期建成，新建、改建国、省干线 722 千米、农村公路 2891 千米。山西位于内陆协作区，既是保障环渤海地区持续发展的战略空间和强力支持，又是环渤海地区与中西部、东北地区联动发展的重要平台和联系纽带。要充分发挥贯通东西、连接南北的区位优势和战略支点作用，立足于环渤海经济圈西部门户的区域定位，做好陆路丝绸之路能源经济带与京津冀有效对接的桥梁纽带。

2. 良好的生态优势

全年山西省旅游总收入 3447.5 亿元，比上年增长 21.1%；接待入境过夜人数 59.4 万人次，增长 5.1%；接待国内旅游者人数 3.6 亿人次，增长 20.2%。山西最大的优势是以晋商为核心的文化优势和以黄河为核心的生态优势，富有山体、水域、植物、动物等自然资源，有沿黄河、沿西纵公路的生态经济廊道。合理开发山西生态资源，将促进生态旅游景区、生态旅游者、导游员的健康发展。凭借良好的生态优势，山西完全有可能在近几年建设成为国家重要的生态功能区和全国知名的旅游目的地。

3. 良好的经济优势

近年来，山西经济社会飞速发展。2014 年，全省生产总值完成 1.27 万亿元，同比增长 4.9%；固定资产投资完成 1.19 万亿元，同比增长 11.5%；社会消费品零售总额完成 5549.9 亿元，同比增长 11.3%；公共财政收入完成 1820.1 亿元，同比增长 7%；城镇居民人均可支配收入 24 069 元、同比增长 8.1%，农村居民人均可支配收入 8809 元、同比增长 10.8%；居民消费价格上涨 1.7%；城镇新增就业 51.4 万人，转移农村劳动力 37.7 万人，城镇登记失业率为 3.4%。特别是随着山西省项目建设的强力推进，在继续实施"煤炭产业 20 条""煤层气 20 条""低热值煤发电 3 个 20 条""保障工业运行 12 条"等措施的基础上，新出台"煤炭 17 条"和缓解企业资金困难的财政、金融等措施，首次推出 40 个鼓励社会资本参与建设营运的基础设施项目，深入开展"项目见效年"活动，坚持"六位一体"统筹推进重点工程建设，及时实施"百日百项"工程开工计划，全社会固定资产投资连续两年超万亿元。加快农产品流通体系、社区便民商圈建设，实施"快递下乡"惠民工程，深化"山西品牌中华行"等促消费活动；出台加快发展养老、健康服务业的政策措施，鼓励发展服务消费。外贸结构进一步优化，机电产品、高新技术产品出口分别增长 9%、15.6%。大力扶持实体经济，实施"一企一策"精准帮扶，各级领导干部带头联系帮扶重点企业；引导金融机构加大对重点企业、重点工程、中小微企业和"三农"的支持力度，着力解决企业融资难、融资贵问题，稳妥处置金融风险。

4. 良好的能源优势

山西作为煤炭流的上游，是煤炭储量达 6000 多亿吨的货源地，而煤炭流的下游是世界最大的煤炭外运港秦皇岛港。目前，世界上运量最大、行车密度最高的铁路线路是大秦铁路，其自山西省大同市至河北省秦皇岛市，纵贯山西、河北、北京、天津，全长 653 千米。大秦铁路是我国西煤东运的主要通道之一，其运量早在 2010 年就已突破 4 亿吨。全国原煤产量中的 10%、全国铁路煤炭运量中的 20%、西煤东运中 40%的份额，都靠大秦铁路来运输。它为国家电网五大发电公司、349 家主要电厂、十大钢铁公司，以及 26 个省（自治区、直辖市）的 6000 多家大中型企业和上亿城镇居民输送生产生活用煤。

5. 良好的政策优势

作为党和国家实施的重大发展战略，2015 年 11 月发布的《京津冀协同发展规划纲要》和《环渤海地区合作发展纲要》都把山西纳入其中，这是继 2010 年 12 月国家发展和改革委员会批准设立山西省国家资源型经济转型综合配套改革试验区以来，山西又一次迎来的重要发展机遇。从此以后，山西与京津冀地区乃至整个环渤海区域这种密切联系，不仅仅体现在能源方面，将在更多方面、更多领域上升为国家战略。

1.2 山西服务业发展存在问题分析

由于宏观经济增速放缓，山西省以煤炭、冶金、电力、焦炭、化工为主的能源原材料工业总体疲软。特别是山西省最大的支柱产业煤炭供过于求、价格下跌、效益锐减，不仅影响到地区生产总值等总量指标，而且影响到财政收入等效益指标。加上长期存在的经济结构不合理等问题，矛盾更显突出。我们应清醒地认识到，与沿海发达地区相比，山西服务业总体上比较滞后，发展不足仍是最突出的问题。

1.2.1 服务业整体问题

1. 服务业总体发展规模仍然滞后

服务业的比重大小决定服务业可持续发展的能力和服务业的整体水平。目前，在世界 GDP 总量中，服务业产值已超过 60%，其中一些发达国家的服务业产值已占 GDP 的 70%，有些接近 80%。世界经济实际上以服务商品的生产为主，已步入"服务经济"时代。而山西省服务业总量仍偏低，比重偏小，发展落后于整体经济。

2. 服务业内部结构不尽合理

从服务业内部的行业结构看，山西省服务业内部行业间发展也不平衡，传统服务业所占比重较高，新兴行业及现代服务业比重偏低。批发零售贸易、餐饮住宿、交通运输邮电等传统服务业大而不强，新型化改造远没有结束。与沿海地区相比，代表服务业未来发展趋势的现代服务业和新兴服务业起步晚、发展慢，没有形成集聚发展的态势，占服务业的份额仍然较小。

3. 区域间服务业发展水平差异较大

从山西内部来看，区域发展不平衡的现象较为突出，服务业发展水平的区域差异大。由于资源条件、基础设施、工业化进程、政策环境、开放程度等多个方面因素的影响，全省各地服务业发展水平存在明显的差距。从各地市第三产业增加值占全省第三产业增加值的比重来看，省会太原处于绝对领先地位，其余 10 个地级市的比重均未超过 9%。从服务业增加值占各地市 GDP 的比重来看，省内地区间服务业发展水平的差异同样巨大。区域发展的不平衡，不利于提升山西省服务业的整体水平。与中心城市形成鲜明对比的是，全省广大农村地区，特别是东西两山地区的连片贫困地区，教育、医疗、社会保障等服务产品供给不足、服务水平不高，服务业总体上仍比较落后。县域经济以商贸、旅游等服务业为支柱产业的不多。

4. 服务业专业化程度总体不高

从山西省服务业就业结构看，2013 年全省第三产业就业人数为 674.5 万人，其中批发和零售业就业人数最高，占 29.13%，其次是交通运输、仓储和邮政业，占 14.65%，其他各服务业行业就业人数所占比重均低于 10%。从总体上看，服务业就业结构中，传统服务业对就业的吸纳人数依然占绝对优势。反映服务业专业化程度的金融业、租赁和商务服务业等行业就业人数所占比重较低。此外，就业结构反映出山西省服务业从业人员素质结构上的差距。从当前情况来看，省内精通法律、国际贸易等领域的国际型、开放型专业人才储备不足，这些成为影响山西服务业内部结构升级和快速发展的阻碍因素。

5. 促进服务业繁荣发展的市场环境有待完善

目前，山西服务业市场化程度不高，一些领域仍为福利型和国家垄断型，政府主导和公益性色彩比较浓厚，资本结构单一，扩张实力有限，缺少竞争意识和市场化经营管理方式，导致服务业有效竞争不足。具有较大规模和较强竞争力的企业集团少，中小企业发育不充分。民营经济在服务业发展中的主体作用尚没有充分发挥。缺乏在国内外具有较强影响力的服务业品牌，连锁经营、电子商务、订单农业等新型组织方式仍然处于初级阶段。

6. 开放创新程度较低

国企改革相对滞后，开放严重不足，企业创新乏力。国有企业市场化、产业化、社会化改革进程迟缓，"企业办社会"的情况仍然比较普遍。垄断行业改革滞后，许多服务领域没有完全放开，缺乏竞争动力和发展活力。服务业发展的软硬环境仍然不宽松，外资和省外资金在服务业中的比重较小，省内资金特别是民间资金投向服务业的热情有待激发。

1.2.2　服务业质量问题

（1）服务业顾客满意度较低，平均顾客满意度低于第二产业。根据

《2014 年重点服务行业质量监测报告》，旅游业占比 74.1%，同比下降 0.78；网上购物 75.86 %，同比下降 0.38；移动通信 71.08%，同比下降 4.49；顾客满意度是评价服务质量水平的国际通行指标。西部地区城市服务质量满意度远低于东部和中部地区城市。较低的顾客满意度直接影响到服务业竞争力，制约了对外服务贸易发展，不利于山西省产业结构转型升级。

（2）服务质量较低。商户服务质量差，非常容易导致企业之间发生恶性竞争，甚至出现欺诈行为。"大而全、小而散"的经营模式，加上行业管理混乱，造成了物流资源的过剩和浪费。除少数大型企业外，服务企业手工作业还很普遍，这就使得成本过高、效率低下、浪费严重。

（3）服务投诉量大幅攀升。网络购物、快递服务、医疗健康、旅游等领域的投诉量大增，体现了这些服务行业发展的不规范，考核评价和信息披露力度较低。这会降低消费意愿，制约服务内需潜力的充分释放。

（4）服务业缺乏国际知名品牌。美国等发达国家的知名服务业品牌，主要集中在全球化、市场化和品牌附加值较高的领域；山西省几乎没有知名服务业品牌，成为国内市场保份额和省内企业走出去的绊脚石。

1.2.3　存在问题原因分析

（1）城市化进程缓慢，限制了现代服务业发展。与其他产业相比，服务业要求最低的"入门人口"，即人口必须集中到一定规模，服务企业才能盈利，服务业才能作为产业来经营。不仅如此，服务业的内部结构与城市规模结构也有很大关系。例如，在特大城市和大城市，金融保险、会计法律、信息服务等行业比较发达，博物馆、剧院、体育馆等比较集中。服务业特别是现代服务业的这些特性，决定了服务业的发展必须依托于城市，城市化水平与现代服务业的发展水平呈高度正比关系。目前山西省的城镇化率已接近55%，但城市化水平并不高，很大部分为依赖于传统服务业的乡镇集市，这是制约山西省现代服务业发展的一个重要因素。

（2）行业垄断性强，服务市场准入受到限制。山西省现代服务业的不少行业，如银行、保险、电信、邮政、城市供电等，仍处于政策性垄断经营的状态之中，保持着十分严格的准入门槛。这种垄断和半垄断的市场环境，导致了两个方面的结果。一方面已有的经营主体缺乏扩张动力；另一方面大量的居民储蓄却找不到好的投资项目，只能局限在传统服务业领域"小打小闹"。在经营形式上，以传统门店为主，现代连锁经营模式才刚刚起步，新兴服务业在乡村几乎是空白。以专业化服务为主的特色市场和特色商业街区还未形成，经营网点过于分散，缺少有实力的服务业企业，规模小、档次低，导致大量消费外流。

（3）自身发展基础薄弱，制约了服务业的发展。山西省城市布局较分散，规模小，集聚度低，且城市基础设施建设相对滞后，服务业缺少大发展的条件和动力，聚集人流的引力不强。另外，山西省部分县（市、区）人口基数小，外来流动人口也不多，城市人口总量不大，服务业缺少大发展的条件和动力，难以聚集人气和商气。较小的城市规模和较低的聚集度，影响服务业的有效需求，在一定程度上制约了服务业的发展。

（4）人才缺乏，技术创新与应用脱节。人才短缺已成为制约山西省服务业发展的关键。推动服务业管理水平和服务质量的提高，必然要对劳动者素质和技能提出更高的要求。山西省目前服务业人才特别是专业技术人才缺乏，在服务行业一线的技术人员更少。服务业从业人员的素质远不能适应服务业迅速发展的需要，特别是高级人才的短缺已成为制约全省服务业发展的瓶颈。随着服务业的进一步发展，服务业在进一步吸纳劳动力就业的时候，如何吸纳到能胜任就业岗位的劳动力已成为山西省服务业进一步发展的关键。

2　发展现代服务业的必要性分析

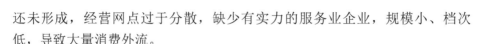

现代服务业又称新兴第三产业，广义的现代服务业既包括新兴服务业，也包括对传统服务业的技术改造和升级，一般包括金融、保险、信息服务业、旅游业、物流业、房地产及社区服务业等，是现代经济的重要组成部分。现代服务业可以划分为四大类：①基础服务，包括通信服务和信息服务；②生产和市场服务，包括金融、物流、批发、电子商务、农业支撑服务，以及中介和咨询等专业服务；③个人消费服务，包括教育、医疗保健、住宿、餐饮、文化娱乐、旅游、房地产、商品零售等；④公共服务，包括政府的公共管理服务、基础教育、公共卫生、医疗及公益性信息服务等国家统计局，1985。现代服务业是在工业化比较发达的阶段产生的，主要依托信息技术和现代化管理理念发展起来。信息和知识相对密集的服务业，与传统服务业相比，更突出了高科技知识与技术密集的特点。现代服务业的发展，本质上来自社会进步、经济发展、社会分工的专业化等需求。科学技术，特别是信息技术（卫星和无线通信、计算机网络等）对现代服务业有着重要的推

动和保障作用。因此，现代服务业必须依靠科学技术尤其是信息技术的支撑，才能得到长足的发展。2005 年，我国经济规模达到 2.2 万亿美元，已超过英国和法国，位于美国、日本和德国之后，成为世界第四大经济体。然而，经济全球化和产业结构升级两大发展趋势要求，我国以制造业为主导地位的经济要转向以服务业为主导地位的经济。这一产业结构升级所需要的现代服务业各类人才严重短缺，迫切需要我国高等教育结构调整，以培养现代服务业发展所需要的各类人才队伍。前面已经指出，现代服务业的本质特征是充分利用信息网络技术的高增值服务。其中，软件、集成电路设计、电信、网络信息管理等，是直接影响我国综合竞争力的战略性服务行业。此外，科学技术直接推动服务业经营模式和管理模式的变化，信息技术也直接推动和影响市场机制和政府监督方式完善的过程。

产业经济理论表明，经济发展到相当程度时，发达的现代服务业可以为发展新技术产业提供创业的氛围，现代服务业的发展可以与现代工业制造业形成互动的机制。所以，可持续发展的经济需要发达的现代服务业支撑。特别是对于都市经济的发展，服务业的拉动作用更为明显。现代服务业是经济持续发展的主要增长点，是缓解就业压力的主渠道，是增强国际竞争力的战略举措，是全面建设小康社会的必由之路。因此，当前加快发展现代服务业具有重要的战略意义。只有从重大战略问题研究入手，才能制订出一个目标明确、重点突出的服务业发展规划，高标准、高质量地做好服务业规划战略研究工作。

当前，为应对国际金融危机对我国经济的不利影响，党中央、国务院决定实施积极的财政政策和适度宽松的货币政策，以扩大内需、促进经济增长的"十条措施"为载体，拉动投资，扩大内需，促进增长。在这些一揽子计划中，把扩大内需、振兴产业和科技支撑结合起来是工作的核心。加快发展服务业在扩大内需实现国家目标上具有十分重要的地位。

经济转型指的是资源配置和经济发展方式的转变，包括发展模式、发展要素、发展路径等转变。从国际经验来看，不论是发达国家还是新型工业化国家，无一不是在经济转型升级中实现持续快速发展的。在当今全球经济由"工业经济"向"服务经济"转型发展大趋势下，加快现代服务业发展，是推进产业结构优化升级、加快经济发展方式转变的现实需求；是适应全球化新格局和对外开放新形势，加快构筑新竞争优势的有效途径；是促进社会和谐，推动经济社会全面协调可持续发展的必由之路。因此，在当前推进"两型社会"示范带建设中，发展山西省现代服务业、加快经济转型势在必行。

2.1 发展现代服务业的必要性

1. 现代服务业是实现山西省经济又好又快发展的必然选择

按照经济学理论：新的经济部门的迅速增长是经济转变的核心和引擎，产业结构的转换是经济增长的内在因素。因此，山西省经济若要取得跨越式发展，必然要培育一个新的增长极，经济内在结构调整不可避免。据统计，2014年，全省生产总值完成1.27万亿元，财政总收入达1820亿元，规模工业增加值达到3906亿元，全社会固定资产投资达1.23万亿元（源自《中国统计年鉴2015》）。发达国家发展经验表明，一个地区的人均GDP达到3000美元以上阶段，现代服务业将成为经济增长的重要支撑。当前山西省在工业经济大发展的情况下，现代服务业引擎何时启动，是关系到全省经济腾飞的迫切问题。宏观经济环境趋紧，工业用地成本、劳动成本上升较快，交易成本、商务成本居高不下，这些因素对山西省经济社会发展提出了巨大挑战。在挑战面前，要吸引外来投资，留住本地企业，参与对外开放，出路之一就是加速发展现代服务业特别是现代生产服务业。现代服务业具有高人力资本含量、高专业性、高附加值等显著特点，处在价值链的高端，行业利润普遍较高，对各种生产要素的集聚作用明显。通过分析投入产出结构可以发现，发达国家及我国沿海地区发展过程中，现代服务业的影响力系数和三次产业对现代服务业的直接消耗系数都有大幅度的提高。综上所述，山西省在改造和提高传统服务业的同时，要引导扶持现代服务业作为实现产业升级、促进经济发展方式转变的着力点。

2. 现代服务业是实现山西省工业增强的重要支撑

从现代服务业涵盖的行业范围来看，很多都具有生产性服务性质，如金融业、租赁业、计算机服务和软件业、商务服务业及现代物流业等。山西省现正处于工业化中后期，在向更高阶段发展的进程中，企业必须摆脱资源依赖型的增长模式，转而依靠技术创新、现代化经营管理来激发经济活力，而创新动力和管理手段主要依赖生产服务实现。要提高制造业竞争力和附加值必须由生产性服务业来支撑配套，通过服务创造价值，通过服务降低成本，通过服务降低资源能源消耗，通过服务提升人力资本和知识资本的贡献。工业产品增值构成中，与制造环节紧密关联的设计、研发、广告、营销、管理、信息、金融、会计、审计、律师等专业化生产服务所占的比例越来越高，生产性服务在产品的中间投入中比重较大是现代化工业企业的显著特征。可见工业与生产性服务业具有很强的产业关联性，工业的飞速发展必将对生产性服务业产生巨大的需求。2014 年，山西省批发零售业、金融业、房地产、交通运输、仓储邮政业等相对传统业态占服务业增加值的比重较高；科技信息业、中介服务等知识密集型行业基础比较薄弱；现代物流、商务服务等生产性服务业发展相对滞后。从服务业发展水平来看，服务业集聚化、规模化程度不高，行业集中度低，综合竞争力相对不强。例如，山西省运输物流业虽然发展较为迅速，但真正上规模、管理先进的第三方物流企业几乎没有，开展物流综合服务能力不强，还不能为快速发展的工业提供强力支撑。一旦工业企业的生产性服务需求长期得不到满足，势必陷入企业利润下滑、产业竞争力减弱的困境。山西省要形成生产性服务业与工业相适应的良好互动局面，必须加快现代服务业的发展。

3. 现代服务业是实现山西省经济可持续发展的有效途径

长期以来，山西省经济发展的支柱产业以能源、矿冶等资源消耗型产业为主，粗放型资源开发利用方式依然存在。由于粗放型经济增长方式未得到根本性转变，经济增长以量的扩张为主，经济快速增长与资源、环境保护之间矛盾日益明显，随着经济增长，企业能耗、物耗量相对较大，污染物排放量也相应增加。例如，山西省工业企业二氧化硫污染物排放强度居高不下，全省主要污染物总量减排任务艰巨。目前，山西省经济结构转型工作虽做了一些探索，也取得一定进展，但未从根本上改变产业结构的弊端，仍需加速转型。现代服务业以知识技术密集型为主，能源的直接消耗系数小，这意味着现代服务业每增加一单位产出，可以消耗较少的能源，创造的是"绿色GDP"。另外，现代服务业相对于工业对土地的需求较少，这样可以保护耕地面积不会减少以及腾出土地用来提高城市的植被覆盖，对山西省创建"森林城市"，创造优越的人居环境，实现人与自然全面协调可持续发展，具有深远影响。

2.2 经济转型与现代服务业关联性

面对国内外经济环境的深刻复杂变化，在增长、转型、改革高度融合的背景下，"十三五"期间要形成良好的增长前景，关键在于把握经济转型升级的大趋势，走出一条以转型改革推动现代服务型经济发展的新路子。

当前，我国正处在经济转型的历史关节点。从国际产业结构演进的经验看，由高附加值的现代服务业逐步取代低附加值的传统工业，是一个国家由工业化中后期走向工业化后期这个特定历史阶段经济可持续发展的客观趋势，也是发展中国家成功迈向高收入国家的必由之路。"十三五"期间，经济结构的变化趋势，要求我们必须把握增长、转型与改革的主动权，适应并引领经济新常态，尽快形成以服务业为主体的产业结构。

"十三五"期间，需要以破除行政垄断为重点，加快推进服务业市场开放。一是打破服务业市场的行政垄断与市场垄断。建议尽快出台垄断行业改革的总体方案，电力、电信、石油、民航、邮政等行业要进一步破除各种形式的行政垄断。二是推进服务业市场的便利化改革，尽快使社会资本成为服务业发展的主体力量，实现教育、医疗、健康、养老等生活性服务业对社会资本的全面开放，充分利用社会资本促进研发、物流、销售、信息等生产性服务业的发展。三是逐步放开服务业市场的价格。除政府必须确保的基本公共服务领域之外，"十三五"时期应争取在绝大多数服务业领域放开价格管制，政府定价范围主要限定在重要公用事业、公益性服务、网络型自然垄断环节。对基本公共服务领域，政府仍保留定价权，以保障公益性；对非基本的公共服务全面放开价格管制。四是以政府购买公共服务为重点，推动公共服务业市场开放。充分利用市场力量、社会力量扩大公共服务供给，争取使政府采购规模占财政支出比重从 2014 年的 11.4% 提高到 2020 年的 15%～20%，服务类占政府采购总额比重从 2014 年的 11.2% 提高到 30% 左右。

此外，从政府自身来看，需要继续纵深推进简政放权改革，激活市场、激发企业活力，抓好时机全面实施负面清单管理，并进一步推进监管转型，尽快形成法治化的监管框架。

3　发展山西现代服务业的对策和建议

加快现代服务业的发展，应积极对接国家"一带一路"、京津冀协同发展、长江经济带战略，扩大与相关地区的交流合作，加大承接长三角、珠三角等地区产业转移力度，主动融入环渤海经济圈和中原经济区，加快晋、陕、豫黄河金三角承接产业转移示范区建设。在工业继续处于领先发展的经济环境条件下，不单纯以产业结构比例来判断总量或结构的滞后，而用更科学的视角来看待山西省现代服务业发展的态势，保持服务业与工业和农业发展的协调性，结合自身优势，扬长避短，找准定位。具体可从以下几个方面做起。

3.1 要从观念上突破——厘清思想认识

山西省发展现代服务业如果不从观念上根本转变，就很难有真正意义上的突破，笔者认为，当前要从以下四个层面着力。

1. 突破"重工业轻服务业"的思维定式

多年来，我们侧重把注意力放在发展工业上，工业经济从小到大，从弱到强。但也由此形成了"工业经济时代"的一些思维定式。具体表现在：善于抓工业企业，不善于抓服务业；习惯于抓工业大项目，不习惯于抓服务业小项目；知道如何做大工业企业，不知道如何做强服务业企业。因此，当前要打破这些思维定式，积极推动工业企业向价值链两端延伸，促进工业企业和服务业的融合，促进工业企业内部服务性功能和收入比重日益提高，形成第二产业、第三产业互动发展格局。

2. 走出"服务业是附属产业"的认识误区

现代服务业具有智力要素密集度高、产出附加值高、资源消耗少、环境污染少等特点，是"精英产业"。当前要从根本上纠正服务业是附属产业的狭隘认识，把发展现代服务业作为推进新一轮大开发、大发展的主导产业，动员广大干部群众走出认识误区，把现代服务业作为就业的主渠道和创业创新的主空间，积极投身于山西省现代服务业的建设与发展。

3. 树立"制造本身就是服务"的发展理念

现代服务业是国外制造业发展过程中自然形成的，是知识技能、经济与技术综合能力合理利用追求利润最大化的结果，也是国外技术市场发展的一个重要原因。但是，我们的企业和员工并没有真正认识到"制造本身就是服务"，也没有认识到技术可以形成市场，这也制约了我们技术市场的发展。因此，对"制造本身就是服务"观念的强调，对于山西省现代服务业的发展来说，显得极为迫切和必要。

4. 加大宣传力度

当前要进一步加强宣传，统一全省人民对服务业发展的认识，全面强化服务业与第一产业、第二产业发展融合互动意识，确立服务业与工业化同步发展地位，要大力提倡"三个前所未有"要求，即"对服务业工作认识程度要有前所未有的提高，对服务业项目的招引和推进要有前所未有的突破，广大干部对服务业的组织领导要有前所未有的力度"。切实加强组织领导，明确目标任务，健全工作机制，形成重视服务业发展、合力推进服务业发展的良好氛围和格局。

3.2　要从规划上引领——突出发展重点

未来几年，山西省务必立足现有资源条件、发展潜力和比较优势，高举现代服务业发展大旗，努力实现总量进一步扩张、占比进一步扩大、质量进一步提升、结构进一步改善、效益进一步提高、布局进一步优化。在发展方向上逐步形成以"商贸物流为基础，旅游文化为亮点，科教文化与金融地产为支撑，生产性和生活性服务业同步发展"的现代服务业体系，努力推动全省经济结构加速向服务经济转型。

1. 大力优化现代服务产业布局

紧紧依托新型工业化、新型城市化和农业产业化发展，集中、集聚、集约发展现代服务业，着力构筑各具特色的服务业发展新格局，有效实现生产性服务业和生活性服务业融合发展。更多的煤矿企业也在实施转型，尤其是选择科技含量高的信息服务业转型。

一是打造现代服务产业园。太原是山西经济的最初战场，也是城市与经济转型发展的主战场。从独特的生态优势出发，山西应重点发展旅游、研发设计、创意设计、综合物流、商务服务、信息服务等生活性和生产性服务产业，加快发展楼宇经济和总部经济，推进贸易园向现代服务产业园转变。重点建设太原武宿综合物流园区、大同资源周转型物流园区、侯马农贸日用产品集散型物流园区等项目。

二是提升太原中心集聚区。太原市区作为全市经济文化中心，重点要改造、提升商贸、餐饮、房地产等传统产业，挖掘和培育金融、教育、文化、健身、娱乐、社区服务等新兴业态，同时太原也是发展新兴服务业的潜力区。在太原要继续做大做强商贸、物流、信息服务等产业，着力提高服务品位和水平，进一步提升商业重镇的辐射带动功能。建立以太原为中心的服务中心轴，充分发挥太原武宿作为公路、铁路、航空多种交通运输方式交汇点的优势，规划建设现代服务园区，把太原建成全省核心服务枢纽城市，辐射晋中、阳泉、忻州、吕梁等市。

三是做大同、太原、临汾等功能节点。这几个节点分别处于山西北部、中部和南部的中心枢纽位置，服务发展水平的高低对周边乡镇经济发展起着重要作用。对于山西北部，包括大同、朔州，发挥大同"煤都"和"北方商埠"的优势，依托大运、京大高速公路和大秦铁路，通过发展现代服务，建成全国重要的服务枢纽。对于山西南部，包括侯马、临汾、运城、长治、晋城等市，要立足毗邻河南、河北、陕西的区位特点，充分发挥区域性的服务功能，建成省内西南和东南部的服务枢纽型城市。各节点要紧紧围绕"三农"需求、旅游发展、社区服务等主线，大力发展综合性服务业。在三都，以服务工矿区生产生活和农业生产为重点，提升发展商贸物流、社区服务、农业生产服务等行业。大力发展农家休闲、生态观光等休闲服务业，推动旅游业由观光为主向观光、休闲、度假并重转变，进一步强化旅游重市的功能。

四是重视和加强大学城的建设和完善。目前太榆同城化及榆次大学城的建设已经取得初期效果，大批学校和师生已经入住大学城，紧迫要求大学城各项服务的完善。重点要完善大学城周边的服务设施，配套和建立科学园区，以发挥学校的科技优势。除榆次大学城外，太原东山也正在建设大学集中地，要加快建设速度，结合太原城中村改造进程，完善周边各项服务设施。

2. 改造提升传统服务产业

一是改造提升旅游业。全面突出旅游业领军作用，坚持把旅游产业作为山西省国民经济的战略性支柱产业、转方式调结构的先行产业、第三产业的龙头产业来重点发展。在发展理念上，要坚持"政府主导、市场运作"机制，充分发挥政府主导在旅游基础设施建设上的作用。在发展定位上，打造全国知名的旅游目的地，以"生态、休闲、文化"为取向，充分发挥山西独特的生态优势，着力构筑晋商文化、生态休闲、漂流探险、寿地祈福、康体养生、特色农家等六大旅游产品体系。在景区建设上，要坚持高起点规划、大手笔推进，重点抓好平遥古城、五台山、云冈石窟等核心景区建设，应该因地制宜、统筹谋划，加强顶层设计、统一建设营销，转变观念、强化政府主导作用，抓好旅游产业与文化产业融合、走集群发展道路，创新机制体制为文化与旅游融合发展铺平道路等。

二是改造提升商贸流通业。首先要完善商贸网络。坚持以中心城区为主、中心城镇为辅、各乡镇为补充，大力发展商贸流通业，建立完善覆盖城乡的商贸流通网络。特别是要优化太原中心城区商业布局，发展壮大中央商业区，引导商业集聚分类发展。其次要打造新商圈。在改造升级中心城区传统商圈的同时，加快打造高品位和标志性的新商圈。要结合高档商业地产开发，在太原同城化与城中村改造的进程下，规划建设单体面积10万平方米以上的大型商业综合体，着重引进国际国内知名品牌百货商场、连锁专卖店、购物中心、餐饮娱乐休闲中心的进驻，形成新的标志性的商圈，成为太原对外形象的新名片，进而要强化市场集群。积极培育商业特色街区，形成品牌服装一条街、通信电子商品一条街、家电家具商品一条街、夜间休闲风情酒吧一条街、旅游商品一条街、民俗文化一条街，等等。加快农村市场和社区商业的建设步伐，满足城乡居民的消费需求。

三是改造提升房地产业。保持房地产业稳步健康发展，不断提升城市形象和品位。首先是优化房地产业结构。大力发展保障性住房，完善廉租房、公租房和经济适用房保障制度；切实增加普通商品住房有效供给，适度发展高端房产；支持居民自住型住房消费，抑制投资、投机性购房要求。其次是推进商住房开发。根据山西各市县发展定位，统筹推进各区域房地产开发，满足不同层次的居住需求。特别是在太原和榆次开始的"城中村"改造过程，为房地产产业发展提供了机遇同时，也可能会造成改造的各种问题。因此，要稳步地开展"城中村"改造，一方面让村民生活有保障；另一方面改造项目要合理有据进行，政府也要加强政策导向，提高"城中村"改造效率和保证开发商收益，将改造项目建成高品位楼盘建筑，提升宜居档次与品位。同时，加大商业地产开发力度，引进类似城市综合体的商务业态，结合综合商场、特色步行街、美食街的规划建设，形成"以房兴旅""以房兴商"的局面。最后是加快中心城区旧房提质。鼓励中心城区临街破旧门面、临街闲置地块和单位院内老、旧、危住宅的提质改造，进一步美化、亮化城市形象。

3. 培育发展新兴服务业

一是利用信息技术优势，加快人员、设施、设备等服务资源的重组整合。提升服务信息化水平，建立公共信息平台，实现资源共享、数据共用、信息互通。

二是鼓励利用现代信息技术改造传统服务产业。在全球化竞争中，如何加快培育、发展新兴产业和高新技术产业，用高新技术改造传统产业，以信息化带动工业化，走出一条科技含量高、经济效益好、资源消耗低、环境污染少、人力资源优势得到充分发挥的新型工业化路子，促进传统产业和高新技术产业的协调发展，是实现我国新型工业化道路的关键，也是我国实现第三步战略目标的必由之路。

三是培育发展金融服务业。在充分发挥国有商业银行主渠道作用前提下，稳妥推进农村商业银行组建工作，积极引进新的股份制商业银行在山西省设立分支机构，探索组建新的担保公司、创投公司、小额贷款公司等非金融机构，逐步形成以国有金融机构为主、地方民间融资服务机构为辅的金融服务体系。同时，引导金融企业大力推进金融创新，不断丰富信贷产品，积极开发适应不同企业、客户群体的新产品，以满足不同主体的信贷需要，创新金融服务理念。

四是培育发展科教文化产业。按照市场化运作、产业化发展、社会化服务的思路，加快社会事业产业化发展步伐。要把科技教育放在更加突出的位置优先发展，加大投资力度，加快体制机制创新，鼓励支持社会各界投资兴办科技、教育。大力开展产学研合作，积极探索科技企业孵化器建设，帮助和支持科技型中小企业成长和发展。大力开展职业教育培训，既为全民创业创造条件，更为全省经济发展特别是园区企业提供高素质的劳动力保障。积极发展文化服务业，建立健全覆盖城乡文化设施网络。

五是大力挖掘新兴特色文化，促进文化与旅游深度融合，以特色文化带动旅游发展。大力发展文化创意、现代传媒等高新文化产业，形成强势文化产业实体。

六是发展节能环保服务产业。在装备制造业，要推动中央企业与地方企业优势互补、军工与民品融合发展，做强轨道交通装备、煤层气装备、煤机装备、电力装备、煤化工装备等优势产品。特别是加快发展新能源汽车产业，推进燃气汽车、电动汽车、甲醇汽车关键核心技术研发，加强充换电设施、加气站等配套建设，加大公共服务领域推广应用力度。节能环保产业要着力发展煤层气发电、高效节能电机、燃煤发电机组超低排放等装备制造，积极发展节能环保服务产业。新能源产业要积极发展水电、风能、太阳能、生物质能、地热能。新材料产业要加快发展特钢、铝镁合金、钕铁硼、半导体照明等产业，提高深加工能力和附加值。食品医药产业要大力发展酒类、食醋、乳品、小杂粮、干鲜果蔬等特色产业；开发现代中药新药及天然药物，发展生物制药、新型药物制剂。

4. 加强创新服务业

创新服务业是通过市场机制为企业创新提供专业服务的产业，其产出形态不是物质产品，而是为企业技术创新、管理创新、经营创新提供的专业性服务。创新服务业涵盖创新全过程，可以细分为设计服务行业、研发服务行业、创业服务行业、知识产权服务行业、基础技术服务行业和技术改造服务业六个行业，其运行机制是市场化的。作为一种战略性产业，它是从生产领域分化出来的知识最密集的产业，是与第一产业、第二产业高度融合的产业，是各种服务业态高度综合的产业。发展创新服务业必须转变政府职能，政府的正确定位是创造环境，为企业不断创新提供动力和支持，而不是直接介入到企业具体的经济活动中。凡是通过社会能够解决的问题交由社会解决；凡是通过市场能够解决的问题交由市场解决，而且要以社会化、市场化的政策为基础。要确立创新服务业在建设创新型国家中的战略地位。政府应出台创新服务业发展的统一规划，明确创新服务业的战略定位和战略方向，包括创新服务机构的法律地位、经济地位、管理体制、运行机制等；就科技服务业发展的愿景、思路和目标，科技服务业发展的重点和任务，支持科技服务业发展的综合政策措施等战略性问题，进行规划设计，指导山西省科技服务业的发展；要改革完善政府科技公共服务体系，把支持创新服务业的发展纳入各级各类政府计划，吸纳创新服务企业深度参与计划项目实施和成果转化工作；要建立促进创新服务业发展的政策体系；要像改革开放初期那样大力引进和培养创新服务人才。

5. 提升结合各项服务业

落实好促进现代服务业发展等各项政策措施，统筹推进金融服务、信息服务、电子商务、检验检测等生产性服务业和旅游休闲、文化体育、健康养老等生活性服务业发展。加快太原都市圈建设，聚合太原晋中同城化、山西科技创新城、山西高校新校区、晋中108廊带区域一体化发展示范区等优势，推进道路、公交、通信、金融互联互通和产业一体化。

3.3　要从制度上保障——加大改革力度

现代服务业作为工业化中后期发展起来的新兴产业，对制度的要求更高，当前必须加大改革力度，全方位构建有利于现代服务业发展的制度体系。

1. 放宽行业准入制度

山西省要大力优化政务环境，进一步提高服务效能，降低服务业准入门槛，努力形成一整套行之有效的扶持服务业发展的政策体系，吸引外地大型购物中心、专业超市、综合百货来山西省投资兴业。打破行业垄断，对竞争性领域的国有服务企业进行股份制改造，有效引导社会资本参与；鼓励企业之间的联合，促进资本、产权、人员自由流动，实现优势互补、共同发展，形成层次分明、结构均衡、体系完整的服务业产业集群。

2. 创新人才培养机制

要运用高新技术改造提升服务业，鼓励服务企业应用信息技术，实现信息管理网络化。以电子商务为龙头，推进服务业企业信息化。加快研发中心和技术开发中心建设，鼓励科研机构和高等院校的科技力量进入服务领域或创办服务企业，提高服务企业创新能力。加快培养和引进服务业所需的各类人才，特别是熟悉世贸规则、通晓国际惯例、擅长国际交往的金融、保险、贸易、中介等专业人才。要加强服务业岗位职业培训，全面推行职业资格证书制度，提高服务业从业人员的职业素质。从而加快服务业内部结构和产业层次的升级，重点培育科技含量较高的行业，提高现代服务业的竞争力。

3. 严格督查考核机制

目标责任考核是引领发展方向、衡量发展成果、检验工作成效、考核干部实绩的重要举措。当前必须把严考细核、真考实核，作为发展现代服务业考核工作的生命线，严格考核标准、严格操作程序、严格兑现奖惩，客观公正、实事求是地评价单位和个人的工作实绩。严格督查考核机制，在工作中要坚持"五制"联动，即"每月项目进展通报制、重大项目即时即报制、专题会办制、矛盾协调交办制、目标任务绩效考核制"，强化服务业工作的督促检查，真正发挥考核工作的导向和激励作用，形成抓落实、谋发展、促和谐的强大合力。

3.4 要从政策上扶持——宽松发展环境

1. 增加投入

首先，政府要发挥投资的引导和推动作用，引导现代服务业的发展方向，推动重点行业、重大建设项目的发展。省政府每年要安排一定数量的服务业发展引导资金，主要用于重点服务业建设项目的贷款贴息和补贴，并根据形势发展，进一步加大引导力度，吸引更多的社会资金投入服务领域。其次，政府要加强与银行的沟通，引导银行在独立审贷基础上，积极向有市场、有效益的服务业项目和企业发放贷款。最后，要大力扶持符合条件的服务业企业进入资本市场，通过股票上市、企业债券、项目融资、股权置换等方式筹措资金，同时要积极向中央争取服务业引导资金，支持支柱行业重大项目的开发建设。

2. 推进城市化、市场化进程

积极推进城市化进程，提高市场化水平，是促进现代服务业发展，缓解就业压力，提高居民收入与消费水平，调节供求矛盾，做大服务业总量规模的一个重要突破口。当前要大力完善山西省的城市基础设施，改善城市人居环境，提高社区服务水平，吸引人口城市集聚。要加大经济适用房、廉租房、公租房建设的规模，扩大经济适用房享受对象。

3. 扩大服务业就业规模

要规范和完善就业服务体系，加强山西省就业信息的及时发布工作，制定劳动力市场管理和职业介绍、职业指导、劳动事务代理等就业服务制度的标准，规范劳动者、企业和中介组织的市场行为，方便劳动者就业。要鼓励下岗失业人员、转业军人创办社区服务和农业服务业，扩大就业渠道，增加就业岗位，缓解就业压力。

4. 改善消费环境

在经济发展的同时，要多渠道增加山西省城乡居民特别是农民和城市低收入者的收入。要继续清理不利于服务业发展和限制消费的有关规定。大力改善服务消费环境，完善消费政策，通过发展社会服务业、家政、养老等行业，倡导健康、文明的消费方式，引导城乡居民增加服务消费，努力营造有利于扩大服务消费的社会氛围。

5. 扩大对外开放

山西省要加强与境外服务企业的合资、合作，大力引进外资，把资金投向基础设施、金融保险、现代流通、旅游设施、公共交通、文化教育、医疗体育、社区服务等服务领域，加快山西省现代服务业的国际化进程。鼓励外商投资，设立各类中介咨询机构，吸收国外先进技术和管理经验，提高服务业的市场化水平。加强与国际知名服务企业的合作，利用跨国公司的经营渠道和市场网络，输出服务产品。鼓励国内外大型服务企业在山西设立研发中心、采购中心、分销中心和配送中心，促进现代服务业的外向发展。提升外贸转型升级示范基地建设水平，加快培育外贸综合服务企业，推进跨境贸易电子商务。借鉴中国（上海）自由贸易试验区经验，推进通关便利化改革。

加快出口退税进度，提高出口信用保险覆盖面。优化进出口结构，扩大机械装备、电子信息产品、新材料和特色农产品出口，扩大重要原材料、先进技术设备、关键零部件进口。

3.5 要结合"互联网+"大背景——认清发展形势

2015 年两会期间，"互联网+"被写进政府工作报告，上升为国家发展战略。到现在为止，互联网对很多服务行业改造的迹象越来越明显，主动或是被动拥抱互联网将是传统服务业发展的一种必然。

3.5.1 互联网对现有服务业的影响

互联网对现有服务业的改造体现在多个方面。首先，信息沟通的交互性增强。其次，信息的高速泛在流动实现整个社会的扁平化。最后，节点的开放接入带来信息资源的共享。基于对信息流的变革，互联网对服务业进行了全方位的颠覆。服务业在国家国民经济中的地位越来越凸显，一方面传统服务业要坚守自身行业的一些固有属性；另一方面传统服务业要借助互联网手段对企业的产业结构等进行改造和升级。

移动电商的产品有三个特征：第一，就是便宜。移动电商的产品必须很便宜，这是互联网共同的特征。第二，要方便、便捷。第三，移动互联网必须具有娱乐性，好玩，让用户参与进来。未来移动互联网可以帮助我们解决身边的大部分生活问题，商户可以建立手机应用程序（application，APP）、微信和全球广域网（World Wide Web，WWW）网站等平台，用户可以随时与商家进行信息的沟通和互动。互联网使传统服务业更加亲民，使用户的个性化需求得到更大满足。互联网不仅仅是一种手段和工具，而且是可以改造营销等现有的生态模式。

3.5.2 互联网在服务业的应用

互联网在服务业的应用领域主要包括：电商相关的交通运输、仓储和邮政业、住宿和餐饮业、金融业、房地产业、租赁和商务服务业、文化、教育和娱乐业。在中国经济进入新常态的大背景下，提出"互联网+"战略，将推动移动互联网、云计算、大数据、物联网等与现代服务业相结合。

"互联网+"渗透在每一个创业的领域，比如，通过创意基地智慧园区的建设，可以实现线上线下的活动，把文化产业的聚集区全部整合在一起。传统互联网本质上是围绕第三产业服务业而不断创新颠覆的服务互联网。相关数据显示，移动互联网对第三产业在 GDP 的比重的贡献颇多。2014 年第三产业增加值占 GDP 的比重继续提升，达到 48.2%，比上年提高 1.3 个百分点，高于第二产业 5.6 个百分点。

互联网的便利性大大提高了服务业的效率。一些创意和想法产生后，人们通过互联网技术可以很便捷地把成品打印出来，这样极大地缩短了生产时间，提高了生产效率。移动互联网对传统服务业的影响不是一点，可以说是彻底颠覆，其主要表现在于，通过互联网，客户和商家可以直接接触，减少中间环节，并且这一个渠道扁平化和去中间化的过程可以使客户体验更好，具体做法如下。

（1）结合市场需求与市场趋势，围绕平板电脑、智能电视、智能手机等新型终端产品发展，积极引导消费结构升级；以物联网、云计算、数字家庭、新一代移动通信、下一代互联网等新兴产业领域为依托，以重大工程应用为带动，着力培育一批辐射面广、带动力强的新增长点。

（2）重视互联网发展的质量和效益，加快推进传统产业技术改造升级和现代服务业深度融合。当前大数据成为服务支撑点，利用大数据整合信息，并对数据进行分析，做出的决策可以更准确、更高效。另外，也可以依据数据推动财政创新，使财政工作更有效率、更加开放、更加透明。在银行系统明晰电子银行发展模式，制定切实可行的发展战略；加强电子银行产品创新力度，不断丰富服务内容和服务提供方式；发展网络营销、电话营销、体验营销、定向营销、联合营销等多种营销模式。

（3）正视互联网与服务行业结合的衍生问题，提升服务质量。互联网服务与人们生活关联最紧密的就是移动电商，但近年移动电商的质量问题和衍生的快递投诉不断增多，也影响了服务质量。要加强相应制度和法规的建设，规范互联网服务。

参 考 文 献

迟福林. 2015-10-28. 以转型改革加快"十三五"服务型经济发展[N]. 光明日报. 第 15 版.

国务院办公厅. 1985. 国务院办公厅转发国家统计局关于建立第三产业统计的报告的通知[EB/OL].http://hn.rednet.cn/c/2008/04/14/1483741.htm[2016-9-29].

山西省规划协调小组办公室和山西省社科院. 2015. 山西省"十三五"服务业发展重点和机制研究[EB/OL]. http://www.sxdrc.gov.cn/xxlm/fzgh2/zhdt/201510/t20151008_112380.htm [2016-9-29].

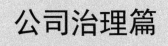

公司治理篇

山西省企业研发投资决策行为分析
与政策效果评价研究报告[①]

<hr>

1 引　言

　　在资源型经济转型的大背景下，山西省产业，尤其是煤炭产业实施转型发展、跨越发展是实现"十三五"目标的必由之路。创新是产业转型的基础和动力之源，而研究与开发（research and development，R&D）活动是科技创新的载体。作为经济转型的有力助推器，提升企业自主创新能力的 R&D 投入必然是山西省企业未来的投资重点。

　　近年来，山西省在推进企业创新方面加快了步伐，陆续出台了多项优惠政策，如积极推进国家级、省级企业技术中心的认定评价工作，为提高山西省企业自主创新能力、实现转型发展创建了良好的外部条件。据山西省统计局公布数据，2014 年，全省投入 R&D 经费 152.2 亿元，比上年下降 1.8%；R&D 经费投入强度（与地区生产总值之比）为 1.19%，比上年下降 0.04 个百分点。分执行部门看，R&D 经费使用，企业 128.8 亿元，比上年增长 0.8%；政府所属研究机构 12.3 亿元，下降 15.1%；高等院校 10.7 亿元，下降 13.2%；其他 0.5 亿元，增长 2.2%。企业、政府所属研究机

<hr>

① 课题组组长：张信东。课题组成员：赵建凤、曹国昭。本文完成于 2015 年，如无特别说明研究涉及数据截至 2014 年。

构、高等院校、其他 R&D 经费所占比重分别为 84.6%、8.1%、7.0% 和 0.3%。

但总体上说，煤炭产业仍然是以粗放式经营为主要特征，科技贡献率较低，难以适应新型工业化的要求，如何优化煤炭产业科技资源配置，加快煤炭产业科技进步已成为重要而紧迫的任务。2013 年，面对严峻的煤炭经济运行形势，煤炭企业坚持稳中求进，积极推进煤炭市场化改革，加快结构调整和转型升级步伐，取得了明显成就。同时，煤炭企业发展面临的困难和矛盾还很多，创新驱动的动力不足、研发投入缺乏稳定增长的长效机制就是其中之一，这严重制约了企业的发展。

从理论上讲，R&D 投入能否提升企业价值？企业通过 R&D 投入提升创新能力的机制是什么？企业 R&D 投入受哪些因素的影响，其作用机理为何？政府制定的哪些税收政策对企业 R&D 投入具有激励效果？对于上述问题的系统性思考构成了本研究的主要内容。首先，本文从省级和行业层面以及上市公司层面分析了 R&D 投入和创新产出的基本情况；其次，本文基于上市公司数据的可获得性，对企业 R&D 投资与企业价值进行相关研究，从上市公司层面来看 R&D 投资对山西省煤炭企业价值的驱动作用；为了考察开放式创新背景下 R&D 投入的中介作用，将企业从用户获取知识、从供应商获取知识和模仿竞争对手作为企业创新能力的影响因素，实证分析了企业获取外部知识的不同渠道对企业创新能力的影响，从企业角度探讨了 R&D 投入的重要性，为创新驱动产业转型提供了理论依据。再次，本文探讨了企业 R&D 投入的影响因素及作用机理，为政策制定提供理论依据；对我国的政策效果进行评价，从 R&D 税收优惠政策对企业 R&D 投入和 R&D 税收优惠政策对企业创新产出两个角度，研究了 R&D 税收优惠政策的激励效应；从政府 R&D 资助、企业 R&D 能力与创新绩效间的关系进行研究。最后，本文以山西省代表性企业潞安集团为例，真实体现山西省企业研发投资决策行为及政策效果；针对上述分析结论，提出增强企业投资决策行为的政策建议。

2 山西省企业研发投资决策行为分析

2.1 R&D 投入与创新产出基本状况

2.1.1 R&D 投入情况——省级整体层面

R&D 投入包括 R&D 经费投入和人员投入。R&D 经费是指报告期内用于 R&D 课题活动（基础研究、应用研究、试验发展）的全部实际支出。包括实际用于 R&D 活动的人员劳务费、原材料费、固定资产构建费、管理费及其他费用支出。R&D 人员指直接从事 R&D 活动及为 R&D 提供直接服务的人员，具体包括研究人员、技术及等效工作人员、服务支援人员三类[①]。

从煤炭企业整体投入来看，在 2007~2009 年，与黑龙江、内蒙古等四个省（自治区）比较，山西省 R&D 经费支出额和 R&D 强度（R&D 经费支出占 GDP 的比重）均居于首位并大幅领先于其他四个省（自治区）（表 1）。

表 1　2007~2009 年北方五省（自治区）煤炭企业 R&D 投入情况

省（自治区）	2007 年		2008 年		2009 年	
	R&D 费用/万元	R&D 强度/%	R&D 费用/万元	R&D 强度/%	R&D 费用/万元	R&D 强度/%
山西省	308 793	1.85	346 624	1.51	564 680	1.48
辽宁省	16 028	0.76	27 218	1.04	39 402	1.07
黑龙江省	15 555	0.77	13 180	0.61	13 260	0.38
内蒙古自治区	6 574	0.19	9 198	0.20	13 762	0.15
吉林省	219	0.07	1 009	0.28	897	0.19

资料来源：《2007 中国煤炭企业 100 强分析报告》《2008 中国煤炭企业 100 强分析报告》《2009 中国煤炭企业 100 强分析报告》

从各行业比较来看（表 2），2014 年全省规模以上工业企业中，制造业 R&D 经费投入绝对值、比重均占绝对地位。但是，从行业划分的二级行业来看，煤炭开采和洗选业的 R&D 经费投入达到 35.2 亿元，绝对量之大，仅略低于黑色金属冶炼及压延加工业，亦说明煤炭行业在山西技术创新中的重要作用。

---

① 经济合作与发展组织（Organization for Economic Co-operation and Development，OECD）对 R&D 人员的界定。

表 2　2014 年全省分行业规模以上工业企业 R&D 经费情况

行业	R&D 经费	
	总量/亿元	比重/%
采矿业	35.2	0.47
制造业	86.7	1.03
电力、燃气及水的生产和供应业	2.9	0.16
总计	124.7	0.70

资料来源：山西省统计信息网

2.1.2　R&D 投入情况——上市公司层面

基于上市公司相关信息具有可获得性，本研究也以煤炭产业链上市公司为对象，搜寻上市公司年度报告、上市公司网站、招股说明中披露的对 R&D 投入的描述，对煤炭企业的 R&D 投入进行企业层面的概览。具体涉及企业行业分布及 R&D 数据获取年度如表 3 所示。

如表 3 所示，R&D 数据来源于山西省 25 家煤炭产业链上市公司[①]，主要通过手工查阅上市公司年报、招股说明书、公司网站来获取。由于企业在 2000 年前基本无 R&D 披露信息，因此，对于 2001 年前上市的公司，手工搜寻工作从 2001 开始截止到 2011 年。而 2001 年后上市的公司，则从上市年份开始。

经过年报搜寻我们发现，R&D 信息主要披露的相关数据可以作为"管理费用"的一部分出现在利润表附注中，可以作为"支付的其他与经营活动相关的现金"出现在现金流量表附注中的明细项目内，可以出现在董事会报告中，甚至还可以作为长期"待摊费用""预提费用"的明细项目等出现在报表附注中；而在新会计准则实施后，该数据还可以出现在"开发支出"中。在我们的样本中，主要披露方式为前三种。例如，2008 年，在 24 家上市公司中，有 9 家在"支付的其他与经营活动相关的现金"项目中披露 R&D 信息；而在 2009~2011 年，每年分别有 12、16、16 家企业在"管理费用"中披露 R&D 信息；在 2007~2011 年，也有部分企业在董事会报告中披露；除此之外，个别企业在其首次发行的招股说明书中披露。企业各年 R&D 信息的披露方式及频次如下（表 4）。

---

① 剔除金融行业、医药制药行业的上市公司。

表 3　煤炭产业链上市公司行业分布及 R&D 数据获取年度

行业	公司简称	R&D 数据获取年度
B01 煤炭采选业	大同煤业	2006～2011 年
	兰花科创	2001～2011 年
	西山煤电	2001～2011 年
	阳泉煤业	2003～2011 年
	煤气化	2004～2011 年
	潞安环能	2003～2011 年
	山煤国际	2009～2011 年
C41 石油加工及炼焦业	美锦能源	2007～2011 年
	山西焦化	2001～2011 年
	安泰集团	2001～2011 年
C43 化学原料及化学制品制造业	同德化工	2008～2011 年
	太化股份	2006～2011 年
	南风化工	2006～2011 年
	山西三维	2003～2011 年
C55 日用电子器具制造业	ST 天龙	2001～2011 年
C61 非金属矿物制品业	太原刚玉	2001～2011 年
	ST 狮头	2001～2011 年
	ST 当代	2001-·2011 年
C65 黑色金属冶炼及压延加工业	太钢不锈	2001～2011 年
C67 有色金属冶炼及压延加工业	五矿稀土	2001～2011 年
C73 专用设备制造业	太原重工	2001～2011 年
C75 交通运输设备制造业	晋西车轴	2004～2011 年
D01 电力、蒸汽、热水的生产和供应业	漳泽电力	2001～2011 年
	通宝能源	2001～2011 年
F01 铁路运输业	大秦铁路	2006～2011 年

表 4　2001～2011 年 R&D 信息的披露方式及频次

年份	年度报告					公司总数
	支付的其他与经营活动相关的现金	管理费用	董事会报告	开发支出	招股说明书	
2011	8	16	3	0	—	25
2010	6	16	2	1	—	25

续表

年份	年度报告					公司总数
	支付的其他与经营活动相关的现金	管理费用	董事会报告	开发支出	招股说明书	
2009	8	12	4	1	1	25
2008	9	2	4	0	1	24
2007	5	2	4	0	1	23
2006	4	2	0	0	0	22
2005	2	0	0	0	1	18
2004	3	0	0	0	1	18
2003	1	0	0	0	2	16
2002	2	0	0	0	1	13
2001	1	0	0	0	1	13

由于样本企业 R&D 信息最主要获取于"支付的其他与经营活动相关的现金"的明细项目内，因此，我们对以这种方式中披露的 R&D 投资情况进行统计。

图 1、图 2 分别显示了 R&D 投资额、R&D 密度（R&D 投资额占营业收入的比重）在 2001～2011 年的趋势，R&D 投资信息披露于"支付的其他与经营活动相关的现金"的明细项目。可以看到，无论是 R&D 投资额还是 R&D 密度，潞安环能、阳泉煤业这两家上市公司均表现突出，且在 2008 年有了大幅增长。而潞安环能在 2010～2011 年 R&D 投入显著上升，大大超越了其他企业。从 R&D 投资额来看，其他企业的投入额均不能和这两家企业相比，且在十年中披露较为零星，但可以看出，近几年来，披露的企业逐年增多。从 R&D 密度来看，南风化工投入也较高。其他企业虽然 R&D 投入较低，但从 2005 年开始，也开始重视 R&D 支出，R&D 密度集中在 0～0.5% 的区间。

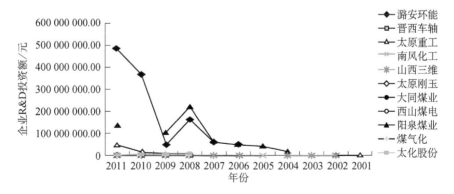

图 1　企业 R&D 投资额趋势图（披露于"支付的其他与经营活动相关的现金"）

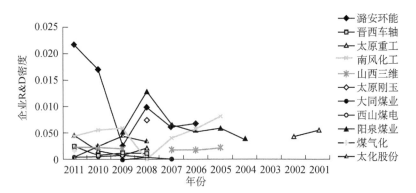

图 2　企业 R&D 密度趋势图（披露于"支付的其他与经营活动相关的现金"）

可见，近年来，山西省煤炭产业链上市公司的 R&D 支出总体上迅速上升，但上升的幅度不平衡，无论是投入额还是投入密度，潞安环能、阳泉煤业均居于高位。

2.1.3　创新产出情况

随着国家知识产权战略的推进和山西省创新力度的加大，企业技术 R&D 水平不断提高，自主创新能力显著增强，专利申请量、授权量均呈现了快速增长的趋势。图 3 显示了 1993～2012 年山西省煤炭企业的专利授权数量的趋势。可以看出，煤炭企业的专利授权数量在 2005 年前较少，且基本没有增长。2005 年后，企业专利授权数量有了大幅增长，特别是 2010～2011 年，增长迅猛。2012 年专利授权数量虽没有继续上升，但仍与 2009 年持平。

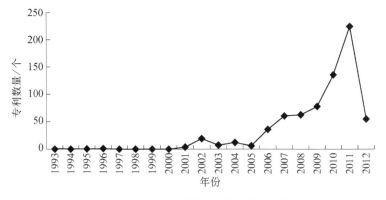

图 3　1993～2012 山西省煤炭企业专利授予数量总量

资料来源：中国知识产权网

图 4 显示了山西省煤炭企业的各类型专利授权的数量。煤炭企业申请专利并获得授予最多的类型是 E21F1/00，达 43 个，而最少的是 E21D20/00。大部分类型专利的数量相差不是很大。

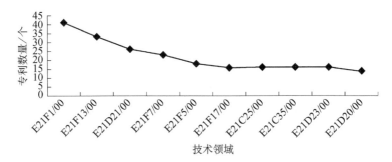

图 4 山西省煤炭企业专利授权的技术领域分布

资料来源：中国知识产权网

图 5 显示了山西省各煤炭企业的各类专利授权数量（资料来源于中国知识产权网）。可以看出，无论在哪种类型的专利上，山西焦煤、潞安环能及大同煤矿均表现突出，其他企业相差较小。

可见，近年来，山西省煤炭企业 R&D 投入大幅上升，专利数量也随之迅猛增长。那么，关于 R&D 投入如何影响企业价值和创新能力，既需要进行深入的理论研究，也需要获得可靠的经验证据。

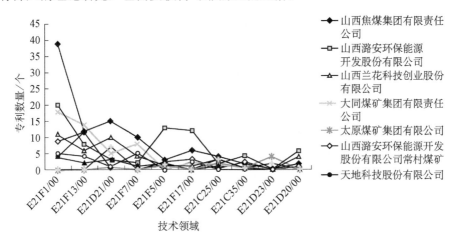

图 5 山西省主要煤炭企业专利授权技术领域分布状况

2.2 R&D 投入与企业价值相关性分析

2.2.1 R&D 投入提升企业会计业绩机理分析

熊彼特在 1912 年出版的《经济发展理论》一书中首先提到，经济增长的主要源泉不是资本和劳动力，而是技术创新。无论是对企业还是对整个国家来说，要促进经济增长，都必须加大 R&D 投入（张信东和萍艳梅，2010；张信东和马小美，2013；Arrow，1962；），充分利用研究与开发部门的创新活动，不断地开发出新产品，才能提升企业的市场表现。企业 R&D 投入能否得到市场认可有多重途径，如可以不断开发新技术、进行技术积累和整合，从而降低产品生产成本，缩短产品的生命周期，提高产品更新换代的速度，不仅得到了消费者的认同，而且使得企业在市场竞争中居于有利的地位（金玲娣和陈国宏，2001；Rubin，1977；Stuart，2000）。企业的 R&D 投入有助于提高企业盈利能力和经营业绩，促进企业成长，可以使企业率先进入新的业务领域，延伸产业链，抢先占领新市场，形成企业新的利润增长点和盈利能力（丁勇，2011；Berchicci，2013）。为了提高研究的可靠性，本部分不仅考虑了创新投入可能存在的滞后效应，也从不同角度来衡量企业的会计业绩，如分别采用了营业毛利率和超过行业的营业毛利率作为业绩指标。

2.2.2 数据描述

截至 2012 年，山西省共有 34 家上市公司，聚集在煤炭采选业、石油加工及炼焦业，以及化学原料及化学制品制造业等煤炭相关行业，是优质资产的代表。因此，以山西省上市公司为样本，研究其创新投资对价值提升方面的作用，不仅能够解决数据的难获取性问题，也在整个省级层面上具有代表性。

本部分研究对象为山西省上市公司，剔除金融行业、医药制药行业的上市公司后，把剩余 25 家煤炭产业链上市公司作为研究样本。样本企业及其行业分布如上文图 4 所示。由于 R&D 信息主要获取于上市公司年报中"支付的其他与经营活动相关的现金"项目下的明细项目内，因此，本部分 R&D 投资数据使用这一项目中披露的数据，避免了 R&D 数据在年报中以不同形式披露而导致的数据交叉、重复引起的样本数据噪声，共获得 49 个观测值（涉及 5 个行业）。这与梁莱歆和熊艳（2005）、梁莱歆和严绍东（2006）的研究发现，有 88.6% 的企业将 R&D 费用列在"支付的其他与经营活动相关的现金"的明细项目下是一致的。

鉴于 R&D 投入对企业成长能力、业绩提升等核心竞争力的形成有一定的滞后效应，因此，沿用大多数研究的做法，选择滞后一期的 R&D 密度来考察其与当期会计业绩的关系。图 6 列示了样本企业滞后一年 R&D 密度（R&D 支出占营业收入的比重）与营业毛利率①关系的趋势。从图 6 可以看出，二者之间基本上呈现一致性的关系，这也符合现有研究的结论，即 R&D 对企业营业毛利率有一定的推动作用。

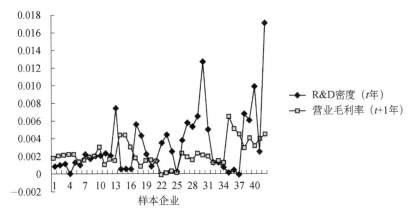

图 6　滞后一年 R&D 密度与营业毛利率关系趋势图

图 7 列示了样本企业滞后一年 R&D 密度（R&D 支出占营业收入的比重）与超过行业的营业毛利率②关系的趋势。从图 7 可以看出，总体上两者有一定的一致性，但趋势并不明显。

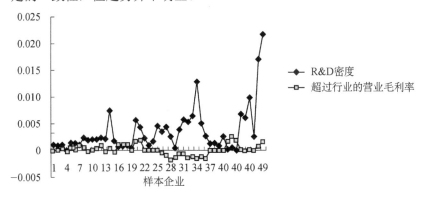

图 7　滞后一年 R&D 密度与超过行业的营业毛利率关系趋势图

---

① 由于 R&D 密度与营业毛利数量级相差较大，为了清晰地显示两者关系的趋势，图 6 中营业毛利率=企业实际毛利率/100。

② 与对营业毛利率的处理一致，图 7 中超过行业的营业毛利率=企业实际超过行业的毛利率/100。

2.2.3 模型与实证结果

基于 2.2.2 初步发现的 R&D 密度与营业毛利率、超过行业的营业毛利率的关系，本部分通过建立 R&D 投入与企业会计业绩的回归模型来进一步研究这个问题。R&D 投入从资金和人员投入两个角度来考虑。参照唐清泉（2011）和罗婷等（2009）的研究，建立模型（1）如下。

$$\mathrm{OP}_{i,t} = \beta_0 + \beta_1 \mathrm{IntRd}_{i,t-1} + \beta_2 \mathrm{HR}_{i,t} + \beta_3 \mathrm{MKT}_{i,t} + \beta_4 \mathrm{CAP}_{i,t} + \beta_5 \mathrm{lnsize}_{i,t} + \sum_{k=1}^{4} a_k \mathrm{ind}_{i,k}$$

$$（1）$$

OP 代表营业毛利率，IntRd 代表 R&D 资金投入，HR 代表人员投入，MKT 代表营销投入，CAP 代表生产制造投入，lnsize 代表企业规模对数，ind 代表企业所属行业。

为了研究 R&D 投入对企业业绩的影响，模型中考虑了两种情形：一种是企业的营业毛利率（OP_1），营业毛利率不仅反映了企业能获得更多利润的空间，也反映出消费者更加倾向于选择有更多技术含量的产品，说明消费者认可了企业 R&D 投入的价值；另一种是企业超过行业的营业毛利率（OP_2）。许多实证研究数据表明，产业价值链上拥有核心技术的企业，能取得相比其他企业更低的成本或更高的价格，进而获得高于行业平均水平的丰厚利润或超额利润。

表 5 列示了模型（1）的回归结果。从表 5 可以看出，企业的营业毛利率无论与 R&D 资金还是与人员投入，均表现出显著的正相关关系，特别是，与 R&D 密度在 10% 的水平上显著，而与 R&D 人员的投入在 1% 的水平上显著。此外，本期的营销投入、生产制造投入也对企业的营业毛利率有很大的提升作用。因此，本部分的研究支持了企业的 R&D 投入有助于提高企业盈利能力和经营业绩。

表 5　R&D 密度与企业会计业绩回归结果

	OP_1		OP_2	
	β	P 值	β	P 值
Const.	0.292	0.578	0.079	0.876
IntRD	0.040[*]	0.093	1.209	0.717
HR	0.795[***]	0.000	0.359	0.109
MKT	1.296[***]	0.000	1.222[***]	0.000
CAP	0.197[**]	0.049	0.229[**]	0.033
lnsize	−0.001	0.956	−0.003	0.876
ind	controlled		controlled	

***表示 $P<0.01$，**表示 $P<0.05$，*表示 $P<0.1$

在对企业超过行业的经营毛利率的检验中，虽然也发现了 R&D 投入与超过行业的经营毛利率的正相关关系，但并不显著。可见，针对山西省煤炭企业，R&D 投资对企业会计业绩的提升主要体现在自身营业毛利率上面，对企业获得高于行业平均利润方面的作用还未显现。一方面，可能是由于一直以来，煤炭企业兼具资源密集型与人力资源密集型企业所共有的一些特征。我国煤炭行业的发展长期以来，为了攫取高额利润，将目标和工作重点集中到了煤炭资源的占有和开采工作之中，经营模式多以粗放式经营为主，对 R&D 投入较少。另一方面，煤炭企业的生产指导多以实物投入为主，如生产设备、劳动力、原材料和能源等，技术提升也主要通过引进、技术改造等，缺乏通过创新形成的核心竞争力，因而通过核心技术形成高于行业平均水平利润的能力还有待提高。

以上经验证据在一定程度上支持了这样一个事实：大额的 R&D 投入，可以促进企业成长，可以使企业率先进入新的业务领域，延伸产业链，抢先占领新市场，形成企业新的利润增长点和盈利能力。这方面的一个实例就是安泰集团。从 1983 年建厂，安泰集团经历了产业链延伸、业绩飞速发展的三个阶段，均伴随着技术创新。

第一阶段：产业单一提升阶段（1983～1992 年）。1983 年，安泰集团的前身——"安民焦化厂"成立，成为山西省晋中市第一家民营焦化厂。在 1983～1992 年十年发展过程中，集团为响应国家环保政策号召，先后进行了五次大规模的炉型改造和技术提升。这一阶段主导产业单一，围绕炼焦主业的规模扩张和档次提升不断进行技术改造，为企业扩张进行原始积累。

第二阶段：产业多元化扩张阶段（1993～2002 年）。在此阶段，集团又进行了两次技术改造，同时形成了独特的环保产业链，包括废渣循环产业链、废气循环产业链、废水循环产业链。这一阶段，集团以焦化为龙头，以"三废"治理和开发为方向，以产业链型结构为基点，向高科技产业快速迈进，使企业经济效益和环境效益同步发展。

第三阶段：大步跨越阶段（2003～2010 年）。2003 年，安泰集团股票上市。集团以现有产业结构为基础，整合和利用焦炉煤气、焦油和粗苯，积极发展焦油深加工等高精细化工产业，技改建设了 240 万吨机焦项目，将循环经济产业链进一步延伸拓展，形成持续、快速、健康的发展态势。这一阶段，以高新技术为先导，多项能源产业相互支撑，综合利用，追求经济效益增长与社会效益并重。

在企业核心竞争力形成方面，安泰集团近几年的产能、销售收入、利税突飞猛进，这得益于集团领导前瞻性的发展战略，从最初的技术改造到自主创新投入，实施"科技兴企，创新发展"的重大举措。同时，安泰企业的创新引领转型的路径，也为煤炭企业转型提供借鉴和参考。

2.2.4　研究结论

本部分探究了 R&D 支出与公司价值之间的关系。以 2001~2011 年在年报中披露 R&D 相关支出的山西省煤炭行业上市公司为样本，从营业毛利率和超过行业的营业毛利率两个层面来系统探讨二者之间的关系。首先检验了 R&D 支出与营业毛利率的关系，结果显示 R&D 投入整体上与公司未来年度营业毛利率存在正相关的关系；在对企业超过行业的营业毛利率的检验中，虽然也发现了 R&D 投入与超过行业的营业毛利率的正相关关系，但并不显著。总的来说，在产品市场上，消费者还是比较认同 R&D 投入的价值。这个结果表明，企业通过 R&D 投入，不断开发新技术、进行技术积累和整合，能够形成并增强企业的核心竞争力。企业核心竞争力的提高和竞争优势的获得，意味着企业将有更多的技术含量高的产品或更新技术的新产品投入市场，使得企业的营业毛利率上升，获得更大的经济利益。因此，企业自身应重视 R&D 创新，培育新的经济增长点，政府相关部门应为企业加大 R&D 力度、降低 R&D 风险创造一个良好环境，形成企业 R&D 创新与市场良性互动循环。

2.3　知识获取、R&D 投入与企业创新能力的关系

进入 21 世纪以来，随着互联网与信息技术的变革速度不断加快，产品生命周期日益缩短，提升创新能力已经成为企业在激烈的市场竞争中生存和发展的关键因素。近来的许多研究都强调了创新过程中利用组织边界之外的信息和知识的重要性（Chiang and Hung，2010）。

2.3.1　知识获取、R&D 投入与企业创新能力的关系

1. 创新：知识的重新组合

对于企业来说，创新是一项重要活动，不创新的后果可能就是被市场所淘汰。熊彼特认为，创新是把一种从来没有过的关于生产要素和生产条件的

新组合引入生产体系。生产一种产品意味着企业在力所能及的范围内对资源进行组合，生产其他产品意味着将这些资源进行另外一种不同的组合方式。Penrose（1995）也指出，产品（或服务）是资源使用方式的函数，同样的资源可以用于不同的用途，或者与其他资源组合可以生产出不同的产品（或服务）。

2. 知识获取与企业创新能力的关系

（1）从用户获取知识与企业创新能力之间的关系。长期以来，人们通常假定产品创新主要是由产品制造商完成的。研究表明，一些重要的产品和工艺创新是由用户完成的（Lüthje，2004；Oliveira and von Hippel，2009；Partanen et al.，2011）。所谓用户知识，指的是产品使用者的需求、偏好和购买行为（Slater and Narver，1994）。那些与用户接触频率高的人（如营销经理或首席工程师），可能对不断变化的用户需求、用户所看重的产品特征、用户对其产品的满意度等，有较为深刻的理解（Thornhill，2006；Veugelers，1997）。

（2）从供应商获取知识与企业创新能力之间的关系。供应商知识指的是企业在产品开发过程中所依赖的供应商的设计、工艺和生产能力（李随成和姜银浩，2009）。由于企业的大部分或部分产品依赖于供应商活动，来自供应商的知识使得企业能够改善产品开发流程（如设计和生产工程师之间的沟通和合作），并提高顾客价值（如更准确地评价供应商提供的原料成本）。

（3）模仿竞争对手与企业创新能力之间的关系。在组织行为学文献中，研究人员长期以来注意到，企业具有规避和降低不确定性的倾向，而规避不确定性的一种机制就是通过模仿获取竞争对手的知识。模仿指的是一个或多个组织采用一种实践做法提高了该做法被其他组织采用的可能性（Haunschild and Miner，1997）。由于来自市场中竞争对手的压力，处于同一行业的企业通常会模仿竞争对手的流程和实践。而且，由于同一行业中的企业对于本行业的竞争对手更为了解，更有可能发生模仿。

3. R&D 投入作为模仿竞争对手与创新能力关系的中介变量

企业的吸收能力是企业内部长期 R&D 投资和知识积累的过程，其开发具有路径依赖性。因此，企业通过 R&D 投入获得的先备知识（prior knowledge）在学习中是一个重要平台，因为现有的知识影响了在未来增加的新知识。先备知识中若有一部分与新知识相关，就能促进新知识的吸收。Zahra 和 George（2002）将吸收能力概念化为动态能力，它与知识创造和知识利用有关，能够提高企业获取和维持竞争优势的能力。

2.3.2 数据与研究方法

1. 数据收集方法

本研究采取了问卷调查的数据收集方法，通过对某高校在读的和已经毕业的 EMBA、MBA 和研究生课程班学生发放问卷来收集数据。这些学生大部分来自煤炭企业的中层或高层管理（技术）职务，具有丰富的实践经验，对所在行业和企业具有相当程度的了解，能够保证本研究的结果具有相当程度的外部效度。

为从理论角度考察开放式创新背景下 R&D 投入对企业创新能力的影响作用和机制，本研究还采取了问卷调查方法来收集分析所需数据。

2. 变量测量

在本研究中，我们所设计的所有题目都通过利克特五点量表来加以度量。在数据预处理阶段，我们对这些题目进行信度和效度检验，在不影响结果的情况下，对每个变量的测量至少保留了三个题目（侯杰泰等，2004）。

3. 信度和效度检验

（1）样本特征和描述统计。本次调查共发出问卷 200 份，有效问卷 120 份，涉及企业 115 个，回收率 60%。本研究的被试都是公司的中层和高层管理人员或技术人员，对于本公司及行业的情况有较为全面的了解，因此，问卷调查对象具有相当的代表性。从被调查企业的行业分布来看，5.5%的企业处于金融领域，14.2%的企业处于中介服务领域，40.7%的企业处于制造业领域，31.9%的企业处于信息、电子、电信、制药和生物制药等高技术领域，其他不属于以上行业的企业占 7.7%。表 6 显示了潜在变量的描述统计量以及这些潜在变量之间的相关矩阵。

（2）信度检验。本研究采用 SPSS13.0 对回收的样本数据作克龙巴赫 α 系数测试，测试结果见表 7。从表 7 可以看出，所有变量的克龙巴赫 α 系数高于 0.7，具有较高的信度标准。

表 6 潜在变量的描述统计与相关矩阵

项目	均值	标准差	ACAP	INNO	CUST	SUPP	IMMI
企业知识吸收能力（ACAP）	3.369	0.737	0.766	—	—	—	—
企业创新能力（INNO）	3.289	0.886	0.480	0.811	—	—	—
用户知识获取（CUST）	2.164	1.421	0.390	0.490	0.736	—	—
供应商知识获取（SUPP）	1.827	1.011	0.330	0.520	0.600	0.781	—
企业模仿竞争对手能力（IMMI）	1.698	0.791	0.720	0.300	0.480	0.400	0.724

对角线数字为克龙巴赫 α 系数，对角线下方为相关系数

（3）数据的收敛效度和判别效度。经过对测量量表进行探索性因子分析，可获得每个测量题目与潜在变量之间的因子载荷，将这项数值平方后，就可获得潜在变量对个别测量题目的方差解释量。当同一量表的所有题目均拥有高于 0.5 的因子载荷时，代表此量表具有相当程度的收敛效度（Hair Jr. et al.，1992）。从表 7 可以看出，所有题目对于相应的潜在变量的因子载荷符合上述评估标准，显示这些量表具有较好的收敛效度。最后，任意两组变量之间的相关系数的平方均低于相应两组变量 AVE 的平均值，表明测量潜在变量的指标具有较好的判别效度。

表 7 各建构的探索性因子分析

项目	CUST	SUPP	IMMI	ACAP	INNO	AVE
V2	0.871		—			
V1	0.786	—				0.658
V3	0.773					
V6		0.855	—	—	—	
V5	—	0.850				0.695
V4		0.795				
V9			0.869			
V8	—	—	0.860			0.614
V7			0.588			
V11				0.832		
V10	—			0.777	—	0.538
V13				0.765		
V12				0.516		
V15					0.863	
V14					0.826	
V16	—	—	—	—	0.824	0.577
V18					0.654	
V17					0.587	

（4）共同方法偏误检验。在组织行为研究中，普遍存在共同方法偏误（common-method bias）的问题。本文主要采用 Harman 单因子测量法（Harman's one-factor test）。在利用 SPSS13.0 统计分析软件作因子分析之后，得到的总方差解释度量表显示，特征值大于 1 的因子有 5 个，集中了总方差的 69.011%，各主成分解释的方差范围在 9%～18%，显示共同方法偏误并不严重。

2.3.3　实证结果分析

在前文对用户知识获取、供应商知识获取、模仿、吸收能力和创新能力等变量的测量进行信度和效度检验的基础上，我们利用 Lisrel8.70 软件来分析这 18 个观测变量和 5 个潜在变量之间的结构方程模型，其路径图见图 8。由数据分析结果可得到该模型的拟合度指标。其中，$\chi^2/df<2$，RMSEA 值为 0.09，CFI 值为 0.94，GFI 值为 0.93。根据 Steiger（1990）提出的模型评估准则可知，该结构方程模型的拟合指标是可以接受的。

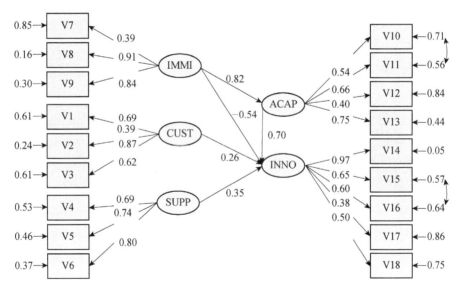

图 8　知识获取、吸收能力和创新能力的结构模型

R^2=234.25、df=125、RMSEA=0.09、GFI=0.93、AGFI=0.87、NFI=0.89、CFI=0.94

根据 Lisrel8.70 软件输出结果，我们将潜在变量之间的路径系数以及相应的 t 值汇总为表 8。结合图 8 和表 8 可以发现，用户知识获取对企业创新能力存在显著正向影响（路径系数为 0.26，t 值为 1.76）。供应商知识获取对

企业创新能力存在显著正向影响（路径系数分别为 0.35，t 值为 2.50）。这与以往文献的研究结论是一致的（Lüthje，2004；Oliveira and von Hippel，2009；李随成和姜银浩，2009）。这也意味着，在创新过程中，必须摒弃"非此地发明"（not invented here，NIH）综合征，采取开放式创新的理念（袁键红和李慧华，2009），通过与用户和供应商建立合作关系，提升企业的创新能力。

表 8 本文的实证分析结果汇总

影响关系	路径系数	t 值
CUST→INNO	0.26	1.76[*]
SUPP→INNO	0.35	2.50[**]
IMMI→INNO	−0.54	−1.76[*]
IMMI→ACAP	0.82	4.53[***]
ACAP→INNO	0.70	2.06[**]

***表示 $P<0.01$，**表示 $P<0.05$，*表示 $P<0.1$

模仿竞争对手对企业吸收能力存在显著正向影响（路径系数为 0.82，t 值为 4.53），吸收能力对企业创新能力存在显著正向影响（路径系数为 0.70，t 值为 2.06）。但是，模仿竞争对手对于企业创新能力的影响显著为负（路径系数为−0.54，t 值为 1.76）。企业吸收能力包括两个构成要素：先备知识和研发投资。企业内部的研发活动不仅有利于技术知识积累，对于企业更好地利用外部知识也是非常必要的（Cohen and Levinthal，1990）。企业通过内部研发活动以及与外界联系所获得的知识，可以更有效地创造新知识并加快创新速度。由于企业模仿的对象是行业内的竞争对手，两者在相关知识的储备方面具有很大的相似性，这意味着，企业模仿竞争对手将非常有效。同时，数据分析结果表明，模仿竞争对手对企业创新能力具有显著负向的影响。结合生产效率边界的概念，可以对这一结果做出较为合理的解释。当企业距离生产效率边界较远时，通过模仿可以促使企业的生产效率边界向外扩展，提高生产效率，从而为企业的模仿行为提供了合法性，降低了企业创新的动力。

2.3.4 研究结论

在封闭式创新模式向开放式创新模式转变的过程中，管理者的注意力不能仅仅局限于企业内部，而应当从更广阔的范围来考虑企业创新能力的来源，包括客户知识、供应商知识甚至竞争者知识，即企业如何从创新网络中获取知识并推动创新。

　　在对山西省部分煤炭企业的调研过程中，我们发现，一些煤炭企业已经开始着手与外部机构建立良好的关系，以提高煤炭企业创新活动的绩效。例如，安泰集团根据产品技术发展和市场要求，多渠道利用社会的各种科研优势力量，组织和应用国内外技术和智力资源，开展广泛的国内外技术交流和合作，通过与中国科学院、太原理工大学等科学研究机构建立长期稳定的合作关系，走产学研结合的道路，提升了公司的技术创新能力。不仅如此，尽管安泰集团早期并不愿意从事风险较大的内部研发活动，但从 2011 年开始在上海建立科技研发中心，作为内部和外部信息的沟通中介。该研发中心发挥了"技术守门人"的作用，通过充分利用上海的人才、技术信息优势，促使焦化、钢铁生产与前沿技术相结合，为公司储备了一些较为先进的产品和技术。安泰集团通过将内部研发活动和外部技术力量结合，提升了产品的技术含量，以此推动煤炭企业转型和可持续发展。这些都是值得山西省其他煤炭企业借鉴的宝贵经验。

3　政策对企业研发投入的影响机理分析及政策效果评价

　　在评价影响企业 R&D 投入相关政策的政策效果之前，我们先分析企业 R&D 投入的机理。只有弄清楚企业 R&D 投入的动力机制和约束机制，明确影响企业 R&D 投入的诸因素及其作用，才能找到政策影响企业 R&D 投入的关键所在（Bernstein，1986；Bilbao and Rodriguez，2004；Lokshin，2007）。

3.1　政策对企业研发投入的影响机理

3.1.1　企业 R&D 投入的动力机制

　　任何一项经济活动的开展总是参与该活动的行为主体在一定的动力支配下发生的，企业 R&D 活动同样需要相应的动力来推动和加速。在自由竞争的市场经济制度下，企业的决策行为是理性的，企业 R&D 行为必然存在着来自某些方面的驱动力。本部分将在总结已有企业技术创新动力模式的观点的基础上，提出企业 R&D 投入的动力来源。

1. 企业 R&D 投入的外部动力

任何经济活动都是在一个特定的制度化结构体系和相应的社会环境中进行的活动，外部影响因素诸如科学技术、市场作用和政府推动等（房汉廷和张缨，2007；王俊，2010；王俊，2011，Cappelen et al.，2011），都会刺激企业 R&D 的需求，激发企业创新的动力（范金等，2011；孙磊和唐滔，2011；唐清泉等，2008；Rubin，2007；Mansfield and Switzer，1985）。

2. 企业 R&D 投入的内部动力

企业 R&D 投入的内生动力，是指存在于企业 R&D 系统内部，对 R&D 活动产生内驱力的动力要素。R&D 的内生动力因素主要有以下三个方面：利益驱动产生的 R&D 动力；企业家精神产生的 R&D 动力；企业文化产生的 R&D 动力。

3.1.2 技术创新研究中"制度要素"的发展脉络

政策在制度经济学有关制度的划分中属于正式的规则（戴晨和刘怡，2008；Czarnitzki et al.，2011；Dahlby，2005）。技术创新的早期研究中，政府政策的因素被许多学者作为外生变量排除在技术创新研究领域之外，下面以图 9 来表示 Freeman 设计的国家创新体系。Freeman 提出，政府政策、教育培训、企业及其 R&D、产业结构等四个因素构成了一个国家的技术创新体系。不同的技术创新体系要素对技术创新的影响效果具有较大差异，但其中政府的政策对其他的因素均能产生影响，所以，政府的技术创新政策在推动企业技术创新中具有非常重要的地位。

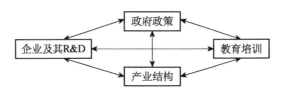

图 9　Freeman 设计的国家创新体系框架

3.1.3 技术创新政策体系

技术创新政策的体系包含的内容是比较多的，总的来说，有两个不同的角度：供给和需求（李丽青等，2005；Henderson and Cockbum，1994；Howe and McFetridge，1976）。本研究的主要内容是从技术创新政策视角对

其政策效果进行评价。考虑到我国所采用的技术创新政策包括较多内容
（李丽青，2007；Lach，2002；Lundvall，1999），且有许多变量较难量
化，因此，本研究在结合研发投资特征的基础上，选择了税收优惠政策和
政府 R&D 资助两个政策变量展开分析。

3.2 政策效果评价

3.2.1 我国的 R&D 税收优惠政策概览

1. R&D 费用加计扣除政策

2003 年，财政部和国家税务总局联合颁布了财税〔2003〕244 号文件，
即《关于扩大企业技术开发费加计扣除政策适用范围的通知》，该文件中明
确规定自 2003 年开始，享受税收优惠的主体范围为各种所有制的工业企
业，且这些工业企业的财务核算制度要健全，其所得税实行查账征收。相比
于国税发〔1996〕152 号文件《国家税务总局关于促进企业技术进步有关税
收问题的补充通知》和财工字〔1996〕41 号文件《财政部　国家税务总局关
于促进企业技术进步有关财务税收问题的通知》来讲，享受优惠的主体进一
步扩大了。2004 年，国家税务总局发布了国税发〔2004〕82 号文件，即
《关于做好已取消和下放管理的企业所得税审批项目后续管理工作的通知》，
该文件取消了税务机关对技术开发费用加计扣除项目的审批，改为纳税人根
据相关税收优惠政策规定自主申报扣除。

2006 年国务院颁布了《关于实施〈国家中长期科学和技术发展规划纲要
（2006—2020 年）〉若干配套政策的通知》，该文件指出：企业当年实际发生
的技术开发费用可以享受该费用当年应纳税所得额 150% 的抵扣，而当企业
实用于技术开发费用所能享受的抵扣部分超过企业应交税额时，超过的部分
可以在 5 年内结转与抵扣（李平和王春晖，2010；吴秀波，2003；肖鹏和吴
永红，2009；薛荣芳，2007）。

2. 软件企业的超税负退税政策

为了促进软件产业和集成电路产业的发展，增强其创新力和竞争力，国
务院出台了国发〔2000〕18 号文件，即《鼓励软件产业和集成电路产业发展
的若干政策》，其中规定增值税一般纳税人，销售其自行开发生产的软件产

品，2010 年前按 17%的法定税率征收增值税，对实际税负超过 3%的部分即征即退，由企业用于研究开发软件产品和扩大再生产。国发〔2000〕18 号文件执行以来，我国的软件产业和集成电路产业取得长足的发展与进步，但与世界发达国家相比还有巨大差距，由于我国信息产业的发展基础薄弱、创新能力不足，国务院为进一步改善软件和集成电路产业的发展环境，促进其产品升级，于 2011 年 1 月 28 日出台了国务院关于印发《进一步鼓励软件产业和集成电路产业发展的若干政策》，其中规定将继续实施软件增值税优惠政策。

3. 国产设备增值税退税政策

我国政府为了鼓励企业加大投资力度，支持企业的技术改造，制定了分别适用于国内企业、外商投资企业和外国企业的国产设备增值税退税政策。虽然国家税务总局《关于停止执行企业购买国产设备投资抵免企业所得税政策问题的通知》（国税发〔2008〕52 号）规定，从 2008 年 1 月 1 日起停止执行上述两项政策，然而国产设备增值税政策并没有消除，而是在《企业所得税法》中，用特定抵免取代了普遍抵免，改为对环境保护、安全生产和节能节水等专用设备的优惠政策。

3.2.2 政府 R&D 资助的政策效果分析

R&D 是一种创新活动，是企业成长的内在动力（霍文刚，2007；David et al.，2000；de Jong，2007），是企业可持续发展的基本保证。19 世纪 70 年代到 20 世纪初期大量学者研究表明，政府资助对国家和企业都有深远影响（白俊红，2011；朱平芳和徐伟民，2003；Almus and Czarnitzki，2003；Guellec，2003），其中用于企业开展研发活动的科技资助是政府资助中非常重要的一部分（蒋建军和齐建国，2007；Veugelers，1997）。在国家创新战略的引领下，2013 年全国共投入 R&D 经费 11 846.6 亿元，比上年增长 1548.2 亿元，增长 15%，表明我国科技实力不断增强，与美、日等发达国家的差距进一步缩小（程华和赵祥，2008；Wallsten，2000；江静，2011；Zhang and He，2013）。其中，国家用于科技领域的财政支出较好地发挥了国家对自主创新的规划和引导作用。2013 年全国 R&D 经费投入中政府资金规模有所扩大，为 2500.6 亿元，比上年增长 12.6%，占全国 R&D 经费的比重为 21.1%。同时，企业 R&D 投入力度不断加大，2013 年我国各类企业投入

R&D 经费 9075.8 亿元，比上年增长 15.7%，占全国 R&D 经费总量的比重达 76.6%，比上年提高 0.4 个百分点；各类企业 R&D 经费投入对全国 R&D 经费增长的贡献率达 79.7%。在我国研发投入力度不断加大的同时，以规模以上工业企业为代表的创新投入主体的研发产出也取得了丰硕成果。从专利看，2013 年，我国规模以上工业企业发明专利申请受理量为 21.9 万件，比上年增长 24.2%；平均每百户企业的发明专利申请受理量为 59.2 件，比上年增加 8.0 件。

3.3 研究结论

3.3.1 R&D 税收优惠

根据大力提升我国行业龙头企业及企业集团技术竞争力的需要，1992 年国家经济贸易委员会提出在大型企业及企业集团建立技术中心的设想，并于 1994 年开始国家级企业技术中心的认定及建设工作。国家认定企业技术中心是国家经济贸易委员会、科学技术部等多个部委牵头，对国民经济主要产业中技术创新能力较强、创新业绩显著、具有重要示范作用的企业技术中心予以认定并按照指标体系两年进行一次评价，合格者予以相应的优惠政策，以鼓励和引导企业不断提高自主创新能力。为进一步推进山西省技术中心工作的建设，在国家认定技术中心的背景下，1997 年，山西省按照国家要求，进行了第一批省级企业技术中心的申报认定，主要对在山西省主要行业及重要支柱产业中技术创新能力较强，创新业绩突出，创新管理规范，具有重要示范和导向作用的技术中心予以认定，使其享受相应的优惠政策。2002 年，山西省第一家省级行业技术中心挂牌成立。历经近二十年的风风雨雨，截至 2013 年，山西省共培育 22 家国家级企业技术中心、156 家省级企业技术中心，无论是占全国的数量比例还是评分质量都稳步提升。这就充分说明了山西省企业技术创新能力的提升，显示了山西省构建技术创新体系的初步成果。

因此，以国家级企业技术中心为研究对象，重点关注国家、山西省在培育技术中心方面给予的税收优惠政策是否有效地促进了企业的创新，将有利于政府决策层制定和调整真正能够激励企业创新投入的相关政策，有利于企业充分理解、认识、落实和运用国家给予的优惠政策，加大 R&D 投入力度，增强核心竞争力。

3.3.2 政府 R&D 资助

该项目以创业板上市公司 2010～2013 年共四年的数据进行实证分析，深入探讨了政府 R&D 资助强度、企业 R&D 能力和企业创新绩效的关系，得出以下结论。

（1）企业 R&D 能力影响政府 R&D 资助效果。R&D 能力相对较高的企业能够有效率地实现更高的创新绩效。

（2）我国仍需要提高政府 R&D 资助力度和激励作用。

（3）考虑到我国特殊的制度背景，企业创新活动对政府资助的依赖性很大。

（4）从目前情况来看，中小高新技术企业正在逐步成为技术创新和技术进步的重要力量，政府应尽快放宽政策，降低中小企业的融资难度。

4 案 例 研 究

4.1 引言

长期以来，山西经济的发展和煤炭产业的兴衰息息相关。作为经济转型的有力助推器，提升企业自主创新能力的 R&D 投入必然是山西省企业未来的投资重点。因此，在实现由资源依赖型向创新驱动型的转表过程中，必须增强政府对自主创新的引领作用，强化企业科技投入的主体地位，努力提高自主创新的能力和水平，使 R&D 活动为山西省转型跨越发展提供创新动力。近年来，山西省在推进企业创新方面加快了步伐，陆续出台了多项优惠政策，如积极推进国家级、省级企业技术中心的认定评价工作，为提高山西省企业自主创新能力、实现转型发展创建了良好的外部条件。因此，研究煤炭企业的研发投资行为，评价相关政策的效果就成为当下实现山西经济可持续发展的一个核心问题。为此，山西大学管理学院"煤炭产业链投融资问题研究"课题组于 2012 年 11 月 30 日赴潞安集团山西高河能源有限公司进行了为期 2 天的专题调研。通过情况介绍和实地考察，课题组对潞安集团及高河能源有限公司的研发投资行为进行了研究，同时也获得一些启示，并由此提出几点对策。

4.2 潞安集团及山西高河能源有限公司基本情况简介

4.2.1 潞安集团基本情况简介

潞安矿业（集团）有限责任公司（简称潞安集团）是山西五大煤炭企业集团之一，前身是成立于 1959 年 1 月的潞安矿务局，2000 年 8 月企业整体改制为潞安矿业（集团）有限责任公司。截至 2013 年总资产 634 亿元，子、分公司 75 个。2009 年，煤炭产量 5509.2 万吨，销售收入 498.6 亿元，利润总额 37.9 亿元，位居全国 500 强企业第 127 位。

2007 年潞安集团作为全国循环经济试点企业，"立足煤、延伸煤、超越煤"，拉长加粗产业链条，建设了煤电、煤油、焦化、电化四大循环经济园区，发展煤、电、油、化、硅五大产业。2008 年非煤产业销售收入达到 168 亿元，占到总销售收入的一半左右，全面形成了工业硅-聚氯乙烯-高纯度多晶硅-太阳能电池的具有循环经济特征的硅产业链条。潞安 16 万吨煤基合成油示范厂产出了全国第一桶煤基合成油，使我国成为继德国、南非之后第三个能够工业化生产煤变油的国家。该集团公司还不断进行产品创新，具有自主知识产权的潞安贫煤、贫瘦煤喷吹技术，荣获 2007 年度国家科学技术进步奖二等奖，"潞安牌"喷吹煤各项技术参数成为订立国家标准的基准，中国冶金协会授予潞安集团"中国喷吹煤基地"称号。

4.2.2 山西高河能源有限公司基本情况介绍

山西高河能源有限公司（SGEC）是潞安集团和亚美大陆煤炭有限公司（AACI）共同投资建设的大型煤矿。潞安集团控股 55%，亚美大陆煤炭有限公司持有 45% 的股份。

高河矿井项目是山西省重点项目，也是潞安集团高河煤电园区龙头项目，于 2005 年 8 月立项，2006 年 2 月开工建设，总投资为 37.17 亿元，2012 年 6 月竣工。它的竣工投产，标志着潞安集团亿吨煤炭新基地建设迈出了坚实的步伐，也将为潞安集团的转型跨越发展打造具有国际竞争力的品牌，为集团全力冲刺世界 500 强提供有力支撑。

高河煤矿领导在筹划高河矿井项目时，积极探索资金运作和管理方式，大胆吸引亚美大陆煤炭有限公司的风险投资，收到了一举两得的效果：一是吸收了亚美大陆煤炭有限公司 45% 的股份，顺利解决了高河矿建设资金紧张的瓶颈；二是将亚美大陆煤炭有限公司先进的管理理念融入了该项目的建设和经营之中，使该项目从诞生的那一天起就拥有了国际化的管理水平。可以说，高河矿井项目成功地开启了我国煤炭行业引进风险投资的先河，为煤炭行业乃至其他行业引进风险投资树立了一个成功的典范。

4.3 潞安集团 R&D 投资现状分析

调查发现，潞安集团及高河煤矿非常重视技术创新工作，主要表现在：出台了技术创新奖励制度，以鼓励技术创新人才脱颖而出；重视产学研的合作创新，与中国科学院、中国科学院上海高等研究院、法国道达尔等和中国矿业大学、中国石油大学、太原理工大学等都有合作项目，并取得一定成果（表9）；注重科技成果的转化，如公司研发的喷吹煤技术迅速转化成了生产力，2011 年喷吹煤销售市场占有率达到30%，为公司带来了不小收益。

表 9　潞安集团"十二五"规划科研支出的资金来源表

序号	费用内容	资金来源	有关规定文号	研发内容	备注
1	安全研发支出	安全费用	《企业安全生产费用提取和使用管理办法》（财企〔2012〕16 号）第十七条第 1 项、第 8 项	建立瓦斯突出防治实验室，安全生产适用新技术、新工艺的推广应用支出	50 元/吨
2	维简研发支出	维简费用	《关于规范煤矿维简费管理问题的若干规定》（财建〔2004〕119 号）第五条第 7 项	矿井新技术的推广支出	6 元/吨
3	循环经济研发支出、资源延伸产业研发支出	煤矿转产发展资金	《山西省煤矿转产发展资金提取使用管理办法（试行）》（晋政发〔2007〕40 号）第九条第 1 项、第 9 项	发展循环经济的科研支出、发展资源延伸产业支出	5 元/吨
4	环保、生态恢复研发支出	矿山环境恢复治理保证金	《山西省人民政府关于印发山西省矿山环境恢复治理保证金提取使用管理办法（试行）的通知》（晋政发〔2007〕41 号）第十条第 1 项、第 2 项	恢复保护生态环境、水资源研发支出、"三废"污染治理研发支出、废弃物综合利用研发支出	10 元/吨
5	转型、接替产业研发支出	煤炭可持续发展基金	《山西省煤炭可持续发展基金安排使用管理实施细则（试行）》（晋政办发〔2008〕12 号）第七条第 2 项	符合国家产业政策要求的煤化工业、煤炭工业等研发支出	20 元/吨
6	有计划科研支出	成本、费用	—	排列进集团科研计划的项目	通过"研发支出"归集核算
7	无计划科研支出	成本、费用	—	未排列进集团科研计划的项目	直接在成本、费用列支

资料来源：《潞安集团"十二五"发展规划》

但是，从奖励制度的兑现项目、科研成果的受益对象来看，大多是围绕提高原煤生产效率、降低原煤生产成本而获得的奖励，仅有喷吹煤一项涉及原煤下游的产业。再从潞安集团及高河煤矿设立的科研内容看，除了第6项、第7项的研究内容不清楚之外；剩余五项中有三项，即第1项、第2项、第4项，是围绕着原煤生产保障和后续的污染问题进行的，且提取经费的标准较高，分别为50元/吨、6元/吨、10元/吨，第3项、第5项分别为5元/吨、20元/吨。2012年高河煤矿的科研项目内容及其金额数据显示，所有的研发项目和资金都是围绕原煤生产而设计，对洗煤、电力、矸石砖等延伸产品的研发内容和经费标准没有涉及（当然不排除有新开矿的原因）。有关煤炭生产的小改小革项目立项原则、对象等条文比较详细，围绕电力、矸石砖等延伸产品没有相关的条文。在2013年高河能源科研计划汇总表中，电力、矸石砖的研发项目仍属空白，1268万元科研经费总额仍然是就煤炭生产而作的经费预算（表10、表11）。

表10　2012年高河能源研发费用明细表

序号	内容	合作单位	金额/万元
1	北翼、南翼、东翼采区移动式瓦斯抽采系统设计服务费	中煤科工集团重庆研究院有限公司	88
2	高瓦斯巷道布置与支护技术研究费	中国矿业大学	45
3	中国石油大学煤矿瓦斯地面抽采工程技术咨询费	中国石油大学（北京）	28
4	矿井通风系统评价与矿井通风系统安全隐患排查研究	太原阁瑞工程技术公司	28
5	鲍村风井大巷间功能巷道系统优化与主扇风网间适应性研究	太原阁瑞工程技术公司	27
6	CO_2 预裂增透瓦斯高效抽采技术研究	河南理工大学	25
7	高河井田2012年煤层气160口地面抽采井井位布置技术服务费	中国石油大学（北京）	20
8	矿井通风网络解算软件及应用研发费	太原阁瑞工程技术公司	18
9	W1303工作面地表移动规律研究费	中煤科工集团唐山研究院有限公司	16
	合计		295

表11　2013年高河能源科研计划汇总表

行业	序号	项目名称	金额/万元	合作单位
机电	1	综掘机电源电缆自移装置设计应用	31	太原理工大学
	2	综采电气列车自移系统研究	77	太原理工大学
	3	应急通风控制系统的研究	50	太原理工大学
	4	矿井回风巷广播系统设计	20	天地（常州）自动化股份有限公司
	5	矿井主排水泵密封系统改造应用	35	河南理工大学
	6	空压机变频改造技术研究	50	英格索兰公司
	7	新型皮带防撕裂保护装置的应用	70	秦皇岛广穆科技开发公司

续表

行业	序号	项目名称	金额/万元	合作单位
监测监控	8	环网交换机市电检测功能开发	25	天地（常州）自动化股份有限公司
掘进	9	大断面巷道掘进锚网支护平行作业技术研究	60	北京天地科技
	10	高瓦斯大埋深松软煤层掘锚一体机掘进技术研究	200	北京天地科技
采煤	11	综采端头空挡液压支架自移支护技术研究	100	潞安机械有限责任公司
	12	大煤柱护巷、小煤柱开采技术研究	80	中国矿业大学
	13	高瓦斯松软煤体矿井集约高效生产技术研究	80	公司各部门
运输	14	矿用平板车（材料车）设备及材料快速绑车	50	潞安矿业集团生产处
地质	15	构建矿井精细化透明地质管理平台技术研究	50	北京龙软科技股份有限公司
通风	16	改变低透气性煤层瓦斯赋存方式技术研究	200	太原理工大学
	17	煤仓瓦斯治理研究	50	北京华宇设计院
				山西矿院
	18	高河矿井高可靠通风技术与管理研究	40	太原理工大学
		合计	1268	

资料来源：高河能源 2013 年年度计划

4.4　R&D 税收优惠政策对潞安集团的激励效果评价

由于 R&D 活动的成果具有公共产品的特征，投入者无法完全独占技术和知识的收益，同时，R&D 活动的高风险也构成了企业 R&D 投资的障碍。而税收优惠政策能帮助减小企业 R&D 活动的风险，减小企业从事 R&D 活动私人收益和社会收益的差距，可以使原来预期利润率更低的技术创新项目变得有利可图，从而激励企业开展更多的研发活动，因此，R&D 税收优惠政策对企业研发投资有积极的影响。

潞安集团以煤炭产业为主，具有劳动密集和资源密集的特性，其研发创新对政府支持的需求更加迫切。通过手工搜集潞安集团年报数据，得出其在 2007 年以来所享受的所得税抵免税收优惠政策为企业带来了巨大的收益：2010 年全年所得税率基本按 15%征收；2010 年 6 月起获得高新技术企业认证后，于 2011 年 2 月底正式获得税收优惠批复，并追溯调整全年，2011 年由于享受税收优惠增加利润 2.7 亿元；2012 年，公司科技投入资金 79 997 万元，享受国家高新技术企业税收优惠政策，可实现税收优惠 4509 万元；2013 年 12 月 11 日由四部门复审通过，文件号为《关于山西省 2013 年高新技术企业复审结果的通知》（晋科高发〔2013〕142号），有效期三年，按规定公司仍享受15%的企业所得税税率。

4.5 潞安集团提高研发投资的对策建议

通过年报数据分析能够看出，研发投资所带来的税收优惠政策给潞安集团带来了较大收益，使其能够更多地投资于资源研发和创新，从而形成良性循环。因此，促进企业提高研发投资势在必行，具体可以从以下两个层面着手。

4.5.1 宏观层面

为了提高潞安集团的研发投资，从宏观层面来讲，应对煤炭产业链上的研发项目继续实施应计扣除的纳税政策，在条件、制度许可的情况下，进一步提高加计扣除的比率，使煤炭产业链的研发项目有更多的资金保证。对采用洁净煤技术、推进煤炭循环经济产业链延伸的项目应给予一定的优惠，可以按新能源产业制定相应补贴标准，对做出贡献和成绩的，给予奖励。

4.5.2 微观层面

为了提高研发投资，从企业层面应积极开辟融资渠道，选择多种融资方式，确保研发投资的资金需要。

（1）继续吸引风险投资。这是一种通过一定的机构和一定的方式向各类机构和个人筹集风险资本，然后将所筹资本投入具有不确定性的研发项目，并以一定的方式参与所投项目的管理，期望通过实现项目的高成长率并最终通过出售股权获得高额中长期收益的方式。风险投资能够克服高新技术研发的资金障碍，加快高新技术成果的产出与转化；风险投资为高新技术研发提供专业化管理，减小企业风险。

（2）进一步规范潞安集团财务公司业务，扩大财务公司规模。财务公司是为企业技术改造、新产品开发及产品销售提供金融服务，以中长期金融业务为主的非银行机构。我国大型企业集团的财务公司的建立对企业集团的发展有不可替代的作用。基于以上分析，建议潞安集团进一步规范财务公司业务，扩大财务公司规模，为煤电化、煤焦化、煤油化产业链上的分公司、子公司打开一条便捷的融资通道。

（3）适当利用融资租赁方式。这是一种融资与融物相结合的融资方式，具有筹资速度较快、限制条款较少、设备淘汰风险较小、财务风险较小、税收负担较轻等优点。从高河矿的资金来源计划看，高河矿井项目还有 4.3 亿元即 11.72%的资金缺口。对硬件部分的资金缺口采用融资租赁方式补充，这样既可缓解资金压力，还可及时融到矿井项目所需的设备，缩短建设周期。

5　主要结论与政策建议

5.1　主要结论

创新是产业转型的基础和动力之源，而 R&D 活动是科技创新的载体和助推经济的加速器。本研究的基本结论如下所示。

（1）在产品市场上，消费者比较认同 R&D 投入的价值。企业通过 R&D 投入，不断开发新技术、进行技术积累和整合，能够形成并增强企业的核心竞争力。因此，企业自身应重视 R&D 创新，培育新的经济增长点，政府相关部门应为企业加大 R&D 力度、降低 R&D 风险创造一个良好的环境，形成企业 R&D 创新与市场的良性互动循环。

（2）在封闭式创新模式向开放式创新模式转变的过程中，企业决策者的注意力不能仅仅局限于企业内部，而应当从更广阔的范围来考虑提升企业创新能力，包括客户、供应商甚至竞争者，即企业应当从创新网络中获取知识并推动创新。企业决策者应当采取开放式创新理念，在研发、技术管理和新产品开发方面采取外部导向，通过与用户、供应商和竞争对手建立高质量的外部连接关系，提升从外部利用信息和知识的能力。

（3）R&D 税收优惠政策对企业研发投入有较大的促进作用，而企业对 R&D 税收优惠政策的认识和申请都有不足，同时政府在推广和落实相关政策上面的力度不够。因此，政府部门应加大政策宣传力度，做好政策的落实和监管工作，使政策发挥应有的激励作用。此外，企业的研发投入具有计划性和稳定性，R&D 税收优惠政策难以在短期内见效，因此在制定 R&D 税收优惠政策时也应充分考虑到这一因素，优惠政策的调整不能过于频繁，否则就会影响政策的稳定性和延续性，从而也不利于发挥税收优惠政策应有的作用。

（4）考虑到我国特殊的制度背景，企业的创新活动对政府资助的依赖性很大。然而我国政府的研发资助水平偏低。因此，我国政府应该提高政府 R&D 资助力度，使政府的创新资助真正起到种子资金的作用。对于山西企业而言，应该加强对国家相关科技激励政策的理解和学习，充分意识到税收优惠政策给企业自主创新所带来的积极正面影响，在加大自主创新投入的同时，积极申请享受国家有关的 R&D 税收优惠政策及政府 R&D 资助。

5.2 提升企业研发投资的政策建议

5.2.1 政府政策层面

1. R&D 补贴

在补贴规模的选择上，要加大对企业研发活动的补贴。在补贴对象的选择上，要重点扶持我国存在优势的产业及企业。在补贴方式的选择上，要采取"市场化"的措施。有研究发现，尽管 R&D 直接补贴的效果在技术绩效方面体现得最为明显，但在财务绩效和价值绩效方面并不理想，政府直接补贴产生的浪费及低效就表露无遗。因此，在未来的 R&D 资源配置中，更多地应该借助市场的力量，尽量减少人为因素的影响。

2. R&D 合作

支持 R&D 合作可从以下几方面来入手：积极推动企业落实 R&D 合作；鼓励企业进行非竞争性 R&D 合作；鼓励企业与竞争对手 R&D 合作；创造企业 R&D 合作的良好外部环境。

3. 知识产权保护

目前，世界发达国家都把知识产权战略作为迎接国际竞争制高点的重要内容来抓。并且，美、日等发达国家也从知识产权战略中获得巨大的利益。当前，我们要采取如下措施：采取稳步推进的方式，逐步加强知识产权保护的力度；加大知识产权执法的力度，提高知识产权执法队伍的素质。

4. 构建新型科技投融资体系

根据山西经济转型发展需要，结合目前山西科技金融支持经济转型发展乏力及山西科技金融体系不完善的现实状况，借鉴国际、国内科技投融资体系创新的主要经验，应立足于科技与金融的内在联系系统规划，明确山西新型科技投融资体系建设目标，以金融创新推动科技创新，以科技创新促进金融创新（McFetridge and Warda，1983；Penrose，1995；Myers and Majluf，1984；Partanen et al.，2011）。

5.2.2　企业执行层面

1. 政策利用

（1）重视相关政策的利用。在企业运营过程中要重视相关政策的利用，如税务筹划、R&D 补贴等，灵活运用具体优惠措施，实现政策效果与企业效益的双重优化。

（2）培育一定数量的边界管理者。以企业内部资源为基础，培育一定数量的边界管理者，关注政府相关的制度、政策，并积极思考，促使企业去利用它们，这是边界管理者的职责所在。

2. 政策执行

（1）企业熟悉相关申报要求与流程。每项政策的实施都有其严格的流程，企业应仔细研究，充分准备，严格按照流程与要求进行申报，以期获得期望的结果。

（2）管理者应持续提高企业的知识储备。引进更多的高学历高科技人才，落实并提高企业 R&D 投入，从而提高 R&D 能力，R&D 能力又影响政府 R&D 资助效果。

3. 自我提高

（1）调动企业技术创新积极性。引导和推动企业成为科技研发的主体，提高企业家加大科技投入的积极性，提高企业对科研投入的内在需求，加强企业技术开发能力建设，加大传统产业技术升级的力度，调动企业自我投资科技创新的积极性。

（2）提升企业资本运作意识和能力。企业是实现科技与金融两轮驱动的直接载体。资本运营是科技企业发展中的一个重要层次，对科技企业提升金融嫁接能力、优化金融资产负债结构和企业法人治理、加快发展步伐、提升企业竞争力具有重要的作用。

参 考 文 献

白俊红. 2011. 中国的政府 R&D 资助有效吗？来自大中型工业企业的经验证据[J]. 经济学（季刊），10（4）：1375-1400.

程华，赵祥. 2008. 企业规模、研发强度、资助强度与政府科技资助的绩效关系研究——基于浙江省民营企业的实证研究[J]. 科研管理，29（2）：37-43.

戴晨，刘怡. 2008. 税收优惠与财政补贴对企业 R&D 影响的比较分析[J]. 经济科学，（3）：58-71.

丁勇. 2011. 研发能力、规模与高新技术企业绩效[J]. 南开经济研究，（4）：137-153.

范金，赵彤，周应恒. 2011. 企业研发费用税前加计扣除政策：依据及对策[J]. 科研管理，（5）：141-148.

房汉廷，张缨. 2007. 中国支持科技创新财税政策述评（1978～2006 年）[J]. 中国科技论坛，（9）：10-16.

侯杰泰，温忠麟，成子娟. 2004. 结构方程模型及其应用[M]. 北京：教育科学出版社.

霍文刚. 2007. 促进我国企业自主创新的税收政策研究[D]. 大连：东北财经大学.

江静. 2011. 公共政策对企业创新支持的绩效：基于直接补贴与税收优惠的比较分析[J]. 科研管理，（4）：1-8.

蒋建军，齐建国. 2007. 激励企业 R&D 支出的税收政策效应研究[J]. 中国软科学，（8）：65-70.

金玲娣，陈国宏. 2001. 企业规模与 R&D 关系实证研究[J]. 科研管理，（1）：51-57.

李丽青，师萍，曾观群. 2005. 中外激励企业投入的税收优惠政策比较及思考[J]. 科学学与科学技术管理，26（10）：22-25.

李丽青. 2007. 我国现行 R&D 税收优惠政策的有效性研究[J]. 中国软科学，（7）：115-120.

李平，王春晖. 2010. 政府科技资助对企业技术创新的非线性研究——基于中国 2001-2008 年省级面板数据的门槛回归分析[J]. 中国软科学，（8）：138-147.

李随成，姜银浩. 2009. 供应商参与新产品开发对企业自主创新能力的影响研究[J]. 南开管理评论，12（6）：11-18.

梁莱歆，熊艳. 2005. 我国上市公司研发费用披露现状及改进建议[J]. 中国会计评论，（10）：22-23.

梁莱歆，严绍东. 2006. 中国上市公司 R&D 支出及其经济后果的实证研究[J]. 科学学与科学技术管理，7：34-38.

罗婷，朱青，李丹. 2009. 解析 R&D 投入和公司价值之间的关系[J]. 金融研究，6：

100-110.

税收优惠政策与务实丛书编委会. 2001. 中国税收优惠政策总览[M]. 北京：中国税务出版社.

孙磊，唐滔. 2011. 高新技术企业税收优惠政策绩效评价方法研究[J]. 区域金融研究，(8)：14-19.

唐清泉，卢珊珊，李懿东. 2008. 企业成为创新主体与 R&D 补贴的政府角色定位[J]. 中国软科学，(6)：88-98.

唐清泉. 2011. 企业 R&D 创新投入的风险与有效性研究——我国企业转型升级的内在机制[M]. 广州：中山大学出版社.

王俊. 2010. R&D 补贴对企业 R&D 投入及创新产出的实证研究[J]. 科学学研究，(9)：1368-1374.

王俊. 2011. 我国政府 R&D 税收优惠强度测算及影响效应检验[J]. 科研管理，(9)：157-164.

吴秀波. 2003. 税收激励对 R&D 投资的影响：实证分析与政策工具选拔[J]. 研究与发展管理，(2)：36-40.

肖鹏，吴永红. 2009. 企业研发投入的税收优惠政策差异：国际经验与启示[J]. 改革，(4)：91-97.

薛荣芳. 2007. 企业所得税对 R&D 投资影响分析及美、日等国税收优惠比较[J]. 税务研究，(9)：84-87.

袁键红，李慧华. 2009. 开放式创新对企业创新新颖程度的影响[J]. 科学学研究，(12)：1892-1899.

张信东，贺亚楠. 2010. R&D 支出、盈余管理及市场反应[D]. 太原：山西大学.

张信东，刘旭东，杨婷. 2010. R&D 投入与公司价值的相关性分析——以生物制药行业和电子信息行业的上市公司为例[J]. 科技进步与对策，27（23）：59-63.

张信东，马小美. 2013. R&D 税收优惠对企业创新的影响——基于国家认定企业技术中心的研究[D]. 太原：山西大学.

张信东，薛艳梅. 2010. R&D 支出与公司成长性之关系及阶段特征[J]. 科学学与科学技术管理，(6)：28-33.

朱平芳，徐伟民. 2003. 政府的科技激励政策对大中型工业企业 R&D 投入及其专利产出的影响：上海市的实证研究[J]. 经济研究，(6)：45-53.

Almus M，Czarnitzki D. 2003. The effects of public R&D subsidies on firms' innovation activities: The case of Eastern Germany[J]. Journal of Business and Economic Statistics，21（2）：226-236.

Arrow K J. 1962. Economic welfare and the allocation of resources for invention[A]//Nelson R R. The Rat and Direction of Inventive Activity[C]. Princeton: Princeton University Press: 52-62.

Berchicci L. 2013. Towards an open R&D system: Internal R&D investment, external knowledge acquisition and innovative performance[J]. Research Policy, 42 (1): 117-127.

Bernstein J I. 1986. The effect of direct and indirect tax incentives on Canadian industrial R&D expenditures[J]. Canadian Public Policy, 12 (3): 438-448.

Bilbao O B, Rodriguez P A. 2004. From R&D to innovation and economic growth in the EU[J]. Growth and Change, 35 (4): 434-455.

Cappelen Å, Raknerud A, Rybalka M. 2011. The effects of R&D tax credits on patenting and innovations[J]. Research Policy, 41: 334-345.

Chiang Y, Hung K. 2010. Exploring open search strategies and perceived innovation performance from the perspective of inter-organizational knowledge flows[J]. R&D Management, 40 (3): 292-299.

Cohen W M, Levinthal D A. 1990. Absorptive capacity: A new perspective on learning and innovation[J]. Administrative Science Quarterly, 35: 128-152.

Czarnitzki D, Hanel P, Rosa J M. 2011. Evaluating the impact of R&D tax credits on innovation: A microeconometric study on Canadian firms[J]. Research Policy, 40 (2): 217-229.

Czarnitzki D, Licht G. 2006. Additionality of public R&D grants in a transition economy: the case of Eastern Germany[J]. Economics of Transition, 14 (1): 101-131.

Dahlby B. 2005. A framework for evaluating provincial R&D tax subsidies[J]. Canadian Public Policy, 31 (1): 45-58.

David P A, Hall B H, Toole A A, et al. 2000. Is public R&D a complement or substitute for private R&D? A review of the econometric evidence[J]. Research Policy, 29: 497-529.

de Jong J P J, Verhoeven W H J. 2007. WBSO evaluation 2001-2005: Impacts, target group, reach and implementation, Research Series 07 OI 35[D]. Ministry of Economic Affairs.

Goerg H, Strobl E. 2007. The effect of R&D subsidies on private R&D[J]. Economica, 74 (294): 215-234.

Guellec D, van Pottelsberghe de la Potterie B. 2003. The impact of public R&D expenditure on business R&D[J]. Economics of Innovation and New Technology, 12 (3): 225-243.

Hair Jr. J F, Anderson R E, Tatham R L, et al. 1992. Multivariate Date Analysis with Reading[M]. New York: Macmillan Publishing Company.

Haunschild P R, Miner A S. 1997. Modes of interorganizational imitation: the Effects of outcome salience and uncertainty[J]. Administrative Science Quarterly, 42 (3): 472-500.

Henderson R, Cockbum I. 1994. Measuring competence? Exploring firm effects in pharmaceutical research[J]. Strategic Management Journal, 15 (S1): 63-84.

Howe J D, McFetridge D G. 1976. The determinants of R&D expenditures[J]. Canadian Journal of Economics, 9: 57-91.

Lach S. 2002. Do R&D subsidies stimulate or displace private R&D? Evidence from Israel[J]. Journal of Industrial Economics, 50: 369-390.

Lokshin B, Mohnen P. 2007. Measuring the effectiveness of R&D tax credits in the Netherlands[R]. UNU-MERIT Working Paper No. 025.

Lundvall B-Å. 1999. National business systems and national systems of innovation[J]. International Studies of Management and Organization, 27 (3): 60-77.

Lüthje C. 2004. Characteristics of innovating users in a consumer goods field: An empirical study of sport-related product consumers[J]. Technovation, 24: 683-695.

Mansfield E, Switzer L. 1985. The effects of R&D tax credits and allowances in Canada[J]. Research Policy, 14: 97-107.

McFetridge D G, Warda J P. 1983. Canadian R&D incentives: Their adequacy and impact[R]. Canadian Tax Paper no. 70, Toronto: Canadian Tax Foundation.

Myers S C, Majluf N S. 1984. Corporate financing and investment decisions when firms have information the investors do not have [J]. Journal of Financial Economics, 13: 18.

Oliveira P, von Hippel E A. 2009. Users as service innovators: The case of banking services[D]. Research Paper, MIT Sloan School of Management.

Partanen J, Chetty S K, Rajala A. 2011. Innovation types and network relationships[J]. Entrepreneurship Theory and Practice, 5: 1-29.

Penrose E. 1995. The Theory of the Growth of the Firm[M]. New York: Oxford University Press.

Rosenbaum P R, Rubin D B. 1983. The central role of the propensity score in observational studies for causal effects[J]. Biometrika, 70 (1): 41-45.

Rubin D B. 1977. Assignment to treatment group on the basis of covariate[J]. Journal of

Educational Statistics，（2）：1-26.

Slater S F，Narver J C. 1994. Does competitive environment moderate the market-orientation-performance relationship? [J]．Journal of Marketing，（58）：46-57.

Steiger J H. 1990. Structure model evaluation and modification：An interval estimation approach[J]. Multivariate Behavioral Research，25：173-180.

Stuart T E. 2000. Interorganizational alliances and the performance of firms：A study of growth and innovation rates in a high-technology industry[J]. Strategic Management Journal，21（8）：791-811.

Thornhill S. 2006. Knowledge，innovation and firm performance in high-and low-technology regimes[J]. Journal of Business Venturing，21（5）：687-703.

Veugelers R. 1997. Internal R&D expenditures and external technology sourcing[J]. Research Policy，26（3）：303-315.

Wallsten S J. 2000. The effects of government-industry R&D programs on private R&D：the case of the small business innovation research program[J]. RAND Journal of Economics，31：82-100.

Zahra S A，George G. 2002. Absorptive capacity：A review，reconceptualization，and extention[J]. Academy of Management Review，27（2）：185-203.

Zhang X D，He Y N. 2013. R&D-based earnings management，accounting performance and market return：Evidence from national-recognized enterprise technology centers in China[J]. Chinese Management Studies，7（4）：572-585.

Zhang X D，Wu J J. 2014. Research on effectiveness of the government R&D sunsidies：Evidence from large and medium enterprises in China[J]. American Journal of Industrial and Business Management，4（9）：503-513.

资源型企业商业模式创新研究报告①

1 资源型企业商业模式创新的必要性

1.1 资源型企业成功转型典型案例

企业的转型是资源型经济转型发展必然要面对和解决的问题，更是转型的落脚点。资源型企业在转型发展过程中虽自身比较优势和产业基础不同，但成功转型的企业更多的是主动转型抓机遇，依托自身调结构，延伸产业链和发展替代产业多元协调促升级。

英国石油公司（BP 公司）作为世界上最大的石油跨国集团之一，其转型为资源优势产业转型提供了参考。BP 公司在世界油气上、中、下游等不同产业领域占有绝对优势地位，仍主动抓转型，在拓展传统能源业务基础上，积极介入新能源和可再生能源的产业化发展。BP 公司在 20 世纪 80 年代通过收购 Lucas 能源系统公司而进入太阳能领域；1997 年成立了天然气、电力、可再生能源业务部；1999 年收购 Solarex 公司而成为世界最大的太阳能公司。为确保新绿色能源战略的实施，在 2005 年成立一个名为"BP 替代能源"的新业务部门，10 年内在太阳能、风能、氢能和联合循环发电技术方面投资 80 亿美元。BP 公司依靠传统企业优势，提高企业技术竞争力。2006 年，BP

① 课题组组长：王素娟。课题组成员：王建智、谢姣、贾淇宁。本文完成于 2016 年，如无特别说明研究涉及数据截至 2015 年 12 月。

公司创建生物科学新能源研发中心，并组建新的生物燃料业务发展部；能源生物科学研究院的研发中心与美国和英国的主要大学合作，集中研发从农作物和有机物质中生产燃料的技术。

中国唐山开滦集团为现阶段国内资源型企业转型样本。开滦集团于1878年建矿，是中国最早使用机器开采的大型煤矿，享有"中国近代煤炭工业源头""中国北方民族工业摇篮"的美誉。面对国际金融危机、煤炭市场回暖缓慢状况，开滦集团面临转型重任。开滦集团提出跳出依赖煤炭的传统思维，"立足煤、跳出煤"，让接续产业与替代产业支撑起企业的未来。集团主动紧抓京津冀都市圈、环渤海经济圈崛起，以及国家鼓励煤炭基地、企业和上下游产业融合的机遇，通过"内挖"延长唐山老区开采寿命，"外扩"走出去到外埠寻找资源，使煤炭产业由主导转向基础，支撑战略转型；坚持自主创新，通过上下游产业联合、拉长煤基产业链培育出高附加值的煤化工产业；建立曹妃甸5000万吨国家级数字化储配煤基地、开滦唐山湾2000万吨炼焦煤储配基地等，带来了现代物流业的跨越式发展；以国土资源部批准建设国家矿山公园为契机，建立国家矿山公园，促进文化旅游和房地产业发展。

1.2　资源型企业转型与商业模式创新

对于企业转型的研究，国内外学者从不同角度给予了广泛的关注，但至今对企业转型还没有一个统一的定义。组织学家贝克哈德从组织行为学角度将企业组织转型定义为"组织在形式、结构和性质上发生的变革"；莱维和默瑞（Levey and Merry，1986）将组织转型描述为一种彻底的、全面的变革，认为"组织转型需要解决组织的核心流程、精神、意识、创新能力和进化等方面的问题"；组织转型是一种发生在组织对自身认识上的跳跃式的变革，并伴随着组织战略、结构、权力方式、模式等各个方面的变化。

国内学者吴家曦和李华燊（2009）认为：一般来说，企业的转型升级可以从转型和升级两个层面来理解，转型就是一种状态向另一种状态的转变，即企业在不同产业之间的转换和不同发展模式之间的转变，前者表现为转行，后者表现为转轨。王吉发等（2006）认为，狭义的企业转型往往是企业自身在所处行业的竞争能力降低和竞争优势的衰退，促使企业通过组织等的变革，提升企业在产业内的能力；或者由于所处行业的衰退，企业发展前景黯淡，企业不得不主动或者被动地采取产业转移的战略，寻求新的经济增长点，以获得新的生机。这种行业间的转移，可能是企业保留原有行业的业务，实行多元化的策略，也可能是完全退出原有行业，全部进入新的行业。从形式上看，企业转型属于战略转换。

资源型企业是指以特定的自然资源为主要劳动对象，生产、加工和经营人们生活所需的基础原材料的相关企业，如矿山、油田和海洋资源提取等企业。资源型企业具有与国民经济的关联度高、投入原料特殊、对生态环境影响大和工作环境艰苦等特点，在国民经济中占据着特殊的地位。资源型企业对自然资源依赖性非常强，但是随着资源的不断耗竭，越来越多依赖资源而建立的资源型企业正在走向衰退。因此，如何通过企业转型，摆脱对资源的过度依赖，实现持续发展，成为资源型企业面前的一道战略性课题。

作为资源型城市的重要组成部分，资源型企业能否成功转型将直接决定资源型城市的转型成败和可持续发展与否。随着全球经济一体化进程的日益加快和新经济浪潮的快速蔓延，我国资源型企业产业转型面临着新的挑战和机遇，迫切需要相应的理论和方法指导。在资源型企业转型过程中，商业模式的创新十分关键，直接影响资源型企业转型的成败。

商业模式创新可以改变整个行业格局，让价值成百上千亿美元的市场重新洗牌，商业模式创新比产品创新和服务创新更为重要。真正的变革绝不局限于伟大的技术发明和商业化，它们的成功在于把新技术和恰到好处的强大商业模式相结合。当亚信引入风险投资时，一位美国风险投资家这样向时任亚信总裁的田溯宁解释商业模式的概念：商业模式就是您的企业投入一元钱后如何使获得的回报大于一元钱。当然这是对商业模式一个直白而简单的说法。更准确地说，商业模式就是企业在其运行过程中使其收入大于投入而获得利润的方式和方法。

资源型企业如何通过商业模式的创新实现转型升级是本研究报告重点探索的问题。"商业模式"（business model）这一词语的兴起和使用得益于20世纪90年代互联网经济的蓬勃发展。因此，我们首先基于互相网相关的企业对商业模式创新路径进行理论研究，进而在此理论指导下探索资源型企业商业模式的创新路径。

2　商业模式创新路径理论研究

当前形势下，万众创新已成为新常态经济的必然选择。商业模式的作用贯穿企业价值创造的各个环节，引导企业价值获取及转化机制，成为影响绩效的关键因素。Björkdahl（2009）指出适合企业发展的商业模式能够挖掘技术创新的潜在经济价值。Teece（1986）认为技术创新只有结合商业模式创新才会成功。Amit 和 Zott（2001）提出价值创造的四类来源，即效率、新颖、互补和锁定主题的商业模式。Zott 和 Amit（2002）研究表明商业模式的主题关系到企业能否在激烈的市场竞争中占得先机，继而影响企业的价值定位和传递价值的方式。已有研究重点考虑商业模式对企业绩效的影响。

学者从商业模式与战略整合的角度探索了二者匹配对企业持续竞争优势的影响。Zott 和 Amit（1988）认为新颖型商业模式匹配差异化、低成本、早进入市场战略对企业绩效有积极、稳定的影响。程愚等（2012）检验了"营运差异化"和"营运确定化"在生产技术创新和经营方法创新为主题的商业模式影响企业绩效过程中的作用。姚明明等（2014）研究了新颖型和效率型商业模式与技术创新战略匹配对后发企业技术追赶绩效的影响。随着信息技术的发展，经济全球化速度加快，竞争规则发生深刻的变化，商业生态圈的形成要求企业与供应商、合作者、竞争者、消费者形成互动（Chesbrough，2003）。跨界搜索战略是企业跨越组织边界，在探索利益相关者最新知识的基础上重新配置自有知识（Rosenkopf and Nerkar，2001）。Grimpe 和 Sofka（2009）指出搜索模式的差异影响创新的投入产出，高科技和中低科技企业分别侧重跨界搜索技术和市场知识；张文红和赵亚普（2013）证实跨界搜索技术、市场知识推动产品创新。那么，商业模式与跨界搜索战略如何匹配并影响创新绩效？目前学者主要借助开放式创新研究商业模式与其结合对创新绩效的影响（Lichtenthaler，2008；Thomke，2003；Johnson et al.，2008），胡保亮（2013）研究了商业模式的新颖、效率和互补性如何通过知识搜索的中介作用影响创新绩效，并未对知识搜索进行分类，也未给出二者匹配的影响。

企业需要思考如何"量体裁衣"设计适合自身长远发展的商业模式，以便在激烈的市场竞争中保持优势，最大限度地获取创新价值。同时，开放式创新要求企业制定最优的跨界搜索战略，源源不断地从外部知识和资源中汲取壮大自身的力量，弥补企业内部不足和缺陷，并反过来促进企业开放式创新能力的提高。本研究主要探索不同主题的商业模式匹配跨界搜索战略后对企业创新绩效有什么影响。

2.1 商业模式创新路径假设提出

Amit 和 Zott（2001）认为商业模式是开发商业机会并获取价值的交易内

容、结构、治理的设计。商业模式是以目标企业（focal firm，f）为中心，包括合作者、供应商、消费者组成的相互依赖的价值共创系统（Zott and Amit，2010），也就是说，商业模式创造的创新总价值（the total value of innovation，TVI）是目标企业及利益相关者从创新产品或服务中的获益总和。

Brandenburger 和 Stuart（1996）认为，商业模式在某一特定时间创造的创新总价值是由该商业模式涉及的所有利益相关者所创造的价值总和。可以假设：市场（m），m 代表目标公司通过其商业模式服务的细分市场的总数量；消费者（p），p 代表来自细分市场 m 的均匀的消费者在交易 t 中为商品支付的价格；消费者在交易 t 中感知到的净利益，也就是购买意愿或为参加交易的权力而支付的价格 $B_m(t)$。

我们假设当前市场只存在单个消费者、目标企业、供应商、合作者时（Brandenburger and Stuart，1996），细分市场（m）的消费者为获得一项创新产品或服务（t）愿意支付 $B_m(t)$，实际支付 $P_m(t)$，则本交易中消费者净收益为

$$V_m(t) = B_m(t) - P_m(t) \tag{1}$$

目标企业采用某种商业模式 d（此处 d 强调该目标企业采用效率型商业模式或新颖型商业模式的程度），主张实施某种跨界搜索战略 s（此处 s 强调该目标企业采用技术知识跨界搜索战略或市场知识跨界搜索战略的程度），我们记 $f_s^d = f$。该商业模式涉及的供应商及合作者记为 i，$R_i(t, m)$ 表示目标公司 f 在某细分市场 m 从事交易 t 时从合作者和供应商处获得的收入。$C_i(t, m)$ 表示目标企业 f 在某细分市场 m 从事交易 t 时支付供应商、合作者的成本。$C_f(t, m)$ 表示目标企业为了从事某细分市场 m 的交易 t 而形成的机会成本。那么目标企业 f 的创新绩效（innovation performance，IP）为

$$IP_f(t, m) = P_m(t) + R_i(t, m) - C_i(t, m) - C_f(t, m) \tag{2}$$

$OC_i(t, m)$ 表示供应商和合作者为了从事某细分市场 m 的交易 t 而形成的机会成本。那么供应商和合作者收益为

$$V_i(t, m) = C_i(t, m) - R_i(t, m) - OC_i(t, m) \tag{3}$$

综上所述，某细分市场 m 的交易 t 中商业模式的创新总价值为

$$TVI(t, m) = V_m(t) + IP_f(t, m) + V_i(t, m) \tag{4}$$

接下来我们讨论，商业模式在一段时期内所有细分市场的全部交易的创新总价值为

$$TVI(t, m) = \sum_t \sum_m \left[V_m(t) + IP_f(t, m) + V_i(t, m) \right] \tag{5}$$

将式（1）、式（2）、式（3）代入式（5）得

$$\text{TVI}(t, m) = \sum_t \sum_m \left[B_m(t) + C_f(t, m) + \text{OC}_i(t, m) \right] \qquad (6)$$

式（6）表明，TVI 的大小取决于创新产品或服务是否能够激发消费者的购买欲望 $B_m(t)$、有效降低目标企业 $C_f(t, m)$ 以及供应商和合作者 $\text{OC}_i(t, m)$ 的机会成本。式（5）表明，创新总价值即为目标企业创新绩效的极限（当 V_m、V_i 无限小时），目标企业的获益能力取决于面对利益相关者的议价能力：给定竞争水平，如果目标企业可以迅速有效获取关键信息、降低取代利益相关者的成本、提高利益相关者的转换成本，则更有利于从创新总价值中获益（Zott and Amit，1988）。

目标企业在一段时期内所有细分市场的全部交易中获得的创新绩效为

$$\text{TIP}_f(t, m) = \sum_t \sum_m \left[P_m(t) + R_i(t, m) - C_i(t, m) - C_f(t, m) \right] \qquad (7)$$

综上所述，目标企业创新绩效的提升取决于增加创新产品和服务类型 t（+），开辟新市场 m（+），提高定价能力 P（+），增加外部收益 R_i（+），削减协调成本 C_i（-），降低机会成本 C_f（-）。

2.1.1 商业模式与创新绩效

效率型商业模式指企业在创新活动中更强调提高效率、降低成本获取利润。第一，企业为供应商、合作者提供综合、准确的市场信息，减少搜索成本和信息不对称，进而降低协调成本 C_i（-）（Williamson，1973；Clemons and Row，1992）；通过减少运输成本、优化库存管理、简化交易流程，加快订单速度，进而实现规模经济，降低机会成本 C_f（-）。第二，提供有效市场信息、降低搜索及议价成本来增强消费者黏性，促成正向反馈机制，增加创新产品和服务类型（+）。综上所述，利益相关者转换成本提高，目标企业议价能力稳固。因此，我们提出假设：

H1a：效率型商业模式促进企业的创新绩效。

新颖型商业模式指企业与利益相关者以新的方式实现经济交换。第一，整合无关要素、重设交易机制、开辟新市场 m（+）获取熊彼特租金；捕捉消费者潜在需求、挖掘互补品来增加创新产品和服务类型 t（+），实现差异化优势；以新颖的产品、服务降低消费者价格敏感度，提高定价能力 P（+）。第二，创新产品服务、生产工艺、分配、营销，形成市场壁垒（Schumpeter，1934），提高利益相关者转换成本，对 C_i 造成下行压力（王赋，2001），企业议价能力得以增强。因此，我们提出假设：

H1b：新颖型商业模式促进企业的创新绩效。

2.1.2 效率型商业模式匹配技术知识跨界搜索战略

跨界搜索技术知识是指企业在现有技术和生产工艺的基础上，跨越组织边界对外部具有潜在价值的技术、产品、工艺、流程等有关知识的搜索战略。第一，企业跨行业搜索技术知识，可以节省高额的实验设备购置成本，降低了创新成本和交易费用（Brennenraedts et al.，2006；李山，2013），压缩了产品开发时间，提高了创新的速度和效率（Pisano，1990）。第二，企业外部技术知识主要来源于供应商和科研机构（Grimpe and Sofka，2009）。跨界搜索供应商知识，借助信息平台实现与供应商在技术标准、产品成本等方面的信息共享，减少返工或重置成本，充分利用供应商已经掌握的成熟的技术，降低市场风险和产品的不确定性，帮助效率型商业模式进一步降低协调成本（李随成等，2008）；企业要取得行业领先地位，单靠自身研发能力往往耗时耗力，而与科研机构等合作创新则可以吸收最新的研发成果，缩短研发时间，降低企业独自开发的机会成本（贺璐，2013），在 C_f（−）上会有积极的调节作用。因此，我们提出假设：

H2a：效率型商业模式匹配技术知识跨界搜索战略促进创新绩效。

2.1.3 新颖型商业模式匹配技术知识跨界搜索战略

第一，跨越公司或行业边界搜索异质性技术知识，获得全新的互补性资源和技术知识，可以在原有技术轨道上开发出创新产品（Rosenkopf and Nerkar，2001）；跨界搜索技术知识有利于企业充分利用国家间、区域间技术知识的溢出，整合来自不同区域、国家的异质性和多样性的技术知识，为技术创新提供更丰富和独特的知识元素的选择。这符合新颖型商业模式不断扩充创新的产品和服务的类型 t（+）以巩固差异化优势的要求。第二，企业搜索有关供应商在产品属性、使用规则、新系统、新流程、新产品开发思路等方面的信息知识，有助于企业识别潜在的创新机会，实现激进式创新（曾德明等，2011），从而提高企业的议价能力，通过 C_i（−）起到积极的调节作用。因此，我们提出假设：

H2b：新颖型商业模式匹配技术知识跨界搜索战略促进创新绩效。

2.1.4 效率型商业模式匹配市场知识跨界搜索战略

市场知识跨界搜索指的是企业跨越组织边界和认知基础，搜索新的细分市场需求、新的产品设计、新的分销渠道、新的顾客群体等有关的市场知识

（Sidhu et al.，2007）。第一，卓越的企业普遍具有较高的市场感知力，即企业通常会以积极的姿态搜索市场信息，并与供应商、合作者"协同性分配"，形成信息共享的体制机制（Day，1994），最大限度地减少因市场环境变化造成的信息不对称风险。效率型商业模式通过跨界搜索市场知识提高协同效应、降低市场风险和协调成本积极影响创新绩效。第二，市场知识主要来源于竞争者和消费者（Grimpe and Sofka，2009）。关注竞争者产品信息有助于企业获得创新产品的技术和灵感，避免投入过高的基础科研和新工艺的成本（Lukas and Ferrell，2000）；邀请消费者参与新产品的开发和持续改进，把客户信息整合到价值创造环节中以吸收他们的知识，打破企业-消费者的信息不对称性，提高新产品开发过程的效率。因此，我们提出假设：

H3a：效率型商业模式匹配市场知识跨界搜索战略促进创新绩效。

2.1.5　新颖型商业模式匹配市场知识跨界搜索战略

市场需求、用户信息是商业模式保持新颖的重要源泉，企业敏锐捕捉市场动向，突破现有领域瓶颈，开拓新的价值网络，离不开与市场、用户的良性互动。跨界搜索到的市场知识为提高商业模式新颖度、产品创新程度提供了不竭的灵感来源（Lukas and Ferrell，2000），有助于增加创新的产品、服务的类型 t（+）。在新产品上市初期，需要尽早结束与消费者的磨合期，此时的消费者知识——用户的体验和习惯对企业改善产品性能、提高市场占有率、实现市场扩展必不可少（Tether，2002），尤其是了解领先用户的需求，将促进新颖型商业模式获得更大的市场份额（Sofka and Grimpe，2010），即 m（+）。因此，我们提出假设：

H3b：新颖型商业模式匹配市场知识跨界搜索战略促进创新绩效。

2.2　商业模式创新路径假设实证检验

2.2.1　样本和数据收集

样本来源于在沪、深、港、美上市的 172 家中国公司，横跨传媒娱乐、O2O、互联金融、软件服务等行业。剔除关键变量缺失，获得 123 家，这些公司的部分业务通过互联网实现，新兴的交流方式为设计商业模式和搜索战略提供更多选择和便利，也有助于衡量二者的类型。

数据收集分为两个阶段。首先，收集样本公司首次公开募股说明书、年度报告、最新公告、投资分析报告、近5年公司的重大新闻事件、网站信息等资料。使用首次公开募股说明书确保了商业模式研究数据的有效性和稳定性。随后，借鉴国外成熟的量表初步形成专家评分表，邀请相关领域6位专家讨论题项准确性和清晰度，根据反馈意见再回译、翻译后形成最终量表。在充分理解被试企业相关信息后，专家单独完成随机分配的评分工作。我们随机挑选了21家企业，分配给任意两位专家，经测试，评分者间信度良好（表1）。

表1　评分者间信度

指标	效率	新颖	技术	市场	竞争强度
Pearson 相关系数	0.897**	0.890**	0.879**	0.897**	0.878**
P 值	0.000	0.000	0.000	0.000	0.000

**表示在0.01水平上显著

2.2.2　研究方法

我们使用多元回归技术分析数据以检验假设。首先我们需要验证模型的有效性，对所有变量做了中心化操作，通过计算方差膨胀因子，发现VIF值均在10以内，排除了自变量多重共线性的干扰（Hair et al.，2006）。另外，考虑到横截面数据中异方差性问题，我们使用White检验模型，结果表明不存在异方差性。我们共考虑五个回归模型，每个模型均包括所有控制变量和自变量：模型1引入交互项"效率×技术"检验效率型商业模式匹配技术知识跨界搜索；模型2引入交互项"新颖×技术"检验新颖型商业模式匹配技术知识跨界搜索；模型3引入交互项"效率×市场"检验效率型商业模式匹配市场知识跨界搜索；模型4引入"新颖×市场"检验新颖型商业模式匹配市场知识跨界搜索；模型5引入所有交互项，检验跨界搜索战略对商业模式和创新绩效的调节效应。

2.2.3　变量测量

1. 效率型和新颖型商业模式

我们借鉴Zott和Amit（2002）开发的量表，通过利克特五点式量表测量商业模式主题。根据专家建议删除题项"该公司需要依赖商业机密、版权才能完成交易"后，量表整体信度提高。商业模式的内部一致性 α 系数、组合信度（CR）均在 0.9 以上（表 2），说明构念的信度很好（Nunnally，1978）。

所有题项的因子载荷均在 0.8 以上，平均提取方差（AVE）均大于 0.7，说明构念的收敛效度良好（Segars，1997）。根据吴明隆（2009）的建议，比较单群组生成未限制模型（不限制潜在构念间的共变关系）和限制模型（限制潜在构念间共变关系为 1）的卡方值，如果差异达到显著水平（$P <$ 0.05），则区别效度良好。经测量，两种主题商业模式（CMIN=276.398，$P <$ 0.05）区别效度良好。

2. 技术知识和市场知识跨界搜索战略

我们采用 Sidhu 等（2007）的量表测量跨界搜索战略。量表内部一致性 α 系数、组合信度（CR）均在 0.9 以上，说明构念的信度很好。

所有题项的因子载荷均在 0.75 以上，平均提取方差（AVE）均大于 0.65，说明构念的收敛效度良好。经测量，两种跨界搜索战略（CMIN=98.807，$P <$ 0.05）区别效度良好。

3. 控制变量

公司规模——影响公司研发投入的效果（Hall and Ziedonis，2001）。我们以雇员人数来衡量。

公司年龄——成立时间越长，越有经验管理创新活动，研发投入效率越高。

竞争强度——与创新活动呈现倒 U 形关系（Aghion et al.，2005）。我们采用 Auh 和 Menguc（2005）的量表衡量竞争强度，根据专家建议删除"我们的竞争对手相对较弱"后，量表整体信度提高。量表内部一致性 α 系数是 0.827，组合信度（CR）是 0.88，说明信度很好；因子载荷均在 0.7 以上、平均提取方差（AVE）为 0.594，说明构念的效度良好。

4. 创新绩效

创新绩效是创新活动效果的评价指标，Hagedoorn 和 Cloodt（2003）、Custódio 等（2013）等已验证研发投入可衡量创新绩效。我们选择样本公司 2013 年财务报表中"研发投入"取其对数作为因变量。

表 2　构念测量和信度、效度

题项		因子载荷	信度和效度
效率型商业模式（Zott and Amit，2002）	1. 该公司交易速度很快	0.858	
	2. 该公司的供应商、合作者存货成本很低	0.867	
	3. 消费者参与交易简单易行	0.852	
	4. 该公司交易过程失误很低	0.860	
	5. 该公司供应商、合作者、消费者的成本很低	0.834	
	6. 该公司商业模式适用小规模交易，也适用大规模交易	0.825	α=0.969 CR=0.973 AVE=0.732 CMIN=276.398 P<0.05
	7. 该公司帮助供应商、合作者、消费者做出正确的决策	0.880	
	8. 消费者方便获悉公司的信息、产品、服务的流通和使用情况	0.838	
	9. 该公司把产品、服务的质量和性能提供给参与者	0.867	
	10. 该公司提供的产品、服务信息会在消费者、供应商、合作者间传递	0.812	
	11. 该公司掌握大量有价值的产品、服务和信息	0.889	
	12. 该公司聚集了消费者的需求	0.833	
	13. 该公司商业模式的交易效率很高	0.904	
新颖型商业模式（Zott and Amit，2002）	1. 该公司以新方式整合产品、服务、信息	0.856	
	2. 该公司吸引很多新的消费者	0.893	
	3. 该公司提供新颖的奖励	0.894	
	4. 该公司的供应商、合作者有很多创新想法、产品	0.852	
	5. 该公司以新颖的方式吸引消费者	0.915	α=0.963 CR=0.968 AVE=0.734
	6. 该公司以新颖的联系方式与消费者沟通	0.850	
	7. 该公司称要做新颖商业模式的领导者	0.852	
	8. 该公司持续不断引入创新	0.802	
	9. 目前，该公司面临有潜力超越自己的商业模式	0.808	
	10. 除了以上几个方面，该公司还有很多新颖的地方	0.858	
	11. 该公司的商业模式是新颖的	0.839	
技术知识的跨界搜索战略（Sidhu et al.，2007）	1. 该公司非常清楚业内技术和工艺的发展状况	0.793	
	2. 该公司搜集所用同类技术的所有行业的信息	0.863	
	3. 该公司随时关注技术上相关的行业	0.835	α=0.903 CR=0.926 AVE=0.675 CMIN=98.807 P<0.05
	4. 该公司经常关注如何使用现有设备开发新品	0.812	
	5. 该公司密切关注领域内目前不是领导者，但具有超越他们的能力和专业技能的公司	0.809	
	6. 该公司密切关注供应商产品（或工艺）进步	0.816	

续表

题项		因子载荷	信度和效度
市场知识的跨界搜索战略（Sidhu et al.,2007）	1. 该公司密切关注以自己客户为目标顾客的公司信息	0.813	
	2. 该公司准确把握顾客对产品或服务偏好的变化	0.917	
	3. 该公司常搜集目前不是他们的顾客群体的产品或服务的偏好信息	0.898	α=0.943 CR=0.956 AVE=0.78
	4. 该公司密切关注与自身完全不同的产品或服务，但却用来满足相同的消费者需要的行业	0.890	
	5. 该公司密切关注提供互补产品的公司	0.894	
	6. 该公司清楚了解消费者对产品（或服务）和流程的创新活动	0.889	
行业竞争环境（Auh and Menguc,2005）	1. 行业竞争程度激烈	0.715	
	2. 行业有很多促销大战	0.795	
	3. 行业产品很容易被竞争对手模仿	0.811	α=0.827 CR=0.880 AVE=0.594
	4. 价格竞争是行业的一个特征	0.746	
	5. 几乎天天能听到竞争性的行动	0.785	

2.2.4 研究结果及分析

表 3 是描述性统计和相关系数表。表 4 是回归分析的结果，可知 5 个模型均显著。接下来我们分别讨论各个假设的验证结果。

表 3 描述性统计和相关系数表（N=123）

序号	均值	标准差	1	2	3	4	5	6	7	8
1. 规模	1.80	1.06	1	—	—	—	—	—	—	—
2. 年龄	1.93	0.62	0.105	1	—	—	—	—	—	—
3. 竞争强度	3.30	0.75	0.254**	-0.126	1	—	—	—	—	—
4. 效率	3.42	0.93	-0.048	0.045	-0.311**	1	—	—	—	—
5. 新颖	3.67	0.96	0.041	-0.175	0.233**	-0.518**	1	—	—	—
6. 技术	3.74	0.93	-0.032	0.288**	-0.500**	0.524**	-0.485**	1	—	—
7. 市场	3.67	1.06	0.280**	-0.065	0.242**	-0.292**	0.356**	-0.188*	1	—
8. 研发投入	1.811	0.16	0.565**	-0.129	0.233**	-0.011	0.217*	-0.132	0.332**	1

*表示在 0.05 水平上显著，**表示在 0.01 水平上显著

表 4 加权最小二乘法回归表（因变量：研发投入）

项目		模型 1 β	VIF	模型 2 β	VIF	模型 3 β	VIF	模型 4 β	VIF	模型 5 β	VIF
控制变量	规模	0.075***	1.152	0.083***	1.168	0.086***	1.122	0.085***	1.122	0.077***	1.180
	年龄	-0.022	1.134	-0.023	1.150	-0.023	1.141	-0.016	1.138	-0.014	1.173
	竞争强度	0.020	1.335	0.013	1.318	0.010	1.320	0.013	1.309	0.022*	1.358
自变量	效率	0.044***	1.597	0.037**	1.578	0.034**	1.559	0.030**	1.566	0.039***	1.620
	新颖	0.027*	1.525	0.029*	1.577	0.029*	1.547	0.042***	1.637	0.039***	1.686
	技术	-0.011	1.725	-0.015	1.736	-0.018	1.722	-0.014	1.716	-0.009	1.759
	市场	0.025*	1.236	0.018	1.212	0.015	1.227	0.006	1.272	0.014	1.305
交互项	效率×技术	0.050*	1.090	—	—	—	—	—	—	0.053*	1.283
	新颖×技术	—	—	-0.013	1.112	—	—	—	—	0.015	1.303
	效率×市场	—	—	—	—	-0.016	1.071	—	—	0.012	1.354
	新颖×市场	—	—	—	—	—	—	0.052***	1.141	0.055***	1.438
F值		13.779***	—	8.924***	—	9.202***	—	13.95***	—	15.454***	—
R²		0.492	—	0.385	—	0.392	—	0.495	—	0.605	—
调整后 R²		0.456	—	0.342	—	0.350	—	0.459	—	0.566	—

*表示在 0.05 水平上显著，**表示在 0.01 水平上显著，***表示在 0.001 水平上显著

H1a 认为效率型商业模式促进创新绩效。5 个模型中"效率"的 β 系数均为正且显著，假设通过。效率型商业模式旨在建立稳固、高度一致的交易习惯（Tether，2002），尤其在中国情境下，企业开发新项目时，社会层级的"人情"反映到企业，体现为交易双方更倾向选择"有熟人的企业"，一定程度上避免了重选合作伙伴、供应商的机会成本及信息不对称。因此，这部分企业创新绩效得益于高效、相对低的机会成本。

H1b 认为新颖型商业模式促进创新绩效。5 个模型中"新颖"的 β 系数均为正且显著，假设通过。新颖型商业模式旨在明确创新价值定位，开发创新活动系统，这有利于从现有市场和技术中挖掘多元的价值定位（Casadesus-Masanell and Zhu，2013）。目前，在国家政策推动和市场经济的内在要求下，企业正处于深化改革和调整转型的过渡期，采用新颖型商业模式的企业趁着互联网大潮，赋予传统产品和服务以全新的元素，开发细分市场，挖掘消费者潜在需求，因而能从创新中获利。

根据 Milgrom 和 Roberts（1995）的建议，两种元素 A 和 B，如果 B 的存在使 A 的边际效益增加，或者 A 和 B 结合达到局部绩效最优，则 A、B 匹配良好。H2a 认为，效率型商业模式匹配技术知识跨界搜索战略促进创新绩效。模型 1 中"效率×技术"的系数（$\beta=0.050$，$P<0.001$）显著大于"效率"的系数（$\beta=0.044$，$P<0.001$），说明二者匹配对创新绩效的作用达到最优，假设通过。跨界搜索技术知识旨在获取行业内、外的技术前沿，帮助企业站在巨人的肩膀上，在节省创新成本的同时，从技术上实现"输血"到"造血"的跨越，从而获得创新绩效。

H2b 认为新颖型商业模式匹配技术知识跨界搜索促进创新绩效，但模型 2 中交互项系数（$\beta=-0.013$，$P>0.05$）为负且不显著，假设未通过。科研知识从理论到应用存在"很大距离"（Link et al.，2007），而新颖型商业模式的市场价值来源于及时满足新市场中消费者的潜在需求，而且消费者——尤其是领先用户的体验、建议及创新观点总是紧紧围绕产品的实际应用（von Hippel，2007），而不是摸不着的"先进技术"。因此，二者间"步调不一致"可能导致对创新绩效作用不明显。

H3a 认为效率型商业模式匹配市场知识跨界搜索战略促进创新绩效，模型 3 交互项系数（$\beta=-0.016$，$P>0.05$）为负且不显著，假设未通过。由于市场信息具有隐形、不确定性的特点，市场不确定性越大，越需要灵活的交易程序（MacCormark and Verganti，2003），这与效率型商业模式追求的稳固的交易习惯背道而驰，因此两者结合并不利于获得创新绩效。

H3b 认为，新颖型商业模式匹配市场知识跨界搜索战略促进创新绩效。模型 4 中"新颖×市场"的系数（$\beta=0.052$，$P<0.001$）显著大于"新颖"的系数（$\beta=0.042$，$P<0.001$），同理可得二者匹配对创新绩效作用最优，假设通过。跨界搜索市场知识旨在获得新的细分市场和产品设计，挖掘消费者潜在需求，获得异质性关系网络（郭丽娜，2011）。这符合新颖型商业模式以全新方式建立与消费者的联系以掌握最新市场需求动态的要求。同时，新颖型商业模式有能力商业化新的细分市场的创新元素。二者互补性符合"匹配"要求，因而促进创新绩效。

2.3　商业模式创新路径研究实践意义

本部分以效率型和新颖型商业模式为切入点，结合技术知识和市场知识跨界搜索战略，探讨中国情境下二者对企业创新绩效的影响，具有一定的实践意义。

1. 重视商业模式的影响，设计适合自身的类型

研究结果已经证实，无论是效率型还是新颖型商业模式均对创新绩效产生显著正向影响。因而，管理者需要花一些时间和精力来设计本企业的商业模式：可以通过网络等平台，为交易双方提供及时的综合信息，以减少信息不对称，优化供应链管理，通过加快交易过程及订单执行速度等方式，设计效率型的商业模式。

2. 根据商业模式主题制定相应的跨界搜索战略

对于效率型商业模式，我们建议管理者注重两个方面的外部知识：一是供应商知识。企业应确立选择、评估供应商的机制，完善供应商资料管理，建立沟通机制，共享双方运作、运营、管理以及研发、技术、成本等方面的信息和知识，适当开放新产品研发的环节，允许供应商参与部分关键决策，这将降低双方信息不对称的风险，提高交易可靠性，减少库存，最终促进创新绩效。二是科研机构知识。建立产学研平台，开辟获得科研机构最新研究成果的转换渠道，评估转移方是否具备足够的能力输出创新成果；对科技成果的引进需要消化吸收，加大研发的力度，减轻对外部知识的黏性。

选择新颖型商业模式的企业，在搜索外部信息时要注重两个方面：一是竞争者信息。企业需定期关注竞争者产品发布会、行业协会、公司网站等，跟踪其新

产品开发信息；通过检索专利数据库获得竞争对手技术研发的相关信息，从而分析判断其技术竞争优势、产品和市场战略等。二是消费者信息。要特别注重消费者偏好、习惯及购买行为的收集研究，在产品研发设计和营销过程中，充分满足消费者购买需求，挖掘尚未被市场挖掘的潜在需求。在搜索设计方面，着力打造扁平化信息传递层级，确保消费者信息、需求在第一时间传递到决策层。同时打造顾客导向的企业文化，提高个性化服务的水平和能力。

3 资源型企业商业模式创新路径建议

本部分我们以山煤集团为例，在商业模式相关理论及商业模式创新路径理论研究的基础上，说明煤炭企业的商业模式创新路径。

3.1 科学勾画企业当前商业模式画布

Osterwalder 等（2004）提出了商业模式的九要素模式，也有人称之为九宫格，或者画布模式。其中的九个要素包括关键伙伴、关键活动、价值主张、关键资源、渠道、客户关系、客户细分、成本结构、收入来源，这九个要素的详细含义如表 5 所示。我们基于此详细介绍山煤集团的现有商业模式的各个要素。

表 5　商业模式九要素模式

要素	详细含义	要素	详细含义	要素	详细含义
关键伙伴	谁是我们的重要伙伴？谁是我们的重要供应商？我们可从伙伴那里获取哪些核心资源？他们都执行哪些关键任务？	关键资源	价值主张、渠道、客户关系、收入来源等需要什么样的核心资源？	客户细分	为谁创造价值？谁是我们最重要的客户？
关键活动	价值主张、渠道、客户关系、收入来源等需要什么样的关键业务？	渠道	通过哪些渠道可接触目标客户？如何接触？哪些渠道最有效？	成本结构	什么是我们商业模式中最重要的固定投入？哪些核心资源花费最多？
价值主张	该向客户传递什么价值？可帮客户解决什么难题？满足哪些客户需求？提供哪些产品？	客户关系	目标客户希望与我们建立和保持何种关系？哪些关系已经建立？成本如何？如何把这些关系与商业模式其余部分进行整合？	收入来源	什么样的价值能让客户愿意付费？他们现在付费买什么？如何支付费用？

3.1.1 关键伙伴

山煤集团的下辖企业有山煤煤业、山煤国际、山煤投资、山煤房地产、山煤科技和山煤农业六大板块，截至 2015 年 9 月末，山煤集团拥有全资、控股子公司 102 家，参股企业 21 家，员工 1.61 万人，全面发展煤炭生产、煤炭贸易、金融投资、地产开发、科技研发、农业开发、非煤贸易、酒店服务及海洋运输等多元产业。由于山煤集团的产业多元化，其合作伙伴关系网错综复杂。在这里，我们将山煤集团的主要合作伙伴分为以下几类：①硬件设备供应企业，主要指的是向山煤集团提供基础设施、硬件设备的企业；②技术合作企业，主要指与山煤集团所需技术相关的企业，如山煤集团与中国科学院山西煤炭化学研究所进行的技术洽谈、山煤集团与美国磁飞机技术公司的合作等；③下游消费企业，指煤炭产业链的下游企业，如电力公司、与国外出口有关的企业等。

3.1.2 关键活动

山煤集团的产业极其多元化，其关键活动和业务也比较复杂。针对其合作伙伴，将其主要关键业务分为以下几类：①煤炭的生产和销售。山煤集团最核心的业务就是煤炭的生产和销售。集团拥有煤矿 20 座，设计年产能 3000 万吨，分布于大同、忻州、晋中、临汾、长治、晋城等地。集团开通煤炭发运站 80 个，年发运能力逾亿吨，港口年中转量逾 5000 万吨，自有海运能力 60 万载重吨，在秦皇岛、京唐港等九个主要港口设有公司，在华东、华中、华南地区建有煤炭储配基地，形成覆盖煤炭主产区、遍布重要运输线、占据主要出海口的独立完善的煤炭内外贸运销网络，与众多国内外用户建立了长期稳定的贸易合作关系。②技术研发。科研项目的实施，立足集团产业发展需求，采取联合技术攻关，解决企业生产经营中的技术瓶颈；选取、引进创新课题进行研究开发，优化和确定储备项目并推进项目实施。高新技术的孵化，引进一批高科技项目，吸引一些高新技术产业实体，将资金、产业优势及人才资源充分结合，探索采取科研成果参股、建立产学研联盟等多种形式，吸引好的项目落地山煤科技，孵化新的产业链。科研基地的建设，以新建的山煤科技研发大楼为平台，逐步建设和完善研发设施和平台，建立配套研发中心、实验室及试验中心，为山煤集团建立一些高级别的研究、应用、创新研发平台。③设备的采购和维护。要进行煤炭的生产、销售和技术研发活动，就需要有硬件设备的支持。

3.1.3　价值主张

立足能源综合解决方案供应商，以客户价值为核心，变卖产品为提供服务。包括稳定的供应、尽量少的库存和资金占用、尽量少的污染和排放达标等，做到在为顾客提供满意的产品与服务的同时，把浪费降到最低程度，持续满足客户多元化和动态化价值需求，为用户提供安全、清洁、高效的能源服务（陈元涛，2014）。

制定了打造"创新山煤、绿色山煤、幸福山煤、百年山煤"的新时期企业愿景。实现以煤为基、多元发展，同时要开放合作相关产业，大力发展循环经济，在"优化煤、延伸煤、超越煤"上做文章，在煤电一体化、煤化工等方面实现新的突破。团结和带领全体干部员工厚植优势、奋力拼搏，坚持以煤为基、多元发展、循环经济，做强煤炭主业、做精煤炭产品、做实贸易产业、做优资本运营，建设高产高效的现代化矿井，加快转型升级，不断培育新的经济增长点，从全球化竞争战略层面出发，向成为一流的现代化新型能源大集团昂首迈进。

3.1.4　关键资源

（1）高效有序的内控管理能力。全面推行精益生产管理，树立效益理念，以建设安全高效矿井为目标，依靠科技进步，强化基础管理，实现系统简单化、布局最优化、生产集约化、采掘机械化、设备大型化的科学生产。依靠科技进步，加强安全科学管理，搞好科学预测与分析，实现安全生产。指导思想主要包括：推进产业转型，做强煤炭主业，为集团向煤炭深加工和煤电一体化发展起好技术支撑作用；推进产品转型，做精煤炭产品，推广"优化煤、延伸煤、超越煤"科技项目，实现产业创新创效；坚持瞄准转型前沿，着力培养科技人才、培育科技项目，形成企业可持续发展新动力。坚持质量、品种、效益协调发展，持续适应市场需求的原则组织生产，以市场变化和客户需求为组织生产、市场营销的出发点和着力点，在生产全过程持续开展"挖潜扩能、提质增效、节约降耗"活动，实现效益最大化。以煤质为基础，通过煤炭深加工，发展循环产业链，提高煤炭综合利用价值。

（2）持续满足客户需求的能力。围绕创造客户价值，深入分析煤炭客户的内在需求，切实认识到实现客户价值不只是提供简单的煤炭产品，更重要的是提供客户所需要的独特的能源使用过程和整体的能源解决方案，包括减少污染和排放达标，稳定供应，减少库存和资本占用，为客户提供满意的产品和服务，同时将浪费降至最低水平，不断满足客户需求多样性和动态价值。通过建立新的山煤科技研发大楼，完善 R&D 水平，配套建立了研发中心、实验室和检测中心，以及高水平的研究与应用、创新发展平台。按照山西省选择的煤层气、煤电、煤焦化、煤化工、煤机装备、新材料和富碳农业等七个重点煤基低碳产业要求，山煤研究院建设"四个中心一个基地"：煤炭清洁能源转化研究中心，"互联网+"技术研究应用中心，复杂地质条件下煤矿水害、瓦斯治理研究中心，煤炭物流第三方采购电子商务交易研究中心，人才培养项目孵化基地。整合采购、物流、配煤、销售、资金、信息等煤炭流通服务能力，优化以信息流、商流、物流和资金流为核心的煤炭价值链，逐步探索创新煤炭供应链管理服务体系，提供个性定制服务和供应链整体解决方案，从单一的煤炭生产供应商逐步向煤炭供应链管理服务商进行转变，为用户提供安全、清洁、高效的能源服务。

（3）良好的品牌价值锻造能力。山煤集团经过几十年发展，以其稳定的产品质量和良好的服务赢得了市场的认可和客户的信赖，形成了长期稳定的客户群，提升了产品的附加值。集团开通煤炭运送 80 站，港口运转达五千万吨以上，年运输能力达百万吨以上，拥有 60 万载重吨的运输能力；建立了 20 座煤矿，分别位于大同、忻州、晋中、临汾、长治、晋城等地；年生产力 3000 万吨；形成了无烟、半无烟煤、动力煤、焦煤四大煤炭生产基地，安全管理与生产经营建设都达到一等水平；公司在华东、华南、华中地区都有煤炭储配基地，独立的煤炭贸易和运输网络形态，与国内外众多客户保持着长久坚固的贸易伙伴关系。多年来，山煤集团稳居"中国企业 500强""中国煤炭企业 100 强""中国煤炭企业煤炭产量 50 强""中国服务业企业 500 强"榜单之列。依托山煤集团良好的品牌形象，整合周边煤炭资源，通过洗选、配煤来更好地满足客户需要（陈元涛，2014）。

3.1.5 渠道

山煤集团拥有完整的煤炭种类，形成了煤种齐全的煤炭生产基地，不仅地区分布广、储量大，而且品种齐全煤质优良。公司煤炭销售渠道畅通，拥有出口、内销两个通道，拥有煤炭铁路发运站，在主要出海通道设立了港口公司，形成了独立完善的煤炭销售运输体系，与众多优质的用户建立了长期稳定的贸易关系。

3.1.6 客户关系

为了更有效地为目标客户提供价值，企业与客户需要保持密切的联系，以了解客户需求及其变化。客户关系可以帮助企业获取客户和保持客户，同时可以作为企业价值创造和传递的基础（刘卫星，2013）。

山西煤炭进出口集团公司建立有覆盖较广的山西煤炭运销组织管理网络。在省外与 26 个省份的多级市场有着直接或间接的联系，与一部分终端消费客户建立起直接的煤炭供求关系。在全省 11 个市、107 个县建立了煤炭运销管理组织体系，多数地方公司启动了煤炭经销业务。在重点产煤区建立经销公司，打破原有单纯按行政隶属关系形成的煤炭运销管理体制；打破行政区划，按煤炭流向和集中对集中的思路，初步完成了铁路公司的整合；以系统内分公司及系统外铁路、运输、大型煤炭消费企业参股、集团公司控股的方式，成立了经销公路煤炭的省内外公司。成立了太行海运船队，运输能力强，高达 60 万载重吨；在秦皇岛、京唐港等九个主要港口有专业的公司，华南、华东、华中建有煤炭储存与配送基地，并且深化国企改革，将国有企业的雄厚资本实力与优越资源与民营企业有效嫁接，形成优势互补与协同机制，以实现与合作伙伴互利共赢，资源共享的战略伙伴关系。

在各地地方政府的支持下，很多地方分公司通过驻矿销售管理等途径，与地方及乡镇煤炭生产企业建立起相对稳定的合作关系，掌握了部分煤炭资源。与此同时，集团公司拥有遍及全省煤炭生产地和遍及出省煤炭运输主干线的运销基础设施，主要有铁路发煤站、煤炭专用线、企业用煤管理站、上站煤管理站、储煤场等（孙亚明，2009）。

3.1.7　客户细分

客户细分是用来描述一个企业想要接触和服务的不同人群或组织。为满足市场需求，企业在推出产品或服务时需要考虑不同客户的消费习惯，目标客户的需求若发生变化，企业需要随之进行调整，因此对客户进行细分来有针对性地调整销售方式等，同时明确企业在为谁创造价值及客户的重要性（刘卫星，2013）。

山煤集团一般按照销售量对客户进行分类排名，根据 80/20 原理，并结合购销双方合作时间长短、合作关系的稳固性、淡旺季互保效果、客户资质（是否属于大型骨干钢厂、电厂、化工厂等）等相关关系进行综合排名，也就是建立相关客户评价体系。客户结构应持续动态优化，通过持续动态优化，实现客户结构最优化。

通过以上因素的分析，将客户分为三类：一是重点客户；二是一般客户；三是市场散户。将客户进行分类排名就是对客户价格和服务区别对待，尤其是价格和供货量上的区别对待，来保证企业收入的稳定性、经济效益的最大化。

通过客户评价体系的评价，排名前 20% 的客户，其采购量占公司总销量的 70%～80%，这部分客户称为重点客户；一般客户的采购量占公司总销量的 15%～20%，这些客户是重点客户的有益补充，也是动态优化客户结构工作中重点客户的"替补队员"；第三类的市场散户规模和采购量一般较小，流动性极强，很不稳定，其总采购量一般占公司总销量的 5%～10%（陈聚，2011）。

3.1.8　成本结构

成本结构体现了商业模式运营所需要的总成本和消耗，是进行价值创造和传递付出的代价，与收入结构不同，成本结构更多的是由企业资源、流程结构和外部网络关系所决定的。好的商业模式大多是建立在更广泛的成本结构和收入结构基础上（刘卫星，2013）。

成本结构可以理解为成本布局和成本控制两个模块。以明确企业价值主张为前提，清楚自身成本要素的分布情况，哪些因素做到行业标准之上，哪些做到行业标准之下，这就是企业的成本布局。成本控制是企业对所有经营活动中产生的成本进行压缩，实行全员管理、全过程管理和全方位管理，在降低成本的同时，保证产品的质量，实现利益最大化（原磊，2007）。

山煤集团拥有煤炭出口专营权、内销煤经销资质，经营领域涉及煤炭与非煤贸易、房地产项目、国内外贸易、金融投资开发、科技创新、现代农业、大型航海运输及电力、化工等多元产业。

3.1.9　收入来源

企业价值创造和传递的最终目标是从客户获取收入。收入的获取可以通过销售产品，也可以通过提供服务，即收使用费、租赁费、授权许可、技术咨询、服务等。收入获取可以是一次性的，也可以是长期的。因此，收入结构的关键问题是如何根据产品或服务特点设计出不同的定价模式（刘卫星，2013）。

山煤集团属于综合性煤炭企业，主要经营煤炭销售和生产业务，并涉及金融、机械制造、房地产等非煤业务。公司营业收入由煤炭业务收入（包括煤炭生产销售及进出口贸易）和非煤业务收入构成。其中煤炭业务是公司利润的主要来源，煤炭的定价模式成为收入来源的关键。正如上述客户细分所讲，根据不同的客户群指定不同的定价模式，有针对性地提供煤炭价格，进而实现效益最大化。

重点客户是维持销售和生产正常运转的重要保证，应重点满足其需求。同时，应重点对待供给价格，采取一户一议制的定价方式，将产地定价、统一交货定价和分区定价等多种定价方式相结合来确定定价。交易合同条款也应不尽相同，应给予重点客户最优惠的价格，以保证建立长期合作关系，维持企业的销量及经营收入的稳定性。

一般客户对于价格和量的反应较为灵敏，在市场紧张时期充当价格上调的助推剂，可以及时促进价格上调；在市场疲软期对价格和销量的稳定起到良好的缓冲作用。故针对一般客户，建立一套定价机制，在市场紧张时，充当价格上调的助推器，为公司效益最大化充当前锋角色；在市场疲软期，充当稳定器，尽最大努力保护企业的利益，使企业甚至该地区的煤炭行业受市场冲击的损失最小，增加企业在煤炭市场经济中的抗风险能力。

市场散户，在市场紧张时期，对价格接受能力最强。企业可以充分利用这些客户引导总体售价上调。同时市场散户能很灵敏地得到市场信息的反馈，为企业煤炭市场价格的制定提供最现实、最快捷的信息，使得企业能够及时调整价格，从而保证企业利润最大化（陈聚，2011）。

3.2　基于要素实现搜索战略与商业模式创新主题的匹配

3.2.1　关键伙伴

若集团采用效率型创新的商业模式，在寻找供应设备的合作伙伴时，要对其产品进行深入了解，应该以低成本为基础，挑选能提供性价比高的企业。在寻找技术合作伙伴时，应挑选技术比较成熟，且其技术来源稳定可靠的企业。在寻找下游销售企业时，应寻找可以长期合作的，可以稳定消耗煤炭的企业。

若集团采用新颖型创新的商业模式，在寻找供应设备的合作伙伴时，应挑选最新设计和生产的设备，保证集团所选用的设备能够跟上生产的需要。在寻找技术合作伙伴时，创新精神应该是其最看中的，合作企业应尽量能够起到引领作用。

3.2.2 关键活动

若集团采用效率型创新的商业模式，效率型创新应注重成本的控制，尽量使用低成本来拓宽市场。在拓展其业务的同时，更要保留住现有的、成熟的业务，以确保集团能够在低成本情况下更好地运作，且效率有所提高。

若集团采用新颖型创新的商业模式，新颖型创新要注意时刻关注市场动态。集团需要投入一部分资金来考察市场，看看哪个行业与现有业务相关联，容易进入，或者是哪个行业可以进行投资，为集团开启新领域做铺垫。

3.2.3 价值主张

若集团采用效率型创新的商业模式，需要向顾客传递一种价值观，就是"我们集团提供同样质量的产品和服务，都会提供比同行业的其他企业更低的价格，或者是在同一价格水平，我们会提供更高质量的产品和服务"。

若集团采用新颖型创新的商业模式，需要向顾客传递一种价值观，就是"我们集团为客户提供的产品和服务是有自己特色的，与同行业其他企业相比更加先进、时尚，是其他企业所没有和模仿不了的"。

3.2.4 关键资源

山煤集团的商业模式若是进行效率型创新，就需要将其关键资源都集中到关键业务中，达到降低成本的目的。通过管理制度改革和管理方式创新，以最小资源投入，包括降低物耗、能耗和人工消耗，创造更多的价值，实现内部资源的最优配置和最佳经济效益。

山煤集团的商业模式若是进行新颖型创新，应将其大部分关键资源为新技术研发和新业务拓展所用，其管理方式应以市场为导向，实现现场与市场、客户与产品的连接，把握好新市场。

3.2.5 渠道

山煤集团的商业模式若是进行效率型创新，应着重分析其市场分布，针对其提供产品和服务的对象，系统设置其销售渠道，布置好其销售网络，在低成本前提下，使其销售网络体系更加完善。

山煤集团的商业模式若是进行新颖型创新，应在销售渠道多投入一些资金，然后成立研究小组，对市场中现有的和潜在的渠道进行研究、探索，开发更多的销售渠道，比如网上在线渠道等，并对其完善。

3.2.6　客户关系

若山煤集团设计为效率型商业模式，在客户关系方面，通过实施技术知识跨界搜索战略，促进创新绩效。煤炭企业的外部技术知识主要来源于供应商和科研单位，通过跨界搜索供应商的知识，实现技术标准及煤炭成本等信息的共享，进而减少在生产过程的返工或重置成本 C_f（-），提高煤炭的纯度和质量，也从一定程度上提高了消费者的满意度，加固了客户关系；利用供应商的成熟技术，降低了煤炭市场的风险和产品的不确定性，也进一步降低了协调成本 C_i（-）；再者利用科研机构的研发成果，降低了煤炭研发部门独自开发的机会成本 C_f（-），也提高了生产效率，创造了绩效。

若山煤集团设计为新颖型商业模式，在客户关系方面，通过实施市场知识跨界搜索战略，促进创新绩效。跨界搜索市场知识，及时了解消费者的相关信息。比如，近几年农村普遍使用暖气而非蜂窝煤取暖，如果煤炭企业及时了解到这一情况，就可以在生产上对相应产品的比例进行调整，不但避免了因蜂窝煤卖不出去造成的库存成本上升，也满足了消费者的需求，因此有相对更大的市场占有率 m（+）。

3.2.7　客户细分

若山煤集团设计为效率型商业模式，在客户细分方面，通过实施技术知识跨界搜索战略，促进创新绩效。山煤集团可以了解到更多的客户细分方面的技术知识，学习到先进的方法案例，并结合本企业的实际情况加以应用，则能够对客户有更真实详细的分类，为生产安排、定价模式、营销模式等服务，即 C_f（-），C_i（-）。

若山煤集团设计为新颖型商业模式，在客户细分方面，通过实施市场知识跨界搜索战略，促进创新绩效。煤炭企业通过抓住市场动向，了解消费者需求，对客户细分进行适时的针对性的调整，保证客户细分符合市场的真实情况，从而对不同的目标客户实施不同的定价策略和采购计划设计，以及一系列包括生产计划、库存调整、物流在内的策略调整，只有这样，才能及时满足消费者的需求，也才能为顾客提供创新的产品，t（+）。

3.2.8　成本结构

若山煤集团设计为效率型商业模式，在成本结构方面，通过实施技术知识跨界搜索战略，促进创新绩效。煤炭企业通过跨界搜索技术知识，掌握最先进的生产技术和设备以及管理知识，从根部降低了生产成本、创新成本和交易费用，同时也因为先进技术的引进，煤炭的生产周期缩短，生产效率提高，C_f（-）；吸收科研机构的研发成果，降低独自开发的机会成本，C_f（-）；通过跨界搜索供应商的知识，实现技术标准及煤炭成本等信息的共享，进而减少返工或重置成本，C_f（-），这样，在降低成本的同时，可以清晰地了解到企业的固定投入及核心资源的成本分配，也进一步为调整成本结构和降低成本作准备，创造绩效。

若山煤集团设计为新颖型商业模式，在成本结构方面，通过实施市场知识跨界搜索战略，促进创新绩效。通过及时了解市场需求和用户信息，对整个市场及用户情况进行分析，则可制定精益化的生产、销售、分配计划。从成本的角度考虑，由于信息反馈及时，减少了生产过程因计划不周详带来的资源和资金浪费，降低了成本，提高了资金周转率。

3.2.9　收入来源

若山煤集团设计为效率型商业模式，在收入来源方面，通过实施技术知识跨界搜索战略，促进创新绩效。山煤集团的主要收入来源是煤炭的生产和销售，而定价又是收入来源的关键，通过跨界技术知识的搜索，确定客户分类和定价模式，则可以降低市场风险，帮助效率型商业模式进一步降低协调成本，故 C_i（-），从而提高了创新绩效。

若山煤集团设计为效率型商业模式，在收入来源方面，通过实施市场知识跨界搜索战略，促进创新绩效。跨界搜索市场知识，了解市场需求和用户信息，对用户进行细分，进而调整定价模式，从而实现利益最大化。

3.3　关注要素间的联动

商业模式创新可能主要是对其中的部分要素进行调整，但要素之间的联动性要求我们以系统的观点来审视整个过程，善于察觉某个要素变化对其他组成要素及整个系统的影响。局部优化的思维忽略了要素之间的联动和匹配关系，仅仅从单个要素角度考虑商业模式的创新，就会产生"只见树木，不见森林"的问题，最终造成要素之间的矛盾，使整个商业模式创新系统失败。

价值主张的构想、设计、开发及传递等一系列价值创造和实现过程对企业的资源和活动提出了清晰的诉求，价值主张承载着客户对象特征及需求利益方面的信息，对企业制定价格、销售方式及收入来源设计的决策有着重要的参考价值。企业选择的营销服务组织、分销商、物流服务商、服务运营商等一系列利益参与者构成了企业赖以服务客户的资源体系，其实质是与相关利益方开展交易的一系列协议、标准、规格等规则体系。关键活动是利用资源去创造、生产或提供产品和服务的重复活动，该活动具有明确的资源要求。价格承载着利益信息呈现于协议规则中，因此，同收入模式相关联的关键资源和关键活动对企业有效实施价值传递提供市场支持（张晓玲，2012）。

价值主张从概念模型到实体商品化的过程，需要一系列的关键资源和关键活动的有序结合。相比收入来源提供市场支持的资源和活动，同成本结构相关的资源和活动更加侧重于对核心价值开发的技术支持。价值主张的设计开发主导成本结构核算。传统生产经营模式中，企业关注的是可变成本的价格增量和固定成本的摊销，采用成本加成进行定价，应运而生的经济模式就成为规模经济，降低单位成本和产品单价。进入知识经济时代，企业逐渐转变为向顾客提供深度营销和价值增值服务。企业对开发的价值进行成本核算的依据就是活动和资源，必须关注资源与活动的相互结合方式所带来的资源优化配置和流程效率改进，即实现成本结构优化（张晓玲，2012）。

参 考 文 献

陈聚. 2011. 大型煤炭企业定价机制的建立与完善[D]. 开封：河南大学.

陈元涛. 2014. 煤炭产业商业模式创新探讨[J]. 煤炭现代化，123（6）：1-2.

程愚，孙建国，宋文文，等. 2012. 商业模式，营运效应与企业绩效——对生产技术创新和经营方法创新有效性的实证研究[J]. 中国工业经济，(7)：83-95.

郭利娜. 2011. 跨界搜索对产品创新的影响：外部环境的调节作用[D]. 南京：南京大学.

贺璐. 2013. 校企合作创新动力机制与利益机制研究[D]. 长春：吉林大学.

胡保亮. 2013. 商业模式影响创新绩效的机制研究：知识搜索的中介作用[J]. 科技进步与对策，30（17）：19-24.

李山. 2013. 基于校企知识转移的企业开放式创新研究[D]. 南昌：江西财经大学.

李随成，肖鸿，谷珊珊. 2008. 供应商参与产品开发对产品开发绩效的影响研究[J]. 研究与发展管理，20（6）：8-15.

刘卫星. 2013. 商业模式对企业绩效影响的实证研究[D]. 大连：大连理工大学.

孙亚明. 2009. 山西煤炭进出口集团公司经营战略重构研究[D]. 天津：南开大学.

王赋. 2001. 技术创新与成本优势[J]. 中国经济问题，（5）：8-14.

王吉发，冯晋，李汉铃. 2006. 企业转型的内涵研究[J]. 统计与决策，（1）：153.

吴家曦，李华燊. 2009. 浙江省中小企业转型升级调查报告[J]. 管理世界，（8）：1.

吴明隆. 2009. 结构方程模型：AMOS 的操作与应用[M]. 重庆：重庆大学出版社.

姚明明，吴晓波，石涌江. 2014. 技术追赶视角下商业模式设计与技术创新战略的匹配——一个多案例研究[J]. 管理世界，（10）：149-162.

原磊. 2007. 商业模式体系重构[J]. 中国工业经济，231（6）：75.

曾德明，陆良琼，王业静. 2011. 基于激进式产品创新的供应商知识整合机制研究[J]. 情报杂志，30（7）：109-113.

张文红，赵亚普. 2013. 转型经济下跨界搜索战略与产品创新[J]. 科研管理，34（9）：54-63.

张晓玲. 2012. 商业模式构成要素间的匹配性对企业绩效影响研究——以创业板及中小板企业为例[J]. 中大管理研究，7（2）：143-145.

Aghion P，Bloom N，Blundell R，et al. 2005. Competition and innovation：An inverted U relationship[J]. Quarterly Journal of Economics，120（2）：701-728.

Aiken L S，West S G，Reno R R. 1991. Multiple Regression：Testing and Interpreting Interactions[M]. Thousand Oaks，CA：Sage.

Amit R，Zott C. 2001. Value creation in e-business[J]. Strategic Management Journal，22（6）：493-520.

Auh S，Menguc B. 2005. Balancing exploration and exploitation：The moderating role of competitive intensity[J]. Journal of Business Research，58（12）：1652-1661.

Björkdahl J. 2009. Technology cross-fertilization and the business model：The case of integrating ICTs in mechanical engineering products[J]. Research Policy，38（9）：1468-1477.

Brandenburger A M，Stuart H W. 1996. Value-based business strategy[J]. Journal of Economics and Management Strategy，5（1）：5-24.

Brennenraedts R，Bekkers R，Verspagen B. 2006. The different channels of university-industry knowledge transfer：Empirical evidence from biomedical engineering[A].

Eindhoven，The Netherlands：Eindhoven Centre for Innovation Studies：1-8.

Casadesus M R，Zhu F. 2013. Business model innovation and competitive imitation：The case of sponsor-based business models[J]. Strategic Management Journal，34（4）：464-482.

Chesbrough H. 2003. The logic of open innovation：Managing intellectual property[J]. California Management Review，45（3）：33-58.

Clemons E K，Row M C. 1992. Information technology and industrial cooperation：The changing economics of coordination and ownership[J]. Journal of Management Information Systems，9（2）：9-28.

Custódio C，Ferreira M A，Matos P P. 2013. Do general managerial skills spur innovation? [J]. SSRN Electronic Journal，24（4）：543-570.

Day G S. 1994. The capabilities of market-driven organizations[J]. The Journal of Marketing，58（4）：37-52.

Grimpe C，Sofka W. 2009. Search patterns and absorptive capacity：Low-and high-technology sectors in European countries[J]. Research Policy，38（3）：495-506.

Hagedoorn J，Cloodt M. 2003. Measuring innovative performance：Is there an advantage in using multiple indicators? [J]. Research Policy，32（8）：1365-1379.

Hair J F，Black W C，Babin B J，et al. 2006. Multivariate Data Analysis[M]. Upper Saddle River：Pearson Prentice Hall.

Hall B H，Ziedonis R H. 2001. The patent paradox revisited：An empirical study of patenting in the US semiconductor industry，1979-1995[J]. RAND Journal of Economics，32（1）：101-128.

Johnson M W，Christensen C M，Kagermann H. 2008. Reinventing your business model[J]. Harvard Business Review，86（12）：57-68.

Levey A，Merry U. 1986. Organizational Transformation[M]. New York：Praeger.

Lichtenthaler U. 2008. Open innovation in practice：An analysis of strategic approaches to technology transactions[J]. Engineering Management，IEEE Transactions on，55（1）：148-157.

Link A N，Siegel D S，Bozeman B. 2007. An empirical analysis of the propensity of academics to engage in informal university technology transfer[J]. Industrial and Corporate Change，16（4）：641-655.

Lukas B A，Ferrell O C. 2000. The effect of market orientation on product innovation[J]. Journal of the Academy of Marketing Science，28（2）：239-247.

MacCormack A，Verganti R. 2003. Managing the sources of uncertainty：Matching process and context in software development[J]. Journal of Product Innovation Management，20（3）：217-232.

Milgrom P，Roberts J. 1995. Complementarities and fit strategy，structure，and organizational change in manufacturing[J]. Journal of accounting and economics，19（2）：179-208.

Nunnally J. 1978. Psychometric Methods[M]. New York：McGraw-Hill.

Osterwalder A. 2004. The business model ontology：A proposition in a design science approach[J]. Lausanne，University of Lausanne.

Pisano G P. 1990. The R&D boundaries of the firm：An empirical analysis[J]. Administrative Science Quarterly，35（1）：153-176.

Rosenkopf L，Nerkar A. 2001. Beyond local search：Boundary-spanning，exploration，and impact in the optical disk industry[J]. Strategic Management Journal，22（4）：287-306.

Schumpeter J A. 1934. The Theory of Economic Development：An Inquiry Into Profits，Capital，Credit，Interest，and the Business Cycle[M]. Piscataway，NJ：Transaction Publishers.

Segars A H. 1997. Assessing the unidimensionality of measurement：A paradigm and illustration within the context of information systems research[J]. Omega，25（1）：107-121.

Sidhu J S，Commandeur H R，Volberda H W. 2007. The multifaceted nature of exploration and exploitation：Value of supply，demand，and spatial search for innovation[J]. Organization Science，18（1）：20-38.

Sofka W，Grimpe C. 2010. Specialized search and innovation performance——Evidence across Europe[J]. R&D Management，40（3）：310-323.

Teece D J. 1986. Profiting from technological innovation：Implications for integration，collaboration，licensing and public policy[J]. Research Policy，15（6）：285-305.

Tether B S. 2002. Who co-operates for innovation，and why：An empirical analysis[J]. Research Policy，31（6）：947-967.

Thomke S H. 2003. Experimentation Matters：Unlocking the Potential of New Technologies for Innovation[M]. Boston：Harvard Business School Press.

von Hippel E. 2007. The Sources of Innovation[M]. New York：Oxford Unirersity.

Williamson O E. 1973. Markets and hierarchies：Some elementary considerations[J]. The American Economic Review，63（2）：316-325.

Zott C，Amit R. 1988. Business model design and the performance of entrepreneurial firms[J]. Organization Science，18（2）：181-199.

Zott C，Amit R. 2002. Measuring the Performance Implications of Business Model Design：Evidence from Emerging Growth Public Firms[M]. Fontainebleau：Insead.

Zott C，Amit R. 2010. Business model design：An activity system perspective[J]. Long Range Planning，43（2）：216-226.

"互联网+"背景下资源型企业转型路径分析
——以山西资源型企业为例①

不可再生资源作为当今世界炙手可热的必需品，在为经济发展提供强劲动力的同时，也正在慢慢枯竭，与之伴随的环境问题日益凸显。随着党的十八大把生态文明建设纳入我国经济建设"五位一体"，以及供给侧改革的提出，资源型地区的资源型企业如何通过转型实现可持续发展这一课题就显得尤为重要。而山西作为典型的资源型地区，转型先锋作用不言而喻。基于上述背景，本文以山西为例，首先界定山西属于资源型地区，并分析山西资源型经济转型综合配套改革试验区的发展现状；其次深入剖析资源型地区经济发展的核心构成——资源型企业的经营现状及现阶段存在的问题；然后全面介绍"互联网+"的内涵、定义和发展趋势；最后结合"互联网+"给出资源型企业转型的对策和建议。

1 山西资源型地区

1.1 资源型地区的界定

当前学术界对资源型地区并没有一个确切的定义。一部分学者将它从功

① 课题组组长：张凯，课题组成员：岳楷斌、孙江丽、韩佳贵。本文始于 2016 年 5 月，历经 2 次更新数据，最终于 2017 年 9 月定稿，如无特别说明研究涉及数据截至 2016 年 12 月。

能角度定位为向社会提供矿产品或初加工品等资源类产品的地区，另一部分学者将其从发生学角度定义为因自然资源的开采而兴起或发展壮大的地区。综合现有各种说法，本文将资源型地区定义为：在一定阶段，以本地区矿产、森林等自然资源的开采加工为主导产业，大规模动用和耗费资源，以牺牲环境为代价，且资源性产业长期在国民经济各个方面占有举足轻重地位的地区。当前的研究主要是从定性和定量两个方面对资源型地区和非资源型地区进行界定（吴玉斌，2010）。

第一，定性分析。根据资源型地区的定义，我们可以从被判定地区的地域范围（一般应包括两个以上资源型城市）、功能定位（具有丰富的矿产或森林资源，并向其他地区提供矿产品和初级矿产加工品，在资源生产和输出过程中本地区生态遭到严重破坏）和资源性产业在地区国民经济中的地位（资源型地区的资源型产业在该地区产业结构中占据主导地位，它是该地区税收与财政收入的主要来源，且资源性产业劳动力占全社会劳动力比重较高）三个方面来进行定性判定。

第二，定量分析。目前较为成熟和合理的界定方法是区位熵指数，它由P. Haggett 率先提出并用于区位分析中，之后 H. J. Nelson 运用区位熵来界定城市职能分类，进一步提出指标的临界值。该方法的优势在于能够排除由产业所在地区经济模式差异导致区域比较优势产业判定偏差的问题，其指标以"比率的比率"（无量纲，能够用于横向比较）形式出现。

1.2　山西是典型的资源型地区

1. 定性分析

（1）地域上的判定。按国家发展和改革委员会课题"资源型城市经济结构转型"的研究，全国 118 个资源型城市，包括山西大同、阳泉、长治、晋城、朔州、古交、霍州、孝义、介休、高平、原平等 11 个资源型城市。

（2）功能定位上的判定。山西作为煤炭资源大省，在占国土面积 1/60 的土地上，生产了全国 1/4 的煤炭，被称为"煤海"。同时由于煤炭的开采，山西生态问题严重。

（3）资源型产业在地区国民经济中的作用判定。煤、焦、电及冶金等能源原材料类产业产值占全省工业增加值的比重达到 80% 以上，占全省地区生产总值约 43%，贡献的税收占全省税收收入的近 60%。

从以上定性分析中可以判定，山西具有明显的资源型地区特征。

2. 定量分析

蔡飞和金洪（2010）运用区位熵方法对我国资源型地区进行了界定，选用资源产业地区 GDP、地区劳动力、煤炭开采与洗选业的专门化指数作为观测变量。而伏虎（2015）在选取观测变量时基于动态性原则、相对性原则和本地化原则，选取更为科学合理的当地资源余量作为观测变量，以替换煤炭开采与洗选业的专门化指数。两者的判定思路均采用 H. J. Nelson 的判定标准，即在计算出各区位熵的均值（M）和标准差（SD）基础上，以高于"均值加 1 个标准差"作为区域优势产业的标准。综合两篇论文的研究结论可以发现：山西不仅是典型的资源型地区，而且是以煤炭为主的资源型地区（表 1）。

表 1　有关资源型地区界定的代表性论文

项目	判定指标	解释变量	结论
伏虎（2015）资源型地区界定标准及其类型划分的定量研究	资源产业地区 GDP 区位熵（S_a） $S_a=P_a/Q_a$ 地区劳动力区位熵（S_b） $S_b=P_b/Q_b$ 当地资源余量区位熵（R） $R=D_n/D_o$	P_a：该地区资源产业产值占当地 GDP 的比重； Q_a：全国资源产业占全国 GDP 的比重； P_b：该地区资源产业劳动力占当地总劳动力的比重； Q_b：全国资源产业劳动人口占全国劳动人口的比重； D_n：各地深度加工与初次开采产值之比； D_o：全国深度加工与初次开采产值之比；	前者说明了资源型地区与其主导资源，具体表现为：辽宁、河北（黑金属、有色金属），天津、甘肃（石油、天然气），内蒙古（有色金属、煤炭），山西（煤炭），青海（有色金属）；后者得出结论：若以某一单项数据不低于各自指标的纳尔逊指标值来判定资源型地区，则资源型地区包括山西、黑龙江、陕西、青海、新疆、宁夏和内蒙古
蔡飞和金洪（2010）基于区位熵理论的中国资源型地区判定研究	资源产业地区 GDP 区位熵 地区劳动力区位熵 煤炭开采与洗选业的专门化指数（S_3） $S_3=C_n/C_o$	C_n：某地区煤炭开采与洗选业占该地区区内生产总值的比重； C_o全国煤炭开采与洗选业占全国国内生产总值的比重	

1.3　山西资源型地区经济发展状况

近年来，随着我国经济发展战略的转变和经济转型战略的提出，资源型经济转型升级问题开始提上日程。国务院于 2007 年 12 月出台了《国务院关于促进资源型城市可持续发展的若干意见》，并于 2013 年出台了《全国资源型城市可持续发展规划（2013—2020 年）》，这些政策文件提出资源型经济产业转型是当前经济社会发展的重要战略性任务。山西省作为资源型地区，属于典型的资源型经济。长期以来，山西一直作为支持国家经济发展和现代化建设的重要原材料和能源供应地区，其地位不言而喻。但随着近年来国内、国际形势的变化，依赖自然资源发展的资源型地区和资源型经济所带来的负面影响已经引起了全社会的广泛关注。为此，山西省2010年获批国家资源型经济转型综合配套改革试验区，这标志着山西资源型经济转型综合配套改革进入全面实施阶段。本文拟从以下三个方面反映山西转型综合配套改革试验区的经济发展现状。

（1）地区生产总值。GDP是国民经济核算的核心指标，也是衡量一个国家或地区总体经济状况的重要指标，本文选取2012～2016年山西省各季度GDP及增速作简要对比。如图1所示，自2014年起，即山西作为转型综合配套改革试验区的第四年开始，GDP总量虽然变化平稳，但季度和年度GDP增速均呈现断崖式下滑。具体表现在：2014年以前，山西省GDP增速基本维持在9%以上，排名处于下游水平。但2014年和2015年GDP增速分别暴跌至4.9%和3.1%，不仅远低于全国其他省（自治区、直辖市）的平均水平，而且GDP增速在31个省（自治区、直辖市）（不含港澳台）中排名垫底。从最新公布的2016年山西各季度GDP总量与GDP增速可以看出，总量依旧平稳，增速依旧低迷，见表2。出现断崖式下滑的态势暴露出山西在转型过程中更加深层次的结构性问题，增长动力不足、经济下行压力较大等问题亟待解决。当然，作为资源型经济地区，山西的转型之路必然举步维艰，也会经历更长时间、更大强度的"阵痛"，"转方式、调结构"仍将是山西未来发展的主线。

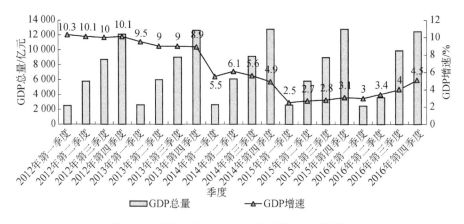

图1　山西省2012～2016年各季度GDP及增速

资料来源：根据山西2012～2016年国民经济和社会发展统计公报相关数据整理

表2 山西省 2012～2016 年 GDP 总量、增速及排名

	2012 年	2013 年	2014 年	2015 年	2016 年
GDP 总量/亿元	12 112.83	12 665.25	12 761.49	12 761.49	12 928.34
GDP 增速/%	10.10	8.90	4.90	3.10	4.50
增速排名	21	24	31	30	30

资料来源：根据山西 2012～2016 年国民经济和社会发展统计公报相关数据整理

（2）从三次产业间的比例关系来看，山西作为典型的资源型地区，工业畸重的产业结构调整已初见成效。长期以来，山西一直存在的问题可以概括为：高强度开发资源，资源的流失与浪费严重，产业结构单一、重工业化问题依然突出，第一产业基础薄弱、效率偏低，第二产业比重偏大，多属于传统低端型，第三产业份额相对不足。截止到 2015 年，山西工业畸重的产业结构取得了突破性进展，如图 2 所示。从图 2 中可以看出，自 2010 年开始，呈现第二产业递减，第三产业递增的发展趋势，而 2015 年山西三次产业增加值所占比重依次为 6.2%、40.8%、53.0%，三次产业比上年同期增减分别为 1%、-1.1%、9.8%。第三产业所占比重首次超越第二产业，且第三产业增速明显快于第一产业和第二产业，可以说山西作为转型综合配套改革试验区，经济运行已经产生了积极的变化，这种突破性进展也肯定了国家和山西省为经济转型所作出的努力。

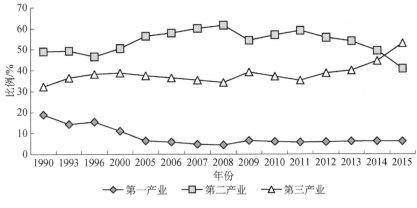

图2 1990～2015 年山西省三次产业比例变化

资料来源：根据《山西统计年鉴》（1990～2015 年）相关数据整理

（3）从煤炭行业来看，煤炭黄金十年，山西省 GDP 增速每年都在 10% 以上，煤炭工业增加值占工业增加值的比重达 63.4%，煤炭工业对地方公共财政的贡献高达 39.5%，可谓"一煤独大"。但随着山西省政府相继发布晋政发〔2008〕23 号文件《关于加快推进煤矿企业兼并重组的实施意见》和晋政

发〔2009〕10 号文件《关于进一步加快推进煤矿企业兼并重组整合有关问题的通知》，煤炭行业的"多、小、散、低"的格局开始转变。自 2009 年以政府为主导，以大中型企业为主体，以市场经济运行方式来运作煤炭资源整合，煤炭企业重组正式拉开大幕，最终整合为以焦煤集团、潞安集团、晋煤集团、阳煤集团、同煤集团、山煤集团、晋能集团为主的七大煤炭企业。截止到 2012 年 3 月，山西省宣布煤炭资源整合结束（表 3），标志着山西煤炭工业遍地小煤窑的历史彻底完结，进入了集约化、高效化、现代化的新煤炭工业时代。

表 3　煤炭行业整合前后对比

	整合前（2008 年）	整合后（2010 年）
办矿主体/家	2200	130
矿井数量/座	2598	1053
平均单井生产能力/（万吨/年）	36	100
煤炭产量/亿吨	6.56	7.41
经济效益/亿元	3500	5441

资料来源：《山西省 2010 年国民经济和社会发展统计公报》

　　然而，当初煤炭市场高点之上的整合，却在收场时遭遇"寒流"。煤炭市场一路低迷，煤价持续走低，使得山西七大煤炭企业深陷泥潭、苦不堪言。由环渤海动力煤价格指数（反映环渤海港口动力煤的离岸平仓价格水平及波动情况的指数体系的总称，素有"煤炭价格风向标"之称）可以看出：煤炭价格自 2011 年第四季度开始下降，2012 年 5 月更是出现断崖式下跌，煤炭价格从高位价格 850 元/吨一路降至不到 400 元/吨（图 3），长期的市场萧条导致企业的销售利润率从 15%暴跌至 2%左右，可以说煤炭行业已经从"沸点"降至"冰点"。

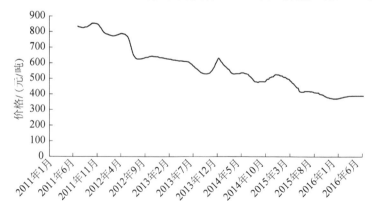

图 3　2011～2016 年环渤海动力煤价格指数

资料来源：根据易煤网相关数据整理

山西省省长李小鹏在 2016 年年中的一次谈话中坦承：山西经济目前正处于历史发展最困难的时期。煤炭行业全行业亏损，煤企负债率极高，生存压力巨大。在 2016 年的《政府工作报告》中，山西首次将煤炭行业定性为"困难行业"。具体表现在至于 2016 年第一季度煤炭销量同比增加了 600 多万吨，却减收了 700 多亿元，煤炭工业产值呈现负增长态势。数据显示，2015 年全省原煤产量 9.75 亿吨，同比下降 0.14%；销售煤炭 8.16 亿吨，同比下降 2%。煤炭价格连续 55 个月下降，比最高点价格下跌 60%。行业亏损面达到 90%以上。

综上所述，通过分析地区生产总值、三次产业占比和煤炭行业相关数据可以发现：①山西省经济下行压力依然巨大，结构性转型中增长动力不足；②三次产业占比的变化反映出山西产业结构调整进一步加快，但第二产业增速的急剧减少也使山西省 GDP 的增速严重滞后，经济结构还需不断优化升级；③煤炭行业的改革和发展依然任重而道远，山西作为转型综合配套改革试验区虽然取得了一定的进展，但要看到转型之路的复杂性和长期性。在"去产能、去库存、去杠杆、降成本、补短板"的宏观政策指引下，资源型地区的转型发展正面临前所未有的机遇和挑战。资源型企业作为资源型地区经济发展的主导力量，其能否实现可持续发展直接关系到资源型地区发展的前景与趋势。当下需要我们认清形势，找出资源型企业转型所存在的问题，探索出资源型企业转型发展的新方向。

2　山西资源型企业现状及问题

2.1　山西资源型企业的经营现状

资源型企业是以资源独占为优势，以自然资源开发与加工为主营业务，依托资源经营实现企业经济增长的企业类型，主要包括以石油、煤炭、矿产等地下资源加工为主的资源垄断型企业。资源型企业一般具有以下四个特征：一是以资源占有优势为核心竞争力，依托丰富的资源形成竞争优势是该类企业最为突出的特征；二是资源依赖性大，在产品成本构成中资源物耗成本占主体；三是地理性强，由于对资源的依赖性大，资源禀赋成为企业成长的基础；四是产品附加价值低，资源型企业长期以来产品的属性、形态、层次变动不大，技术、管理的投入量相对较少，因而其附加价值比率必然很低。山西资源型企业以煤炭为主，而煤炭企业以焦煤集团、同煤集团、潞安集团、晋煤集团、阳煤集团、晋能集团、山煤集团等七大煤企为主导。所以了解山西资源型企业的经营现状，关键就在于了解七大煤炭企业的经营现状。

由 2016 年 5 月 12 日山西七大国有煤企最新公布的财务报表可知，截至 2015 年年底，七大煤企债务总额较前一年增加千亿规模，达到 1.1 万亿元。焦煤集团、同煤集团、潞安集团、晋煤集团、阳煤集团、晋能集团、山煤集团分别负债 1984.82 亿元、2107.06 亿元、1494.56 亿元、1694 亿元、1723.35 亿元、1728.94 亿元、725.24 亿元，较 2014 年年末增加 1030.27 亿元，增幅为 10.2%，体量相当于山西省 2015 年全年的 GDP。负债率方面，截至 2014 年年底七大煤企总资产为 12 431.07 亿元，截至 2015 年年底七大煤企总资产为 13 504.16 亿元，资产负债率从 81.16% 攀升到 82.30%，这一水平已远超 70% 的警戒线。资产负债率攀升的同时，七大煤企现金流不断萎缩，七大煤企截至 2016 年年末经营活动产生的现金流量净额合计 -48.1 亿元，相比于前一年年底的 160.46 亿元由正转负。经营活动产生的现金流量净额是衡量企业现金流的主要指标，如果大幅下滑甚至变成负数，则意味着企业资金陷入紧张局面。可以说七大煤企正处于水深火热之中，经营活动的各个方面均呈现不利的发展态势。

为了更为直观地展现山西煤炭企业的经营现状，我们选取焦煤集团（全国最大的炼焦煤生产基地）的核心企业西山煤电和同煤集团（山西第一大煤炭企业）下属的大同煤业进行简要分析。选择两家上市公司 2010～2016 年的净利润、净利润增长率、资产负债率、总资产周转率四项指标，以展现它们的盈利能力、成长能力、偿还能力及营运能力（图 4）。

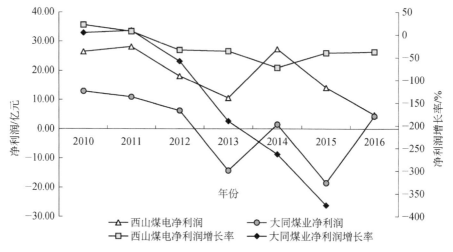

图 4 2010～2016 年两家企业的净利润和净利润增长率

2016 年的数据特指最新公布的第一季度数据

资料来源：根据网易财经相关数据整理

从净利润折线可以看出：两家上市公司自 2010 年开始净利润整体呈下降趋势；西山煤电虽保持净利润为正，但趋势逼近零轴；大同煤业 2013 年净利润有效跌破零轴，2014 年虽有反弹，但 2015 年再创新低。从净利润增长率折线可以看出：两家上市公司自 2012 年首次净利润增长率由正转负，且下跌趋势持续至今；相比于西山煤电，大同煤业净利润增长率更是直线暴跌。由此意味着西山煤电和大同煤业目前的经营效益均不乐观，成长能力不足，盈利能力较差。

图 5 反映了西山煤电和大同煤业 2010～2016 年的偿还能力——资产负债率。可以看出，两家煤炭企业资产负债率逐年攀升，其中 2015 年和 2016 年资产负债率已突破 60%；西山煤电资产负债率自 2010 年开始一直高居不下，而大同煤业递增趋势显著。两家煤炭企业净利润减少的同时资产负债率不断升高，这意味着公司利用债权人资金进行经营活动的能力逐渐减弱，债权人发放贷款的安全程度不断降低，偿还能力不足，资不抵债的概率大大增加。

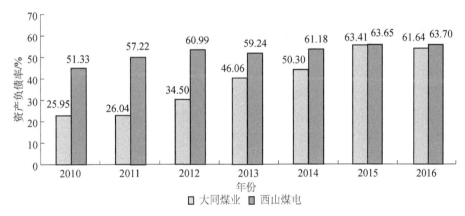

图 5　2010～2016 年两家企业的资产负债率

2016 年的数据特指最新公布的第一季度数据

资料来源：根据网易财经相关数据整理

图 6 展现了西山煤电和大同煤业 2010～2016 年的营运能力——总资产周转率。可以发现，2011 年和 2012 年总资产周转率达到最高，恰好对应山西煤炭行业整合结束的年份，从侧面反映出煤企整合的成果；而 2012 年之后两家煤炭企业的总资产周转率则呈现阶梯状降低。总资产周转率综合反映了企业整体资产的营运能力，一般来说，资产的周转次数越多，表明其周转速度越快，营运能力和销售能力越强。反之，总资产周转率越低，周转天数

越高，说明公司利用其资产进行经营的效率越差。故西山煤电和大同煤业的营运能力就目前而言表现较差，亟待提高总资产周转率。

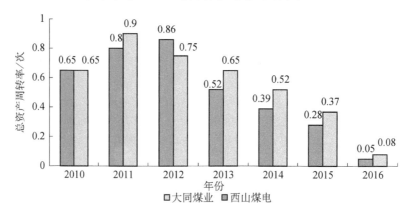

图6　2010~2016年两家企业的总资产周转率

2016年的数据特指最新公布的第一季度数据

资料来源：根据网易财经相关数据整理

　　综上所述，通过对大同煤业和西山煤电几项经营指标的分析，窥一斑而知全豹，可以了解到目前山西资源型企业整体的发展现状。量价齐跌、负债率不断攀升、净利润严重下滑、效益严重下降是山西煤炭企业当下最为棘手的问题。同时当前煤炭市场的持续低迷和价格不断下行，直接推动了煤企从巅峰走向低谷。可以说，山西以煤炭为主的资源型企业寻找一条正确的发展道路已迫在眉睫，转型升级已刻不容缓。

2.2　山西资源型企业存在的问题

　　（1）竭泽而渔。资源型企业长期掠夺式的、不计后果式的过度开采，导致资源逐步枯竭，生态环境日益恶化。资源禀赋并非取之不尽、用之不竭，现在大多数资源型企业仍然采取粗放型的发展模式，以量取胜。这种形势下，煤炭企业经过一段时间的发展后，必然会面临"矿竭企衰"的局面。

　　（2）产能过剩。受到煤炭黄金十年的余温效应影响，煤炭的开采依旧没有遵循市场规律。煤炭企业为了维持运转只能是越亏损越生产，恶性循环。无节制、争先恐后、加班加点的生产不仅导致煤炭企业产生大量库存堆积，还造成整个煤炭行业产能过剩。产能过剩最直接的影响就是供过于求，它还会造成库存成本提高，流动资金不足。

（3）技术水平落后、利用率低，产品结构单一、附加值低。与发达国家相比，在技术层面上，仍然存在很大的差距。这种技术落后不仅体现在资源的开采水平上，也体现在资源的利用水平上，还体现在对原材料的深加工水平上。而利用率低则体现在开采利用率低、开发利用率低、回收利用率低上。这同时反映出技术创新投入不足。受制于以上技术因素，煤企的产品趋于同质化、单一化，高、精、尖类产品或深加工类产品占比极少，迫使山西资源型企业只能出售大部分以煤炭为主的初级矿产品或初级冶炼产品，产品附加值极低，竞争力弱，经济效益低，资源优势始终无法转变成经济优势。

（4）企业整体素质不高。资源型企业大多是在资源开发的基础上形成和发展起来的，资源的禀赋及分布状况决定了资源型企业的区位分布。山西地处我国的中西部地区，因经济落后，相应的管理方式落后，开拓创新意识较差，自主创新能力不足，而且相对松散的管理和墨守成规的观念无论是在员工内还是领导阶层都已根深蒂固。其中人才匮乏问题突出，致使经营较差，领导阶层对于市场的反映不够灵敏，不能有效地结合当下环境找到转型点和突破口。

（5）污染环境，破坏生态。粗犷型生产和技术不成熟必然造成生态环境的恶化。虽然从《2014年山西省环境状况公报》中可以看出山西的环境正朝着好的方向发展，但是山西省仍是全国环境污染和生态破坏严重的省份，生态环境脆弱与经济社会发展的矛盾依然十分突出，兼顾发展和环境的和谐发展依然任重而道远。

（6）吸纳效应、挤出效应、锁定效应（李唐和张改枝，2013）。山西"一煤独大"的特点使得煤炭企业对生产要素产生吸纳效应，即形成一个以煤炭为主导的产业链，严重扭曲了要素流动方向，致使资源不能有效配置。以资源的直接开采和初级加工为特征的资源型经济，最大的特点在于起步快、技术门槛低，这就会抑制创新活动，扼杀创新文化，流失创新人才，形成挤出效应。资源部门的繁荣会使区域功能、产业功能、要素流向、劳动力结构及意识形态等方面产生严重的功能锁定和路径限制。这些盘根错节的关系形成规模效应，牵一发而动全身，使得资源型企业的转型步履维艰，长期停滞不前。长此以往，这些效应严重制约了资源型企业的转型。

从山西资源型企业存在的问题我们可以意识到资源型企业转型的必要性。外部环境：从政治上看，资源型企业进行产业转型是树立科学发展观、实施可持续发展的内在要求；从经济上出发，大多数资源枯竭型企业只有通过转型和资源的重新组合，才能继续生存和发展；从生态环境上看，资源的枯竭和环境的污染已经成为迫在眉睫的生存、安全战略问题（李烨和彭璐，2010）。内部环境：资源型企业技术水平落后、价值链短、产品附加值低、产能过剩无法消除、人才匮乏、经济效益差等，见图7。内、外部环境的共同作用倒逼资源型企业开始考虑转型。由于外部环境不可控因素多，所以本文从内部环境入手，通过引入"互联网+"，希望帮助资源型企业成功转型。

图 7　资源型企业转型的动力

2.3　国外案例经验总结

在外部需求持续萎缩、国内经济增速持续回落的双重影响下，煤炭行业出现严重产能过剩以致处于亏损状态，高产能、高库存、高成本、低需求、低价格、低效益的问题非常突出。周广启和姜艳庆（2014）认为，产业投资过度是煤炭行业产能过剩的主要原因，建议从控制投资规模限制煤炭产能扩张。但是目前的情况是煤炭行业面临严重的产能过剩，与此同时煤炭企业净利润负增长，企业发展能力降低，资产负债率超过警戒线，融资困难。因此，投资过度引起煤炭行业的产能过剩，但控制投资并不能解决煤炭行业的产能过剩问题。关于产业投资过度引起产能过剩的问题，我们认为投资过度的根本原因是对于煤炭行业的认识不充分，确切地说，是信息不对称。投资过度只是产能过剩的一个直接原因，更深层次的原因在于产业结构不合理，发展方式落后。

以 GDP 为上的畸形发展，以及过度的投资计划使得煤炭、钢铁行业出现严重的产能过剩，同时导致本地区产业结构单一。产能过剩问题常常定期发生在世界上许多地区。德国西部的鲁尔地区对第二次世界大战后德国的经济恢复和"起飞"发挥过重要的作用，但是随着新兴工业的兴起，以煤、钢为基础的传统行业不断衰落。鲁尔地区把"经济、生态和社会协调"作为经济结构的指导思想，把过去污染环境、浪费资源的传统产业和生产方式，转变到以生态为优先、有利于生态和生产协调发展的新兴产业、业态和新型生产方式上来。通过调整产业结构，提供经济和技术方面的援助逐步在当地发展新兴产业，充分发挥不同地区的区域优势来形成各具特色的优势行业等三个阶段，鲁尔地区转变成了以高新技术产业为主、服务业及文化产业协调发展的高型经济区。

法国洛林地区煤矿储量占法国总储量的一半以上，第二次世界大战后洛林的煤矿和钢铁生产均有了很大的发展，但是从 20 世纪 70 年代起，洛林陷入严重的危机。洛林经过采取一系列的措施，比如一切从实际出发，调整发展思路，利用农业资源大力发展种植业、畜牧业和食品业，同时以发展高新技术产业为重点。洛林的经济实现了转型，由传统的单一经济结构发展模式向多元化的可持续发展模式转变。山西省现在面临的主要问题是产业结构单一，因此洛林的经济转型对于山西省煤炭企业的转型具有重要的借鉴意义。

无独有偶，美国"钢城"匹兹堡因煤而兴。高技术产业迅速发展基于其丰富的矿产资源，匹兹堡成为美国生产钢铁、黄铜的重要生产基地。在带来严重的浓烟污染的同时，匹兹堡的钢铁产业由盛而衰。匹兹堡以发展科技作为内生动力，大力支持研究性大学发展，在此基础之上高技术产业迅猛发展，积极改善基础设施，同步推进医疗、教育、科技、机器人、金融服务、绿色经济，这些成为匹兹堡的支柱产业。

德国鲁尔地区、法国洛林地区、美国匹兹堡曾经均以丰富的资源迅猛发展，也同样遇到了环境问题。转型之路虽不统一，但均以发展高新技术产业为先导，因地制宜重视环境的改善与重建。山西资源企业的转型也应该发展高新技术产业，重视环境问题。

3 "互联网+"的内涵

3.1 "互联网+"的提出、内涵和优势

国内"互联网+"理念，最早是在 2012 年 11 月由易观国际董事长兼首席执行官于扬在第五届移动互联网博览会提出的。经过长时间的探索，李克强总理在十二届全国人大三次会议上政府工作报告中首次提出"互联网+"行动计划，反映出"互联网+"的重要性。而"互联网+"真正的发展机遇则是在 2015 年 7 月 4 日，经李克强总理签批，国务院印发《关于积极推进"互联网+"行动的指导意见》，这标志着"互联网+"时代的来临。

通俗地说，"互联网+"就是"互联网+各个传统行业"，但这并不是简单的两者相加，而是利用信息通信技术及互联网平台，让互联网与传统行业进行深度融合，创造出以互联网为基础设施和实现工具的经济发展新形态。

"互联网+"的优势具体表现在以下几点：①与经济、社会各个领域相容，可以提升全社会的创新力和生产力，充分发挥互联网在社会资源配置中的优化和集成作用。②"互联网+"带来的云计算、大数据、物流网络等数据和信息，使得信息透明化，避免了由于信息不透明造成的信用危机；能给企业提供充分的动态市场信息，避免了由于信息不对称而造成的产品过剩或者产品不足。③"互联网+"的快捷传播、高效运作，不仅可以降低企业的运营成本，而且可以提高企业与消费者之间的互动效率，促进企业对于产品的不断升级。④利用"互联网+"实现线上线下的结合，拓宽发展渠道，帮助企业逐步建立互联网生态基础。

3.2　"互联网+"在各个领域的应用

在通信领域，"互联网+"催生出即时通信，现如今几乎所有人都在用即时通信 APP 进行语音、文字甚至视频交流。即时通信诞生之初，例如微信，对传统运营商而言，简直是如临大敌，因为这会直接导致语音和短信收入大幅下滑。但就目前来看，随着互联网的发展，来自数据流量业务的收入已经大大超过语音收入的下滑。由此反映出，互联网的出现并没有彻底颠覆通信行业，反而促进了运营商进行相关业务的变革升级。

在交通领域，过去没有移动互联网，车辆运输和运营市场不敢完全放开。自从移动互联网诞生后，通用运输业出现了新兴的发展模式。从国外的 Uber、Lyft 到国内的滴滴、快的，移动互联网催生了一批打车、拼车和专车软件，虽然它们在世界不同的地方仍存在争议，但它们通过把移动互联网和传统的交通出行相结合，改善了人们出行的方式，增加了车辆的使用率，推动了互联网共享经济的发展，提高了效率、减少了排放，对环境保护也做出了贡献。

在金融领域，余额宝横空出世的时候，银行认为其不安全、不可控，也有人怀疑二维码支付存在安全隐患。随着国家对互联网金融的研究越来越透彻，银联对二维码支付也出了标准，互联网金融得到了较为有序的发展，也得到了国家相关政策的支持和鼓励。现如今网上支付、在线支付、理财软件等如雨后春笋般在金融领域出现。

在零售、电子商务等领域，过去这几年都可以看到和互联网的结合，以淘宝、京东、亚马孙等电商平台最具代表。"互联网+"的应用不仅促进了买方市场的蓬勃发展，而且也给卖方市场带来了更多的消费信息，更加了解消费者喜好。所以移动互联网对原有的传统行业起到了很大的升级换代的作用。

事实上，"互联网+"不仅正在全面应用到第三产业，形成了诸如互联网金融、互联网交通、互联网医疗、互联网教育等新生态，而且正在向第一产业和第二产业渗透。马化腾表示，工业互联网正在从消费品工业向装备制造和能源、新材料等工业领域渗透，全面推动传统工业生产方式的转变。

3.3 "互联网+"在山西的发展

2015 年由山西省通信管理局和山西省互联网协会共同发布的《2014 年山西省互联网发展报告》指出，截至 2014 年年底，全省光缆线路总长度达 67.3 万千米，光缆普及水平居全国第 7 位。互联网省际出口带宽达 3320G，宽带接入端口数量达 997 万个，移动通信基站总数达 10.5 万个，普及水平全国排名第 8 位。固定互联网宽带用户规模达 571.1 万户，移动互联网用户 1917 万户。但互联网应用发展情况滞后。统计显示，2014 年山西省 IPv4 地址数量为 428.3 万个，占全国的 1.3%；山西省注册域名总量 13.2 万个，占全国的 0.64%；CN 域名总量 4.7 万个，占全国的 0.43%。经备案的互联网网站总数为 43 838 个，其中接入地在山西省的 4437 个，仅占 10.1%。以下从三个方面对山西省互联网的应用情况做简要分析。

如图 8 所示，应用互联网的企业所在行业前三位分别是商业或贸易（13.9%）、IT 行业（12.8%）和制造业（9.3%）。可以明显看出，资源型企业所在的采矿业应用互联网的情况不容乐观，这也从侧面反映出山西省资源型企业引入互联网的迫切性以及互联网应用的广阔前景。

从图 9 可以看出，山西省企业建立独立网站，主要目的绝大多数是用来树立企业的品牌形象以及展示企业的产品和服务，并没有充分利用互联网的优势，并未意识到互联网在信息共享和资源配置中的作用。

从图 10 可以看出，山西省企业对互联网的应用主要还停留在初级层面，具体表现在：发送和接收电子邮件、发布信息、了解商品或服务信息、提供客户服务的占比排名靠前，且超过 50%。停留在基础应用，表明企业对互联网的了解不够深入，深入应用互联网的意识淡薄。

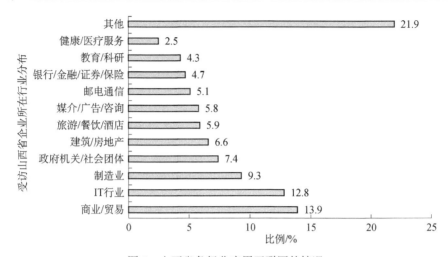

图 8　山西省各行业应用互联网的情况

资料来源：《山西省互联网发展报告（2015 年）》

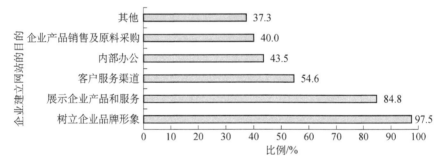

图 9　山西省企业应用互联网建立网站的目的

资料来源：《山西省互联网发展报告（2015 年）》

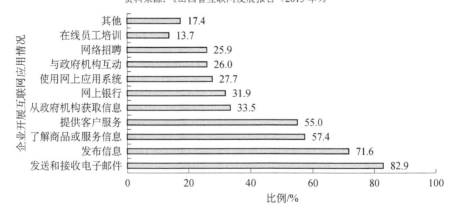

图 10　山西省企业开展互联网应用的情况

资料来源：《山西省互联网发展报告（2015 年）》

综上所述，"互联网+"在全国各领域的迅猛发展，让我们意识到资源型企业与"互联网+"结合的前瞻性，而互联网在山西各行业尤其是资源型产业应用的基础、滞后和贫乏，则凸显出资源型企业应用"互联网+"的迫切性。在资源型企业转型的关键时期，亟须借助和引入"互联网+"。

4 "互联网+"下山西资源型企业转型升级的对策建议

4.1 逐步降低对资源的依赖，借助"互联网+"向工业制造业转型

近年来，世界各国纷纷意识到制造业在国民经济中的重要性，借着互联网创新蓬勃发展的契机，各国积极促进互联网同传统工业制造业的融合，提升制造业竞争力。2013 年德国提出"工业4.0"，将"工业4.0"纳入《高新技术战略 2020》中，并且上升到国家战略层面。日本在 2014 年度的《制造业白皮书》中，倡导日本制造业要充分发挥互联网的作用，转型为利用大数据的"下一代"制造业。我国政府也提出"互联网+"行动计划，指出要充分利用互联网的优势，促进互联网和其他行业的融合。山西省作为以采矿业为主的省份，需要抓住当下的发展机遇向工业制造转型。

对比其他省（自治区、直辖市），山西省装备制造业和高新技术制造业比重较轻，其中通信设备、计算机及其他电子设备制造占 2.8%，交通运输设备制造业仅占 2.4%。"互联网+"的重点是推动信息化与工业化的深度融合，特别是对资源型企业的转型融合和传统制造业的升级改造。

4.2 重点加强通信基础设施建设

2015 年，山西省委、省政府及相关部门高度重视互联网产业的发展，进一步推进互联网基础设施建设，大力发展互联网应用；发布了一系列相关规划、政策和举措，为互联网的发展提供一系列资金、政策、服务保障。从增长速率来看，最近两年山西省互联网的发展速度增快，但是山西省的互联网基础设施仍然比较落后：截至 2015 年 12 月，山西省 IPv4 地址数量为 431.4 万个，同比增长 0.7%，占全国的 1.28%；山西省注册域名总量为 21.5 万个，同比增长 62.9%，占全国的 0.7%。图 11 和图 12 列出了最近五年我国的 IPv4 和域名变化。

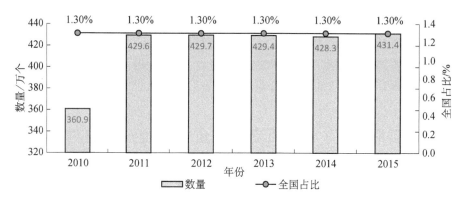

图 11　2010～2015 年山西省 IPv4 地址数量及全国占比

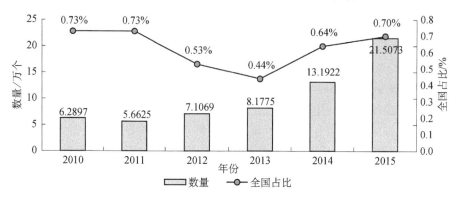

图 12　2010～2015 年山西省域名数量及全国占比

资料来源：《山西省互联网发展报告（2015 年）》

从山西省互联网发展报告中可以看到，山西省在 2015 年的互联网普及率为 54.2%，位居全国第 11 位。相对于其他省（自治区、直辖市）仍然存在较大的差距。宽带发展联盟定期发布的《中国宽带速率状况报告》显示，2015 年第一季度山西省宽带用户网络下载的忙闲时加权平均可用下载速率为 4.33Mb/s，在 31 个省（自治区、直辖市）中排第 29 位，而同期全国平均值达 5.12Mb/s。最新的 2016 年第一季度上网测速报告显示，山西省在 31 个省（自治区、直辖市）中排名 26 位，全国平均宽带速率有较大增幅，提高到 9.46Mb/s，而山西省宽带速率仅为 8.18Mb/s。中部地区和西部地区平均可用下载速率低于全国平均水平，而山西在北中部 8 省（包括山西、吉林、黑龙江、安徽、江西、河南、湖北、湖南）中排倒数第二，仅高于黑龙江。综合分析来看，山西省在信息基础设施建设方面与其他省份相比，虽加大了电信基础设施投资建设的力度，但网络质量和速度方面均呈现较大差距（付朝霞，2015）。

4.3　通过"互联网+"培育本土资源型龙头企业

中国互联网行业的发展，与领军企业的发展密不可分。深圳互联网产业发展，主要得益于以腾讯为首的一大批互联网企业的发展带动；杭州地区电子商务产业的发展，则是阿里巴巴这样巨型的企业推动产业链的快速形成。在山西进行资源型企业转型过程中，我们也可以借鉴这一思路。山西省一直缺乏全国范围内的知名领先企业，这也是山西省互联网经济无法实现重大突破的原因。地方经济长期健康持续发展要更多地依赖于本地的企业，山西省作为资源大省，资源型企业占据主导地位。对于资源型企业的转型策略制定，我们要重点突出优势企业的优先转型，通过个别龙头企业的成功转型来带动其他资源型企业的转型。因此应积极鼓励和引导本地企业抓住品牌和核心技术优先发展，做大做强，发挥企业的示范作用，带动资源型企业集群的形成与发展。尤其是对体量较大的企业，要积极扶持，通过标杆企业的单点突破，带动相关产业的发展，最终实现资源型产业集群的树立。在注重本地资源型企业转型的同时，要善于借助外力，引进本省产业链缺失的行业，加快本地企业集群的形成。为此，山西省应积极利用产业转型的机遇，主动吸引国内外企业来山西投资，共同推进本地企业的发展。

4.4　致力人才培养，引进高端人才

从《2015 年中国信息化发展水平评估报告》可以看到，2015 年全国信息化发展指数为 72.45，比 2014 年增长了 7.69。其中山西省信息化发展指数为 63.39，在 31 个省（自治区、直辖市）中排第 26 位。2014 年全国技术创新指数为 72.19，而山西省的技术创新指数仅为 50.99，在 31 个省（自治区、直辖市）中排第 22 位。可见，山西省在互联网相关领域内技术创新能力不足，在全国处于下游水平。人才作为促进资源型经济转型的基础智力资本，其数量、质量及结构可以直接反映资源型地区科技创新的强弱。山西省作为我国重要的能源基地和典型的欠发达资源型省份，要实现从资

源依赖型向创新驱动型转变，必须加快发展高等教育。要紧密围绕山西省战略性新兴产业和高新技术产业，有机整合各高校科研资源，科学调整专业设置，全面提升山西高校科学研究、人才培养、社会服务的总体水平；依托山西大学、太原理工大学等八所具有较强科研实力的大学，充分发挥企业的资源及资金优势与高校、科研院所的人才及技术优势的互补作用。同时要建立和完善技术创新人才的保障体系。通过建立人才激励机制，引导科技人才向与资源型产业有相关性的高新技术产业转移；通过制定人才引进策略，拓展科技人才引进渠道，重点引进能对山西省资源型产业技术改造和高新技术产业发展有贡献的高级核心人才；通过完善人才培养机制，促进科技人才的自生性；通过健全人才留用机制，以提供补贴、提供科技创新项目资助、改善工作环境等方式，增强山西省对高新技术人才的吸引力（谭英，2016）。

4.5　实现信息共享，合作共赢

传统的资源企业，在资源产业迅速发展时对于 GDP 具有主导性优势。由于资源的区域性，当资源型企业发展面临困境时，贸易存在由于信用危机而产生的融资难等问题，尤其目前煤炭企业盈利能力下降，想要通过转型获得进一步的长足发展，更需要有力的资金支持。

虽然煤炭企业的盈利能力下降，但其本身仍然具有很强的实力，利用"互联网+"使得煤企信息透明化，可以避免信息不透明造成的信用危机。通过利用大数据，对目前煤炭企业的各种指标进行合理分析，并对转型后所能产生的效益进行有效预测，能够帮助煤炭企业解决融资的问题。煤炭企业对于大数据的合理采用，能够解决眼前的融资问题，同时大数据的实时性能够帮助煤炭企业更全面地了解市场信息。

4.6　实现信息公开，良性竞争

目前山西煤炭企业主要面临的问题是产能过剩，很大程度上是由于煤炭企业对于 GDP 的支柱性作用，各个企业在信息不对称的情况下盲目扩大产量，最终导致需求跟不上产出。

"互联网+"带来的云计算、大数据、物流网络等数据和信息，能给煤企提供充分的动态市场信息，避免信息不对称而造成的产品过剩或者产品不足。煤炭企业应该树立开放、共赢的思维，建立煤炭企业的网络式信息平台。煤炭企业通过信息平台，在对市场的供给侧有一定了解的基础之上，在博弈过程中理智地做到最佳决策，这同时可以促进企业之间有效的良性竞争，促进煤炭业的发展。

4.7　实现产品升级，满足用户需求

煤炭企业的突出问题与其说是产能过剩，不如说是产品同质化程度过高，满足不了用户的需求。煤炭企业的产出一定的情况下，如果消费者的需求减少，那么就会造成煤炭的过剩问题。而经济的发展依赖于煤炭产量的提升，所以在讨论产能过剩问题时，应该从产品角度或者用户角度出发，思考解决问题的有效途径。

在市场持续低迷的情势下，煤炭企业应该改变过去"一切为了生产、一切服务生产"的旧思维，牢固树立"一切为了用户、一切服务用户"的新思维。资源型企业要解决需求不足的问题，在价值链各个环节中都要"以用户为中心"去考虑问题。互联网促进了煤炭企业跟用户的信息交流，使得煤炭企业对用户的需求信息及满意度有一定的了解，从而促进企业科技的进步。通过互联网提供的大数据信息，充分挖掘用户的需求，不断提升产品的质量，提高产品的差异化程度。煤炭企业要迎合用户的需求，做到产品绿色化，实现煤炭产品的高端化和高价值化，增强对用户的吸引力。

4.8　构建物流网络，实现在线销售

目前煤炭企业的供应物流存在物流规模大、物流结点多、影响因素多、物资不构成产品实体、对供应商要求高等问题。煤炭企业改变供应物流的问题，需要从以下几个方面出发：从分散管理向集中管理转变、从竞争关系向战略联盟转变、从库存管理向准时采购转变、从粗放管理向信息管理转变。

互联网的快捷传播、高效运作可以降低资源型企业的成本，同时互联网可以提高企业与消费者之间的互动效率。通过构建高效的物流网络平台，加强信息系统建设，建立战略联盟，不但可以降低企业的运营成本，而且能够

促进企业与用户之间的互动效率，从根本上解决产品的销售问题，实现煤炭企业的高速发展。

4.9　借助互联网融资，吸引招商投资

以煤炭为代表的资源型产业是山西省的支柱产业，也是金融机构长久以来重点支持的领域。但煤炭企业面临的融资渠道狭窄、融资成本高的问题，就目前而言，不仅没有缓解，反而呈现出加剧的状态。目前融资的主要渠道是银行贷款，其不仅贷款数额有限，而且存在诸多限制条件，这进一步加剧了煤炭企业融资难的问题。互联网金融的崛起给煤炭企业融资难带来了福音，特别是在资源型企业转型的关键期。相比于银行，互联网融资在便捷性、融资效率、融资成本和贷款门槛等方面优势较为突出，所以资源型企业需要利用好这一途径，在转型升级、重组合并、发展壮大、拓展市场方面积极吸引投资，以解决资金不足的问题。

参 考 文 献

蔡飞，金洪. 2010. 基于区位熵理论的中国资源型地区判定研究[J]. 技术经济与管理研究，（2）：142-144.

伏虎. 2015. 资源型地区界定标准及其类型划分的定量研究[J]. 中国国土资源经济，（10）：66-69，72.

付朝霞. 2015. 对山西省实施"互联网+"行动计划的探讨[J]. 前进，（9）：38-40.

黄鸣鹏，户国栋，高照军. 2015. 新常态下互联网产业推动传统企业转型升级的路径与机制[J]. 管理现代化，（05）：21-23.

李唐，张改枝. 2013. 资源型地区中小企业发展：困境、内因及转型思路[J]. 理论探索，（06）：102-104.

李烨，彭璐. 2010. 资源型企业产业成功转型的关键因素[J]. 改革与战略，（10）：161-164.

李志强，党志峰，梁红岩. 2014. 山西资源型经济转型发展报告（2014）[M]. 北京：社会科学文献出版社.

李志强，顾颖，梁红岩，等. 2015. 山西资源型经济转型发展报告（2015）[M]. 北京：社会科学文献出版社.

李志强，梁红岩，孟慧霞.2013.山西资源型经济转型发展报告（2013）[M].北京：社会科学文献出版社.

李志强，容和平，梁红岩，等.2012.山西资源型经济转型发展报告（2012）[M].北京：社会科学文献出版社.

谭英.2016.互联网思维下传统企业突围路径探究[J].企业导报，（02）：110-111.

吴玉斌.2010.山西资源型地区可持续发展的制度创新研究[D].太原：山西财经大学.

山西省创业企业成长研究报告①

---

1 引 言

资源型地区是指因资源开发和利用而形成的依靠资源产业推动经济增长的地区。资源型地区发展初期，极大地带动了当地经济的繁荣，并促进了社会进步。然而，随着自然资源的逐渐枯竭以及新技术革命带来的产业结构升级，资源型地区的经济发展模式暴露出严重问题，不仅经济发展速度下降，出现失业问题，更为严重的是，可持续发展的问题难以解决。

山西省属于我国典型且问题突出的资源型地区。众所周知，山西省煤炭资源丰富，储量占全国总储量的1/3。以煤炭优势为基础，以国家政策为支撑，山西省逐渐形成了资源型经济的发展模式。然而，在长期的高强度开发后，山西省经济问题日益突出，已成为可持续发展的严重制约因素。目前山西省资源型经济呈现出了四个突出的问题：产业结构畸形化、初级化、刚性化；资源支撑难以为继，生态环境十分脆弱；"四矿"（矿域、矿工、矿业、矿山）问题依然存在，民生保障尚需完善；技术性生产要素不足，体制机制建设滞后。2010 年，山西省成为国家资源型经济转型综合配套改革试验区，主要任务在于通过深化改革，加快产业结构的优化升级和经济结构的战略性调整，建设资源节约型和环境友好型社会，统筹城乡发展，保障和改善民生。

---

① 课题组组长：王艳子。课题组成员：白玲、白丽莎、张莉。本文完成于 2015 年，如无特别说明研究涉及数据截至 2014 年 12 月。

创业企业特指以价值创造为目的，通过创新方式综合各种生产要素创建新企业，或者以新的组织方式和发展形式进行新的生产活动的已成立企业。创业企业是经济发展的源泉，为经济发展不断注入活力，也是解决就业问题的重要手段。作为经济转型发展的支撑，创业企业的发展对经济转型起着引领作用。山西省目前处于经济转型时期，创业企业的成长会加快经济转型的进程。本研究主要围绕山西省创业企业成长议题展开，在对山西省创业企业发展现状和影响因素分析的基础上，通过资源型创业企业及资源型创业企业两个方面的研究探讨，为山西省创业企业的成长出谋划策，进而对山西省经济转型发展献计献策。

2　山西省创业企业发展现状及影响因素

2.1　山西省创业企业发展现状

山西省创业企业呈现以下三个特征：第一，从整体层面来看，创业企业整体寿命短，容易因为外部市场竞争或动荡，抑或内部组织变革而最终倒闭；第二，创业企业规模小，难以成长为大型企业，不具备持续成长的能力；第三，许多创业企业为微型企业，大部分创业者为草根创业者，技术创业比重低。

具体而言，山西省创业企业存在市场竞争能力弱、抗风险能力不强、起点比较低、管理水平不高、技术创新能力跟不上等诸多问题，究其原因为山西省创业人才、资金、市场均存在不足，这些不足一般依靠创业者自身的社会关系网络来解决，限制了创业企业的建立及发展。研究创业企业成长对于创业企业而言至关重要，这不仅仅是经济层面的问题，更是涉及民生及社会安定的关键问题。

2.2　山西省创业企业成长的外部环境分析

2.2.1　产业结构

山西省为典型的资源型经济，产业结构以资源型产业为主体，产业附加值低，产业链短，产品配套和深加工体系尚未形成，产业结构单一。山西省民间创业活力明显不足，私营企业比重明显低于经济发达地区。因此，对于创业企业而言，存在两个方面的问题：一方面，由于产业链短，创业企业难以获取上下游合作企业的支持，尤其对于传统企业而言如此；另一方面，影响企业的产业协作条件，而产业协作的易得性和丰富性是影响创业期企业创业成功和持续成长的关键因素。

2.2.2　创新型人才

人力资源是企业发展的第一资源，企业找到合适的人才是企业发展的重要方面，也是创业企业成长的重要支撑。由于地理位置及政策等多个方面的原因，山西省的人才培养和人才引进、人才运用处于劣势。而人才瓶颈是严重制约产业升级和创业发展的重要因素。

山西省人才状况差，创业型企业缺乏创新型人才，创新能力和创新动力不足。该现象的形成一方面受到全国整体形势的影响；另一方面由山西本身的社会经济环境造成。从国家层面来看，高尖端科技领域的人才缺乏，制约经济的发展。而山西地处一线城市诸如北京、西安、天津等周围，地理环境封闭，空气质量、生态保护都不占据优势，难以吸引高水平的人才，更易造成人才流失。同时，山西竞争形势难以实现公平公正，人才难以得到自身价值的实现和提升。而山西教育实力也是人才流失的一个重要原因。教育是培养人才和吸引及留住人才的重要手段，但是山西省教育资源不足，高校实力不强，科研能力不足，难以吸引高素质人才，更难以培养高素质人才。

2.2.3　税收优惠政策

税收是企业获得政府支持与否的主要体现，合理的税收可以提高创业企业的创新和发展能力。目前山西省政府给予创业企业的优惠与企业的预期有一定差距，且大多数企业认为获取税收优惠较为困难，主要由宏观调控方向所致。山西省为典型的资源型经济，产业结构单一，高耗能、高污染、低附加值的企业不利于山西长期的发展。因此，政府倾向于运用有限的资源来支持科技含量高、带动效应明显的行业和企业，而对于不符合产业升级方向的企业，政府也会采取税收、限批等手段限制其发展。

2.2.4　融资环境

在创业过程乃至企业发展过程中，由于研发和推广营销的要求，资金需求量大，能否获得足够的资金对于企业的成长快慢以及健康发展与否至关重要。山西省融资环境存在两个特点：①相较于其他省份而言，山西省金融市场发展尤为不完善，主要表现为社会信誉较低，不利于创业企业的融资借贷。山西省多数企业融资困难，大多数企业难以获得创业资金支持，而在少数获得创业资金的企业中，融资主要来源为个人资金和银行贷款。而一些更为复杂或要求较高的融资方式诸如 IPO、风险投资等难以获得和实施。整体融资渠道窄，资金难以获得，主要原因在于金融市场不发达，社会信用较低，信用体系尚未完善，这阻碍了创业企业的融资渠道和融资成功率。②同中国大部分地区的创业企业相似，创业企业由于经营时间短、经营风险高、业绩不稳定等特点，难以获得银行信用贷款支持，另外，大部分创业企业可用于抵押、质押的资产较少，因此也难以获得银行等金融机构抵押、质押贷款。

2.2.5　中介机构

随着企业和金融市场的发展，一些中介机构诸如会计、审计、法律、咨询等对于创业企业发展越来越重要，是企业需要的必不可少的资源，也是良好创业环境的必备条件。山西省中介机构总体不足，且高质量的中介机构严重缺乏，也导致了中介机构价格较高的现象。该现象的出现主要源于山西省市场规模小，需求小。山西省目前对于中介机构的需求不是很大，中介机构难以展开充分的竞争。

2.3　创业企业成长的内部影响因素分析

2.3.1　企业家能力

企业家能力是创业企业成长的关键驱动力。企业家能力是指企业家通过发现市场潜在商机，利用企业一切内外优势资源进行商业运作，从而为企业创造价值的能力。具体表现为企业家识别机会的能力、关系能力、战略能力、管理能力、学习能力、创新能力、配置资源能力等。广义的企业家能力还包括企业家个人特性，如企业家的教育背景、知识存量和知识结构等。

创业企业在不同成长阶段，需要结合外部环境变化、企业内部资源和能力禀赋，确定企业的经营边界和目标，制定动态性的成长战略，不断适应企业成长的需求。企业家能力决定了动态战略的选择，通过分析企业成长的关键要素，整合企业内部核心资源，同时不断获取外部要素资源，在企业创建期、成长期、成熟期及转型期分别进行战略定位，使成长战略与企业成长需求相匹配，实现创业企业持续成长。山西省创业企业多数创业者企业管理与经营方面的相关知识和经验欠缺，企业家能力不足，不能随着企业所处情形的变化调整自身的经营战略。

2.3.2　创业学习

创业学习是指不断发现、创造和管理企业新知识的过程，反映企业的持续创新能力。创业企业成长是指持续创新、不断进行创业活动的过程，即通过新业务进入现有或全新的领域，致使经营范围和经营规模不断扩大，实现企业发展阶段的演变。

创业学习实质上是识别或创造机会的过程，基于机会和自身资源禀赋制定创业战略。准确的创业战略有助于创业企业发挥竞争优势，获取超额利润，促进创业企业成长。创业学习主要有三种方式：经验学习、认知学习、实践学习。创业企业在发展过程中面临不同的情境，具有不同的创业学习诉求。受市场变化、政策变动、技术变革等诸多因素的影响，中国的创业环境表现为高度不确定性，创业企业需要持续学习来应对不确定的环境，并根据识别的创业机会调整或制定相应的创业战略，从而应对创业活动中的各种成长困境。面对复杂的外部环境，山西省创业企业应建立完善的学习机制，推动创业企业成长，强调创业学习的重要性。

2.3.3　企业文化

企业文化是企业生产经营中逐步形成并被成员广泛认可的，体现企业宗旨、价值观等并在企业运营中起到指导、约束、凝聚、激励与导向作用的一种观念的总和。企业文化体现了企业精神，是企业的灵魂所在。创业企业创立之初大多着重于开拓业务和市场，很少有意识地关注并构建企业文化，易形成传统的求稳、求守的企业文化，导致创新元素缺失，阻碍创业企业持续成长。中国流行中庸之道，社会各界都深受中庸文化的影响，缺乏创新精神。同时，中国注重血缘关系、家族，具有个体性与封闭性。对于山西省而言，在中庸、血缘之外，格外注重关系网络。在这种情况下，倘若创业企业难以打破传统，形成公平、开放的氛围，则影响员工的团结与积极性，难以形成团队创新，进而影响创业企业的成长。如何构建开放、创新、进取的企业文化是企业难以避免的成长难题。

2.3.4 技术创新能力

山西省创业企业技术创新能力弱，难以形成产品成果，一方面由于创新型人才的缺乏；另一方面由于山西省知识转化效率低。高校和研究所拥有创新型人才，拥有具有高价值的科研技术和专利，但是难以真正转化为生产力；而企业却处于技术困境中，难以形成企业自身的长期竞争力。当前，对于山西省而言，虽然着重强调了产学研结合体制的建立，但目前成效尚不显著，产学研合作程度不高，企业与学校、研究所之间的技术合作仍未形成体系与常态。

3 山西省创业企业成长的典型案例分析

3.1 基于企业家能力的资源型创业企业成长研究——以山西安泰集团和山西海鑫集团为例

依托山西独特的资源优势，山西资源型创业企业近十几年间发展迅速，其比例超过全省工业企业的 60%，工业增加值更达 80% 以上，为山西经济发展做出了突出贡献。然而，山西资源型创业企业日益严峻的发展困境（如高能耗、创新匮乏等）对其可持续成长提出了新的挑战。值得关注的是，在山西经济转型综合配套改革试验区背景下，有些企业家能够利用转型契机进行战略调整，促进企业持续成长；有些企业家却难以突破外部环境约束和自身发展瓶颈，导致创业企业停滞不前甚至破产。可见，企业家能力是创业企业成长不可或缺的关键能力要素，决定着企业成长的方向和速度。基于企业家能力分析创业企业成长，有利于资源型创业企业家更好地致力于自身能力的提升，进而促进创业企业成长。

3.1.1 研究方法

本研究基于企业家能力与创业企业成长的理论缺口提出研究问题，构建"企业家能力-企业成长战略-创业企业成长"的理论模型，运用扎根理论思想，结合 Miles 和 Huberman（2008）对质性资料编码分类的方法，进行多案例研究，分析创业企业的动态成长过程，并比较不同成长阶段企业家能力的表现差异。案例研究注重对案例事件的深度检视和剖析，相较于单案例研究，多案例研究可以进行案例间比较分析，获得更加严谨、普适性更强和可验证的研究结论，增加研究的效度和信度。

3.1.2　案例选择

选择山西安泰集团股份有限公司（简称安泰集团）和山西海鑫钢铁集团有限公司（简称海鑫集团）进行案例比较分析，主要原因如下。

（1）企业类型方面，两者都属于山西资源型高新技术创业企业，且都是我国改革开放以来山西民营企业的典型代表。安泰集团是山西资源型创业企业中唯一的上市公司，也是中国焦化行业经营规模最大的乡镇企业，目前发展良好，稳步前进。海鑫集团曾经是山西省经营规模最大的民营企业，位列"中国钢铁冶金行业50强"和"中国企业500强"，但是海鑫集团在第二代企业家李兆会接班后，未能实现持续成长，最后因资金链断裂导致企业破产重组。将安泰集团作为成功案例典范，海鑫集团作为失败案例，通过正反案例对比研究，更能突显企业家能力对创业企业成长的重要性。

（2）企业成立时间方面，两者都创立于20世纪80年代，均经历了创建期、成长期、成熟期等较为完整的企业发展周期。

（3）行业特征方面：①两者均有相似的产业链；②两者技术创新具有显著的行业特征，技术创新主要以工艺创新为主，创新方向与企业资源高度相关。所以，选择安泰集团和海鑫集团作为资源型创业企业案例，具有典型性和代表性，符合本文的研究目的。

3.1.3　数据收集

案例研究资料来源于企业官网、企业家的个人文章和讲话、媒体采访报道、行业专家评论等，其中安泰集团的相关资料有51份，海鑫集团的相关资料为63份。为了保证质性资料的客观性和权威性，在初步资料筛选时，进行了不同类型资料间的相互验证，剔除掉重复的、未得到相互验证的资料，最终筛选形成相对比较客观的安泰集团案例资料28份和海鑫集团案例资料29份。按照企业成长阶段划分获得的具有时间跨度的纵向资料，有利于动态分析企业家能力与创业企业成长之间的关系。因此，本研究将两个案例企业相关资料，按各自企业成长阶段进行初步归类编号。安泰集团经历了创建期（1983～1992年）、成长期（1993～2002年）、成熟期（2003～2007年）和转型期（2008年至今）四个发展阶段，其中，创建期资料3篇（AS1M1～AS1M3）、成长期资料8篇（AS2M1～AS2M8）、成熟期资料8篇

（AS3M1～AS3M8）、转型期资料 9 篇（AS4M1～AS4M9）；海鑫集团经历了创建期（1987～1992 年）、成长期（1993～2002 年）、成熟期（2003～2007 年）和衰退期（2008 年至今）四个发展阶段，其中，创建期资料 3 篇（HS1M1～HSIM3）、成长期资料 9 篇（HS2M1～HS2M9）、成熟期资料 8 篇（HS3M1～HS3M8）、衰退期资料 9 篇（HS4M1～HS4M9）。

3.1.4 案例比较分析

企业家能力在企业不同成长阶段对创业企业成长的影响作用都很突显，但企业家不同能力因子对企业成长不同阶段作用有所差异，具体表现如下。

（1）在创建期，企业家的机会发现能力和关系网络能力影响新创企业建立。改革开放初期，我国工业化进程加快，对能源产品的需求持续膨胀，能源产业供不应求，严重短缺，进而刺激能源产业的飞速发展。这一时期，安泰集团企业家李安民和海鑫集团企业家李海仓，看准国家经济发展形势和能源产业发展潜力，跟随市场需求，创建焦化企业，开始一系列创业活动，这体现了两位企业家敏锐的机会发现能力。之后，李安民利用关系网络，与两家外资企业合资组建山西介休安泰焦化有限公司；李海仓利用关系网络，自筹资金和引进资金将之前建成的三个焦化厂整合成闻喜县三铁联合焦化总厂，两位企业家都通过发展壮大焦化产业实现创业企业快速成长。

（2）在成长期，企业家的战略管理能力、资本运作能力和创新能力对企业成长贡献最大。1992 年，党的十四大提出建立社会主义市场经济体制和现代企业制度，为民营企业的发展和壮大提供了强有力的制度保障和市场支撑，加快了民营企业的崛起。在之后十年（1993～2002 年），安泰集团企业家李安民采取产业多元化扩张战略和技术创新战略实现企业快速成长，与多家企业合资组建山西安泰集团股份有限公司，进行技术创新形成三条环保产业链，分别控股山西安泰国际贸易有限公司、山西宏安焦化科技有限公司等多家子公司，涉及洗煤、焦化、建材、发电等产业，并开拓了美国、欧洲、日本等国外市场。海鑫集团企业家李海仓选择在下游产业钢铁消费剧增的大好产业发展势头下，进军钢铁业，采取相关多元化战略，进行股份制改造。与湖南冶金厅等四家单位，以联合股份制的形式，共同投资 9800 余万元组建山西海鑫钢铁集团有限公司，之后集中主力发展钢铁业，以技术创新带动产品结构调整，将国际五大钢铁行业尖端技术运用到海鑫集团的焦—铁—钢—材产业链中，实现供应链一体化，并通过资本运作克服资金难题，实现多项投资，不断扩大企业生产能力和业务领域，促进创业企业飞速成长。至此这十年安泰集团和海鑫集团分别步入创业的快速成长期。安泰集团创建三条环保产业链和海鑫集团通过技术创新建设钢铁主产业链，都体现了企业家的创新能力是形成企业核心产品、培育企业核心竞争优势的源泉。安泰集团和海鑫集团采取多元化战略，体现了企业家的战略管理能力，其有助于企业整合已有资源或者潜在资源，扩大业务领域，规避经营风险，增加企业的灵活性和适应性，促进企业高效成长。安泰集团先后控股多家企业、海鑫集团成功解决多项投资资金难题，体现了企业家的资本运作能力，其有助于创业企业获取和运用外部资源，从而实现企业快速成长。

（3）在成熟期，企业家较强的战略管理能力能够依据外部环境和内部资源，适时调整企业发展战略，促进企业成长。21世纪初，中国国民经济发生转折性增长，GDP年平均增长率达到10.28%，工业化和城镇化进程加快，钢铁市场供不应求。2003年粗钢产量供需缺口达历史峰值，进一步刺激钢铁投资加速，2003～2007年中国钢铁产业保持持续高速增长态势。这一时期，安泰集团企业家李安民实行上市战略、供应链一体化战略和产业链升级战略，重点发展钢铁产业，向产业链下游和产品深加工延伸，升级三条环保链，促进企业全方位成长。而海鑫集团企业家李海仓2003年在办公室不幸遇害，其子被迫在一个月内匆匆结束海外学业，归国接任海鑫集团董事长。之后，海鑫集团第二代企业家李兆会把企业战略重点放在资本市场上，导致前期资金过多投入资本市场，钢铁主业新区建设资金不足，半途而废。可见新一代企业家缺乏战略管理能力，没有清晰的战略定位，未能把握住2003～2007年钢铁行业的良好发展形势进行产业升级，主动淘汰落后产能，致使海鑫集团的发展停滞不前，也为海鑫集团的衰败埋下了祸根。

（4）由于钢铁行业的动荡和国际经济形势的变化，钢铁企业步入转型期或衰退期，面临市场萎缩和成长瓶颈，企业家的战略管理能力对重新厘定企业发展方向和激发企业持续成长活力具有重要作用。这一时期，钢铁业面临巨大的资源与环境压力：①长期以来钢铁业粗放式增长方式造成了巨大的环境污染，"十一五"规划指出，要转变经济增长方式，调整产业结构，对能源产业节能减排力度加大，这使得钢铁企业必须投入更多的设备和技术达到环保要求；②从2007年起，整个钢铁业粗钢生产开始出现供过于求现象，落后产能过剩日益明显；③2007～2010年，国外三大铁矿石供应商实行垄断价格，使得原材料铁矿石价格大幅度上涨；④钢铁生产所需炼焦煤价格高位盘旋，再加上国家对高耗能企业实行水电差别价，使得钢铁企业能源成本加大。除此之外，2008年受国际金融危机的影响，全球经济增长放缓，使得钢铁市场需求减弱，钢铁价格大幅下降，钢铁出口基本停滞，钢铁行业的平均销售利润率远低于全国工业平均销售利润率，很多钢铁企业出现亏损。2009年国家实行拉动内需计划且全球经济不断复苏，安泰集团采取参股战略和合作战略，主动参与山西省煤炭资源整合。参股各大煤炭企业与国内外铁矿石厂商、省属各矿务局合作，进而降低原材料成本，同时发展精细化工产业和研发节能技术，提升产品的经济附加值，顺利渡过行业危机，实现转型发展，这体现了企业家的战略管理能力。而海鑫集团，错失淘汰落后产能、进行产业升级先机，再加上之前盲目扩张形成的过剩落后产能，以及资本市场过多的资金投入，面临严重的资金短缺问题，出现严重亏损。面对行业资源和环境压力以及市场冲击，海鑫集团更是无力应对，只能减产、停炉，最终因资金链断裂，宣告企业破产重组。

3.1.5　研究结论

通过上述案例分析，本文得出以下三个方面的研究结论。

（1）企业家能力通过影响企业成长战略进而促进创业企业成长。企业家能力是创业企业获得持续成长动力的重要基础，企业家的机会发现能力为企业识别商机和做出战略调整提供有效及时的依据，是促进企业成长的源泉；企业家的关系网络能力帮助企业与政府、科研机构、供应商、竞争对手等利益共同体建立合作友好关系，获取企业成长所需的关键资源；企业家的资本运作能力有助于企业打开融资渠道，获取快速成长所需的资金；企业家的战略管理能力使得创业企业有效协调内外部环境，适时调整战略方向，提高创业企业的组织能动性和对环境的适应能力，实现创业企业的稳步成长；企业家的创新能力有助于企业实现差异化战略，引进新技术和开拓新市场领域，为创业企业创造价值。

（2）在创业企业成长的不同阶段，企业家的不同能力因子对企业成长贡献存在差异。机会发现能力和关系网络能力在创建期最为重要，资本运作能力和创新能力在成长期贡献最大，战略管理能力在成长期、成熟期和转型期都很突显。感知和识别创业机会是创业的开端，创业机会的质量直接决定了新创企业的成长方向和成长潜力，对新创企业绩效产生正向促进作用，本文验证和丰富了诸多学者的研究观点，认为机会发现能力在企业创建期最为重要。部分学者认为关系网络能力在成长期和成熟期表现得比较重要，认为在这两个时期，企业与上下游企业联系紧密。本文认为关系网络能力在创建期体现得最为明显，因为资源型创业企业在创建期需要依靠个人关系网络获得创业资源。而在成长期和成熟期，资源型创业企业倾向于选择产业链延伸战略，实现规模经济，降低成本，与上下游企业联系减少。在成长期，企业进行大幅度规模扩张和建立产品竞争优势来开拓市场，资本运作能力提供资金保障来支撑企业的扩张战略，创新能力使企业实现产品异质性，形成产品核心优势。创业企业步入正轨后，企业发展由机会导向转为战略导向，企业家的战略管理能力有助于企业顺应市场环境，利用企业内外资源制定匹配战略，降低经营风险，促进创业企业持续成长。另外，本文发现资源型创业企业家的创新能力，更多地体现在赋予企业已有资源和潜在资源新的组合方式，以及引进新技术和新的管理模式、开拓新市场方面。

（3）企业家能力对创业企业成长的作用受到国内外宏观经济形势和产业环境诸多外在因素的影响。当经济形势和产业环境利于企业发展时，企业家能力对企业成长的促进作用会增强。当其不利时，优秀的企业家能够充分发挥企业家能力，带领企业转危为安，实现企业成长阶段平稳过渡；而能力欠缺的企业家，会加剧企业的衰退。企业家能力、企业所处经济形势及产业环境共同作用，决定了企业所处成长阶段及企业成长绩效。一方面，企业家能力通过准确把握和应对产业环境变化，制定合适的成长战略，促进创业企业实现阶段性突破成长。另一方面，企业内外部诸多环境和资源因素又作用于企业家能力，使得在不同成长阶段企业家能力表现出差异性。

3.2　创业学习对创业企业成长的影响研究——以山西百圆裤业和山西美特好为例

在山西经济转型时期，非资源型创业企业对当地经济发展的作用日益凸显。基于山西资源型经济发展的局限性，应积极发展非资源型创业企业，促进山西经济结构均衡发展。然而，经济转型发展使得创业企业成长充满更多不确定性和模糊性，这对创业企业的生存和发展提出了更高的要求。为了灵活应对复杂多变的竞争环境，非资源型创业企业需要不断进行创业学习，建立完善的学习机制，随之调整自身的创业战略，继而推动创业企业成长。

3.2.1　研究方法

本文通过剖析山西非资源型创业企业（山西百圆裤业连锁经营股份有限公司和山西美特好连锁超市股份有限公司）的成长历程，纵向分析创业企不同发展阶段的创业学习、创业战略对创业企业成长的促进作用。同时，采用多案例研究法，基于类似比较的思维进行研究，把握创业企业成长里程碑事件的前后顺序，有助于横向比较并深入揭示创业企业的成长机理，提升案例分析的信度和效度。

3.2.2 案例选择

百圆裤业是山西首家上市的非资源型创业企业，美特好是山西最具上市潜力的非资源型创业企业之一，选取百圆裤业和美特好进行案例比较研究，主要是因为：①两者都属于山西非资源型创业企业的典型代表，在电子商务触发下，它们都经历了从传统业态到新兴业态的发展，成为山西经济转型发展过程中企业成长的典范；②两者创业时间接近（分别在1995年和1997年），且都经历了创建阶段、成长阶段、发展瓶颈阶段和转型升级阶段。具有相似的成长历程，有助于横向对比分析不同发展阶段的创业学习和创业战略，并分析对创业企业成长的影响。

3.2.3 数据收集

数据资料主要来源于百圆裤业和美特好的官方网站，对其进行案例自身分析和案例比较分析：①案例自身分析，基于创业学习视角探究创业企业的成长机理，选取其创业历程中的成长里程碑事件，进行时间序列研究，描述创业企业不同发展阶段的创业学习模式和创业战略；②案例比较分析，通过对比百圆裤业和美特好的成长历程，验证或修正案例自身分析的观点，避免产生错误的结论，从而提升案例分析的有效性。

3.2.4 案例比较分析

创业企业在不同情境下会采取不同的创业学习模式，具体包括：①知识导向的创业学习。通过知识或经验的积累来识别创业机会，这种创业学习模式在企业创建阶段表现得尤为明显，主要表现为经验学习。②问题导向的创业学习。成长困境迫使企业学习新内容、学习新技术来识别新机会，继而摆脱成长困境，主要表现为认知学习和实践学习。③目标导向的创业学习。受目标驱动，主动进行创业学习来创造机会，从而提升企业能力，主要表现为认知学习和实践学习。本研究就这三种类型的创业学习模式，通过案例比较，进一步分析创业学习通过创业战略推动创业企业成长的影响机理。图 1 为创业学习对创业企业成长的影响机理。

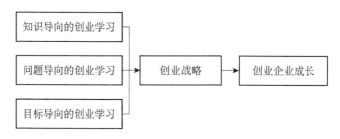

图 1　创业学习对创业企业成长的影响机理

（1）知识导向的创业学习通过创业战略推动创业企业成长。创建阶段，创业企业主要是要识别创业机会，在信息不对称的市场状态下，创业者往往利用先前积累的知识或经验来识别机会。杨建新多年经营裤店的经验使他敏感察觉"十元店"机会和通过赠送玫瑰来吸引顾客；储德群创建和经营金海岸的经验，使他敏感发现"一站式购物"时代的到来。百圆裤业和美特好的创业阶段，都是凭借创业者的敏感性发现了创业机会。杨建新凭借识别的创业机会，分别制定了"百元定价"和"无障碍退换货、免费熨烫、免费缲边"战略，以 100 元/条的方式销售裤装，标志着百圆裤业的诞生；花 13 000元购买大型缲边机，承诺"免费缲边"，使它在全国赢得了良好的服务口碑。同样，储德群凭借识别的创业机会，制定"连锁经营"战略，不仅带领太原人民进入一站式购物的时代，而且实现美特好由单体店向大型连锁企业的过渡。因此，知识导向的创业学习是企业创建阶段主要的学习方式，自身积累的知识和经验帮助创业企业识别创业机会并制定创业战略，进而推动创业企业成长，影响机理描述如图 2 所示。

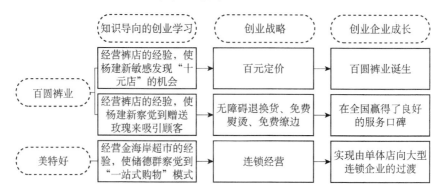

图 2　知识导向的创业学习通过创业战略推动创业企业成长

（2）问题导向的创业学习通过创业战略推动创业企业成长。创业学习能够帮助新进入者弥补自身不足，推动企业快速成长。面对成长困境或成长不适应，创业企业为了寻求新的出路，被迫借鉴、学习其他企业的经营模式来解决成长难题。在百圆裤业的成长阶段，面对加盟商进货渠道管理难的问题，杨建新参加中国特许经营协会的培训，学习特许经营模式，不仅严格把控了进货渠道，而且使百圆裤业成为中国裤装业中最早走上特许经营道路的企业；面对全国裤装数字化品牌的威胁和品牌效应的吸引力降低，百圆裤业借鉴五八裤业、陆陆裤业、尊派 68 裤业等数字化品牌的优势，学习新工艺来升级品牌，并制定差异化战略和品牌再造战略，进而摆脱困境。上市后利润下滑使百圆裤业陷入发展瓶颈。百圆裤业被迫学习研究业务拓展，并制定收缩战略，变更直营网络铺设，致使市场对百圆裤业失去信心，最终被迫停牌自查。在转型升级阶段，电商冲击导致利润下滑，百圆裤业通过学习国内外成功的网络营销经验来快速获取自身缺乏的知识，并购环球易购，利用其用户资源开展线上线下一体化业务，从而进入新的经济热潮。面对成长困境，直接模仿学习别人的经验，不仅能帮助创业企业快速获取自身缺乏的经验，而且知识的有效获取帮助创业企业快速切入新市场。同样，在美特好成长阶段，山西零售业发展处于初级阶段，这迫使美特好派人员到大润发、华联等零售企业参观学习，在改造旧店的同时，在太原开设三家上万平方米的大卖场；面对世界零售巨头沃尔玛在 2005 年登陆太原，美特好多次学习发达地区的零售经验，并引进"社区店模式"，使美特好的第三代新型大卖场诞生；面对沃尔玛、家乐福等对山西市场带来的巨大压力，美特好被迫借鉴其销售经验和经营模式，与国际 SPAR 达成联盟，最终摆脱了困境；整体零售业不景气使美特好陷于发展瓶颈，美特好研究学习多国的食品标准，并推出"优淘店"为顾客优淘更有品质的产品，实现了快速成长。因此，成长难题迫使创业企业主要通过模仿别人成功的行为、避免别人失败的行为，制定创业战略并促进创业企业成长，即问题导向的创业学习通过创业战略推动创业企业成长，影响机理描述如图 3 所示。

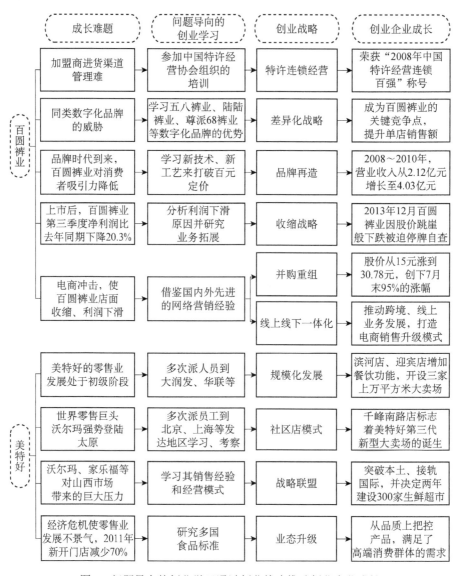

图 3　问题导向的创业学习通过创业战略推动创业企业成长

（3）目标导向的创业学习通过创业战略推动创业企业成长。在动态环境中，创业企业的竞争优势来源于不断地进行创业学习。在激烈的市场竞争中，创业企业为了进一步稳固和提升市场地位，往往会发挥主观能动性进行创业学习（即目标导向的创业学习），在学习别人行为的基础上进一步创新，通过识别或创造机会制定战略，继而强化市场竞争力。在百圆裤业的成长阶段，总体实力的上升使百圆裤业具备上市实力，参加上市辅导、提出股票发行申请并结合自身情况草拟招股说明书，继而制定 A 股上市战略，成为中国首家上市的专业裤装企业。在美特好的成长阶段，为适应太原快节奏的生活方式，美特好在学习国内外便利店和餐饮经验基础上不断总结，并推出多种餐饮组合，多元化的战略使"早早"成为美特好的第二品牌。美特好在京津冀等地设立分公司，拉开进军全国的序幕。为进军华北市场，收集各地区零售市场的信息、选址并探索新渠道，之后收购天津家世界的 10 家分店，美特好成长为全国性企业。为适应 SPAR 生鲜技术的发展，美特好在专家的指导下进行物流建设，并制定了"信息化建设"和"物流配送基地建设"战略，不仅提高了美特好的整体效率，而且强化了美特好的核心竞争力。在美特好的转型升级阶段，政府的支持促使美特好在借鉴国外先进"大物流"基础上筹备物流仓储和配送体系，之后与"1 号店"达成合作并孕育全新的电商 O2O 模式。因此，受目标驱动，创业企业发挥主观能动性进行创业学习，通过借鉴别人成功的经验并结合自身情况来探索新的可能，制定创业战略并促进创业企业成长，即目标导向的创业学习通过创业战略推动创业企业成长，影响机理描述如图 4 所示。

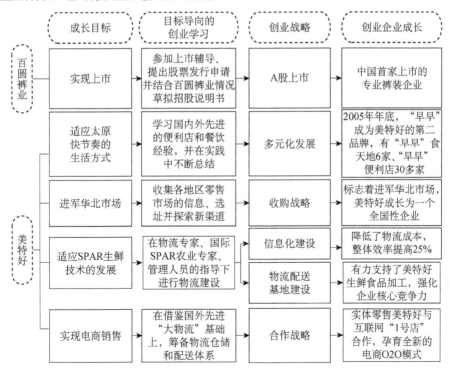

图 4　目标导向的创业学习通过创业战略推动创业企业成长

3.2.5　研究结论

百圆裤业和美特好的创建、成长及不断升级的过程，是山西非资源型创业企业成长的典范，为其他非资源型创业企业提供了丰富的成长经验。大批创业企业的快速成长将有助于推动山西经济转型跨越发展。本研究通过对百圆裤业和美特好的案例比较分析，探究了创业学习对创业企业成长的影响机理。研究发现：①知识导向的创业学习通过创业战略推动创业企业成长。创建阶段，创业者的知识积累和先前经验帮助创业者发现创业机会，并率先制定创业战略获得先发优势进而促进创业企业成长。②问题导向的创业学习通过创业战略推动创业企业成长。创业企业的成长困境迫使创业企业不断学习、不断模仿，进而制定创业战略突破成长困境，实现创业企业的进一步成长。③目标导向的创业学习通过创业战略推动创业企业成长。创业企业成长能力的提升，会促使创业企业在模仿、学习别人经验的基础上，探索新的方法和管理实践达到预期目标，进而制定创业战略来提升企业在市场中的地位，促使企业获得长期发展。

4　促进山西省创业企业成长的建议与对策

针对山西省创业企业成长现状及影响因素，结合山西省典型的资源型创业企业和非资源型创业企业的典型案例分析，从政府和企业两个层面提出促进山西省创业企业成长的建议和对策。

4.1　政府层面

4.1.1　拓展融资渠道，完善融资体系

（1）建立信用体系。目前创业企业大多依靠创业者的个人社会网络进行融资，这很大程度上源于信息的不对称和融资体系的不完善，根本上源于社会信用的普遍缺失和标准的难以衡量。因此，政府应该从以下三个方面着手，为企业提供多融资渠道，打破创业企业成长瓶颈。第一，政府应该培养人们的信用意识。在21世纪，信用已经成为个人评价系统的越来越重要的部分，个人信用的好坏与个人未来的工作录用、发展等密切联系。政府应该

加大宣传，使人们意识到信用的重要性，在日常生活中注重信用，从而为未来的市场造就良好的环境。第二，信用是相关机构判断贷款额度与可信度的标准。只有被认为具有良好信用的人，金融机构和担保机构才会愿意发放贷款或提供担保。因此，应该由政府倡导并促进建立权威的评估机构，由这些机构根据企业的经营情况和综合实力，如偿债能力和发展前景等，结合企业家的个人素质、信用记录及社会网络等进行评级，以此对金融机构和担保机构提供决策依据。第三，虽然评估机构是信用评级最主要的成分，但是评估机构的建立与成长需要较长的时间，并且难以覆盖所有的需求。因此，政府应该建立信用平台，借鉴西安高新区为企业进行风险担保的政策，来为企业提供信用担保。

（2）完善中介服务。政府是众多事务办理部门，为了提高办事效率，政府首先要加强对相关公务人员的培训与教育，更新公务人员的观念，增强公务人员的专业能力与素质，同时更要关注公务人员的思想、生活，培养积极的生活态度与工作态度。另外，山西市场中诸如会计、审计、咨询类中介机构数量少，未能实现市场化竞争。企业获取政策法律咨询途径少、难度高、代价大。山西省政府应该对中介服务的缺失与不足给予一定的重视并采取措施，如提供政策优惠等，吸引外部著名的中介机构来山西发展，同时也可以鼓励和支持山西省内部的中介结构快速发展。

（3）加强民间投资的教育和引导。中国福利制度及医保救助的不完善，加上投资知识和投资经验的缺乏，直接导致了我国普通民众即便资金富余，仍不敢也不愿将其进行投资。当前，创业企业融资严重制约创业企业成长，因此可以从民间投资的角度进行考虑。受到中国国情的限制，中国的福利制度及医保救助现状难以发生大幅度的变化，只可能进行小幅度的改善，因此政府需要在加强民间投资的教育和引导方面采取措施：①政府可以通过媒体来宣传创业投资知识，如电视节目、报纸专栏，帮助人们树立正确的投资理念；也可以介绍具体的投资案例，增加人们对投资的兴趣。②举办培训或研讨会，以此加强专业投资教育并进行正确的引导。培训和研讨会除了以现场的形式进行以外，还应该在网上开展免费公开课，增加受众面。但是需要注意的是，虽然目的是为了增加民间投资，但是要向人们输送正确、完整的观念，在普及知识的同时，不能回避投资的风险，要引导理性投资。③中国资金的需求供给存在严重的信息不对称现象，因此政府应该起到主导作用，为民间投资者和创业企业搭建桥梁，如可以利用互联网来建立信息的公开网站。

4.1.2 重视人才培养，增强创新实力

（1）人才培养。教育是地区和国家发展的支撑，已被许多地区和国家提升至战略高度。山西省人才流出现象严重且人才培养能力有限，主要原因在于山西教育资源不足。一方面，相较于其他相邻省份而言，山西省教育资金投入不足，重视程度不够。另一方面，山西省高校综合能力弱。山西省由于与北京、天津、西安等地区相邻，高校与其他地区的高校差距较远，难以竞争，难以获取优质的人才。同时，由于高校能力有限，难以培养企业所需要的创新型乃至其他急需的人才。

因此，政府应该发挥引领作用，为人才的培养提供更加优良的环境，可以从三个方面入手。第一，政府给予高校政策支持和资金支持。政府应该加大资金支持，如增加高校的科研经费、实习经费、实习机会等。第二，引导高校人才培养方向，针对培养研究型人才及实用型人才等不同类型，调整培养方案。例如，对研究型人才增大科研鼓励力度，而对实用型人才提供更多的实习机会，鼓励成功企业人士成为导师和讲师。第三，由政府引导，增加校友间的联系，培养集体荣誉感。这既会增加高校的资金，也会增加高校的人脉与社会声誉。同时增加高校与社会的互动和联系，例如，多进行一些社会实践，严格要求，给社会各界留下良好的印象。

（2）人才保持与引入。"人才是第一生产力"，拥有一流的人才就等于拥有了未来发展的潜力。政府、企业等应该制定一系列的政策来吸引人才、留住人才，特别是吸引高素质人才，从而将山西省打造成为人才高地，为经济社会发展提供充足的智力支持。政府需要调整政策，促进人才的对口就业以及降低就业难度，实行帮扶就业，从而留住山西省的高素质人才并吸引外省的人才进入。

环境与基础设施是当前就业与择业的重要因素。山西省为内陆欠发达地区，由于历史原因，环境污染严重，基础设施缺乏，优秀人才外流，应着力从这些方面进行改进。一方面，加大环境治理工作。这是一项长期惠民工程，需要长期不间断的坚持与努力，也需要提高人们的环境保护意识，从每个人做起。另一方面，基础设施也是吸引人才的一个重要方面，如交通、教育、住房等。作为山西的省会城市，在最近几年，太原的交通已经有了大幅度的改善，而教育等需要进一步的努力。

（3）增强知识转化效率，增强创新能力。产学研转化能力低下，合作程度不高。针对这种状况，政府需要利用自身的行政资源和公信力，适时地为

企业与科研院所之间的合作打造平台，破除合作双方的顾虑，加快知识流动速度。因此，需要通过政策引导，建立以企业为中心的知识创新体系，增强生产单位与科研单位之间的联系与交流。

4.1.3　发展产业集群，促进企业综合实力的提升

产业集群是通过区域集聚来形成专业性生产要素的集聚与流通，降低信息传递和交易成本，从而形成区域集聚效应、规模效应、外部效应和区域竞争力。产业集群中某家企业率先创新，新的产品、技术被市场接受后，由于信息流动快，"横向"集群内其他企业会进行模仿创新，而后竞争加剧，大量企业争相创新，整体竞争力增强。"纵向"集群内上、中、下游企业会研究生产与之相适配的产品和服务，有利于价值链的整体提升。产业集群可以产生创新优势，有助于整体竞争力和价值的提升，也有助于产业升级。科技创新是实现并推动产业集群的根本措施。产业集群可以造就以下几点优势：①知识溢出。空间的集聚促进了企业之间的正式或非正式交流，进而促进了信息、技术、管理方法的共享与模仿、改造，最终促进创新的效率。②信任机制。集群企业更容易衍生信任，相互依赖，相互交流，从而促进合作，降低交易成本。③基础设施共享。集群企业可以共享诸如交通、信息、高效等基础设施，可以在此基础上促进合作交流乃至创新。创业企业在产业集群中可以获得成长所需的知识、技术、信息等资源以及产业集群所带来的积极效应，也可以在产业链中迅速获取自身定位，利用价值链位置及上下游产业关系寻求发展。产业集群可以帮助创业企业快速稳定成长。这三点优势的存在为创业企业的成长提供了便利和支撑。

政府在产业集群的建设和发展中发挥引领主导的作用，主要可从以下三个方面推动。

（1）加强区域合作创新网络的构建。政府可以从三个方面着手。第一，发挥中介牵线搭桥的作用，促进外地企业与当地企业的合作、联系。第二，推动中介组织的形成。采取经费等支持或优惠政策，推动诸如俱乐部等社会中介组织的形成。第三，推动企业之间的联系与交流，加大创新网络的形成可能性。例如，由政府主导或倡议推动举办沙龙、论坛等，增强企业间的联系和了解及发展，推动创新网络的形成。

（2）促进学习型区域的建设。学习是创新的灵魂与根本所在。学习型区域内的企业、高校等，通过合作、互动、交流等实现信息与知识的传递、共享，在提升区域内部个体、组织、区域学习能力的基础上，实现合作共赢和

创新绩效。

（3）发展适合的产业集群类型。需要结合产业基础、资源获取情况、人力资本、交通等区位条件来确定产业集群类型。对于山西省而言，一方面应该发展高科技产业，另一方面也可以利用已有基础设施来发展传统产业。

4.2　企业层面

4.2.1　提升企业家能力，促进创业企业成长

企业家能力是促进创业企业成长的关键要素，具有明显异质性和不可复制性，当企业家能力与企业成长阶段适配时，企业才会持续成长，因此，企业要重视企业家能力的提升，使企业家能力能够满足企业成长需求。企业家要不断进行创业学习，包括理论知识学习和实践经验学习，培养自身对环境的感知和洞察能力，即机会发现能力；企业家要有目的性地构建和优化关系网络，与政府部门、银行、供应商等利益相关者建立良好的关系以获取丰富的资源，从而促进企业成长；企业家要注重资本运作能力的培养，通过构建的关系网络，建立多层次的融资渠道；企业家应该加强先进经营理念的学习，适时更新自己的管理理念和提高自身战略管理能力，敏锐把握市场动态，调整发展战略，挖掘企业潜能，促进企业持续成长；企业家应该有计划地加强自身在技术、产品、经营方式和组织管理等方面的创新，保持企业异质性，促进创业企业高效成长。

虽然企业家是企业最重要的资源之一，但是对于企业而言，若要实现企业的持续成长，仅仅依赖企业家能力是不够的。企业家能力依附于企业家个体而存在，企业家交替对于企业影响显著。因此，优秀的企业家不仅仅体现于其自身企业家能力的高低，更体现在企业家如何将自身的能力转化为企业的成长力。企业家的转化能力也是创业企业成长的关键因素。

4.2.2　重视创业学习，促进创业企业成长

创业学习是快速弥补"新进入者缺陷"的手段。创业者可以通过创业学习来完善知识体系，从而做出更加合适的战略选择，同时也可以促进企业内部管理能力的提升。本部分针对研究所提出的三种创业学习方式——经验学习、认知学习和实践学习来进行探讨。

经验学习是创业者基于自身先前经验来识别创业机会和发展机遇，决策

过程是先前经验的外在体现，而先前经验的形成是一个不断更替丰富的过程。这一方面要求创业者具有行业专业知识，以及识别、抓住机会的能力与魄力；另一方面要求创业者不断更新专业知识和经验的总结利用，参加相关的专业培训。对关键事件，无论是积极经历还是消极经历，进行反思。通过反思，可以将消极经历转化为动力，也可以加深积极经历的影响，可以在深化创业者认识的同时扩大创业者的知识范围。

认知学习是对优秀企业的运营经验的学习。一方面，要求企业家不能仅仅关注于自身企业的发展，也要关注行业优秀企业乃至相关行业优秀企业的发展与变化动态，并从中借鉴成功经验，也可以对失败原因进行分析，避免同样的问题在本企业中发生。另一方面，创业者应注重维护并拓展个人及组织的网络规模和网络类型，同时加强组织内部的联系和交流，从而达到知识资源和经验等的传递和学习，增加创新的可能性和成功率。

实践学习是通过企业经营的具体实践来进行的学习反思。创业者应该对企业发展过程时时进行对比与反思。企业成功的实践与失败的实践原因各是什么，主要原因与次要原因在不同的情况下如何转换变化，如何改变具体因素使失败的实践转变为成功的实践等，这些都是创业者需要不断学习的方面。

一个组织要实现持续成长必须要进行创新，而创新要求不断地创业学习。学习型组织是创业学习的保障。企业应该构建学习型组织，从领导层直至基层都不可忽略学习的重要性。学习是组织发展的持续动力。

4.2.3 培养技术创新能力，提升创新成果

在注重人才并采取一系列措施吸引、留住人才后，企业应该加强对创新能力的培养。其中，创新能力不仅仅包括技术创新能力，还包括更为重要的组织创新能力等，但是组织创新能力作为更深层次的能力，要求更高。就技术创新能力而言，创新能力的培养需要企业的资金支持和政策支持。企业应该意识到创新是企业发展的源泉，要加大创新投入，可以采用多种途径进行创新，如引进吸收再创新或者模块化创新等，具体创新方式可以根据企业的具体情况来制定。在技术研发之后，需要将创新转化为生产力进行推广，这就需要企业营销能力的提升。

创新是创业企业成长必不可少的因素，但是企业也需要认识到创新具有风险性。创业企业资金有限，因此创新幅度与类型需要进行谨慎斟酌。企业应该认识到创新的长期性，长期坚持创新，同时对失败要给予宽容与谅解，

引领创新方向，培养积极创新的氛围。

4.2.4　改善企业政策，提高人才优势

人才一般注重三点：公平的竞争、未来的发展机遇和个人成长。企业应该针对这三点做出改变：①人才注重公平竞争。对于创业企业而言，要制定合理的人才录用、晋升、薪资政策，程序公平、公开、公正，摆脱任人唯亲的传统思维，以个人素质即能力和人品为先。②人才关注未来的发展机遇。因此，企业应该从晋升机制、薪酬制定入手，以贡献作为晋升的标准。贡献的评定应该征求员工意见，做到合理、合法。③人才更注重自我价值的实现与成长。企业应该人尽其用，发掘人才的特点与优势，充分发挥人才的价值，将人才放到合适的岗位。例如，加大与员工的沟通，尊重员工发展意愿，增加员工学习、培训及外出交流的机会。④企业应该关注招聘。在传统招聘的基础上，运用互联网及目前更为广泛的社会网络为企业形象做好宣传。

4.2.5　拓展企业社会网络，提升网络合作能力

企业社会网络不仅包括企业同政府、消费者、上下游企业、竞争者和中介机构等外部利益相关者的关系，也包括企业家个人的关系。对于新创企业而言，创业者的个人社会网络更为关键，但是创业企业的持续成长不仅需要企业家个人社会网络的维持和利用，更需要建立并利用与其他企业、其他部门的社会网络。

企业家个人的社会网络是创业企业发展初期的关键，无论融资、销售、合作等都需要依靠企业家个人的社会网络。因此，创业者应该注重对社会网络的维护、有效利用乃至开发。企业家要积极参加行业论坛及相关的论坛等，维护发展外部的社会网络；要注重企业内部的社会网络，企业家要与高层管理者建立融洽并畅通的社会网络，从而有利于信息的流通与传递，凝聚力量实现企业的持续成长。

政企关系是否紧密是决定企业资源获取多少的重要因素。创业企业成长必然存在着资源缺乏、环境不稳定的问题。一方面，政策针对性和适用性对于创业企业成长具有显著的影响。通过政企互动，共同修正并完善政策的制定和具体实施过程，政府为创业企业提供所需要的资源和政策支持，从而真正打破创业企业成长瓶颈。另一方面，良好的政企关系可以帮助企业获得更多的政策支持，如税收优惠、资金支持等。

企业与上下游企业的紧密合作关系可以帮助企业减少交易成本，开展互动式学习和创新，并寻求规模经济。创业企业资金紧张，上下游企业合作少，因此，密切的合作关系可以帮助企业降低交易成本，进而促进企业的技术研发，增加企业的成长性。

企业与竞争者的密切联系，可以帮助企业及时了解竞争市场的变化和新产品、新技术的推出，并及时应对，避免错失市场竞争时机；可以促进企业间的联合开发，知识的共享和合作可以降低技术开发风险、提高产品价值；企业间共同分担资金与风险，可以促进技术的交流与创新改进。

网络合作能力是企业同外部利益相关者建立合作关系，并从中通过知识、资源的共享、互惠提升企业竞争力和综合实力。企业难以脱离其所处的社会网络，社会网络可以为企业带来竞争力的提升，而合作是主要的途径，创业企业成长同样难以离开网络合作。创业企业网络合作应该注意两个方面：①网络的构建应该注重结构的多样性。结构的多样性能够为企业带来知识的异质性，有利于企业多层次创新与持续成长。②创业企业应该提高主动性，积极解决彼此经营中面临的问题。不能漠视合作方的问题而只关注自身经营问题的解决，以此提高彼此之间的信任与隐性知识的传递。

4.2.6 构建企业文化，形成企业创新合作氛围

企业文化的变化是随着企业发展不断更新的过程，企业文化应该从创业企业成立之初便进行有意识的建立与引导，开放、合作、创新的文化有利于企业的持续成长。然而，文化的构建需要注重以下几点。

（1）企业文化的建立与企业发展定位和规划紧密相连。企业经营方向、经营宗旨、战略导向等都是企业文化建立的基础。

（2）应该在创业之初便为企业文化界定阶段性的具体特征和目标。例如，创业期应该注重创新，而成长期则要注重规范协作。

（3）建立企业文化的方式众多。首先，应该为企业未来发展愿景进行现实化描述，这包含两个方面。一方面，应该立足于当前市场与企业经营范围，符合行业发展趋势；另一方面，应该将发展愿景与员工相联系，使员工找到个人发展与企业发展的契合点，互相创造价值。其次，企业文化的建立不仅仅需要管理层参与，普通员工也应该进行了解并提供支持。当然，企业家精神在企业文化的建立中影响最大，因此，对企业家精神应该给予重视。最后，由于企业文化具有阶段性特征，在企业文化进行阶段性改进时要考虑到文化惯性，采取适当的手段进行引导，关注员工的心理接受程度。